中国
农业保险研究
2023

安华研究院

庹国柱　主编　　赵　乐　副主编

中国农业出版社
北　京

图书在版编目（CIP）数据

中国农业保险研究. 2023 / 庹国柱主编. —北京：
中国农业出版社，2023.9
ISBN 978-7-109-31105-3

Ⅰ. ①中…　Ⅱ. ①庹…　Ⅲ. ①农业保险－研究报告－
中国－2023　Ⅳ. ①F842.66

中国国家版本馆 CIP 数据核字（2023）第 175719 号

中国农业保险研究 2023
ZHONGGUO NONGYE BAOXIAN YANJIU 2023

中国农业出版社出版
地址：北京市朝阳区麦子店街 18 号楼
邮编：100125
责任编辑：赵　刚
版式设计：王　晨　　责任校对：刘丽香
印刷：北京通州皇家印刷厂
版次：2023 年 9 月第 1 版
印次：2023 年 9 月北京第 1 次印刷
发行：新华书店北京发行所
开本：787mm×1092mm　1/16
印张：28.25
字数：670 千字
定价：128.00 元

前　　言

2022年的农业保险，仍然是一个大发展之年。这一年的农业保险为农业提供的风险保障达45 655亿元，这是2007年2 397亿元的19倍。同一期间，签单保险费收入，从2007年的53.33亿元增长到2022年的1 219.43亿元，增长21.87倍，年平均增长速度高达23.2%。我们都知道，这种增长速度主要源于财政支持的持续增长。2007年央地财政补贴的资金是40.6亿元，2022年央地补贴资金是856.02亿元，增长20.08倍，平均增长速度是22.53%。无论是保费增长还是财政支持的增长在我国乃至世界上都是前所未有的。

一、2022年的几件重要的事

2022年农业保险市场最大的亮点是，中央决定在13个粮食主产省的826个产粮大县推行“完全成本保险”，将此前相对较低的“物化成本”保障的保险产品进行升级换代。这一政策有效提高了三大主粮作物的保险保障水平，增加了农户种粮收入，进一步调动了三大主粮作物生产者的种粮积极性。提高保险金额，虽然有理论依据和意义，但直观地讲，这是一个如何为农民提供更加符合他们需要的农业保险的问题。太低的保险金额虽然有控制保险费补贴额的考虑，也有控制道德风险的意义，但从满足农业风险保障需要，保障农业再生产可持续和提高农民收入的视角来看，农业保险金额的确定的确是个值得思索的问题。农业保险发展到今天，已经不是可有可无，可多可少，可参与可不参与的问题，而是涉及政策性农业保险制度建立的根本目的的问题。所以，中央政府这一“招”非常重要，非常及时，也非常受欢迎，大部分产粮大县参保积极性都非常高涨。

2022年农业保险的另一个重要事项就是，财政部再次完善和发布了新的《中央财政农业保险保费补贴管理办法》。该办法吸收了2016年以来财政部对农业保险补贴政策方面的新变化，例如，“以奖代补”政策，完全成本保险的补贴等。此外，该办法也根据地方政府和中央所属的国有农场在执行补贴政策中的一些问题，对于补贴细则做了一些调整。例如，对省级政府补贴的约束，逐步降低国有农场的中央补贴比例等。

这一年，银保监会也发布了《农业保险承保理赔管理办法》，这是在2015年《农业保险承保理赔管理暂行办法》基础上，经过近7年实践后修订和完善产生的。该办法更加突出以"服务三农"为中心，将森林保险统一纳入调整范围，强化或细化了诸如投保信息内容和要求、将承保标的查验内容区分不同险类、统一定损时限、强调不得套取保费补贴等有关规定，结合近年来农业保险最新发展趋势，增加线上化、科技赋能、信息安全等有关条款，突出农业保险科技应用等相关内容。

这些部门规章对于进一步规范农业保险特别是政策性农业保险的经营，促进农业保险高质量发展，都具有重要意义。部门规章虽然重要，但相对来说，执行的约束力和有效性有限，我们更期盼着《农业保险条例》能够早点修订，进而《农业保险法》能早日提上立法议程。

二、关于这本文集的部分内容

入选《中国农业保险研究2023》中的37篇文章，是2022年和2023年年初发表的作品，分为11个专题，是这段时间我国农业保险方面有代表性的重要研究成果。江生忠、贺玉聪、付爽、陈明哲和王菲对2022年农业保险市场发展进行了回顾和综述。白钦先、张坤和王星苏对政策性农业保险所做的理论研究给了我们更深刻的理解和认识。庹国柱、王国军和朱俊生基于10年中《农业保险条例》执行过程中的问题，对于加快修订《农业保险条例》的必要性做出了论证。赵乐和朱蕾针对目前政策性农业保险中遇到的问题，对改进相关政策提出了建议。这些文章对完善我国政策性农业保险都是很好的探讨。张峭、赵思健所写的调查报告，比较全面地反映了农业保险领域科技应用的现状和问题。在农险经营方面我们选了不少讨论文章，关于产品开发、承保理赔、精算定价等，都是有深度的作品。

各省实践层面的经验交流更值得我们关注，这里，我们选择了三篇不同视角的经验方面的作品，一篇是赵凯等人介绍辽宁省农业保险高质量发展的文章，一篇是卢一鸣介绍黑龙江省农业收入保险试点的经验，一篇是李政等人对近年农业天气指数保险的总结和分析。这三篇文章都值得读者分享和思考。

收入保险的试点和推广，几年前就受到大家的关注和期盼。2019年财政部、农业农村部、银保监会和林草局四部门联合发布《关于加快农业保险高质量发展的指导意见》，提出了要"稳妥有序推进收入保险，促进农户收入稳定"的意见。

但是，迄今为止开发收入保险的公司有限。从实践看来，这个产品要得到“稳妥有序推进”，还有许多诸如标的确定、精算定价、操作模式、如何补贴等问题需要研究和解决。天气指数保险已经试点了十几年，虽然开发的产品不少，地方政府一般都给予保险费补贴，但也还没有正式纳入政策性农业保险的范围。实际上，该类保险的有效需求、适应范围、补贴办法等问题也还需要进一步探讨。希望读者能在这些方面多多总结和交流。

农业保险的实践在不断发展，关于农业保险的研究也在持续进行，安华研究院愿意继续为读者提供每一年的关于农业保险的研究动态，提供既有理论高度又接地气的实践经验和学术成果，为推动我国农业保险的持续健康发展尽我们微薄之力。

庹国柱　赵　乐

2023 年 5 月于北京

目　录

前言

发展综述

2022 年农业保险市场发展回顾与展望

江生忠　贺玉聪　付　爽　陈明哲　王　菲

自 2019 年 10 月，财政部、农业农村部、银保监会、林草局联合印发《关于加快农业保险高质量发展的指导意见》（下称《指导意见》）以来，各省市结合自身实际制定具体的实施方案，积极推动农业保险高质量发展，以服务现代农业发展、促进乡村振兴。《指导意见》明确提出未来 10 年农业保险的发展方向和实现目标，包括三年的中期目标和十年的远期目标，充分表明了推动目标实现的决心和力度。

2022 年是检验农业保险高质量发展中期目标实现程度的关键之年。回顾 2022 年农业保险市场的发展情况，探讨农业保险发展的现实情况与中期量化目标所存在的差距，分析农业保险发展面临的问题和挑战，对下一阶段农业保险高质量发展的政策调整具有重要意义。

一、2022 年农业保险市场发展基本情况与特点

（一）市场发展概述

1. 农业保险市场规模增速持续增长

2007 年以来，我国农业保险市场规模以前所未有的速度迅猛扩展。2022 年，我国农业保险保费收入首次突破千亿元大关，达到 1 219 亿元，为 1.67 亿户次农户提供风险保障 5.46 万亿元，农业保险支农、惠农、富农、强农作用进一步发挥。

从保费增速来看，2022 年，我国农业保险保费收入较上年同比增长 24.9%，延续了近年来的高速增长态势。如图 1 所示，保费增速的变化趋势不仅体现了我国农业保险高质量发展的卓越成效，也表明农业保险对财险业发展的贡献度持续上升，农业保险有望成为非车险发展的中流砥柱。

2. 农业保险密度和深度实现高质量发展目标

2019 年，《指导意见》提出了 2022 年我国农业保险深度（保费/第一产业增加

作者简介：江生忠，南开大学金融学院、农业保险研究中心主任，教授，博士生导师；贺玉聪、付爽、陈明哲，南开大学金融学院，博士研究生；王菲，南开大学金融学院，硕士研究生。

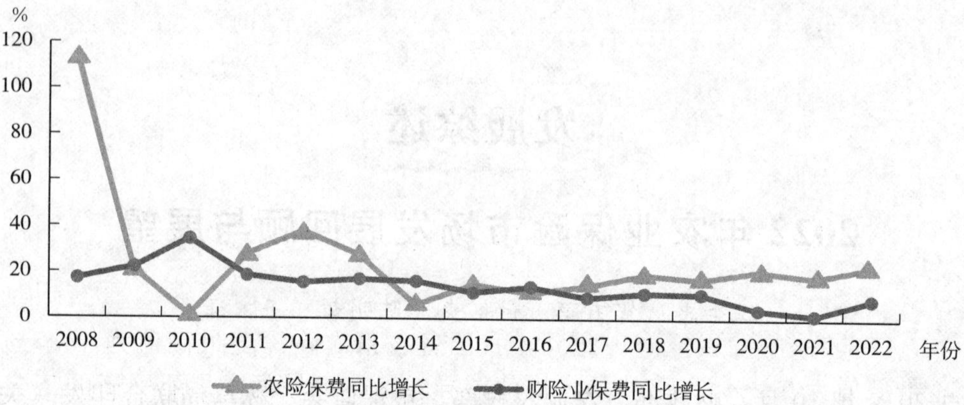

图1　2008—2022年农业保险保费增速与财险业保费增速对比情况

数据来源：历年《中国保险年鉴》，作者计算得出。

值）达到1%，农业保险密度（保费/农业从业人口）达到500元/人的发展目标。目前，我国农业保险的保险深度和保险密度均已实现高质量发展要求①。

如图2所示，2007年至今，我国的农业保险深度和农业保险密度整体呈现上升趋势，并分别于2020年和2021年提前实现预定发展目标。2022年，农业保险深度达1.4%，较上年增长20.7%；同时，可估测我国农业保险密度为732元②，同比增长近29.5%。

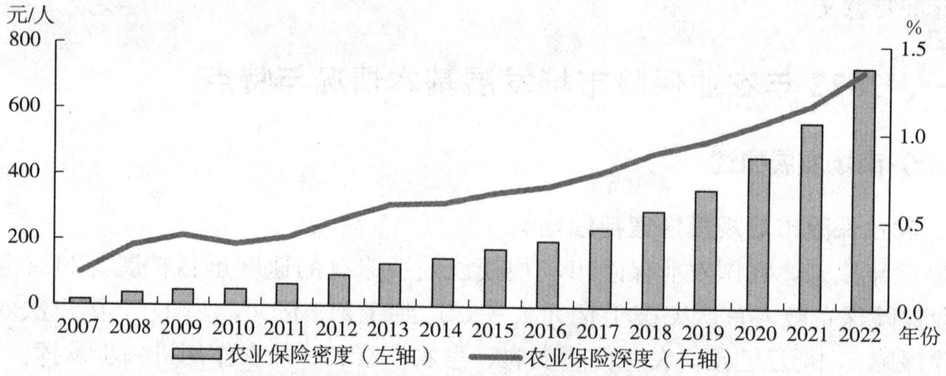

图2　2007—2022年我国农业保险深度和密度

数据来源：保费数据来自历年《中国保险年鉴》，其他数据来自中国统计局官方网站，作者计算得出。

尽管如此，我国农业保险深度和密度区域发展不平衡的问题仍然需要重视，且发展水平与农业保险发达国家仍有一定差距。以美国为例，2020年美国农业保险保费收入为103.7亿美元，农险深度达5.89%，是同时期我国农险深度的5.6倍；2021

① 其中，保险密度数据由作者估算得出。

② 由于官方尚未发布我国2022年第一产业从业人数，在预估2022年数据时，根据2021年我国第一产业就业人数增长率估计得出2022年我国第一产业就业人数，即17 170×(17 170/17 715)=16 642（万人）。

年，这一差距扩大，美国农险深度达到 6.9%，是同时期我国农险深度的 5.9 倍。从农险密度来看，根据美国劳工部公布的农业从业人口数量，2020 年，美国农险密度达 1 152.2 美元/人，折合人民币近 7 259 元（汇率按照 6.3），是同时期我国的近 16 倍。从这个方面来说，我国农业保险未来还有很大发展空间。

具体来看，我国农业保险深度增长较快，但区域间差异显著，整体发展水平仍有待提高。如图 3 所示，根据 2022 年各省份已发布数据①，在全国 31 个省份中，预计有 26 个省份的农险深度达到 1%以上，占比 83.9%，达标率同比提高 19.4%。从数值分布来看，在已达标的省份中，有近七成的省份，农险深度位于 1%～1.9% 的区间，仍有较大的发展空间。此外，我国各省份农险深度最高值为 13.5%（北京市），最低值为 0.2%（福建省），极值差异较大，区域间发展不平衡的情况较为严峻。

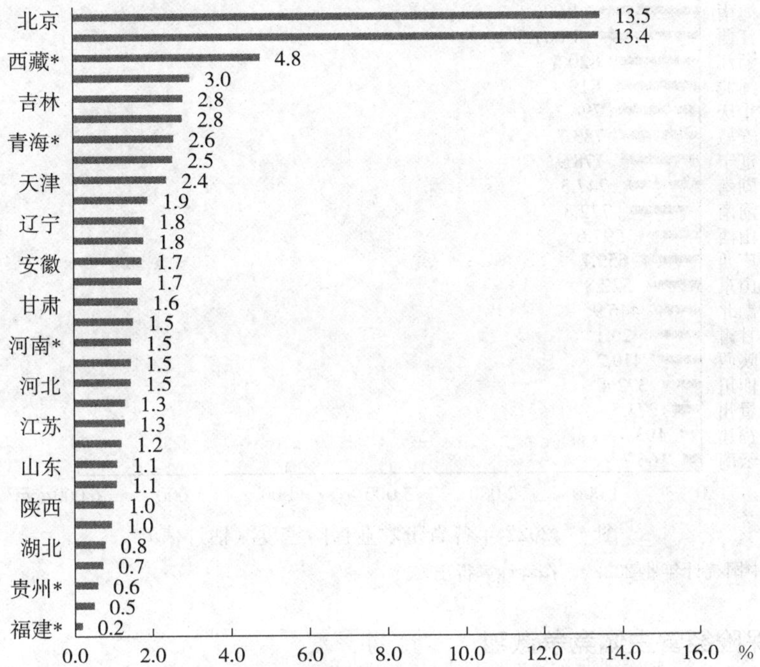

图 3　2022 年全国各省份农业保险深度

注：* 表示预估值。

数据来源：各地方银保监局网站、2021 年《中国保险年鉴》，作者计算得出。

近年来，我国农业保险密度总体水平有较大提升，但在不同省份间，差异仍然显著，且呈扩大趋势。如图 4 所示，据估计，2022 年我国各省份农业保险密度最高为

① 因贵州、重庆、福建、西藏、青海银保监会未公布农险数据，因此对应数值根据百分比预估法得出，即 2020 年各省份农险保费（《中国保险年鉴 2021》）占财产险保费比重乘以 2022 年对应省份财产险保费收入；河南仅公布了 2022 年 1—11 月的农险收入，因此，根据其 2021 年 12 月的农险增速可估计得出 2022 年的数值。

5 523.8 元/人（北京市），最低为 166.7 元/人（云南省），二者相差 5 357.1 元/人；而根据 2021 年我国各省份农险密度数据，最高密度值与最低密度值相差 4 652 元/人（北京市农险密度 4 814.8 元/人，云南省农险密度 162.8 元/人），由此可见，我国农业保险密度的区域性不平衡程度加大。

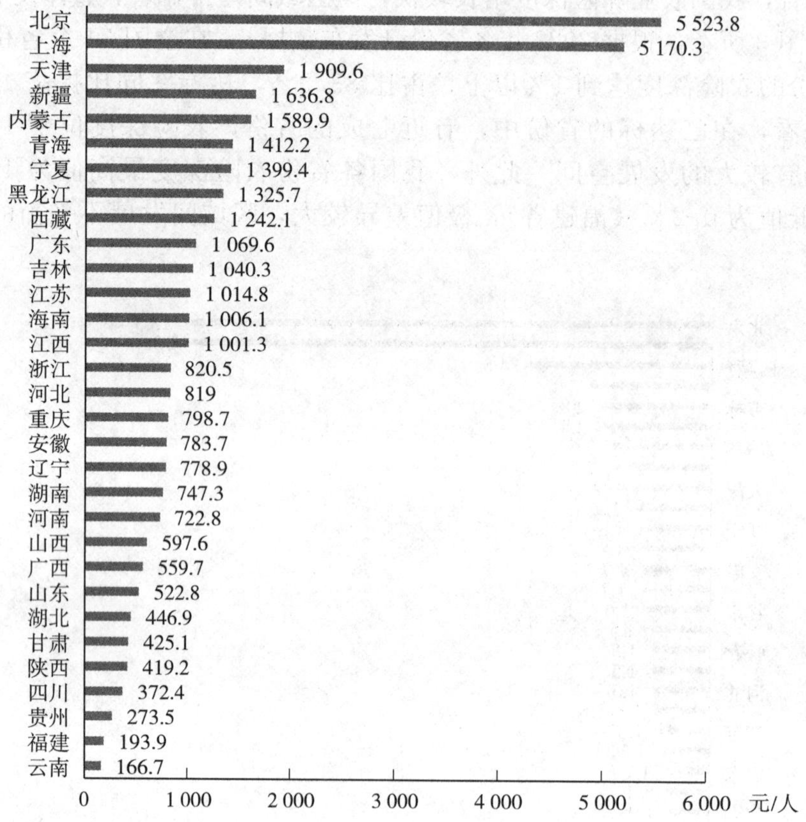

图 4　2022 年各省份农业保险密度（估计值）

数据来源：《中国统计年鉴 2022》，作者计算得出。

3. 农业保险经营主体竞争激烈

自 2007 年以来，我国农业保险步入快速发展阶段。广阔的发展前景吸引众多保险机构纷纷入局。市场竞争激烈造成了农业保险经营成本高、承保利润大幅下降的问题。2020 年，银保监会下发《关于进一步明确农业保险业务经营条件的通知》，围绕农险业务的经营条件与标准、经营考评机制、市场退出机制等方面内容进行了全面的完善和加强。自此，我国开始建立健全农业保险业务经营条件管理制度体系，降低市场无序竞争状态带来的负面影响。

从表 1 可知，2007 年至今，我国经营农业保险的机构数量最高达 39 家，2020 年后，机构数量由增转减，并呈持续减少态势。截至 2022 年，农业保险经营及机构数量维持在 35 家。

表 1 我国 2007—2022 年农业保险经营机构数量

年份	数量（家）	年份	数量（家）
2007	15	2015	33
2008	16	2016	33
2009	21	2017	35
2010	21	2018	39
2011	22	2019	39
2012	22	2020	35
2013	26	2021	35
2014	29	2022	35

数据来源：历年《中国保险年鉴》、《中国农业保险研究 2022》，2022 年数据来自中国银保监会。

4. 农业保险市场结构和补贴结构依旧失衡

随着我国农业保险高质量发展的不断推进，农业保险承保范围不断扩大，产品体系得到较大程度的完善。但受到农、林、牧、渔产业发展基础不同的影响，加之产业间农业保险政策扶持力度的差异，现阶段我国农业保险市场仍然存在产业发展不均衡的情况。

相较于养殖业、林业及其他涉农保险，种植业保险在产品的数量和种类上更为丰富多元。一方面，我国种植业保险起步较早，得益于中央财政补贴试点的推广和政策的大力扶持，经过多年探索和实践，其保障范围已覆盖主粮作物、大豆、糖料、油料等在内的重要农作物，覆盖范围广；另一方面，种植业保险产品体系也在不断完善，通过细分不同规模经营主体、不同耕作方式等，实现了产品形式和保障水平的突破，已率先迈入保“完全成本或种植收入”的发展轨道。

与此同时，财政补贴程度也在一定程度上影响了不同产品农业保险的发展。根据财政部最新修订《中央财政农业保险保费补贴管理办法》，种植业纳入中央财政补贴的品种数量最多，补贴种类占我国重要农作物的比例近 50%①；而养殖业、林业保险纳入中央财政补贴的种类较少。其中，养殖业中只有猪和牛两种牲畜被纳入中央财政补贴范围，占我国牲畜种类比例仅为 28.6%②，家禽类和水产品尚未被中央财政补贴覆盖，详见表 2。此外，从中央财政补贴的比例来看，在地方政府补贴比例不低于 25%的水平下，养殖业保险保费补贴比例的整体水平稍高于种植业。其中，中西部地区养殖业保险中央财政补贴比例可达 50%，种植业最高补贴比例为 45%，适用地区为中西部和东北地区。在中央财政补贴的基础上，各地方政府纷纷加强对于养殖业保险的保费补贴，积极推进如禽类、水产养殖等保险的开发与实践，不少省份养殖业保

① 国家统计局公布的主要农作物种类，包括谷类（稻谷、小麦、玉米）、豆类、薯类、油料、棉花、麻类、糖料、烟叶、蔬菜、药材等十余种，目前被纳入中央财政补贴的主要农作物种类为 5 种，占比约 50%。

② 国家统计局公布的牲畜种类为牛、马、驴、骡、骆驼、猪、羊。

险保费增速超过种植业保险，保障水平显著提高。养殖业保险正在实现快速发展。

表 2 中央财政提供农业保险保费补贴的作物品种

险种	标的
种植业	稻谷、小麦、玉米、棉花、马铃薯、油料作物、糖料作物、天然橡胶、三大粮食作物（稻谷、小麦、玉米）制种
养殖业	能繁母猪、育肥猪、奶牛
森林	公益林、商品林
涉藏特定品种	青稞、牦牛、藏系羊

数据来源：财政部《中央财政农业保险保费补贴管理办法》。

（二）市场发展特点

1. 立足国家粮食安全，保障重要农产品供给

党的十八大以来，保障国家粮食安全已经成为我国重要的战略任务。在“确保谷物基本自给、口粮绝对安全”的新粮食安全观的指导下，农业保险要进一步发挥风险保障功能，提高农户种粮积极性，以自身的高质量发展切实维护我国粮食安全战略的顺利实施。

2022 年是我国“十四五”规划的开局之年，也是全面推进乡村振兴、加快农业农村现代化的关键之年。在政策的持续发力下，我国农业保险提质增效，紧紧围绕粮食安全，在制度建设、产品创新和市场发展等方面均实现了较大的突破。一是完全成本保险和种植收入保险试点工作成效卓著。全国 13 个粮食主产省份产粮大县实现完全成本保险全覆盖，同时，大豆和糖料蔗完全成本保险和种植收入保险试点工作启动。试点范围的扩大有利于激发农民种粮积极性，保障我国粮食作物和重要农产品的生产。二是制种保险政策支持力度加大。三大主粮作物制种保险补贴政策积极落地实践，有力保障了我国种业生产的高质量发展。三是中央对地方优势特色农产品保险奖补政策范围覆盖全国，激励了地方特色农业保险产品的开发与创新，推动农业保险为地方特色农产品的发展保驾护航。此外，农业保险市场的健康发展也为我国农业发展提供坚实保障。2022 年底，中国保险行业协会发布了种植业、养殖业、森林保险承保理赔服务规范，作为《农业保险承保理赔管理办法》的有效补充，积极引导农业保险行业持续提升服务水平和经营能力，提高农民投保积极性，保障粮食等重要农产品的有效供给。

2. 大规模推行完全成本保险，农业保险主导产品日益丰富

自 2007 年开展直接物化成本保险试点以来，针对三大主粮的保险产品不断优化、完善。2021 年，财政部、农业农村部、银保监会联合印发《关于扩大三大粮食作物完全成本保险和种植收入保险实施范围的通知》，提出自 2022 年起取消农业大灾保险。由此，作为阶段性过渡的农业大灾保险试点退出历史舞台，我国逐步确立以直接

物化成本保险、完全成本保险、种植收入保险为主体的农业保险主导产品体系。2002年，全国13个粮食主产省826个产粮大县全面推行完全成本保险并试验收入保险。通过更高的保障水平和广覆盖的保险责任，在稳定农户种粮收入预期的同时，有效解决了农民种粮的后顾之忧；政策兼顾小农户和新型农业经营主体，有效激发了新型农业经营主体的投保积极性，更好地满足了不同规模农业经营主体的多样化的风险保障需求。

3. 农业保险大灾风险分散机制日渐完善

经过多年的发展探索，我国已初步建立了由中央和地方财政支持的农业保险大灾分散长效机制，形成了直接保险广覆盖、农业再保险重点发展、多层次大灾准备金快速积累的农业保险大灾风险保障格局。2022年，我国农业保险承保农作物品种超过210种，承保覆盖种植业、养殖业、林业等农业产业，为我国的农业生产与经营提供了高质量的保险服务。中国农业再保险作为我国农业大灾分散机制核心的地位日渐突出，2022年中国农业再保险股份有限公司进一步完善了风险分担规则和机制，与各家直保公司业务衔接更加顺畅，业务经营也由亏转盈。信息管理平台加快建设，正在论证建立“国家农业保险大灾基金”的适当方式和路径。

4. “双碳”目标下绿色保险迎来新机遇

农业保险具有绿色保险的性质和特征。已有研究表明，农业保险可以通过引导农户的生产行为，在一定程度上减少碳排放和环境污染，促进碳汇的形成。作为实现我国2030年“双碳”目标的重要风险管理工具，绿色保险是管理风险、促进绿色产业投资以及实现生态环境可持续发展的重要金融产品。2022年，中国银保监会发布《绿色保险业务统计制度的通知》，通过监管引导和制度约束，推动保险发挥在建立健全绿色低碳循环发展经济体系、促进经济社会发展全面绿色转型中的积极作用。以森林碳汇、黑土地保护、耕地地力保护、畜禽无害化处理等作为保险目标的绿色农险产品纷纷落地实践。

（三）市场创新情况

创新是农业保险实现高质量发展的重要抓手。在政策扶持和科技赋能的助推下，我国农业保险步入创新发展“快车道”。大批创新型产品和服务的出现，进一步推动了我国农业保险的保障能力和服务水平实现新的突破。

1. 产品创新

（1）特色险种百花齐放。随着我国地方特色农业产业的迅速发展，特色农产品的风险保障需求不断增加，一大批具有创新特色的农业保险试点加速落地，有效助力地方特色产业发展。

2022年，各地监管部门也对特色农产品保险的开发提出了新的要求。其中，山东银保监局要求扩大农业保险覆盖面，创新特色农产品险种，构建多层次农业保险产品体系。同时，进一步发挥奖补政策作用，建立特色险种储备机制，逐步实现“一县一品"；天津银保监局推动天津市政府有关部门出台《关于开展特色农产品保险试点的通知》，进一步扩大地方优势特色险种试点范围，包括小站稻、稻田蟹、沙窝萝卜等品种。

（2）大力发展种业保险。2022年，不少省份积极落地实践种业保险，制定相关政策推动种业发展。黑龙江省在4个地市开展水稻制种保险试点600公顷，实现黑龙江制种保险破冰。山东省全面实施主粮作物（小麦、玉米、稻谷）制种保险政策，通过降低费率、加大财政补贴、扩大保险责任等措施，提高制种保险的保障水平。其中，制种保险费率参照三大粮食作物完全成本费率水平，由中央和地方财政承担80%的保费，农户自缴比例为20%；保障范围得到进一步扩大，以制种过程全成本确定保障水平；保险责任新增穗上发芽和种子纯度两个赔偿责任，保障能力显著提高。

此外，农业保险经营机构也在积极研发种业保险产品，拓展种业保险服务。2022年，人保财险推出海南省玉米制（繁）种保险和水产制种苗养殖保险；中华财险推出水稻制种保险等。可以预见，未来种业保险将进一步扩大保障范围，围绕种业全产业链，丰富种业保险产品，持续提高种业风险保障能力。

（3）绿色农业保险产品快速发展。当前，在全面绿色转型政策的指引下，我国经济生产活动沿着"生态优先、绿色低碳"的发展道路不断前行。加强绿色能力建设成为保险经营机构推动自身绿色转型的重要抓手，越来越多的经营机构开始重视绿色保险产品的开发和创新。其中，以森林碳汇、黑土地保护、耕地地力保护、畜禽无害化处理等作为保险对象的绿色农险产品纷纷落地实践，极大满足了农业生产绿色、低碳、可持续的风险保障需求，也为我国农业保险的绿色转型积累了宝贵的实践经验。

2. 经营创新

2022年，在政策的鼓励和引导下，保险经营机构通过优化完善供给体系，探索"农业保险＋"创新性经营模式，全力拓宽涉农保险服务领域。农业保险经营模式的创新主要体现在与金融产品的结合上。一是通过打造农产品产业链综合金融服务体系，形成以农业保险为核心的"保险＋信贷＋电商"创新服务模式，进而为农产品上下游产业提供综合金融服务，保障农户收入。二是探索推广"保险＋银行＋政府"的多方信贷风险分担补偿机制，强化产业脱贫保险服务。通过保险增信路径，缓解农户贷款难、贷款贵等问题。

3. 技术创新

科技赋能已然成为农业保险未来发展的重要引擎。以移动互联、3S、人工智能、大数据、云计算、物联网等为代表的信息技术广泛参与到农业保险的运营场景中，极大地推动了业务流程的不断优化。当前，多家险企正大力推进数字农业场景下的风险解决方案。2022年，中国人寿财推出新一代智慧农业管理平台系统，该系统通过整合气象、土壤和风险监测网络平台，打造数字农险新模式，实现了农业风险预警、农作物长势监测、病虫害监测、农产品溯源等功能；平安产险探索建立以"移动终端＋

卫星遥感＋鸟瞰无人机＋线下验证”四位一体的查勘定损模式，实现了“按图承保”和“按图理赔”；阳光财险推出相关 App，在查勘测产时，现场通过照片、影像、文字等方式采集被保险人、受灾地块名称、灾情、GPS 方位、时间、农作物等信息，极大地提高了理赔效率。农险领域技术工具的不断推广，大幅提升了农业保险经营机构的经营管理效率，引导行业实现科技转型升级，为农业现代化发展提供更高质量的服务。

二、农业保险监管与政策环境持续优化

（一）农业保险监管环境进一步完善

在进一步补齐监管短板的同时，农业保险监管制度也在引领行业发展，强化农业保险服务三农的功能与作用。

2022 年，我国农业保险监管工作更加突出以服务三农为中心，进一步规范农业保险承保理赔管理，加强保费补贴资金管理，强化农业保险信贷支持作用，推动行业标准化建设。通过完善监管体系、优化监管环境，促进农业保险规范、健康、可持续发展，提升农业保险服务三农质效。

1. 细化农业保险承保理赔管理规定

前期，《保险法》《农业保险条例》《农业保险承保理赔管理暂行办法》是银保监会规范农业保险经营行为的主要法律规章依据。为进一步完善农业保险监管制度体系，2022 年银保监会发布《农业保险承保理赔管理办法》，从承保、理赔、协办、内控、监督管理等方面进一步细化了农业保险承保理赔工作各环节规定，为农业保险业务监管提供了有力的制度保障。

《农业保险承保理赔管理办法》具有以下特点：一是更加突出以服务三农为中心。如明确承保信息的真实与准确性，强调理赔服务的高速高效，切实保障投保农户合法权益。二是新增森林保险作为调整对象。三是强化或细化了有关规定。如统一查勘定损等服务环节时限规定、细化查验影像要求等。四是突出保险科技服务等相关内容。如要求保险机构加大科技投入，加强科技应用，推动科技赋能。

2. 加强农业保险保费补贴资金管理

农业保险保费补贴资金管理关系农民切身利益和财政资金使用绩效，是加快农业保险高质量发展的重要保障。为加强保费补贴资金管理，财政部修订出台新的《中央财政农业保险保费补贴管理办法》，于 2022 年 1 月 1 日起正式实施。农业保险保费补贴新规首次提出“财政支持、分级负责、预算约束、政策协同、绩效导向、惠及农户”的农业保险保费补贴原则。同时，新的《中央财政农业保险保费补贴管理办法》围绕该原则在补贴范围、补贴比例等方面归纳和明确了具体补贴政策，对保险费率、保险责任、保险金额等与保费补贴相关的保险方案提出明确要求，对补贴资金的预算管理和保费补贴的绩效评价及监督检查做出明确规定，并强调加强承保机构管理、健

全保障措施等。

此次修订在补贴政策、保险方案、预算管理等方面对农业保险保费补贴政策进行整体规范和优化，强化了对财政补贴资金的全周期管理，有利于提高资金使用绩效，推动农业保险高质量发展、农业保险政策精准“滴灌”。

3. 强化农业保险的信贷支持作用

2022 年财政部印发《关于发挥财政政策引导作用支持金融助力市场主体纾困发展的通知》，进一步强调农业保险与信贷、担保等金融工具的联动发展。在农村信贷活动中引入农业保险，发挥保单增信功能和信贷担保作用，有利于缓解参保农户因农业生产脆弱性而面临的“融资难”“融资贵”问题，加强信贷对农业发展的支持。此外，根据《农业农村部关于推进农业经营主体信贷直通车常态化服务的通知》要求，农业农村部、中国建设银行联合开展“险贷直通车”专项创新服务，鼓励探索“农业保险＋信贷”模式，借助农业保险的风险保障功能为农业信贷提供融资担保或增信，强化对参加农业保险农户的信贷支持，促进农业信贷业务与农村经济的发展。

4. 农业保险标准化建设工作取得实质性进展

近年来，全国和地方农业保险制度逐渐成形，相关法律法规和监管制度不断完善，但随标准化需求日益增长，行业标准化建设工作仍需加强。继《农业保险数据规范》《基于遥感技术的农业保险精确承保和快速理赔规范》等行业标准和规范出台，农业保险标准化建设再迎新政支持。2022 年 5 月 27 日银保监会发布《中国保险业标准化“十四五”规划》，在标准化助力保险业服务实体经济方面，明确提出推动农业保险标准建设，为乡村振兴战略背景下农业保险高质量发展提供进一步的标准化引导。具体而言，“动态开展农业保险标准需求调查和项目规划，规范农业保险服务流程，针对农业保险在承保、理赔等环节与自然资源密切相关的特点，结合物联网、遥感、北斗导航、无人机等技术应用，制定相应的技术标准。”通过加大农业保险标准供给，增强行业标准化意识，优化健全农业保险标准体系，巩固支撑行业发展的标准化基础。

（二）农业保险政策环境持续优化

1. 加强农业保险政策支持力度

2022 年，一系列推动农业保险高质量发展的制度政策相继出台，农业保险政策支持力度得到进一步加强。财政部修订出台《中央财政农业保险保费补贴管理办法》，强化农业保险保费补贴资金管理，优化农业保险财政支持政策，并将地方优势特色农产品保险奖补政策实施范围扩大至全国。另外，自 2022 年我国开始实施大豆和糖料蔗完全成本保险和种植收入保险试点，进一步服务保障国家重要农产品供应安全。财政部数据显示，核定 2022 年中央财政应承担金额为 434.53 亿元，比 2021 年增长 30.31％，农业保险财政支持力度进一步加强。

2. 渔业互助保险重大体制改革落地

2022 年银保监会批复同意中国渔业互保协会、浙江省渔业互保协会等 111 家

(名)渔业服务组织、渔业捕捞企业和渔业从业者联合发起筹建中国渔业互助保险社，辽宁、大连、广西、海南 4 家分支机构同步筹建，渔业互助保险系统体制改革取得突破进展，有助于加强对渔业互助保险的业务监管及财政支持，推动渔业保险高质量发展。

3. 农业保险费率动态调整机制有序推进

一直以来，我国政策性农业保险的费率定价基本是“一省一费率”，即省内同一作物执行同一费率，导致费率定价与地区实际风险不匹配，进而诱发农户逆选择及农险机构违规经营等问题，影响财政资金使用效益。为落实《指导意见》“建立科学的保险费率拟订和动态调整机制”的要求，2020 年银保监会启动农业保险风险区划 3 年行动。据此，《中国农业生产风险区划地图册》和《稻谷、小麦、玉米成本保险行业基准纯风险损失率表（2020 版）》相继发布，成为农业保险差异化定价的参考和依据，开启了我国农业保险费率精准定价的大门。经过长期探索实践，2022 年陕西等省份开始实行费率差异化制度，以市为单位执行基于地区风险的差异化保险费率，率先在全国建立科学规范的农业保险费率动态调整机制。

三、农业保险发展面临的问题与挑战

我国农业保险目前是大而不强。实现农业保险“大”而“强”还需要补齐发展短板，强化发展弱项，正视当前面临的问题与挑战。

（一）农业保险发展与高质量发展的要求仍有差距

2020 年，我国提前完成了 1% 的农业保险深度目标，且于 2021 年实现了农业保险密度 500 元/人的目标。中期目标的顺利实现反映出农业保险高质量发展的第一阶段成效显著。但是，发展速度无法直接反映出发展质量，农业保险大国不等同于农业保险强国，当前农业保险的发展质量与高质量发展要求仍有差距。

一方面，收入保险成为我国农业保险市场重要险种的目标实现难度较大。2018 年，财政部联合多部门发文启动收入保险试点，并通过一系列政策积极推动收入保险试点范围的不断扩大。然而，当前收入保险在实践中仍面临诸多问题，收入保障的效果不具有比较优势，对于农户的吸引力较低。比较而言，完全成本保险作为“准收入”性质的高保障型农业保险产品，其理赔逻辑无异于传统成本保险，农户的接受度更高。此外，收入保险同时提供市场风险和自然风险的双重保障，经营难度更高，业务风险更大。因此，2022 年实现收入保险成为农业保险市场重要险种的目标难度极高。

另一方面，我国农业保险深度和密度与发达国家差距明显。2007—2022 年，我国农业保险保费收入从 110.69 亿元上升到 1 192 亿元，规模增长近 10 倍，成为全球保费规模最高的保险大国。但是，从农业保险深度和密度来看，与美国等发达国家仍然存在差距。在扩大市场规模和加快发展速度的同时，更要着力提升农业保险的深度和密度。

（二）政策性农业保险制度有待健全

当前阶段，政策性农业保险的法律制度和管理体制建设落后于农业保险实践。一方面，农业保险法律法规需要更新和修订。2012 年颁布的《农业保险条例》出台至今已超过 10 年，除 2016 年做过一点修改外，至今未做修订，难以适应农业保险高质量发展的要求。另一方面，农业保险管理体制仍然没有理顺，优化农业保险管理体制仍是农业保险发展过程中面临的重要问题。财政部门牵头虽然有利于补贴资金的管理和统筹，但其本身缺乏农业管理和保险监管经验，建立一个统一的各部门统筹协调的农业保险管理体制是农业保险高质量发展的关键。

（三）农业保险基础设施建设亟须加强

农业保险的高质量发展有赖于坚实的基础设施支撑。目前，我国农业保险基础设施建设滞缓，严重制约了保障水平和服务能力的提高。一方面，涉农数据信息共享机制仍不健全。现阶段我国农业保险信息的共享以各经营机构内部为主，少数省份建立了省内农险信息共享机制，缺少高度共享的国家级农业保险数据信息平台。随着我国三农领域风险保障需求的不断增加，行业发展科学化和精准化及监督和管理体制化将对全国涉农数据信息服务提出更高要求。另一方面，农险行业智能化、数字化水平仍待提高。农业保险数字化转型是提高机构运营效率、优化服务流程，进而提升农户获得感的重要手段。近年来，我国保险业数字化改革如火如荼，但从实践效果看，农险行业现有的数字化经营水平仍然无法有效满足农户的服务需求。通过加强农业保险线上化发展，简化线上操作流程，切实提高承保理赔环节的科学合理透明化，维护农户应有利益，提高行业服务水平，是农业保险高质量服务乡村振兴的必然要求。

（四）农业保险科技应用落地难

当下，我国的农业生产现状难以满足农险高科技手段的场景应用要求，更难以实现平台数据的标准化统一。一方面，在当前较长时期内，全国范围仍将存在大量的小农户农业生产，其不但大幅抬高了农业保险的经营成本，更给规模化应用农险科技带来极大挑战；另一方面，除技术层面的开发与优化难度外，由于农险工作的开展务必要协调好包括各级政府、农险公司、新型农业经营主体及小农户等多方利益，尽可能满足多方多样化、多层次的内容需求。在实际的应用场景中，既要求大数据采集的数据质量完整可靠，又要确保数据存转的绝对安全。在技术、环境、资金、人员投入等众多因素的共同制约下，不同地区应用科技手段与农险实际的广度与深度极难平衡，参差不齐的发展状况最终也造成了其无法真正实现落地和标准化的有效协同。

四、总结与展望

2022年，我国农业保险高质量发展成效斐然，农业保险在我国支农体系中发挥着越来越重要的作用，成为推动我国农业农村现代化发展的重要工具。随着农业保险功能性地位的日益提高，国家及监管部门将继续通过系列政策优化环境、强化监管，持续促进农业保险规范、健康发展。同时，伴随建设农业强国和乡村振兴战略推进，三农领域风险保障需求日益增长，可以预见，未来农业保险具有更加广阔的发展前景。

（一）市场规模持续扩大，发展质量稳步提升

伴随农业保险“提标、增品、扩面”的深入推进，完全成本保险和收入保险试点的逐步推广，农业保险将从增长速度和增长质量两个方面实现新的突破。

第一，市场规模持续增长。根据国家统计局数据，2021年，13个粮食主产省的粮食产量占我国粮食总产量的78.5%，产粮大县的粮食生产贡献超过了80%，地位举足轻重。按中央财政对于完全成本保险和收入保险的全面推广要求，到2022年纳入完全成本保险的地区的粮食总产量将达到全国2/3。相比于原有的物化成本保险，完全成本保险的保额提高了不止1倍，对保费收入规模的拉动作用不容小觑。按照粮食主产省的800多个产粮大县的粮食产量估算，仅仅全面推广三大主粮完全成本保险一项措施即可大幅度提升农业保险市场规模，这也是2022年农业保险保费规模破千亿的关键所在。

第二，补贴目录持续扩大，发展质量稳步提升。2007年以来，中央财政补贴农业保险保费的作物品种持续增加，由最初补贴关系国计民生的5个作物品种扩大到4大类17个品种。当前阶段，补贴品种仍然以关系国计民生、粮食安全和生态环境的大宗农产品和重要农产品为主。2023年中央1号文件提出完善玉米大豆生产者补贴，实施好大豆完全成本保险和种植收入保险试点，保障我国大豆油料供给安全。未来一段时间，受农产品消费结构变动和供给结构调整的影响，农业保险也将应势而变，将水产养殖产品、果蔬等纳入中央补贴范畴。随着中央财政补贴目录扩充和农险覆盖面的提升，农业保险产品体系更加健全，保险深度和保险密度将有进一步提升。

（二）市场秩序规范化，市场竞争趋于理性

自我国农业保险保费补贴政策实施以来，广阔的市场发展前景吸引了众多保险机构纷纷涌入。市场供给主体增加带来了丰富的农业保险产品，提高了农业保险服务能力。到2022年，市场经营主体已达35家，保险经营机构的农业保险市场参与热情空前高涨。然而，随之而来的是行业竞争愈发激烈，经营成本持续攀升，最终导致农业保险承保压力凸显。

2022 年，中国银保监会发布了《农业保险承保理赔管理办法》，保险行业协会发布了《中国保险行业协会种植业保险承保理赔服务规范》《中国保险行业协会养殖业保险承保理赔服务规范》《中国保险行业协会森林保险承保理赔服务规范》等文件，进一步加强承保理赔服务监管和规范，将会使市场秩序大有改观，让市场竞争回归理性。

（三）科技开发和应用推动农业保险转型升级

我国现代化农业生产方式创新发展，新型农业经营主体不断涌现，为农村布局现代化大农业生产与新型农业产业化发展格局提供了基础条件，也对我国的农险保障功能提出了全新的要求。运用物联网、大数据、云计算与人工智能等现代科技手段，通过创新优化农险产品形态，提升农险服务能力，完善农险监管方式，聚合包括各级政府、农险公司、新型农业主体、农户等相关利益主体多样化、多层次的内容需求，更有针对性地不断改善与现代化农业强国建设相配套的“扩面、提标和增品”农险生态，是农险发展治理并最终实现标准化自动高效协同、更好发挥其保障功能与经济“减震器”作用的必然选择。

（四）进一步健全和完善农业保险大灾风险分散机制

近年来，全球范围内气候变化加剧、极端风险事件频发，严重威胁我国农业生产稳定和粮食安全。此外，农业现代化发展的不断深入使得我国农业生产面临着更加复杂的风险因素，风险传导性和致灾性明显增强。加快完善农业保险大灾风险分散机制，成为现阶段我国农业保险高质量发展的迫切需要。

根据我国目前的初步设计，我国农业保险大灾风险分散制度分为三个层级，即公司级大灾风险准备金、专业化的农业再保险和国家大灾风险基金。现公司级农业大灾风险准备金已经普遍建立。中国农业再保险公司也已经建立和运作两年。还有不少省份建立了省级农业大灾巨灾防范基金，这意味着国家农业大灾风险基金的建立已经具备实践基础和推广基础，现在需要加快建设国家农业保险大灾风险基金。

（五）聚焦新型农业经营主体，满足多层次风险保障需求

我国正处于向现代化农业转型升级的关键期，新型农业经营主体已逐步成为推动农业转型升级、保障农民稳定增收和农产品有效供给的重要力量。自党的十八大以来，发展新型农业经营主体已经成为促进乡村振兴、实现农业农村现代化的重要抓手，党和国家通过一系列政策不断鼓励和引导新型农业经营主体规范化、高质量发展。区别于传统小农生产方式，新型农业经营主体以市场为导向，追求集约化和质量效益，这也意味着新型农业经营主体具有更高的风险保障需求。目前，新型农业经营主体面临的风险敞口较大，现有农业保险无论是在制度设计或是产品和服务等方面，均无法有效满足其风险保障需求，财政补贴力度也有待提高。可以预见，随着我国农

业适度规模经营的不断发展，在政策的大力扶持下，以农民合作社和家庭农场为主要代表的新型农业经营主体队伍将不断壮大。因此，在加快推进新型农业经营主体高质量发展的过程中，农业保险将进一步提升服务和保障能力，更好地满足新型农业经营主体的异质性风险保障需求。

参考文献（略）

理论政策

关于政策性保险理论研究的几点思考*

白钦先　张　坤　王星苏

摘要：政策性保险是政策性金融的重要组成部分。本文通过借鉴政策性金融理论研究成果，对政策性保险的概念界定、基本特征、主要功能等问题进行论证分析。概念界定方面，突出强调政策性保险是国家在保险领域的长久性战略决策，明确以“强位弱势群体”为服务对象，进一步厘清其与商业保险、财产保险、社会保险的关系。基本特征方面，提出公共性、金融性、国家信用性、特定选择性、损失补偿性为其基本特征。主要功能方面，从基础功能、核心功能、扩展功能、衍生功能四个层面对政策性保险的功能进行考察分析。最后，对构建完善中国特色政策性金融理论体系进行展望。

关键词：公共性；金融性；国家信用性；特定选择性；损失补偿性

一、政策性保险理论研究文献综述

“政策性保险”日益成为理论界与实务界共同关注的热点话题，相关研究成果日益丰富。根据“中国知网”检索显示，截至 2022 年 8 月末，与“政策性保险”相关的期刊文献超过 1 500 篇、学位论文 280 篇（其中博士学位论文 42 篇），研究主题主要聚焦于实务中已经开展的政策性险种，例如庹国柱、朱俊生、张峭等对农业政策性保险的研究，王国军、王德保等对出口信用保险的研究，陈柳钦、陆岷峰等对存款保险的研究，等等。从国内保险学教材来看，越来越多的教材开始重视对政策性保险的介绍，如人社部人事考试中心主编的《保险专业知识与实务》、许飞琼主编的《保险学概论》、张洪涛主编的《保险学》等，对政策性保险的理论与国内外实践进行了较为系统的阐述。但总的来看，现有文献对政策性保险的实践关注较多、理论研究较少，特别有关政策性保险的体制机制、职能职责、定性定位等基础性研究亟待补充完善。目前，关于政策性保险的理论研究主要试图回答政策性保险存在的合理性与必要

* 本文原载《保险研究》2022 年第 9 期。

作者简介：白钦先，辽宁大学国际金融研究所所长，教授、博士生导师；张坤（通讯作者），经济学博士，供职于中国光大集团股份公司；王星苏，就读于辽宁大学亚澳商学院。

性，基于不同流派观点，形成以下四种代表性学说。

——市场失灵说。Kinght 和 Coble（1997）、Glauber 和 Collins（2002）等（2008）认为，保险市场是一个典型的信息不对称市场，存在着道德风险、逆向选择以及系统性风险，特别是农业保险由于保险标的与农业风险的双重特殊性，其商业化面临着严重的市场失灵问题。庹国柱（1996）、庹国柱和王国军（2002）、刘宽（1999）、张跃华（2007）等认为，农业发展水平低下、农民收入低下导致农业保险有效需求不足，保险公司经营农业保险高成本与低收益导致有效供给不足，“供需双冷”是造成市场失灵的重要原因；只有增加农业保费补贴，促使农业保险供给曲线与需求曲线相交才能解决市场失灵问题。

——准公共产品说。Wright 和 Hewitt（1990）指出，农业保险是准公共产品，提高政府补助是提高农业保险需求的有效途径；贾万军和张玉智（2010）、冯文丽（2012）等认为，政策性保险具有正外部性，需要政府直接经营或给予补贴才能达到帕累托最优；郭颂平、张伟、罗向明（2011）认为政策性保险具有排他性，其社会效益较高、经济效益较低，政府部门应给予财政补贴。

——乘数效应说。张伟、黄颖、易沛等（2017）认为，与财政直接拨款相比，农业保险补贴扶贫具有“乘数效应”，能够放大扶贫效果；张祖荣和王国军（2016）、李琴英（2018）等从影响农业保险扶贫的作用机制角度出发，对乘数效应进行了定性研究；郑军、王彪（2020）从农业生产技术和风险管理技术两个维度出发，对农业保险保费扶贫的作用机制进行定量研究，表明农业保险扶贫具有放大作用，建议政府进一步完善农业保险补贴制度。

——博弈均衡说。张世华和吴春宝（2010）、王根芳（2013）等从博弈论的角度，对政策性农业保险的参与主体，政府、保险公司和农户行为进行博弈分析，认为农户是否购买农业保险，与保险补贴有直接关系，补贴规模受政府与保险公司之间的讨价还价结果的影响。

通过文献梳理可以看出，首先，当前国内外对政策性保险的研究主要是基于新古典主义经济学理论研究范式开展，把政策性金融、政策性保险作为调节市场供需的一种手段，或从市场主体博弈的角度开展研究。这种研究范式具有一定的合理性，但容易停留在“只见树叶、不见森林”的技术层面，忽略政策性金融、政策性保险是一项重要的国家战略制度安排，是中国特色社会主义制度优势的重要体现。其次，当前政策性保险理论研究与政策性金融理论研究衔接程度不够紧密，政策性保险理论研究“就保险说保险”的情况比较普遍，侧重于技术细节研究，缺乏理论深度与抽象程度，对政策性保险与政策性金融一般规律的探索有待进一步深化。再次，从我国政策性金融理论与实践的角度看，政策性金融理论研究以政策性银行为主，对以政策性保险等非银行政策性金融关注程度还很欠缺，亟待从理论体系上进一步完善。最后，政策性保险理论研究日益成为理论界与实务界重点关注的热点话题，特别是近年来农业政策性保险发展迅猛，中国保险学会成立了农业保险专业委员会，各家保险公司与高校合作成立了农业保险研究中心，不少地方政府根据实际情况出台了许多指导意见和实施意见，支持鼓励政策性保险发展，这些最新的实践都呼唤政策性保险理论研究取得新突破。

二、政策性保险的概念界定

白钦先（1987）在专著《比较银行学》中首次提出“商业性银行业务与政策性银行业务分离分立的主张”，并在 1993 年出版的《各国政策性金融机构比较》一书中系统论证了政策性金融理论内涵；1997 年由中国金融出版社出版的《中华金融辞库》专门设立《政策性金融》分卷，标志着政策性金融理论日渐成熟并形成相对完备的理论框架。本文拟借鉴政策性金融理论研究成果，对政策性保险的概念界定、基本特征、主要功能等内容进行阐述论证。

官方文件使用“政策性保险”相关表述最早可以追溯到 2003 年，党的十六届三中全会审议通过《中共中央关于完善社会主义市场经济体制若干问题的决定》，首次提出“探索建立政策性农业保险制度”；2012 年国务院发布《农业保险条例》，再次明确“国家支持发展多种形式农业保险，健全政策性农业保险制度。”可以看出，官方使用“政策性保险”大多与农业保险紧密相关，但显然“政策性保险”不应仅仅局限于“政策性农业保险”，上述这些文件对“政策性保险”也没给出明确定义。“政策性保险”这一表述在《保险法》等相关法律层面也尚未被正式使用，而相比之下“政策性银行”在《人民银行法》中被正式提及和使用，并明确将其定义为银行业金融机构。此外，在《国民经济行业分类（2017 版）》国家标准中，“政策性银行服务”被明确列为金融业下属细分行业，而“政策性保险”未能得到“国标”青睐，尚未被单独列为金融业细分行业。由此可以看出，政策性银行和政策性保险虽然同属政策性金融，但社会普及度和认可度还存很大差距，对“政策性保险”的研究亟待进一步完善。

从学术研究层面来看，张洪涛主编的《保险学》教材对“政策性保险”有明确定义，即“政策性保险是在一定时期、一定范围内，国家为促进有关产业的发展，运用政策支持或财政补贴等手段对该领域的风险保险给予保护或扶持的一类特殊形态的保险业务。”针对这一定义，笔者提出以下几点思考：

一是关于“一定时期内”。政策性保险是国家在保险领域的长久性战略决策，这是一个根本性的问题。从理论上讲，市场经济体制并非万能，在保险公司和保险客户追求自身利润和效益最大化的过程中，那些具有显著正外部性的保险项目将不予选择或滞后选择，从而导致保险资源在宏观配置上并非帕累托最优，即“市场失灵”。因此，政策性保险是解决保险市场内生缺陷的制度安排，是客观存在的长久性战略决策，而不是“一定时期内”的过渡性安排。从国外实践来看，不论是发达国家还是发展中国家，政策性保险都经历了从无到有、从小到大的过程，政策性保险发挥的作用也越来越重要，是一个逐步强化的过程。从我国实践来看，要充分吸收借鉴政策性银行"阶段论""转型论"的经验教训，2008—2015 年，一些学者提出政策性银行是特定阶段的历史产物，从而导致政策性银行盲目追求市场化、商业化，严重偏离自身主责主业。随着 2015 年国务院对三家政策性银行改革的正式批复，政策性银行重返"政策性"正轨。因此，要从国家金融制度顶层设计的高度，科学认识政策性金融的重要战略意义，而不是从实用主义出发，把政策性金融看作是解决某个具体问题的阶段性产物。

二是关于"一定范围内"。"政策性保险"概念界定需要回答"一定范围"具体指什么，即明确理论"边界"。通过借鉴政策性金融理论研究成果，本文认为至少应明确三个"边界"，即明确政策性保险的服务对象范围、明确与商业性保险的关系、明确与财产保险的关系。

——政策性保险服务对象的范围。白钦先、王伟（2010）认为，界定政策性金融的标准主要体现在政策性金融的服务对象是否属于"强位弱势群体"。所谓"强位"，是指符合政府特定的社会经济政策或政策意图，关系到国计民生而需要特别扶植的产业、领域和群体，在国民经济和社会发展中占据特殊战略性重要地位；所谓"弱势"，是指金融需求主体或融资对象由于自身的、历史的和自然的特殊原因，造成在一定经济环境条件下、在激烈的市场竞争中始终处于融资、参保等方面的劣势或弱势状态。对于政策性保险而言，凡是处于强位弱势范畴而需要保险特别支持的产业、地区、领域、项目、群体等，都应该属于政策性保险服务的对象和制度安排的范畴。

——政策性保险与商业性保险的关系。白钦先、文豪（2013）提出，在现代市场经济体中，存在着商业性金融、政策性金融、合作性金融这三种基本金融组织形态和金融资源配置方式，它们相互影响、相互作用、相互融合，共同形成"三维金融架构"。因此，从理论上讲，在保险领域也应存在商业性保险、政策性保险、合作性保险三种形态。结合当前我国保险实践情况，本文着重讨论政策性保险与商业性保险的关系。从保险目的来看，商业性保险以营利为首要目标，追求保险资源配置的有效性；政策性保险追求"保本微利"，不以营利为首要目标，追求保险资源配置的社会合理性。从权利与义务关系看，商业性保险的权利与义务建立在合同关系之上，是一种自由契约关系；政策性保险具有权利义务法定，特别是在国外实践中往往以立法形式予以规范。从经营主体看，商业性保险经营主体以商业保险公司为主，自主经营、自负盈亏，政府部门对其进行监管；政策性保险经营主体一般由专门成立的公共法人开展经营，政府部门对接进行监督。从实施方式来看，商业性保险采取自愿原则，投保人是否投保、投什么险种、投多少金额，都由保险人自行决定；政策性保险具有一定强制性，政策性保险设立哪些险种、赔付标准如何、哪些人可以参保都有明确规定。在实践中，政策鼓励投保人参保但并不强制，因此政策性保险的强制性是一种单方面的强制。从保险资金来源看，商业性保险资本金大多来源于社会资本，运营资金来源于市场和客户；政策性保险资本金大多由国家出资，营业资金依托于国家信用，可以以较低成本从市场和客户筹集。从财税关系看，商业性保险财政一般不会给予补贴，商业保险企业需要按税费规定向国家缴税；政策性保险往往由财政给予补贴，或直接补贴政策性保险机构的政策性亏损，或给予政策性保险投保人保费补贴，同时在税收上也给予减免优惠。通过对政策性保险与商业性保险的比较可以看出，二者在定性、定位上存在明显差异，这就决定了商业性保险受众面远远大于政策性保险、整体上处于主导地位；而政策性保险承担商业保险不愿、不能、不宜开展的险种，受众面特定，整体上处于补充地位，二者不是竞争关系，是相辅相成、相互补充的关系。

——政策性保险与财产保险的关系。有一些保险学者认为，政策性保险经营的是一种非人身保险业务，在实际经营过程中通常与财产保险、责任保险构成不同层次的交叉关系，因此将政策性保险并入财产保险范畴。事实上，将金融划分为商业性、政策性、合作性三种形态，是根据其经营宗旨的不同而划分的，商业性金融以利润最大化为目标，追求股东利益最大化，促进了资源配置的有效性；政策性金融不以利润最大化为目标，旨在促进资源配置的社会合理性；合作性金融旨在通过成员之间的互信实现互助共赢。而将保险划分为人身保险、财产保险、责任保险、再保险等类型，是从经营对象的角度进行的分类。二者采用的分类标准并不一样，因此将政策性保险列为财产保险的一类并不科学。此外，从“强位弱势群体论”出发，也可以得到推论，政策性保险不应仅仅局限于财产保险范畴，也可以涉及人身保险，特别是在我国人口老龄化背景下，政策性养老保险、人身保险将来一定会大有作为。

三是关于“特殊形态的保险业务”。将政策性保险定义为一种“特殊形态的保险业务”过于狭隘，不能完整准确全面反映“政策性保险”的科学内涵。“政策性保险”应当是特定保险行为的总称，涉及业务、机构、人员、制度、理论等众多要素，厘清这些要素的内涵与外延对于学术研究和实务工作具有重要意义。比如，中国出口信用保险公司和存款保险基金管理有限责任公司是专司政策性保险业务的政策性保险机构，其他大量的政策性保险业务（如农业政策性保险业务）是由商业性保险公司代为开展；特定险种政策性保险的实施方式适宜采用哪种模式，以及这两种政策性保险实施模式的优势和劣势各是什么，有待从理论上进一步解释。类似地，部分国有商业性银行也经营政策性银行业务，同时政策性银行也开展部分商业性业务，从而产生政策性业务进一步从商业性银行剥离，政策性银行进行分类分账改革等理论与实务热点问题。

基于上述思考，笔者将政策性保险定义为：在一国政府支持下，为贯彻和配合国家特定的经济社会发展政策，以国家信用和财政补贴保费为基础，由指定保险机构专营或由商业保险机构代理，严格按照法定的业务范围、经营对象和补贴赔偿标准，针对特定领域和特定人群面临的风险而建立的一种经济保障机制。

三、政策性保险的基本特征

白钦先和张坤（2015）将政策性金融的特征概括为公共性、金融性、国家信用性及特定选择性。政策性保险作为政策性金融的一种具体形态，除具有政策性金融的一般特征外，还具有损失补偿性特征。

——政策性保险的公共性特征。如本文文献综述所述，政策性保险具有公共性得到大多数学者的普遍认同，在此笔者想强调的是，公共性是政策性金融的本质特征，也是政策性保险的本质特征；公共性作为本质特征，可以涵盖概念界定中的多个要点：如宗旨目标的公共性决定了政策性保险以保险资源配置的社会合理性为最高宗旨；活动范围的公共性决定了政策性保险活动应限定在特定范围，聚焦于商业性保险不愿干、不能干、干不好的领域；运作机制的公共性决定了政策性保险是一种非排他性制度安排，不应、不能、不可与商业性保险产生竞争关系，而是作为弥补商业性保险功能短板的重要补充机制；实践操作的公共性决定了政策性保险的运作必须与国家权力紧密结合，以立法的形式明确其享有国家信用、接受财政补贴。

——政策性保险的金融性特征。虽然国家提供财政补贴是政策性保险开展的必要条件，但归根结底政策性保险是一种金融活动，而非财政活动。政策性保险与单纯的财政补贴相比，在资金的有偿性、期限性、周转性、增值性等方面具有显著差异。特别是政策性保险具有乘数效应，能够有效发挥金融杠杆作用，放大财政补贴效益，这是政策性保险金融性的重要体现。

——政策性保险的国家信用性。国家信用性的重要实现方式是以立法形式为政策性金融机构做“背书”。从各国实践情况来看，不论是政策性银行还是政策性保险，各国普遍采取立法先行、一司一法的方式，明确相关政策性金融机构的职责使命和国家给予的必要支持，如对资本金的出资和补偿机制、对政策性亏损的兜底补偿机制、对税费减免的优惠机制等。然而，我国政策性金融立法严重滞后，长期依靠行政法规和部门规章对政策性金融机构进行监督管理，国家对其发展的支持也缺乏必要的保障机制，与政策性金融在经济社会发展中的独特地位和作用不匹配，这一现状亟待改变。

——政策性保险的特定选择性。特定选择性即政策性金融服务对象聚焦于“强位弱势群体”，就当前国内外政策性保险实践来看，主要聚焦于农业保险、出口信用保险、海外投资保险、存款保险、巨灾保险、军事保险等特定领域。值得一提的是，特定选择性是政策性保险区别于社会保险的重要特征。关于社会保险的概念，国内学者有多种表述，但总结起来核心观点主要是三个方面：一是社会保险是通过国家立法的形式强制实施，不以营利为宗旨（体现公共性）；二是社会保险是保险的一类，是一种风险分散机制，致力于保障劳动者基本的生活需要（体现金融性与风险补偿性）；三是社会保险面向最广大的社会群体，具有普适性（与政策性保险的特点选择性存在明显不同)。因此，有学者指出社会救济、社会福利与商业保险、政策保险、社会保险共同构成全方位的社会保障网络。

——政策性保险的损失补偿性。损失补偿性是政策性保险区别于政策性银行的重要特征。如果说政策性贷款是一种“事前的”经济金融调控手段，那么政策性保险则更像是一种“事后的”经济金融补偿机制，这也符合保险学一般原理，即“没有损失就没有保险”。具体来讲，政策性保险承保的危险必须是可保危险，由相关法律法规明确承保责任范围，政策性保险机构按照法律规定的权利与义务，对投保人的损失进行补偿。政策性保险提供的保障为基本保障，承保金额一般低于投保标的价值，不宜足额承保，以防逆向选择与道德风险。政策性保险保费通常采取单一费率制，保险时效、赔偿方式、赔款支付方式也相对固定。

四、政策性保险的主要功能

白钦先和谭庆华（2006）将金融功能划分为四个具有递进关系的层次，依次为基础功能、核心功能、扩展功能、衍生功能。围绕政策性保险的主要功能，笔者也从这四个层次展开论述。

——政策性保险的基础功能：分担危险与补偿损失。尽管建立政策性金融与政策性保险的体制机制更多是从宏观视角进行考量的，但宏观功能作用的发挥最终还是要落实到微观市场主体中。政策性保险分担危险和补偿损失的功能就是从微观视角出发、从保险的基本功能出发，补偿损失是政策性保险服务对象参保的直接目的，而分担风险是政策性保险机构处理风险事故的主要技术手段，这两个基本功能反映了政策性保险在微观层面目的与手段的统一。

——政策性保险的核心功能：提升保险资源配置的社会合理性。社会主义市场经济体制的制度优势不仅体现在“市场在资源配置中发挥决定性作用”，还体现在“更好地发挥政府作用”，二者相辅相成、缺一不可。就保险领域而言，商业性保险体现了市场逻辑，通过市场化的保费价格机制，促使保险风险和保险收益在时间和空间上匹配，在充分竞争的保险市场里，每个保险产品的提供者与消费者都实现了自身利润最大化或效益最大化，从而达到保险资源配置的社会有效性。然而在实践过程中，一方面，保险市场一般难以达到充分竞争的程度，从而无法达到经济学意义上的帕累托最优；另一方面，即便是在充分竞争的条件下，个别领域保险风险畸高、保险收益极低，无法形成有效市场，即市场失灵，这就要求政策性保险发挥功能作用。因此，政策性保险体现了政府逻辑，通过对保费的补贴机制，促使保险资源流向那些商业性保险不愿、不能流向的领域，解决这些特定领域保险风险和保险收益的错配问题，从而提升保险资源配置的社会合理性。

——政策性保险的扩展功能：对国民经济的调节作用。白钦先和谭庆华（2006）重点强调了政策性金融的扩展功能，即对国民经济的调节功能，具体包括两个方面：

一是补充功能，即被动适应市场经济，弥补市场失灵；二是引导功能，主动引导市场经济，实现特定战略目标与政策意图。本文对政策性保险的概念界定和基本特征分析，主要体现了政策性保险对国民经济的调节功能，在此不再赘述。

——政策性保的衍生功能：财富再分配。政策性保险是国民收入再分配的渠道之一，可以起到调节社会成员收入差距悬殊的作用，有利于实现社会财富的公平分配。就现代社会的分配而言，不仅涉及财富也涉及风险，因为风险具有破坏财富的“能力”并可能直接导致贫困，因此现代社会风险管理也是财富管理的重要方面。正如前文概念界定介绍所述，政策性保险说到底是一种风险补偿的保障机制，是公平优先、兼顾效率的保障机制，是可货币化衡量的经济保障机制，其功能发挥的必然结果是社会财富的再分配。

五、展望：构建完善中国特色政策性金融理论体系

以政策性保险理论研究为契机，进一步构建和完善中国特色政策性金融理论体系是下一步理论研究的热点。党的十八大以来，在习近平新时代中国特色社会主义思想的引领下，我国经济金融体制改革取得历史性成就、发生历史性变革，在探索中国特色金融发展之路上迈出坚定步伐。政策性金融是中国特色社会主义制度优势在金融领域的具体体现，运用党的创新理论不断深化对政策性金融功能的认识，将有助于我们更好地把握金融本质与规律。围绕政策性金融理论，笔者认为应着重从以下五个方面进行研究与展望：

——政策性金融是中国特色金融体制不可或缺的重要组成部分。2015 年十八届五中全会审议通过了中共中央关于制定“十三五”规划的建议，首次提出“健全商业性金融、开发性金融、政策性金融、合作性金融合理分工、相互补充的金融机构体系。”这是国家战略规划首次将“商业性金融、开发性金融、政策性金融、合作性金融”放在一句完整的话中进行表述，阐述了我国金融体制顶层设计的基本内涵：考虑到彼时尚未完全厘清“开发性金融”与“政策性金融”的关系，因此保留了“开发性金融”的表述。2020 年十九届五中全会审议通过了中共中央关于制定“十四五”规划和 2035 远景目标的建议，在“建立现代财税金融体制”部分将相关表述调整为“深化国有商业银行改革，支持中小银行和农村信用社持续健康发展，改革优化政策性金融。”即从商业性金融、合作性金融、政策性金融三个方面对金融体制改革发展把向定调，同时也对“开发性金融属于政策性金融”做了定论。

——政策性金融是践行金融政治性、人民性的直接体现。与商业性金融、合作性金融相比，政策性金融的政治性特征更加突出。建立政策性金融制度、设立政策性金融机构是党和国家在金融领域的重大战略决策部署，是贯彻落实中央大政方针的大国重器，是党和国家最可信赖和依靠的中坚力量。人民性是政策性金融践行以人民为中心发展思想的具体体现，即保障强位弱势群体的金融发展权和金融平等权、提升金融

服务的普惠性、推动金融资源配置的社会合理性，这也是政策性金融职责使命之所在。

——政策性金融是服务国家战略和服务实体经济的重要手段。在服务国家战略和服务实体经济方面，政策性金融具有三大优势：一是党的领导优势，政策性金融机构是国有金融机构，坚持党对金融工作的集中统一领导，发挥政策性金融机构党委“管大局、把方向、促落实”作用，是确保政策性金融始终把政治性、人民性放在第一位的根本制度保证。二是特色治理优势，在董事会中设立部委董事是中国特色政策性金融体制的重要举措，发挥好部委董事在经营决策中的作用，有助于政策性金融机构更好地直接对接党中央、国务院的各项工作部署。三是主责主业优势，政策性金融机构的主责是服务国之所需、民之所盼，主业是聚焦实体经济中的某一特定领域，要做精、做优、做深，不断增强对实体经济“末梢”的金融供给。

——政策性金融是深化金融供给侧结构性改革的突破口。习近平总书记在主持中共十九届中央政治局第十三次集体学习时指出，深化金融供给侧结构性改革的重点是优化调整金融结构体系。而政策性金融恰恰是当前中国金融结构体系中的“短板”。以政策性银行为例，根据银保监会统计数据及三家政策性银行年报披露，截至2021年末，我国银行业总资产、总负债、总权益规模分别为337.65万亿元、308.37万亿元、29.28万亿元[①]，三家政策性银行的总资产、总负债、总权益规模分别为30.59万亿元、28.45万亿元、2.14万亿元；政策性银行的资产规模、权益规模分别占银行业的9.06%、7.31%。这两组数据反映出，政策性银行的规模在银行业中占比较低，规模实力与功能定位存在错配。特别是政策性银行权益规模占比更低，反映出政策性银行资本金匮乏的现状，而资本实力是银行的核心竞争力，资本短缺将严重制约政策性银行的功能发挥。因此，以发展政策性金融为突破口，将有效改善当前金融供给不充分、不均衡的现状。

——政策性金融是防范化解重大风险、实施逆周期调节的稳定器。政策性金融具有资金期限长、利率水平低等特点，可以弥补经济下行周期中商业性金融机构“不愿贷、不敢保”导致的不足。就政策性保险而言，其本身就具有保险作为“社会稳定器”的自带属性，再加上其服务对象聚焦于社会弱势产业和弱势群体，从而更凸显了其对于保民生、保市场主体、保粮食能源安全、保产业链供应链稳定的兜底作用。

参考文献（略）

① 银行业权益总额=银行业资产总额-银行业负债总额。

农业保险研究的若干前沿问题*

庹国柱

摘要： 近十几年，伴随着农业保险事业的发展，中国农业保险的研究也硕果累累，人才济济。研究领域逐步拓宽，研究深度不断提高。这是十分可喜的局面。就当前来讲，农业保险正在向高质量发展迈进，有大量的理论和实践问题需要深入研究。我这里主要提出和简单论证了七个重要研究领域的问题，即农业保险在乡村振兴战略中的地位和作用问题，政策性农业保险扩大覆盖面的问题，农业保险的经营管理问题，几类保险产品的试验和推广问题，农业保险的效益评价问题，《农业保险条例》修订和农业保险立法问题，以及农业保险的内在机理问题。就教于同仁们，也供大家参考。

关键词： 农业保险；研究；课题

1982年，中国开始新一轮农业保险的试验，迄今已经40年了。中国农业保险制度在这40年的探索、建立和发展过程中，农业保险研究一直伴随着实践的脚步努力前行，为农业保险的试验、发展，为制度建立与完善，为政策的制定提供了重要的理论依据，也为农业保险的经营实践提供了科学的指导。在《农业保险条例》正式实施之后，中国政策性农业保险制度全面建立，农业保险业务也得到了空前高速度的发展，2021年和2022年，连续两年以保险费计算的市场规模稳居全球第一。但是，无论是法律制度建设还是经营管理改进方面，都还存在许许多多的问题，需要学界和业界进一步深入研究，为中国的农业保险制度的完善和高质量发展，提供科学依据。

一、农业保险在乡村振兴战略中的地位和作用问题

实施乡村振兴战略是完成脱贫攻坚任务之后国家发展的重大部署。中央将全面推进乡村振兴作为实现中华民族伟大复兴的一项重大任务，要举全党全社会之力加快农业农村现代化，让广大农民过上更加美好的生活。就是要解决好发展不平衡不充分的问题，补齐农业农村短板弱项，推动城乡协调发展，构建新发展格局，扩大农村需求，畅通城乡经济循环，应对国内外各种风险挑战，稳住农业基本盘，守好三农基础。

农业保险作为农业农村风险保障制度，是乡村振兴战略实施中的重要组成部分和

---

* 本文原载《农村金融研究》2022年第8期。

作者简介：庹国柱，首都经济贸易大学保险系教授，农村保险研究所所长。

政策工具。这一点应该是大家的共识。

要使用好这个政策工具，还有许多需要深入研究的问题。农业保险，特别是政策性农业保险到底是财政政策工具还是金融政策工具？理论和实际依据是什么？

相对于支农惠农的其他政策工具，例如，直接补贴、信贷、担保、期货等，政策性农业保险对于农业农村发展和农民稳收增收到底能起多大作用，这些政策工具之间如何配合能发挥更好的作用，现有的研究虽然有一些成果，但是，研究的深度不够，主要是一些规范性分析，理论的推导，特别具有较强说服力的实证研究还比较少。这个问题研究得越深入，对于验证农业保险特别是政策性农业保险的效用越具有重要意义，也对政策性农业保险的发展决策有重要意义。

二、政策性农业保险扩大覆盖面的问题

农业保险覆盖面的问题是涉及政策性农业保险能不能达到政策目标的重要问题之一。覆盖面的高低意味着有多少标的和每一种标的得到多大风险保障。

覆盖面问题有两个计量维度：一个维度是保险标的的种类覆盖面（纳入政策性农业保险补贴目录的标的占所有标的的比例），另一个维度是农户参与政策性农业保险的覆盖面。

研究覆盖面的第一个维度，就是要知道政策性农业保险在一定约束条件之下，可能的服务边界在哪里。对于农业农村产业来讲，从生产到流通全产业链，在众多的农业财产中，既有农林牧渔方面的资产，也有其他涉农财产，这些农村财产都需要风险保障，但是能够纳入政策性农业保险的标的只是一部分。不同国家，由政府支持的（或称政策性）农业保险覆盖范围都不一样。这种差别源于不同国家的不同政策目标和财政约束。例如美国，最初几十年政府纳入政策性农业保险的标的，只是涵盖农作物，近些年又将生猪、肉牛、肉羊和牛奶纳入政府支持的农业保险中。在日本，最初的政策性农业保险标的，只包括大麦、小麦、水稻（含旱稻）、生猪、养蚕等几种，后来扩大到所有的农作物，包括蔬菜和花卉，还有部分家畜家禽。目前中央财政支持的保险标的有 17 类，20 几种产品。地方支持的所谓“特色农险产品”范围就更加广泛，几乎涵盖了所有农、林、牧、渔生产和重要涉农财产，构成了中国政策性农业保险的特色。

这里面最重要的是中央支持标的的范围，因为这个“盘子”的大小才有举足轻重的宏观意义。大家讨论“大农险”已非一日，但迄今为止，中央支持的政策性农业保险标的还是这 17 类。2019 年财政部等四部委发布的《关于加快农业保险高质量发展的指导意见》中，提出要扩大保险覆盖面，将农房、农业机械、农业设施、农产品仓库等涉农财产纳入政策性农业保险的范围，这些政策意见都深得民心。但至今也只是部分省对农房、农机、渔船、农业设施等标的的保险有一些政策支持，中央并没有具体的财政支持政策。表明部门文件提出来，还只是一个想法或者倡议。从想法到变成

政策、法规、法律，需要进一步研究论证。但是在什么样的财政预算约束下，“大农险”要做多大才是适宜的，需要调研并做出结论才能有助于高层决策。

覆盖面第二个维度，就是已有的政策支持险种要达到多大覆盖面才能达到理想的政策效果，所以这个覆盖面也可以叫“参与率”或“渗透率”。这个“参与率”或“渗透率”一般也有两种统计方式：一类是计算参与农户占总农户的比例，另一类是承保标的数量（播种面积、头、羽数）占全部播种和饲养总量（播种面积、头、羽数）的比例。目前，虽然部分中央财政支持的保险项目覆盖面比较高，比如三大粮食作物承保覆盖面已经达到70%以上，但是针对其他标的保险项目覆盖面不高，有的不到30%。至于各省支持的地方特色农险产品覆盖率就更低了，超过20%的不多。一项农险政策要取得较好的政策效果，必须要有政策实施对象的参与，参与度越高，政策效果才能显现出来，否则，再好的政策也难以达到政策目标。所以必须进一步研究政策性农业保险的覆盖面及其影响，以及达到最好或者次好的政策效果所需要的条件。实际上其他国家也在努力研究这个问题，并根据研究成果，改进和优化制度、政策和法律。

三、农业保险的经营管理问题

政策性农业保险的经营和管理，从整体上来讲是一个动态优化的过程，既检验制度、决策和政策规范的科学合理性，也反映市场主体的经营管理能力和水平的变化。在这个大题目里面，尚需深入研究的问题比较多。主要有：经营模式选择和调整问题，风险区划和差异化费率问题，合规经营问题，大灾风险分散制度建设问题，各参与主体的法律定位问题等。

这里所讲的经营模式是指各省按照《农业保险条例》规定所选择的市场模式。2013年之前，各省农业保险的经营模式有多种，包括：单一商业保险公司经营模式，政府经营商业保险公司代办模式，政府和商业保险公司联合共保模式，还有商业保险公司共保模式，当然更多的是多家商业保险公司竞争性经营模式。近10年过去了，现在只剩下多家保险公司竞争性经营模式和商业保险公司联合共保模式两种。这种变化有行政性因素，也有市场化发展的因素。是不是现在的市场经营模式就是最好的，最有效率的，还需要细致研究。有不少研究认为多家主体竞争性经营的模式弊端不少，应当适当限制竞争。那么什么样的经营模式既能适当限制竞争，又能达到更好的政策和市场效果，还需要进一步研究。

农业风险区划和差异化费率的实施问题，已经研究了30多年，对于其必要性和可行性也取得了共同认识，已经初步拿出了以县为基本单位的“农业风险地图”（中国农科院信息研究所）和以市为基本单位的“三大粮食作物纯风险损失率表”（中国精算师协会）。但是，实践中并没有怎么跟进。这就需要研究，这到底是为什么。明明是从理论上已经讲清的道理，也相应有了操作工具，却迟迟不能转化为生产力，其中必然有内在的逻辑以及需要解决的困难和问题。

农业保险合规经营问题自政策性农业保险试验以来就存在，监管机构也制定了很多监管规则，虽然是部门规章。监管机构在加强非现场检查的同时，也经常进行现场检查。每年都要处理不少违规甚至违法经营的问题。所谓虚假成本、虚假理赔和虚假费用的“三虚”问题，就是这些问题的典型表现。这里面的内在原因是什么，仅仅是保险经营主体的问题，还是有其他方面的问题，例如地方政府的不适当干预，恶性竞争，农户的逆选择和道德风险等。这个问题关系到政策性农业保险的效率问题和能不能实现政策的预期目标的问题。需要深入探讨，找出既治标又治本的路径，特别需要找出从根本上治理的有效机制。

政策性农业保险需要大灾风险分散制度，经过多年论证也已达成共识，上层决策层已经确定了这个制度的三层治理模式。第一层，即公司级“大灾风险准备金”已经实施 7 年，虽然也存在一些执行问题，但是问题不大。现在的问题主要是第二层（中国农再）和第三层（国家巨灾风险基金）两个层次的构建。

中国农再成立一年多，采取了一些不同于商业性再保险的业务规则和方式，引起一些讨论，中国农再到底应该怎样经营才能更好地发挥其作用，中国农再占有多大农险市场份额，或者说将多大业务风险分散到全球再保险市场具有最佳政策效果，还需要进一步研究和论证。还有，对于中国农再如何处理其商业保险机构与其行使政策性职责的关系，也是一个需要解决的重要问题。因为中国农再除了为直保公司提供再保险之外，还有三项国务院赋予的行政性职责，需要通过研究给出解决方案。

对于这个制度的第三层，即巨灾风险基金，只是在筹备之中，这个基金应该或者可能发挥多大的作用，基金的筹融资模式、基金规模、管理和投资方式、基金使用规则等问题，也需要加快研究，以便能在可靠性论证的基础上，组建这个基金并投入运营。

政策性农业保险的参与主体与一般商业性农业保险的参与主体有所不同。除了投保人和保险人之外，还有政府。而且中国政府在这个农业保险中的参与度，比我所了解的其他国家都要“多”和“深”，特别是基层政府（县乡政府）的积极参与。国外一般是一级（中央）或者两级（中央和省）政府参与，我国是中央、省、市（地）、县、乡（镇）五级政府都参与，这是中国政策性农业保险的一大特色。好处是参与度如果适当，就会促进政策性农业保险的更大和更快推广，大大提高参与率，也可能提高承保和理赔效率，其良好的政策效应就会更大地释放出来。但是如果过度或者不适当参与，也会损害政策效果的发挥，还会带来其他方面的问题。这方面已有一些研究成果，但是还缺乏深度，对于其机理和深层逻辑的揭示还不够，还没有找到更合理有效的治理之道。

四、几类保险产品的试验和推广问题

农业保险中有几类比较受关注的产品需要很好地研究。一个是收入保险的试验和推广问题，一个是关于天气指数保险的适应性问题，一个是“保险＋期货”发展前景问题。

(一) 收入保险的推广问题

农业收入保险对保险界来说已经不陌生。特别是近两年，财政部加大支持力度，2022 年开始在全国 13 个省 812 个产粮大县普遍推行三大粮食作物的收入保险，有的省对于其他重要农作物，如大豆、甘蔗和生猪等标的，也有试验收入保险的，因此收入保险成为整个农险界关注的焦点。从农业保险的长远发展来看，收入保险将来大概率会成为政策性农业保险的主打品种。因为在所有农产品都进入市场化发展轨道之后，收入保险比较适应农户的需要，也更符合政府的政策预期。不过各地的试验中问题还比较多，这种产品与政府的期望、农户的期望以及保险经营机构的期望还有差异。有的保险公司试了一下就不再试了。

已有的关于农业收入保险的研究，讨论不同险种定价方法、推广模式、实施方法和途径的比较多，这都是未来大规模推广所必要的理论和政策储备。

现在还需要进一步研究的问题是：第一，对收入保险基本概念和原理还缺乏明确和统一的认知。第二，需要更好地探讨收入保险的产品设计和精算规范问题，为相关规则和政策制定提供依据。第三，扩大范围推广收入保险需要解决哪些问题。第四，收入保险如何与其他财政政策（例如反周期补贴计划）相配合的问题等。

到目前为止，不少被保险人和保险人还没有完全了解收入保险的确切含义。收入保险虽然是同时化解产量风险和价格风险的重要手段，但是，收入保险只能承保农牧产品的预期收入风险，而不是保障其最高收入或者过往平均收入风险。“预期收入”完全有可能低于过去几年的平均收入。也就是说，收入保险并不能完全解决收入风险损失问题，遇到大的持续性的价格下跌，收入保险作为一种短期收入保障方式，只能部分解决预期收入与收获期、出栏期实际损失的差额，保险补偿之外的收入损失还需要有其他的政策手段加以补充和配合，才能形成收入保障的“组合拳”。这方面的国际经验也值得参考和借鉴。

从政府决策和管理视角，收入保险需要在产品设计和精算方面做出规范，但这不是哪一家公司能够胜任的。我们需要对产品设计和精算规则进行研究，并由管理部门加以发布或者监督执行。近几年，收入保险产品精算方面的研究成果不少，重点是对不同类产品精算方法的研究。目前尚缺乏对不同精算方法的综合和比较性研究。对于收入保险实施路径也需要进行研究。目前有两种实施方式：一种是保险公司承担全部收入保障风险，并通过再保险分散其风险；另一种是保险公司与期货公司共同承担收入风险责任，也就是有的地方试验的“收入保险＋期货”的实施方式。就中央层面的管理而言，需要在试点基础上对这两种实施方式进行比较研究，才能确定收入保险可行的实施方式。

在三大作物收入保险试验的基础上，有没有必要和可能进一步将收入保险向众多的农林牧渔生产中扩展和推广，是政策制定部门、管理和监督部门需要考虑的问题，也是广大农户和保险经营机构关心的问题。因此需要在总结试点经验的基础上对其必要性和可行性加以讨论，为下一步制定发展政策提供必要的依据。

（二）天气指数保险的适应性问题

天气指数保险是本世纪初才出现的。从 2008 年安徽第一款产品问世到现在，15 年里我国开发和试验的产品有几十种了。有单一气象因素的天气指数保险，也有多气象因素的天气指数保险，涉及的种植业品种也比较多，除了小麦、水稻、玉米等粮食作物，还有不少特色作物、园艺作物，如苹果、柑橘、茶叶、橡胶树等天气指数保险。从实践来看，对于天气指数保险的保单设计和精算技术方面的研究比较多，也积累了一定的实操方面的经验。但是，多是小范围的地方特色险种的试验，大宗农产品的天气指数保险比较少，即使是地方特色产品，在一个地方持续进行试验经营的也比较少，很少有大范围推广的，而且近几年的试验热情似乎也没有前些年高。

其实天气指数保险是一种很好的农业保险操作和经营方式，可以简化承保和理赔程序，不仅能减少投保人的逆选择和道德风险，提高保险效率，还可以降低保险经营者的管理成本。但是，天气指数保险并不单纯是产品设计和精算问题。我们需要更多地研究：第一，在中国是不是适合发展天气指数保险，是在部分地区适合，还是全国普遍适合，也就是要研究在哪些地方哪些标的适合试验和推广天气指数保险。第二，对于大宗农作物的政策性保险，有没有可能用天气指数保险取代传统的成本保险或者产量保险，如果有的话需要什么条件。第三，如何在产品设计、精算以及定损理赔等方面实现网络化系统化，将天气指数保险变得更简单。第四，如何更好地借鉴天气指数保险试验推广方面的国际经验。

之所以提出这几个问题，是因为天气指数保险要尽可能地减小基差风险，这就需要选择的试验和推广区域具有类似的自然、地理、气象条件。鉴于我国大部分地区的自然风险条件的区域性很强，同一种天气指数保险产品很难在较大范围内适用，如果适用范围太小，经营成本就会提高，经营效果也会受到一定限制。目前的试验从热潮到降温，虽然与经营机构短期行为和缺乏政府的规划有一定关系，但主要还是缺乏从更宽阔的视野考察天气指数保险的适应性问题。适应性问题没有搞清楚，至少宏观决策部门是无从决策的，即使个别地区有试验成功的几个县，也很难大范围推广，对政策性农业保险的整体推进没有太大意义，也不容易进入政策层面。就国际经验借鉴而言，目前看到的研究国外天气指数保险的文献都是简况介绍，缺乏整体的比较全面的了解和分析，参考性和借鉴意义都很有限。

（三）关于“保险＋期货”的推广可行性问题

“保险＋期货”虽然在上面谈论收入保险时有所提及，但还是有必要作为一个问题提出来。

自从 2015 年第一款“价格保险＋期货”产品问世之后，引起了农业保险界和期货界的广泛关注。特别是适逢政府改革大宗农产品定价机制，对最后几种大宗农产品大豆、棉花、玉米等实行“价补分开”的政策，价格随行就市，不再实行价格补贴，兜底收购。考虑到这几种重要农产品对国家粮食安全的重要性和农户收入可能遭受的市场风险，政府很期待刚刚试验的“价格保险＋期货”能够减少价格风险对农户收入的冲击，所以，自 2016 年至 2022 年连续 7 年的中央 1 号文件都提到对“保险＋期货”试验的支持。大连、郑州和上海三大商品交易所每年也拿出不少资金支持这个试验。根据大商所的不完全统计，2015 年以来，全国“保险＋期货”产品累计开展了 930 个项目，涉及玉米、大豆、棉花、白糖、天然橡胶、饲料、鸡蛋、苹果、红枣等十余个品种，涉及 27 个省份，累计开展 60 余个县域全覆盖项目，3 524 万亩①种植面积，1 377 万吨现货量，项目惠及农户 141 万户（其中贫困户 69.7 万户）、合作社 1 507 个，总保费投入 24.47 亿元。其实 2021 年还有一些引人注目的生猪“保险＋期货”试验项目。这些试点项目，成功的经验不少，也确实为参与试验的农户提供了一定的价格风险保障。

对于“保险＋期货”这种“保险产品”或者“期货产品”，现在的问题不是这种“保险＋期货”产品有没有用，是不是成功。这个问题通过 6 年的试验，已经证明，它是可以采纳和使用的一种分散农产品价格风险的较好工具，特别是在没有找到更好的价格风险分散工具之前，组织分散的对期货工具和市场不熟悉的农户，参与“高大上”的期货市场交易，是一种较好选择。但研究这类产品的形式或者模式，不是重点。人们更关心的是“保险＋期货”这种产品能不能进入中央政策层面，得到大规模推广，真正成为政策性农业保险的重要组成部分。

就我自己的理解和认识，要使“保险＋期货”进入政策层面，还必须做出更充分的论证。迄今的研究，虽然试点报告看到不少，但有一些重要问题还没有讨论清楚，或达成共识。例如，对于“保险＋期货”的实质还存在争议。一种意见认为，“价格保险＋期货”本质上是期货，不是保险，它只是由保险人使用价格保险单的形式组织起分散的农户、团体参与期货市场的交易，保险费的 95％都用来作为期货期权交易费用。保险公司在理论上不承担任何价格的风险。在这个期货期权交易中，保险公司只是作为期货市场的中介，从事的是期货经纪业务。如果这种观点成立，财政不为这种纯粹市场化的交易提供支持就是正确的。而如果不能得到中央财政的认可和支持，至少“保险＋期货”是不可能得到大规模推广的，只能停留在商品交易所和地方政府支持层面的试验上面。要进入政策层面，得到中央财政的支持，就需要对其进一步充分论证。

如上所述，“保险＋期货”试点，目前多采取保险公司保产量风险，期货公司保价格风险，可以看作是保险公司和期货公司联合共保，这至少算得上是保险交易，不

① 亩为非法定计量单位，1 亩≈667 米^2，下同。

是单纯的期货交易，有可能进入中央政策层面，成为将来普遍推广收入保险时的一种候选产品模式。即使如此，也需要在试验基础上进一步论证其成为政策性农业保险产品的理由和可行性。目前的研究还有欠缺。

五、农业保险的效益评价问题

政策性农业保险的效益评价对于政策性农业保险的持续和高质量发展非常重要。它的意义主要有两个方面：一方面是需要评估财政资金用于农业保险，是不是能达到政策预期效果；另一方面是要了解制度建设的效率和农险经营的水平，便于优化制度建设，改进对农业保险的监督和管理。

所以对农业保险的效益评价实际上至少有两个层面或者视角。一个层面是，与其他财政支农政策相比较，作为财政预算的农业保险保费补贴产生的效果和效益如何，这在国外也是一个经典课题。财政支农是大政方针，但具体采取什么工具和手段来支持，有多种选择，包括农业基础设施建设、粮食储备、价格补贴、信贷和担保、农业保险补贴和其他反周期收入补贴等手段。虽然有些手段和工具是互补的，但也有些是可以相互替代的。对农业保险政策科学合理的效益评价，至少可以寻求支农“组合拳”的最优或者次优的组合“套路”，知道农业保险这一政策工具怎样发挥作用和发挥了多大作用。

另一个层面是，与其他风险管理工具比较起来，农业保险作为风险管理工具的效果和效益如何。农业风险管理是一个较大的系统，有多种风险管理工具，从政府层面说，有兴修水利、基本农田建设等工程措施和免税、直接的财政补贴等工具，从市场层面说，有金融保险等市场化工具。这些不同的工具同样有补助和替代的效果。

两个层面或视角，有些分析元素是相同的，有些分析元素是不同的，它们的目标函数也不完全一样。关于这方面的研究，已经有一些规范性和实证研究成果，也有专著，提供了不少好的分析思路和方法，也有一些局部的结论。有的部门或者省份也在制定农业保险考核或者评价指标体系，因此，需要有更多的更加适用于作为不同层级政府决策参考的研究成果。

六、《农业保险条例》修订和农业保险立法问题

农业保险需要单独立法。如果 1995 年出台的第一版《保险法》第 149 条提出这个问题时还没有被注意的话，时至今日，这一点已经成为农业保险学术界和实务界的共识。

我们现在只有一部 2012 年 11 月颁布、2013 年 3 月实施的《农业保险条例》（以下简称《条例》）。这个《条例》虽然 2016 年修订过一次，但没有实质性修改。10 多年来的农业保险实践，已经提出了很多新问题，现行《条例》的许多条款无法适应高

质量发展农业保险的需要，修订《条例》继而为农业保险立法，比较迫切。

《农业保险条例》是我国关于农业保险的第一个行政法规，它的诞生对于我国农业保险的发展产生了积极和深远影响。《条例》明确了农业保险制度建立的重要意义，初步确立了农业保险的政策目标、原则和制度架构，明确了政府财政支持农业保险的政策和导向，对农业保险的经营和监管做出了初步规范，特别是针对政策性农业保险的特殊性，做出了相应的规定和要求。这对农业保险发展方向的把握至关重要。虽然在一段时间里，就“政策性”的提法和概念存在某些争议，但最终取得一致认识。这应该是自 2007 年以来中国农业保险保费规模平均增长 37.22%，并在 2020 年成为全球最大的农业保险市场的最主要原因。

在发展过程中，农业保险的制度建设，无论是决策制度、政策体系、监管制度，还是经营制度，都遇到不少法规难以解决或者难以适应的问题。尽管出台了一些部门规章和规范性文件进行补充规范，但是这些部门规章和规范性文件因为不具有法律法规约束力，执行上就带有很大的选择性和随意性。比如，对于政策性农业保险五级政府参与其中，而《条例》对参与主体规范并不清楚，没有具体的责任划分，特别是存在对于基层政府的监管出现“真空”，很多承保、定损理赔的不规范行为就在这种条件下产生了；对于农业保险产品的开发、定价、审查、管理因为缺乏明确合理的管理规范，操作的自由度很大，农业保险的效率就大打折扣；对于农业保险的管理和监督规定也不那么明确，多部门“协同推进”，虽然有利于农业保险的组织和广泛推行，但大部分部门没有明确担负起实际责任和权利，担负实际管理和监督责任的部门行使管理和监督时，也难以协调一致，甚至出现各自为政、政出多门的现象；对于制度、模式、产品、技术等创新活动，缺乏法律法规的规范，只能依靠部门规章、规范性文件甚至口头指导，使得这些创新缺乏目标，也缺乏效率；对于农业保险政策与其他相关政策的配合与协调方面，也缺乏完整的法律思路，不利于更好地发挥支农惠农政策的协同效应。这些问题都需要通过《条例》的修订和《农业保险法》的制定来解决。

七、农业保险的运行机制和机理问题

农业保险的理论研究，除了农业保险的性质、政府为什么要给农业保险补贴，为什么需要专门的政策性农业保险制度等重大问题之外，还涉及农业保险活动对各有关方面的特殊影响机制的探讨，这是农业保险制度发展和完善的内在动因。农业保险发达国家在数十年里，都在不断向农业保险投钱，而且越投越多。这些国家都是想通过有效的运行机制管理好本国的农业和农村风险，解决本国的农业农村发展、国家食物安全和农户收入稳定问题，解决消费者的廉价食物问题。这些政策的发展和变化，都要依据深入的对于农业保险复杂机理的认识，同时设计好市场和经营机制，使制度运行达到最优或次优。

在当前我国实施乡村振兴战略的新形势下，要解决体制机制的突破，优化政策，完善制度，就需要加强农险机理的研究。例如，关于中国农业保险补贴政策的内在激励和规模，农业保险对农业收入贡献和实现路径；农业保险对农业生产要素配置的传导机制和影响，对不同农户生产行为、投资行为的影响，农业保险对农产品品质安全的影响；农业保险对农村环境污染影响，对农户消费的影响，在防止返贫方面的作用等。最近，学习了几篇研究农险内在机理方面的博士论文，很受启发。

市场竞争本来是一种很好的机制，但是在政策性农业保险中，所谓“由市场配置资源”的优势并没有显现出来，结果反而是无可奈何的高成本和低效率。对于“协议赔付”“应收保费”“三虚问题”的治理，也发过不少监管文件，但是治理效果还是不好。有的同仁说，“真保真赔”很难做到啊！这就需要我们不仅要“对症下药”，更要在体制机制方面做更深入的研究。

参考文献（略）

WTO规则与我国农业保险补贴政策的合规风险评估*

何小伟　李青武　王　克　邢璐瑶　杜秋月

摘要：作为一种财政支农方式，农业保险在全世界得到了广泛运用。不少研究认为，农业保险补贴属于WTO“绿箱”工具，不会引发国际贸易争端，然而，近年来有研究指出，WTO关于农业保险补贴“归箱”的规则并不完备，简单将农业保险补贴视作“绿箱”工具并不准确。本文系统梳理了WTO关于农业保险补贴的现行规则框架，总结了WTO相关规则的主要特征和不完备之处，并基于我国农业保险补贴的实践，从保费补贴以及农业再保险支持两方面评估了我国农业保险补贴的合规风险。本文的主要结论：第一，我国农业保险补贴受到WTO《农业协定》及我国入世承诺协议的共同约束，其中的核心约束是8.5%的微量允许政策；第二，按照WTO规则，只有满足特定条件的收入保险和自然灾害保险才能被视作“绿箱”工具，否则可能会被视作“黄箱”工具；第三，现行WTO关于农业保险补贴的规则存在不完备之处，滞后于全球农业保险发展实践，迫切需要完善；第四，我国种植业收入保险保费补贴的WTO合规风险总体有限并且可控，而再保险支持并无合规风险。论文最后就WTO规则框架下我国农业保险补贴的合规发展提出若干建议。

关键词：WTO规则；农业保险补贴；农业国内支持；绿箱；合规风险

一、引言

世界贸易组织（World Trade Organization，WTO）是世界上最重要的国际性贸易组织，其规则也是各国开展农产品贸易活动的基本遵循。然而，鉴于农业在保障粮食安全、促进乡村卫生治理、农村转型发展、经济增长等方面的重要地位，农业贸易规则在全球贸易制度框架中一直是一个敏感问题。据WTO官方统计，在1995—2021年，与农业相关的贸易争端数量高居前列①，其中，各国的农业国内支持政策是频繁

* 本文原载《保险研究》2022年第9期。

作者简介：何小伟，对外经济贸易大学保险学院副教授；李青武，对外经济贸易大学法学院教授；王克（通讯作者），供职于中国农再研究院；邢璐瑶，供职于中国农再研究院；杜秋月，对外经济贸易大学法学院研究生。

① 参见WTO网站统计资料，https：//www. wto. org/english/tratop _ e/dispu _ e/dispustats _ e. htm。

引发国际农产品贸易争端的核心议题。

作为一种农业风险管理手段，农业保险被很多国家视作一种重要的农业支持和保护工具。据世界银行2008年的统计，全世界有104个国家开展了不同形式的农业保险，超过全世界国家数量的一半（Mahul和Stutley，2010）。其中，美国、加拿大、日本等发达国家的农业保险制度受到多方推崇，成为诸多发展中国家的借鉴对象。2007年以来，我国逐步建立起以中央财政补贴为核心、地方财政参与补贴的农业保险补贴制度，对农业保险的财政支持力度不断加强。比如，2017年我国在粮食主产省开展了农业大灾保险试点，2018年又开展了完全成本保险和种植收入保险试点，并计划将完全成本保险和种植收入保险试点扩大到粮食主产省份的所有产粮大县[①]。此外，我国还于2020年底设立了中国农业再保险公司，将其定位于财政支持的农业大灾风险分散机制的基础和核心，以增强保障农业风险的韧性。

为什么农业保险会受到各国的青睐，成为重要的农业支持和保护工具呢？从已有的研究来看，除了农业保险够降低农户的收入波动幅度、改进农户效用这一基本功能之外（庹国柱和李军，2003；施红，2016；张伟等，2017），还因为相比于其他财政支农手段，农业保险存在着比较优势（张跃华等，2017）。其中，一个广泛提及的比较优势，就是在现行WTO的农业贸易规则下，农业保险补贴属于“绿箱”工具，不会对农业生产和贸易产生明显的扭曲，不易引发国际贸易争端，更加符合国际惯例[②]。特别地，很多研究都援引WTO《农业协定》的附件2——“国内支持：免于削减承诺的基础”，指出其中明确涵盖自然灾害保险和收入保险，并以此说明农业保险补贴属于WTO的“绿箱”范畴。

然而，诸多国际诉讼表明，简单将农业保险补贴归于“绿箱”并不准确。以美国为例，近些年来美国因农业保险补贴在世贸组织先后遭到多次诉讼，比如1999年的加拿大诉美国玉米补贴案、2002年的巴西诉美国陆地棉补贴案、2005年加拿大对美国玉米补贴发起的反补贴与反倾销调查案、2009年中国对美国鸡肉发起的反补贴与反倾销调查案（Schnepf，2010，2014；Glauber，2015；朱晶等，2020）。就我国而言，2016年9月，美国发起对我国农业国内支持的诉讼，指责我国政府向小麦、籼稻、玉米生产者所提供的最低收购价支持水平超过了加入WTO承诺（任慧和林海，2017）。虽然这起诉讼并不涉及保险补贴，但是在我国农业保险补贴力度持续加强的背景下，其潜藏的合规风险无疑值得我们重视。

从国外研究来看，美国学者一直关注农业保险补贴与WTO规则之间的关系，相

① 2018年8月，财政部等印发《关于开展三大粮食作物完全成本保险和收入保险试点工作的通知》（财金〔2018〕93号），决定在内蒙古等6个粮食主产省开展三大主粮作物（稻谷、小麦、玉米）的完全成本保险和种植收入保险试点。2021年6月，财政部等印发了《关于扩大三大粮食作物完全成本保险和种植收入保险实施范围的通知》（财金〔2021〕49号），明确2022年将三大粮食作物完全成本保险和种植收入保险扩大到13个粮食主产省份的所有产粮大县，即产粮大县全覆盖。

② 这一观点在理论界和实务界均有广泛的传播。

关研究也比较深入（Glauber，2004；Smith 和 Glauber，2012；Glauber，2016），但由于这些研究是基于美国的视角来开展的，其结论不能简单地套用于我国。就我国而言，近年来随着农业保险补贴力度的加大，国内学者的研究兴趣正在增强。比如，齐皓天等（2017）指出农业保险补贴并非都属于“绿箱”工具，并分析了美国如何将农业保险补贴选择性“归箱”来逃避 WTO 规则的约束。朱晶等（2020）指出农业收入保险补贴被归为“绿箱”是需要满足严格条件的，此外还评估了我国正在试点的农业收入保险补贴措施与 WTO 规则的适应性。徐亮等（2021）从 WTO 国内支持规则约束的视角分析了我国主粮政策性农业保险的设计空间。

上述研究显然有助于我们更加全面、客观地认识农业保险在 WTO 框架下的作用。然而，遗憾的是，对于 WTO 关于农业保险补贴具体规则的内容以及对我国存在哪些约束，现有研究虽有不同程度的涉及，但缺乏详细梳理。此外，现有研究对我国现行农业保险补贴的合规风险评价工作也需要加强。基于此，本文立足于我国农业保险补贴力度持续增强的背景，系统梳理与解读 WTO 关于农业保险补贴的基本规则，同时结合近年来各国农业保险补贴的实践，对 WTO 相关规则进行评价，最后，本文将对我国农业保险补贴的 WTO 合规风险进行评估。

本文的创新主要体现在如下两方面：第一，本文不仅从 WTO《农业协定》文本的角度深入解读了农业保险补贴的相关规则，同时还剖析了相关规则的特征及不完备之处，拓展了对 WTO 规则的研究视野与深度；第二，本文结合我国农业保险补贴的实践，并以种植收入类保险产品的保费补贴和农业再保险的财政支持为例，分别评估了二者所面临的 WTO 合规压力。

二、WTO 关于农业国内支持及农业保险补贴的总体规则框架

（一）WTO 关于农业国内支持的约束性文件

农业保险具有鲜明的财政支农工具属性（庹国柱，2011；肖卫东等，2013），其持续运作离不开政府的财政支持，这也决定了 WTO 成员对农业保险的补贴必须服从 WTO 关于农业国内支持的规则约束。就我国而言，与农业国内支持相关的约束性文件包括 WTO 关于农业国内支持的相关文件以及 2001 年我国加入 WTO 时的相关承诺。

1. WTO 关于农业国内支持的相关文件

目前，WTO 关于农业国内支持的规则主要体现在《补贴与反补贴措施协定》以及《农业协定》这两个文件中①。

《补贴与反补贴措施协定》是在关税及贸易总协定（简称“关贸总协定”，

① 这两个文件的英文名称分别为“Agreement on Agriculture”（AoA）和“Agreement on Subsidies and Countervailing Measures（SCM Agreement）”。

GATT）“东京回合”谈判期间的同名协议基础上完善的[①]，是对关贸总协定“反补贴税与补贴措施纪律条款”规定的具体化。该文件规范了补贴存在的要件，明确了“专向性”的定义，区别对待了不同类别的补贴政策，为补贴政策的识别提供了较为清晰的法律依据。更重要的是，作为一项多边协议，《补贴与反补贴措施协议》对WTO所有成员均具有强制约束力，对成员方的国内补贴和反补贴政策的立法与实践产生了深远影响。

由于农业部门具有特殊性和复杂性，不能简单适用多边贸易规则下的一般补贴规则，因此“乌拉圭回合”谈判[②]针对农业领域专门达成了相对独立的 WTO 多边贸易规则，也即《农业协定》。《补贴与反补贴措施协定》与《农业协定》之间是一般规则和特殊规则之间的关系，当二者发生冲突时，适用《农业协定》[③]。

2. 我国加入 WTO 时在农业国内支持方面的承诺

在 2001 年我国加入 WTO 谈判时，农业问题最为敏感和困难，其中，农业国内支持问题又是贯穿于谈判全过程的重点和难点问题。

我国在加入 WTO 时对农业方面的承诺包括多个方面，比如农产品关税减让、重要农产品的关税配额管理、农业国内支持的削减、承诺取消农产品出口补贴等。其中，在农业国内支持方面的承诺主要包括：第一，在“微量允许”政策之外，中国承诺零水平的农业国内支持，而相对发达成员目前仍然拥有占农业产值 20%～40%（部分发达成员甚至在 50%以上）的“黄箱”补贴空间（程国强，2022）；第二，中国按照 1996—1998 年平均农业生产总值的 8.5%作为“微量允许”的支持标准，这一水平低于发展中成员所享受的 10%的待遇；第三，中国放弃《农业协定》中给予发展中国家的“特殊和差别待遇”，即中国不能使用“发展箱”政策工具。

（二）WTO 关于农业国内支持的规则内容

1.《农业协定》的产生及主要内容

第二次世界大战以后，关贸总协定持续推动国际贸易自由化，然而，由于农业保护的理念根植于发达国家和发展中国家的国内农业政策，国际农产品贸易一直是十分敏感和复杂的话题，相关贸易规则的改革进展甚微。直到 1986 年“乌拉圭回合”谈判开始时，农业贸易才被确定为该轮谈判的中心议题。在经历了多次艰苦的谈判之后，各主要国家最终于 1993 年底签署了《乌拉圭回合农业协定》，也即 WTO《农业

① “东京回合”谈判是关贸总协定所主持的战后第 7 轮国际贸易多边谈判（1973—1979 年），主要参加者是西方 18 个发达工业国家。“东京回合”谈判在非关税壁垒领域达成了一系列多边协定，但农业领域的谈判没有取得实质性成果。“东京回合”之后是“乌拉圭回合”谈判。

② “乌拉圭回合”谈判是关贸总协定主持下的第 8 轮多边谈判（1986—1994 年），也是关贸总协定的最后一轮谈判。其最突出的成果就是建立世界贸易组织（WTO），取代关贸总协定。

③ 《农业协定》的第十三条对这两个文件的关系进行了专门约定。

协定》。

WTO的基本目标是促进贸易自由化，《农业协定》对农产品贸易的规则主要集中于如下三个领域：市场准入、出口竞争和国内支持。其中：

“市场准入”规则旨在通过限制使用除关税以外的其他非关税进口限制措施，约束和削减关税水平，增进农产品市场准入机会，也即通过非关税壁垒“关税化”和降低关税水平，促进农产品贸易自由化。

“出口竞争”规则是指WTO成员不以《农业协定》及其削减表中列明承诺以外的其他方式提供出口补贴①、出口信贷、粮食援助、出口国营贸易等支持。

“国内支持”规则要求WTO成员以综合支持量（Aggregate Measurement of Support，AMS）和综合支持总量（Total Aggregate Measurement of Support，TAMS）为削减尺度作为削减承诺②，这实际上是对成员在采取国内农业支持措施时施加的一种量化指标约束。

这里所谓的综合支持量，是指各成员对农产品实施的价格支持、直接支持以及其他补贴形式的国内保护措施的支持金额，其政策目标是保障本国粮食安全、维护农产品价格稳定和保障农民收入（王传丽等，2009）。农业国内支持是《农业协定》中与市场准入、出口竞争相并列的基础性概念，其范围的界定比较清楚，不能与“农业补贴”简单画等号③。

2.《农业协定》关于农业国内支持措施的主要规则

鉴于各成员国内支持措施的形式和机制的多样性，《农业协定》基于是否对农业生产和贸易产生扭曲作为判定依据④，将国内支持措施分为两大类⑤：一类是“要求做出削减承诺的国内支持措施”，也即“黄箱”措施（Amber Box），此类措施有比较明显的扭曲作用；另一类是“可免除削减承诺的国内支持措施”，包括“绿箱”措施（Green Box）、“微量允许”措施（De Minims）、“蓝箱”措施（Blue Box）、特殊和差别待遇（Special and Differential Treatment，SDT）等。这两类支持措施的具体含义、形式及约束要求详见表1和表2。

---

① 2015年12月，世贸组织第十届部长级会议通过《内罗毕部长宣言》，162个成员首次承诺全面取消农产品出口补贴。

② 根据《农业协定》，综合支持量（AMS）是指“给基本农产品生产者生产某项特定农产品提供的，或者给农产品生产者全体生产非特定农产品提供的年度支持措施的货币价值量。”综合支持总量（TAMS）是各种形式的综合支持量之和，也即综合支持量总量（TAMS）＝所有特定农产品支持的综合支持量＋所有非特定农产品支持的综合支持量＋所有特定农产品支持等值。综合支持总量越大，说明对农业支持和保护程度越高。具体计算详见程国强（2001）。

③ 如政府对农业的科研支持等一般性服务属于农业支持，但却不是农业补贴。

④ 所谓扭曲，主要是指农产品生产和贸易不能达到自身运行的最优状态，其原因通常包括市场机制的不健全（如垄断）或者人为的干预（如关税壁垒、进口限制、出口补贴等）。

⑤ 严格来说，“微量允许”政策（De Minims）也属于“黄箱”政策。

表1 《农业协定》对"黄箱"措施的约定

措施形式	削减要求	削减承诺
包括但不限于：①价格支持；②营销贷款；③面积补贴（与当前生产挂钩）；④牲畜数量补贴；⑤种子、肥料、灌溉等投入补贴；⑥某些有补贴的贷款计划	通过综合支持量（AMS）来衡量黄箱政策补贴的大小，并要求在约束该类补贴的基础上，逐步予以削减	自1995年开始，发达国家在6年内逐步削减20%的AMS，发展中国家在10年内逐步削减13%的AMS。目前，除了WTO新成员，所有成员都已经削减完毕，当前的政策空间即为最终的政策空间。我国的综合支持量一直为零①

资料来源：程国强．WTO农业规则与中国农业发展［M］．北京：中国经济出版社，2001.

表2 《农业协定》对其他免于削减承诺措施的约定

措施种类	主要形式和条件
"绿箱"措施	包括12种形式：①一般政府服务；②用于粮食安全目的的公共储备；③国内粮食援助；④对生产者的直接支付；⑤与生产不挂钩的收入支持；⑥收入保险和收入安全网计划中的政府资金参与；⑦自然灾害救济支付；⑧通过生产者退休计划提供的结构调整支持；⑨通过农业资源停用计划提供的结构调整支持；⑩通过投资援助提供的结构调整支持；⑪农业环境支付；⑫地区援助支付
"微量允许"措施	对特定农产品的综合支持量不超过其生产总值的5%（发展中国家为10%），或计算非特定农产品的综合支持量不超过全部农业生产总值的5%（发展中国家为10%），均不必计入综合支持总量（Current Total AMS），可免除削减。我国的标准为不超过8.5%
"蓝箱"措施	①按固定面积或产量提供的补贴；②根据基期生产水平85%以下所提供的补贴；③按牲口的固定头数提供的补贴
特殊和差别待遇	①一般可得到的农业投资补贴；②对低收入或缺乏财力的生产者提供的农业投入品补贴；③为鼓励生产者不生产违禁麻醉作物而提供的支持。只面向发展中国家

资料来源：程国强．WTO农业规则与中国农业发展［M］．北京：中国经济出版社，2001.

3. WTO规则对我国农业国内支持所形成的具体约束

综合《农业协定》及我国入世时对农业方面的承诺，我国在农业国内支持上所面临的规则约束可以概括如下：

第一，对于属于"绿箱"的农业国内支持措施，我国政府可以加大投入力度，WTO没有规模上的约束。

第二，对于属于"黄箱"的农业国内支持措施，按照"微量允许"标准，我国对特定农产品的综合支持量不得超过该产品生产总值的8.5%，对非特定农产品的综合支持量不得超过全部农业生产总值的8.5%。如果超过，则属于"违规"，需要对超出部分进行削减。这也是我国国内农业支持所面临的最重要的约束。

第三，在"微量允许"之外，我国承诺的国内综合支持总量为零，也即没有超"微量允许"的"黄箱"运用空间，同时，我国没有采取"蓝箱措施"，也不适用发展中国家所享受的"特殊和差别待遇"。

① 这突出反映了《农业协定》向发达国家过度倾斜、对发展中国家支持不足的不平衡性。

（三）对《农业协定》关于农业保险补贴的规则文本解读

WTO《农业协定》的文件正文中并没有与农业保险直接相关的表述，但是，《农业协定》的附件 2——《国内支持：免除削减承诺的基础》在列举 12 种典型“绿箱”工具时，对“收入保险”以及“自然灾害救济支付（保险）”做出了具体约定①。根据该附件，只有满足特定条件的“收入保险”和“自然灾害救济支付（保险）”才能免除削减义务，这些条件也成为判断各成员的农业保险补贴是否为“绿箱”的直接依据。

1. 对收入保险相关规则的解读

根据《农业协定》附件 2 的第 7 条，满足特定条件的“收入保险和收入安全网②计划中政府的资金参与”③，可以免除削减义务。这里将“收入保险”和“收入安全网”列在一起，是因为政府可以利用这两种工具来减少因生产或价格波动对农业生产者造成的收入冲击。

表 3 的左侧列举了第 7 条所规定了具体条件原文，右侧为我们对这些条件进行的要点解读。

表 3 《农业协定》附件 2 第 7 条原文及解读

第 7 条原文	要点解读
第一，获得此类支付的资格应依据收入损失确定，仅考虑来源于农业的收入，此类收入损失应超过前 3 年期，或通过去除前 5 年期最高的和最低的年收入确定的 3 年平均总收入或等量净收入的 30%（排除相同或类似方案中获得的任何支付）。符合此条件的任何生产者均应有资格接受此类支付	只关注生产者的农业收入损失。假定生产者过去 3 年的平均农业总收入（或者 5 年的奥林匹克平均值）为 1 000 元，只有当收入损失超过了 300 元，生产者才有可能获得支付资格
第二，此类支付的数额应补偿生产者在其有资格获得该援助的当年收入损失的 70%以下	如果生产者过去 3 年平均总收入为 1 000 元，而实际收入损失 600 元，那么生产者获得的支付不能超过 420 元
第三，任何此类支付的数额只应与收入有关；不得与生产者从事生产的类型或产量（包括牲畜头数）有关；不得与适用于此种生产的国内或国际价格有关；也不得与所使用的生产要素有关	此类支付“盯住”生产者的收入，而非生产类型、产量、价格、生产要素等。只有当生产者出现了收入损失，才能获得支付
第四，如一生产者根据本款和第 8 条（自然灾害救济）在同一年内接受两次支付，则此类支付的总额不得超过生产者收入总损失的 100%	生产者因收入保险而得到的支付与因自然灾害救济（或保险）而得到的支付之和不能超过总损失

注：第 7 条原文的来源同表 1，要点解读为作者整理。

---

① 根据《农业协定》附件 2，可以免除削减义务的国内农业支持措施需要满足两个基本条件：一是所涉支持的资金来自公共财政，而非消费者的转让；二是所涉支持不具有对生产者提供价格支持的作用。另外，满足特定条件的 12 项政府服务计划也可以免除削减，详见表 2 中的“绿箱”措施。

② 这里以美国为例说明收入安全网的含义。在美国，通常将帮助农民管理生产和价格风险以支持农民收入的一系列政策统称为农业安全网。美国农业安全网主要由三部分构成：联邦农作物保险项目；农场商品项目；农业灾害救助项目。其他的支持项目包括紧急贷款和美国农业部自由斟酌的援助项目等。美国农业安全网以保障农民收入为核心目标，以维护食物可持续充分供给为根本目标（Shields，2015）。

③ 英文表达为 Government financial participation in income insurance and income safety-net programmes。

2. 对自然灾害保险相关规则的解读

根据《农业协定》附件2的第8条，满足如下条件的“自然灾害救济支付（直接提供或者以政府对农作物保险计划资金参与的方式提供）”可以免除削减义务（表4）。这里的自然灾害救济支付形式既包括政府向农业生产者直接提供的资金救助，也包括政府通过农作物保险计划提供的自然灾害损失补偿，二者具有替代性。

表4的左侧列举了第8条所规定的具体条件原文，右侧为我们对这些条件进行的要点解读。

表4 《农业协定》附件2第8条原文及解读

第8条原文	要点解读
第一，只有在政府主管机关正式认可已发生或正在发生自然灾害或类似灾害（包括疾病暴发、虫害、核事故以及在有关成员领土内发生战争）后，方可产生获得此类支付的资格；该资格应以生产损失超过前3年期或通过去除前5年期最高的和最低的年收入确定的3年平均产量的30%的产量损失确定	只有发生政府认可的自然灾害事件后，才会发生此类支付。如果生产者过去3年的平均产量（或者5年的奥林匹克平均值）为500千克，那么只有当产量损失超过150千克时，生产者才有资格获得此类支付
第二，灾害发生后提供的支付仅适用于因所涉自然灾害造成的收入损失，包括牲畜（包括与兽医治疗有关的支付）、土地或其他生产要素损失	此类支付仅补偿生产者因自然灾害所造成的收入损失，包括生产要素的费用和成本损失
第三，支付所做的补偿不得超过恢复此类损失所需的总成本，且不得要求或规定将来生产的类型或产量	此类支付不能超过总恢复成本，且与生产类型或产量不挂钩
第四，灾害期间提供的支付不得超过防止或减轻前述第2项标准所定义的进一步损失所需的水平	此类支付不得超过包括防灾成本在内的损失总和
第五，如一生产者根据本款和以上第7条（收入保险和收入安全网计划）在同一年获得两次支付，则此类支付的总额不得超过生产者总损失的100%	生产者因自然灾害救济（保险）而得到的支付与收入保险的支付之和不能超过总损失

注：第8条原文的来源同表1，要点解读为作者整理。

三、对WTO关于农业保险补贴规则的进一步讨论

（一）WTO关于农业保险补贴规则的主要特征

通过上述梳理可以发现，《农业协定》关于农业保险补贴的规则具有如下特征：

第一，有关农业保险补贴规则的篇幅非常有限。从前面的分析可以看到，《农业协定》在附件而非正文中对农业保险补贴做出了相关约定，其关注点也主要是自然灾害保险和收入保险作为“绿箱”工具需满足的条件。除此之外，再无其他规定。这种情形不仅与《农业协定》签署时国际农业保险发展相对有限有关，也与农业保险在农业支持体系中的相对地位有关。与此形成对比的是，当前农业保险在各国农业支持体系中的重要性有了明显提升，比如在美国，农业保险在农业安全网中扮演着核心角

色，其地位在不断强化[①]。

第二，只对农业保险补贴的"绿箱"规则进行了约定，但是却未对农业保险补贴的"黄箱"规则进行约定。在内容安排上，《农业协定》将农业保险补贴的相关约定放在了其附件 2——《国内支持：免除削减承诺的基础》[②]。然而，《农业协定》并未提及哪些农业保险补贴会被归入"黄箱"，这让不少人产生了农业保险补贴都属于"绿箱"的认识。

第三，体现了少数发达国家的利益诉求。在"乌拉圭回合"谈判期间，美国、加拿大等少数发达国家的农业保险已经有了一定程度的普及，并在农业保险保费补贴方面积累了一定的经验[③]。相比之下，很多发展中国家农业保险的发展滞后，也缺乏对农业保险进行财政补贴的能力和意愿。

（二）WTO 关于农业保险补贴规则的不完备性

《农业协定》签署至今已近 30 年，在此期间，国际农业保险有了长足的发展。基于近些年来各国农业保险补贴的实践以及与农业保险相关的农业诉讼案件（Glauber，2016；齐皓天等，2017；朱晶等，2020），我们发现，《农业协定》关于农业保险补贴的相关规定存在着明显的不完备性。

首先，从产品形式来看，《农业协定》只关注了属于"绿箱"的收入保险和农业灾害保险，范围较窄。经过多年的发展，国际农业保险市场的产品形式不断丰富，创新产品不断涌现。比如，美国将农业保险产品形态分为产量保险、收入保险、区域保险、牲畜保险、附加保险、其他保险六大类[④]，我国的农业保险产品也可分为成本保险、产量保险、收入保险、价格保险等不同类别，而不同类别的产品在保险责任和合同特征上存在着差异，其获得的保费补贴也不尽相同，这意味着相关规则对保险产品的关注范围存在进一步扩大的空间。

其次，从补贴机理来看，《农业协定》仅对农业保险产品的合同特征进行了规定，但是却没有对农业保险补贴的具体形式进行差异化的约束。虽然《农业协定》在附件 2 中列举了收入保险和农业灾害保险作为"绿箱"所应该具备的保险责任、赔付条件、赔付金额等合同特征，但是这些更像是政府补贴之后的结果，而对于不同补贴形式与农业保险产品合同特征之间的联系，现有规则没有规定。在国际实践方面，政府

---

① 根据美国《2014 年农业法案》，2014—2023 年美国农业保险补贴的预算支出为 900 亿美元，年均 90 亿美元，是同期其他商品补贴（主要包括营销贷款补贴、基于价格或收入的差额补贴）预算支出（440 亿美元）的近 2 倍，重要性进一步凸显。

② 《农业协定》共有五个附件，分别为：附件 1——《产品范围》、附件 2——《国内支持：免除削减承诺的基础》、附件 3——《国内支持：综合支持量的计算》、附件 4——《国内支持：支持等值的计算》、附件 5——《关于第 4 条第 2 款的特别处理》。

③ 比如，1980 年美国出台的《联邦农作物保险法》就提出对农作物保险给予保费补贴，1994 年美国又出台了《农作物保险改革法》加大对农业保险的补贴力度。

④ 详见 https：//www. rma. usda. gov/Policy-and-Procedure/Insurance-Plans。这也是美国官方的分类方法。

对农业保险补贴的形式是多样的，除了最为常见的保费补贴，还包括经营费用补贴、再保险补贴等其他形式，并且这些补贴形式对农业保险产品的影响机理也不尽相同。

最后，从操作规则来看，《农业协定》没有明确约定农业保险补贴综合支持量（AMS）的具体计量方式。比如，在政府为农业保险所提供的保费补贴、经营费用补贴、再保险补贴中，哪些属于"绿箱"，哪些属于"黄箱"？哪些农业保险补贴属于"特定农产品支持"，哪些又属于"非特定农产品支持"？这些计算规则也有待进一步完善。

综上所述，WTO关于农业保险补贴的现有规则难以对各成员发挥有效的引导和约束作用，滞后于各国农业保险的最新发展实践，迫切需要修订。然而，从近年来"多哈回合"谈判的进展来看，WTO成员对农产品贸易的分歧明显，谈判过程屡屡陷入停滞和僵持状态，新的农产品贸易协议迄今仍未达成（董银果和尚慧琴，2011），有关农业保险补贴规则的修订也遥遥无期。因此，现行《农业协定》仍然是当前WTO框架下各国开展农业支持的基本规则，对各国农业保险的财政支持存在一定约束力。

四、WTO规则框架下我国农业保险补贴的合规风险评估

（一）我国农业保险补贴的主要方式

准确识别我国农业保险补贴的主要方式，这是评估WTO框架下我国农业保险补贴合规风险的前提和基础。

自2007年中央财政对农业保险实施保费补贴政策以来，我国农业保险的财政支持形式主要为农业保险保费补贴，为了规范和加强中央和各级政府的补贴行为，财政部先后出台了一系列文件对农业保险保费补贴进行规范①。经过15年的发展和完善，现行的农业保险保费补贴制度得到了农户的广泛认同，已经成为财政支农惠农的重要工具。

在发展之初，我国农业保险产品均为物化成本保险②，保障水平（也即保险金额）均比较低，各种农产品的条款和费率几乎没有什么差异，没有明确的定向收入支持属性，主要责任为自然灾害、意外事故、病虫害等。在这种背景下，我国的农业保险补贴可划归"绿箱——自然灾害保险"的范畴，基于WTO规则的合规风险几乎为零。

随后，在各级政府持续的"提标、扩面、增品"努力下，在农业保险高质量发展要求下，我国种植业、养殖业保险的保障水平均出现了上升趋势。特别是在2017年大灾保险试点、2018年三大主粮作物完全成本保险和种植收入保险试点之后，我国

① 其中以2016年底财政部出台的《中央财政农业保险保险费补贴管理办法》（财金〔2016〕123号）为代表性文件，该文件于2021年底进行了修订。

② 物化成本是指农业生产过程中投入的农药、化肥、地膜、种子等成本，不含土地成本和人力成本。

种植业保险的保障水平有了明显的提升。同时，不少地方开始探索地方特色优势农产品保险支持政策以及“收入保险＋期货”等创新试点，并提供一定的保费补贴，为农户增收提供保障。在这种背景下，农业收入类保险产品的保费补贴可能会因为与农作物生产、价格挂钩而对农业生产和贸易产生扭曲作用，进而产生基于 WTO 规则的合规风险。

值得一提的是，我国还于 2020 年底设立了中国农业再保险公司（以下简称“中国农再”），向各家经营农业保险业务的保险公司提供再保险服务。中国农再由财政部及 8 家公司共同发起设立，其政策目标和经营原则具有一定的财政支持属性，农业再保险业务的支持形式也将是未来值得关注的重点内容。

基于此，下面将分别从农业保险保费补贴（以种植业收入保险为例）以及农业再保险支持两方面来评估我国农业保险相关补贴政策的 WTO 合规风险。

（二）对农业保险保费补贴的 WTO 合规风险评估

为准确评估当前我国种植业收入类保险保费补贴的合规风险，我们选择了近年来部分省份探索开展的、具有代表性的种植业收入保险以及“收入保险＋期货”产品进行分析，并整理与汇总了相关产品特征，详见表 5。

表 5　地方代表性种植收入类保险的产品特征

产品类别	收入保险产品 1	收入保险产品 2	“收入保险＋期货”1	“收入保险＋期货”2
区域	L 省 6 个县	J 省某县	H 省某县	X 自治区某县
农产品	玉米	水稻	大豆	红枣
时间	2022 年	2019 年	2019 年	2021 年
保险责任	因产量和价格导致的收入损失	因产量和价格导致的收入损失	因产量和价格导致的收入损失	因产量和价格导致的收入损失
费率	6.1%	5.4%	9.1%	3.41%
保额确定及赔付	880～1 120 元/亩	1 600 元/亩	如实际收入低于“目标价格×目标产量×85%”，进行赔付	目标价格为 9 787.7 元/吨，如实际价格低于目标价格，进行赔付
相对免赔率	无	无	无	无
保费补贴	政府补贴 80%，农户自担 20%	区镇补贴 80%，农户自担 20%	大商所补贴超过 60%，其余由地方政府、农户等承担	郑商所补贴超过 60%，其余由地方政府、农户等承担

资料来源：作者整理。

表 5 显示，近年来我国的种植业收入保险产品和“收入保险＋期货”产品在保障水平上有了明显的提升，具有收入支持功能。如果严格对照《农业协定》附件 2 第 7 条对收入保险产品所约定的条件，以及近年来美国因农业收入保险所出现的 WTO 诉讼案，我国的收入类保险产品存在被视作“黄箱——特定农产品支持”的可能性。比

如，上述收入保险产品都是针对特定农产品开展的，与生产者的类型“挂钩”；同时，上述收入保险产品的相对免赔率很低或为零，这也与《农业协定》30%的相对免赔率存在冲突。

需要指出的是，虽然各地收入保险的试点一定程度上增加了我国对农业保险补贴的 WTO 合规风险，但目前这些项目都处于小范围试点阶段，因此，其总体风险有限可控。

（三）农业再保险补贴的 WTO 合规风险评估

在 2020 年之前，我国的农业再保险业务主要是由“农共体”[①] 和国际再保险机构提供，财政并未提供资金支持，并不存在 WTO 规则下的合规风险。由于农业领域的大灾风险突出，商业保险市场又无法提供稳定、充足的农业再保险供给（庹国柱，2013），在我国农业保险业务快速发展、农业再保险需求持续攀升的背景下，国务院批复设立了中国农业再保险股份有限公司（以下简称“中国农再”）这一国家层面的农业再保险机构来为我国农业保险提供稳健可靠的再保险支持，财政部出资 90 亿元，持股比例 55.9%，确保了农业再保险的政策性、供给的可及性和公平性。

中国农再与美国的联邦农作物保险公司（FCIC）职责功能相似，都以提供农业再保险作为基本职责，但是二者的组织形式具有明显的区别，前者的股东包括等多家商业性财险公司，采取了商业化的治理体系和运作方式，需要接受中国银保监会的监督与管理，而后者是一家典型的政策性保险公司，与美国农业部下属的风险管理局（RMA）合署办公，有着鲜明的财政支持属性。

目前，WTO《农业协定》中没有对农业再保险业务进行任何约定，对农业再保险的支持也不需要在本国农业国内支持总量中进行统计。如美国近年向 WTO 通报的国内农业支持并未将农业再保险补贴涵盖在内。因此，我国政府对农业再保险的支持不存在合规风险。

五、结论与建议

从世界范围来看，农业保险被很多国家视作一种重要的农业支持保护工具。不少研究认为，农业保险补贴属于“绿箱”政策，不易引发国际贸易争端，因此在支农工具箱中具有比较优势。然而，越来越多的国际诉讼案例表明，简单地认为农业保险补贴属于“绿箱”并不准确，WTO 的“归箱”规则存在着不完备之处。2007 年以来，我国财政对农业保险的补贴力度持续增强，但是有关农业保险补贴与 WTO 规则适应性的研究却比较滞后。本文系统梳理和深入解读了 WTO 关于农业保险补贴的相关规则，并对我国农业保险补贴的 WTO 合规风险进行了评估。

① “农共体”的全称是中国农业保险再保险共同体，成立于 2014 年 11 月。

本文的研究结论主要包括：

(1) 农业保险作为一种农业国内支持手段，财政对其的补贴主要受 WTO《农业协定》和我国 2001 年加入 WTO 承诺两方面制约。其中，《农业协定》对农业保险补贴提出了一定的规则约束，8.5%的微量许可则是我国入世时承诺的“黄箱”政策上限。

(2) 不同形式的农业保险补贴可能会被差异化“归箱”。根据《农业协定》附件 2 第 7 条和第 8 条，只有满足特定条件的收入保险和自然灾害救济保险才能被视作“绿箱”工具，其他的农业保险补贴方式，有可能会被归入“黄箱”工具。

(3) WTO《农业协定》关于农业保险的规则约定存在诸多不完备之处，迫切需要修订。现行《农业协定》对农业保险的产品形式关注较少，忽略了不同农业保险补贴方式的作用机理，对农业保险补贴综合支持量的计量标准尚不明确。

(4) 我国的种植业收入保险在产品特征上与《农业协定》相关规定存在一定的冲突，WTO 合规风险趋增，但这些产品尚处于小范围试点阶段，总体风险有限可控。就农业再保险支持而言，不存在 WTO 的合规风险。

基于上述研究结论，本文提出如下政策建议：

(1) 加强对 WTO 关于农业保险补贴“归箱”规则的研究，重视防范 WTO 合规风险。特别地，要加强对近年来国际上与农业保险补贴有关的诉讼案例研究，总结其特征及发展动态，做到心中有数，防患于未然。

(2) 合理运用 WTO 规则空间，优化完善农业保险补贴支持政策。广泛借鉴发达国家的经验，创新农业保险补贴支持形式，如加大农业再保险补贴力度、开展农业保险教育培训补贴等，充分利用现有规则空间。

(3) 稳妥推进种植业收入保险，并对地方优势特色因“品”施策。参考 WTO 关于收入保险的相关规则，完善和优化种植收入保险产品的条款设计；推进三大主粮作物补贴结构调整，为收入保险发展“腾出”政策空间；鼓励地方探索特色优势农产品收入保险。

(4) 积极参与国际规则制定与完善，增强国际话语权和影响力。主动参与 WTO 新一轮农业贸易谈判和规则制定工作，积极争取合理的规则空间，增强我国在农业国际贸易中的话语权和影响力。

参考文献（略）

关于农业保险发展的若干政策建议

赵 乐 朱 蕾

党的二十大报告提出，要"完善农业支持保护制度，健全农村金融服务体系"。这是党中央对农业农村工作做出的新部署，是全面推进乡村振兴，加快建设农业强国的重要保障。农业保险作为农业支持保护体系和农村金融服务体系的重要组成部分，经过十几年的探索和发展，在保护国家粮食安全、保障现代农业发展、稳定农民收入、维护农村生态安全、改进农村社会治理以及巩固脱贫攻坚成果等方面发挥了重大风险保障作用，取得了显著成效。

自政策性农业保险实施以来，农业保险保费规模已经由2007年的51.8亿元增长到2022年的1 219亿元。2020年，我国成为世界上农业保险保费规模最大的国家。农业保险覆盖范围也由最初的6个试点省扩大到全国所有省（自治区、直辖市）和涉农央企。中央财政补贴品种包括了种植、养殖和森林等16类，涵盖了关系国计民生的粮、棉、油、糖、猪、牛等主要农畜产品。目前玉米、水稻、小麦三大主粮作物完全成本保险和种植收入保险已覆盖13个粮食主产省份的826个产粮大县。农业保险已经成为农业支持保护体系的重要政策工具、现代农业稳定健康发展的重要风险保障，得到了广大农民的欢迎和社会各界的认可。这些成绩的取得，是党中央高度重视的体现，也是财政、监管、农业农村等相关部门共同组织推动的结果。

取得成绩的同时，我们要清醒地认识到，国情、民情、农情及经济社会发展等各种因素决定了我国仍处于农业保险发展的初级阶段，并将保持较长时期。在这个阶段、在快速发展的过程中必然会出现一些问题，比如宏观层面的农业保险制度体系问题、政府与市场边界问题、市场秩序规范问题、健全大灾风险分散机制等问题，以及微观层面的农业保险实施过程中存在的行业标准问题、费率厘定问题、合同条款设计问题、承保理赔规范问题，等等。这些问题都是发展中的问题，是正常的，必然的，也一定要在发展中、通过推进农业保险高质量发展来解决，这需要各级政府、各有关市场主体等各方参与，协同推进，不断完善农业保险发展的相关政策，进而建立有中国特色的农业风险管理制度体系。为此，提出以下几点政策建议：

作者简介：赵乐，安华农业保险股份有限公司总裁助理；朱蕾，安华农业保险股份有限公司，种植业保险部总经理。

一、完善农业保险制度体系建设

我国农业保险发展至今，尚缺乏一部关于农业保险发展的专门法律，所以现阶段完善农业保险制度体系建设最基础、最根本的任务就是要完善农业保险立法。我国现行的关于农业保险法律法规体系包括《保险法》《农业法》《物权法》《合同法》和《农业保险条例》。其中，《农业保险条例》是目前对农业保险规范管理的最高行政法规。

2012年颁布的《农业保险条例》，至今已有10年。《农业保险条例》的颁布实施，解决了农业保险具体法律依据从无到有的问题，初步构建了农险发展的基本制度架构，明确了参与各方、财政支持职责要求，提出了参与农业保险经营的监管要求和市场行为规范等，极大推动了我国农业保险的蓬勃发展，为稳定农民生产收入、保障国家粮食安全、促进农业产业发展、助力脱贫攻坚和乡村振兴做出了重大贡献，在我国农业保险发展中具有里程碑意义。

但随着农业现代的不断发展、对三农发展的认识不断深化、乡村振兴战略的不断推进、建设农业强国目标的更加明确，农业保险的发展面临新形势、新任务、新需求、新挑战，十年前的《农业保险条例》已不能满足当前农业保险快速发展的新要求，需要与时俱进，不断完善。因此，现阶段完善农业保险立法工作尤为重要，主要途径可以考虑通过以下两种方式。其一是修订《农业保险条例》，其二是出台专门的《农业保险法》。出台一部专门的《农业保险法》是大家最期盼的结果。

不论采取哪种途径，完善农业保险立法应该包括体现以下一些主要内容：第一，立法的总目标应该是建立中国特色的农业风险管理制度体系。总结我国农业保险发展的经验教训，特别是将农业保险近十余年探索发展达成的新共识、积累的新实践、形成的新理念，及时总结、固定、升华，确定未来农业保险发展的指导思想和原则、总体目标、发展方向、制度框架等。第二，进一步明确农业保险的政策性定位。将农业保险提升到维护国家粮食安全的战略层面，明确新时代农业保险在建设农业强国、维护国家粮食安全方面的重要地位；明确新时代农业保险在乡村振兴战略实施过程中的重要作用；明确农业保险在农业支持保护政策体系的重要组成；明确农业保险在预防和抵御各种灾害方面所发挥的风险保障能力。第三，进一步固化各级政府主体责任和共识。规定各级政府部门在农业保险中的责任和行为规范。同时，进一步明确与农业保险相关的政府部门在农业保险活动中应尽的责任。特别是关于农业保险的市场准入，笔者认为有必要设置门槛，严格农业保险经营资格审批。第四，进一步细化农业保险活动各领域、各环节。如细化政府和市场边界，坚持政府在农业保险中主导地位的同时，也要充分发挥市场的作用；细化农业保险合同，明确保险人和被保险人双方的权利和义务；细化农业保险经营规则，对保险机构开办业务应该具备的条件、拟定保险条款和费率以及协办工作管理等方面做出详细规定；同时还应该细化各方主体在农业保险活动中的法律责任，等等。确保农业保险发展全过程有法可依，有章可循，行稳致远。

二、进一步明晰政府与市场边界

农业保险需要政府和市场“两只手”协同推进，而政府“有形之手”的作用尤为重要。我国十几年的农业保险发展取得的成效，很大程度归功于有为的政府，政府“有形之手”发挥了重要的、不可或缺的作用。比如财政部门在农业保险工作中履行牵头主责，从发展方向、制度建设、政策制定、资金保障等方面推进农业保险发展；对地方农业保险保费补贴工作进行指导和监督；与农业农村、保险监管、林草等有关单位协同推动，农业保险政策与农村金融和其他支农惠农政策的有机结合，初步形成了农业保险健康发展的长效机制。

但在农业保险实践中，还存在一些政府与市场边界不清、不够细化的问题。比如一些地方政府主导制定农业保险合同条款，保险机构的参与度和话语权还十分有限；在农业保险市场经营主体遴选中，有些地方制定的遴选办法缺乏科学的规则标准；在农业保险具体经营中，比如在农险承保理赔过程中，有些地方政府过度干预定损理赔，影响了市场主体的正常业务流程，加大了市场经营的难度。

我国农业保险遵循“政府引导、市场运作、自主自愿、协同推进”的原则。政府在发挥引导作用的同时，也要重视发挥市场在农业保险中的作用，提升市场在制度设计中的效率。比如，在产品定价、承保理赔、查勘定损、大灾赔付、快捷服务、增值服务等方面，保险机构具备开展农业保险工作的专业优势和专业能力，能够确保农业保险各项惠农政策和服务比较公平、准确、高效、及时落实，能够提升政策资金的杠杆放大效应。建议进一步明晰政府与市场的边界，发挥好保险机构在农业保险中的桥梁、渠道、纽带作用，充分调动市场主体的积极性，更好提升农业保险的政策效率。

三、进一步规范市场秩序

当前，财产保险行业变革加剧，农业保险市场竞争日趋激烈。2021 年，经营农业保险业务的市场主体已达 30 多家，有的省份保险主体超 16 家，部分县域保险主体达到 6 家（个别的超过 10 家），过多的保险主体引发了无序竞争，影响了农业保险的市场秩序。另外，目前农业保险市场遴选周期为 3 年，局部地区甚至一年一遴选，频繁地更换保险主体，导致保险主体缺乏稳定的经营预期，影响了保险主体在承保区域的持续投入和服务质量，也影响了农业保险的强农惠农政策效果。

农业保险的政策性目标及定位决定了农业保险市场不应该是过度竞争的市场。按照《关于加快农业保险高质量发展的指导意见》（财金〔2019〕102 号）、财政部《关于加强政策性农业保险承保机构遴选管理工作的通知》（财金〔2020〕128 号）、银保监会《关于进一步明确农业保险业务经营条件的通知》（银保监办发〔2020〕51号）等文件精神要求，农业保险的市场秩序应坚持规范有序、适度竞争、基本稳定的大方向和总目标。综合考量农业风险周期性特点、保险风险长周期分散要求、企业市场经营预期稳定性、农户服务可持续性、农险经营实践经验教训等因素，规范农业保险市场秩序应主要抓好农险市场主体数量和经营周期的基本稳定。建议：一是控制市场经营主体数量。全国不宜超过20家，省域不宜超过10家，县域不宜超过3家。二是延长遴选周期，稳定市场主体经营预期。在加强农业保险绩效考核评价工作的基础上，保持区域农险市场大稳定、小调整，至少5年为一个遴选周期，或在绩效考核评价体系逐步成熟之后考虑取消遴选，逐步形成总体规范有序、适度竞争、基本稳定的农险市场格局。

四、加快完善大灾风险分散机制

随着农业保险的快速发展，农业保险的保费规模和风险保障额度也在快速增加。2007年，农业保险原保费51.8亿元，总风险保障金额为1 126亿元，发展到2022年，原保费已达1 219亿元，总风险保障金额高达4.57万亿元，保费和风险保障金额分别提高22.5倍和40.5倍，所承担的风险杠杆也由2007年的21.7倍提高到2021年的43.7倍。同时，受全球气候变化影响，近年来极端气象灾害频发，农业风险的不确定性日益增高。随着农业保险不断提标、增品、扩面，农业保险面临的风险持续聚集，可持续发展受到空前挑战。此外，国际再保险人近年来对我国农业保险业务较为谨慎，承保能力不断缩减。目前，我国农业保险大灾风险分散机制尚未完善健全，农业保险经营应对大灾风险的能力非常有限。在农业保险的运行过程中，目前仅依靠中国农业再保险公司和商业再保险人，还不能从根本上有效应对和分散大灾风险。大灾风险分散机制是农业保险持续健康发展不可或缺的一道防线，是农业保险高质量发展的“防火墙”和“安全阀”。因此，完善健全农业保险的大灾风险分散机制势在必行，迫在眉睫。

建议结合我国实际，因地制宜，循序渐进，完善健全多方参与、多层分散、市场运作、政策引导、具有中国特色的农业大灾风险分散机制。多方参与，是指农业保险大灾风险分散体系中涉及的主要参与主体，即政府、直保公司、再保险公司、参保农户等；多层分散，风险分散中由低到高依次承担相应的风险责任，参保农户以自缴保费为限承担一定风险，直保公司、再保公司按照制度设计承担有限的合同约定风险，通过市场方式向再保险公司分散风险，政府支持的进一步的制度安排将承担最终风险。市场运作，指制度运行应通过市场运作方式，充分用好两个市场，即充分发挥国内、国际两个再保险市场的作用，充分利用好国内、国际两个再保险市场的承保资源。政策引导，是由农业保险的政策性定位决定的，大灾风险分散机制需要发挥政策引领作用，但同时要协同好政策与市场的两种属性，加强政策再保与商业再保的协同联动。中国农再应积极探索和扩大市场化分保业务，设计高质量的商业再保险产品，实现农业再保险业务的约定分保和市场化分保相结合。通过健全大灾风险分散机制，为农业保险健康发展提供有效支撑。

五、进一步加大政策支持力度

党的二十大报告中指出“树立大食物观，发展设施农业，构建多元化食物供给体系”。这是丰富和完善我国粮食安全和食物安全的战略要求，也是顺应时代发展、满足人民群众在温饱的基础上对于吃得更好更绿色更健康、对于食品消费丰富多元化的更高需求。当前，全球粮食安全形势面临多方威胁，粮食、能源和肥料价格持续上涨，气候危机和长期冲突等依然频发。我国自改革开放以来，食物生产供给显著增长，总体呈现出数量足、能量够、但结构尚不合理三大特征，也正是在这样的背景下，“大食物观”应运而生。“大食物观”意在鼓励消费者调整饮食结构，丰富食物选择的种类与范畴，均衡膳食；鼓励生产端充分利用我国广袤多样的国土资源，拓展食物的来源和种类。“大食物观”有助于人民健康，有助于保证国家粮食安全和食物安全。对于“大食物观”和“构建多元化食物供给体系”的落实，农业保险作为政策支持工具将大有可为。目前，多元化食物供给品种多为地方特色农产品，而中央对地方特色农产品的补贴仅仅是纳入“以奖代补”的险种，补贴范围有限。其他未能纳入“以奖代补”的农产品，由于地方财政补贴能力的限制，尚未大范围开展。

建议：一是逐步取消 16 个中央财政补贴险种的县级补贴。目前，中央财政已取消了粮食主产省产粮大县三大主粮作物保险的县级补贴，在此基础上应逐步扩大至所有县域的 16 个中央财政补贴险种，全面缓解县级财政压力，进一步提高农业保险的覆盖率。二是逐步扩大地方财政补贴险种范围。推动地方财政加大对地方优势特色农产品的支持力度，进一步扩大地方财政补贴品种范围，助力特色农产品做大做强，有效落实“大食物观”，丰富和完善我国多元化的食物供给体系，确保国家粮食安全和食物安全。

六、优化保费补贴结算方式

2022 年财政部印发了《中央财政农业保险保费补贴管理办法》，加大了治理长期拖欠保费补贴的力度，明确规定“地方财政部门应当根据农业保险承保进度及签单情况，及时向承保机构拨付保费补贴资金，不得拖欠。”这一政策实施后，各级财政对应收保费拨付给予高度重视，取得了明显成效。但从目前应收保费形成的原因来看，财政补贴资金结算的层级对于应收保费的影响比较大。根据有关数据测算，2021 年我国农业保险各级财政补贴结构大约为中央补贴 34%左右、省（自治区、直辖市）级补贴为 22%左右、市县级补贴大约为 19%左右、农户自交 25%左右。各省补贴资金结算的层级主要有省级结算、市级结算和县级结算，但绝大多数省份是由县级进行结算，即中央、省级、市级补贴资金拨付到县级财政，由县级财政对保险公司进行结算。这种县级结算方式降低了资金拨付效率，也在一定程度上增加了应收保费的清收难度。以某保险公司2022年种植险新保业务应收保费为例，在由省级结算的省份，应收率为8.6%；在由市级结算的省份，应收率为32%；其他由县级结算的省份，应收率均在50%以上。县级结算相较省级结算应收率提高了41.4个百分点。

基于上述问题，建议优化财政补贴拨付的结算层级。进一步明确中央和省级财政保费补贴资金统一实行省级结算，市县财政保费补贴分别与市县承保机构结算，破解应收保费挪用、截留等问题。另外，还需要明确各级财政审核拨付时效，加快财政补贴资金拨付进度，从而有效降低应收保费比例，缩短应收保费拨付周期，提高财政资金使用效率。这里可能涉及一个财权和事权相一致的法律问题。一般认为农业保险的事权在县级，但实际上，省级也是农业保险的事权主体。所以，省级结算保险费补贴不应该有法律障碍。

七、进一步规范保险产品管理

《农业保险条例》规定“属于财政给予保费补贴险种的保险条款和保险费率，保险机构应当在充分听取省、自治区、直辖市人民政府财政、农业、林业部门和农民代表意见的基础上拟订。”但实践中，农业保险条款费率多数由政府部门直接公布。近年来，随着完全成本保险和收入保险试点进一步扩面，各省纷纷对保险产品进行了相应修订，普遍提高粮食作物保险和牲畜保险保额，不同生育期赔偿比例大幅提高，但保险费率、起赔点却逐步降低，部分地区费率水平与实际风险水平严重不匹配，农业保险可持续经营风险面临较大挑战。

目前，三大粮食作物保险的行业示范条款已经公布，示范条款的出台是经过多方参与、专家论证、共同制定的行业标准，具有一定的参照意义，虽然在执行中不同省份可根据不同情况进行“适当”调整，但不应脱离实际。建议各省在出台文件之前与农业专家、保险主体、农户代表等多方协商，参照行业标准科学定价，充分考虑本省风险实际，科学厘定费率，实事求是、公平合理修订有关产品条款，保障各参与主体的相关利益，确保农业保险长期、稳定、持续发展。

此外，随着收入保险的逐步扩面，收入保险条款的规范性应引起行业的关注。目前，对于收入保险的概念和理解缺乏统一标准，造成各省出台的收入保险条款五花八门。收入保险受产量和价格双重要素影响，应以实际收入和目标收入（或保险金额）之差作为赔付依据。但有的地方保险条款中规定产量下降赔产量，价格下跌赔价格，还有的地方在责任设定和赔偿处理等关键指标设计上不符合收入保险原理。建议尽快出台收入保险的示范性条款，规范各省收入保险产品设计，让收入保险真正保收入，切实发挥稳定农民收入的作用，回归政策的本源和初衷。

八、逐步恢复绝对免赔设置

农业保险试点初期，按照“低保障，广覆盖”的原则，农业保险以保障农户灾后恢复再生产为出发点，保障水平原则上为保险标的生长期内所发生的直接物化成本。政策性保险初期的主要目的在于解决农业保险“从无到有”的问题，农业保险保障水平普遍很低。2015 年，保监会印发的《关于进一步完善中央财政保费补贴型农业保险产品条款拟订工作的通知》规定，“种植业保险及能繁母猪、生猪、奶牛等按头（只）保险的大牲畜保险条款中不得设置绝对免赔。”这是我国政策性农业保险实施以来，首次对补贴性险种取消绝对免赔给予的明确规定。在保障水平较低的情况下，通过取消绝对免赔，极大提高了农民的获得感，也调动了农民的参保积极性，所以在当时的政策背景下，取消绝对免赔符合当时农业保险的发展需要。

2021 年，三大主粮作物完全成本保险和收入保险实施以来，承保覆盖面不断扩大，保障程度不断提高，玉米的保险金额已经由 2007 年的每亩 300～350 元增长到 2021 年的每亩 750～950 元，提高了 1 倍以上，保险金额已基本覆盖了农业生产的全部成本。在此情况下，按照风险共担的原则，应该让农户在获得风险保障的同时也承担一部分风险。建议根据当前农业保险发展的实际，分步骤恢复设置绝对免赔。先在收入保险、完全成本保险等高保额产品进行试点，低保额产品仍执行相对免赔的规定。这样有利于总体上改变农险普遍赔付的现象，有利于防范道德风险的发生，有利于提升应对和防范大灾风险的能力。

九、优化防灾防损费用管理

2019 年，财政部等四部门印发的《关于加快农业保险高质量发展的指导意见》中提出“加大预防投入，健全风险防范和应急处置机制”。2021 年，财政部印发的《中央财政农业保险保险费补贴管理办法》中也明确要求“承保机构强化风险管控，预防为主、防赔结合，协助做好防灾防损工作”。防灾防损作为灾前防御的有效手段，可有效降低农业生产损失，是农业保险的重要组成部分。在农业保险经营中，防重于赔，事前防御的效果要明显优于事中施救和事后高额赔付的效果。近年来，按照有关规定要求，各专业农险公司不断加大防灾防损投入，通过开展防雹增雨、打井抗旱、病虫害综合防治等项目，将经营风险前置分散，取得了事半功倍的效果。据了解，专业农险公司每年用于防灾防损的资金投入已经占到农险综合费用的相当比例，并成为各级地方政府主导下的防灾防损总体工作的重要组成部分。但考虑农业保险综合费用率的要求，过多地投入防灾防损工作，势必会提高保险公司经营费用。

因此，建议结合农业保险实践和已经显现的效果，修订 10 多年前《财产保险公司理赔费用管理办法》（保监发〔2011〕70 号）的有关规定，将农业保险相关防灾防损费用纳入直接理赔费用有关科目，鼓励保险公司优化资源配置，加大事前防灾防损投入力度，以最小的成本创造最大的价值和效益。

十、探索对专业农险公司的差异化监管

银保监会 2021 年发布的《保险公司偿付能力监管规则第 9 号：信用风险最低资本》第三十三条规定“对于农业保险应收保费交易对手违约风险按不同账龄设置相应的风险因子（表 1）”。

表 1　应收保费的交易对手违约风险 RF 赋值

业务类型	账龄	基础因子
农业保险，与各级政府合作的城乡居民大病保险等享受各级政府保费补贴的业务	不大于 9 个月	0
	(9 个月，12 个月]	0.2
	(12 个月，18 个月]	0.7
	18 个月以上	1
其他业务	不大于 6 个月	0
	(6 个月，12 个月]	0.5
	12 个月以上	1

数据来源：保险公司偿付能力监管规则第 9 号：信用风险最低资本。

对于农险应收保费的特殊性，监管部门已经考虑了交易对手违约风险的差异化赋值。但从目前大部分省份的文件和实际操作中看，农险应收保费均不能在当年全部完成补贴资金结算工作。许多省级政府文件结算周期大多在一年至一年半。如山东省有关文件规定：“各市财政局（含所辖省直管县）应于每年 2 月底前，对上年度中央和省财政农业保险保费补贴资金进行结算。”黑龙江省有关文件规定：“种植业按作物生长期以每年 1 月至 12 月为一个结算年度，养殖业按投保集中度以每年 7 月至次年 6 月为一个结算年度。”虽然农业保险应收保费结算周期受不同险种经营周期和实际结算操作影响相对较长，但有政府信誉做背书，这部分应收保费并不会形成呆账、坏账，只是影响公司农险应收保费交易对手违约风险最低资本的计量。由于农险公司的业务结构特点，农险业务一般占公司业务规模的 60%以上，所以对专业农险公司影响较大。

以某专业农险公司为例，自 2020 年新冠疫情暴发以来，农险应收保费规模逐年递增，由 2019 年末的不足 5 亿元增至 2022 年 3 季度末的接近 20 亿元，增幅达 344%；农险应收保费交易对手违约风险最低资本由不足 1 亿元增至近 3 亿元，增幅达 375%，成为公司信用风险的重要构成因素，大幅影响公司偿付能力充足率。

在银保监会关于对农业保险应收保费交易对手违约风险的计量中，已对农业保险给予了一定的优待，但目前宽限的应收账龄计量仍无法满足业务实际。因此，建议结

合专业农险公司特点，探索对专业农险公司实行差异化监管政策，适当延长市场化程度高的专业农险公司应收保费账龄周期并调整基础因子，将应收保费账龄的 4 个周期分别延长为“不大于 12 个月；12 个月，18 个月；18 个月，24 个月；24 个月以上”，对应的基础因子为“0；0.2；0.5；1”，进一步支持鼓励专业农险公司专业化、精细化发展，为农业保险提供更好的风险保障服务。

参考文献（略）

农险保费补贴、农业规模化和农业生产水平

李嘉浩　王国军

摘要： 在无风险 RCK 模型的基础上逐步引入风险、保险和保费补贴，通过理论模型探讨保费补贴的规模效应和风险分散效应对宏观总产值的影响。基于省级面板数据实证分析了各级保费补贴额度对农业生产水平的影响，使用中介效应模型进行机制检验并完成稳健性检验。结果表明，保费补贴主要通过规模效应提高了农业生产水平，风险分散作用不显著，中央保费补贴是主导因素。配套补贴制度下财政压力和应收保费不利于农业生产水平提高。农业保险应提高补贴弹性，建立地区差异化、险种精细化的补贴比例动态调整机制，扩大保障广度和保障深度。

关键词： 农业保险保费补贴；风险分散效应；规模效应；农业生产水平；个体固定效应

一、引言

乡村振兴战略是党的十九大提出的重大战略，是关系全面建设社会主义现代化国家的历史性、全局性任务。农业保险作为乡村振兴战略制度保障中重要的强农惠农工具和风险管理方法，在保障农业产业安全、稳定农民收入、资金融通和社会管理等方面发挥着重要作用。长期以来，商业性农业保险难以成功开展使农业保险失灵问题进入人们的视野，许多学者认为政府提供保费补贴是矫正市场失灵的一种有效且必要的方法（庹国柱、李军，2003；Mosley，1989）。在世界范围内，农业保险的经营大多受到政府部门的影响，具有当时背景下特定目的的政策性。目前国际上政府对农业保险进行财政补贴的方式一般有五种，包括保费补贴、保险公司管理费补贴、再保险支持、产品创新补助和教育补助（张峭，2020）。后四种方式更注重保险公司风险兜底、产品拓面和人才培养等供给侧方面的补助，以提高供给与需求的匹配性，促进农业保险市场发展，而保费补贴方式倾向于直接从需求侧着手降低农户自缴比例、提高农险需求，转移生产风险，稳定农民收入。2007 年中央 1 号文件提出扩大农业政策性保险的试点范围，要求各级政府对农户参与农业保险给予保费补贴，我国农业保险自此正式走上“政策性保险”的道路。2020 年，我国农业保险保费达到 815 亿元，各级

作者简介：李嘉浩，对外经济贸易大学保险学院博士研究生；王国军，对外经济贸易大学保险学院教授，博士生导师。

政府保费补贴 603 亿元，为 3.7 亿参保农户提供了 4.13 万亿元风险保障。

2021 年前，我国农业保险实行的配套补贴制度是在地方财政补贴一定比例保费的基础上，中央财政拨付相应补贴，具体比例和额度根据险种和地区不同而变化，并在长期实践中不断调整。2022 年 1 月，财政部印发《中央财政农业保险保费补贴管理办法》，强调农险补贴是中央给地方配套，中央补贴比例取决于省级补贴比例，提高了补贴弹性和灵活度，鼓励地方政府对农业保险多投入，防止省级政府道德风险并落实地方政府的主体责任。

农业保险能够有效分散农户个体面临的自然风险，缓解产出和收入的波动，在实现稳产保供的基础上提高农业总产出。本文将从理论与实证角度分析配套补贴制度下农业保险保费补贴和农业生产水平的关系和作用机制，以及不同层级补贴在其中发挥的潜在作用。

二、文献综述（略）

三、理论模型和研究假设

本文构建了保费补贴和农业生产水平关系的理论模型，在传统 RCK 模型的基础上逐步引入风险、保险及保费补贴，得到两种模型的稳态产出水平。[①] 保费补贴对农业生产水平的影响和作用机制能够逐步推导求解。根据理论模型分析和结果，提出本文实证分析的四个研究假设。

（一）理论模型成立条件

条件 1：经济中所有农户都是理性的。农户能够及时并充分认知自我资源禀赋、当期外部环境变化等因素，在此基础上能够迅速调整消费与储蓄以及生产规模等可变量，在即时的外部条件下实现自身效用最大化。

条件 2：单个农户的农业保险投保概率可以表示为投保意愿，取值为 0～1，投保意愿为 0 代表农户不可能投保，投保意愿为 1 代表农户必定投保。投保意愿由多种变量共同决定，保费补贴比例是其中之一。农户对每项影响变量都存在一个最低期望值和最高期望值，农户可能投保（即投保意愿不为 0）的必要条件是当期所有影响变量的值都高于最低期望值，否则农户投保的概率为 0。农户必定投保（即投保意愿为 1）的必要条件是当期所有变量的值都不低于农户最高期望值。其他情况下，农户的投保概率由各变量高出最低期望值的比例联合决定。

条件 3：根据大数法则，农业经济中投保农户的比例无限接近于农户总体的投保概率，即所有农户投保意愿的期望值决定了经济中投保农户所占的比例。

① 证明过程请参见 Xu and Liao（2013）：Crop Insurance，Premium Subsidy and Agricultural Output。

条件 4：理论模型的农户预算约束中，除自缴保费和保障程度外，农业保险中的所有变量取值均不低于农户的最高期望值，完全符合其对保障范围、理赔、保险服务等的预期，同理能在最大程度上发挥保险的损失补偿功能，即为“农户理想的保险”。

（二）理论模型推导（略）

（三）研究假设

基于理论模型推导结果，提出本文的研究假设。

H_1：农险保费补贴能促进农业生产水平提高。

农户是农险保费补贴的直接作用对象，也是影响农业生产水平的主要渠道。保费补贴作用于农业经济中每个农户微观主体，理性农户会根据当期政府保费补贴、农业环境、自身资源禀赋等因素，决定是否投保农业保险，或投保农业保险后是否改变生产规模。不同的农户决策会导致微观个体农业产值的差异，所有个体差异值变化的集合对应着农业总产值的宏观变化。

H_2：风险分散效应可以在保费补贴和农业生产水平的关系中发挥中介效应作用，但需具备一定前提条件。

根据理论模型，相同禀赋的农户选择投保会比选择风险自留拥有更高的期望产出。风险分散效应的主要来源是未投保农户，是指保费补贴增加时，相较于风险自留，农业保险的相对价格降低，相对效用上升，投保农户比例提高，同一农户由未投保状态变为投保状态引起的农业产出变化即为风险分散效应。保费补贴越高，同保障水平下农业保险相对成本越低，越多的理性农户会在权衡预算约束和其他风险管理成本后选择投保农业保险，风险分散效应越明显。风险分散存在的前提条件有三个：是否投保农业保险对相同农户的期望产出存在显著影响；农业保险市场上存在至少一种能够满足农户需求的农险产品；跨期保费补贴比例能够灵活调整。

H_3：规模效应在保费补贴对农业生产水平的影响中发挥主要中介作用。

规模效应主要源于投保农户，是指保费补贴降低了农户自缴保费，提高了农户实际可支配收入，改变其预算约束和生产决策，扩大了农户期望投入规模。在边际产出为正的条件下，扩大农业生产规模能促进农业生产水平发展。

H_4：中央财政补贴在我国农业保险中占主导地位，但对地方财政补贴农业保险可能存在约束作用。

中央保费补贴、省级保费补贴、地市级保费补贴是政策性农险的补贴结构。其中，中央保费补贴全部用于小麦、玉米、生猪等中央补贴险种，省级和地市级保费补贴由两部分组成，一是中央补贴险种要求的配套补贴，二是省市自行开展的基于地方特色的农险补贴产品。2022 年前，中央财政的配套补贴制度要求省级补贴先到位再拨付，可以确保省级责任落实，也能激励地方开展中央财政补贴的农业保险险种。但对地方财政补贴的农险产品产生一定的约束作用：相比一般财产保险，农险具有赔付率高、波动幅度大、赔付额高以及收益率低的特征，往往需要政府提供保费补贴矫正市场失灵。中央补贴险种已经对地方财政产生了一定的财政压力，主要体现在应收保费逐年上涨，而保费收入增速和地区财政收入增速的差异会进一步提高应收保费占比。农险公司是开展地方农险产品的主体，应收保费超过一年应该按照坏账处理，必然会影响公司的正常经营。此外，对于一些农业大省或财政弱省，在拨付中央险种的配套补贴后，开展地方农险产品的补贴额度十分有限，农险公司获取补贴难，积极性不足。因此，中央保费补贴一定程度上影响了地方农险产品的保障水平和多元化发展。

四、实证设计

（一）模型设定

根据作用机制和理论模型分析，农险保费补贴可能通过两种中介机制影响农业生产水平：第一是规模效应，即提高人均生产规模，促进农业规模化发展；第二是风险分散效应，即通过提高整体参保率，相同禀赋下，投保农户比风险自留农户期望产出更高。我国目前农险市场存在保障能力不足、平均赔付率低、补贴比例固定等问题，较难满足风险分散效应具有的三个前提条件：一是农户能匹配到满意的农险产品；二是不同时期的补贴比例具有弹性；三是农险保障水平和赔付水平高，期望产出差异显著。因此，本文主要构建中介效应模型研究保费补贴通过规模效应对农业生产水平的影响，并在此基础上检验不同层级保费补贴的具体作用。模型设定如下：

$$Y_{it} = \alpha_0 + \alpha_1 Subsidy_{it} + \sum\nolimits_j \alpha_j A_{j,it} + \theta_i + \varepsilon_{1,it} \tag{1}$$

$$M_{it} = \beta_0 + \beta_1 Subsidy_{it} + \sum\nolimits_j \beta_j A_{j,it} + \theta_i + \varepsilon_{2,it} \tag{2}$$

$$Y_{it} = \gamma_0 + \gamma_1 Subsidy_{it} + \gamma_2 M_{it} + \sum\nolimits_k \gamma_k A_{k,it} + \theta_i + \varepsilon_{3,it} \tag{3}$$

其中，被解释变量Y_{it}为第i个省份第t年的农业生产水平；M_{it}是第i个省份第t年的中介变量；$Subsidy_{it}$代表农险保费补贴规模，$A_{j,it}$是可能影响农业生产水平和中介变量的控制变量。方程（1）可估计保费补贴影响农业生产水平的总效应α_1；方程（2）可估计保费补贴对中介变量的影响效应β_1；方程（3）可估计保费补贴影响农业生产水平的直接效应γ_1及中介效应$\beta_1 \times \gamma_2$。

本文基于2008—2018年全国30个省（自治区、直辖市）的面板数据进行实证分析①，依次进行以下相关检验：①怀特检验，用于检验面板数据是否存在异方差；

① 2011—2013年，辽宁省养殖业保险保费收入、保险金额、政府补贴数据等都为0，因此作为异常数据进行剔除。

②F检验，用于确定选择固定效应模型还是混合最小二乘法；③LM检验，用于判断随机效应模型是否优于最小二乘回归模型；④Hausman检验，用于确定使用固定效应模型还是混合效应模型；⑤时间固定效应的联合检验，确定是否应该加入时间固定效应。数据来源于《中国农村统计年鉴》、《中国畜牧兽医年鉴》、中国银保信农险平台以及国家统计局。

（二）变量选取

（1）被解释变量：农业生产水平（Y），本研究中选取农村人均农业产值作为农业生产水平的代理变量，计算公式是农业总产值/农村人口，单位：万元/人。

（2）解释变量：总保费补贴额度（S_0），在进一步研究中使用中央保费补贴（S_1）、省级保费补贴（S_2）、地市级保费补贴（S_3）进行回归，考察不同层级补贴对生产水平的影响。

（3）中介变量：保费补贴可能通过风险分散效应和规模效应影响农业生产水平。首先选取参保率（R = 承保农户户次/农村人口）检验风险分散效应是否显著，即保费补贴能否通过提高参保率从而提高农业生产水平；其次，选用种植规模（PS）和养殖规模（BS）检验规模效应是否显著，种植规模为农村人均粮食作物面积，养殖规模为农村人均存栏数量（不同养殖种类根据历年产值加权处理）。

（4）控制变量：农险保障水平（LIA），保障水平越高代表着更充足的损失补偿功能，风险分散效应更显著。应收保费（TBS），各级政府总应补贴保费减去实际补贴保费的差额，体现了中央财政补贴对地市的约束作用。农险赔付水平（LIC），农险赔付金额除以保费收入，赔付水平越高，对农户恢复农业生产越有利，风险分散效应越明显。资本存量（K），在农业增长中，要素投入和政策变化都在不同阶段中扮演着重要的角色，而资本是最活跃的要素投入之一（李谷成等，2014），本文选取人均设备工具器具购置作为资本存量的代理变量。农村机械化水平（$aAgTP$），是实现现代农业的重要生产因素之一，也是传统农业转向现代农业的标志。农业机械对生产最直接的影响是替代人力劳动、提高生产效率。当农业机械费用的边际产出大于人力劳动的边际产出时，农户往往会选择扩大农业机械的使用规模，提高总产值。本文选取人均农业机械总动力作为农村机械化水平的代理变量。农村电力化水平（$aAgPC$），是农业生产的部分前提与保证，也反映了农村人口和经济发展程度，研究中使用农村人均用电量衡量农村电力化水平。地方财政水平（PIn），是该地财政实力的展现，也能反映未来该地区政府对市场及产业发展的支出能力，研究中使用地方财政预算收入代表地方财政水平。

需要说明的是，农险保费补贴、种植规模和养殖规模可能存在互为因果关系，直接回归可能会面临潜在的内生性问题，因此借鉴已有研究，对保费补贴额度变量作滞后一期处理，变量描述性统计结果见表1。

表 1 各变量描述性统计分析

名称	含义	样本量	均值	标准差	最小值	最大值
Y	农村人均农业产值	330	14 696.46	6 920.13	3 183.33	40 202.36
S_0	农业保险总保费补贴额度	330	72 078.96	73 617.61	66.34	360 979.2
S_1	农业保险中央保费补贴额度	330	36 512.05	44 259.65	0.00	236 053.7
S_2	农业保险省级保费补贴额度	330	22 753.35	22 607.9	0.00	120 517.5
S_3	农业保险地市级保费补贴额度	330	12 813.56	13 209.83	30.18	87 073.01
R	参保率	330	0.25	0.35	0	5.25
PS	人均粮食作物播种面积	330	1.88	1.63	0.19	9.44
BS	人均养殖存栏数量	330	0.37	0.53	0.04	2.89
LIA	农业保险保障金额	330	450.03	741.86	1.12	82 807 436
TBS	应收保费	330	12 931.50	22 938.01	−21 248.22	193 127.4
LIC	农业保险赔付率	330	0.63	0.33	0	3.77
K	人均设备工具器具购置	330	261.11	248.68	0	1 384.94
$aAgTP$	人均农业机械总动力	330	15 659.37	7 474.41	3 262.85	40 429.57
$aAgPC$	农村人均用电量	330	1 856.65	4 986.76	26.32	36 576.39
PIn	地方政府财政预算收入	330	2 101.27	1 962.51	24.88	12 105.26

五、实证结果与分析

（一）基准回归结果

首先，怀特检验显著性 P 值大于 0.01，认为数据不存在异方差，使用拟合值、解释变量和被解释变量进行的 BP 检验结果相同。其次，在引入省份虚拟变量的模型回归结果中，大多数个体虚拟变量的显著性 P 值小于 0.05，有把握拒绝“所有个体虚拟变量都是 0 的原假设，表明固定效应模型优于普通最小二乘回归模型。固定效应回归模型 $rho=0.987\,8$，说明复合扰动项方差主要源于个体效应而非时间效应的变动。为进一步探讨模型中是否应该包含时间效应，在原模型中创建年度变量的虚拟变量，全部年度虚拟变量显著性 P 值远大于 0.05，联合显著性较差，验证了模型中不需要包含时间效应的假设。再次，LM 检验显著拒绝了不存在个体效应的原假设，随机效应模型也在一定程度上优于最小二乘回归分析模型。最后，Hausman 检验显著性 P 值远远低于 0.01，认为固定效应模型优于随机效应模型。

表 2 显示了农险保费补贴对农业生产水平影响的实证结果。保费补贴总额系数为 0.025 8，在 1%的统计水平上显著为正，保费补贴总额能提高投保农户的可支配收入，有效转移分散农业风险，也代表着政府对农业保险和农业生产的重视程度，在一定程度上对各级政府增加农业投入存在激励作用，提高了农业生产积极性，在不同传导途径的总和作用下显著提高了农业生产水平，假设 1 得证。

表 2　农业保险保费补贴对农业产值影响的回归结果

变量名称	Y
S_0	0.026*** (3.65)
LIA	0.001 (0.90)
TBS	−0.010*** (−3.4)
LIC	511.787 (1.15)
K	2.725*** (2.93)
$aAgTP$	0.625*** (10.54)
$aAgPC$	0.124* (1.82)
PIn	1.675** (7.94)
常数项	−1 248.481
样本量	330
Adjusted R^2	0.707
F−statistics	87.89
rho	0.829

注：***、**、* 分别代表 1%、5%和 10%显著性水平，括号内为系数 t 值。rho 值代表扰动项方差来自个体效应的程度，越接近 1，个体效应越明显。

应补未补保费系数−0.009 9 与农业生产水平呈显著负相关关系，一方面说明中央财政补贴产生了一定的约束效应，未落实补贴越多意味着地方财政压力越大；另一方面，未落实的保费补贴也会影响农险公司经营的积极性和农险行业的健康发展，不利于为农业生产提供有效的风险分散方法。控制变量中资本存量、农业机械化水平、农村电力化水平以及地方财政水平都通过了显著性检验。保险金额和赔付率对农业生产水平影响不显著，说明目前我国农业保险产品保障水平较低，赔付金额不足以满足农户恢复再生产的需求，意味着保费补贴的风险分散效应可能并不明显。

（二）机制检验

表 3 中列（1）和列（2）分别检验了保费补贴对参保率的影响以及风险分散效应是否显著。结果显示，保费补贴额度显著提高了农户参保率，有效扩大了承保规模，有利于农业保险发展。但参保率影响农业生产水平的系数没有通过显著性检验，可能由于我国农险更倾向于“保成本”，以低保障广覆盖稳定农业生产为主，投保农户灾后获得的赔付金额不足以覆盖恢复至受灾前生产水平的成本，保险金额和赔付水平未能通过显著性检验进一步证实，我国保费补贴的风险分散效应不显著，假设 2 得证。

表 3 中列（3）和列（5）检验了种植规模在保费补贴影响农业生产水平中发挥的作用。列（3）中保费补贴系数显著为正，对种植规模存在正向促进作用。列（5）在基准回归的基础上加入了种植规模变量，此时保费补贴额度的系数从 0.026 下降到 0.017，保持 1%置信水平下显著，同时，种植规模也显著提高了农业生产水平，说明存在中介效应，经计算，在总效应中占比为 35.11%。列（4）和列（6）验证了养

殖规模的中介效应，保费补贴对养殖规模的回归系数为 2.34×10^{-7}，通过了显著性检验，提高了养殖的规模化程度。列（6）中保费补贴回归系数仍然显著，但下降为 0.019，养殖的规模化程度和农业生产水平也呈显著正相关，说明中介效应成立，占比为 24.26%。列（7）在基准回归的基础上同时引入种植规模和养殖规模两个中介变量后，模型结果依然稳健，保费补贴回归系数降至 0.014。保费补贴可以鼓励农户在农业生产中分配更多资源，同时提高种植业和养殖业的规模化程度，而规模化程度往往能够提高生产效率、降低成本，掌握更先进的生产管理技术，相比小农户拥有更高的边际效应，有效提高了农业生产水平。假设 3 得以验证。

表 3　农业保险保费补贴的中介效应检验

变量	风险分散效应		规模效应		保费补贴的直接效应		
	(1) 参保率	(2) 生产水平	(3) 种植规模	(4) 养殖规模	(5) 生产水平	(6) 生产水平	(7) 生产水平
参保率	—	−891.582 (−1.58)	—	—	—	—	—
种植规模	—	—	—	—	2 800.069*** (3.37)	—	1 512.204*** (2.06)
养殖规模	—	—	—	—	—	27 974.1*** (10.27)	26 955.81*** (9.79)
S_0	4.33×10^{-6}*** (5.46)	0.029*** (0.007)	3.26×10^{-6}*** (6.66)	2.34×10^{-7}* (1.79)	0.017** (2.24)	0.019*** (3.16)	0.014** (2.25)
LIA	1.97×10^{-9} (0.65)	0.001 (0.96)	8.23×10^{-10} (0.44)	-3.97×10^{-10} (−0.80)	2.19×10^{-5} (0.83)	3.53×10^{-5} (1.53)	3.36×10^{-5} (1.47)
TBS	-4.34×10^{-6}*** (−3.27)	−0.014* (−1.68)	-2.22×10^{-6}*** (−2.72)	-4.38×10^{-8}** (−2.15)	−0.004*** (−2.84)	−0.009** (−2.20)	−0.005*** (−3.01)
LIC	−0.073 (−1.45)	452.112 (1.01)	0.045 (1.46)	0.009 (1.08)	385.124 (0.87)	264.188 (0.69)	204.795 (0.53)
K	-4.81×10^{-5} (−0.46)	2.686*** (2.89)	2.35×10^{-4}*** (3.65)	3.01×10^{-5}* (1.75)	2.067** (2.21)	1.886*** (2.35)	1.561** (1.92)
$aAgTP$	1.75×10^{-5}*** (−2.63)	0.610*** (10.20)	4.24×10^{-5}*** (10.34)	4.02×10^{-6}*** (3.68)	0.506*** (7.43)	0.512*** (9.84)	0.452*** (7.61)
$aAgPC$	-6.58×10^{-6} (−0.86)	0.129* (1.90)	1.62×10^{-6} (0.34)	5.16×10^{-6}*** (4.10)	0.119* (1.78)	0.020 (0.33)	0.017* (1.69)
PIn	2.81×10^{-6} (0.12)	1.678*** (7.97)	-2.59×10^{-5}* (−1.77)	-6.78×10^{-6}* (−1.74)	1.748*** (8.38)	1.865*** (10.24)	1.897*** (10.44)
常数项	0.326*** (3.24)	−981.111 (−1.08)	0.969*** (15.62)	0.532*** (32.21)	−3 960.38*** (−3.32)	−16 129*** (−9.83)	−17 052.3*** (−10.08)
组内 R^2	0.171 3	0.709	0.630	0.208	0.717 6	0.785	0.788

注：同表 2。

另外，值得注意的是，地方财政收入水平和应收保费显著降低了生产规模，许多财政实力薄弱的省份往往是农业大省，人均生产规模较高，大规模的农业龙头企业等新型农业经营主体较多，一方面未落实保费补贴会降低农险公司经营积极性，在开发满足新型农业经营主体需求的多层次、高保障产品时动力不足，一定程度上限制了大规模经营主体分散风险和规模再扩大；另一方面会增加中央财政保费补贴规模，导致地方财政提供配套补贴产生压力，应收保费水涨船高。近5年农险年均保费增长率为17.65%，对促进乡村产业振兴、保障农业丰收、农民增收等方面发挥积极作用。未来十年内农业保险市场维持或者超过目前增长速度的可能性极大，这意味着保费补贴也将维持每年至少17.65%的增长速度，到2030年，政府农险保费补贴规模或将达到3 063.63亿元。相比之下，地区经济以及财政预算收入增长率却难以企及，中央及地方财政保费补贴压力将逐渐加重。自2012年之后，农业保险已经出现应收保费率渐增的趋势，2018年达到20%，各级政府的未落实补贴比例逐渐增加，有些地方应收保费总额已经超过本省全年的签单总额。财政压力加重将进一步提高应收保费率，将影响农险公司现金流量和财务稳定性，挫伤保险公司经营农业保险业务的积极性，不利于农业保险行业的健康可持续发展。此外，中央补贴险种带来的财政压力或使地方政府削减其他支持特色地方产业保险的补贴支出，不利于农业保险多元化发展。

六、稳健性检验（略）

七、进一步研究

2022年以前，我国农险保费补贴实行配套补贴制度，中央财政补贴险种要求省级和地市级承担相应比例的保费补贴，省级财政在承担中央险种补贴后，会根据自身财政实力、农业重要性、地方特色优势产业等情况开展省级保费补贴配套，视情况要求地市级承担一定补贴比例。为进一步探讨不同层级保费补贴对生产规模和农业生产水平的影响，本文将总保费补贴额度分解为中央保费补贴和地方保费补贴，其中地方保费补贴（S_2+S_3）＝省级保费补贴（S_2）＋地市级保费补贴（S_3）。

表（4）中列（1）是中央保费补贴和地方保费补贴影响农业生产水平的基准回归结果，中央补贴系数0.042显著提高了农业生产水平，但地方补贴回归系数没有通过显著性检验。一方面说明中央政策在农业保险中占有主导地位，中央补贴险种是提高农业生产水平的主要因素，另一方面地方补贴中绝大部分是对中央险种的配套补贴，2008—2018年省级保费补贴和中央保费补贴的比值基本保持在60%～65%，地方以承担配套补贴任务为主，用于开展地方特色农险产品的资金有限，保险广度、保险深度、赔付水平、创新性等不足，对农业生产水平影响不显著，也说明了中央补贴险种在地方开展特色农险产品时存在约束作用，应收保费系数显著为负进一步印证了结论，假设 4 得以验证。

表 4 列（2）结果显示，中央保费补贴回归系数为 5.74×10^{-6}，在 1%的置信水平下显著提高了种植规模，中央财政补贴的种植业险种包括玉米、水稻、小麦、马铃薯等，险种结构以粮食作物为主，2021 年中央财政共分配三大粮食作物保费补贴资金 148.69 亿元，占当年中央农险保费补贴总额 333.45 亿元的 44.6%，在鼓励农户和各类经营主体扩大粮食作物种植规模中作用显著。相反，地方保费补贴和种植规模呈显著负相关，原因在于省级和地市级开展的种植业险种以蔬菜、果树和部分地方特色农产品为主，可能显著扩大了上述作物的人均种植面积，在耕地面积有限和土地流转等条件下，这也意味着人均粮食作物面积降低。

表 4 列（3）是不同层级保费补贴对养殖规模的影响，中央保费补贴系数并未通过显著性检验。可能原因为：第一是中央财政补贴的养殖业险种少，只包括生猪、能繁母猪、奶牛、藏系羊和牦牛，远不及种植业保险补贴范围广；第二是保险深度高但覆盖率低，投保比例不及主要种植业保险，保费补贴仅占总额的 30%左右，且近年在禁养限养政策下，养殖业保险在赔偿处理中增加无害化处理的要求，许多小规模养殖户退出养殖行业。地方保费补贴显著提高了养殖规模，这是由于地方政策性险种在中央险种基础上有大量补充。例如北京市对仔猪、种猪、鸡、鸭、肉牛等养殖业保险提高财政补贴，内蒙古也申请肉羊保险成为以奖代补产品，在鼓励不同种类的牲畜养殖户扩大生产规模中均发挥作用。

表 4 列（4）、（5）、（6）是在列（1）的基础上分别加入种植规模、养殖规模和同时加入两种生产规模进行的回归分析。与前文结果相同，农业生产的规模化程度显著促进了农业生产水平的提高。中央保费补贴和生产水平同样成显著正相关，但地方保费补贴（省级和地市级）作用并不明显，说明农险保费补贴机制、补贴比例、补贴范围以及各省农险补贴自由度等方面都有改进空间。

表 4　不同层级补贴对生产规模和农业生产水平的影响

变量	(1) 生产水平	(2) 种植规模	(3) 养殖规模	(4) 生产水平	(5) 生产水平	(6) 生产水平
种植规模	—	—	—	2 989.226*** (3.45)	—	1 162.504** (2.47)
养殖规模	—	—	—	—	28 883.23*** (10.51)	27 867.02*** (9.86)
S_1	0.042*** (3.64)	5.74×10^{-6}*** (7.56)	2.91×10^{-7} (1.40)	0.024** (1.99)	0.033*** (3.40)	0.027** (2.52)
S_2+S_3	0.022 (1.13)	-2.80×10^{-6}** (−2.17)	1.18×10^{-6}*** (3.34)	0.030 (1.58)	−0.012 (−0.72)	−0.008 (−0.45)
LIA	2.52×10^{-5} (0.92)	2.47×10^{-5} (1.36)	-6.54×10^{-10} (−1.32)	1.78×10^{-5} (0.66)	4.41×10^{-5}** (1.89)	4.06×10^{-5}* (1.73)

（续）

变量	(1) 生产水平	(2) 种植规模	(3) 养殖规模	(4) 生产水平	(5) 生产水平	(6) 生产水平
TBS	-0.010^{*} (−1.82)	$-1.86\times10^{-6**}$ (−2.36)	$-1.01\times10^{-7*}$ (−1.79)	-0.004^{*} (−1.87)	-0.007^{*} (−1.80)	-0.005^{**} (−2.34)
LIC	503.822 (1.12)	0.032 (1.09)	0.011 (1.33)	406.690 (0.92)	190.545 (0.50)	163.794 (0.43)
K	2.742^{***} (2.93)	$2.61\times10^{-4***}$ (4.21)	$2.69\times10^{-4*}$ (1.77)	1.961^{**} (2.07)	1.993^{**} (2.49)	1.716^{**} (2.09)
aAgTP	0.623^{***} (10.44)	$4.04\times10^{-5***}$ (10.20)	$4.33\times10^{-6***}$ (3.99)	0.503^{***} (7.36)	0.498^{***} (9.53)	0.456^{***} (7.68)
aAgPC	0.124^{*} (1.80)	3.37×10^{-7} (0.07)	$5.36\times10^{-6***}$ (4.30)	0.123^{*} (1.82)	0.031^{*} (1.85)	0.026^{*} (1.76)
PIn	1.694^{***} (7.39)	-3.72×10^{-6} (0.24)	$-1.14\times10^{-5***}$ (−2.74)	1.683^{***} (7.48)	2.023^{***} (10.22)	2.007^{***} (10.15)
常数项	−1 236.27 (−1.37)	0.988^{***} (16.55)	0.529^{***} (32.35)	$-4\,189.76^{***}$ (−3.41)	$-16\,512.49^{***}$ (−10.05)	$-17\,123.62^{***}$ (−10.13)
组内 R^2	70.66	65.97	22.98	71.82	78.75	78.91
样本量	330	330	330	330	330	330

注：同表 2。

八、结论与启示

（一）研究结论

本研究主要探讨我国农险保费对农业生产水平的影响，通过理论模型和实证分析验证了两者之间的相关性，并从风险分散效应和规模效应视角关注两者之间的影响机制。此外，将总保费补贴额度拆分为中央保费补贴和地方保费补贴，进一步探讨了不同层级补贴和配套补贴制度发挥的潜在作用。

研究的结论主要有以下四点：第一，农险保费补贴能够提高农业经济中的人均稳态产出，显著提高了农业生产水平。第二，理论模型认为风险分散效应和规模效应在保费补贴和农业生产水平之间发挥中介效应，风险分散效应不显著，保费补贴方式、农险保障金额和赔付水平等是主要原因，规模效应是我国保费补贴提高农业生产水平的主要中介机制。第三，中央保费补贴在我国农业保险中发挥主要作用，是提高农业生产水平的显著因素，但对地方财政形成了一定的配套补贴压力和约束作用，应收保费比例逐年增长也印证了这一结论。第四，地方保费补贴显著提高了养殖规模，但降低了人均粮食作物播种面积，和农业生产水平关系不显著，主要原因是补贴规模、补贴险种、补贴自由度、保障广度和保障深度等不足。

（二）研究启示

（1）应继续扩大农业保险补贴规模，逐步增加补贴险种类别，扩大保障范围，进一步增加投保农户的实际可支配收入，放松预算约束，鼓励农业生产的投入力度，提高规模效应在保费补贴对农业生产水平中的影响。

（2）农业保险产品应逐渐提高保障水平和赔付水平，实现从“保成本”向“保收入”的过渡，为投保农户提供充足有效的恢复再生产能力，加强保费补贴风险分散效应。

（3）在维持中央保费补贴力度的基础上，应积极落实《中央财政农业保险保费补贴管理办法》，逐步改变补贴比例缺乏弹性的现状，提高补贴利用效率，在发挥中央财政激励作用的同时缓解地方配套的财政补贴压力，防止应收保费继续上涨。未来可以在东部和中西部地区划分的基础上进一步细化，有条件省份可以综合地方财政收入、地区农业产值、农险保费收入、农业赔付率等经济特征，根据不同险种、不同区域构建农业保险保费补贴比例指数，科学合理制定实际保费补贴比例和指数挂钩的方式，实现精细化、差异化的农险补贴政策，为逐步建立当地农险补贴比例的动态调整机制提供基础。此外，地方财政要建立省市县三级保费合理分摊机制，严格落实保费补贴，防止拖欠、截留等情况的发生，切实解决应收保费难题。

（4）各省市要鼓励开发地方优势特色农险产品，支持各区域围绕自身资源禀赋和产业优势创新险种，逐步提高其占农业保险的比重，保证地方特色产业发展。中央财政应逐渐放开农业保险补贴方式，不局限于对部分指定产品的保费补贴，增加农险公司经营管理费补贴，建立完善的再保险制度，充分发挥政府引导作用，促进地方保险机构提升农业保险服务水平，发挥在农业保险经营中的自主性和创造性。

（三）不足与展望

本研究也存在一定的局限性。①由于数据来源问题，本文在保费补贴对生产规模和生产水平的影响中未能细分各个保险品种和保险标的，也难以获取市县级别的面板数据，研究仅能体现总体结果，难以体现行业和地区的异质性。②保费补贴对生产水平作用机制是复杂多样的，本文基于模型仅探讨了风险分散作用和规模效用的影响，建议后续研究者可以深入探讨其他潜在的影响机制。

参考文献（略）

农业保险如何影响农村家庭消费？
——基于五省调查数据

任天驰　杨芮华

摘要：研究农业保险能否有效促进家庭消费具有重要意义。本文基于山东、湖北、江西、四川以及云南五省 2019—2020 年调查数据，研究了农业保险对农村家庭消费的影响。结果表明：①农业保险保障水平的提高能够显著地促进参保户家庭消费增长。②通过机制研究发现，农业保险一方面具有显著的增收和增信效应，可使农户“有钱可花”；另一方面通过降低不确定性以及发挥储蓄替代作用从而提高消费激励，使得农户“有钱愿花”。③参保结果具有示范效应，当身边存在“负向示范效应”时，农业保险对参保户家庭消费不存在显著影响。

关键词：农业保险；保障水平；家庭消费；示范效应

一、引言

充分发挥中国超大规模的市场优势和内需潜力对于加速国内经济大循环具有重要意义。根据国家统计局数据，2019 年① 中国居民消费率仅为 35.3%，远低于同期美国（70.1%）等发达国家，也低于印度（54.7%）等发展中国家。进一步将城乡居民消费对比分析可以发现，居民消费总额中城镇居民消费占比达 78.56%，而占全国人口 39.4%的农村居民，其消费占比却仅为 21%，农村消费低迷严重制约了中国内需优势的释放，成为国内大循环的“堵点”（叶兴庆，2020）。如何促进农村居民消费？学者们从提高收入水平、缩小城乡收入差距、强化农村基础设施建设、完善风险管理措施等诸多角度进行了深入讨论，提供了丰富的研究经验和有益建议，但基于风险管理视角开展的研究中，对农业自然风险管理的关注仍旧匮乏。中国近十年来农业受灾面积占总播种面积的比重均在 10%以上，且受灾面积的成灾率高达 40%以上。农业自然灾害不仅直接给农民带来经济损失，降低家庭消费能力，由于缺乏相应的风险规避手段，增加储蓄降低消费也成为农村家庭事前预防风险和不确定性的主要措施（Aziz and Cui，2007；Chamon and Prasad，2010；Santen，2012；王静，2018；尹志

作者简介：任天驰，中国农业大学经管学院博士研究生；杨芮华，中国农业大学经管学院教授，博士生导师。

① 统计数据来自国家统计局、世界银行统计数据。

超、严雨，2020）。因此，在农业自然风险逐年居高不下的情况下，从农业自然风险管理的角度考察如何促进农村居民消费，对于释放内需潜力、加速国内大循环具有重要的现实意义。

本文的研究聚焦于农业保险这一农业自然风险管理的核心工具，讨论农业保险对农村家庭消费的影响。理论上来说，农业保险一方面可以给农户带来收入的稳定和增长（黄颖等，2021；马九杰等，2020；卢飞，2017；李琴英，2018；费清，2018），另一方面通过将自然风险带来的不确定性外部化，降低农户预防性储蓄动机，进而有效提高家庭消费。从既有研究来看，农业保险对农村家庭消费的促进作用得到了诸多实证经验的支持。如绍全权等（2017）基于2010—2015年省级面板数据，发现当农户消费和人类发展指数（HDI）越过一定门槛值后，农业保险保费、赔付和补贴均可以显著提高农户消费和HDI水平。聂荣、沈大娟（2016）基于辽宁省农户调查数据，发现参与农业保险决策与家庭消费行为存在显著正相关关系。王韧、崔超雄（2014）基于宏观统计数据，发现农业保险与农户消费具有长期稳定的相互促进关系。

上述研究为理解农业保险与农村家庭消费的关系提供了极有价值的参考，但仍可以在以下三个方面进行完善：首先，既有研究并没有揭示农业保险如何影响家庭消费的内在机理，这显然降低了这一研究领域的科学性。直观上来看，农业保险促进家庭消费的作用机制可以从两个路径考虑：一是农户“有钱可花”，即农业保险拓展了家庭消费支出的来源；另一方面，鉴于中国家庭普遍具有高储蓄率特征，农户还得“有钱愿花”，即农业保险具有消费激励作用。基于此，本文从消费来源拓展和消费激励两个角度入手，探讨了农业保险对家庭收入和贷款获取的影响，以及农业保险通过降低不确定性和发挥储蓄替代作用进而对家庭消费产生的激励效应，从而构建了农业保险如何影响家庭消费的机制框架，为本领域的研究提供了有益补充，这是本文第一个可能的边际贡献。

其次，既有文献着重考察农业保险“从无到有”的变化对农户所产生的影响。但当前中国农业保险已承保了超过70%的种植面积，基本实现了“从无到有”的“广覆盖”目标，其突出的问题在于农业保险保障水平过低，仅是美国的1/5，加拿大的1/3和日本的1/2（中国农业保险保障水平研究课题组，2019）。“广覆盖、低保障”的失衡特征使得政策改革重点正由解决“从无到有”的覆盖问题向完善保障水平“从低到高”的支付能力转化。相对应的，对农业保险的主体效应研究也应从广延边际（是否参保）影响向集约边际（保障水平）影响的范式演进，以探究未来实践中可能的新问题并提前应对。鉴于此，本文将农业保险保障水平纳入分析框架，首次分析了提高保障水平对家庭消费的影响，这是本文第二个可能的边际贡献。

最后，既有研究未直接关注农业保险参保结果的“示范效应”，然而，参保结果的示范效应会直接影响家庭对保险项目的信任程度，从而在很大程度上制约保险的实际效果（尹志超、严雨，2020；cai et al.，2014；白重恩，2011）。对于农业保险政策而言，其“政府引导、市场运作”的政策执行方式、“整村承保”的推广方式以及农户所处的情景互动频繁的村庄地缘环境，均会强化农户所受示范效应的影响。基于此，本文通过统计所调研村庄内农户获得赔付的案例，首次讨论了农业保险参保结果的“示范效应”对家庭消费的影响，这是本文第三个可能的边际贡献。

此外，在计量方法上，本文利用面板数据的优势，采用双重差分倾向得分匹配模型（PSM-DID）和双向固定效应模型进行估计，并选择了县级农业保险财政补贴作为工具变量，更充分地控制了内生性问题，有效补充了既有研究。本文其余部分安排如下：第二部分为理论基础；第三部分介绍数据来源、模型设定及变量定义；第四、第五和第六部分为实证分析；最后是本文的结论与建议。

二、理论基础

在 Yaari（1965）、Hau（2001）、Cai（2014）等已有两期模型基础上，本文建立一个针对农业保险和家庭消费决策的两期模型。考虑一个代表性农户，其家庭第一期消费为 C_1，初始财富量为 w。在第二期，农户面临发生概率为 p 的自然灾害（$0<p<1$），若不发生自然灾害，农户获得农业生产收入 $\bar{y}$，而发生灾害时，不仅无法收获收入 $\bar{y}$，还会损失农业生产投资 $\tilde{y}$，使用 C_g 和 C_b 表示不发生自然灾害和发生自然灾害时的家庭消费，假定利率为 r，即

$$C_g=(1+r)(w-c_1)+\bar{y},C_b=(1+r)(w-c_1)-\tilde{y}。$$

情形 1：农户未参与农业保险。此时第一期消费使用 c_u 表示，在该情况下的家庭目标函数及约束条件为

$$\max_{c} EU(C_1)+pEV(C_b)+(1-p)EV(C_g)$$

$$\text{s. t. } C_b=(1+r)(w-c_u)-\tilde{y};C_g=(1+r)(w-c_u)+\bar{y}$$

代入约束条件即

$$EU(c_u)+pEV\left[(1+r)(w-c_u)-\tilde{y}\right]+(1-p)EV\left[(1+r)(w-c_u)+\bar{y}\right]$$

设 c_u^* 代表期望效用最大化时的家庭消费，由期望效应最大化的一阶条件，可得

uninsured：$u'(c_u^*)-(1+r)pEv'[(1+r)(w-c_u^*)-\tilde{y}]-(1+r)(1-p)Ev'[(1+r)(w-c_u^*)+\bar{y}]=0$

情形 2：农户参与农业保险。设 α 为农业保险保障水平（$0<\alpha\leqslant1$），则当第二期灾害发生时，农户会获得 $\alpha\bar{y}$ 的赔款。而农户为获得农业保险，需要在第一期缴纳值为 $k\alpha\bar{y}$ 的农业保险保费，其中 k 即为保险费率（$0<k<1$），此时第一期消费使用 c_i 表示，在参保情况下的家庭目标函数及约束条件为

$$\max_{c} EU(C_1)+pEV(C_b)+(1-p)EV(C_g)$$

$$\text{s. t. } C_1=c_i+k\alpha\bar{y};C_b=(1+r)(w-c_i)-\tilde{y}+\alpha\bar{y};C_g=(1+r)(w-c_i)+\bar{y}$$

代入约束条件即

$EU(c_i-k\alpha\bar{y})+pEV[(1+r)(w-c_i)-\tilde{y}+\alpha\bar{y}]+(1-p)EV[(1+r)(w-c_i)+\bar{y}]$

设 c_i^* 代表期望效用最大化时的家庭消费，由期望效应最大化的一阶条件，可得 insured：$u'(c_i^*-k\alpha\bar{y})-(1+r)pEv'[(1+r)(w-c_i^*)-\tilde{y}+\alpha\bar{y}]-(1+r)(1-p)Ev'[(1+r)(w-c_i^*)+\bar{y}]=0$

比较情形 1“农户未参与农业保险”与情形 2“农户参与农业保险”时的最优消费。

假设 $c_i^*=c_u^*$。由于 $u''<0$，$0<k<1$，$0<\alpha<1$，因而 $-k\alpha\bar{y}<0$，从而：

$$u'(c_u^*-k\alpha\bar{y})>u'(c_u^*)$$

由于 $v''<0$，$\alpha\bar{y}>0$，从而：

$-(1+r)pEv'[(1+r)(w-c_u^*)-\tilde{y}+\alpha\bar{y}]>-(1+r)pEv'[(1+r)(w-c_u^*)-\tilde{y}]\Rightarrow$ insured：$u'(c_i^*-k\alpha\bar{y})-(1+r)pEv'[(1+r)(w-c_i^*)-\tilde{y}+\alpha\bar{y}]-(1+r)(1-p)Ev'[(1+r)(w-c_i^*)+\bar{y}]>$ uninsured：$u'(c_u^*)-(1+r)pEv'[(1+r)(w-c_u^*)-\tilde{y}]-(1+r)(1-p)Ev'[(1+r)(w-c_u^*)+\bar{y}]=0$

最优解 $c_u^*<c_i^*$，即农户在情形 2“参与农业保险”中的最优消费高于在情形 1“未参与农业保险”中的最优消费。

本文进一步讨论保障水平 α 的变化对已参保农户消费的影响。假设农户最优消费为 c，沿用“情形 2”的相关设定，有

$$\max_c EU_{\text{insured}}=u(c-k\alpha\bar{y})+pEv[(1+r)(w-c)-\tilde{y}+\alpha\bar{y}]+(1-p)Ev[(1+r)(w-c)+\bar{y}]$$

由期望效用最大化的一阶条件：

$$\mathrm{d}EU_{\text{insured}}/\mathrm{d}s=-u'(w-s-k\alpha\bar{y})+(1+r)pEv'[(1+r)s-\tilde{y}+\alpha\bar{y}]+(1+r)(1-p)Ev'[(1+r)s+\bar{y}]$$

对保障水平 α 求二阶导数：

$$\mathrm{d}EU_{\text{insured}}/\mathrm{d}s\mathrm{d}\alpha=-k\bar{y}u''-(1+r)pE\bar{y}v''$$

由于 $k>0$、$\bar{y}>0$、$u''<0$、$v''<0$，表明 $k\bar{y}u''<0$ 且 $(1+r)$ $pE\bar{y}v''<0$，从而 $\mathrm{d}EU_{\text{insured}}/\mathrm{d}s\mathrm{d}\alpha>0$，即对于已经参与农业保险的农户来说，保障水平 α 越高，则家庭消费 c 越高。综上，本文的两期理论模型表明：参与农业保险可以提高家庭消费水平，对于参保户来说，保障水平的提高可以促进家庭消费增长。

三、研究设计

（一）数据来源

本文实证分析数据来自课题组分别于 2019 年和 2020 年对山东、湖北、江西、四川以及云南五省农村进行的两期入户问卷调查，覆盖了东、中、西三个地区，其中山东、湖北、四川为粮食主产区，江西、云南则是特色农产品优势地区。从农业保险政策推广层面来看，四川省为 2007 年中央财政保费补贴的首批试点省份；云南省、江

西省分别于2015年、2016年列为特色农业保险试点省份；山东省、湖北省为中央财政支持下2018—2020年完全成本保险和收入保险的首批试点省份，从而上述五省也是近年中国农业保险渐进式试点推广过程的一般性代表。问卷内容涉及农户家庭特征、农业风险与保障状况、区域概况等内容。调查采用分层抽样方式，抽样过程为：①对县域分层抽样，根据农户人均纯收入指标分别将山东、湖北、江西、四川以及云南五省所辖县分为上、中、下3个层次，每个层次随机抽取一个，共15个县；②在选中县中抽村，课题组在不同保险公司承保的村庄中进行了随机抽样①，这样不仅保证了样本的随机性，还避免了单一保险合约带来的“自选择”，不同的农业保险合约也可能提供波动范围更大的保障水平，最终选择了30个村；③在选中村中随机选择农户进行入户调查，每村调查户数均≥50户。剔除了无效问卷后②，共计有1 407户农户样本，组成了一个2019—2020年的两期面板数据。

（二）实证策略

1. “是否参保”对家庭消费的影响

在一个理想的自然实验中，农户参与农业保险是随机的，直接比较参保农户与未参保农户消费水平的差异，即可得到理想的因果推断结果。但在现实中，农户参保行为是非随机的，例如保险产品的供给、农户自身特征等都会影响其参保行为，从而直接比较参保农户与未参保农户的消费差异会存在内生性问题，消除样本选择偏误实现准自然实验是进行因果推断的关键。结合本文的两期面板数据形态，选择倾向得分匹配基础上的倍差法（PSM-DID）进行分析。理论上，PSM方法消除了可观测的异质性导致的样本选择偏误，而DID方法消除了不可观测且不随时间改变的异质性导致的样本选择偏误，最终获得接近自然实验的处理效应。

本文PSM-DID的估计策略如下：第一，通过Logit模型以2019年数据为基期测算每个农户的倾向得分。第二，由于对照组（未参保农户）较少，因而主要采用核匹配Epanechnilko方法，通过核函数构建的权重进行加权得到一个虚拟对象来匹配处理组的每个农户，同时使用了K近邻匹配（K值设定为4）、卡尺匹配（卡尺设定为0.020）进行稳健性检验。第三，检验平衡性以及共同支撑性假设，借鉴Rubin（2001）的方法，通过考察伪R^2、卡方、偏差均值、B值以及R值，从整体上检验匹配质量。第四，估计每个农户跨期的消费变化，再对处理组农户和对照组与其匹配的农户的跨期消费变化进行差分，对所有差分结果取均值，最终得到农业保险对家庭消费的处理效应。假定Y为农户跨期的家庭消费变化，下标19、20分别表示2019年、

---

① 县级区域的农业保险合同一般由2～3家农险公司承包，各农险公司的保险合约往往存在差异。随机抽样方法为：首先根据村庄常住人口，对村庄进行排序并分为“大村”和“小村”，在“大村”和“小村”中各随机抽取一个村庄，再通过联系村委会确定其承保公司，若为同一家公司承保则放回并重新进行随机抽取，最终得到不同承保主体承保的“大村”和“小村”。

② 除无效问卷外，由于天气指数保险存在特殊性，同时剔除了调查结果中的天气指数保险样本。

2020 年，上标 T、C 表示处理组和对照组，则 ATT 可以表示为

$$ATT_{PSM-DID}=E(Y_{20}^{T}-Y_{19}^{T}\mid X_{19},D=1)-E(Y_{20}^{C}-Y_{19}^{C}\mid X_{19},D=0)$$

2. “保障水平”对家庭消费的影响

为进一步考察保障水平对家庭消费的影响，设双向固定效应模型①如下：

$$Y_{ct}=\alpha_0+\alpha_1 X_{ct}+\sum_{n=1}^{N}\alpha_i X_{it}+\lambda_t+\mu_i+\varepsilon_i$$

式中，Y_{ct} 为家庭消费，X_{ct} 为农业保险保障水平，X_{it} 为控制变量组，λ_t 为时间固定效应，反映个体经历的时间趋势，μ_i 为个体固定效应，控制不可观测、不随时间变化的遗漏变量问题，α_0、α_1、α_i 为待估系数，ε_i 为随机误差。考虑到同村内农户收入水平、受教育水平较为相似，本文将稳健标准误聚类到村庄层面。

然而，双向固定模型依然可能面临内生性问题的干扰，其原因可能包括：一是互为因果关系，农户可能根据自身经济和消费水平选择不同保障水平的农业保险；二是随时间变化且因个体而异的遗漏变量，如农户外出务工的职业选择、农户面临的流动性约束等。因此本文进一步通过工具变量控制可能的内生性问题，选择“县级农业保险财政补贴”作为工具变量 IV 进行一阶段估计：

$$X_{ct}=\gamma_1+\gamma_2 IV+\sum_{n=1}^{N}\gamma_i X_{it}+\varepsilon_i$$

从而获得 X_{ct} 的预测值 $\hat{X}_{ct}$，带入第二阶段从而得到一致的估计结果：

$$Y_{ct}=\beta_0+\beta_1\hat{X}_{ct}+\sum_{n=1}^{N}\beta_i X_{it}+\lambda_t+\mu_i+\varepsilon_i$$

（三）变量设定与描述

1. 被解释变量

本文使用三种方式测算农户家庭消费：①消费 1＝家庭年总消费额，这里的消费支出既包括日常消费支出又包括偶然性支出（教育、医疗、建房以及嫁娶等支出）；②将消费支出中的偶然性支出剔除，仅保留日常消费支出，即消费 2＝家庭年总消费额－偶然性支出；③为稳健性考虑，使用家庭人均消费概念进行定义，即消费 3＝家庭年总消费额/家庭总人数。为保证数据平稳，对消费 1、消费 2 及消费 3 均作加 1 后取自然对数处理。在实证分析中，消费 1、消费 2 用于基准估计，消费 3 用于稳健性检验。此外，为进一步讨论农业保险对农户消费结构的影响，本文还定义了生产性消费（农业生产资料购买支出）和生活性消费（物质生活消费支出）两类变量。

2. 核心解释变量

本文从广延边际（是否参保）和集约边际（保障水平）两个方面进行分析，从而设定两个核心解释变量，“是否参与农业保险”设定为“参保＝1，未参保＝0”的虚

① Hausman 检验拒绝原假设。

拟变量形式。对于保障水平的量化方式，学界尚无统一标准：一是认为保额即是保障水平（Goodwin & Mahul，2004），由农户参保时选择的保障比例决定；二是认为保障水平可以分为宏观、微观两个层面，宏观层面的保障水平即农业保险为农业生产所能提供的风险保障，由农业保险总保额与农业生产总值的比值确定，而微观层面的保障水平又可以分为保障广度与保障深度两个方面。前者体现农业保险的覆盖范围，由承保面积与总播种面积的比值确定；后者体现农业保险的单位保障能力，由保险标的的单位保额与单位产值的比值确定（中国农业保险保障水平研究组，2019）。结合本文的研究目的，保障水平应为农业保险为农户所能提供的风险保障能力，从而使用上述微观层面保障深度的概念，设定为亩保额与亩产值的比值（亩保额/亩产值）。

3. 工具变量

本文选择“县级农业保险财政补贴”作为估计农业保险保障水平影响家庭消费的工具变量。理由如下：一方面，与其他类型的保险产品不同，农业保险的保障水平很大程度上是由政府部门（主要是中央财政和地方财政）根据“低保障、广覆盖”的原则和自身财力决定，而作为供给方的农业保险公司仅能在政府部门的约束下进行调整，这使得农业保险保障水平与地方农业保险财政补贴存在密切关系，满足了工具变量的相关性原则；另一方面，目前尚无证据表明宏观层面的“县级农业保险财政补贴”会直接对家庭微观决策产生影响，满足了工具变量的外生性原则。本文通过查询所调查县级单位的公共财政预算支出表，得到农业保险保费补贴数据。

4. 控制变量

本文选取四类控制变量：户主特征变量（年龄、性别、受教育程度、健康状况）；家庭特征变量（家庭总人数、劳动力占比、资本拥有量、兼业化水平、医疗和养老保险参与状况）；生产状况变量（人均耕地面积、农地细碎化程度、农地地形条件、作物类型）；村级特征（地权稳定性、村级经济状况、村庄位置）。此外，为避免内生性问题，控制了农业保险保费支出。最后，控制了四个省份的地区变量（表1）。

表1　模型变量定义及赋值

变量类别	变量名称	变量赋值	全样本（1 407户）		参保样本（1 061户）	
			均值	标准差	均值	标准差
被解释变量	家庭消费	消费1	10.729	2.867	10.735	2.871
		消费2	10.239	2.115	10.246	2.201
		消费3	9.226	1.907	9.286	1.932
解释变量	农业保险	参保=1，未参保=0	0.75	0.43	1	0
	保障水平	亩保额/亩产值	0.23	0.40	0.31	0.29

（续）

变量类别	变量名称	变量赋值	全样本（1 407 户）		参保样本（1 061 户）	
			均值	标准差	均值	标准差
控制变量	户主年龄	（周岁）	49.23	12.55	49.16	12.49
	户主年龄的平方	年龄的平方/100	25.73	12.76	25.65	12.69
	户主受教育程度	（年）	6.92	3.29	6.94	3.31
	户主性别	男＝1，女＝0	0.52	0.49	0.52	0.49
	户主健康状况	良好＝1，较差或无劳动能力＝0	0.90	0.30	0.90	0.30
	人均可支配收入	（元）	11.04	3.63	11.04	3.63
	家庭总人数	（人）	4.27	1.28	4.26	1.27
	家庭净资产	（元），取对数	12.29	1.69	12.30	1.71
	农村合作医疗保险	参保＝1，未参保＝0	0.93	0.47	0.93	0.47
	农村社会养老保险	参保＝1，未参保＝0	0.90	0.45	0.90	0.45
	家庭兼业化水平	非农收入/总收入（%）	67.92	46.70	68.02	47.91
	人均耕地面积	（亩）	1.68	2.71	1.70	2.79
	作物类型	粮食作物占比	0.69	0.46	0.67	0.49
	农业保险保费	（元/亩）	6.83	11.4	9.06	8.27
	村庄地权稳定性	农地调整＝1，否＝0	0.16	0.37	0.16	0.37
	村到县城的距离	（千米）	22.71	21.03	22.71	21.03
	地区变量（湖北省为对照组）	山东省＝1，其他＝0	0.21	0.41	0.21	0.41
		江西省＝1，其他＝0	0.18	0.39	0.18	0.39
		四川省＝1，其他＝0	0.21	0.41	0.21	0.41
		云南省＝1，其他＝0	0.17	0.37	0.17	0.37
	年份	（年份）	2 019.50	0.50	2 019.50	0.50

四、估计结果

（一）基准估计结果

本文基准估计结果分为“消费 1”以及“消费 2”两部分，除因变量不同外，其他估计策略相同。首先，基于全样本，通过 PSM-DID 估计农业保险对农村家庭消费的平均处理效应；其次，基于参保样本，通过固定效应模型估计保障水平对农村家庭消费的影响；最后，为控制固定效应模型可能存在的内生性问题，选择“县级农业保险保费财政补贴”为工具变量进行两阶段估计，在第一阶段估计中，保障水平对该工具变量的回归系数显著，并通过了联合显著 F 检验以及 Shea 偏 R^2 检验，一定程度上排除了弱工具变量问题，第二阶段估计如表 2 中 FE-IV 结果所示。

表 2 基准估计结果

变量	消费 1			消费 2		
	PSM-DID	FE	FE-IV	PSM-DID	FE	FE-IV
农业保险	0.032*** (0.009)			0.039*** (0.006)		
农业保险保障水平		0.015*** (0.004)	0.007** (0.003)		0.018*** (0.003)	0.012** (0.005)
其他控制变量	—	控制	控制	—	控制	控制
个体固定效应	—	控制	控制	—	控制	控制
时间固定效应	—	控制	控制	—	控制	控制
样本量	1 407	1 061	979	1 407	1 061	979
调整的 R^2	—	0.392	—	—	0.419	—

注：PSM-DID结果括号内为标准误，FE、FE-IV 括号内为村级聚类标准误。***、**、* 分别表示在 1%、5%、10%的水平上显著。

表 2 的估计结果表明，当因变量为“消费 1”时，通过 PSM-DID 估计参保行为对农村家庭消费的影响，其结果在 1%的统计水平上显著为正，说明参与农业保险可以有效提高农村家庭消费水平。进一步使用已参保样本，通过固定效应模型估计农业保险保障水平对农村家庭消费的影响，发现保障水平对农村家庭消费的影响在 1%的统计水平上显著为正，即保障水平的提高对农村家庭消费存在显著的促进作用，并且在经工具变量处理后，这一促进作用依然稳健存在。表 2 的后半部分使用“消费 2”作为因变量进行估计，其结果与使用“消费 1”作为因变量的估计结果基本一致，即参加农业保险可以有效提高农村家庭消费水平，对于已参保家庭来说，保障水平的提高可以显著促进其消费增长。

为稳健性考虑，本文对上述估计作进一步处理：第一，使用“消费 3”作为因变量进行估计。其结果表明，参保及保障水平提高均在 1%的统计水平上显著促进农村家庭消费增长，与使用“消费 1”和“消费 2”作为因变量的基准估计结果一致。

第二，替换工具变量。使用“市级农业保险财政补贴”作为估计保障水平影响农村家庭消费的工具变量，其结果表明，无论是使用“消费 1”还是“消费 2”作为因变量，保障水平对消费影响的二阶段估计结果均在 5%的水平上显著为正，与使用“县级农业保险财政补贴”作为工具变量的基准估计结果一致。

第三，从样本稳健性的角度考虑，剔除家庭中有“未婚男孩”的样本（372 户）。一般而言，家庭为应对“未婚男孩”未来可能带来的额外支出会进行积极储蓄，本文在剔除上述样本后，其估计结果与使用全样本的基准估计结果一致，即参保及保障水平的提高均对农村家庭消费有显著正向影响。

（二）区分家庭消费结构的估计结果

本文将消费类型划分为生产性消费（农业生产资料购买支出）和生活性消费（物质生活消费支出）两类，通过分组估计检验农业保险对农村家庭消费结构的影响。估计策略与基准估计相同，使用全样本通过 PSM-DID 估计参与农业保险对消费的影响，使用参保样本通过固定效应模型估计保障水平提高对消费的影响。结果如表 3 所示。

表 3　农业保险与家庭消费结构

变量	生产性消费			生活性消费		
	PSM-DID	FE	FE-IV	PSM-DID	FE	FE-IV
农业保险	0.071*** (0.020)			0.026** (0.011)		
农业保险保障水平		0.033*** (0.011)	0.023*** (0.005)		0.009** (0.004)	0.005** (0.002)
其他控制变量	—	控制	控制	—	控制	控制
个体固定效应	—	控制	控制	—	控制	控制
时间固定效应	—	控制	控制	—	控制	控制
样本量	1 407	1 061	979	1 407	1 061	979
调整的 R^2	—	0.461	—	—	0.297	—

注：PSM-DID 结果括号内为标准误，FE、FE-IV 括号内为村级聚类标准误。***、**、* 分别表示在 1%、5%、10%的水平上显著。

表 3 的估计结果表明，参与农业保险和提高保障水平对农村家庭生产性消费的影响均在 1%的水平上显著为正，对其生活性消费的影响也均在 5%的水平上显著为正。进一步详细比较后发现，农业保险对生产性消费的促进作用更为明显，可能的原因在于农业保险通过缓解期望收益不确定下生产投入的沉没成本问题，增加农业生产投入从而提高了农户生产性消费。这与诸多实证研究证实农业保险会促使农户扩大经营规模（徐斌、孙蓉，2016），增加化肥、地膜（钟甫宁等，2006）和农药（罗向明等，2016）等农业生产投入的结论在逻辑上是一致的。

五、影响机制分析

（一）“有钱可花”：农业保险与消费来源拓展

1. 农业保险对农村家庭收入的影响

鉴于家庭消费很大程度上取决于家庭收入水平，因而在机制研究中，本文首先讨论农业保险对家庭收入的影响。这里定义家庭收入为家庭年总收入（元），为避免相互因果关系，在总收入中剔除了保险赔付收入，在估计中作加1后取对数处理。具体估计策略与基准估计一致，使用全样本通过PSM-DID估计参与农业保险的影响，使用参保户样本通过固定效应模型估计保障水平提高的影响。估计结果如表4所示。

表4　农业保险对家庭收入的影响

变量	农村家庭收入		
	PSM-DID	FE	FE-IV
农业保险	0.044*** (0.011)		
农业保险保障水平		0.012** (0.005)	0.009** (0.004)
其他控制变量	—	控制	控制
个体固定效应	—	控制	控制
时间固定效应	—	控制	控制
样本量	1 407	1 061	979
调整的R^2	—	0.519	—

注：PSM-DID结果括号内为标准误，FE、FE-IV括号内为村级聚类标准误。***、**、*分别表示在1%、5%、10%的水平上显著。

表4的估计结果表明，使用PSM-DID估计参与农业保险对农村家庭收入的影响，其结果在1%的水平上显著为正，验证了农业保险的增收作用，这与学界的已有结论基本一致（黄颖等，2021；马九杰等，2020；卢飞，2017；李琴英，2018；费清，2018）。进一步使用固定效应模型估计农业保险保障水平对家庭收入的影响，发现其结果在5%的水平上显著为正，这表明保障水平的提高对家庭收入增长也具有促进作用，继续使用工具变量模型进行估计发现，在控制内生性问题后，保障水平提高所带来的增收作用依然稳健。

2. 农业保险、贷款获取与农村家庭消费

除收入外，贷款获取也是农户"有钱可花"的重要来源，贷款通过放松农户流动性约束也有利于促进家庭消费增长。既有研究表明，农业保险具备增信的作用，可以显著提高农户获得贷款的能力（左斐等，2019），加之"银保互动"① 等惠农政策进一步提高了农村家庭获得信贷支持的可能性（吴本健等，2013；牛浩、陈盛伟，2014）。此外，随着保险保障程度被纳入贷款机构的风险甄别机制（崔杰，2012），保障水平的提高提升了风险承担人的债务履约能力（刘祚祥等，2010），从而提高了农户贷款获取能力。基于此，本部分对"农业保险—贷款获取—农村家庭消费"的作用路径进行讨论，其中贷款获取以农户实际获得的贷款额度（元）衡量，估计方法为在

① 一般做法是将保险作为农户申请贷款的条件，当农户无法履约还款时，保险赔款优先用于还贷。

双向固定效应模型中引入农业保险、保障水平并分别与贷款获取的交叉项进行验证。估计结果如表 5 所示。

表 5　农业保险、贷款获取与农村家庭消费

变量	消费 1			
	FE	FE-IV	FE	FE-IV
农业保险	0.026*** (0.008)	0.021*** (0.005)		
农业保险保障水平			0.013*** (0.004)	0.011** (0.005)
贷款获取	0.067*** (0.015)	0.079*** (0.022)	0.059*** (0.015)	0.063*** (0.016)
农业保险×贷款获取	0.018*** (0.006)	0.016*** (0.004)		
保障水平×贷款获取			0.011*** (0.002)	0.010*** (0.002)
其他控制变量	控制	控制	控制	控制
个体固定效应	控制	控制	控制	控制
时间固定效应	控制	控制	控制	控制
样本量	1 296	901	897	826
调整的 R^2	0.477	—	0.462	—

注：括号内为村级聚类标准误。***、**、* 分别表示在 1%、5%、10%的水平上显著。

根据表 5 的估计结果，贷款获取变量对消费 1 的影响在 1%的水平上显著为正，即贷款获取可以有效提高农村家庭消费水平。农业保险与贷款获取变量交叉项系数在 1%的统计水平上显著为正，表明参与农业保险可以显著增强贷款获取对农村家庭消费的促进作用，即农业保险通过强化农户获得贷款的能力从而提高其消费水平。对于参保户而言，保障水平与贷款获取变量交叉项系数在 1%的统计水平上显著为正，说明保障水平的提高可以有效强化农业保险的增信功能，强化贷款获取对家庭消费的促进作用。最后，上述回归在经工具变量处理，以及将结果变量替换为消费 2 后，其估计结果依然稳健。

（二）"有钱愿花"：农业保险与消费激励

1. 农业保险、不确定性与农户消费

在中国家庭普遍高储蓄率的背景下，消费激励显得尤为重要。理论上，农业保险可以平滑农户面临的不确定性风险，降低农户预防性储蓄动机，从而激励农户消费。本文首先讨论"农业保险—不确定性—家庭消费"的作用路径，参考 Dynan（2004）

等处理经验，以农户农业经营收入为因变量，使用家庭和生产特征变量为自变量进行OLS回归得到的残差值的平方作为不确定性的量化变量。

设定估计方程：

$$Y_{st} = b_0 + \sum_{n=1}^{N} b_i X_{it} + \lambda_t + \mu_i + \varepsilon_i。$$

其中，Y_{st}为农户农业经营收入，为避免互为因果关系的影响，将农业保险赔款剔除，X_{it}包括户主和家庭特征变量，以及农业生产特征变量，如土地、劳动力、机械投入等。由于$Var(\varepsilon)=E(\varepsilon^2)-[E(\varepsilon)]^2=E(\varepsilon^2)$，残差的平方是其方差的无偏估计，从而将回归得到的残差的平方作为不确定性的变量值，在具体回归中进行对数处理。估计方法为在双向固定效应模型中引入农业保险、保障水平分别与不确定性变量的交叉项进行验证。估计结果如表6所示。

表6　农业保险、不确定性与家庭消费

变量	消费1			
	FE	FE-IV	FE	FE-IV
农业保险	0.019*** (0.003)	0.015*** (0.004)		
农业保险保障水平			0.007*** (0.001)	0.006** (0.002)
不确定性	−0.104*** (0.016)	−0.129*** (0.018)	−0.223*** (0.036)	−0.212*** (0.030)
农业保险×不确定性	−0.017*** (0.004)	−0.013*** (0.002)		
保障水平×不确定性			−0.014*** (0.003)	−0.012*** (0.003)
其他控制变量	控制	控制	控制	控制
个体固定效应	控制	控制	控制	控制
时间固定效应	控制	控制	控制	控制
样本量	1 336	954	992	923
调整的R^2	0.479	—	0.460	—

注：括号内为村级聚类标准误。***、**、*分别表示在1%、5%、10%的水平上显著。

根据表6的估计结果，不确定性变量对农户消费的影响在1%的水平上显著为负，表明不确定性风险的存在显著降低了农户消费。农业保险与不确定性变量交叉项系数在1%的统计水平上显著为负，表明参与农业保险可以显著缓解农户由不确定性风险引致的消费下降。对于参保户而言，保障水平与不确定性变量交叉项系数在1%的统计水平上显著为负，说明保障水平的提高可以有效强化农业保险对不确定性风险的平滑能力，显著缓解不确定性对农户消费的抑制作用。最后，上述回归在经工具变量处理，以及将结果变量替换为消费2后，其估计结果依然稳健。

2. 农业保险、储蓄替代与家庭消费

增加储蓄降低消费作为农户事前预防风险和不确定性的主要措施（Aziz and Cui，2007；Chamon and Prasad，2010；Santen，2012；王静，2018；尹志超、严雨，2020），从预防性储蓄的角度讲，农业保险是否可以在一定程度上替代家庭部分储蓄？为讨论这一问题，本文将样本农户按家庭储蓄总额分为高储蓄额度农户（高于家庭储蓄总额均值）和低储蓄额度农户（低于家庭储蓄总额均值），并在双向固定效应模型中引入农业保险、保障水平分别与低储蓄额度家庭的交叉项进行验证。估计结果如表7所示。

表 7　农业保险、储蓄替代与家庭消费

变量	消费 1			
	FE	FE-IV	FE	FE-IV
农业保险	0.013*** (0.003)	0.011*** (0.001)		
农业保险保障水平			0.010*** (0.002)	0.008** (0.003)
低储蓄额度	−0.304*** (0.055)	−0.422*** (0.079)	−0.447*** (0.061)	−0.492*** (0.064)
农业保险×低储蓄额度	−0.027*** (0.003)	−0.016*** (0.001)		
保障水平×低储蓄额度			−0.017*** (0.003)	−0.013*** (0.002)
其他控制变量	控制	控制	控制	控制
个体固定效应	控制	控制	控制	控制
时间固定效应	控制	控制	控制	控制
样本量	1 309	976	1 009	923
调整的 R^2	0.477	—	0.463	—

注：括号内为村级聚类标准误。***、**、*分别表示在1%、5%、10%的水平上显著。

根据表7的估计结果，低储蓄额度变量对家庭消费的影响在1%的水平上显著为负，表明较低的家庭储蓄额度显著限制了农户的消费水平。农业保险与低储蓄额度变量交叉项系数在1%的统计水平上显著为负，表明参与农业保险可以显著缓解农户由低储蓄额度带来的消费不足问题，换言之，即农业保险具有部分储蓄替代作用，放松了家庭低储蓄额度对消费的约束。对于参保户而言，保障水平与低储蓄额度变量交叉项系数在1%的统计水平上显著为负，说明保障水平的提高可以有效强化农业保险的储蓄替代作用，显著缓解家庭低储蓄额度对农户消费的限制。最后，上述回归在经工具变量处理，以及将结果变量替换为消费2后，其估计结果依然稳健。

六、异质性分析

既有研究已经证实，农业保险在农户层面的影响效果存在异质性，如农业保险对不同耕地面积、不同作物类型的农户影响均存在差异（任天驰等，2021）。本文从农业保险参保结果的“示范效应”角度考虑其异质性影响，为既有研究提供补充。本文通过统计所调研村庄内农户获得赔付的案例①，讨论以下三种异质性示范效应：一是“正向示范效应”，即村庄内有农户受灾并获得了农业保险赔付；二是“不存在示范效应”，即本村内并无农户受灾，无法得知能否获得农业保险赔付；三是“负向的示范效应”，即村庄内有农户受灾，但没有得到农业保险赔付。显然，“正向示范效应”可以强化农户对农业保险实际效果的信任程度，而“负向的示范效应”会削弱农户对农业保险的信任。具体估计策略与基准估计类似，使用全样本通过 PSM-DID 估计参与农业保险对家庭消费的影响，使用参保户样本通过固定效应模型估计保障水平提高对家庭消费的影响。估计结果如表 8 所示。

表 8　农业保险、示范效应与家庭消费

变量	正向示范效应		不存在示范效应		负向示范效应	
	PSM-DID	FE	PSM-DID	FE	PSM-DID	FE
农业保险	−0.044*** (0.006)		−0.039*** (0.004)		−0.016 (0.022)	
农业保险保障水平		−0.027*** (0.004)		−0.019** (0.008)		−0.008 (0.012)
其他控制变量	—	控制	—	控制	—	控制
个体固定效应	—	控制	—	控制	—	控制
时间固定效应	—	控制	—	控制	—	控制
样本量	710	503	464	329	233	179
调整的 R^2	—	0.407	—	0.325	—	0.301

注：PSM-DID 结果括号内为标准误，FE 结果括号内为村级聚类标准误。***、**、*分别表示在 1%、5%、10%的水平上显著。

表 8 的估计结果表明，当村庄内存在“正向示范效应”时，参保对家庭消费的影响在 1%的统计水平上显著为正，对于参保户而言，农业保险保障水平的提高对其消费存在显著的促进作用。当村庄内“不存在示范效应”时，参与农业保险以及提高保障水平仍然对家庭消费存在显著正向影响。然而，当村庄内存在“负向示范效应”时，农业保险对家庭消费的影响不再显著。从上述结果来看，参保结果的“示范效

① 剔除了调研数据中对是否得到足额赔付存在争议的 2 个村庄，以及既存在足额赔付、又存在未理赔案例的 4 个村庄，全部 6 个村庄包含 329 户农户。

应”对于农业保险能否有效发挥作用至关重要。之所以产生这种结果，一方面是受农业保险推广方式、农户所处村庄地缘环境的影响；另一方面，农业保险政策实施是由“政府引导，市场运作”，农户对于承保方的保险公司缺乏了解和信任，当受到“负向的示范效应”影响时，会在很大程度上削弱对农业保险的信任程度，进而制约保险的实际效果。

七、结论与启示

（一）结论

农村消费作为中国内需市场的“短板”，制约了整体经济循环速度，既有研究较少涉及农业自然风险管理与农村家庭消费的关系。本文讨论了农业保险对农村家庭消费的影响，在理论部分，通过构建两期模型，推导了农户参保和不参保情况下的家庭消费支出，以及保障水平提高对家庭消费的影响。在实证部分，本文基于山东、湖北、江西、四川以及云南五省2019—2020年两期农户调查数据，通过PSM-DID和双向固定效应模型研究了农业保险对农村家庭消费的影响效应、作用机制及产生的异质性效果。

本文的基准估计结果表明：参与农业保险可以显著提高家庭消费水平，对于参保户来说，保障水平的提高对其家庭消费具有显著促进作用，且这一结果在改变消费的定义、替换工具变量、剔除“未婚男孩”样本后依然稳健。机制研究发现：农业保险一方面通过提高农户收入水平和贷款获取能力，使得农户“有钱可花”，另一方面通过降低农户面临的不确定性风险和发挥储蓄替代作用，使得农户“有钱愿花”，从而提高家庭消费水平。异质性研究发现：参保结果的示范效应对农业保险能否有效提高家庭消费水平具有重要意义，当村内存在“负向示范效应”时，农业保险对家庭消费不存在显著影响。

（二）政策启示

本文研究结论具有一定的政策启示。首先，在当前农业保险的覆盖问题已大体得到解决的情况下，应着力提高农业保险的保障水平。保障水平低不仅是目前中国农业保险的“短板”，从本文的估计结果来看，提高保障水平对于释放农户消费潜力具有重要意义。因此，本文建议，在主管部委对农业保险提出的2022年深度（保费/第一产业增加值）达到1%、密度（保费/农业从业人口）达到500元/人的已有政策目标基础上[①]，增加与保额直接相关（如保额/第一产业增加值）的政策目标。在实践层

① 2019年，财政部、农业农村部、银保监会、国家林草局四部委联合印发《关于加快农业保险高质量发展的指导意见》，提出2022年农业保险深度（保费/第一产业增加值）达到1%，农业保险密度（保费/农业从业人口）达到500元/人的目标。

面，着力于提高已有险种的保障额度、开发具有更高保障水平的新险种。

同时，农业保险需要进一步强化对赔付过程的监管。从本文的研究来看，发生未合规理赔案例的村庄占比超过15%，而能否合规理赔对于农业保险实际政策效果的发挥尤为重要。考虑到农业保险查勘定损的客观难度，在具体实施层面，政府部门可以联合科研院所和保险公司形成共建平台，利用信息技术对监管能力进行升级，如基于遥感和大数据技术实现的“农险一张图”数字管理平台，可以通过浏览地图的方式，查看每个地块的保单、报案和理赔信息，不仅可以实现理赔数据的记录、比对和校验，避免了重复投保等违规行为，而且可以明晰补贴资金的去向。

参考文献（略）

《农业保险条例》的历史作用和修订建议*

庹国柱　王国军　朱俊生

《农业保险条例》2012年颁布至今十年了，在《农业保险条例》的规范和推动下，中国农业保险蓬蓬勃勃发展起来，为农业农村发展、脱贫攻坚和乡村振兴做出了独特贡献。随着实践的发展，农险制度和政策的调整，《农业保险条例》的很多规定已经很难适应农险高质量发展的需要，修订《农业保险条例》势在必行。

一、《农业保险条例》在推动中国农险发展中发挥了重要作用

农业保险的健康发展离不开相关法律法规的支撑。2012年11月，我国第一部农业保险法规《农业保险条例》出台，以国务院令的形式发布。2016年2月国务院对《农业保险条例》进行了初次修订。

条例是法的表现形式之一，是党的最高领导机关、国家最高行政机关，国家和地方立法机关，针对政治、经济、文化等各个领域内的某些具体事项而作出的，比较全面系统、具有长期执行效力的法规性文件。条例根据宪法和法律制定，具有法的效力，是从属于法律的规范性文件，人人必须遵守，违反它将承担相应的法律后果。

1987年4月国务院办公厅发布的《行政法规制定程序暂行条例》明确规定国务院各部门和地方各级人民政府制定的规章不能称其为“条例”，其制定者必须是国家权力机关或行政机关以及受这些机关委派的组织；企事业单位的职能部门，党派团体不能用条例行文，从行文的源头上保证了条例的权威性、约束力。

《农业保险条例》是我国农业保险市场法制化建设的起点，在我国农业保险的发展历史上具有里程碑式的意义，也对我国农业保险的发展发挥了巨大的推动作用。

《农业保险条例》出台以来，我国农业保险取得了长足的发展。2021年我国农业保险保费收入956.18亿元，为农民提供农业风险保障4.78万亿元，承保的农作物品种达270多种，覆盖面不断扩大，基本涵盖了农业的各个领域。全国建成基层保险服务机构约40多万个，基层服务人员约50万人，受保障的农户增长到了1.8亿户次，基本覆盖了所有县级行政区域95%以上的乡镇。目前我国已经成为世界上农业保险保费规模最大的国家。在我国农业保险的发展上，《农业保险条例》功不可没。

---

* 本文发表于《中国保险》2022年第7期。

作者简介：王国军，对外经贸大学保险学院教授，博士生导师；朱俊生，清华大学五道口金融学院中国保险与养老金研究中心教授、博士生导师。

（一）《农业保险条例》填补了我国农业保险法律制度的空白

农业保险，特别是政策性农业保险的发展需要法制的有力保障。《农业保险条例》是我国第一部专门针对农业保险的最高行政法规，在我国现行的农业保险法律法规体系中起着承上启下的总领作用。现行的农业保险法制体系还包括《保险法》《农业法》《物权法》《合同法》等法律，包括《关于加快农业保险高质量发展的指导意见》等部门规章，以及从 2007 年起连续多年的中央 1 号文件和监管部门相关文件中所涉及的农业保险的内容。在《农业保险法》长期缺位的情况下，《农业保险条例》在规范农业保险活动，明确保险监督管理、财政、国土资源、农业、林业、发展改革、税务、民政、气象等有关部门和地方政府的职责，保护农业保险活动当事人的合法权益，提高农业生产抗风险能力，建立农业保险相关信息的共享机制，促进农业保险事业健康发展方面发挥了积极作用。

（二）《农业保险条例》厘清了农业保险的性质，初步确立了中国农业保险的制度架构

《农业保险条例》立足中国国情，提出明确了农业保险“政府引导、市场运作、自主自愿和协同推进的”制度运行原则。提出，国家支持发展多种形式的农业保险，健全政策性农业保险制度，省、自治区、直辖市人民政府可以确定适合本地区实际的农业保险经营模式，这就基本上确定了，中国农业保险选择“政府市场合作”（也称PPP）模式，并实行中央和地方政府双层决策和实施机制。地方政府可以在全国制度模式基础上，确定本省（自治区、直辖市）的经营模式。这为后来我国农业保险市场的多样化发展和经营模式的优胜劣汰奠定了制度基础。

（三）《农业保险条例》明晰了农险经营的基本规范、经营主体、经营规则和法律责任，初步做到了农业保险运营有法可依

作为国家惠农政策的一部分，政策性农业保险受到监管部门、财政、审计和检察机关在内的各类行政和司法执法主体的关注，按照《农业保险条例》的罚则，保险行业内违规违法案件被处理，部分违规案件转变成涉诉案件，有的案件还构成刑事犯罪，惩处力度空前。《农业保险条例》出台后，在实际案例中，依照特别法高于普通法的这一原则，涉及违规套取财政资金、虚构承保面积、侵占农户赔款、审核把关不严、故意隐瞒事实等问题得到了有效的遏制，为农业保险的健康发展奠定了基础。

（四）《农业保险条例》使农业保险的财税支持成为法规，支持力度不断加大

财政对农业保险的支持是政策性农业保险的重要推动力。得益于 2007 年开始的农业保险费的财政补贴和税收优惠的部门规章，农业保险才有了后来的发展局面，而《农业保险条例》使农业保险补贴纳入了法制化的轨道。《农业保险条例》规定，农民

或者农业生产经营组织投保的农业保险标的属于财政给予保险费补贴范围的，由财政部门按照规定给予保险费补贴；国家鼓励地方人民政府财政给予保险费补贴等措施，支持发展农业保险。

中央财政对种植业保险保费补贴的比例由最初的25%逐渐增加到35%（东部地区）和45%（中西部地区），对新疆生产建设兵团和中央直属垦区等补贴65%。中央和地方农业保险财政补贴从2007年的40.6亿元，增长至2021年的746.44亿元。2021年在农业保险签单保费总收入中财政补贴资金占77%。

根据《农业保险条例》的精神，税收政策也一直在向农业保险倾斜，不仅免除了农业保险的全部增值税，保险公司经营财政给予保费补贴的农业保险业务，按不超过财政部门规定的农业保险大灾风险准备金（简称大灾准备金）计提比例，计提的大灾准备金，准予在企业所得税前据实扣除。对保险公司为种植业、养殖业提供保险业务取得的保费收入，在计算应纳税所得额时，按90%计入收入总额，并对农业保险合同免除印花税。

（五）《农业保险条例》使农业保险的保障范围和保障水平渐次提升

2017年之前，农业保险主要是体现“低保障，广覆盖”的精神，保险产品只覆盖种植养殖业生产的物化成本。2017—2018年，财政部选择在13个粮食大省中的200个县进行“大灾保险”试点，将地租纳入到成本保障范围。两年的试点已经结束，大灾保险的受保障程度有所提高，同时也扩大了农作物的成本保障范围。在保障程度上，受保障的物化成本较之前相比提高约90%，保障效果明显。以山东省为例，玉米、小麦、水稻等主要粮食作物承保覆盖率超过75%，年参保农户约1 600万户次，多个乡镇农户参保率达到100%，并且农户自付保费部分由乡镇财政统一拨付。2019年“利奇马”台风造成山东省近520万亩受灾面积，农业保险公司为受灾的60.3万户农户解决赔款近1 300万元，充分体现了农业保险处理大灾风险的能力。在保障范围上，2019年继续扩大了大灾保险试点范围，将原来的200个县提高到了500个县，主要农业大省黑龙江、河南、山东各增加30个试点县，其他省份各增加21个，扩大了大灾保险保障范围，同时提高了受保障农户的覆盖范围，加大了农业保险“扩面、提标、增品”的工作力度。

2018年开始，财政部会同相关部门和单位，在6个粮食主产省份的24个产粮大县开展了为期3年的完全成本保险和种植收入保险试点工作，保障水平覆盖直接物化成本、土地成本和人工成本等全部农业生产成本或种植收入。2022年，财政部会同相关部门和单位，将三大粮食作物完全成本保险和种植收入保险实施范围扩大到13个粮食主产省的812个产粮大县，实现全覆盖。

（六）《农业保险条例》促进了农业保险科技的应用与发展

《农业保险条例》要求财政、保险监督管理、国土资源、农业、林业、气象等有关部门、机构应当建立农业保险相关信息的共享机制。基于此，近十年来，开展农业保险业务的保险公司不断运用科技加速转型，将卫星定位、遥感等高新科技运用到农险业务流程中，促进涉农信息和数据整合。保险公司与气象部门合作，开发了多款气象指数保险产品，并与林业部门和地质部门形成了联动机制，结合气象局的天气数据实时监控气象灾害，开展自然灾害前的预警工作和应对灾害的减损、止损工作，发挥了保险的防灾减损、社会管理职能。

在承保方面，很多保险公司都已经运用“3S”（遥感、地理信息和全球定位）技术对农作物的生长状况以及产量进行测量和定位，有效地辅助保险公司进行承保和核保。在理赔方面，保险公司利用科技创新，打破了传统农险理赔流程中的局限，运用遥感技术全面了解不同区域农作物受灾状况，合理分配查勘资源，节约保险公司成本，为准确查勘定损提供技术支持。比如，某公司创新了电子签单模式，当确定好理赔方式和理赔金额之后，处理器自动识别签名是否与承保时一致，发生灾害损失时，能够实现自动赔付，极大地提高了服务客户的效率。在定价方面，保险公司利用物联网、大数据和人工智能等技术完善农险信息和数据结构，对涉农信息进行积累、分析，有利于农险产品的定价更合理、更精准。

北京市等建立了地方性的农业保险信息网络，中国银保信建立了全国性的农业保险信息系统。北京市在2019年全面开展了农险承保流程电子化改革试点，农业保险在科技化方面进展迅速。《农业保险条例》出台以来，我国农业保险的新基建效果显著。

总之，《农业保险条例》对我国农业保险的发展发挥了巨大作用。

二、修订《农业保险条例》是推动农险高质量发展的需要

政策性农业保险是目前中国农业保险的主导制度模式，一般来说，农业保险立法，主要是为政策性农业保险立法，商业性农业保险不需要另外立法，因为有《保险法》就足够了。我国的《农业保险条例》虽然没有在条款文字上过多强调政策性农业保险，但是，这十五年的农业保险表明，需要规范的主要是政策性农业保险。因为它涉及庞大的财政资金的使用和效率，更涉及数以亿计的投保农户的切身利益。

现在的《农业保险条例》2016年修订过一次，但只是修订了第十七条，放宽了进入农业保险经营的门槛，其他重要问题没有涉及。就我们的调查和研究，目前的《农业保险条例》对于政策性农业保险中的诸多问题，缺乏规范，或者规范太粗，无法适应农险高质量发展的需要。展望未来，国家乡村振兴战略为农险发展提供了广阔空间。新型经营主体的快速发展需要农业保险提供更大支持，农业和农村新业态发展需要农业保险提供保障，乡村治理能力现代化需要农业保险拓展新功能，农业保险将从“小农险”发展到“大农险”的新阶段。《中共中央国务院关于全面推进乡村振兴加快农业农村现代化的意见》提出一系列促进农业保险发展的政策，致力于扩大农业

保险覆盖面，提高保障水平，完善风险分散机制，提升粮食和重要农产品供给保障能力。目前的《农业保险条例》难以满足乡村振兴战略对于农业保险发展的新要求，亟需紧扣农业保险发展目标，修订《农业保险条例》，完善农业保险法律法规体系，健全农业保险高质量发展的制度体系，为乡村振兴战略保驾护航。

（一）立法目标不够丰富

政策性农业保险作为农业农村发展的重要政策工具和国家食物安全战略的组成部分，现在已经得到从中央到民众的广泛认同。作为行政法规，应该开宗明义清晰阐述建立政策性农业保险制度的立法目标。这是《农业保险条例》的宗旨所在。目前的《农业保险条例》只是为了“规范农业保险活动，保护农业保险活动当事人的合法权益，提高农业生产抗风险能力，促进农业保险事业健康发展”，这个表述，缺乏立法高度，也不能完全体现党中央国务院近20年来对于国家农业安全和农村发展的总体战略和发展农业保险的一些更重要的目标，也不符合近15年农业保险所发挥的重要作用。

农业保险的法律法规目标，是立法的主导思想和基础，立法目标太单调，很难设想，其规范的内容能充分体现党和国家的国家战略要求。特别是在近年国际政治的变化中，农业和农业保险不能仅当作普通的政策工具。我们在不止一篇文章中讨论过，农业保险不单单是为了保护合同当事人的合法权益，提高农业抗风险能力，更重要的是要保障国家的食物安全，稳定和增加农户的农业收入，加快农业农村发展，保障国家的食物供给，降低生产成本，提高中国农产品的国际竞争力。在乡村振兴的背景下，这些目标尤其值得强调。

即使从国家财政的视角，也应该有更高的更丰富的目标。财政每年花费巨大公共资金支持农业保险的发展，有了恰如其分的立法目标，才会更加重视法规的实施和效果评价。

（二）制度构架不够清晰

《农业保险条例》作为行政法规，就是要以法规的形式勾画和确定农业保险的制度构架，因为这是《农业法》《保险法》《公司法》等法律法规所无法满足的需求。由于实践的局限，现在的《农业保险条例》对我国的农业保险，特别是政策性农业保险制度构架，还比较模糊或者粗糙。

对于现在的制度架构，《农业保险条例》只是给出了一些重要原则，那就是“农业保险实行政府引导、市场运作、自主自愿和协同推进的原则”和“省、自治区、直辖市人民政府可以确定适合本地区实际的农业保险经营模式”（《条例》第三条）。对于这些原则性的规定，有关部门虽然在不止一个部门规章中做过一些解读，比如，政府会给出一些引导性政策的支持，让商业保险经营机构参与农业保险供给，政府、机构和农户都可以自愿参与，和多个政府部门加以支持配合。对于农业保险实行中央和地方双层决策制度，也只能让各方了解这个制度架构的大概。

因为，没有具体给出构架和政府、经营机构、农户各方参与主体的权利、责任、范围和相关利益，在执行过程中随意性就比较大。对于这个制度包括哪些主要层次，直接保险和独特的农业保险大灾风险分散制度如何建立和衔接，中央政府各相关部门，和各省、直辖市、自治区，以及县级政府，并不完全了解他们该做什么和不该做什么，产生了一系列理解和执行的偏差和错误，给某些乱作为和不作为提供了可能，更重要的是降低了制度的效率。

(三) 政府行为不尽规范

在我们的农业保险制度架构中，政府虽然不是农业保险合同的当事人，却是举足轻重的参与主体。《农业保险条例》第三条提到的四条“原则”，三条都跟政府有关。但是对于各级政府的作为，却缺乏周到规定。按照目前的归纳，至少对于中央、省和县三级政府的责任权利，有必要做出比较详细的法规规定。这些年，因为没有这种详细规定，省级政府和县级政府“缺位”和“越位”问题不少。诸如，通过不规范招标确定经营主体的问题，通过“协议赔付”直接干预理赔，损害投保农户利益的问题，通过截留挪用拖欠各级保费补贴款，侵害保险经营主体和投保农户合法权益问题，都跟法规规范缺失有关。为了解决这些问题，虽然相关政府部门也通过规范文件作出要求，但遗憾的是，这些文件法律层次太低，可执行性不高，有的条文实际上就是一种可执行可不执行的建议。比如，2019 年财政部等四部门发布的《关于加快农业保险高质量发展的政策建议》中提出了“明晰政府与市场边界。地方各级政府不参与农业保险的具体经营”“充分尊重保险机构产品开发、精算定价、承保理赔等经营自主权”，有的地方政府并未完全执行。再如，《农业保险条例》规定了“财政、保险监督管理、国土资源、农业、林业、气象等有关部门、机构应当建立农业保险相关信息的共享机制。”因为责任不明确，不具有可操作性，直到现在也没有完全实现农业保险的信息共享。

(四) 监督管理缺乏统一

监督和管理是保证农业保险健康运行的必要手段。《农业保险条例》第四条规定“国务院保险监督管理机构对农业保险业务实施监督管理。国务院财政、农业、林业、发展改革、税务、民政等有关部门按照各自的职责，负责农业保险推进、管理的相关工作。”这一条，与第三条缩减的“协同推进”是相联系的。这些年的实践表明，“相关部门”有十多个，但是除了财政管财政资金，保险监管部门管保险公司，农业林草部门参与一些政策制定之外，其他部门并没有要求他们做什么具体工作。而监督管理的分散化，甚至有时候政出多门，难以相互配合，对农业保险带来的负面作用不小，在很大意义上影响了农业保险的高质量发展。

因为《农业保险条例》没有对地方政府的行为作出规范，缺乏对地方政府在农险活动中行为的监督，形成监管“真空”，就出现了许多长期得不到解决的问题，例如上面提到的“协议赔付”、应收保费等问题。

（五）保险经营规则粗糙

政策性农业保险不同于商业性农业保险，政策性农业保险的经营就必要通过《农业保险条例》来制定其所需要的规则。限于实践和经验，《农业保险条例》对政策性农业保险的规定比较粗糙，体现政策性农业保险特点的许多要素，没有能够在《农业保险条例》中得到体现。比如，这种保险要体现政策目标，不能由保险经营机构来选择风险，需要从法规上做出保险责任和除外责任的规定。对于保险最重要的产品设计和费率精算，也需要《条例》做出明确的规定，因为现行规定的模糊性和缺乏操作性，给农业保险经营带来很大困惑和某些混乱。

对于保险标的的范围和央地分工，农业保险项目的设定（例如，物化成本保险、完全成本保险、收入保险、天气指数保险等），涉及政策性农业保险的预期和效果，因为在条例中没有明确，不利于政策性农业保险有计划地可持续发展。

农业保险经营主体承担着产品设计和费率精算责任，《条例》也好，其他行政文件也好，都没有要求政府有关部门提供给他们必要的信息的义务。迄今为止，监管部门也没有出台政策性农业保险的风险区划和精算规则，又不信任经营机构定价，也不提供定价所需数据信息。这就需要改变《条款》中的模糊规则，通过修订条例，制定更加合理和操作性较强的经营规则。其实像风险区划、精算定价问题，由《条例》来做出规定，由政府有关部门来科学合理解决，既能保证政策性农业保险的效率，保险经营者能省去很多外在的负担，也可以消除公众的质疑，可谓三全其美。

另外，现行农业保险合同也存在一些缺陷，不利于提升保障水平。一是分阶段赔付的方法影响了保障水平提升。种植业保险采用分阶段赔付的办法，即依据农作物受损时所处的生长阶段对农业保险保额进行调整。在现有农业保险合约下，保额的提高并不必然带来农业保险保障水平的提升。二是保险条款中不允许设置绝对免赔，降低了农业保险对于较大灾害损失的赔付水平。不允许设置绝对免赔，降低了获赔门槛，使得农业保险的赔付呈现“高获赔概率、低保险赔付”的特征，既不利于发挥保险转嫁发生概率小、损失程度较大的风险的效率优势，也难以满足规模经营主体对“低获赔概率、高保险赔付”的保障需求。

（六）处罚力度不足

农业保险第四章是“法律责任”，专门对保险经营机构违规行为做出了处罚规定，这是非常必要的。法律法规之所以要有严厉的处罚规定，就是为了促进保险经营机构合规合法经营，从事政策性农险经营既不能损害消费者利益，也不能损害政府的利益。问题是损害主体既可能是农险经营者，也可能是地方政府官员。目前的《农业保险条例》虽然规定了相关政府部门对农业保险的政策支持，但没有有效界定和约束政府在农业保险经营活动中的权力边界。例如，已有的罚则几乎全部针对保险公司，而对于政府可能的违规行为却没有任何相应的罚则。现行《农业保险条例》“法律责任”这一章共五条，都是讲的经营机构，没有讲地方政府官员。这是一个遗憾。

实践一再表明，地方政府及其官员在农险活动中有不少违规违法活动，触犯刑法的虽然可以由监察机关来侦办，我们也看到不少这方面的违法受到处罚的裁判文书案例。但是农险活动中，更常见的是违规行为，需要根据法规来处罚。因为《农业保险条例》中没有追究地方政府官员的责任的内容，致使少数地方官员有恃无恐，而且存在的这些问题久拖不决，哪怕有部门文件一再强调和催促，毫无疑问，其后果还是要由保险公司和投保农户承担，这就必然在一定程度上降低了农户对农业保险政策的获得感和满意度。

三、修订《农业保险条例》的一些建议

根据上面的讨论，我们认为《农业保险条例》的修订，应该提到有关部门的议事日程上了。那么应该修订和补充什么内容呢，依笔者陋见，可主要作如下修订和补充。

（一）提升农业保险的制度和政策目标

中国的农业保险应当将制度和政策目标提升到国家战略层面，要在《农业保险条例》中强调，国家建立农业保险制度，大力支持农业保险，是为了：第一，为国家食物安全，特别是粮食安全提供风险保障；第二，稳定和增加农户的农业收入；第三，促进乡村振兴和农业农村发展；第四，保证国民的廉价食物供给；第五，降低农业生产成本，提高农产品的国际竞争力。

（二）搭建和完善我国农业保险制度构架

无论《农业保险条例》改不改名字，它实质上规范的是政策性农业保险，因为商业性农业保险不需要专门立法。其他国家实际上也都是这样。

相较而言，中国的政策性农业保险制度有不同于其他国家的设计。鉴于我国的财税体制的特点，目前采用中央和地方双层决策和执行的体制。而且，地方政府在决策和操作中，还有市、县（主要是县）的两个重要层面。15 年的实践表明，县级政府更关键。因为县级政府是农业保险的直接执行者。

修订的《农业保险条例》应当明确体现上述政策性农业保险的制度特征，最好不使用可以有多种理解的模糊用语，特别是不能忽视对县级政府的必要和合理定位。要说“中国特色”，这里面就体现出农业保险制度的“中国特色”，既不同于美国、加拿大，也不同于日本、印度。

其他的制度架构的组成要素还很多，比如市场经营主体，市场准入、经营方式，消费者权利等也是制度架构的重要组成部分，不过现有的条款内容已经有规定和表述，只需要做些文字修改。比如，要完善农险市场主体的准入与退出机制。一方面在

市场准入上引导公司对农业保险专业化经营，增强持续经营的预期，从而鼓励保险公司增加对农业保险的资源投入，提升服务的质量；另一方面，要建立真正的市场化退出机制，赋予公司以硬性的市场约束。经营行为不规范、侵犯农户利益、经营绩效低下的市场主体要退出市场，从而提升市场主体的违规成本，发挥市场机制良币驱逐劣币的正向激励作用。具体不在这里赘述。

（三）规定政府及其部门在农业保险活动中的具体责任

不管我们愿意不愿意承认，政策性农业保险就是政府主导的农业保险。没有政府的巨大财政支持，这个制度和市场都难以存在。既然农业保险由政府主导，就必须将不同层级政府的责任界定清楚。根据经验观察，我们觉得：

中央政府主要职责可以是：①确定保险的政策目标，制定法律法规；②依法制定相关支持政策；③统筹进行管理、推进和监督；④制定全国的农业保险发展规划；⑤预算和拨付中央财政补贴资金；⑥建立、运作和管理政策性农业保险大灾风险管理机构；⑦对政策性农业保险的包括财政资金使用效果的制度绩效进行评估。

地方政府的主要职责实际上是分为省级和县级两个层次的。省级政府主要职责可以是：①确定本省的经营模式和市场组织结构；②制定本省的农业保险发展规划；③在确保中央补贴项目补贴资金的条件下，确定本省特色保险的标的、补贴范围和标准；④确定农业保险在本省的运行规则；⑤根据中央大灾风险管理制度安排，确定建立或者不建立本省农业保险大灾准备金；⑥根据法律法规和运行规则，实施对本省农业保险运行的全方位监管等。

县级政府的主要职责可以是：①因地制宜地落实省级政府的农业保险发展规划；②协助保险经营机构进行组织、宣传和动员，对于中央和省级政府确定的农险项目，力争实现“应保尽保”；③执行上级政府关于农业保险的法规和政策；④代表央地政府给投保农户补贴保险费（如果本省财政部门规定由县级负责与公司结算的话），按照省级政府规定为本县投保农户提供保险费补贴；⑤维护投保农户的权益，力争做到“应赔尽赔”；⑥依据本县实际，开发本县支持的特色农业保险项目等。

除此之外，农业保险涉及许多部门，尽在《农业保险条例》中列明的有国务院财政、农业、林业、银保监、发展改革、税务、民政、国土资源、气象等九个部门。但是对其中大部分部门并没有明确具体责任。最好，只对需要负具体责任的部门，例如气象部门，作出规定就好，其他部门不一定都要提及。比如，对于气象部门，可以赋予其促进与指数保险发展相关的基础设施建设的责任。发展指数保险要求具备很高质量的数据。对于天气指数保险，产品开发需要质量可靠、不易篡改、可以自动获取的气象数据。但我国地域辽阔，地面气象观测站点分布不够充分，制约了天气指数保险的发展。因此，气象部门要增加气象站点建设，完善与指数保险发展相关的基础设施。另外，为了提高产量数据的真实性，可要求统计、农业、气象等部门加强协调与合作，通过数据共享以及校验，提高数据的可得性与真实性。

（四）进一步丰富农业保险经营的规则

政策性农业保险的经营，现在有许多急需解决的问题，需要在修订《农业保险条例》时加以明确。例如，中央财政支持和地方政府支持的政策性农业保险的主要保险标的，经营的险种类别，主要承保的风险责任和除外责任。也最好能将保险利益原则、损失补偿原则和近因原则等保险的基本原则也写进去。这些内容强调和补充进去，目的在于让大家明确政策目标，同时防止保险经营机构和投保农户的逆选择，在一定程度上减少保险纠纷，使农业保险健康发展。

遵照科学合理的精神，实行风险区划和费率合理分区，应该也在修订的《农业保险条例》中加以确认，并确定发布风险区划和差异化费率的责任部门，只有这样才能将这个重要问题真正付诸实施。同时，也要在这个基础上发布政策性农业保险的精算规则，通过法规保证实行精算公平费率，也就是在规定的费用率和盈利水平条件下，平均赔付率是100%。这对于保证政策目标的实现和财政资金的使用效率至关重要。如果在此次修订《农业保险条例》时，能够改变目前的保险公司定价规定，那就更好了，就能较快改变现在的定价制度带来的许多矛盾和困惑，使我国政策性农业保险经营水平提高一个台阶。

修订《农业保险条例》还可以优化农业保险合同设计，指导全国农业保险实践。一是取消或提高分阶段赔付系数。在其他因素保持不变的情况下，取消或提高农业保险分阶段赔付系数会明显提升农业保险保障水平。分阶段赔付规定可操作性不强，在实践中难以严格执行，而且不能有效激励农户在农作物早期受灾后积极补种，有悖于保障国家粮食安全的目标，因此应取消分阶段赔付规定，或参照美国农业保险中的“补种安排（re-planting）”条款对其进行调整。二是允许设置绝对免赔。设置绝对免赔，有助于农业保险从目前的“高获赔概率、低保险赔付”模式向“低获赔概率、高保险赔付”模式转变，使得规模经营主体在遭受概率较低、但损失程度较大的风险时能够获得较高水平的赔偿。

（五）明确政策性农业保险大灾风险管理制度

政策性农业保险制度需要大灾风险管理体系，国务院也已经对农业保险大灾风险管理制度的构建及其形式作出了选择，那就应该在修订《农业保险条例》的时候正式写进去。按照目前我们的理解，这个制度主要分为三个层次，那就是：公司级大灾风险准备金，中国农业再保险公司和国家农业保险大灾风险基金或其他融资安排。首先，完善大灾风险准备金制度。鼓励保险公司在正常经营年份积累大灾风险准备金，从而在不同年度之间分散风险。其次，优化中国农业再保险的运作机制，完善农业保险再保险体系。要以农业再保险公司为载体，建立健全有效的农业保险统筹协调工作机制，并基于市场化运作的原则，构建农业再保险公司与原保险人“分担风险、分享收益”的风险共担机制，完善农业保险再保险体系。充分利用国内、国际两个再保险市场，转移、分散农业大灾风险；探索对不同风险区域的农业保险业务互换，均衡地域风险。最后，探索建立国家农业保险大灾风险基金或具有类似功能的融资安排。在再保险摊回赔款、大灾准备金均不足以支付赔款的情况下，启动国家农业保险大灾风险基金或相应的融资安排，为经营农业保险业务的公司提供流动性支持。如果可能，最好也将三个层次的主要任务、主体责任和操作程序写进去，便于有计划地组织实施和推进。

（六）各相关方的法律责任都纳入法规规范

通过《农业保险条例》制定农业保险的处罚规则，至少应该要达到三个目的：第一，促使保险经营机构及其代理人合法合规经营；第二，作为保险经营机构退出的一种考核指标；第三，对参与组织管理农业保险活动的基层政府相关工作人员加以约束。

如上所述，《农业保险条例》的第四章法律责任，只是针对保险经营机构的违规处罚，缺少了两个处罚对象：一个是地方政府相关工作人员，他们在农险活动中如果犯罪，触犯刑律，才可以由监察机关查处。但大量的是达不到刑罚处罚标准，而是违反了《农业保险条例》的规定，这就需要在修订《农业保险条例》时对这些人员追究其违规责任，进行处罚。要基于法治思维，通过规范和约束权力，保障市场主体的权利与自由，要通过外部约束明晰政府在农业保险经营活动中的权力边界，有效防范和化解农业保险面临的制度风险。这不仅是有利于解决农业保险发展的重要问题，也是贯彻党中央党风廉政工作精神的重要方面。

另一个不容忽视的方面是从事农业保险中介活动的专业经办代理人员、科技公司的服务人员，以及“协保员”违规问题。这方面的违规问题也并不鲜见。这三类人实际上是保险公司的代理人，在代理业务中也有单独或者与保险经营机构合谋违法违规的问题，在以往，这种违规责任一般是由保险经营机构包揽了，我们觉得还是应该分清责任，作出相关处罚规定。这也是对众多中介机构和人员，特别是对 50 万协保员队伍的负责，应该不断提高他们的法律意识，让他们在法律法规之下勤勉工作。

（七）统一农业保险监督管理部门和规则

鉴于政策性农业保险相比商业性农业保险目标特殊，政策特殊，市场主体较多，利益涉及面广，必须对于监督管理做出严格规定。监管机关最好通过《农业保险条例》的修正，能达到统一。也最好能在国务院或者其部门专门设立机构，统一负责对农业保险的管理和监督，以降低监督管理的协调成本，也便于制定一系列管理和监督规则，包括制度管理、发展规划，风险区划、精算制度、财政税收等支持政策，以及市场主体的准入与退出机制、大灾风险分散制度的建设和管理等。

参考文献（略）

关于完善农业保险费率动态调整机制的思考*

杨宝平

近年来，在高质量发展的推动下，各地建立农业保险费率动态调整机制的步伐明显加快，调整费率、调整保险金额是这两年来各地农业保险工作实施方案中的重要内容。但在农业保险费率动态调整过程中，主观人为调整、随意调整等问题还比较突出，强化对农业保险费率动态调整的规范势在必行。2022年，陕西省财政厅会同陕西银保监局联合发布《关于建立陕西省政策性农业保险保额和费率动态调整机制》，在全国率先探索建立了科学规范的农业保险费率动态调整机制。且不论文件内容如何，仅就其有意识地对农业保险保额和费率调整进行规范的做法，就值得各地学习借鉴。

一、农业保险费率动态调整的必要性

动态调整农业保险费率实质是对农业保险定价的修正和完善，关系到农业保险保障作用有效发挥、农业保险持续发展和高质量发展，实行动态调整十分必要。

（一）农险费率动态调整是对本地区一个时期内农业风险状况的总结

农业保险定价的基础是一个地域内的农业风险程度，而且主要是基于大量历史数据的分析、加工来确定的。随着农业发展的内外环境、发展方式、技术进步等，农业的风险程度也会发生很大变化。对于农业保险定价来讲，就必须根据农业风险变化情况，调整、完善农业保险的定价模型，厘算出新的费率，确定农业保险新的价格。所以，农业保险费率的动态调整，本质上还是一个地区一个时期内农业风险状况动态变化的反映。

（二）农险费率动态调整是解决农业风险区划能力不足的实际举措

我国政策性农业保险自开办以来，“一省一费”的局面长期存在，而“一省一费”势必会造成农业保险定价失准、失真，原因在于我国一个省的幅员也足够辽阔，在一个省的不同地区，自然地理地貌、气候条件等都不尽相同，农业风险种类、风险程度也存在一定的差异，有的地区差异还是非常大的。就拿吉林省来讲，东部为山区和半

---

* 本文原载《保险理论与实践》2023年第2辑。

作者简介：杨宝平，安华农业保险股份有限公司吉林分公司副总经理。

山区，中部为肥沃的平原区，西部是盐碱化的干旱区，不同地区不仅面临的自然灾害种类不同，同时，中西部粮食单产的差距也是很大的。在这种情况下，实行“一省一费”显然与实际情况不符。在农业风险区划还难以精细开展的情况下，实行费率动态调整是目前一个可以促进价格与风险相匹配的较为稳妥的方法。各地可以根据农业风险状况变化情况以及农业保险经营情况，适当进行费率调整，既符合农业风险保障需求，又满足农业保险政策目标要求。

（三）农险费率动态调整是弥补农险定价数据不足的有效办法

我国农业保险目前的定价模式是由保险公司精算厘定费率后，再征求政府有关部门意见确定最终价格的。保险精算定价后，既有被政府有关部门修改的可能也有不改的可能。但无论是否被修改，一个不争的事实是，当前我国农业保险精算定价的数据基础还很薄弱，尤其是一些地方特色险种，其风险和损失数据很难准确采集到，而在有的地方，一些创新的种植险和养殖险品种甚至没有以往的损失数据，但还要推行保险，其精算定价就更是“巧妇难为无米之炊”了。即使是大宗粮食作物，有的地方风险和损失数据的丰富程度、准确程度也是不高的。所以，在农业保险实际定价过程中，仍然存在着经验定价的成分。即使是数据充足、通过精算定价模型厘算出费率，同样也存在模型与实际匹配程度不高的问题。因此，从农业保险目前的实际定价情况来看，也需要进行动态调整，以使费率与风险损失实际相符或接近。

二、农业保险费率动态调整存在的误区

《关于加快农业保险高质量发展的指导意见》印发以来，各地在推动农业保险高质量发展过程中，把费率动态调整机制不断完善起来。但也要看到，有的地方农业保险费率动态调整工作还存在一定的问题，一些调整并不符合农业保险定价的原理和相关规定。如有的地方连续几年大幅调整，有的地方通过竞价招标的方式调整，还有的地方由政府部门直接下发文件调整。整体来看，当前农业保险费率动态调整工作仍然存在一些误区。

（一）简单地依据农险赔付率高低进行调整

一些地方对农业保险费率的动态调整，主要的依据就是农业保险的赔付率，一些地方政府或者某些人员依据农业保险赔付率低、赔的少、保险公司赚的多而进行费率调整。而农业保险的赔付率并不代表农业保险的最终经营结果，除了赔款之外，农业保险还有很多必要的成本支出，在计算农业保险经营结果时必须把这些成本予以考虑。

（二）政府调整而不是承保机构调整

2022 年新修订的《中央财政农业保险保费补贴管理办法》第十三条明确规定：

“各省财政部门应当会同有关部门，指导承保机构逐步建立当地农业保险费率调整机制，中国农再应当适时发布农业保险风险区划和风险费率参考。”可以看出，农业保险费率调整的主体是承保机构，而在实际工作中，有关部门把指导直接变成了命令或决定，承保机构只是被动地把有关部门确定的费率向保险监管部门报备而已。

（三）只能调低不能调高

现在很多地方对农业保险费率的调整都是向下调整的，在一些地方，不管承保机构接受不接受，只要让农民少交钱、让农业保险赔付率提上来就可以调。有的地方不仅调整费率还要调整保险金额，当然保险金额绝大多数是往上调的。

（四）动态调整就要年年调整

近年来，农业保险费率动态调整机制不断深化，有的省份部分险种的费率已经下调了50%左右，调整幅度还是相当大的，就某些既调高保险金额又调低费率的险种来看，下调的幅度更大。特别是部分地区根据上年的农业保险赔付情况对农业保险费率连续进行调整，把动态调整年度化，还有一些人认为赔付率不上去调整就不能停，赔付率的高低与费率的高低有关系，但不是唯一的影响因素。

三、完善农业保险费率动态调整机制的建议

动态调整农业保险费率是农业保险保障与农业风险相匹配的内在要求，也是农业保险高质量发展的应有内涵，其调整应建立在充足的数据积累和分析厘算的客观基础之上。其重点是要根据本地农业保险实际建立一套科学合理的费率动态调整程序和机制，以避免简单粗暴或人为的随意调整。

（一）坚持正确的动态调整原则

要使农业保险费率动态调整真正服务于农业保险的高质量发展，应坚持以下原则：

一是政府引导。《中央财政农业保险保费补贴管理办法》明确要求，各省财政部门应当会同有关部门，指导承保机构逐步建立当地农业保险费率调整机制。这项规定承继了2016年补贴管理办法对建立农业保险费率调整机制的要求，同时也把调整主体由“地方财政部门会同有关部门”改变为“承保机构”，但要求财政部门要会同有关部门对承保机构进行指导。从前后两个保费补贴管理办法对建立农业保险费率调整机制的不同要求来看，开展农业保险费率动态调整工作，须要坚持政府引导的原则。

二是保本微利。《中央财政农业保险保费补贴管理办法》第十条规定：“承保机构应当公平、合理拟订农业保险条款和费率，保险费率应当按照保本微利原则厘定。”这一条确立了农业保险费率厘定的保本微利原则，而费率调整本质上就是费率的再厘

定、再修正，所以也应该遵循保本微利原则。

三是兼顾各方。《关于加快农业保险高质量发展的指导意见》就我国农业保险到2030年的主要目标提出："要持续提质增效、转型升级，总体发展基本达到国际先进水平，实现补贴有效率、产业有保障、农民得实惠、机构可持续的多赢格局。"要达到多赢的格局，农业保险发展就要兼顾各方的利益。农业保险费率调整也是涉及农业保险各相关方的大事，应兼顾各方，不能片面。

四是数据基础。农业保险费率无论如何调整，其基础还应建立在大量的农业风险、农业损失的客观数据之上，实践中的人为调整、主观随意调整、单纯地依据一个简单的赔付数据进行的调整都会损害农业保险的定价基础，是不可取的。

五是相对稳定。农业风险和损失数据积累需要一定的时间，依据较短时间内的数据对农业保险进行定价极有可能造成定价失真，甚至与实际风险完全不匹配。所以农业保险费率调整的"动态"是要坚持相对稳定的"动态"，所谓的"动态调整"应是在一定时间内保持费率不变之后的调整。

（二）科学评估农险经营情况

当前，各地农业保险费率动态调整主要是依据农业保险的经营情况，特别是依据赔付率的指标进行调整。因此，必须对农业保险经营情况进行准确的判定，而不能简单地把表面的赔付率指标作为费率调整的依据。

1. 综合衡量农业保险经营情况

"这里涉及一个很多人并不理解的常识，那就是农业保险每年的盈余其实不等于利润。因为其中很大部分（75%）要作为大灾风险准备金，为后来年份的大灾损失赔付做责任准备"（庹国柱，2022）。农业保险经营的结果，不仅仅取决于赔付的高低，同时，农业保险承保机构还要按规定提取保费和利润准备金，以备大灾之需。同时，农业保险的再保险费也是不可忽视的一项重要成本支出。对于一些重大灾害，承保机构还会为农户提供防灾抗灾支持。比如2022年，面对吉林省部分地区严重的农田内涝灾害，安华农业保险吉林分公司为部分县市购买了750多万元的水泵等抽水排水设备，农业保险的防灾减损费用是每年都不可少的成本支出。因此，在衡量农业保险的经营情况时，要全面地考虑这些成本，不能简单地以赔付率的高低来判定农业保险赔多了还是赔少了。另外，农业保险经营是所有险种经营的结果，某一险种赚了，某一险种可能赔了，所以衡量本地农业保险经营情况时，应就全部险种的整体经营情况进行评估，或者是对几个主要险种的整体经营情况进行评估，而不是单纯去衡量某一险种的经营情况。

2. 适当修正农险理赔偏差

由于农业保险标的的特殊性，以及农业保险查勘定损标准和查勘定损技术不完善等限制，一些地方和机构的农业保险查勘定损工作做得并不到位，甚至存在协议赔付问题，导致理赔结果并不准确，或并不是农业损失的真实补偿。这样的理赔结果不是农业风险实际水平的反映，所以在参考农业保险理赔结果调整费率时，应当对当地农业保险查勘定损的操作情况进行评估，如果属人为压低或抬高赔付水平，那么就应该采取完善定损标准、规范承保机构操作行为、建立第三方监督机制等办法来纠正理赔偏差，而不必调整费率。

3. 引导机构及时回溯精算定价结果

农业保险尤其是种植险面临的内外风险环境发生了很大变化，极端的自然灾害时有发生，同时农业基础设施建设也在不断加强，比如全国已建成高标准农田10亿亩，农业科技进步也在不断进步。所以，农业保险承保机构应该根据农业风险的变化和呈现出的新特点，对精算定价进行回溯、完善，以使农业保险定价更加准确可靠。

（三）建立费率调整触发机制

农业保险费率调整是涉及保险定价的核心问题，建立动态调整机制绝不是随意调整、谁想调整就调整。费率调整既然涉及各方的利益，同时又是专业性、技术性很强的一项工作，因此各地就农业保险费率调整应建立相应的客观的触发机制和规范的调整程序，当某一个或多个设定的触发指标达到时，就启动费率调整程序规范有序地进行调整。具体来讲，可以把握好三个方面：

一是设立调整观察期。从经营风险变化角度看，“农业保险年际之间的风险变化剧烈，即使按照‘保本微利’原则精算的费率，也不可能年年盈利，有的时期很可能大起大落”（庹国柱，2022）。农业保险承保机构经营风险不仅需要在空间分散，也需要在时间上分散，所以农业保险费率才基于长期的历史损失数据厘算确定。从保本微利的厘算原则来看，正确的理解不是每年都保本微利，实际也做不到，大灾之年可能一下就击穿了赔付底线，保本微利应该是农业保险整体和长期的经营原则，或者是衡量一段时间经营情况的原则。因此，农业保险费率调整应该遵循相对稳定原则，不宜每年都进行调整，可以设立一定的调整观察期，比如3年或5年，根据观察期内农业保险经营情况决定是否调整费率。

二是设定调整触发指标。可以把农业保险调整观察期内的平均经营指标作为费率动态调整的触发指标。比如说，本地农业保险简单赔付率平均三年低于60%，那么就启动调整程序，但在调整过程中，还应该按照本文前述的评估内容，对这个平均简单赔付率进行综合评估，最终确定本地农业保险经营的真实情况或者承保机构的盈利情况，然后再确定费率的调整幅度。

三是设定规范的调整程序。农业保险费率调整应该是一个严肃的事情，也是需要尊重科学规律的工作，所以调整费率应该履行相应的程序，不能哪个部门或哪个人说调整多少就调整多少。具体的调整程序各地可以因地制宜，就整体来说，至少应该包括成立费率调整小组、综合测算和评估、承保机构厘算、费率备案。费率调整小组由政府有关部门人员、承保机构人员、相关领域的专家组成，由调整小组对本地农业保险经营情况进行综合测算和评估，提出实际经营结果与实际风险的偏差幅度；在调整小组的指导和监督下，由承保机构根据调整小组评估数据进行精算厘算，重新确定险种价格；经有关部门审议无异议后，承保机构要按要求向保险监管部门报备费率。

（四）探索建立农业保险统一定价机构

根据《中央财政农业保险保费补贴管理办法》的相关规定，我国农业保险定价和费率调整的主体是承保机构，但财政等政府相关部门可以进行指导引导或提出意见。就承保主体而言，其调整费率的主动性是不高的，特别是向下调整，现实中，承保机构也缺少调整的主动权，很多地方农业保险费率的调整主要是由政府有关部门发起或直接确定的。另外还有一个很重要的问题，就是农业保险定价所需的相关数据主要分布在政府有关部门，承保机构难以共享也难以获得。因此，就关系国计民生的重要农产品保险或中央财政补贴险种，有必要试点探索建立由农业保险相关方共同参与的统一的农业保险定价机构或机制，以代替现行的承保机构无法真正进行农业保险定价的费率调整机制。

参考文献（略）

乡村振兴

2020 年后保险防返贫案例阐释与机制创新*

赵君彦　李　文　王　灵

摘要：2020 年我国现行标准下的农村贫困人口已全部脱贫，但这并不意味着贫困的彻底根除，贫困治理将面临贫困类型转变与可持续发展能力弱的难题，如何防止规模性返贫、提高贫困人口自我发展能力成为后脱贫时代的重点。保险在扶贫防贫中发挥了重要作用，实践中探索出了以保险为核心、以产业扶贫和社会帮扶为配套措施的减贫防贫机制，即"防贫保"模式。通过对河北省魏县、湖北省通城县、青海省民和县三个典型试点的案例研究，发现"防贫保"模式在防贫标准认定、返贫因素瞄准、保障对象监测、防贫工作协同等方面实现了机制创新，对降低贫困程度、减少返贫人口数量、提高贫困人口自我发展能力具有显著的促进作用。针对"防贫保"模式运行中存在的制约因素，为推动建立保险防返贫长效机制，本文提出引导社会多元主体参与、运用数字科技赋能防贫监测预警、加强项目运行监管考核、拓展保险防贫功能、创新保险可持续发展模式的建议。

关键词：贫困；防返贫；机制；创新

一、引言

2020 年我国现行标准下 9 899 万农村贫困人口全部脱贫，832 个贫困县全部摘帽，12.8 万个贫困村全部出列，区域性整体贫困问题得到解决，脱贫攻坚战取得巨大成效。然而，2020 年后各项扶贫政策逐渐减弱，部分贫困地区内在自我发展机制又尚未健全，低标准脱贫户及非贫低收入户抗风险能力不强，返贫风险将会大大增加。据国家乡村振兴局数据显示，2019 年底全国脱贫不稳定人口近 200 万、边缘易致贫人口近 300 万；2020 年受疫情灾情影响，容易返贫的脱贫户和容易致贫的边缘

---

* 本文原载《河北农业大学学报（社会科学版）》2022 年第 3 期。基金项目：河北省社会科学基金规划项目（HB20YJ022）。

作者简介：赵君彦，女，河北农业大学经济管理学院副院长、教授；李文，女，河北农业大学经济管理学院研究生；王灵，女，河南农业职业学院讲师。

户两类人增加了 50 万[①]。2021 年中央 1 号文件提出，要健全防止返贫动态监测和帮扶机制，做好巩固拓展脱贫攻坚成果同乡村振兴有效衔接。因此，防止规模性返贫是巩固、拓展脱贫攻坚成果的必然要求，关系到乡村振兴的全面推进。

持续防返贫是一项长期的任务，运用市场化的手段和工具非常关键。保险是进行风险管理、经济补偿的市场化手段，由于其风险分散的专业化、运行机制的市场化、财政资金撬动的杠杆化等优势，被称为社会发展的"稳定器"和"压舱石"。贫困地区将政策性资金与市场化保险有效结合，针对脱贫过程中的产业风险、健康风险等各类风险进行保障，在脱贫攻坚中发挥出全面性、精准性和连续性的机制优势和显著成效。2021 年 6 月 29 日中国人民银行等六部委联合发布《关于金融支持巩固拓展脱贫攻坚成果　全面推进乡村振兴的意见》，提出进一步发挥保险保障作用，要求积极运用保险产品巩固脱贫成果，支持具备条件的地区开展商业防止返贫保险。然而，目前各地保险扶贫防贫模式的实践探索呈现多样化、分散化、短期化特征，尚未形成稳定规范、可持续的长效保险防返贫机制，不利于更加广泛和充分地发挥保险在后扶贫时代的金融支撑作用。因此，本文通过三个"防贫保"典型案例研究，阐释其内在的运行机制，剖析其运行效果与面临困境，探索保险防返贫的长效机制创新。

二、研究综述

很多学者已经意识到 2020 年后我国贫困治理将从"扶贫"向"防贫"转变，而保险在防贫政策体系中发挥着不可替代的作用。2020 年的脱贫仅是摆脱了绝对贫困，绝对贫困将会转型为相对贫困，且城镇贫困和农村贫困并存，但农村仍是反贫困的主战场。而且，随着城市化、工业化进程加速发展，部分贫困线以上农户抵御风险的脆弱性增大，逐渐出现一批转型贫困群体与潜在贫困群体，成为新的治贫目标。因此，2020 年后中国农村贫困格局的变化要求贫困治理战略由"扶贫"向"防贫"转变。这就需要一方面保持扶贫政策的连续性和机制的连贯性，防止出现"断崖效应"；另一方面，急需建立健全精准防贫体制机制和政策体系。通过政府救助、直接补贴等转移支付方式带来的减贫效果是有限的，难以有效地应对疾病、灾害等致贫风险，而保险作为防范和化解风险的重要手段，能够提高弱势群体对风险的防范和抵抗能力，通过农业、健康、民生、教育等多条路径作用于脱贫攻坚。尤其是以医疗保险和农业保险为代表的保险政策，能够有效提升农村地区贫困人口抵御疾病风险和农业风险的能力，防止因病致（返）贫、因灾致（返）贫，应该成为中国精准扶贫的重要工具，在防范和化解脱贫攻坚的风险中发挥不可替代的作用，成为防止脱贫人口返贫的两大基石。

随着保险扶贫实践的开展，一些学者对保险扶贫减贫效应进行实证分析，探索保

① 数据来源：国务院《关于政协十三届全国委员会三次会议第 3937 号（农业水利类 332 号）提案答复的函》，http: //www. cpad. gov. cn/。

险扶贫减贫的作用路径。基于农险扶贫的视角，张伟等根据农村贫困人口收入特征，认为政策性农业保险除了帮助农村贫困人口抵御自然风险外，还具有乘数效应和福利溢出效应，降低了因灾致贫发生的概率。基于健康扶贫的视角，陈华认为新农合明显缓解了我国农村居民的贫困程度，但仍未达到理想水平；周新发等认为医疗保险显著提高了农民和城市中低收入者应对疾病的能力，在减少医疗支出和提高医疗服务利用效率两方面起到间接缓解贫困的作用。刘汉成等基于2013—2017年全国农村贫困监测调查数据，采用固定效应模型验证了倾斜性医疗保险扶贫政策具有减贫效应。基于金融扶贫的视角，廖朴等对信贷、保险和“信贷+保险”三种模式的扶贫效果进行测评，发现保险和“信贷+保险”模式分别能对一般贫困和深度贫困产生效用，而单独的信贷产品对扶贫无效。基于民生扶贫的视角，农村住房保险能够发挥减灾救灾作用，提高贫困人口抗击风险的能力，农村养老保险的实行有助于啃掉脱贫攻坚的“硬骨头”，为老年人口提供生活保障。

随着2020年后防返贫成为我国贫困治理的重点，一些地区探索政府与保险公司合作开发防贫保险，针对不同的返贫因素进行返贫预测和保险产品开发，探索保险防返贫机制创新。一是确定保障对象。谢远涛等依据精准扶贫、防贫的原则，将低于发展贫困线的城乡居民作为保障对象，综合考虑相对贫困群体的既往病史、疾病类型、疾病程度等致贫因素分类制定防返贫措施。郭琳等对河北省W县的防贫机制进行分析，将保障人口分为非持续稳定脱贫户和非贫困低收入户。李飞等对湖南省沅陵县防返贫个案进行剖析，瞄准贫困户、脱贫户和边缘户三类群体。二是筛选返贫关键因素。章文光等基于全国25个省（自治区、直辖市）建档立卡人口数据，将致贫返贫成因分为4类16种，将疾病、灾害、上学等各类返贫因素纳入保障范围。三是构建预警机制。黄国庆等从人力、金融、自然等五个方面将贫困户划分为不同的风险等级，分别制定预警措施。左停等以中国西南地区的脱贫县为例，从收入水平与收入波动两个维度衡量脱贫人口的稳定性，依据不同风险因素对贫困户的影响程度进行预测预警，因人、因地、因时制定防贫措施。

已有研究对2020年后我国贫困治理形势与重点做出了基本判断，并为保险减贫防贫研究奠定了理论基础。但由于我国全面脱贫完成的时间尚短，防返贫的相关文献研究并不多。部分学者虽然从保险角度开始探索防返贫机制，但仍存在一定的局限性。首先，保险防贫模式多是从医疗保险或农业保险等某一个险种角度切入，难以应对多元化的致贫因素和返贫风险，对于构建综合长效的保险防返贫机制借鉴意义不大。其次，多选取某一个区域的单个案例进行研究，然而，我国贫困区域无论自然条件、经济社会发展特点、致贫因素等都存在较大差异，单一案例分析法无论对运行机制还是对运行效果的分析都缺乏比较、验证，难以对该防贫保险模式的适用性做出精准判断。此外，现有分析多是对某地区保险防返贫做法与成效进行总结，而对于其运行中存在的制约因素关注不多，剖析不够深入，不利于保险防贫机制的完善与创新。鉴于此，本文选取河北省魏县、湖北省通城县、青海省民和县三个试点地区，对“防贫保”模式进行典型案例研究，以期解答“防贫保”模式运行效果如何、是否形成了稳定规范的运行机制、有哪些因素制约其可持续发展和推广应用、政府和保险公司的职责如何定位、在哪些方面实现了保险防返贫机制创新等问题，进而完善“防贫保”模式，构建2020年后保险防返贫长效机制。

三、“防贫保”典型案例：运行方式与实施效果

精准防贫保险是由中国太平洋保险公司首先开发，将保险机制引入扶贫的首款商业防贫保险。2017年河北省魏县率先开展“防贫保”试点，随后湖北、湖南、云南、青海等省相继开展，至2020年4月，“防贫保”项目已为全国24个省210个县约8 000余万临贫、易贫人群提供防贫保障。然而，“防贫保”模式开展时间较短，且各试点区域的财政支持力度、资源环境、贫困类型、返贫因素具有差异性。本文采用多案例研究的方法，对多个案例之间的共性进行分析，提炼出“防贫保”模式运行中共同的特点、规律，创新保险防返贫机制。

在案例的选择上，综合考虑样本的代表性、数据的可得性、区域的特色性等因素，基于试点地区的地形地貌、贫困类型、返贫因素、开展时间等指标，选取河北省魏县、湖北省通城县、青海省民和县三个试点地区作为典型案例。魏县属于东部平原地区，开展时间最早，持续时间最长，对完善减贫、防贫机制具有一定的借鉴意义；通城县属于中部丘陵地区，在原有模式的基础上将城市低收入居民纳入保障对象，进一步扩大了原有模式的保障范围，体现了该模式的动态适应性；民和县属于西部高原地区，处于西部少数民族深度贫困区，致灾因素更加复杂，返贫现象更为严重，能够进一步检验“防贫保”实施效果。通过三个县域典型案例分析，探索在不同区域、不同贫困类型中“防贫保”模式的实现路径，总结提炼“防贫保”模式的基本做法、经验与存在问题，推动机制完善和推广应用。

（一）河北省魏县

1. 贫困背景

河北省魏县属于冀、鲁、豫三省的交界地带，位于环首都贫困带上，于2012年被确定为国家级贫困县，贫困人口为171 000人，贫困发生率为34.1%。在“精准扶贫”和“未贫先防”思想的指导下，2017年魏县在全国率先开创“防贫保”模式，2018年退出贫困县序列。根据邯郸市魏县防贫办提供数据，魏县脱贫户返贫的原因主要包括因病、因残、缺乏发展要素、因学、自身发展动力不足五类，其中因病、因残、因缺乏发展要素返贫人口占到86%，为致贫返贫主要因素。

2. 基本做法

（1）政府购买保险服务。魏县政府出资400万元设立防贫保证金注入保险公司，按照“多退少补”的原则，为10%的县域人口购买保险。保险公司开发“精准防贫

保险”并承保，按照发放保险金额的15%提取服务费。

（2）以健康扶贫为重点。为防止返贫，巩固脱贫成果，在医疗保险方面，保险公司增设了新型险种，实施医疗商业补充保险和意外伤害保险，构建了基本医保、大病保险、医疗救助之外的另一种保障。此外，为产业扶贫提供风险保障，为支持农业产业发展，魏县合作社与中国人民财产保险公司开展“联办共保”项目，为全县玉米、小麦共66万亩提供农业保险。

（3）以县域农村“两非”人群为监测对象。魏县重点保障“非高标准脱贫户”和“非贫低收入户”两类易贫、临贫人群。“非高标准脱贫户”指贫困对象虽然达到脱贫标准，但收入并不稳定，一旦遭遇病、灾、子女教育的重大支出等状况，容易导致返贫。“非贫低收入户”指某些群体虽不符合建档立卡条件，但家庭收入处于贫困线边缘，一旦发生突发情况极易导致贫困。再次，针对“两非”人群设立防贫监测（预警）线和防贫保障线。如表1所示，防贫预警线以支出为依据，因病支出分别超过5 000元和20 000元、因灾超过10 000元、因学超过8 000元的“两非户”纳入监测范围；防贫保障线将以现行农村扶贫标准的1.5倍收入为标准线。

表1 防贫保险保障范围与标准

保障人口	设线类别	依据	监测标准
“两非”人群	防贫监测线	支出	因病：非高标准脱贫户自费5 000元 非贫低收入户自费20 000元 因学：“两非”户都以8 000元为线 因灾：“两非”户都以10 000元为线
	防贫保障线	收入	以现行农村扶贫标准的1.5倍为线

资料来源：魏县乡村振兴局。

3. 实施效果

根据邯郸市精准脱贫信息系统数据，2017—2020年7月河北魏县保险公司“防贫保”模式累计赔付人数为1 208人，赔付金额达到1 667.43万元。在减轻贫困程度方面，魏县2017年实施保险防贫机制以来贫困人口持续下降，贫困人口从2016年的28 668人下降为2019年的2 390人，贫困发生率从4.71%降为0.025%。在减少返贫人数方面，魏县开展时间较长，防贫效果较为显著。2016年返贫人口达到1 193人，其中因病、因残、因缺乏发展要素返贫人口共1 062人。实施“防贫保”以来，2017年新增返贫总人数仅为80人，比2016年减少1 113人，其中因病、因残返贫人口下降为67人，因缺乏发展要素返贫人口下降为13人。近三年来，魏县无新增致贫返贫人口。

（二）湖北省通城县

1. 贫困背景

湖北省通城县地处湘、鄂、赣三省交界，集山区、库区、老区和贫困地区于一体，2011 年被纳入幕阜山片区综合扶贫开发区域。全县共有 42 个贫困村，低收入人口约 8.8 万人。

通城县域地形以丘陵为主，可用耕地面积较少，水土流失、土壤污染等问题严重，农业生产发展受限。基础设施建设不足，农村居民面临用水、用电等难题。咸宁市政府数据显示，2019 年，全县还有 12 个重点贫困村（省定深度贫困村 6 个）、7 525 户、共 21 603 人没有脱贫。为实现脱贫攻坚和精准防贫两项目标，通城县于 2019 年成立减贫防贫服务中心，开展“防贫保”模式。

2. 基本做法

（1）政府购买保险服务。政府出资 300 万元作为防贫保证金注入保险公司，保险公司开发防贫保险，并按发放保险金总额的一定比例提取服务费。

（2）以产业扶贫为重点。针对通城县 2020 年受疫情影响鸡蛋价格波动剧烈的情况，保险公司采用“保险＋期货”的方式共计为 320 吨鸡蛋提供价格保障，避免了价格波动导致养殖户返贫。同时，通城县还开设失业保险、保险资金资助和创业就业无息贷款，促进就业、自主创业，增强临贫户“造血”能力。

（3）以城乡全体居民为监测对象。通城县重点保障“城乡低收入户”和“人均收入不高不稳的已脱贫户”两类人群。此外，设定防贫监测线和防贫保障线。防贫监测线将因病自费分别超过 5 000 元和 20 000 元、因灾超过 10 000 元、因学超过 8 000 元的建档立卡户和城乡临贫户作为标准。防贫保障线以家庭收入低于上年度全县城镇居民、农村居民人均可支配收入的 40％作为标准。

3. 实施效果

在减轻贫困程度方面，通城县 2018 年底贫困发生率为 5.2％，2019 年实施防贫机制后，贫困发生率降为 0.28％，贫困程度明显降低。在减少返贫人口方面，截至 2019 年底，通城县监测对象共 2 652 户，防贫机制实施以来至 2020 年，共为全县 340 个家庭、1 500 余人提供了 540 万元的保障。

（三）青海省民和县

1. 贫困背景

青海省是西部民族贫困重点地区，地跨六盘山和四省藏区两个集中连片特贫地区，贫困程度深，贫困发生率高，区域性贫困问题突出。民和县位于青海省东部干旱山区，被国家列入六盘山集中连片特殊困难地区，2015 年全县有贫困村 125 个，建档立卡贫困户 1.06 万户共 4.22 万人。

根据民和县乡村振兴局数据，2020 年之前青海省因病返贫人口累计约 7.8 万人，因病返贫是制约民和县脱贫的主要因素。由于自然环境恶劣，民和县产业基础薄弱，脱贫人口极易发生返贫现象，农村“两非”临贫易贫群体预计为 12.5 万人。为有效防止脱贫人口返贫，民和县在借鉴魏县经验的基础上于 2019 年 5 月开展“防贫保”模式。

2. 基本做法

(1) 政府购买保险服务。县政府出资 1 000 万元作为防贫保险金注入保险公司，加大扶贫支持力度，为县域内一定比例人口购买保险。保险公司承保并按发放保险金额的一定比例提取服务费。

(2) 健康扶贫与产业扶贫并重。针对健康扶贫，民和县在基本医疗保险、大病保险的基础上增设“健康保”，能够保障意外伤害导致的身故、残疾、医疗费用、住院费用，保障程度达到 90%。针对因灾返贫和失业返贫等因素，民和县为 5.66 万亩油料、2.21 万亩马铃薯、0.48 万亩中草药等作物提供保险产品，保障了当地特色产业发展。

(3) 以县域内农牧民为监测对象。民和县将保障重点定位于“非高标准脱贫户”和“非贫低收入户”，并瞄准因病、因灾、因学三大返贫因素划定防贫预警线和保障线。防贫预警线以支出为依据，因病支出分别超过 5 000 元和 20 000 元、因灾超过 10 000 元、因学超过 8 000 元的“两非户”纳入监测范围；防贫保障线以农牧民人均可支配收入 4 000 元为标准。

3. 实施效果

在降低贫困程度方面，民和县 2018 年贫困人口为 19 863 人，贫困发生率为 2.3%，在 2019 年 5 月开展“防贫保”模式后，贫困发生率降到 0.01%，于 2020 年 4 月退出贫困县。在减少返贫人数方面，2018 年底，农村“两非”临贫易贫群体预计为 12.5 万人，截至 2020 年 3 月，保险公司入户调查 1 870 户，其中为 610 户临贫易贫人群发放 454 万元，有效抑制了返贫现象。

从三个县“防贫保”模式实施过程与效果来看，各县在防贫实践中呈现出不同特征。魏县运行时间较长，工作机制较为完善，运行效果更为显著；通城县将防贫监测标准扩展到城市低收入群体，在保险产品创新方面也较多地为产业扶贫提供保障，更能体现保险“造血”功能；民和县得到的财政支持力度较大，针对因病（残）、因产业返贫两个关键因素，着重创新健康保险产品和特色农业保险。三个县域“防贫保”模式基本形成了较为稳定、统一的运行机制，即政府用财政资金设立防贫保证金，然后确定防贫对象、制定监测指标，通过保险公司开发健康类、产业类、就业类保险产品，运用保险的市场化机制对符合条件的临贫、易贫人群进行赔付。三个县域“防贫保”实践均取得了较为显著的防贫效应，其中机制创新是关键。

四、“防贫保”模式：机制创新与现实困境

根据三个县域“防贫保”的基本做法，“防贫保”已经形成了较为稳定的运行机制，即以精准防贫保险为核心，以产业扶贫和社会帮扶为配套措施，构建“政府＋保险公司＋企业＋临贫易贫人口”的减贫防贫机制。政府划定防贫监测线和保障线，明确重点保障对象范围，将财政资金注入保险公司设立防贫保证金；保险公司开发出精

准防贫保险产品并予以承保，通过核查评估，对低于贫困线或可能因重大支出而致贫、返贫的人口发放保险金，按照发放保险金总额的一定比例提取服务费；为增强贫困户的“造血”能力，政府和企业通过产业扶持、就业引导和兜底分红等多种方式加强贫困户增收的可持续性，形成了以政府为主导，财政资金为担保，保险公司服务为核心，企业带动为动力，保险产品为保障，贫困户可持续发展为目标的“防贫保”模式（图 1）。

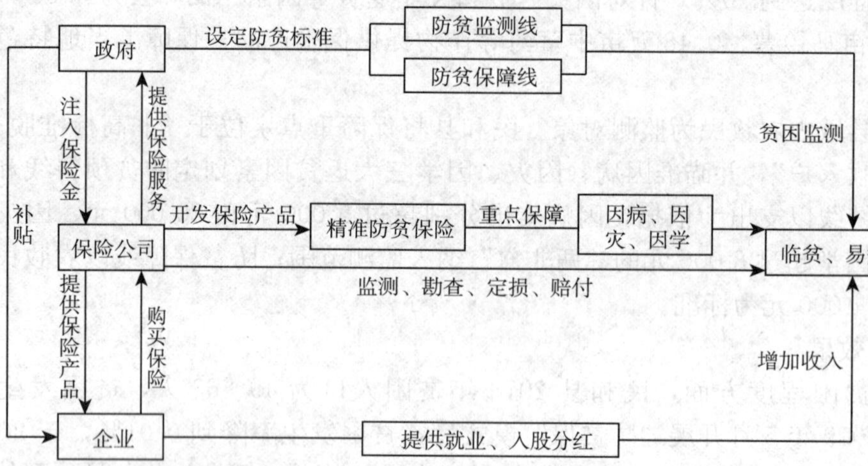

图 1 “防贫保”模式

（一）“防贫保”模式的机制创新

1. 防贫标准认定的二维机制

依据收入支出两个维度，综合认定防贫标准。该模式划定防贫监测线和防贫保障线两条界线作为贫困衡量标准，分别依据支出和收入两类指标对临贫户、易贫户做出监测，符合标准的即纳入监测范围。防贫监测线以贫困户的负担水平为衡量标准，保险公司依据扶贫、教育、人社、民政等有关部门提供的数据综合分析，对因病、因学、因灾产生的花费进行分类，将各类支出作为评定监测线的依据，花费超过这条线的人口即纳入防贫监测对象，实行定向跟踪。防贫保障线将贫困户的收入水平作为衡量标准，政府依据当地实际发展状况设置防贫保障线，家庭年人均可支配收入低于这条线的人群即纳入防贫范围。这两条界线从单纯地关注收入转变为从衣、食、住、行、学等多维度衡量贫困人口的生活水平，贫困的认定方式更具有综合性、全面性。

2. 保障对象的动态监测机制

该模式把重点防范对象聚焦于临贫、易贫人群，主要包括非高标准脱贫户、人均收入不高不稳的已脱贫户等，这些人口是 2020 年后相对贫困人口的主要构成部分，也是容易返贫的重点人群。“防贫保”模式中，政府为县区内一定比例的人口购买保险，该保险不针对人头，只计算人数，打破了以往以建档立卡人口为保障对象的思路，扶贫对象不实行预先识别和确定，而是根据当地建立的防贫预警线，将低于预警线的人口纳入保障范围，保障对象由“某个人”变为“某类人”，对全县范围内具有返贫风险的居民进行保障。

3. 多元风险的保险分担机制

保险是专门从事风险管理的行业，在灾前防范、灾后救助、风险精算、数据整合等方面具有专业化优势。运用大数法则，通过再保险、“保险＋期货”等方式科学合理地转移风险，形成多元风险分担机制。在赔付标准方面，保险公司根据风险大小灵活调整保障强度，将返贫群体根据受灾程度划分为不同的等级，对返贫群体实行阶梯式赔付。此种赔付方式既能为贫困群体分散风险、补偿损失，又能有效避免道德风险，防止由此衍生出的“等、靠、要”思想。在赔付方式方面，保险公司与贫困主体订立保险合同，约定相互的权利和义务，采用市场化的运行机制，保证操作方式和实施过程的公平、公正、公开。贫困户受灾之后，保险公司按照合同“点对点”赔付，进行滴灌式管理，实现核赔核保、勘查定损精确到人，精准对接返贫人口，减少了政府直接发放扶贫资金可能引发的社会矛盾，提升了政府社会治理能力和治贫防贫效率。此外，通过保险产品创新，瞄准致贫返贫因素。2020 年后，由于经济社会环境变化，弱势群体的脆弱性增强，致贫返贫因素更加多元化，保险公司开发出不同类型的保险产品以应对返贫风险。

4. 返贫因素瞄准的“3＋*N*”机制

重点防御与自行申报相结合，实现防贫风险全覆盖。因病、因灾、因学是贫困地区致贫、返贫的三大关键因素，其中因病是临贫、易贫人群面临的最主要风险。此外，因产业、因就业、因婚娶、因缺乏发展要素（知识、技术、资金、土地等）等也是导致脱贫户返贫的重要原因。在该模式中，试点地区根据当地实际状况自行设定预警条件，在瞄准三大返贫因素的同时也将其他返贫因素包含在内，建立“3＋*N*”的防贫机制，避免了“一刀切”的扶贫方式，从源头上全面预防贫困产生。因其他原因致贫、返贫的人口采取自行申报制度，符合救助条件的立即发放保险金。2020 年后我国贫困人口分布分散，致贫返贫因素多样，采用重点防御与自行申报相结合的保障方式，进一步扩大了保障范围，能够有效防止漏保现象发生。

5. 协同工作的“四方联动”机制

在该模式中，三个县域采取了县、乡、村、“第三方”四方联动、五步实施的工作方法。县防贫中心负责总体把控，县人社、教育、民政等相关部门每月将各自的监测状况上报给防贫中心，防贫中心负责收集整理信息，将核实、赔付工作转交到保险公司。保险公司负责信息核实与保险金赔付，保险公司采取“四看（看住房、看家用、看大件、看儿女）、一核（核查房产、经营实体、车辆等信息）、一评（评估家庭整体状况）”的方式入户调查，将符合监测保障条件的人口纳入保障范围，并上报防贫中心。县防贫中心以乡镇为单位汇总统计，乡镇将公示任务按村分解，村内公示评审无异议后由保险公司发放保险金。整个过程衔接顺畅，基本上不超过一个月的时间群众就能收到保险金。其中，保险公司负责核实拟定和申报的贫困户的信息，采取

“四看、一核、一评”的方式，逐户走访，核实贫困户的家庭人口、收入、重大开支、致贫返贫风险等情况，对照名单将保险金直接打到贫困户提供的账户上，将有关凭证上报县防贫中心。

6. 不断完善的适应性成长机制

在三个县域“防贫保”模式运行中，魏县开展时间最早，运行机制已经基本形成。通城县、民和县在借鉴魏县模式基础上，根据本县域的贫困类型、贫困分布和财政实力等实际情况，进一步发展和完善“防贫保”模式。比如，由于贫困人口分布范围存在差异，通城县将城市低收入户也纳入“防贫保”保障范围，分为“城乡低收入户”和“人均收入不高不稳的已脱贫户”两类，防贫范围由农村逐步扩展到城市，进一步扩大了对贫困人口的监测保障范围，对 2020 年后减少城乡相对贫困人口具有创新意义。比如对于防贫保障线的设置，魏县最初以现行农村扶贫标准的 1.5 倍为线，通城县则以家庭收入低于上年度全县城镇居民、农村居民人均可支配收入的 40%为线，计算方法从贫困标准的倍数变为正常收入的一定比例，更能科学衡量相对贫困的程度。

（二）“防贫保”模式发展的现实困境

尽管“防贫保”模式已经形成了较为稳定的运行机制，并取得了显著防贫成效，但从可持续发展的视角，其进一步推广和深化仍存在瓶颈制约。

1. 财政资金投入不可持续

“防贫保”模式中，政府不仅在制度设计和行政上发挥主导作用，还承担了财政补贴责任。政府通过购买保险的方式扶贫，但扶贫资金中用于保险的预算支出有限。此外，政府在医疗、教育、住房、社会保障等方面均设立防贫资金予以救助，对扶持贫困人口的企业、工厂、村集体等实施带贫补助，财政资金压力较大。2020 年后，由于贫困类型、扶贫方式的转变，中央政府对扶贫的持续性投入存在不确定性，当地政府持续高强度扶贫的可能性减小。此外，政府投入过度会对其他社会群体投入产生挤出效应。

2. 返贫监测预警效率不高

由于划定贫困线，部分家庭境况相似但略好于贫困户的边缘农户无法享受国家扶贫政策，贫困户则受到多项补助政策的支持，导致两者之间的发展差距不断扩大，出现“悬崖效应”。因此，动态监测返贫人员，将边缘人群及时纳入被保障范围，是避免“悬崖效应”的重要手段。然而，实践中，尽管“防贫保”模式建立了动态监测机制，但存在相关农户收入、支出数据的搜集、核实、更新滞后等问题，受保障对象的进入和退出机制实施难度较大，影响到保险防贫的精准性。

3. 项目监管机制不规范

在“防贫保”模式中，虽然县防贫中心每月按一定比例（一般不低于5%）抽查错保、漏保现象，但是仅通过协议的形式建立监管约束机制，缺乏合理性、规范性。

而且，对于保险公司的监管仅限于当地群众和政府，与专业的审核人员相比，这些人群专业知识薄弱、防范能力较低，难以对保险公司的经营状况、赔付工作做出科学专业的判断。随着脱贫攻坚进程的深入发展，开展防贫保险的地区和机构也会逐渐增加，建立一套科学规范的项目监管机制势在必行。

4. 保险功能开发不足

保险具有风险分散、经济补偿、资金融通等作用。该模式中，保险公司虽然履行了调查核实、深入服务的责任，但对保险其他功能开发运用的程度不够。在“防贫保”项目中，政府将扶贫资金注入保险公司，形成风险保障金，当发生事故风险时，保险公司对受灾居民进行损失补偿，但是派发的保险金大部分是政府注入的，整个过程中仅体现了开发产品、定损赔付、为政府派发扶贫资金的基础作用。此外，在保险金赔付方面，除政府外并无其他机构分散保险公司承担的风险，风险分散方式较为单一。在扩资引流方面，保险公司资金融通、信用担保、撬动社会资源扶贫等作用体现较弱。

5. 保险公司盈利模式单一

保险作为商业性机构，在投资回报的约束下营利是最终目的，因此，保险扶贫可持续运行需要坚持“收支平衡，保本微利”的原则。贫困地区大多自然资源禀赋、公共设施建设条件较差，贫困人口增收途径单一、入不敷出，保险公司将防贫保险作为业务营利的可能性较低，保险投资也难以发挥应有的作用。在“防贫保”模式中，政府出资购买保险服务，依据“资金剩余转存，短缺即补”的原则，向保险公司注入资金，保险机构并不能实现真正意义上的盈利，而是靠提取政府的服务费开展防贫保险业务。

五、完善保险防返贫机制的对策建议

（一）引导社会多元主体参与

针对传统防贫财政资金紧约束问题，防返贫模式应由单纯的“政府主导”向“政府主导、社会参与”的方式转变，将社会资源纳入保险防返贫框架，加强资源整合力度。首先，积极发挥政府的引导作用，引导资金、技术、人才等要素向贫困地区倾斜，从行政上推动保险扶贫项目开展。降低政府参与保险中所承担的责任比例，动员激励金融机构、企业、合作社、社会组织等参与扶贫开发，建立多元主体的风险共担机制。其次，在条件允许的情况下，当地政府应建立风险准备金，当政府补贴过重时，该风险准备金可以用于临时性的财政支出，保障财政资金稳定。此外，要注重扶贫政策连贯性，综合平衡扶贫资源，防止扶贫资源高度集中，出现福利堆叠效应。

（二）数字科技赋能防贫监测预警

信息割裂、滞后是影响保险防贫服务效率的一大痛点，难以动态科学地对防贫范围进行预警监测，也影响保险公司精准定价和定损。应构建政府相关部门、保险公司、医疗机构、被保险人等主体协同发展的信息共享平台。加强保险科技的运用，将互联网、“3S”等现代科学技术运用到保险中，通过技术分析实现风险预防和勘查。完善大数据平台，汇集各政府部门采集的信息，贫困人口也要登记注册并填写相关信息，创建扶贫公众号、扶贫保险 App，全面收集信息，精确定位返贫人口。将风险干预前置，及时、动态、全面地瞄准贫困人口，健全贫困瞄准机制。一旦该群体掉到贫困线以下，立即启用防贫机制予以救助，提高救助效率和精准性。

（三）加强项目监管与考核

防贫保险的性质决定对其要实行监督和管理。第一，加快确立开展“防贫保”的标准规范和监督考核制度，对保险公司的经营状况、信用状况等各方面进行综合评估，设定保险公司开展防贫保险项目的门槛条件。第二，项目运行过程中政府要加强监测，确保保险公司服务质量以及项目运营的可持续性。对承办防贫保险的机构进行监督考核，实行举报奖励机制，畅通投诉受理渠道，发挥居民和媒体的监督作用。第三，财政、审计部门要提高监管队伍的专业化程度，细化监管规则，加强对保险防贫资金的监管，对资金使用情况、受益人口信息及时公开，确保防贫资金安全运行。

（四）深入发掘保险功能

瞄准返贫的关键因素，在特色农业、教育、健康、住房、养老等多方面开发新型保险险种，形成全方位的风险分散和兜底保障。积极开拓保险的融资增信功能，用保险资金为当地产业“开源引流”，通过入股、投资扶贫企业等方式探索互利共赢的模式。促进保险公司与其他金融机构合作，以保单质押等形式畅通贫困户、企业融资渠道，探索“保险＋期货”“保险＋信贷＋担保＋企业（合作社）”等方式，将保险深度嵌入到产业减贫防贫中，为易贫群体自我发展、持续发展提供支撑。

（五）创新可持续发展模式

保险公司作为商业性机构，合理的盈利水平是保障“防贫保”可持续运行的根本条件。保险参与防贫需要借助各种扶贫主体、平台，协同配合发挥保驾护航的作用，才能建立可持续的市场运行机制。保险公司应充分利用政府相关的扶贫政策和各种优惠措施，降低防贫保险运行成本。积极与扶贫企业、合作社合作，利用当地已经搭建好的平台开展保险业务，节省人力物力。加强保险知识宣传，提高贫困户的风险防范意识和防灾减损能力。积极利用再保险手段，与银行、担保机构、期货期权公司等其他金融机构搭建合作平台，共同探索风险分担机制。

参考文献（略）

数字金融服务如何影响农业保险的发展

——来自24个主要农业省份的经验证据*

陈　康　叶明华　王同江

摘要：本文基于我国24个主要农业省份2011—2020年的面板数据，运用中介效应模型实证分析了数字金融服务对农业保险发展的影响及作用机制。研究发现：数字金融服务能够显著促进农业保险的发展，内生性处理和稳健性检验均得到一致结论。进一步的中介效应分析表明，农户可支配收入水平和理赔效率在数字金融服务影响农业保险发展的过程中发挥部分中介效应。具体而言，数字金融服务能够通过提升农户可支配收入水平和理赔效率，从需求拉动和供给推动两个层面促进农业保险的发展。持续推进数字金融服务发展水平、完善智慧农业保险体系及整合相关主管部门力量是推进农业保险高质量发展、实施乡村振兴战略的有效路径。

关键词：农业保险；数字金融服务；可支配收入；理赔效率；中介效应模型

一、引言

农业保险是分散农业生产经营风险的重要手段，深入推进农业保险高质量发展是深化服务乡村振兴的重要举措，是实施乡村振兴战略的"稳定器"和"安全阀"。我国自2007年开始实施政策性农业保险以来，农业保险规模增长迅速，功能作用日益显现。2007—2021年，农业保险保费收入从51.8亿元增长到965.18亿元，年均增速65.24%，服务农户从4 981万户次增长到1.88亿户次，风险保障资金从1 126亿元增长到4.78万亿元①。目前，我国农业保险开办地域已覆盖全国，承保险种已基本覆盖农林牧渔各方面，成为全球保费规模最大的农业保险市场。然而，我国农业保险的发展仍较为粗放，面临许多急需解决的问题：在农业保险需求层面，我国农业保险发展更多依赖政府保费补贴政策的推动而需求拉动不足；在农业保险供给层面，经

* 本文原载《兰州学刊》2022年第5期。基金项目：国家社科基金一般项目"风险测度、农户增信与农村普惠金融优化研究"（项目编号：20BJY261）。

作者简介：陈康，华东师范大学经济学院博士研究生；叶明华，华东师范大学教授；王同江，华东师范大学讲师。

① 数据来源：中国银行保险监督管理委员会。

营农业保险业务成本较高、查勘定损难等抑制了保险公司的农业保险产品供给，一定程度上导致了保险公司承保理赔不规范和怠于风险管理服务等问题。

值得注意的是，近年来兴起的数字金融借助互联网等现代化信息技术在提高农村居民金融可得性的同时，似乎为解决农业保险发展面临的难题提供了契机。一方面，作为农业保险的参保主体，农村居民已经开始接触使用电脑、智能手机等数字终端，以电子支付、手机银行、网络购物为主要媒介的数字金融已在广大农村地区得到推广（傅秋子和黄益平，2018）。截至 2021 年 6 月，我国农村网民规模达到 2.97 亿，占城乡网民总量的 29.4%，农村地区互联网普及率达到 59.2%。另一方面，保险公司积极顺应数字化趋势，在农业保险业务经营过程中导入了移动互联、大数据、人工智能和区块链等技术，以拓宽农业保险市场服务边界、提升风险管理水平和经营效率（唐金成和李笑晨，2020）。为推进数字金融在农村地区的发展，2021 年中央 1 号文件首次提出“发展农村数字普惠金融”。那么，数字金融服务能否推进农业保险发展？其影响机制是怎样的？系统探究上述问题对合理引导数字金融服务推进农业保险可持续发展，进而助力实施乡村振兴战略具有重要的意义。

二、文献综述

中国数字金融自 2004 年起迅速发展，第三方支付、网络贷款、数字保险以及数字货币等业务规模在国际上均处于领先地位。作为互联网和金融的结合体，数字金融服务借助互联网等现代化信息技术扩展至乡村，使偏远地区弱势群体突破金融服务的各种“卷帘门”“玻璃门”成为可能（Francis 等，2017；张勋等，2019）。数字金融的发展对社会经济层面产生了诸多影响，包括通过提升信贷可得性、促进创业等路径影响居民收入、缩小城乡差距等。任晓怡（2020）、葛和平和钱宇（2021）认为互联网技术在金融领域的持续深化运用，提高了金融服务的可触及性。张林和温涛（2020）研究发现数字普惠金融主要通过降低交易成本、缓解信息不对称和降低抵押品要求提高了农户的正规信贷获得率。杨伟明等（2020）研究发现数字金融能够通过促进经济增长和创业行为显著提高农村居民收入。随着数字金融相关研究的不断深入，部分学者开始关注数字金融与保险发展之间的关系，且认为数字金融能够从提升保险可得性、降低市场交易成本和缓解信息不对称等方面显著正向影响保险的发展（汪亚楠等，2020；李晓等，2021）。

农业保险发展受到诸如参保主体收入水平、理赔效率、市场信息不对称、业务经营成本等因素影响。叶明华和汪荣明（2016）、Okpukpara 等（2021）研究发现，农户收入水平是影响农户购买农业保险的重要因素。张卓、尹航、褚志亮（2020）和 Vdovenko（2020）从农业保险供给主体角度，认为农业经营的复杂性所导致的查勘定损困难是限制保险公司提供有效农险供给的主要因素。冯文丽和庹国柱（2018）发现保险公司向农户收 3.5 元的每亩自担保费，所花费的成本高达 5.3 元。许梦博和陈楠楠（2021）认为市场的多重信息不对称属性降低了农业保险市场的有效需求和有效供给。李泉（2020）以互联网交易成本和监管成本为中介变量实证研究了互联网发展水平对农业保险发展的影响及其传导机制。

综上所述，数字金融服务可能会通过降低保险公司经营农业保险业务成本、缓解信息不对称、提高农户收入水平、提高理赔效率等方式影响农业保险发展。遗憾的是，目前关于数字金融服务和农业保险关系的研究文献较少。尽管目前对影响农业保险发展因素的研究已经涉及互联网发展水平，但是在互联网与农业保险相互关系的研究中，多采用的是定性分析（Tiago，2014；唐金成和李笑晨，2020），并且在仅有的少数实证分析中，只关注了互联网通过降低交易成本和提高监管成本影响农业保险发展的作用机理（李泉，2020），研究视角相对单一。而数字金融服务本身是多业态和多维度的，其作用于农业保险发展的机制是否还包括收入水平提升及理赔效率改善，进而从需求和供给两个层面推动农业保险市场实现“较高”层面均衡，仍值得进一步深入探究。有鉴于此，本文基于我国 24 个主要农业省份 2011—2020 年的面板数据，运用中介效应模型探究数字金融服务对农业保险发展的影响及作用机制，以期为数字金融服务推进农业保险高质量发展提供科学依据和可行路径。

三、理论分析与研究假说

（一）数字金融服务对农业保险发展的影响

第一，在推进数字金融发展背景下，农户通过移动互联网更容易触及风险管理教育，提升自身风险管理意识，有助于正确理解农业保险的功能。与此同时，数字技术能够使农户突破购买农业保险的时间和空间限制，改变农户参加农业保险的方式，提升了农户参保便利性。第二，数字金融服务基于大数据和云计算等数字技术能够有效缓解农业保险供需双方的信息不对称（Fuster，2019）。随着数字金融的发展，保险公司能够借助大数据和人工智能技术搜集投保人的信息，一方面提高了对参保农户进行“精准画像”的能力，及时捕捉农户需求，创新开发适合农户需求的个性化农险产品（唐金成和李笑晨，2020）；另一方面有助于提高农业保险的定价能力，改善逆向选择问题（Bjorkegren，2019），而且能够为参保人风控管理提供海量的数据，提升保险机构风险管理的服务质量（许闲，2017）。因此，本文提出研究假说 1。

H_1：数字金融服务会推动农业保险的发展。

（二）农户可支配收入和理赔效率的中介效应

1. 数字金融服务通过提高农户可支配收入提升农业保险有效需求

数字金融的发展降低了金融服务成本、信用评估风险和信息不对称，提高了农户和小微企业等弱势群体的金融可得性，一定程度上缓解了资金约束状况。对小微企业而言，便利获得信贷扩大生产成为可能，有助于为兼业农户提供更多的就业机会

(Ozili，2018)。对农户而言，不仅有机会获得低息贷款购买农机等生产资料进行扩大农业生产（谢绚丽等，2018），而且数字金融服务为农产品销售提供了新途径，成为农业发展的助推器。另外，信贷约束的缓解有助于提高农户创业积极性（何婧和李庆海，2019），家庭农场、农村电商和休闲农业已经成为农户创业的主要类型。总之，数字金融服务可以通过缓解资金约束提高农户就业、创业机会和扩大农业生产规模，进而提升农户可支配收入水平。而可支配收入水平的提高有助于提升农户农业保险支付能力，将农户的潜在需求转化为有效需求（黄琦等，2017）。因此，本文提出研究假说 2。

H_2：数字金融服务能够提高农户可支配收入，进而提升农业保险有效需求。

2. 数字金融服务通过提高理赔效率提升农业保险有效供给

保险公司在农业保险的经营过程中，往往因农户地理位置偏远且分散增加查勘定损难度而面临高额的经营费用，我国目前的农业保险经营费用率达到了 20%以上，一定程度上限制了“保本微利”的保险公司提供有效的农业保险产品。而数字金融的发展为提升理赔效率、降低农业保险经营成本提供了可行的路径。具体而言，在勘损服务环节，可以通过无人机遥感影像、卫星遥感影像对农业灾害实时监控，以确定导致农业灾害事故发生的近因与情况，并结合大数据挖掘的区域地理信息和承保信息，对损失进行“天、空、地”一体化评估，为精确和快速理赔提供依据。另外，手机等移动终端的普及化为勘损服务环节拍照上传标的受损情况提供了方便，甚至可以通过理赔系统，结合人工智能的数据挖掘体系进行欺诈审核，实现线上远程理赔审核，而区块链技术能够有效简化理赔结算流程，实现移动支付赔款，实时到账，提升了理赔结算效率（完颜瑞云和锁凌燕，2019）。理赔效率的提升能够有效降低保险公司的经营成本，有助于提升保险公司农业保险产品供给。因此，本文提出研究假说 3。

H_3：数字金融服务能够提高理赔效率，降低保险经营成本，推动农业保险产品供给。

综上所述，数字金融服务能够从需求拉动和供给推动两个层面实现合力作用，共同影响农业保险的发展，使传统政策性农业保险市场的均衡状态由 $E1$（图 1）向 $E2$ 转变。

从农业保险市场均衡数量的角度看，数字金融服务提高了农业保险市场均衡数量（从 $Q1$ 增至 $Q2$）。这主要是因为数字金融服务通过提高农户可支配收入提升农业保险需求，使得农业保险需求曲线从 $D1$ 上升至 $D2$。另外，数字金融服务还会通过提高理赔效率提升农业保险供给，使农业保险供给曲线从 $S1$ 移动至 $S2$，此时，数字金融服务推动下新的农业保险供给曲线 $S2$ 和需求曲线 $D2$ 相交于点 $E2$，政策性农业保险市场的均衡点向右发生了移动。

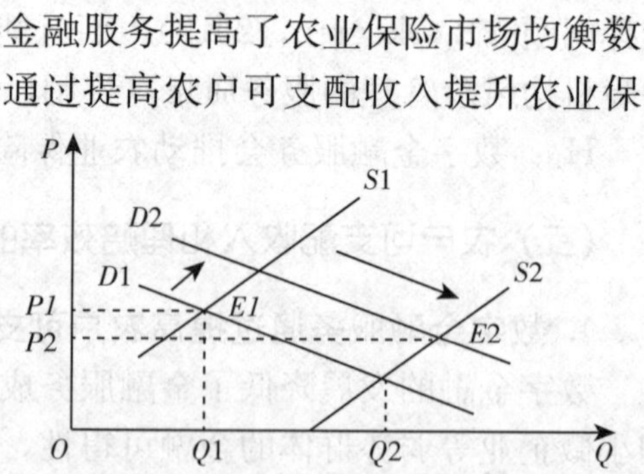

图 1　数字金融服务对农业保险市场均衡的影响

从农业保险市场均衡价格的角度看，数字金融服务降低了农业保险市场的均衡价格（从 $P1$ 降至 $P2$）。这一方面是由于农户的收入水平相对较低，有限的资金约束条件限制农户可支配收入提升的需求拉动效应，导致数字金融服务通过提升农户可支配收入水平所带来的 $D1$ 向 $D2$ 移动的距离相对较小。另一方面，高额的经营费用是抑制农业保险供给的重要因素，致使经营费用的变动具有较高的边际产品供给效应，也即数字金融服务通过提升理赔效率使得 $S1$ 向 $S2$ 移动的距离相对较大。而在 $S1$ 向 $S2$ 移动的距离相对较大、$D1$ 向 $D2$ 移动的距离相对较小的状况下，农业保险市场的均衡价格会呈现下降趋势。

四、模型设定与数据选取

（一）模型设定

1. 基准回归模型设定

为了分析数字金融服务对农业保险发展的综合效应，本文构建的基准回归模型如式（1）所示。

$$Y_{it} = \alpha_0 + \alpha_1 x_{it} + \beta \sum control_{it} + \mu_i + \lambda_t + \varepsilon_{it} \quad (1)$$

式中，下标 i 表示省份，t 表示时间，α_0、α_1 和 β 为待估参数，Y_{it} 为农业保险发展水平，x_{it} 为数字金融服务水平，$control_{it}$ 包括：农作物播种面积、农业机械总动力、农村人均消费支出、农作物受灾面积和农林水事务支出，μ_i 和 λ_t 分别为地区和时间固定效应。

2. 中介效应模型设定

为了识别数字金融服务是否通过农户可支配收入和农业保险理赔效率对农业保险发展产生影响，本文借鉴 Baron 和 Kenny（1986）、温忠麟等（2004）、刘航和杨丹辉（2020）对中介效应模型的研究，首先构建以下回归方程：

$$M_{it} = \alpha_0 + \alpha_2 x_{it} + \beta \sum control_{it} + \mu_i + \lambda_t + \varepsilon_{it} \quad (2)$$

$$Y_{it} = \alpha_0 + \alpha_3 M_{it} + \beta \sum control_{it} + \mu_i + \lambda_t + \varepsilon_{it} \quad (3)$$

式中，M_{it} 为中介变量，包括农户可支配收入和农业保险理赔效率。如果估计系数 α_2 和 α_3 均显著，则表明存在中介效应，且中介效应占总效应的比重为 $\frac{\alpha_2\alpha_3}{\alpha_1}$，反之，两者中任何一个系数不显著，则不存在中介效应。

其次，检验农户可支配收入和农业保险理赔效率是否为完全中介效应，即检验是否还存在数字金融服务对农业保险发展的直接效应，建立方程如下：

$$Y_{it} = \alpha_0 + \varphi x_{it} + \omega M_{it} + \beta \sum control_{it} + \mu_i + \lambda_t + \varepsilon_{it} \quad (4)$$

式中，若估计系数 φ 在统计意义上显著，则说明农户可支配收入和农业保险赔付效率存在部分中介效应，此时，数字金融服务对农业保险发展存在直接影响。反之，农户可支配收入和农业保险理赔效率存在完全中介作用。

（二）变量说明

1. 被解释变量

在对农业保险发展水平的测度中，学者们选取了农业保险保费收入、保险深度和保险密度等指标（李琴英等，2018）。借鉴现有研究，本文选取农业保险保费收入（单位：百万元）作为农业保险发展水平的测量指标，它以货币形式直观地反映了农业保险的有效需求。

2. 核心解释变量

本文根据郭峰等（2020）对数字普惠金融的研究，选取数字普惠金融指数来衡量数字金融服务水平。主要是因为数字普惠金融指数能够反映数字技术服务金融的总体情况和变化趋势，可以体现为交易账户数的增加，或是互联网金融服务的深化，也可以体现为金融服务的便利化和成本的降低。其包含了三个具体维度：数字金融覆盖广度、数字金融使用深度和数字化程度。其中，数字金融覆盖广度主要测度了第三方支付账户绑定的银行卡数量；数字金融使用深度既包括实际使用总量指标（每万支付宝用户数中使用金融服务的人数），也包括使用活跃度指标（人均交易笔数、人均交易金额）；数字化程度反映了数字金融的便利性、低成本和信用化。

3. 中介变量

本文选取农户可支配收入（单位：元/人）和农业保险赔付效率（单位：百万元）作为中介变量。其中，农户可支配收入是一个省份的农户可支配收入总和与农村居民总人数的比值，反映了农户的人均支付能力。考虑到农户可支配收入由农业收入和非农收入构成，本文选取农业收入（单位：元/人）和非农收入（单位：元/人）对农户可支配收入的中介效应做进一步分析。借鉴李谷成等（2018）的研究，本文将人均经营纯收入作为农业收入的代理变量，将人均工资性收入、财产净收入和转移净收入作为非农收入的代理变量。另外，选取农业保险赔付支出来衡量农业保险理赔效率。

4. 控制变量

借鉴相关文献（Cole，2017；牛浩和陈盛伟，2019），本文主要选取了农作物播种面积（单位：千公顷）、农业机械总动力（单位：万千瓦）、农村人均消费支出（单位：元）、农作物受灾面积（单位：千公顷）和农林水事务支出（单位：亿元）五个变量作为控制变量。其中，农业机械总动力反映了农业生产的机械化水平，农林水事务支出反映了政府对农业的支持力度。

（三）数据选取

本文的样本为我国24个主要农业省份2011—2020年的面板数据。因农业保险是保障农业生产经营的重要金融政策，所以考虑数据的代表性，本文选取了我国31个省份中，按2011—2020年农作物种植总面积排名前75%分位的省份，剔除了北京、上海、天津、西藏、青海、海南和宁夏。本文使用的数据主要来源于北京大学数字研究中心官网、中国银行保险监督管理委员会官网、Wind数据库、《中国统计年鉴》(2012—2021)、《中国保险年鉴》(2012—2019)和《中国农村年鉴》(2012—2021)。

为了考察模型中各变量是否服从正态分布，本文在模型估计之前，使用核密度估计法得到主要变量的核密度图，并与正态密度进行比较。由核密度图可知，主要变量的分布与正态分布有一定差距，因此，为了保证估计结果的一致性，本文对各变量均作对数化处理（表1）。

表1　各变量的描述性统计分析（$N=240$）

	变量名称	平均值	标准差	最小值	最大值
被解释变量	农业保险保费收入对数	7.081	0.912	3.053	8.933
核心解释变量	数字普惠金融指数对数	5.200	0.673	2.916	6.000
中介变量	农户可支配收入对数	9.304	0.364	8.271	10.340
	农业收入对数	8.409	0.334	7.532	9.041
	非农收入对数	8.736	0.487	7.349	10.070
	农业保险赔付效率对数	6.573	1.054	2.573	8.828
控制变量	农作物播种面积对数	8.700	0.502	7.346	9.610
	农业机械总动力对数	8.148	0.594	7.039	9.499
	农村人均消费支出对数	9.077	0.402	7.890	9.978
	农作物受灾面积对数	6.554	0.884	4.060	8.349
	农林水事务支出对数	6.357	0.400	5.293	7.200

五、实证结果与分析（略）

六、基于可支配收入和农业保险理赔效率的中介效应检验（略）

七、研究结论与对策建议

本文基于我国24个主要农业省份2011—2020年数字金融服务、农业保险与农业生产相关面板数据，利用中介效应模型分析了数字金融服务对农业保险发展的影响及其作用机制。研究发现：①数字金融服务对农业保险的发展具有显著正向影响。采用工具变量法处理数字金融服务的内生性后，实证结果显著。考虑分样本和遗漏变量等可能影响估计结果的因素后，进一步稳健检验发现上述结果仍然成立。②农户可支配收入和理赔效率在数字金融服务影响农业保险发展中发挥了部分中介效应。具体而言，数字金融服务可通过提高农户可支配收入和理赔效率，从需求拉动和供给推动两个层面促进农业保险发展。

基于上述实证分析结论，为充分发挥数字金融服务的优势，本文建议从数字金融的深度挖掘和智慧农险的不断完善两方面共同助力农业保险的高质量发展。

第一，持续推进数字金融从广度到深度的发展，以提高农户金融可得性，增加农户可支配收入，从需求端拉动农业保险发展。一方面，为扩大数字金融使用广度，需要建立和完善现代化支付清算系统，以夯实数字金融发展基础，为互联网信贷和互联网保险的开展提供路径；另一方面，通过数字技术创新金融产品抵押担保方式，为小微企业的生产经营和农户的农业生产或创业提供所需资金，从而为农户提供更多的就业机会和扩大农业生产规模，增加农户可支配收入，进而推进农业保险持续发展。

第二，依托保险科技不断完善智慧农险体系，在提升农业保险理赔效率的同时，创新农业保险运行机制，从供给端推动农业保险发展。智慧农险体系是指将农业保险业务环节嵌合保险科技进行流程优化和智慧化处理，并搭建行业信息平台，完善信息服务的经营体系，是数字金融服务在保险领域的重要体现。保险公司需注重智慧农险体系的建立与完善，在为农业经营者提供农业技术、农业灾害等农业风险管理的全方位信息服务的同时，优化和改进农业保险的承保、理赔业务办理流程，减少保险交易成本，提升农业保险产品的有效供给。

第三，依托政府和各主体部门的力量，统筹规划推进数字金融服务与农业保险的有效融合。一是依托数字乡村建设背景，在农村地区加快推进数字基础设施建设，比如 5G 基站、大数据中心等；二是出台相关政策举措支持数字金融服务推进传统农业经营方式优化升级，如农产品销售模式线上化、智慧农业建设等；三是加强农村地区农户数字技能的培训和金融知识的教育，提升农户金融素养和风险防范意识，引导农户合理、规范使用数字金融。智慧农险涉及的知识体系复合性较高、创新性较强，需要保险机构联合高校及科研部门协同合作，联合培养智慧农险需要的复合型人才，推进农业保险高质量发展。

参考文献（略）

乡村振兴背景下农业巨灾风险分散机制完善研究*

丁少群　张　珏　李　丹

摘要：乡村振兴战略是脱贫攻坚战全面胜利后三农工作的重心。农业巨灾风险会借助涉农产业链扩散，破坏农业生产性基础设施和生态环境保护基础，扰乱农产品市场供需平衡，损害脱贫攻坚成果，阻碍乡村振兴战略总目标的实现。农业巨灾风险分散机制中的农业保险经营机构、再保险机构和政府部门三方参与主体在实现自身巨灾风险分散功能的条件下，能从产业兴旺、生态宜居、乡风文明、治理有效、生活富裕五个领域保障乡村振兴战略的有效实施。当前我国尚未构建统一的农业巨灾风险分散机制，本文借鉴国内外理论及实践经验，结合我国国情的特殊性，在乡村振兴战略实施背景下构建了六级农业巨灾风险分散机制框架，提出应以法律形式明确农业巨灾风险分散机制，进一步完善农业保险制度，加强对农业巨灾风险分散机制的基础设施建设和运行监管，保障机制的高效运行，助力农业农村现代化发展。

关键词：乡村振兴，农业巨灾风险分散机制，农业保险，农业再保险

农业具有弱质性特征，极易受到自然风险、市场风险等多种风险的影响，我国政府为保障农业生产稳定，于2004年起开始探索财政补贴支持的政策性农业保险制度。2020年，我国农业保险保费收入为814.93亿元，赔款总额616.59亿元，简单赔付率75.66%，为1.89亿户次农户提供4.13亿元风险保障，保费规模首次超越美国，成为全球第一大农业保险市场。但是，近年来我国农业风险频率高、范围广、损失程度大的特点日益凸显，农业生产受农业巨灾风险影响严重。以2019年数据为例，农作物受灾面积19 257千公顷，成灾面积7 913千公顷，绝收面积2 802千公顷，分别占农作物总播种面积的11.61%、4.77%和1.69%，由自然灾害造成的直接经济损失3 270.9亿元，约占国内生产总值的0.33%①。在如此巨大的农业巨灾风险面前，仅

* 本文原载《理论探索》2021年第5期。基金项目：国家社会科学基金十九大专项项目“全面建成多层次社会保障体系的实施难点与路径优化研究”（18VSJ095），主持人林义；四川省社会科学规划重点研究基地重大项目“多层次保障体系中社会保险与商业保险协同发展的创新机制研究”（SC19EZD023），主持人丁少群；国家社会科学基金项目“农地经营权抵押贷款保证保险实证分析与政策选择研究”（174BJY207），主持人李丹。

作者简介：丁少群，西南财经大学保险学院教授、博士生导师，中国农业与农村保险研究中心主任；张珏，西南财经大学保险学院研究生，李丹，东北农业大学经济管理学院教授、博士生导师。

① 数据来源：《中国统计年鉴2020》及《中国农村统计年鉴2020》。

凭“广覆盖、低保障”的政策性农业保险难以实现风险的有效分散，故急需构建和完善以农业保险制度为基础、符合我国国情的农业巨灾风险分散机制。

全面实施乡村振兴战略、全面建设社会主义现代化国家的三农工作重点也对建设农业巨灾风险分散机制提出要求。自 2017 年 10 月党的十九大报告中首次提出实施乡村振兴战略以来，中央政府对乡村振兴战略给予高度关注，并多次在相关政策中对发展以农业保险制度为基础的巨灾风险分散体系作出指示：2018 年 9 月，中共中央、国务院印发了《国家乡村振兴战略规划（2018—2022 年）》，指出要通过“健全农业保险大灾风险分散机制”提高农业风险保障能力①；2018—2021 年中央 1 号文件中将乡村振兴战略作为当年三农工作指导思想，并从建立多层次农业保险体系、开展完全成本保险和收入保险等角度鼓励农业保险发展；2021 年 4 月，十三届全国人大常委会第二十八次会议表决通过《中华人民共和国乡村振兴促进法》并于 2021 年 6 月 1 日开始实行，其中第六十六条强调“国家建立健全多层次农业保险体系”②，为发展农业保险助力乡村振兴提供了法律支持。可见中央政府将农业保险作为重要的风险管理政策工具纳入全面实施乡村振兴战略的布局当中，重视对“农业保险大灾风险分散机制”的构建。

对于巨灾风险的界定，国内外学术界及保险实务界尚未得出一致结果，通常会根据研究地区实际情况、研究视角、研究内容侧重的不同对巨灾风险进行定义，由此导致不同组织对巨灾风险的划分依据及统计标准存在差异。本文基于国内外已有研究成果，认为巨灾是“可能造成实际风险损失的低频率、损失重大的突发性事件，它在大范围内造成人身、物质和环境的损害，这种损害已经超出了受灾地区自身资源的承受能力”，将巨灾风险定义为“由巨灾造成的可能损失超过受灾地区各利益相关者承受能力的不确定性”，并将农业巨灾风险定义为由极端气候事件、地质灾害等突发性事件造成的农业生产经营可能损失超过受灾地区各利益相关者承受能力的不确定性。以上述定义为基础，基于三农问题面临的客观环境和全面实施乡村振兴战略的长期发展阶段背景，本文拟分析农业巨灾对乡村振兴战略实施的影响以及乡村振兴战略实施背景下的农业巨灾风险分散途径，借鉴国内外已有经验设计符合国情、契合三农发展阶段背景的农业巨灾风险分散机制框架，细化农业巨灾风险分散策略，保障农业巨灾风险分散机制的合理运行。

一、农业巨灾风险对乡村振兴战略实施的影响

乡村振兴战略的实施将“产业兴旺、生态宜居、乡风文明、治理有效、生活富

① 参见中华人民共和国中央人民政府：《中共中央 国务院印发〈乡村振兴战略规划（2018—2022 年）〉》，http://www.gov.cn/zhengce/2018-09/26/content_5325534.htm。

② 参见新华社：《中华人民共和国乡村振兴促进法》，http://www.xinhuanet.com/politics/2021-04/29/c_1127393923.htm。

裕”作为总要求，强调“统筹推进农村经济建设、政治建设、文化建设、社会建设、生态文明建设和党的建设”。从事后角度对既定的农业巨灾事故进行观测后可知，农业巨灾风险具有其特定的自然、经济等多重属性，均会对乡村振兴战略的实施效果产生负向影响。

（一）借助涉农产业链扩散，抑制产业兴旺发展

乡村振兴战略的总要求中，产业兴旺是基础，也是拉动乡村振兴全面实施的重要引擎。但农业巨灾风险不仅直接影响种养产业本身的发展，也会通过农产品加工、储运等涉农产业链破坏农村整体产业体系建设和国民经济发展。由于农业生产在空间维度上较为集中，追求通过规模经营提高农业生产效率，导致农业风险具有高度相关性，农业巨灾风险具有共生性的自然属性。一旦农业巨灾风险隐患转变为农业巨灾损失事故，将会在较广空间范围内对农业生产造成严重破坏，使从事农业生产的利益相关者遭受不同程度的风险损失。作为一国的基础性产业，农业在遭受农业巨灾事故严重打击的情况下极易将农业巨灾风险通过涉农产业链进行扩散，对农村产业建设产生破坏性影响。农业巨灾风险的传导路径主要分为两种：农产品的供给与产业融合。在农产品供给方面，遭受农业巨灾事故势必造成农产品的严重减产，而部分农产品是涉及国计民生的重要产业的必备原材料，一旦出现短缺将通过市场价格机制传导至相应产业，使其生产成本上升，进而对国家宏观经济发展产生不同程度的影响。在产业融合方面，当前一、二、三产业的融合关系和关联度日益紧密，农业经营主体在生产经营过程中往往会涉及与银行、农资供应商、农产品加工企业、农产品经销商等涉农产业链上游、中游、下游节点组织的合作，若农业经营主体遭受巨大损失，将会影响农业生产的可持续性，并借由合作关系影响其他产业节点组织的经营稳定性，导致其他产业出现市场波动。可见，农业巨灾对农业生产的破坏会导致涉农产业链面临重大风险，并对“产业兴旺”发展要求的实现造成不利影响。

（二）破坏农业生产性和生态环境保护基础设施，阻碍美丽乡村建设进程

农业巨灾风险具有群发性和伴生性的属性，即某种农业巨灾的发生会引致一种或几种其他类型农业巨灾（即次生灾害）的发生，导致一次原生农业巨灾所带来的风险损失不断扩大。例如由于持续干旱导致病虫害的出现，暴雨会引发洪涝灾害、山体滑坡和泥石流等。多种农业巨灾事故的综合冲击不仅会使农产品产量锐减，还会损毁农业生产性基础设施和生态环境保护基础设施，如农田水利设施、自然保护区防火设施等，导致农产品短期供给不足，同时农业经营主体长期从事农业生产的可持续性遭到破坏，乡村生态环境保护和修复工作进程减缓。在风险损失程度严重影响农业经营主体生存条件的情况下，农业巨灾风险甚至可能引起农业经营主体的掠夺性生产以及农药、化肥、兽药等农业投入品的过量使用，对耕地、林地、草地、渔业、矿产等自然

资源造成不可逆的损害，破坏乡村生态环境。可见，农业巨灾风险极易通过破坏农业及生态环境保护基础设施对农业生产和乡村生态建设造成威胁，阻碍美丽乡村建设进程的推进。

（三）扰乱农产品市场供需平衡，影响人民生活质量

农业生产存在季节性和周期性特点，而农业巨灾事故会引起农产品产量大幅减少。根据蛛网理论可知，农业巨灾事故的发生会打破农产品市场原有供需平衡关系，导致价格机制对农业生产活动的调节存在滞后期。无论农产品供需价格弹性关系如何，以及农产品价格和产量是否向原均衡状态收敛，一旦农产品产量锐减，其造成的市场关系异常波动都会持续多个农业生产周期，并对农产品供需双方同时造成损害。对于农业经营主体而言，由于价格机制调节功能发挥作用的时间晚于农业经营主体作出农业生产决策的时间，且生产决策调整受到生产周期限制，农业经营主体难以适时调整自身生产决策，其在农产品价格反复波动的干扰下无法形成对自身收入的有效预期，极易出现农业生产决策失误，影响农业经营主体长期收入的稳定性。对于农产品需求方而言，无论是购买农产品投入再生产过程的厂商还是将农产品作为最终产品使用的消费者，由于农产品需求弹性较小，可替代性较弱，当农业巨灾事故造成农产品价格异常上涨，厂商的生产成本和消费者的恩格尔系数均会有所上升，导致厂商在提高产品价格的同时陷入难以持续经营的困境，引起成本推动型通货膨胀，消费者福利水平随之下降。全面实施乡村振兴战略要求乡村地区人民实现生活富裕、乡风文明，但农业巨灾事故无疑会打破农产品市场的供需平衡，使农产品供需双方长期面临农业生产经营收入和农产品价格的不确定性，影响乡村居民乃至城镇居民的生活质量。在物质生活条件难以保证的前提下，乡风文明建设更无从谈起。

（四）损害脱贫攻坚成果，抬高乡村治理成本

随着脱贫攻坚战取得全面胜利，中央政府提出了借鉴脱贫攻坚工作经验，实现巩固拓展脱贫攻坚成果同乡村振兴有效衔接，即要求在乡村振兴战略实施工作中通过有效治理等手段巩固脱贫攻坚成果，防止脱贫群众返贫现象的出现。尽管我国已经消除了绝对贫困，但对于脱贫不稳定户、边缘易致贫户等易返贫致贫人口而言，其物质条件与他人相比仍处于相对贫困状态，贫困的脆弱性特征决定了相对贫困人口对巨灾的抵御能力更弱。面对影响范围广、损失程度大的农业巨灾事故时，相对贫困人口由于脱贫时间不久，农业生产经营根基尚浅，无力应对农业损失，极易出现因灾返贫现象，使我国脱贫攻坚成果遭到破坏。在极端条件下，当大量乡村居民的生计因农业巨灾事故受到影响时，可能会导致乡村居民产生惶恐不安的负面情绪并在人群中不断传播，最终造成严重的社会问题。上述由农业巨灾事故引致的风险因素对我国政府的乡村治理能力提出了挑战，同时增加了政府构建乡村社会治理体系的成本，对乡村振兴

战略实施过程中“治理有效”要求的实现造成阻碍。

二、乡村振兴背景下农业巨灾风险分散的主体、功能及保障领域

尽管中央政府在2006年6月出台的《国务院关于保险业改革发展的若干意见》中便强调要“完善多层次的农业巨灾风险转移分担机制，探索建立中央、地方财政支持的农业再保险体系”①，但时至今日，我国仍未建立起能在全国范围内推广的农业巨灾风险分散制度安排。由于《农业保险条例》赋予各省（自治区、直辖市）政府自行设计本地农业保险经营模式的权力，故已有部分地区政府在农业巨灾风险分散机制设计方面进行初步探索。对我国正在实施的农业巨灾风险分散典型制度进行归纳可知，尽管风险分散层级、主体参与形式等有所不同，但农业巨灾风险分散机制均是以农业保险制度为核心构建起来的，且参与主体基本一致，农业巨灾风险分散机理保持不变。结合乡村振兴战略剖析我国农业巨灾风险分散机理，可明确农业巨灾风险分散机制服务乡村振兴战略的具体途径，为农业农村现代化建设提供针对性保障。

（一）农业巨灾风险分散机制参与主体

在各省（自治区、直辖市）构建的农业巨灾风险分散机制中，制度安排层级从一级到三级不等。浙江模式仅采用一级风险管理制度安排，由多家农业保险经营机构组成“共保体”开展农业保险业务，政府为“共保体”提供20%的经营管理费用补贴。北京模式和上海模式设置了三级风险管理制度安排。其中北京模式的三级风险管理制度安排分别为农业保险经营机构开展的农业保险、北京市政府出资购买的再保险和政府计提的巨资风险准备基金；上海模式的三级风险管理制度安排分别为农业保险经营机构开展且计提农业大灾风险准备金的农业保险、上海市政府提供60%保费补贴的再保险以及由上海市财政通过一事一议方式提供兜底的紧急预案 。无论是三级制度安排的北京、上海模式还是一级制度安排的浙江模式，农业巨灾风险分散机制的参与主体均未超出农业保险经营机构（原保险人）、再保险机构及政府部门的范畴。

农业保险经营机构专指从事农业保险原保险业务经营的保险机构，包括但不限于兼营农业保险业务的综合性保险公司、专业性农业保险公司和由多家保险公司形成的“共保体”等。再保险机构指接受农业保险原保险人分出业务，在农业风险事故发生后依照再保险合同向农业保险原保险人支付赔款的主体。政府专指参与农业巨灾风险分散工作的行政机关，包括财政部、银行保险监督管理委员会、农业农村部等多个部门。

① 参见中华人民共和国中央人民政府：《国务院关于保险业改革发展的若干意见》，http://www.gov.cn/zwgk/2006-06/26/content_320050.htm。

（二）农业巨灾风险分散机制参与主体的功能及其实现路径

1. 农业保险经营机构的巨灾风险分散功能

作为原保险人，农业保险经营机构的功能表现在对农业风险进行时间和空间维度的初次分散：在时间维度，通过持续经营进行资金滚存，实现平年略有结余，丰年加速积累，以备大灾之年赔付使用的资金积累目标，平滑不同年度由农业风险事故造成的损失；在空间维度，基于大数法则，通过承保多个地区的农业风险，在广阔的农业生产区域内分散农业风险，实现未出险被保险人对出险被保险人的“救助”。作为直接对接农业经营主体、管理农业风险的主体，农业保险经营机构是农业风险来袭时农业经营主体的第一道风险屏障，其风险管理能力直接决定了农业经营主体乃至一国的农业可持续生产能力，故农业巨灾风险对农业保险经营机构的风险管理能力提出了挑战。由于农业风险具有系统性，在一定程度上打破了大数法则的适用条件，故直接从事农业保险业务的原保险人在平常年份的赔付率便居于高位，在农业巨灾风险事故发生的年度，农业损失程度往往超出农业保险经营机构自身的偿付能力，因此农业保险经营机构需要采取计提农业保险大灾风险准备金、分出业务等制度安排增强自身的风险抵御能力。

2. 再保险机构的巨灾风险分散功能

再保险机构在农业巨灾风险分散机制中的功能与农业保险经营机构类似，同样是通过持续经营和广泛展业在时间、空间维度对农业风险进行分散，但由于再保险是原保险人出于强化自身风险抵御能力目的而采取的高层次制度安排，故再保险机构需要对农业风险进行再次甚至更高层次分散。相较于原保险人，再保险机构往往具有更强的风险偿付能力，同时由于再保险机构展业的空间范围更广，通常其业务能遍布全球，故其在空间范围内分散农业巨灾风险的能力更强。

再保险是进行农业巨灾风险管理时的常用制度安排，但并非农业巨灾风险分散机制的必要环节。以浙江省“共保体”模式为例，由于浙江省农业灾害频发，农业保险分出保费较高，故浙江省的农业巨灾风险分散制度安排中不包括再保险，而是由多家保险公司组成的“共保体”对农业风险进行共同承保，实现农业风险在多家保险公司间的分散，在一定程度上替代再保险的风险分散功能。

3. 政府的巨灾风险分散功能

政府在农业巨灾风险分散过程中的主要功能是设计农业巨灾风险分散机制并为该机制的有效运行提供支持。农业巨灾事故会对农业造成冲击，并借由产业体系的层层传导影响宏观经济运行，降低人民幸福感和获得感，这与我国政府服务人民的基本职责相违背，政府出于职责考虑必须参与农业巨灾风险管理工作；同时，农业保险的正外部性以及市场信息不完全等特点决定了农业保险市场存在市场失灵现象，需要政府干预进行矫正，而政府的过度干预也会导致出现慈善危机、因过度依赖政府而对商业性风险管理工具的有效需求下降等政府失灵现象，这意味着政府在参与农业巨灾风险管理工作时必须与市场合作才能兼顾农业巨灾风险管理的效率与公平。我国政府强调乡村振兴战略实施过程中要坚持发挥市场的决定性作用，在设计农业巨灾风险分散机制时选择将市场化运行的农业保险作为农业巨灾风险管理的核心工具，以此充分发挥农业保险市场活力，同时通过保费补贴、市场监管、制度供给等方式支持农业巨灾风险分散机制运行，在不扭曲农业保险市场的前提下矫正市场失灵问题。当前我国政府增强农业巨灾风险分散机制抗风险能力的方式包括以下五条：

（1）提供农业保险保费补贴。农业保险的双重正外部性意味着纯商业性的农业保险市场必然存在供需不足的市场失灵现象，需要政府通过保费补贴的手段加以纠正，从而提高农业保险市场的供需水平，增加承保的风险单位数量，使农业巨灾风险得到更充分的分散。我国政府自 2007 年起通过提供农业保险保费补贴推动政策性农业保险制度的构建，现已基本实现了政策性农业保险的“应保尽保”，增强了农业保险直保层面的风险分散能力。

（2）推广特定农业保险产品。农业风险具有系统性，导致各个风险单位的损失之间存在相关性。对于传统的农业保险产品而言，农业巨灾风险的系统性降低了利用大数法则进行风险分散的适用条件，使其可保性被严重削弱，但对于新兴的指数保险而言，由于其承保农业风险的前提条件即风险损失和选定指数之间存在高度相关性，故指数保险相较于传统农业保险产品更适合对农业巨灾风险进行管理。我国政府自 2016 年前后对指数保险进行推广，近年来也将发展完全成本保险、收入保险等产品纳入乡村振兴战略实施规划中，并为地方优势特色农产品保险的推广提供政策支持，提高农业经营主体对覆盖风险种类更广泛、保障水平更高产品的可获得性，充分提高农业经营主体的风险抵御能力。

（3）支持农业保险经营机构购买再保险。为防止农业巨灾风险集中于单一农业保险经营主体并击穿其偿付能力，政府通常会支持农业保险经营机构分出业务或以其他替代手段分散风险。在北京模式中，由政府出资为农业保险经营机构购买再保险；在上海模式中，政府为农业保险经营机构分出业务保费提供补贴；在浙江模式中，虽未进行再保险制度安排，但政府为“共保体”提供经营管理费用补贴，属于支持农业保险经营机构采取再保险的替代手段分散风险。2019 年初，为贯彻落实乡村振兴战略相关文件要求，五部委联合下发了《关于金融服务乡村振兴的指导意见》，指出为拓宽乡村振兴融资来源，持续提高农业保险保障水平，将组建中国农业再保险公司，从而完善农业再保险体系。2020 年 12 月 30 日，中国银保监会正式批复中国农业再保险股份有限公司（以下简称“中农再保”）申请开业的请示，同意其正式开业，核准公司股东共计 9 家，其中财政部为首席股东，持股比例 55.9%。中国农业再保险公司的组建是我国政府支持农业再保险体系构建、完善农业巨灾风险分散机制的重要表现，能够增强我国政府设计并执行农业巨灾风险分散机制的自主性，也能为我国建立政府兜底的农业巨灾风险分散机制提供便利。

（4）建立农业巨灾风险准备金。我国当前尚未构建国家层面的农业巨灾风险基金，但财政部已于2013年末出台了《农业保险大灾风险准备金管理办法》，明确了农业保险经营机构层面农业保险大灾风险准备金制度并强制执行，使各农业保险经营机构均针对农业保险大灾风险建立起专用资金池，提升了时间维度的风险分散能力。北京、江苏等部分地方政府基于本地强大的财政实力，从各级财政收入中计提巨灾风险准备金，用以弥补再保险未能覆盖的风险损失。

（5）制定紧急预案。当前我国国家层面尚未以政策文件或法律法规的形式明确提出农业巨灾风险管理紧急预案，即当农业巨灾风险损失超出现有制度安排偿付能力后对超额部分的处理方案。在实践过程中，部分地方政府设置了应对农业巨灾风险的紧急预案。以上海模式为例，在农业保险机构、再保险机构及农业保险机构层次的农业大灾风险准备金无法弥补风险损失时，由地方政府财政通过一事一议方式进行兜底赔付。

（三）农业巨灾风险分散机制的保障领域

健全的农业巨灾风险分散机制能够充分发挥对风险的多级分散功能，并在诸多领域为乡村振兴战略顺利实施提供保障。

1. 增强产业链抗风险能力

农业巨灾风险分散机制的建设以农业保险制度为核心，而农业保险的基本作用便是通过转移和分散农业风险来增强农业经营主体的抗风险能力，经由农业巨灾风险分散机制的层层转嫁和分散，农业经营主体的灾后持续经营能力有效增强。在现代农业产业体系中，实现农业巨灾风险分散机制对涉农产业链中风险单位的全覆盖意味着涉农产业链的运行不会因任何节点受灾而中断，从而保障涉农产业链运行的长期稳定性，为实现产业兴旺的乡村振兴战略总要求织就安全网。

2. 确保生态治理的补偿成本充足

由自然灾害系统内致灾因子诱发的农业巨灾事故通常会对生态环境造成破坏（如泥石流的发生会导致森林、草原、湿地等生态系统被毁），同时在乡村振兴战略背景下，各级政府实施的生态治理和修复工程增多，生态环境保护基础设施投入不断积累，农业巨灾事故的发生会阻碍生态治理修复工作的推进，并对生态环境保护基础设施造成破坏。农业巨灾风险分散机制的构建无法阻止农业巨灾事故的发生，但能够通过扩展保障责任范围为灾后的生态治理工作提供基本成本保障，确保重塑生态宜居乡村环境的补偿资金及时到位，防止农村居民所处生态环境加速恶化。

3. 完善乡村治理体系

乡村振兴战略的实施要求政府确保乡村治理的有效性，而构建农业巨灾风险分散机制便是政府确保乡村治理有效、保障农村居民幸福感的必要手段。农业巨灾风险分散机制是对农村社会治安防控体系的有效补充，可以在开展防灾减灾工作的同时实施农业巨灾风险分散机制，为灾后农业经营主体恢复生产提供资金保障，实现灾前灾后的农业巨灾防治一体化，降低农村居民因灾致贫、因灾返贫概率，进一步丰富、完善我国乡村治理体系。

4. 保障农业经营主体生活质量，为培育文明乡风提供土壤

农业巨灾事故对农业生产的破坏性极强，可能导致农业经营主体完全丧失农业再生产能力，对于将农业生产经营收入作为全部或主要家庭收入来源的农业经营主体而言，农业巨灾在剥夺其农业再生产能力的同时也使其丧失了赖以生存的物质基础。农业巨灾风险分散机制的运行能够为农业经营主体的灾后生存和农业再生产能力恢复提供基本的资金支持，保证农业经营主体的最低生活质量，为农村居民实现共同富裕兜底。乡风文明建设需以一定的物质条件为基础，农业巨灾风险分散机制在保障农业经营主体最低生活水平的同时为乡风文明建设提供了土壤，使乡村振兴战略中“生活富裕”和“乡风文明”总要求的落实得以同步推进。

综上所述，农业保险经营机构、再保险机构和政府各司其职，积极参与农业巨灾风险分散机制的运行，通过对农业巨灾风险的逐级分散，保障农村地区产业兴旺、生态宜居、乡风文明、治理有效、生活富裕五方面要求的平稳落实，助力乡村振兴战略实施，为实现农业农村现代化保驾护航。

三、乡村振兴背景下健全的农业巨灾风险分散机制框架设计

国家层面统一的农业巨灾风险分散机制缺失，导致各地方政府试行的差异化农业巨灾风险分散制度效果有限，其风险分散水平受所处区域限制，导致农业保险、农业巨灾风险基金等风险分散工具的作用效果被大大削弱，因此亟须在各地农业巨灾风险分散机制的基础上建立统一的国家级农业巨灾风险分散机制。尽管美国、日本、法国等发达国家已经形成了较为完善的农业巨灾风险分散机制，但鉴于我国国情的特殊性，在制定农业巨灾风险分散机制时不能照抄照搬外国模式，而应在借鉴国际先进经验的基础上，整合地方农业巨灾风险分散制度建设经验，结合我国乡村振兴战略实施背景，充分调动各参与主体能动性，设计并实施具有中国特色的农业巨灾风险分散机制。

对国内已有农业巨灾风险分散制度安排进行扩充，构建以下六级农业巨灾风险分散机制，确保对风险损失具备充足偿付能力，以政府兜底的形式全面增强我国农业抗风险能力，保障乡村振兴的稳步实施。

（一）风险自留

为防止农业经营主体对农业巨灾风险分散机制产生路径依赖，导致灾前防灾防损环节缺失，引发道德风险，农业巨灾风险分散机制必须在农业经营主体可负担范围内要求其自留部分风险，如对农业保险设置免赔额、免赔率等。风险自留部分投入存在损失的可能，由此刺激农业经营主体的风险意识，使其积极采取灾前防灾防损措施，强化自身对农业巨灾风险的抵御能力。若农业经营主体在风险自留环节有效提高自身

防灾减灾能力，可能使农业巨灾造成的实际损失大幅下降，进而缩短农业再生产恢复周期，大大降低农业巨灾风险分散机制后续环节的风险分散压力。

（二）农业保险

农业保险是聚集农业风险并在时间、空间范围内对其进行分散的首个环节，该环节的实施主体是农业保险经营机构。在业务开展过程中，它会与农业经营主体直接对接，了解农业经营主体的实际风险状况，除了灾后的赔款支付义务外，还需为农业经营主体提供灾前防灾防损服务，从而发挥极强的风险控制作用。政府对农业保险制度的实施给予高度重视，为农业经营主体投保农业保险提供保费补贴，通过税收优惠政策支持农业保险经营机构，并规范农业保险制度安排，要求农业保险经营机构计提农业保险大灾风险准备金用以应对大灾之年的损失赔偿，有效增强了农业保险对农业的保障能力。农业保险制度的不断完善为农业巨灾风险分散机制的构建提供了良好基础，但与国际经验相比较，我国政府缺少统一的对农业保险经营机构的管理费补贴制度，若能补齐该制度，则会降低农业保险经营机构的自负营业成本，进一步扩充农业保险经营机构的实际偿付能力，使农业保险环节偿付资金积累水平更加充沛。

（三）再保险

再保险是农业保险之后的农业巨灾风险分散制度安排，由再保险机构开展，负责对农业保险经营机构所承保的部分农业风险进行再次分散。对于农业再保险业务，我国中央政府尚未制定统一的支持政策，但受近年来我国农业巨灾风险频发的影响，国际再保险人接受我国农业保险分出业务的积极性不强，分出业务报价较高，故政府有必要为农业保险业务分入公司提供税收优惠、管理费补贴等支持政策，在财政资金允许的情况下，也可以为原保险人投保农业再保险提供保费支持，刺激再保险市场的供给。除了扶持农业再保险市场外，中农再保的成立为我国政府调度农业再保险资源提供了极大便利，它能够在落实政府制度安排的同时提升市场资源配置效率，依托财政部的资金支持承保国内农业再保险业务，解决国际再保险市场供给不足问题，并筛选业务进行转分保，实现农业巨灾风险的多级分散。

（四）地方级农业巨灾风险基金

地方级农业巨灾风险基金是由地方财政根据本地农业生产规模逐年计提的农业巨灾风险损失补偿专用基金，若地方农业巨灾风险损失超出农业保险及农业再保险保障范围，则启动地方级农业巨灾风险基金对超额损失部分加以赔付。我国不同地区的农业生产规模、农业产业类型、农业生产效率等情况存在差别，由农业巨灾事故引起的损失水平也有所不同，有必要基于地区间的异质性分别设立各省份农业巨灾风险基金，单独核算，分别进行资本运作，以应对当地农业巨灾风险造成的超额损失。当农业巨灾风险仅对个别地区造成影响，导致当地农业巨灾风险基金无法弥补全部风险损失时，可由当地政府向国家级农业巨灾风险基金申请临时借款，为受灾地区临时筹资提供条件，并在灾后计提地方级农业巨灾风险基金逐年偿还临时借款。

（五）国家级农业巨灾风险基金

国家级农业巨灾风险基金是由中央财政根据全国农业生产规模逐年计提的农业巨灾风险损失补偿专用基金，若前述农业巨灾风险分散制度安排均无法弥补农业巨灾风险损失，则启动国家级农业巨灾风险基金对超额损失进行赔付。国家级农业巨灾风险基金设立的主要目的是为全损的地方级农业巨灾风险基金提供临时借款，同时对波及全国的农业巨灾风险损失进行兜底赔付。尽管我国国土面积广阔，同一年度内因农业巨灾风险事故导致农业生产全面受损的概率较小，但地方级农业巨灾风险基金与当地农业生产规模相关，一旦在特定年度内因农业巨灾导致多个地区出现严重损失，则可能出现多地区农业巨灾风险基金全损的现象，严重影响全国范围内的农业再生产能力恢复。为确保我国农业可持续性的绝对安全，除地方级农业巨灾风险基金外，中央财政也有必要建立国家级农业巨灾风险基金，且其资金规模应确保能为多个粮食主产区同时受灾提供损失补偿资金支持。

地方、中央同时建立农业巨灾风险基金，且不同地区的基金单独核算，若由各级政府分别管理基金账户必然造成管理成本的重复损耗，引起财政资金使用效率的降低。若能由财政部控股、商业性机构参股的中农再保对两级农业巨灾风险基金进行代管，则可以巧妙化解上述问题。首先，将各地、各级农业巨灾风险基金集中起来更加便于管理，且中农再保对不同账户资金横向、纵向调度的成本低于不同政府部门间资金流转的成本；其次，中农再保具有专业的资本运作部门，能够在保证资金稳健运作的同时提高农业巨灾风险基金的使用效率；最后，中农再保参与农业巨灾风险分散工作，了解实际农业巨灾管理情况，且中农再保由财政部控股，与中央政府联系紧密，信息沟通便利，能够迅速实现对农业巨灾风险基金的调度，高效完成农业风险损失赔付任务。

（六）紧急预案

若农业巨灾风险损失超出上述五层制度安排的总体偿付能力，则需要启动紧急预案进行临时筹资，对剩余农业巨灾风险损失进行清偿。常见的紧急预案包括农业保险经营机构依托于中央财政担保向银行申请临时贷款、发行巨灾债券、由政府发行农业巨灾彩票等手段。紧急预案是农业巨灾风险分散机制中唯一的临时机制，很难达到触发条件，但一旦启用，则意味着农业巨灾事故的发生对全国农业生产活动造成了极其恶劣的影响，需要在短期内快速筹集资金进行恢复再生产，因此紧急预案应着重考虑筹资效率。

四、乡村振兴背景下推进农业巨灾风险分散机制建立健全的实施方略

为推进农业巨灾风险分散机制不断走向健全完善，结合前文设计乡村振兴背景下农业巨灾风险分散机制框架，细化具体实施工作，提出如下农业巨灾风险分散策略，以期全面提高农业抗风险能力，保障乡村振兴战略的有效实施，助力农业农村现代化发展。

（一）以法律形式明确农业巨灾风险分散机制

我国农业保险法治化建设进程较为缓慢，尚未出台农业保险相关法律，以农业保险为基础的农业巨灾风险分散机制同样未能以法律形式加以明确。要建设国家层面的农业巨灾风险分散机制，提高我国农业抗风险能力，必须加快农业保险法治化建设进程，通过法律条文明确农业巨灾风险分散机制采用工具、风险管理层级、资金管理等一系列具体内容，确保农业巨灾风险分散工作有法可依。

（二）进一步完善农业保险制度

完善的农业保险制度是构建农业巨灾风险分散机制的基石。为巩固农业巨灾风险分散机制的根基，服务乡村振兴战略稳步实施，需从以下四方面完善农业保险制度：首先，发展完全成本保险、收入保险等农业保险产品，提高农业保险风险保障标准；其次，发展涉农保险，并将涉农保险纳入农业巨灾风险分散机制中，借助风险责任范围的扩展实现对产业、生态、经济等多方面风险的综合保障；再次，设计开发符合各类农业经营主体需求的农业保险产品，提高农业经营主体的投保积极性，使从事各类农业生产活动的农业经营主体获得风险保障；最后，丰富农业保险补贴类型，通过管理费补贴、税收优惠等手段提高农业保险、农业再保险供给方的生产积极性，借助地方优势特色农产品以奖代补政策为更多农业保险产品提供保费补贴，促进农业保险市场繁荣，拓展农业风险分散范围。

（三）加快推进农业巨灾风险分散机制基础设施建设

要实现农业巨灾风险分散机制的高效运行，需从以下三方面完善基础设施建设，确保各项制度安排顺利落地。首先，利用农业科技为农业巨灾风险管理工作赋能，加强对农业巨灾的预测研究。通过对 3S（遥感技术、地理信息系统及全球定位系统）、物联网、区块链、人工智能等技术的广泛运用，实现大数据的收集和分析，提高农业巨灾风险建模精确性，提升对农业巨灾风险事故及损失程度的预测评估能力，并基于预测结果进行精算公平的农业保险产品定价，合理筹措农业巨灾风险基金，实现精准理赔，减少农业巨灾风险分散机制内资金的冗余和短缺现象，提高农业巨灾风险分散

机制的运行效率。其次，建立信息共享平台。通过加强各级政府农业信息采集、预测等技术部门与农业保险经营机构、高新技术科技公司之间的合作，对农业巨灾风险相关基础数据进行整合，构建农业巨灾风险信息共享平台，为农业保险产品定价、防灾防损、理赔等工作提供信息支持。最后，审慎选择紧急预案筹资方式，健全金融衍生品市场。农业巨灾风险分散机制紧急预案通常包括发行巨灾证券、巨灾期货、巨灾互换等金融衍生品，但当前我国部分金融衍生品市场并不成熟，尚未形成足以分散农业巨灾风险的市场规模，贸然发行相应金融衍生品难以确保筹资效果，甚至可能扰乱金融衍生品市场运行秩序。为丰富紧急预案融资渠道，确保农业巨灾风险分散机制兜底措施的稳健性，应暂时选用中央财政担保的临时贷款等稳健融资措施作为农业巨灾风险分散机制紧急预案，同时加强对巨灾风险证券化的理论研究，借鉴国际上成熟金融衍生品市场发展经验开展实践工作，不断完善我国金融衍生品市场，为农业巨灾风险在资本市场上的分散创造条件。

（四）加强对农业巨灾风险分散机制运行的监测监管

农业巨灾风险分散机制运行流程较长，需要农业保险经营机构、再保险机构及各级政府相互配合、协同发力，同时涉及不同账户下农业巨灾风险基金的管理调度，为防止农业巨灾风险分散机制运行出现偏差，我国政府应从以下三方面加强监测和监管。首先，加强对政策性农业保险业务运营的监测，提高监管力度，加大对农业保险经营机构违规经营行为的行政处罚力度，杜绝农业保险经营机构侵害投保方合法权益的现象；其次，加强对农业巨灾风险分散机制偿付能力的监管，对于农业保险经营机构层面的农业保险大灾风险准备金以及地方、国家层面的农业巨灾风险基金，应确保其计提、使用及管理的合规性及稳健性；最后，加强对政府行为的监管力度，明确政府与市场的责任边界，防止各级政府因过度干预金融市场而挫伤农业保险经营机构、再保险机构等市场主体的积极性，影响农业巨灾风险分散机制的有效实施。

参考文献（略）

综合金融支农的新模式研究

——乡村振兴视角下“农业保险+”服务土地托管*

郭维泉　戴雪冰　马宏阳

摘要： 本文以乡村振兴为视角，以土地托管为研究对象，系统性对我国土地托管的运行模式、发展现状及风险条件进行梳理，在此基础上针对性设计了“保险+银行+担保+政府”四位一体的协同服务模式，并根据土地托管组织经营中的场景需求，创新性提出了订单交易、期货合作、耕地保护三种利益延伸新模式。最后，以河南省叶县试点为案例，分析了该模式的服务成效、适用情景与推广路径，以期为金融机构助力土地托管发展、促进乡村振兴实施提供经验借鉴。研究结论如下：一是土地托管的金融需求具有多元化特征，二是“农业保险+”协同服务具有可行性，综合金融支农新模式具有重要现实意义。

关键词： 农业保险；综合金融；乡村振兴；土地托管

一、引言

2020年是我国脱贫攻坚的收官之年，国家三农工作重心开始历史性转移，进入了全面推进乡村振兴的新阶段。国家“十四五”规划纲要中指出，要全面推进乡村振兴，把解决好三农问题作为全党工作的重中之重，实现农业高质高效、乡村宜居宜业、农民富裕富足。

政策导向方面，金融作为实现乡村振兴的重要抓手，2021年中央1号文件中提出加快建立新型经营主体支持政策体系，落实财政、土地、信贷、保险等支持政策，推动多元金融主体协同支持乡村产业发展。为推进小农户与现代农业发展有机结合，使其充分享受到乡村振兴的发展成果，国家制定《乡村振兴战略规划（2018—2022年）》进一步提出，加快发展农业生产性服务业，鼓励农民以土地为纽带开展多种形式的合作与联合，支持土地托管等新型服务主体发展。

现实需求方面，当前我国农业农村发展对金融服务的需求日益呈现出多元化、深

---

* 本文原载《保险理论与实践》2022年第9辑。

作者简介：郭维泉，中国人寿财产保险股份有限公司农村业务部市场拓展处经理；戴雪冰，中国人寿财产保险股份有限公司农村业务部主要负责人；马宏阳，中国人寿财产保险股份有限公司农村业务部主办。

层次的特点，土地托管等现代农业新兴业态对金融服务的需求逐渐从单一的信贷融资扩展至风险分散、套期保值、抵押担保等多个领域，涉及银行、保险、担保、期货等多方主体。现有单一性、表层化的金融产品难以有效支撑乡村振兴发展，金融服务三农的能力有待提升。具体到保险领域，车险综改后发展非车险业务的重要性日益凸显，服务乡村振兴、拓展农村市场已成为保险行业的共识，如何借助综合金融提升服务水平、满足客户需求，是各保险公司共同面临的重要课题。

基于上述研究背景，本文以乡村振兴为研究视角、土地托管为研究对象，在系统性梳理土地托管运行模式及风险需求的基础上，提出“保险＋银行＋担保＋政府”的“农业保险＋”协同服务土地托管这一金融支农新模式，并以河南省叶县试点为例进行分析、总结，以期为金融、保险机构服务县域产业兴旺、保障粮食供给安全及助力乡村振兴提供借鉴。

二、土地托管发展模式与现状分析

（一）定义及产生背景

1. 定义

土地托管是农户在不流转土地经营权的条件下，通过支付费用，将农业生产中的耕、种、防、收等部分或全部作业环节委托给新型经营主体，并获取经营收益的规模化、二元式农业经营方式。

2. 产生背景

土地托管是我国农业经营实践过程中自发产生的新兴业态，具体产生背景如下：

一是农业劳动力短缺为土地托管创造客观条件。农业劳动力缺失导致了“无人种地”“种不动地”等问题，进而引发了代耕代种的需求。二是农业机械化发展为土地托管提供支撑动力。农机产业的快速扩张催生出庞大的农业生产性服务市场，农户无需购置农机也能享受机械化生产，为土地规模经营提供经济动力。三是农业家庭经营是发展土地托管的内在需求。农业生产具有边际成本递减与产品单价低的特点，家庭经营无法有效释放农业效益空间，导致对土地托管等农业生产性服务产生主观需求。

（二）模式类别

土地托管模式可以按照托管方式、经营方式及支付方式进行分类，具体类别如下：

1. 按托管方式分类

一是半托管。即托管组织仅为农户提供生产服务，不取得产出农产品的处置权，实际农业风险仍由农户承担，二者利益联结较为松散。二是全托管。即托管组织承担生产责任的同时，还取得产出农产品的处置权，农业风险实际转移到托管组织身上。

2. 按经营方式分类

一是“订单式”托管。即托管组织直接与农户签订托管协议，收取托管费并提供托管服务，是当前最普遍的类型。二是“村集体经济托管”。即村集体事先将全村土地集中统一对外托管，或直接成立托管组织托管全村土地，农业风险被全部转移至村集体。三是“供销社托管”。即由地方供销社组织成立，联合当地其他农业社会化服务主体共同为农户提供托管服务。

3. 按支付方式分类

一是直接支付货币费用。即托管组织先收取费用再提供服务，这也是当前最普遍的类型。二是“货币费用＋实物产出”。除收取托管费外，托管组织还会约定保底产量，并取得超出部分农产品的所有权。三是“货币费用＋收益分配”。除收取托管费外，托管组织给予农户保底收益，并取得全部产出农产品的所有权。

（三）发展现状及影响因素

截至 2020 年底，全国土地托管组织数量突破 95 万个，托管服务土地面积超 16 亿亩次，服务小农户逾 7 000 万户次，已成为助推现代农业发展及乡村产业兴旺重要的有生力量。

1. 土地托管发展的优势条件

土地托管的优势条件主要是相对土地流转或家庭经营而言的。具体如下：一是成本低，易于推广。托管组织无需支付高昂地租也可规模化经营，降低生产成本。二是不涉及经营权转移。土地托管不涉及土地经营权转移，托管组织对土地用途没有决策权，这样既能满足农户家庭经营需求，也能避免土地非农化风险。三是具有风险分散功能。大部分土地托管仍为半托管，农业风险由大量农户分散承担，保护了农业抗风险能力。四是属于二元主体经营。农户掌握土地经营权与决策权，托管组织对经营结果负责，二者利益被联结在一起，有助于提升农业生产质量。

2. 土地托管发展的制约因素

与其他土地适度规模经营方式类似，土地托管发展具有如下制约因素：一是小农户参与意愿较低。农户会因担心失去土地的绝对控制权，或由于托管服务实际效果与其预期不符，而对土地托管产生抵触情绪。二是隐含较高交易成本。土地集中是土地托管的前提，在缺乏政策引导、人情协助或利益保障的情况下，需要耗费大量的时间、精力，隐性成本较高。三是存在风险的连锁反应。农业风险的不确定性导致托管组织的经济效益无法得到保障，容易引发缺乏资产、信用不足、融资困难等连锁问题，导致土地托管发展陷入金融风险困境。

三、“农业保险＋”协同服务土地托管模式分析

（一）模式可行性分析

1. “农业保险＋”协同服务是金融支农政策趋势

2021 年以来，农业农村部、银保监会等多方主体相继出台政策支持金融机构创

新产品服务模式，鼓励开展“银保担”合作推动新型农业经营主体发展，为“农业保险＋”协同服务土地托管营造了良好的政策环境，有利于各方主体开展合作。同时，财政部已连续两年提供专项资金支持农业社会化服务业发展，并提出继续扩大财政补贴用于农业生产托管业发展。国家财政专项支持为服务模式创新提供了强有力的资金后盾，便于取得政府支持，提高项目试点推广成功率。

2. “农业保险＋”协同服务符合土地托管实际需求

（1）我国土地托管尚处于发展初级阶段，需要综合金融服务支持。当前托管组织多由农资商、农机商或合作社等中小型主体组成，资金实力较弱，发展水平较为有限，缺乏先进设备与市场渠道，只能为农户提供“半托管”式的初级服务，服务质量相对不足。土地托管组织需要信贷融资、农业保险等金融服务获取经营资金、满足农户需求，进而扩大托管规模、升级托管模式。

（2）土地托管发展过程中面临多重风险，对综合金融服务需求强烈，其中农业风险是制约土地托管发展的最主要因素。土地托管的主要收入来源是农业规模化经营释放的额外效益，而农业具有天然弱质性，抗风险能力差。当发生自然灾害农作物受损后，全托管会因作物减产直接减少收入，半托管则容易使农户因托管服务效果不佳不再续约，导致服务规模萎缩、经营成本抬高。无论哪种情况，都会造成土地托管盈亏不稳，这是土地托管组织资金短缺的主要原因。

在没有政策兜底或金融服务补偿的条件下，农业生产经营风险带来的损失无法有效分散，使土地托管组织经营状况面临较强的不确定性，容易在遭受自然灾害后损失惨重，或因意外情况资金周转困难，造成经营难以为继，土地托管服务被终止。这使得土地托管双方均产生了较高的信用风险，导致融资成本高或融资渠道缺失，难以从金融服务中受益，也制约了土地托管的推广、升级。

（3）依托农业保险开展多元主体协同服务能够充分满足土地托管的风险需求。单一的金融服务难以满足土地托管复杂的现实需求，而向多个主体分别购买服务的成本较高，且同一金融主体往往也无法同时提供所需的全部服务。因此，将金融资源进行整合，以农业保险为依托，整合银行、担保等多方金融资源，共同提供信贷、保险、担保等综合式服务，能够有效破解现今土地托管发展中的金融困境，还能为各金融机构拓宽业务市场，调动各方参与的积极性。

（二）基本模式运行方式说明

基本模式即“保险＋银行＋担保＋政府”四位一体协同服务模式，参与主体及具体运行方式如下：

1. 参与主体及运行情况

基本模式参与主体为政府、保险公司、银行和农信担公司4方。其中，政府给予政策支持，并对服务效果与经营成效进行监督考核。保险公司提供保险服务分散农业生产经营风险，保障经济收入，并与银行合作开展保单质押服务，增强其信贷偿还能力。银行提供信贷融资服务满足土地托管组织资金获取需求，并探索信用评价机制，降低其道德风险。农信担公司提供信用担保服务保障土地托管组织信用风险，构成风险闭环。具体运行情况如图 1 所示。

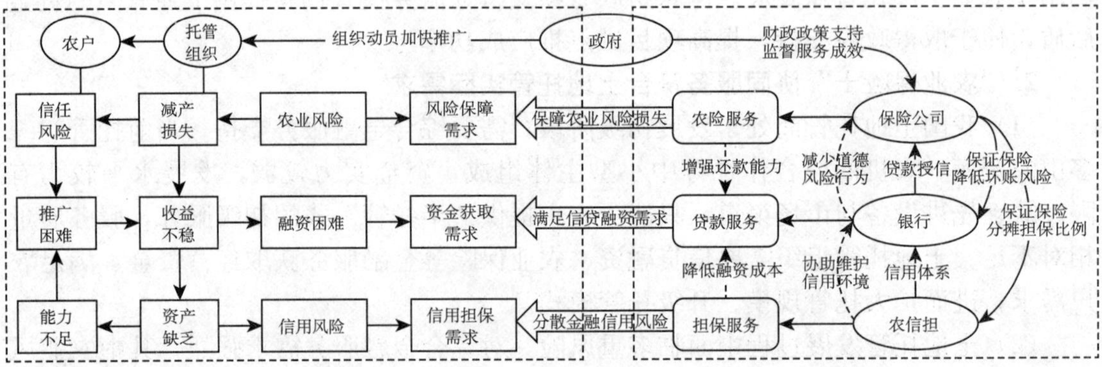

图 1　基本模式各参与主体运行情况示意图

2. 参与方式及服务职能

（1）政府参与方式及具体职能。一是提供政策支持。对于金融机构，可给予财政资金支持，用于保费补贴、贷款贴息、利率优惠等，激励产品创新，提供质优价廉的服务。对于土地托管组织，可给予税费减免、农机购置补贴等专项支持，鼓励进一步发展壮大。

二是监管服务成效。对金融机构建立服务考核评价机制，对服务成效良好的增加政策支持力度，对未达标的取消其参与资格，以确保服务成效。对土地托管组织定期监督经营状况与服务质量，对经营效果不佳或服务水平落后的，及时向金融机构作风险提示。

（2）保险公司参与方式及具体职能。一是提供农业风险保障服务。根据实际需要为土地托管组织或农户提供如成本保险、产量保险、收入保险等形式多样的农业保险产品，增强其农业风险抵抗能力，促进土地托管推广。

二是提供经营风险保障服务。根据具体场景，为土地托管组织提供农机保险、仓储设施财产保险、雇主责任保险、员工人身意外保险或贷款信用保证保险等产品，满足土地托管组织不同层面的风险保障需求，增强其经营稳定性。

三是优化保险服务流程。承保中由经济补偿转向风险防范，提供风险预警与防灾减损服务，从源头增强农业生产风险抵御能力。理赔时开通绿色通道，农户出险后第一时间进行查勘定损，出现大灾后进行预赔付服务，最大限度协助其恢复经营。

四是强化科技手段应用。利用卫星遥感、地面遥感等信息技术，帮助土地托管组织掌握地块动态与农情信息，加强田间精细管理。同时，联合科研机构针对托管服务中的经营难点，共同探索创新技术应用，协助托管组织提升服务质量。

（3）银行参与方式及具体职能。一是优化信贷服务流程。为土地托管双方提供贷款服务，并在门槛条件、期限结构、偿还方式等方面进行调整，最大限度降低融资难度。

二是创新信贷服务方式。与保险公司合作开展保单质押、实物抵押贷款业务模式，土地托管组织可以凭借农业保险保单，或预期产出的农产品收益获取贷款。

三是探索乡村信用评价机制。加强与地方政府部门、村集体、保险公司、农信担公司的信息互联共享，结合资产结构情况、资金借贷情况、保险赔付情况、托管服务效果、农户评价情况等因素，探索建立乡村信用评价机制，增强乡村经营主体信用意识，为乡村金融健康发展奠定基础。

四是完善智慧乡村服务平台。在当前农村“三资”管理功能的基础上，为乡村居民提供生产生活服务的线上查询、订阅、购买等功能，推进乡村社会智慧化、数字化治理。同时，根据土地托管组织等新型经营主体特点，推出惠农理财产品，增强其资产性收入水平

（4）农信担公司参与方式及具体职能。一是优化信用担保服务。为符合要求的土地托管组织提供优惠性的信用担保服务，在担保规模、担保费率等方面进行优化。

二是维护乡村信用环境。协助银行建立乡村信用评价机制，共同调研、评估土地托管组织的资产规模、经营状况与信用水平。加强与地方政府合作，争取政府部门承担反担保责任，共同打击金融违约行为，规范乡村居民信用行为。

3. 模式成效及现实意义

（1）创新金融支农模式，引领行业发展风向。以土地托管为切入点，探索“政府＋保险＋银行＋担保”四位一体协同服务，是当前金融支农模式的重要创新。将不同金融资源横向整合，既节约了客户获取、渠道维护、合作谈判等经营成本，又能加强信息互联共享，提升业务风控水平，有力地提升了金融业服务国家大局、助力乡村振兴的能力。

（2）破解市场需求难点，促进乡村产业兴旺。该模式针对土地托管组织现实经营中的制约条件，能够提供涵盖风险分散、信用提升、资金获取等功能的综合式服务，有效破解了当前乡村金融市场中如何满足客户多元化需求的难题，有助于激发新型经营主体内生动能，促进土地托管等农业农村新业态的培育推广，加速乡村现代产业体系构建与一二三产业融合进程，推动乡村产业兴旺发展。

（3）促进农户经营升级，助推现代农业发展。该模式有效满足了土地托管组织的经营发展需求，帮助其延伸服务范围、改进服务流程、提升服务质量，将优质的农用物资、先进的机械设备、专业的生产技术引入小农户现实生产中，在不改变家庭经营的前提下，切实解决了小农户经营管理粗放、生产效率低下等问题，充分享受了现代农业发展成果。

（4）培育乡村信用生态，激发农村金融活力。通过探索建设信用评价机制，促进农业经营主体重视经营风险、主动维护信用。金融机构可吸纳农户参与基层金融服务工作，开展风险知识、金融政策宣讲活动，推动塑造乡村居民信用价值观念，使农业

经营与金融服务互生互助、互促互享。

（三）利益延伸模式运行方式说明

四位一体的基本模式主要针对农业生产环节，旨在分散土地托管组织经营过程中的自然灾害风险与融资信用风险。在此基础上，将服务链条扩展至农产品流通环节，提供销售渠道、保障市场风险；或是推动土地托管生产方式转型，促进节本增效，从而衍生出以下三种利益延伸模式。

1. 订单交易模式

该模式在基本模式的基础上引入涉农企业，与土地托管组织签订农产品收购订单，形成“保险＋银行＋担保＋政府＋企业订单”的五位一体协同服务模式，有助于拓宽农产品销售渠道，解决市场销路问题。而土地托管机械化、标准化的生产方式，也能够解决小农户生产粗放的问题，保障农产品品质，为企业提供质量稳定的农产品获取来源，实现双赢。

（1）模式运行方式。一是政府部门可为涉农企业提供厂房建设用地，或降低土地租金成本，吸引优质企业入驻。二是保险公司可针对订单交易环节研发订单交易履约保证保险，防止交易双方的违约风险，使二者利益联结更加紧密。三是银行与农信担公司可将订单交易履约情况纳入信用评价体系中，根据履约情况动态调整信贷、担保、保险服务的费率水平，激励新型农业经营主体培养信用意识。四是涉农企业可吸纳符合条件的农户实现就业，增加农户工资性收入。

（2）模式运行成效。一是促进土地托管服务转型。该模式实质建立在全托管的土地托管服务模式上，有助于土地托管服务向高级形式转变，增强托管组织的服务水平。二是促进农户融入市场经济。订单交易有助于解决农产品销售成本高、农户市场议价能力弱等问题，利用土地托管服务的中介效应，使小农户有效融入大市场，进一步分享发展成果。

2. 期货合作模式

订单交易模式解决了农产品流通问题，但也将农产品销售的市场价格风险转移到土地托管组织身上。为解决该问题，将引入期货公司这一金融主体，形成“保险＋银行＋担保＋政府＋期货”五位一体协同服务模式，通过期货市场分散农产品价格风险，强化金融服务保障水平。

（1）模式运行方式。该模式在基础模式或订单交易模式基础上，增加了市场价格风险保障服务。土地托管服务主要针对粮棉油糖等可在期货市场交易的大宗农产品，因而可以借助期货公司参与交易进行套期获益；或通过保险公司购买期货价格保险分散价格风险，保障农产品销售收入。

一是土地托管为半托管模式时。保险公司为被托管农户提供期货价格保险，以期货市场价格为依据，保障农产品市场价格下跌产生的经济收入损失风险。二是土地托管为全托管模式时。保险公司为托管组织提供期货价格保险，或由期货公司直接提供期货市场交易服务，利用期货市场套期保值属性，保障市场价格风险或创造增值收益。三是土地托管涉及订单交易时。保险公司可联合期货公司为订单交易双方提供双向期货价格保险。如期货市场价格高于约定收购价格，向土地托管组织赔付保险金，补偿其因订单销售增加的机会成本；如期货市场价格低于约定收购价格，向农产品收购方赔付保险金，补偿其因订单交易额外付出的收购成本，避免因外部市场价格波动引发订单交易双方出现违约行为，以正向激励手段保障订单交易顺利履行。

（2）模式运行成效。借助期货市场的价格发现及套期保值功能分散市场价格风险，进一步扩展了协同服务范围，实现了全环节风险保障，有效增强了土地托管的资产信用。

3. 耕地保护模式

该模式是“藏粮于地”战略在农业社会化服务方面的具体体现，由土地托管组织对被托管土地开展保护性耕作，金融机构则配套相关服务激励农业经营主体参与积极性，共同促进农业生产方式转型。

（1）模式运行方式。一是托管组织减少农药、化肥等农资投入，对被托管土地实施保护性耕作，减少土壤环境污染，促进耕地肥力提升。二是保险公司以土壤有机质等理化值作为保险指标提供耕地力保险，当测定实际值高于约定基准值时，给予托管组织或农户保险金，激励其参与耕地保护的积极性。同时，联合科研机构，探索土壤质量监测技术应用，给予托管组织技术支持，增强测定结果可靠性，确保耕地保护实效。三是银行与农信担公司对耕地保护效果良好的乡镇区域，从整体上制定优惠性服务政策，践行“绿水青山就是金山银山”发展理念，激励各方主体参与积极性。

（2）模式运行成效。该模式有效落实国家“双减双碳”目标，减少农业生产投入与土壤污染，促进耕地质量提升与农业生产节本增效，有助于保障国家粮食供给安全，推动产业经济向绿色化转型。

四、河南省叶县试点运行情况分析

国寿财险公司已在河南省叶县开展了“农业保险＋”协同服务试点项目，本节以此为案例对“农业保险＋”协同服务模式在现实中的运行情况进行分析。

（一）试点项目运行方式

参与主体中，土地托管组织为河南天硕农业集团，保险公司为国寿财险河南省分公司，银行为河南农村商业银行，农信担公司为河南粮食产业担保有限公司。

1. 土地托管运行方式

试点项目中的土地托管属于“村集体托管＋全托管”模式。村集体支付地租将农户土地流转集中，以村为单位与土地托管组织签订托管服务协议。具体如下：

生产环节中，托管组织统一提供农资及耕播、施肥、用药、防护、收割等服务，每项服务经村集体验收合格后再收取费用。村集体协助托管组织进行田间日常管护，每亩收取 20 元管理费用。流通环节中，托管组织以高于市场价格收购产出的农产品，约定保底收益为 900 元/亩，超出部分给予村集体 50%的分成。村集体协助托管组织进行收购，每吨收取 60 元的管理费用，并共享秸秆销售收入分成。

2. 保险公司参与方式

农业保险服务是本项目能够实现全托管模式的前提。保险公司提供商业性小麦保险，保障生产成本及兜底目标产量，有效分散了托管过程中的减产损失风险，及土地托管组织约定保底收益可能导致的经济损失风险，充分保障了托管组织及村集体的经济利益。

3. 银行参与方式

银行为购买农业保险的土地托管组织及被托管村集体提供信贷融资服务，满足其资金需求，使更多村集体能够负担起地租及托管费用参与土地托管，也使托管组织有充足资金扩大托管规模，有效促进了当地土地托管的推广进程。

4. 农信担参与方式

农信担公司为借款方提供信用担保服务，并要求托管组织承担一定比例的反担保责任，使其从单一的受益方转变为既受益还担责的权责共同体，有助于托管组织增强信用风险意识，重视经营状况及服务成效，促进当地土地托管服务水平提升，也有利于乡村金融信用环境改善。

（二）试点项目服务成效

保险公司 2021 年为土地托管组织提供约 2 万亩风险保障服务，保费收入约 77 万元，给付保险金约 104 万元，充分保障了当地农业生产、分散了农业风险。依托保险服务的风险分散与经济补偿功能，银行提供贷款超 800 万元，拉动担保规模约 500 万元，有力地促进了当地土地托管推广。

1. 创新业务模式，拓宽市场需求

农业保险的风险兜底使土地托管双方的经济收益被充分保障，金融信用得到根本性增强，带动了农业信贷及担保业务增长。融资难度及成本的降低也使农业经营主体切实体会到保险的作用，有效激发了农村地区保险市场需求，最终形成“保风险促融资，以融资拓保险”的业务互动方式。

2. 农业增产增收，壮大集体经济

“农业保险＋”协同服务有力地推动了当地农业农村经济增产增收。农户方面，亩均土地平均减投 30 元、增收 250 元，收入水平显著提高。村集体方面，每村按 1 000 亩土地参与托管服务计算，通过收取管理费用及收入分成，每年可增加集体收益约 9 万元，有效增强了村集体经济活力。

3. 托管成效显著，促进产业兴旺

“农业保险＋”协同服务有效促进了当地土地托管发展，取得了良好的经济效益。每亩土地收取420元托管费，获得约100元的农产品购销差价与50元的秸秆销售收入，以本次试点规模2万亩计算，带动土地托管经济收入超1 000万元。通过村集体＋全托管的托管模式，也有力推动了当地农业产销一体化及订单销售的市场模式发展，加快了叶县乡村振兴实施进程。

（三）试点运行情况分析

1. 试点项目亮点特色

一是信贷偿还风险合理分散。除担保公司提供信用担保服务之外，土地托管组织还承担10%份额的反担保责任，通过“二次担保＋农业保险”的方式，信贷风险得到有效分散。由多方主体共同承担信贷偿还风险，有利于参与者重视业务经营，提升风险管理能力，保障项目顺利运行。

二是开展产学研一体式管理。保险公司邀请河南农业大学小麦增产团队为土地托管组织提供农业生产技术指导，并与科技公司开展合作，借助遥感技术定期监测农业环境变化，及时提供风险预警信息，协助托管组织经营决策。

2. 试点项目不足之处

一是暂未取得政府支持。由于缺乏政府政策支持，金融服务的价格相对较高，在一定程度上增加了土地托管经营成本，降低了协同服务的运行效率。二是服务模式不够成熟。该项目仅针对农业生产环节提供了信贷融资、农业保险及信用担保服务，没有保障土地托管组织的经营损失风险、意外损失风险，也没有将服务范围延伸至农业流通环节，服务模式有待进一步提升。

（四）试点推广路径分析

1. 试点项目适用情境

该项目具有一些个体特殊性，如：土地托管组织自身实力较强、信用观念较好，有资本承担反担保责任。当地村集体经济相对发达，管理水平较强，能够充分调动村民积极性。因此，该项目模式适宜在村集体经济有活力、村干部管理能力强、具有土地流转传统的产粮大县进行推广，且当地的土地托管业较为发达，能够提供农业生产全环节的托管服务。

2. 后续推广路径举措

一是争取政策支持。后续试点项目推广过程中，应重视向地方政府的沟通汇报工作，金融机构与托管组织联合拜访政府部门争取共同合作，为项目提供补贴资金等支持政策，以开展“政策性基础保险＋商业性补充保险”的农业保险服务，进一步增强对农业风险的保障程度，也便于提升项目落地成功率与服务效率。

二是强化风险管理。项目参与的各金融机构，特别是保险公司要重视风险识别工作，进行精细化的风险管理。结合区域风险特征及客户经营情况研发专属产品，既满足土地托管的风险分散需求，又能保证产品收益可控，增强项目运行的可持续性。银行、农信担公司也应充分参与到风险管理工作中，从客户经营情况、信贷偿还情况等方面建立信用评价体系，协助保险公司过滤不良客户，降低道德风险。

三是升级服务模式。保险公司应根据土地托管中潜在的风险场景丰富产品服务供给。如：产前环节提供农用物资质量保证保险，保障农业生产过程安全；产中环节提供家庭财险、公众责任险、意外险服务，协助提升乡村安全治理水平；产后环节针对订单交易提供订单履约保证保险或双向期货价格保险，避免交易双方违约风险。服务端除金融服务外，还可吸纳符合条件的村民成为协保员等基层服务人员，带动农村区域就业，增加农民工资性收入。

四是深化科技赋能。土地托管组织通常存在跨乡镇、跨县域托管的情况，后续可加强遥感技术在农业保险服务中的应用，准确划分承保地块，提高承保理赔精度。同时，积极探索信息技术在农情监测、土壤检测、气象预警方面的应用，强化农业风险管理水平，实现防灾减损与经济补偿有机结合。

五、结论

随着乡村振兴战略的持续推进，土地托管这一现代农业新兴业态逐渐发展壮大。受制于农业的天然弱质性，土地托管面临较强的农业风险，缺乏金融信用，难以获取经营资金，服务推广与模式升级受到限制。本文以服务乡村振兴为视角，对土地托管的运行模式及风险条件进行系统性梳理，并针对性提出了“农业保险＋”协同服务的综合金融支农新模式，阐明了模式运行方式及现实意义，得到研究结论如下：

（1）土地托管的金融需求具有多元化特征。农业风险是增加土地托管组织隐性交易成本的重要因素，会导致托管组织收入不稳定，也是其资产信用不足的根本诱因，造成托管组织融资成本高，难以有效从金融服务中受益。因此，土地托管组织具有强烈的农业风险分散、经营资金获取、信用风险担保、经济收益增值等金融需求，表现出多元化特征。

（2）“农业保险＋”协同服务具有可行性。一方面，多部委相继出台政策文件鼓励“银保担”合作服务新型农业经营主体，国家财政也连续多年出资支持此类项目试点；另一方面，“农业保险＋”协同服务能够有效满足土地托管发展中农业风险分散、经营资金获取、资产信用提升等需要，降低金融服务购买成本，市场需求充分，现实操作可行。

（3）综合金融支农新模式具有重要现实意义。国家政策方面，“农业保险＋”协同服务的综合金融支农新模式是推动乡村振兴战略实施的重要举措，有利于社会经济发展绿色转型。三农发展方面，综合金融支农新模式有力地推动了现代农业经营体系建设，促进农业生产增效，保障粮食供给安全。金融服务方面，综合金融支农新模式是三农金融服务的重要创新，有助于优化金融资源配置，促进乡村金融信用环境培育。

参考文献（略）

科技赋能

农业保险科技创新与发展研究报告

张　峭　赵思健

摘要：农业保险科技是科技驱动的农业保险创新，旨在运用现代科技来改造或创新农业保险的产品形态、业务流程、经营模式、服务渠道和监管方式，推动农业保险提质增效和高质量发展。本文论述了发展农业保险科技的重大意义，认为发展农业保险科技是提高农业保险服务能力的客观需求，是提升农业保险运营效率的迫切需要，是加强农业保险有效监管的现实要求，是保障农业保险持续发展的有力支撑。总结了现代信息科技在我国农业保险服务三农、经营管理和监管决策等方面取得的应用成效，提高了农险服务水平，增强了农险产品创新和智能风控，提升了农险业务精细化程度，加强了政府农险监管和决策能力。分析了农业保险科技发展还面临着数据共享难且数据获取成本高、科技熟化不充分且集成应用不充足、科技创新激励政策尚未落到实处、监管条件和管理手段滞后于科技应用水平、农村农民对农业保险科技的接受程度有限和保险科技复合型人才缺乏等诸多问题和挑战。提出了加强统筹规划和制度建设、推进“线上+线下”一体化网络服务、构建农险大数据管理与服务平台、推动建立农业保险科技创新联盟和营造农业保险科技发展的良好氛围等农业保险科技发展的路径和建议。

关键词：农业保险；保险科技；科技赋能；数字农险；农险信息化

我国农业保险自2007年财政提供保费补贴以来，经过十多年的发展，业务规模快速增长，覆盖范围不断拓展，保障能力显著增强，在促进我国现代农业发展、保障国家粮食安全和稳定农民收入方面发挥了重要作用，在国家农业支持保护政策体系中的地位愈发重要。与此同时，在新一轮科技革命和产业变革的背景下，我国农业保险科技也悄然兴起，移动互联、3S、人工智能、大数据、云计算、物联网等信息技术在农业保险领域得到一定程度的应用，为农业保险发展提供了创新活力和发挥了重要作用。但总的来说，现阶段我国农业保险与现代科技深度融合还不足，还处于应用的初级阶段，农业保险发展仍面临着许多制度和技术层面的问题，严重制约着我国农业保

作者简介：张峭，赵思健，中国农业科学院农业风险管理研究中心研究员。

险持续健康发展。为此2019年财政部等四部委联合发布了《关于加快农业保险高质量发展的指导意见》，可以预期，新时期农业保险科技将会由支撑和保障的从属地位，向引领和重塑的主动地位转变，现代科技将成为农业保险高质量发展的驱动力和核心竞争力。坚持创新驱动发展，加快农业保险科技的战略部署与深度应用，将成为农业保险深化改革、加快农业保险高质量发展、增强农业保险服务现代农业和乡村振兴的内在需要和重要选择。农业保险高质量发展必将走科技化的发展之路。

一、农业保险科技发展的意义

农业保险科技是科技驱动的农业保险创新，旨在运用现代科技来改造或创新农业保险的产品形态、业务流程、经营模式、服务渠道和监管方式等，以推动农业保险提质增效和高质量发展。

（一）提高农业保险服务能力的客观需求

服务三农是农业保险的基本定位，服务能力是农业保险高质量发展的核心要义，服务能力高低和强弱是评价农业保险高质量发展的基本标准。因此，加快农业保险高质量发展，必须不断提高农业保险服务能力。提高农业保险服务能力就是要不断满足国家对农业农村发展政策目标和导向要求，满足农业生产经营主体日益增长的风险保障需求。发展农业保险科技，能够快速捕捉数字经济时代市场需求变化，有效感知、识别、监测和评估农业生产经营者面临的各类风险，及时增加和完善农业保险产品供给，满足不同农业生产经营主体多元化和多层次的风险保障需求；运用农业保险科技手段，构建“线上＋线下”农业保险网络服务体系，延长网络服务渠道，扩大网络服务范围，并通过“线上”远程服务方式，开辟服务触达农户的全新途径，使服务下沉到村舍和分散的农户，提高农业保险服务可得性和及时性；通过大数据和人工智能技术，能够分析挖掘用户消费偏好、生产习惯和行为特征，为用户精准画像，提供与其相配的服务场景和工具，提升用户良好体验和感受。

（二）提升农业保险运营效率的迫切需要

农业保险高效运营是农业保险高质量发展的本质要求和主要特征，也是农业保险机构市场竞争力的重要体现。目前我国农业保险经营管理还很粗放，运营成本高和效率低，存在着虚假承保理赔、道德风险和逆选择等情形，严重制约了农业保险高质量发展，迫切需要通过科技创新和应用，促进传统农业保险经营模式全面转型升级，不断降低运营成本和提升运营效率。我们知道，人们的所有业务活动和决策行为都依赖于掌控的信息，但信息的获取受成本制约，现实中很多行为和决策都是在信息并不齐全情形下做出的，“信息不对称”和“信息不充分”已成为人们行为和决策的常态，而现代信息科技最大的优势是在成本可控前提下，可以获得更多更全面的信息，使行为更合理，决策更科学。通过互联网、大数据等科技应用，能够缓解农业保险机构对农业生产经营过程及其风险环境的“信息不对称”和“信息不充分”问题，从而降低保险机构为获得有效信息和实施业务监督而付出较高信息收集和监督的成本。农业保险科技的核心是能够利用现代科技成果来优化或创新农业保险产品形态、组织构架、业务流程、经营模式等，推动农业保险机构简化交易环节、开辟业务渠道、降低经营成本、优化盈利模式，使得农业保险经营管理更加精准和智能，农业保险运营效率大大提升。

（三）加强农业保险有效监管的现实要求

我国农业保险实行的是政府与市场合作的运行制度和机制，加强政府支持和监管是遵循政府引导和市场运作的原则要求，也是农业保险高质量发展的重要保障。因此，政府必须对农业保险发展进行有效的政策支持和监督管理。政府的政策支持不仅体现在政府对农业保险的规划引导和营造良好发展环境上，更重要的是体现在财政补贴、税收优惠等一系列支持政策与制度上。政府对农业保险的监督管理不仅体现在对农业保险机构、业务和市场的合规合法和公平有序的监管上，而且体现在对各种支持政策和财政补贴资金的监管上，保障农业保险市场规范有序，政府指导支持有力。运用现代信息技术建立政府农业保险监管大数据平台，能够汇集农业保险业务和农情灾情等大数据，远程智能监控农业保险业务流程操作，开展各类数据相互校验、大数据分析挖掘和服务效果评价，提供方便快捷及时查询和公示等信息服务，有利于推动农业保险监管模式由事后监管向事前、事中监管转变，有效解决信息不对称问题，消除信息壁垒，缓解监管时滞，从而保障政府保费补贴的真实和可靠性，提高政府监管的及时和有效性，增强政府决策指导的科学和正确性，提升政府农业保险治理能力的现代化。

（四）保障农业保险持续发展的有力支撑

可持续性是农业保险高质量发展的重要特征和基本要求。农业保险行业发展不能大起大落，更不能因巨灾风险和金融或经济危机的冲击出现大批企业倒闭甚至行业整体瘫痪，这就需要在保险机构内部建立风险防控机制，加强公司治理，完善内控体系，强化偿付能力管理，提高公司风险识别、预警和管控能力。更重要的是建立全国性农业巨灾风险分散体系，通过落实农业保险大灾风险准备金，增加农业再保险供给，完善巨灾分散和应急融资制度，提升应对和防控农业巨灾风险能力，实现农业保险持续稳定发展。发展农业保险科技，运用大数据、人工智能等技术建立农业保险机构风控模型，能有效甄别高风险交易，智能感知异常交易，实现风险早识别、早预警、早处置，提升农业保险机构风险内控能力。运用现代信息技术手段，能够推动农业农村重大风险防控领域的信息化和数字化，构建农业农村重大风险的识别、监测、评估、预警等智能化管理信息系统和平台，加快提升农业巨灾风险转移和分散的能力及水平，保障农业保险长期持续稳定发展。

二、农业保险科技的应用进展与成效

随着科技与农业保险的交汇与融合，科技已在农业保险服务三农、经营管理和监管决策等方面取得了显著的应用成效，初步实现了用户服务优质化、业务办理精准化、内部管控高效化和监管决策科学化，为农业保险的高质量发展提供了强有力的支撑。

（一）农业保险服务能力稳步增强

1. 保险产品供给不断丰富

农业保险对于农业农村微观生产经营主体来说，最关心的莫非是有没有合适的、具有吸引力的保险产品。在气象、价格、产量、遥感等大数据技术的支撑下，农业保险产品创新呈现层出不穷的态势，保险品种不断丰富、保险覆盖面日益扩大、保障程度显著提高，不仅丰富与完善了农业保险产品体系，还为不同类型农业生产经营主体提供了多元化、多层次、优质化的产品服务。

在气象和农业生产大数据的支撑下，利用现代数据分析和挖掘技术，各地纷纷开展特色农产品的天气指数保险创新，例如海水养殖风力指数保险、草原牧区牛羊天气指数保险、棚内作物寡照指数保险、高山茶叶低温指数保险、花椒气象指数保险、区域谷子天气指数综合保险等，为特色农业生产经营者应对气象灾害风险提供了充分的保障；在价格大数据和分析模型的支持下，各家保险机构积极开展农产品价格（或收益）保险的创新，例如牛奶价格指数保险、生猪收益指数保险、苹果价格指数保险、西红柿价格指数保险、核桃价格指数保险等，满足了农业生产经营者对市场风险的保障需求。为分散市场价格波动的系统性风险、最大程度稳定生产者收益，各保险机构还积极开展“保险＋期货”试点，探索“订单＋保险＋期货（权）”试点；在遥感大数据和技术的支持下，遥感植被指数保险、遥感雪灾指数保险等成为草原保险积极推广的创新产品，为牧草生产与草原畜牧业提供了综合性的风险保障。此外，遥感技术应用于农产品收入保险的理赔测产，使收入保险中单产测定更科学、客观和及时，为我国未来农业保险主流险种发展提供了强有力的技术支撑。如基于遥感技术的山西省区域马铃薯收入保险试点，基于遥感技术的山东省区域繁种大豆收入保险试点等。

为缓解农户“贷款难、贷款贵”问题，保险机构利用大数据分析技术，对农业生产经营者面临的风险进行分解，再配置相适应风险管理工具组合，建立多主体风险共担和利益共享机制，开展了“保险＋期货＋担保＋信贷”等模式，提高农户信用等级，满足农户的生产经营全方位金融需求。例如，太平洋财险公司2018年创新的“政银企户保”金融扶贫模式，采取了市场化运作，以财政资金撬动银行授信，以银行贷款助推农民脱贫致富，以保险有效控制信贷风险，建立起“政府、银行、企业、农户、保险”五位一体的合作贷款模式。

2. 服务覆盖面逐步扩大

提供优质的客户服务，增强农民的获得感、安全感和幸福感，是实施农业保险的根本，也是农业保险高质量发展的一个重要目标。凭借移动互联、大数据等科技手段，保险机构积极开展了自助投保、自助理赔、自助查询、网络公示、气象预警、防灾减灾、宣传教育、金融服务等各种为农服务项目，不仅提升了农业生产经营主体的保险服务体验，还能让农业生产经营主体从中获得与之相关的增值服务。

在移动互联网的大环境下，自助服务成为保险机构为农服务的一种重要方式。利用微信公众号、微信小程序、手机 App、短信等各种移动互联渠道开通保险查询服务，农业生产经营主体可以在手机上随时随地查询自己的保单信息和理赔进度，充分保障农业生产经营主体对农业保险信息的知情权；农业生产经营主体，特别是新型农业经营主体，还能主动登录保险机构开设的互联网自助投保和自助理赔服务，自行完成投保和发起理赔业务，承保效率得到了大幅度提升，理赔体验也显著增强。目前，人保财险、太保财险、国寿财险、平安财险、安华农险等大部分农业保险公司都开设了农业保险服务的微信公众号或小程序，给保险农户提供了简易、便捷的自助服务，得到了农户的一致认可。为了更好地落实“五公开、三到户”的工作要求，保险机构还积极采用互联网对农业保险承保理赔信息进行在线公开查询和公示，甚至通过发送短信链接、验证码和电子保单的方式确保农户的农业保险投保知情权。例如，中国银行保险信息技术管理有限公司在北京、四川、宁夏等地区支持保险机构推行电子保单服务。

在气象、价格等大数据的支持下，保险机构通过微信公众号、微信小程序、手机 App、短信等各种移动互联渠道，向广大投保农户主动推送气象信息（例如气象预报信息、中长期气候预测信息、气象灾害预警信息和气象灾害灾情信息等）和农产品市场价格信息（例如价格行情信息、价格对比信息、价格短期预测信息和价格涨跌预警信息等），提前发布气象灾害和价格波动等预警信息，提醒投保农户做好灾害防御和农产品售卖计划，降低投保农户的因灾损失。譬如，在平安财险的“平安爱农宝”微信小程序中开设了“价格中心”，为投保农户在线公布生猪行情和蛋禽行情信息等。

利用互联网进行农业保险的宣传教育已经成为保险机构推广普及农业保险知识和政策的一条有效途径。通过互联网平台，以卡通、Flash、视频等易接受的方式，保险机构将农业保险知识、农业保险产品条款、投保理赔流程、农业保险创新性产品、惠农支农政策、保险监管要求、农业生产技能等相关的信息和知识，主动推送给每个投保农户，提高广大投保农户对农业保险的认识。正如“太保 e 农险”微信小程序便推出了“农险常识”模块，为广大投保农户提供农技知识、农险监管条例等各类知识。

（二）业务精准化程度显著提升

1. 精确承保快速应用

保险标的的真实数量是多少，标的坐落在什么位置，标的的权属如何，一直是困扰农业保险承保的一大难题，也是造成农业保险承保中普遍存在虚设标的、夸大数量、张冠李戴等严重违规行为的关键所在。在“3S”（遥感RS，地理信息系统GIS和全球定位系统GPS，统称“3S”）、物联网（电子耳标、电子项圈等）和AI（人工智能）等技术的支撑下，开展“按图承保”和“数量（个体）识别”的精准承保模式，从根本上解决了标的数量、位置和权属问题，有效规避甚至彻底消除保险机构虚假承保的违规风险。

在种植业保险中，利用3S技术采集投保区域的地块与承保作物信息，实现地块与保单信息的关联，自动生成地块及保单四至经纬空间坐标图，做到标的的唯一性，同时可利用富含位置信息的水印相机拍摄影像资料。信息快速上传后，保险公司的核保人员便可直观查看保单信息、标的位置及数量，浏览位置信息的影像资料，轻松实现核保。在保险标的验标工作中，通过遥感自动提取投保区域的地块边界，识别出作物种类及生长情况，与承保地块、承保面积及作物种类进行比对、核验，准确测算投保标的种植面积，避免出现因实地验标不便及抽样验标带来的虚假投保的道德风险。为了进一步增强保险标的的真实性和权威性，通过共享土地确权、第二次全国土地调查等官方数据，不仅能对保险地块边界进行精准定位，还能确定地块的真实权属，避免出现虚设标的承保等违规行为。作为业务的首要环节，保险机构非常重视农业保险承保的精准化，基于3S技术的“按图承保”逐渐成为保险机构承保的必要环节。例如，人保财险早在2009年就开始开展农险标的的落图工作，基层人员通过采集地块和权属信息，建立具有准确耕地数量、空间分布位置和权属信息的农险地块空间数据库，实现农户个人信息、标的属性信息和耕地地块空间位置信息三个维度信息的整合与关联，在地图上直观展示每个地块上有多少农户、每个农户有多少耕地、耕地空间分布在哪里，解决了农险信息不对称问题，增强了业务前端承保合规管控手段；太保财险的“e农险”在2015年推出的1.0版本中提出了3S精准承保的技术应用，承保业务员不仅能在高清的卫星遥感影像的支持下对承保农户的地块进行精准采集，还可利用卫星遥感和无人机遥感实现承保区域的精准验标，解决了“采集难、验标难”的行业难题。

以“人工智能”和“物联网”技术为支撑的养殖牲畜精准识别是当前解决养殖业保险中无法区分养殖牲畜带来虚假投保和虚假理赔问题的一大“利器”。基于AI的智能点数技术，保险业务人员（协保员，甚至养殖户）只需手持移动设备拍摄场舍中牲畜养殖视频，便可自动、精准地识别出养殖牲畜的数量，解决了养殖业保险中承保数量不实的问题。电子耳标、电子项圈等物联网技术是早年养殖牲畜个体精准识别的常用方法，通过植入或佩戴的方式嵌入牲畜身体的某个部位，再扫描电子芯片实现承保牲畜与电子标签码的唯一关联，形成承保牲畜标的的唯一身份信息库。近年来，人工智能支持下的“猪脸识别”“牛脸识别”成为养殖业牲畜个体精准识别的热门技术，通过深度学习人工智能技术，承保牲畜（主要指能繁母猪、奶牛、肉牛、牦牛等）时只需要手持移动终端设备扫描牲畜的脸部，便可建立投保个体与脸部特征的唯一关联，形成承保牲畜标的的唯一身份信息库，为养殖业的精准承保提供了重要的技术支撑。2015 年，安信农业保险公司便推出了电子耳标技术在生猪和能繁母猪上的应用，有效降低了虚假承保和理赔；2017 年，平安财险公司推出牲畜识别等多项 AI 应用“黑科技”，助推养殖业保险业务的精准化；2018 年，太保财险突破了牛脸识别的关键技术，实现了奶牛的脸部扫描识别的精准承保；2019 年，国寿财险公司陆续推出多项 AI 养殖识别技术，其中，智能点数和猪脸识别在养殖业精准承保方面发挥了重要的作用。

2. 精准理赔稳步推进

“理赔难”一直是困扰农业保险业务精细化的一大难题。在种植业保险中，灾后勘查定损工作量大、成本高、效率低。如若发生重大自然灾害（气象灾害和病虫害），灾害影响范围往往较大，而种植业分布较为分散，保险公司灾后勘查定损需要投入大量的人力、物力和财力支持，成本较高；此外，种植业保险灾后勘查定损的手段落后，通常用人为目视判别和照片取证的方式来进行灾害勘查定损，效率低，农户获得赔款的时效性差。在养殖业保险中，查勘定损普遍存在非保险标的理赔、重复理赔、尸重造假等严重的虚假理赔违规行为。面对上述问题，基于 3S、物联网和 AI 技术，建立种植业“天空地”一体化的定损体系和养殖业死亡个体智能识别体系，实现按图理赔和识别理赔的精准理赔模式，不仅能提升保险机构定损的客观性、可靠性和科学性，还能规避保险机构虚假理赔和协议赔付等违规风险。

经过近几年的实践，基于 3S 的“天、空、地”一体化勘查定损体系已经成为当前种植业保险精准理赔的一项重要支撑技术。“天”，即卫星遥感勘损技术，具有覆盖广、多分辨率、多时相的优势，实现省县等大范围的灾害损失快速勘查，让保险机构对灾害损失有全局性把握，快速识别重灾，为进一步的勘查调度提供指导；“空”，即无人机勘损技术，拥有机动性强、分辨率高的特点，能够在灾害发生后，对重灾区域和人力无法到达的区域进行灾情的精细化查勘和定损；“地”，即移动设备勘损技术，具有受灾区域定位、受灾面积测量、高清图片拍摄、信息快速传递等优点，实现以户为单位的灾害损失实地勘查和远程辅助勘查、专家定损等。通过“天、空、地”的组合，让保险公司能在灾后及时、客观、全面地掌握灾情的实际情况，并按图实施勘损理赔，有效规避了虚假赔付和协议赔付问题。目前，大部分保险公司都在尝试“天、空、地”勘损模式。其中，中华财险公司设立“农业保险地理信息技术联合实验室”，成功搭建了以互联网运用、卫星遥感、无人机航拍及手持移动设备为核心的种植险“天、空、地”多遥感协同采集及辅助决策平台，实现了多层次、立体化、全覆盖的高效勘损能力；阳光农业互助保险公司搭建了“3S 承保理赔平台”，实现承保和理赔的3S应用，特别是在理赔环节，综合遥感查勘、无人机近地面航拍查勘和手持App辅助查勘，解决了查勘定损工作速度慢、难度大和争议多的问题，取得了较好的成效。

早些年，电子标签、电子项圈等物联网技术一度成为解决养殖业保险的精准理赔的重要技术支撑。牲畜死亡后，通过承保时预先植入或佩戴的电子标签，查勘员只需使用电子扫描设备对死亡牲畜进行电子标签探测，通过探测电子标签来确认死亡标的的身份，杜绝了非保险标的虚假理赔行为；面对承保数量较多的生猪养殖保险，由于承保时无法为逐头生猪注入电子标签，理赔时则采用死猪注射电子标签的办法，通过扫描电子标签判断死亡标的的理赔情况，杜绝了死亡牲畜重复理赔的违规行为。2014年安华农险公司在北京市农委的支持下，在北京市房山区开展生猪植入式电子标签的应用试点，通过电子标签验证避免了死亡标的的重复利用，不仅保证了赔付的真实性，还确保病死猪无法流入餐桌，保障了食品安全。近年来，AI技术推出的“识别理赔”和“智能测长（重）”等技术成为了养殖业保险精准理赔的热门技术。凭借承保时建立的牲畜标的唯一身份信息库，理赔时查勘员只需再次采集死亡标的的脸部影像，发送到标的身份信息库中进行智能比对，便可快速、精准地确定死亡标的的身份，杜绝了虚假理赔、重复理赔等违规行为。面对理赔时需要根据牲畜尸重或尸长进行理赔，通过拍照死亡牲畜并启动AI测量便可快速、精准地获得尸重或尸长，杜绝了人为操作带来的重量造假行为。2017年以来，太保财险、平安财险、国寿财险、中航安盟财险等保险机构先后推送猪脸识别、牛脸识别、智能测长（重）等AI技术应用，大大降低了养殖业的赔付率，从侧面反映出虚假理赔的行为得到较好遏制。

（三）经营管理智能化程度不断提高

1. 移动化作业迅速推广

农业保险的承保理赔业务流程长且复杂，涉及展业、资料收集、投保、现场验标、签字确认、核保、出单等承保环节，报案、现场勘查、定损、核损、理赔通知、支付等理赔环节。传统模式下，开展农业保险业务不仅工作量大、成本高、效率低，且极易出现敷衍了事、弄虚作假的行为，让农业保险业务办理成为保险业内普遍认为的一件“难”事。

随着移动互联网和智能终端的快速发展，以往只能靠人工手动记录、待在电脑旁才能完成的承保理赔工作，逐渐转移到移动终端上，实现了农业保险业务的移动办理，包括移动展业、移动承保、移动协保、移动核保、移动出单、移动查勘、移动核赔、移动支付、移动视频协作等，大大减少了保险机构的人力成本和工作量，极大程度地提升了农业保险的运营效率。在承保阶段，保险机构的业务人员（甚至协保人员）只需手持移动终端来到田间地头，通过采集农户基本信息、OCR扫描识别农户身份证和银行卡、绘制保险标的地理位置、拍摄水印的验标照片、电子签名等，在数分钟内便可完成农户的投保工作。经移动支付保费和移动核保后，移动终端便可生成电子保单，当即交到农户手中。出险后，保险机构的业务人员（甚至协保人员）同样可以利用移动终端快速完成查勘信息和无害化处理信息的采集。经移动核赔后，业务人员便可利用移动支付将赔款赔付给农户。针对小额赔付与信誉较好的农户，保险机构还开设了“移动闪赔”功能，在移动查勘完毕后便可直接支付给农户，取得了很好的用户体验。此外，移动作业体系还推进了农业保险业务办理的数字化，利用 App 数字化采集的承保、理赔资料直接进入保险机构的核心系统，很好规避了保险资料的人为篡改、违规多重使用的道德风险。

在农业保险行业内，太平洋财险公司在 2015 年推出的“e 农险 1.0”，首次提出打造数字农业保险移动运营体系，并将移动平台搭建、终端功能开发、相关前沿新技术应用和业务流程再造等方面工作有机结合，彻底改变传统农业保险经营管理与服务模式；人保财险公司、平安财险公司、国寿财险公司等保险机构也陆续研发了“人保易农险”“平安爱农宝”“国寿 i 农保”等移动 App，积极运用移动作业来提升农业保险的服务效率。

2. 智能风控手段初步应用

农业是弱质产业，面临着较大的自然和市场风险。农业保险作为分散农业风险的重要工具，自身也要面临很大的经营风险。正确认识农业风险，积极采用有效的风险管控措施规避农业保险经营过程中的风险，是保险机构内部风险管控的重要环节。

基于气象、灾情、遥感等大数据资源，保险机构纷纷开始构建风险智能分析与防控体系，并在简化风控流程、降低风险隐患、提升风控效率等方面发挥着重要的作用。具体而言，农业生产受气象灾害的影响最大，在气象和灾害大数据的支持下，保险机构研发了农业气象灾害分析与防控平台，接入台风实时演进数据、气象实况数据等，实现了各种重大气象灾害的灾前预警、灾中防控、灾后估损等功能，为农业生产的防灾减灾和保险的快速理赔提供了技术支撑。基于人工智能技术，通过对理赔大数据的智能分析，精准识别欺诈行为、判别高风险客户、筛查重复影像资料等，为保险机构降低经营风险提供了重要保障。

2017 年，平安财险公司首推数字化风险分析和风控服务的鹰眼系统。系统融合了地理学、灾害学、保险学、气象学等多学科，基于 140 亿条自然灾害、承保理赔等数据，打造智能风险管理系统，实现承保客户快速筛选和精准预警，精准投放防灾减灾救援力量。2019 年，太平洋财险公司推出了农业保险风控系统，即暴风系统，系统包括对养殖险赔付率进行实时监控的“风险试剂”、对台风灾害预警和灾损评估的“曝光引擎”以及对承保理赔影像资料进行查重核验的“火眼金睛”，全方位抵御和控制农业保险的业务经营风险。

（四）监管效能稳步提升

1. 业务监管效率提高

对农业保险业实施有效监管是政策性农业保险管理工作的核心。随着农业保险机构数量的不断增多，农业保险业务种类和业务范围不断扩大，农业保险监管的任务日趋繁重。倘若管理部门采用传统方式对农业保险进行监管，不仅效率低下，还容易造成农业保险监管滞后，也很难鉴别农业保险重复投保、骗保、骗赔等行为。运用大数据技术，建立农业保险数字化管理平台，充分汇集保险机构的承保理赔数据、土地确权数据、土地资源调查数据、土地流转数据、粮食直补数据、畜牧养殖数据、防疫检疫数据、气象数据等大数据资源，利用信息技术自动、快速、高效、准确的优势，对保险公司每一笔农业保险业务实时监控，不仅能确保承保和理赔过程更为公开、公平、透明，还能从源头上防止违规行为的发生，帮助政府部门实现农业保险监管目标，提高监管效率。

2013年，北京市农业保险领导小组率先搭建了“北京市农村金融与风险管理信息平台”（简称“北京农金平台”），成为全国首个利用数字化技术开展政策性农业保险监管与服务的政府平台。迄今为止，北京农金平台已正式运行了7年，通过运用智能化手段，对农业保险每一单业务实施动态监控、数据比对和规则校验，及时识别和防止违规业务发生；对保险机构的服务状况和服务效果进行追踪和评价，为政府经营管理费补贴发放和招投标提供依据；对农业保险业务进展和保费补贴进行分时、分类、分区和分公司自动统计核算，为各级政府保费补贴管理可靠性和及时性提供了支撑。总之，北京农金平台在及时监管保险业务、有效考评保险服务状况和保障财政补贴资金真实可靠等方面发挥了重要的作用。2015年，在中国银保监会的统一部署下，全国农业保险信息管理平台（简称“全国农险平台”）正式上线，所有经营农业保险业务的保险公司全部接入，实现了全国范围内农业保险业务数据的集中管理。在业务数据基础上，全国农险平台向国家及地方银保监部门提供农业保险业务监管、风险监测、数据统计及信息查询等各类服务，发挥了应有作用。据调研，近一两年许多省份如天津市、贵州省、山东省、湖北省、湖南省等已经和正在建设适合本省农业保险发展特点和要求的农业保险管理信息平台，期望运用现代信息科技手段，对农业保险进行有效管理。

2. 决策支持能力增强

对农业保险服务业实施科学分析和决策是政府农业保险管理工作的重点。近年来，随着农业保险规模的逐年扩大，政府管理部门要履行好农业保险管理决策职能，具有比以往更大的挑战性。政府管理部门依赖传统人工方式进行农业保险分析和决策，缺乏数字化、智能化分析手段，会使农业保险信息处理能力差、分析预测水平低，难以适应政府在农业保险发展方面的科学、有效决策需求。政府部门要基于农业保险大数据资源，借助于数字化、智能化分析手段，通过嵌入各种分析及决策支持模型，全面分析农业保险业务的相关指标，进而监测农业保险机构的发展状况，把握农业保险发展轨迹，评估农业保险经营风险，评价农业保险实施效果，才能为制订农业保险发展政策与规划，促进农业保险快速、持续、稳定发展提供有力支撑。

北京市农金平台通过对北京市农业保险业务数据和农业产业数据的融合挖掘，每年制作《北京市政策性农业保险年度发展分析报告》，从业务状况、区域状况、保障水平、均值状况、规模程度、社会效果、政府支持、风险状况、典型个体和服务能力等多个维度对全市农业保险年度发展状况进行统计分析，为北京市农业保险领导小组评价当前农业保险发展状况、规划农业保险的未来发展提供数字化的决策依据。同样，全国农险平台在全国农业保险业务数据的基础上，从业务发展、保险保障、均值统计、业务分级、业务质量、财政补贴以及赔案统计等多个维度对全国农业保险发展状况进行深度分析，并以年报的方式为银保监部门提供重要的决策支持。

三、农业保险科技发展面临的挑战

（一）数据共享难且数据获取成本高

数据共享难是当前农业保险科技发展的一大困境，导致政府管理部门、保险机构和被保险人之间存在信息鸿沟。首先，保险机构将农业保险信息和农业相关数据作为商业秘密和核心竞争力之一，将其严格保护并禁止共享；其次，由于体制与机制原因，大部分珍贵的农业数据资源保存在政府机构内部，部分数据还被定为涉密数据，共享难度大；再次，政府各管理机构、保险机构之间缺乏统一的信息共享平台，尚未制定农业保险数据信息交换和共享的机制和配套制度。除了数据共享难以外，数据获取成本高也是制约农业保险科技发展的一大障碍。虽然遥感、人工智能、物联网、移动互联、云计算、区块链等科技的发展让农业保险的相关数据越来越丰富，部分数据也能够在市场上购买获得，但由于市场不规范且缺乏统一的定价标准，导致数据价格昂贵，使得使用数据的保险机构成本与收益不相匹配，一定程度上限制和影响了农业保险科技的应用广度和深度。

（二）科技熟化不充分且集成应用不充足

农业保险科技进步具有长期性，从技术的科研投入、到取得科技成果、再到商业化应用具有较长的周期。而我国农业保险科技的发展只有短短几年，虽然已经取得了较为显著的应用效果，但受限于政策、市场、经费、平台及人才等各方面的因素，农业保险科技的创新能力、熟化程度和集成应用水平仍有待提高。具体而言：①农业保险专有科技成果数量少。我国信息科技发展迅速，科技成果大量涌现，但大多是作为共性科技成果，而真正能够与农业保险领域融合并适合农业保险行业应用的专有科技成果不多，如基于深度学习的人工智能视觉识别共性技术在人脸识别专有科技上应用广泛，但在动物识别专有科技上进展缓慢，成果缺乏。②农业保险科技成果熟化程度低。科技成果转化或产业化只有经过初创技术试验、技术熟化示范和技术商品化应用等环节，才能大范围推广应用。我国农业保险科技发展时间短，许多还处于试验技术和示范技术阶段，其适用性、可靠性和稳定性还需要优化完善，技术成熟度和商品化程度还需要进一步提高。如利用人工智能技术开展农作物识别和动物“智能测长”

“智能点数”还不精准和不稳定，无人机只适合应用于种植业规模较大的平原地区而在山区应用效果不佳，等等。③农业保险科技系统集成应用滞后。农业生产涉及的生产要素多，农业保险涉及各方利益主体，许多功能实现不是单一技术能够解决的，需要技术集成和相互支撑，需要一套优化的技术组合体系，而现阶段农业保险科技的发展更注重单项技术、单个产品，旨在解决单一或单项业务问题，缺少全流程、全业务、综合服务的技术体系集成应用，无法满足农业保险行业整体高质量发展要求。如农业保险精确承保精准理赔业务发展，需要运用3S、移动互联、物联网、大数据、人工智能等多项现代科技，只有将这些技术与农业保险业务融合并优化组合、系统集成，才能真正实现现代科技的倍增价值。

（三）科技创新激励政策尚未落到实处

新产品、新技术、新模式的农业保险科技创新发展离不开科技成果转化的政策支持。目前，中央和地方政府虽然出台了许多鼓励科技公司科技创新和成果转化应用的财政支持和税收优惠政策，但作为保险金融机构开展的科技创新和新技术应用，如何认定并纳入政策支持范畴还缺乏实施细则，也未设立农业保险科技创新针对性支持项目，科技支持政策尚未落到实处。在财政政策方面，中央和地方政府尚未将农业保险科技研发平台列为优先建设项目，未将农业保险科技的转化和推广划入专项的优惠政策和财政政策支持范畴，也未列入优先争取上级资金支持的项目类别，在用地、基础建设、人才引进和成果转化等方面未予以特殊的政策和资金支持，财政投入普遍不足，导致农业保险科技发展的速度与农业保险高质量发展的步伐不一致。在税收政策方面，国家和地方政府相关部门对农业保险科技投入的重视程度不够，未出台专门针对保险公司高新技术应用所得税减免、企业研发费用税前扣除、固定资产加速折旧、技术成果转让税收减免等优惠政策，一定程度上抑制了保险公司的研发投入。

（四）监管条例和管理手段滞后于科技应用水平

现行的一些农业保险监管条例已滞后于当前科技发展应用水平，制约了农业保险科技应用的推广。随着现代科技的快速发展，一些较成熟的技术手段，例如地块采集、电子公示、电子签名、人工智能识别、遥感验标、远程视频查勘、线上支付等，已经应用在保险机构投保、承保、验标、查勘、定损、理赔、公示、查询等服务流程，实现了数字化，极大地提升了保险服务效率，减少了违规违法行为，效果非常显著。然而，现行的农业保险监管条例却相对滞后，难以匹配当前农业保险科技发展现实，甚至某些条款已限制了农业保险科技创新发展，导致了保险机构为了合规只能并用传统和创新两套工作方案，不仅效率大打折扣，还间接导致新技术无法全面普及。此外，农业保险政府管理部门采用新科技意识不强，动力不足，管理手段严重滞后于当前科技发展水平。农业保险政府管理部门，特别是地方政府农业保险管理部门（财政、农业、畜牧、林业和银保监等），认为科技应用是保险机构单方面的行为，依旧运用传统的手段开展农业保险监管和保费补贴管理工作。例如，手动收集和统计保险信息、人工抽查保险业务、手动筛查违规行为、事后查处保险违规行为等，耗时费力，时效性和准确性受到质疑，导致农业保险管理的整体效率低下。

（五）农村农民对农业保险科技的接受程度有限

农业保险科技提供的服务离不开农业农村的信息化。虽然近年来随着信息进村入户工程的开展，农村信息化服务普及加快，网络基础设施建设也得到推进，但相比较而言，农村信息化尚处在起步阶段，基础还很薄弱，发展相对滞后，总体水平不高。尤其是农村网络基础设施建设落后，互联网普及率和接入能力还较低，数据采集、传输、存储、共享的手段和方式落后。除了信息化基础设施外，大部分滞留在农村从事农业的农民大多是中老年人，这部分人群基数大、居住地分散、受教育程度低、接受新事物意愿和动力不足，主动利用手机等移动终端获取相关信息的能力较弱，对农业保险信息服务的接受程度还十分有限。而在一些偏远或贫困农村，一些农民不会使用甚至没有智能手机，更无法接受保险机构提供的保险信息服务。由此可见，农业农村信息化程度低和农民接受新科技能力弱是制约我国农业保险科技应用和发展的重要因素。

（六）复合型人才缺乏制约农业保险科技创新发展

从事农业保险科技创新和应用人员不仅需要精通信息技术，还需要精通农业保险业务，缺一不可。缺乏农业保险专业知识的信息技术人员无法精准把握农业保险科技的需求，无法联想农业保险科技的应用场景，无法提出更多农业保险科技应用的创新思路；缺乏信息技术的农业保险业务人员也无法将保险业务需求转化成科技需求，更无法将一些最新的科技手段引入农业保险。现阶段，既懂农业保险业务又精通信息科技的复合型人才相当缺乏，能够培养农业保险科技创新复合型人才的基地和机构也相当有限，这在一定程度上制约了农业保险科技的进一步创新和发展。

四、农业保险科技发展的路径与建议

（一）加强农业保险科技规划和部署

要深刻认识发展农业保险科技的重要性和迫切性，研究把握农业保险科技发展趋势，加强顶层设计，强化规划标准建设，完善体制机制，为农业保险科技发展提供保障。

1. 加强统筹规划

将农业保险科技发展作为农业保险高质量发展的重要内容和驱动引擎，结合市场需求及科技发展趋向，从战略高度进行谋划，开展农业保险科技发展顶层设计与规划，明确发展方向，转变发展方式，制定时间表和路线图，加大科技投入力度，加快科技创新步伐，补齐旧短板，重塑新业务，促进科技与农业保险融合，提升竞争力，打造新动能。

2. 优化体制机制

创新农业保险科技发展的体制机制，明确和理顺相关部门职责，处理好规范与创新的关系，提高跨条线和跨部门协同能力，切实发挥科技在农业保险高质量发展中的引领驱动作用，构建起系统完备、科学规范、运行有效的制度体系和机制。加强管理制度创新和优化，梳理、改革和完善农业保险科技相关制度和监管条例，鼓励保险机构内部科技创新与外部科技合作并举，加强农业保险与科技产业对接，推动科技成果转化应用和产品服务创新，促进农业保险科技转化为现实生产力。

3. 制定标准规范

研究制定农业保险科技应用的行业技术标准与工作规程，用标准规范来治理科技应用中的摩擦和乱象，提升农业保险科技应用的效率和效果。研究制定农业保险大数据共享标准和数据融合应用标准，突破部门障碍，促进跨部门信息规范共享，打通数据融合应用通道，破除不同业态的数据壁垒，化解信息孤岛，为农业保险的大数据共享、集聚和增值提供保障；制定农业保险科技支撑下精确承保和精准理赔的业务标准、技术规范和工作规程，为规范和推广种植养殖业承保和理赔精细化管理服务提供重要支撑。

4. 加强人才队伍建设

依据农业保险科技发展规划与现实需要，研究制定人才需求目录、团队建设规划、人才激励保障政策等，制定农业保险科技人才培养计划，深化校企合作，建立共建创新基地和共同培养人才机制，注重从业人员科技创新意识与创新能力培养，造就既懂农业保险又懂科技的复合型人才，为农业保险科技发展提供智力支持。

（二）推进“线上＋线下”一体化网络服务

运用农业保险科技手段构建“线上＋线下”一体化网络服务体系，拓宽服务渠道，完善服务产品，降低服务成本，提升服务能力。

1. 拓宽服务渠道

在支持保险机构建立健全基层农业保险服务机构，发挥线下资源优势的同时，充分运用信息技术与互联网资源加强线上服务，构筑线上线下一体化的经营服务模式，加快制定线上线下渠道布局规划和全渠道服务实施方案，实现线上电子渠道与线下实体网点、自助设备等的信息共享和服务整合，为农户提供线上线下全方位、多层次和综合性的保险服务。

2. 完善服务产品

以需求为导向，积极适应数字经济环境下市场需求的快速变化，利用大数据、物联网等技术分析农户保险需求，依据农户面临不同种类、不同性质风险以及差异化风险偏好，开发满足不同农业生产经营主体多元化和多层次风险保障需求的系列化保险产品，提供差异化、场景化、创新型的保险产品。

3. 降低服务成本

利用移动互联网、人工智能、大数据、智能识别等技术，推动传统实体网点向智能化服务网点转变，优化服务流程，缩短业务办理时间，降低网点服务成本；探索跨行业数据资源共享和校验，提升保险服务用户识别效率；利用云存储和云计算等技术实现资源高度复用、灵活调度和有效供给，探索构建跨层级、跨区域的自动化、智能化业务处理中心，降低服务成本，提升服务效率。

4. 提升服务能力

依托新型电信基础设施，发挥移动互联网泛在优势，延伸服务半径，下沉服务重心，突破服务“最后一千米”制约，面向农村偏远地区尤其是深度贫困地区提供安全、便捷、高效的农业保险服务，提升农业保险服务可得性、及时性和便利化。

（三）构建“先分布、后集中”的农险大数据管理与服务平台

研究运用新一代信息技术构建地方和全国两级“先分布、后集中”的农业保险大数据管理与服务平台，实现从地方到全国农业保险大数据资源分布式管理、有序集中、有机整合与深度利用，实现政府对农业保险的有力支持、有效监管和有为服务。平台主要具备如下功能：数据共享、监管支撑、服务提升和决策支持。

1. 数据共享

加强大数据战略规划和统筹部署，加快完善数据治理机制，先行构建省级农业保险大数据平台，汇集农业保险业务数据和财政、农业农村、保险监管、林业草原等相关部门涉农数据和信息，再逐步实现全国农业保险大数据集中，建立健全跨地区、跨部门、跨层级的数据整合、共享和应用机制，实现大数据资源有机整合与深度利用，为农业保险监管和服务提供基础性的数据支撑。

2. 监管支撑

基于农业保险大数据资源，运用现代科技手段，通过设定规则分析、多源数据交叉校验、智能化监测检验，识别并制止重复投保、虚假承保和协议理赔等违规行为；运用数据挖掘和区块链等技术优化风险防控指标、分析模型和追溯系统，有效甄别高风险区域和交易，追踪农业保费补贴状况，提高农业保险监管的及时性和准确性，确保农业保险业务规范、补贴真实和风险可控。

3. 服务提升

借助农业保险大数据资源，依据农业保险服务规程要求，政府主管部门对农业保险经办机构的服务基础条件、服务及时性、服务有效性、业务合规性和用户满意度等进行动态监测、量化分析和精准评价，为农业保险服务考评和市场招投标提供依据，增强农业保险业整体服务能力。

4. 决策支持

依托农业保险大数据资源，通过嵌入各种挖掘分析及决策支持模型，全面分析农

业保险业务的相关指标，监测农业保险机构的发展状况，把握农业保险发展的轨迹，评估农业保险经营风险，评价农业保险实施效果，从而为政府优化农业保险支持政策和加大农业保险支持力度提供决策支持。

（四）推动建立农业保险科技创新联盟

为加快农业保险科技发展，促进产学研深度融合，推动建立“国家农业保险科技创新联盟”，联盟将由农业保险科研机构、高等院校、保险机构、科技公司和龙头企业共同参与组成，通过优势科技资源的集聚，产学研用的有效融合和协同创新，紧紧围绕农业保险行业亟须解决但单个机构又难以解决的重大和共性问题，通过科技创新，推动我国农业保险高质量发展。主要任务如下：

1. 搭建农业保险大数据平台，提供相关数据信息服务

针对农业保险行业面临的突出问题：保险标的（农产品）生产数据不准、权属数据不清、位置信息不明、灾情信息不畅等问题，联盟将充分发挥第三方科研机构的优势，集成整合农业农村、财政、气象、林草等政府相关部门和农业保险行业的生产基础数据、土地确权数据、农情灾情数据、气象数据、行业经营数据等各类信息，搭建数据信息共享平台，为数据驱动农业保险研究和行业发展提供支撑服务。

2. 组织优势科研力量，开展协同科技创新和转化服务

聚焦农业保险行业的重大共性问题，凝练农业保险创新的重点任务，以任务组织实施为抓手，集中力量，明确分工，重点突破，提升农业保险科技创新和转化的效率。重点利用创新科技和农业保险大数据资源开展分市县、分品种的农业风险评估和保险费率厘定，发布农业风险地图。

3. 加强农业保险科技标准研究，提供灾损评价认定服务

针对农业保险行业精确承保精准理赔缺乏科学权威标准的现状，为满足行业发展需求，联盟将组织高校科研单位、保险公司、保险科技公司等优势资源，分产品分地区开展农业保险承保查勘理赔的科技应用标准研究，组织申报国家和行业标准。作为第三方独立机构，利用现代科技手段，为政府、保险机构和农业生产经营者提供科学、客观和公正的受灾损失分析和评估，提供农业保险灾损评价结果的鉴定和认定服务。

4. 对接市场发展需求，提供农业保险产品研发服务

针对当前农险产品数量有限、特色不明显、创新不足的问题，为满足现代农业发展和实施乡村振兴战略多元化多层次风险保障需求，联盟将全面对接不同地区不同行业的农业产业部门，组织联盟内外优势资源，提供农业保险产品创新和产品研发服务，推动农业保险增品提标扩面。

（五）营造农业保险科技发展的良好氛围

积极营造有利于农业保险科技发展的环境和氛围，构建农业保险科技产业发展良好生态。

1. 创造社会舆论环境

推进农业保险科技相关政策措施公开透明，正面引导社会舆情，确保政策准确传导并有效实施。政府、保险机构等要积极运用多种形式广泛进行宣传培训，普及农业保险科技应用与发展相关知识，增强农民爱科技、学科技和用科技的意识和能力，提升农民科技素养，为农业保险科技应用创造良好的社会和舆论环境。

2. 营造机构创新氛围

农业保险机构和科技企业要强化科技创新意识，制定科技创新制度和激励政策，编制企业科技创新规划，激发内生创新动力，加大科技创新投入，推进科技应用落地，营造良好的企业内部科技创新氛围。

3. 构建产业发展生态

探索保险资源与科技资源对接的新机制，发展农业保险科技法律法规咨询、知识产权保护、风险投资、股权融资、创业孵化、市场推广等专业服务机构，强化国际合作，加快农业农村信息化和数字乡村建设，构建农业保险科技产业整链条全方位发展的良好生态。

参考文献（略）

新型农业经营主体的农业保险需求及提升对策
——基于全国 11 373 个新型农业经营主体的调查*

魏腾达　张　峭　王　克

摘要：新型农业经营主体参保获得感不强一直是被集中反映的一个问题。本文基于农业农村部新型农业经营主体信息直报系统对11 373个新型农业经营主体的农业保险需求进行在线问卷调查。研究发现：当前我国新型农业经营主体参保率不足50%，有近八成经营主体曾中断投保，可保品种少和保险获赔金额低是主要原因；农业保险赔付额仅占生产损失的30.67%，理赔不规范问题在种植业中更为明显；提高保额是新型农业经营主体最迫切的需求，粮食主产省相比非主产省更希望提高查勘定损的公平程度。研究建议：地方特色农产品保险可以探索形成“以奖代补”的新财政支持范式，采用“政策险+商业险”的模式提高除三大主粮外其他品种的保障水平，研究制定全国农业保险查勘定损技术标准规范，加强农业保险宣传力度。

关键词：农业保险；新型农业经营主体；保险需求；保险损失补偿；保额

一、引言

自2007年中央财政实施农业保险保费补贴政策以来，我国农业保险市场规模迅速扩大。2020年，我国以814.9亿元的农业保险保费收入，超越美国，成为全球最大的农业保险市场，农业保险在应对自然灾害、恢复农业生产和维护农民利益方面发挥了重要作用。经过十多年的发展，农业保险在国家强农支农惠农政策体系中的地位和作用愈发重要，已经成为促进我国现代农业发展、保障国家粮食安全和稳定农民收入的重要政策工具。

虽然我国的农业保险取得了快速发展，但农民对农业保险的认同感不高、参保获得感不强依然是制约我国农业保险高质量发展的重要因素（黄延信，2013；李小方，2016）。在以成本保险为主要产品形态的发展背景下，我国农业保险亩均保额普遍偏

---

* 本文原载《保险研究》2022年第8期。

作者简介：魏腾达，中国农业科学院信息研究所博士研究生，张峭，中国农业科学院信息研究所首席经济学家、研究员；王克，中国农业再保险限公司研究开发部副总经理、教授。

低，多数产品对被保险标的全成本和产值的保障程度仅在 30%～40%的水平（张峭等，2019），尽管我国三大主粮作物的保险覆盖率已达到 70%，但调查显示农民的真实保险意愿并不高（叶明华，2014）。因此，2019 年 10 月财政部等四部委联合印发《关于加快农业保险高质量发展的指导意见》（以下简称《意见》），要求增强农业保险产品内在吸引力，提高农业保险投保率。

近年来，我国新型农业经营主体蓬勃发展，已经成为农业规模化经营的重要力量和农业保险需要重点关注的群体。截至 2020 年，全国家庭农场超过 100 万家，农民合作社 224.1 万家，成员数量超过 6 680 万人，国家重点农业产业化龙头企业 1 120 家，各类农业社会化服务组织 44 万个[①]，因此了解这类群体的保险需求对农业保险服务现代农业产业具有重要意义。与传统农业相比，新型农业经营主体具有投入大、专业化和市场化程度高等特点，农业收入在其家庭收入中的占比较高，农业风险对规模化农业生产造成的损失也远远大于传统农业（尹成杰，2015）。相关学者对新型农业经营主体的农业保险需求进行了研究，结果表明以种植业为主的龙头企业大多数更倾向于产量保险，种植规模较小的农户则更倾向于成本保险（王国军，2018）；一些学者通过计量分析发现，保费补贴（李琴英等，2019；李丹等，2016；聂荣等，2017；Brunette et al.，2013；Raschky et al.，2013）、商业保险投保经历（李丹等，2014）、农场特征（Molua，2011）、产品形态（Osgood et al.，2012）、对保险公司的信任程度（刘超等，2014）等因素也是影响农业保险需求的重要因素。但是，以上研究主要集中在个人特征、家庭情况、保险要素、产品形态等某一个方面对保险需求的影响，针对新型农业经营主体获得感不强的原因以及真实的农业保险需求还鲜有研究，目前研究结果尚不能指导具体的保险实践。吴东立等（2018）指出关注生产者需求是农业保险成功的关键之一，对解决有效参保需求不足和进一步制定推进农业保险高质量发展具有重要意义。因此，本文在大量调查数据反映我国新型农业经营主体参保现状的基础上，深入剖析制约保险覆盖率进一步提高的原因，全面分析新型农业经营主体的保险需求，从而为指导供给端的保险产品更新换代，解决农业保险的现实困境打开新的思路，为我国农业保险的可持续发展和农村风险保障体系建设提供参考。

相比以往研究，本文的贡献主要有两点：第一，本文所使用的数据具有全国代表性。本文数据来自农业农村部新型农业经营主体信息直报系统的全国调查数据，系统用户均已完成注册登记，调研对象同时涵盖三类新型农业经营主体——家庭农场/专业大户、农民专业合作社和农业产业化龙头企业，样本具有代表性和规范性，在预调查的基础上完善问卷后最终获得 11 373 个有效样本。第二，本文的分析结果具有较强的现实指导意义。本文突破传统理论和计量模型在分析年龄、性别、教育背景等个

① 资料来源于农业农村部关于公布第九次检测合格农业产业化国家重点龙头企业名单的通知、《人民日报》2020 年 12 月 30 日 07 版、农业农村部农业农村重要经济指标、国家新闻办公室举行“十三五”时期农业农村发展成就新闻发布会。

体不可抗力因素影响实际参保行为上的局限，从制约农业保险参保的原因分析入手，为切实提高农业保险服务能力和加快农业保险高质量发展提供参考。上述两个特点使得本文分析结果比以往研究更能深化对全国新型农业经营主体农业保险需求状况和未来发展方向的总体把握。

本文章节安排如下：第二部分为数据来源和分析框架；第三部分主要以全国30个省份（西藏除外）的11 373份调研数据为基础，重点分析新型农业经营主体总体参保状况、保险损失补偿状况以及对农业保险需求状况；第四部分总结全文，提出政策建议。

二、数据来源与分析框架

（一）数据来源与样本特征描述

1. 数据来源

本文的数据来源于2020年10月30日对农业农村部新型农业经营主体信息直报系统用户开展的农业农村金融保险需求在线调查。该调查由农业农村部计划财务司金融保险处负责总体组织协调，中国农业科学院农业信息研究所负责调查设计，上海磐荣商务软件系统有限公司负责调查执行。问卷涉及信贷和保险两个方面共22个问题，保险方面的调研内容涉及新型农业经营主体参保情况、保险赔偿占生产损失比例、对农业保险的需求三个方面。

调研过程具体分为两个阶段：第一阶段为预调查，主要是对系统内所有用户进行调查，根据问题反馈调整问卷设计。第二阶段为正式调查，主要是对系统内已认证用户进行在线收集问卷。调查最终获得有效样本11 373个，回收率9.26%，调研人群包括30个省份（西藏除外）的家庭农场/种植大户、专业合作社和龙头企业。其中，家庭农场/专业大户6 997个，占比61.5%；农民专业合作社3 726个，占比32.8%；农业产业化龙头企业624个，占比5.5%。根据统计结果，调查地区样本分布情况如图1所示。

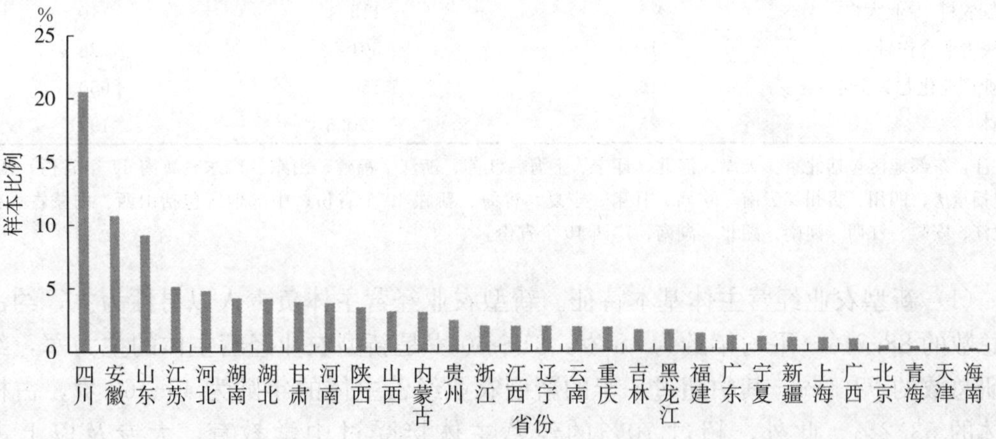

图1 样本分布结构

2. 样本特征描述

从调查结果来看，调查对象大体有以下特征：多分布在中西部地区；负责人以男性居多，受教育水平以高中/中专为主，平均年龄为 48 岁；已形成规模化经营方式，营利能力较强（表 1）。具体而言：

表 1　样本新型农业经营主体的基本特征

新型农业经营主体的地区分布				
主体类型	东部		西部	中部
家庭农村/专业大户	31.7%		32.6%	35.7%
农民专业合作社	20.0%		43.1%	36.9%
农业产业化龙头企业	27.8%		42.7%	29.5%
总体	27.6%		36.6%	35.7%
新型农业经营主体负责人的性别与年龄分布				
主体类型	男性		女性	平均年龄（岁）
家庭农村/专业大户	89.7%		10.3%	48
农民专业合作社	87.7%		12.3%	49
农业产业化龙头企业	85.1%		14.9%	48
总体	88.8%		11.2%	48
新型农业经营主体负责人的受教育程度				
主体类型	小学及以下	初中	高中/中专	大专及以上
家庭农村/专业大户	1.9%	33.8%	43.7%	20.6%
农民专业合作社	1.5%	15.7%	40.9%	41.9%
农业产业化龙头企业	0	15.6%	31.2%	53.2%
总体	1.7%	29.0%	42.6%	26.7%
新型农业经营主体生产经营状况				
主体类型	平均劳动力（人）		平均经营面积（亩）	平均收入（万元）
家庭农村/专业大户	3		115	10
农民专业合作社	15		501	28
农业产业化龙头企业	45		1 150	650
总体	25		490.6	194

注：东部地区包括北京、天津、河北、辽宁、上海、江苏、浙江、福建、山东、广东、海南 11 个省份；西部地区包括重庆、四川、贵州、云南、陕西、甘肃、宁夏、青海、新疆 10 个省份；中部地区包括山西、内蒙古、吉林、黑龙江、安徽、江西、河南、湖北、湖南、广西 10 个省份。

（1）新型农业经营主体基本特征。新型农业经营主体负责人以男性为主，约占调研总数的 88.8%，平均年龄为 48 岁，31～60 岁是新型农业经营主体的主力军，约占调研总数的 92.5%，其中超过一半的新型农业经营主体的年龄为 45～60 岁，占样本总体的 53.2%。此外，超过 70% 的经营主体接受过中学教育，大专及以上占比 26.7%，整体表现出较高的文化程度。综合来看，新型农业经营主体表现出受教育程度较高的年轻人自愿选择从事农业生产经营的现象。

（2）农业生产特征。新型农业经营主体平均劳动力人数25人，平均经营面积490.6亩，但是专业合作社和龙头企业远高于平均水平，经营面积超过500亩的占比41.5％。整体上，新型农业经营主体生产结构比较单一，例如粮食种植大户主要从事小麦或者水稻的单品种种植，蔬菜专业合作社经营品种一般不超过五种。

（3）农业收入水平。新型农业经营主体的农业收入平均为194万元，除去龙头企业外其他经营主体平均收入为17.5万元。仅收入水平而言，新型农业经营主体是农村高收入群体的重要组成部分。与传统小农户半农半工的兼农型生产不同，新型农业经营主体主要是从事农业生产的纯农型农户，农业经营收入成为其主要的收入来源。

（二）分析框架

本文主要从参保状况、损失补偿状况、对未来农业保险的需求三个方面来分析新型农业经营主体的农业保险需求（表2）。

表2　新型农业经营主体保险需求分析指标

一级指标	二级指标	指标释义
参保情况	参保率	参保主体/样本总量。该指标反映单一时点的参保情况
	未连续参保率	中断投保主体/参保主体。该指标反映长期的参保情况
	未参保原因	反映农业保险的总体问题
	未连续参保原因	反映农业保险的服务问题
损失补偿情况	保险损失补偿率	保险赔付/生产损失
未来农业保险的需求	保险产品	涉及保险金额、保险责任、保险标的等保险要素
	保险服务	涉及保险公司的承保、定损、理赔服务

参保状况主要包括总体参保状况、未参保原因、未连续参保状况3个方面。总体参保状况是在宏观层面了解农业保险对我国农业规模生产者的覆盖率，本文通过调查不同区域、不同规模新型农业经营主体的参保率，对新型农业经营主体的参保情况进行总体把握；未参保原因是完善政策性农业保险的必要信息，本文通过设置可能选项了解当前农业保险存在的问题，如保险品种少、保险赔偿低等；未连续参保状况是在一段时期内经营主体的参保状态，该指标旨在提高保险服务质量，推动农业保险可持续发展，本文通过分析9个品种的未连续参保情况及其原因，分析农业保险在服务过程存在的不足。

损失补偿状况主要回答一个问题，即农业保险对新型农业经营主体的风险保障程度如何？一直以来，我国常用“农业保险简单赔付率”（保险赔付/保费收入）这一指标衡量农业保险的风险保障水平。据相关数据显示，2010—2019年全国平均简单赔付率为63.7％，一些省份，如黑龙江、四川、北京等地大灾年份的赔付率甚至超过了100％（魏腾达等，2022），如果依据这一评价指标，我国的农业保险确实发挥了风险保障作用。但是，简单赔付率实际上是衡量保险公司经营情况的指标，并不能反映保险对农民的损失补偿情况（张峭等，2019）。2017 年中国农业保险保障水平课题组提出了“农业保险保障水平”这一概念，从农业产业出发度量和评价农业保险的保障效果，用农业保险保额占农业总产值的比例来衡量。王克等（2018）认为，“农业保险保障水平”过于强调保额，忽略了免赔等其他因素对农户实际获赔金额的影响，同样不能反映农业保险为农户提供的实际风险保障程度。之后，国内学者也使用亩均获赔额、亩均获赔额占生产成本的比重等描述农业保险的风险保障程度（马彪等，2020）。本文认为，农业保险的风险分散功能体现应当是对损失的补偿能力，即保险赔款占生产损失的比重，但由于生产损失缺乏衡量标准，因此本调查对这一问题进行了设置。

对未来农业保险的需求状况是经营主体从自身需求出发对农业保险提出的改进方向。目前我国正在按照“扩面、赠品、提标”的要求，逐步推进三大粮食作物完全成本保险和玉米种植收入保险试点，并对地方特色品种实施奖补，上述保险产品在提高保障水平的同时也难免存在一些问题。经营主体作为保险的直接需求方，其对农业保险的改进建议能够为我国农业保险的未来方向提供参考。这一部分的分析主要包括保险产品和保险服务两个方面。

三、新型农业经营主体保险需求调查结果分析

（一）总体情况

我国新型农业经营主体参保率为 45.46%（表 3），保险品种少是导致参保率较低的主要原因，占比 45.27%。需要特别说明的是，在其他未参保原因中大约有 890 份问卷反映不了解农业保险政策，不知道通过那种途径参与农业保险，甚至不知道农业生产可以参加保险也是未能参保的重要原因，占比 14.35%。这一比例虽然在总体样本中占比不高，但是却是农业生产者在其他未参保原因中自行填写的最集中的原因。说明虽然从数据上表现出保险品种少是保险覆盖率较低的主要原因，但是信息不对称问题也可能是造成经营主体未能参保的重要因素，即保险公司已经开发了相应的商业保险，但是由于宣传不到位等原因导致经营主体信息缺失，从而造成保险覆盖率偏低。

新型农业经营主体普遍出现过中断投保行为，占比 78.1%，保险获赔金额少是导致中断投保的主要原因，占比 46.80%。农业保险赔付占生产损失的比重平均为 30.67%，说明我国农业保险在保障新型农业经营主体生产风险、促进复产复播、稳定参保积极性等方面作用有限。可能原因一方面与我国的成本保险产品形态有关①，另一方面也反映出我国农业保险在实际操作中可能存在严重的协议理赔问题

① 由于调查时间是在 2020 年，三大粮食作物完全成本保险和种植收入保险试点范围还未扩大到 13 个粮食主产省。

(林乐芬等，2017；柴智慧等，2013；聂荣等，2013；刘佶鹏，2013)。在新型农业经营主体的保险需求方面，综合而言，提高保险保额是新型农业经营主体的普遍需要，占比49.72%，同时也有34.91%的经营主体对保险服务提出的首要需求是公平科学定损（表3)。

表3 新型农业经营主体调查总体情况

一级指标	二级指标	分析结果
参保情况	参保率	45.46%
	未连续参保率	78.1%
	未参保原因	保险品种少：45.27% 保险获赔金额少：15.54% 不需要农业保险：10.49% 对保险公司服务不满意：7.88% 保费较高：6.46% 其他：14.35%
	未连续参保原因	保险获赔金额少：46.80% 保险标的品种少：25.46% 对保险公司服务不满意：17.98% 保费较高：6.34% 不需要农业保险：3.39%
损失补偿情况	保险损失补偿率	30.67%
未来农业保险的需求	保险产品	提高保险金额：49.72% 增加可保品种：24.61% 保障价格风险：23.27%
	保险服务	公平科学定损：34.91% 加快承保理赔速度：23.27% 自主选择保险公司：19.92%

(二) 参保情况的异质性分析

如图2所示，不同品种的参保率存在较大异质性。三大粮食作物、大豆、生猪5种中央补贴险种的投保率显著高于蔬菜水果非中央补贴险种，两者参保率相差3倍左右。该结果表明保费补贴是推动农业保险发展的重要力量，对提高农业生产者参保积极性具有重要作用，这一结果验证了相关学者的研究结论（Du et al.，2017；Fadhliani et al.，2019；刘蔚等，2016；张伟等，2021)。同时，调查结果显示种养规模与参保率呈正相关关系，分析其可能原因是，农业生产规模越大则专业化程度越高，生产者转变经营方向的灵活性越弱，所面临的自然风险、市场风险和质量安全风险更为集中，一旦风险转化为损失，对新型农业经营主体的生产经营将产生巨大的财务冲击（吴限等，2015；王国军，2018；朱云霞等，2019；叶明华等，2018；钟甫宁等，2006；虞锡君，2005)，因此生产规模越大对保险的需求越强烈。同时，本次调查显示“不需要农业保险”在未连续投保原因中仅占比3.39%，而且调查总体的参保率显著低于中断参保率，说明曾经中断投保的主体又重新参加了保险，这一结果同样反映出在巨大的农业风险环境影响下，新型农业经营主体出于风险分散和持续稳定经营的考虑，即使对农业保险赔付并不满意也选择了再次投保。

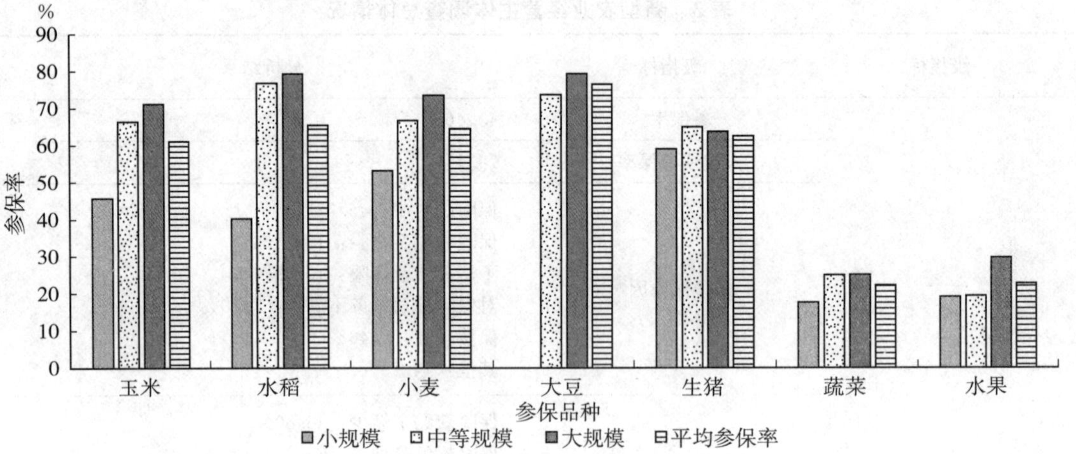

图2　分品种不同规模生产者参保率

注：种植业小、中、大规模种植面积依次为0～99亩、100～499亩和500亩以上；养殖业小、中、大规模出栏数量依次为0～999头、1 000～4 999头和5 000头以上。

此外，省际间新型经营主体的参保率同样存在异质性，东部地区的参保率相对更高。调查显示，东部地区平均参保率高于中西部地区5～10个百分点，可能原因是东部地区的省份经济比较发达，可以提供充足的保费补贴资金支持农业保险发展，该结果进一步说明财政支持对扩大保险覆盖面的重要作用（表4）。

表4　样本新型农业经营主体的参保率分布

省份	参保率	省份	参保率	省份	参保率
上海	71.90%	东部平均	50.40%	山西	35.46%
黑龙江	69.07%	山东	49.10%	贵州	33.81%
内蒙古	65.07%	青海	48.72%	重庆	31.96%
江苏	64.33%	新疆	48.48%	陕西	33.08%
宁夏	59.23%	中部平均	47.70%	江西	31.44%
安徽	57.13%	甘肃	46.29%	云南	26.77%
吉林	56.92%	全国平均	45.46%	福建	26.38%
辽宁	54.15%	四川	40.24%	广西	25.00%
湖南	52.29%	河南	40.00%	广东	24.29%
北京	52.17%	西部平均	39.80%	湖北	22.15%
河北	51.28%	浙江	38.35%		

（三）未连续参保的异质性分析

从总体分析得出，保险获赔金额少是未连续参保的主要原因。为验证这一结论，本文对连续参保主体和未连续参保主体的保险损失补偿率进行了统计。其中，连续参保主体的保险损失补偿率为 33.1%，未连续参保主体的保险损失补偿率为 30%，说明保险获赔金额少是未连续参保的重要原因。

进一步分析，因保险获赔金额少导致中断投保的问题在省份之间存在异质性。如图 3 所示，产粮大省因保险获赔金额较少导致未连续投保的比例约为非产粮大省的 2 倍，非产粮大省因可保品种少导致未连续投保的比例约为产粮大省的 1.3 倍，可能原因是产粮大省的生产结构较为简单，现有的保险产品已经可以满足风险管理的需要，其更看重农业保险的灾后损失补偿能力，因获赔金额较低而放弃参保的比例相对更高。

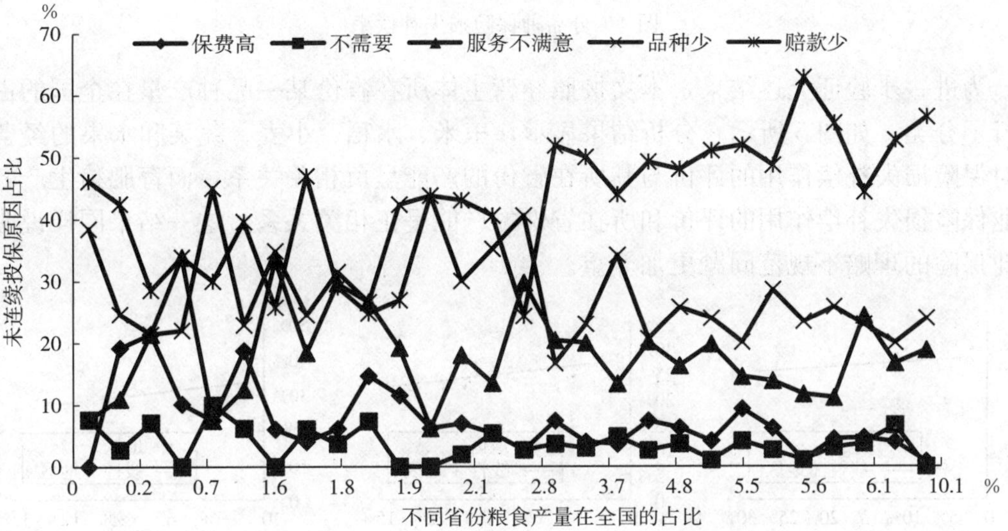

图 3　分省份未连续投保原因占比

（四）农业保险损失补偿作用的异质性分析

如图 4 所示，农业保险对养殖业险种的损失补偿率高于种植业近 10 个百分点，说明养殖业保险的理赔不规范问题要弱于种植业。可能原因：一方面种植业的逆选择比较严重，农业生产者通过对当年生产环境的预判，选择生产当期是否投保，保险公司为平滑每年的承保收益，可能与种植业经营主体进行协议赔付；另一方面，种植业的查勘定损过程相对复杂，理赔存在争议的情况较为普遍，在未能一致判定损失的情况下，保险公司倾向于平均赔付，而养殖业保险一般根据身长、体重判定损失情况，保险双方比较容易形成统一的意见，理赔不规范问题相对较少。

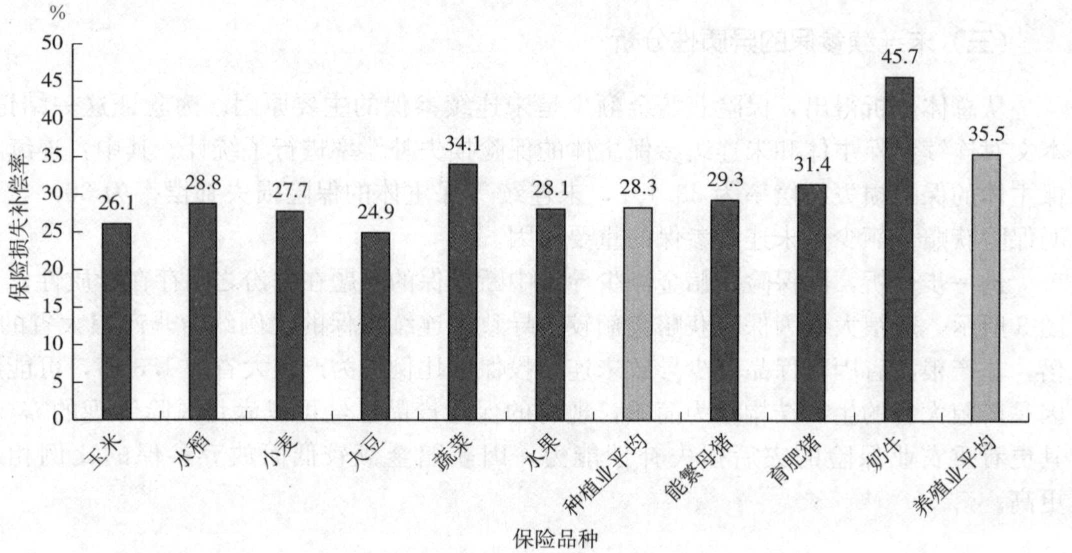

图 4　分品种保险损失补偿率

为进一步验证上述结果，本文按照经营主体所在省份某一品种产量在全国的占比进行了分类，如图 5 所示。分析结果显示，玉米、水稻、小麦、蔬菜和水果的经营主体对保险损失补偿作用的评价与其所在省份的产能呈负相关关系，而育肥猪生产者对农业保险损失补偿作用的评价和所在省份的产能呈正相关关系，这一结果同样说明种植业保险的理赔不规范问题更加严重。

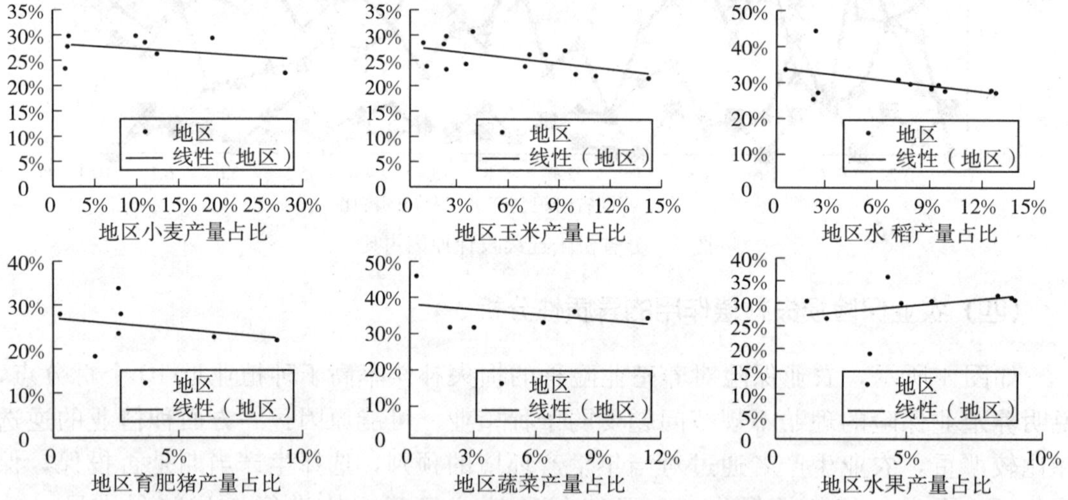

图 5　不同地区各品种农业保险损失补偿率

（五）农业保险需求的异质性分析

如图 6 所示，种植业经营主体对科学公平定损的需求占比 37.7%，高于养殖业近 10 个百分点，说明种植业生产者更加希望公平定损，这一结果也验证了种植业保险理赔不规范问题更加严重的结论。此外，种植业对保障价格风险的期望以24.6%的占比超过增加可保品种的期望，位列第三，而养殖业则将更多的注意力投向增加可保品种。可能的原因是养殖业纳入中央财政补贴范围的品种仅有能繁母猪、育肥猪、奶牛以及藏区品种，以肉牛、肉羊、家禽、水产等为保险标的的产品因为缺乏中央财政补贴开发较少，而种植业纳入中央财政补贴范围的险种较多，而且除三大粮食作物外其他种植品种市场价格波动剧烈，新型农业经营主体在利用科技手段有效防灾减损的前提下，更希望获得比较稳定的价格预期。

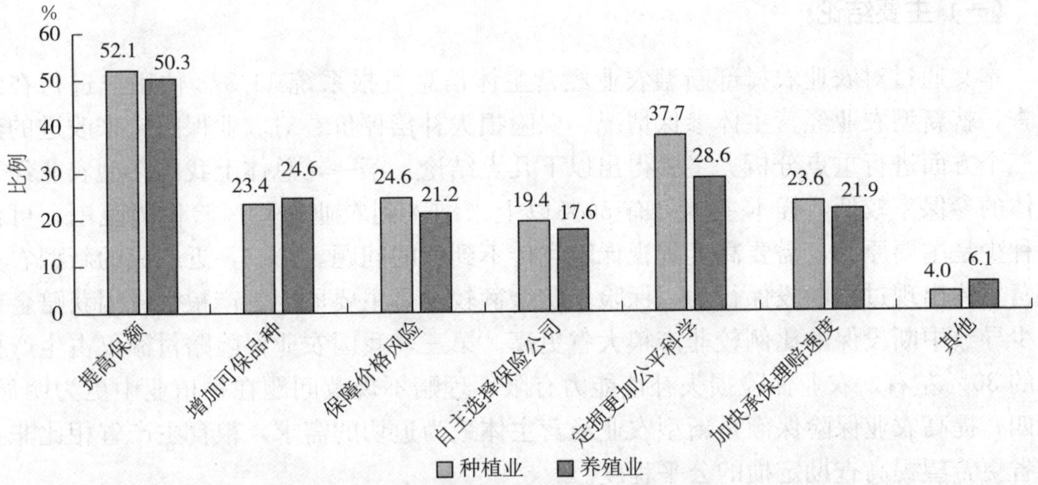

图6　种养业经营主体对农业保险的需求

分省份而言，各省份新型农业经营主体对提高保险保额的需求平均占比50%左右，省份之间没有显著区别，说明高保障产品是全国新型农业经营主体的普遍需求，但不同省份对农业保险的其他需求存在异质性。如图7所示，产粮大省相比于非产粮

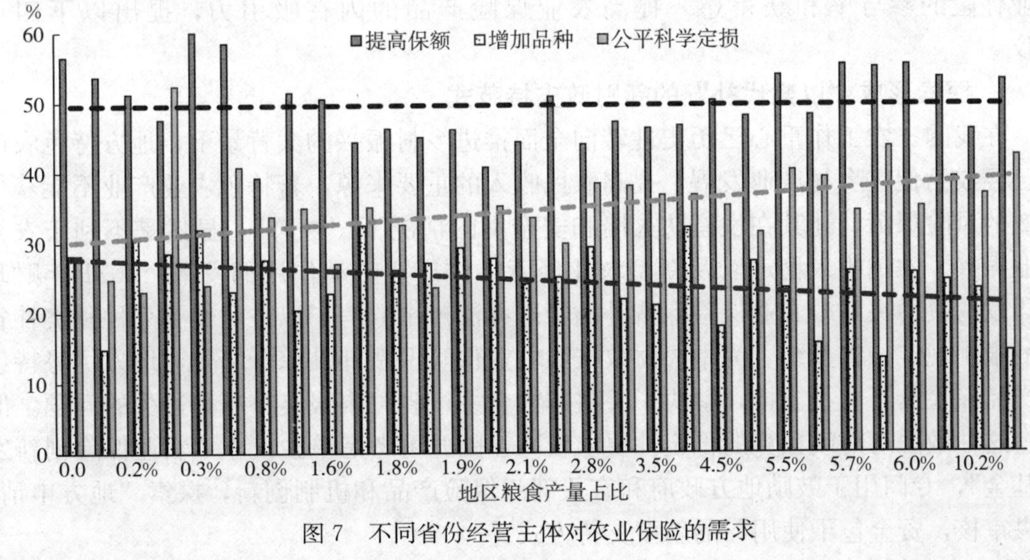

图7　不同省份经营主体对农业保险的需求

大省对公平科学定损提出了更高的要求，占比从30%上升到40%左右，对增加可保品种的建议呈下降趋势，占比从30%下降为20%左右，说明科学定损成为了粮食主产省较为强烈的一个需求。可能原因是粮食主产省的经营主体因生产结构相对单一，现有保险产品已经能够满足风险保障需求，更希望针对已有可保品种完善保险产品设计和保险服务体系。

四、主要结论和政策建议

（一）主要结论

本文通过对农业农村部新型农业经营主体信息直报系统 11 373 位用户进行在线调查，就新型农业经营主体参保情况、保险损失补偿评价、对农业保险未来改进的建议三个方面进行重点分析。主要得出以下几点结论：第一，总体上我国新型农业经营主体的参保率较低，样本主体仍有50%以上未纳入到农业保险风险保障范围，可保品种少是主要原因，需要高度重视保险宣传不到位的问题。第二，近八成的新型农业经营主体出现过中断投保行为，保险获赔金额较少是主要原因，产粮大省因获赔金额较少导致中断投保的比例较非产粮大省更高。第三，我国农业保险赔付额仅占生产损失的30%左右，农业保险损失补偿能力有限，理赔不规范问题在种植业中更为明显。第四，提高农业保险保额是新型农业经营主体最为迫切的需求，粮食主产省相比非主产省更希望提高查勘定损的公平程度。

（二）政策建议

从本次调研的数据分析结果看，新型经营主体对农业保险的需求和评价总体符合预期，同时也符合当前的政策走向，非常具有借鉴意义。为提升新型经营主体农业保险的参与率和获得感，提高农业保险产品的内在吸引力，提出以下四点建议。

1. 探索形成“以奖代补”的新财政支持范式

在我国三农工作重心已历史性转向全面推进乡村振兴的大背景下，地方特色农产品已经成为促进乡村产业发展、提高农民收入的重要来源，若特色农业产业不能获得有效的风险保障，让其在没有防火墙和安全网的情况下“裸奔”，显然是不利于农村产业振兴、农民收入稳定以及新型农业经营主体产业带动作用的发挥。2021年财政部印发的《中央财政农业保险保费补贴管理办法》中取消了以往对奖补品种和奖补省份的限制规定，将其统一为中央财政按照农业保险保费补贴综合绩效对地方优势特色农产品保险给予奖补支持，解决了一些非粮食主产省可申报奖补品种过少的问题。但是，这种做法对财政预算的稳定性要求较高，因此可考虑单独设立“农业保险创新发展基金”，专门用于鼓励地方政府和有关部门保险产品和机制创新，探索“地方申请，中央审核，资金包干使用”的新型支持方式。

2. 持续推进农业保险“提标”工作

自2017年“大灾保险”试点起，我国持续推进农业保险“提标”工作，对粮食作物而言已经在全国意义上初步构建起了由低保障的“成本保险”和高保障的“完全成本和收入保险”构成的农业保险体系，三大主粮作物保险多层次的产品供给体系初具雏形，但其他重要农产品和地方特色农产品仍处于成本保险阶段。在我国已经将三大主粮完全成本保险和收入保险试点扩大到13个粮食主产省的500个产粮大县的情况下，有必要加快其他农产品的“提标”步伐。然而，受限于财政压力，不能将所有品种都纳入到中央财政补贴的完全成本保险和收入保险试点内，因此建议对其他重要农产品和地方特色农产品探索“政策险＋商业险”的更高保障模式。

3. 研究制定全国农业保险查勘定损技术标准规范

保险定损的科学精准性直接影响获赔金额，是需要给予高度重视的一项工作。然而，我国农业保险的查勘定损工作一直没有统一的标准，实际操作中难免存在随意性，严重影响了农业保险风险补偿作用的发挥和新型农业经营主体的参保获得感。因此，建议农业部门可以充分发挥熟悉三农业务、掌握大量三农数据和体系队伍健全的优势，研究制定全国农业保险查勘定损技术标准规范，使之成为我国农业保险发展的重要基础设施之一，同时开展对基层农业保险专业技术人员培训，建立县乡村三级农业保险查勘定损队伍，提高农民满意度。

4. 加大农业保险宣传力度

《关于加快农业保险高质量发展的指导意见》（以下简称《意见》）中指出，要充分保障农业生产者惠农政策知情权，推动农业保险条款通俗化、标准化。但是，自《意见》出台至今，加强农业保险宣传和开展风险教育培训的工作一直没有实质进展。一是创新宣传方式。当前互联网已经深入农村地区，充分利用互联网、手机App、微信公众号等形式，把农业保险的意义、相关保险知识和受益典型案例等制作成通俗易懂的图文或视频，提高基础保险的普及范围。二是采取分区分片集中培训。针对大多生产者存在文化水平不高，信息获得渠道有限等现实情况，当地农业部门应协同保险经营单位对新型农业经营主体进行集中培训，更直接有效地讲解农业保险的补贴政策、保险条款、定损理赔原则等，同时听取一线农业生产者的保险需求，不断完善产品设计。

当然，由于本次问卷采取的是在线调研方式，虽然回收数量较多，但是由于缺乏与被访生产者面对面的交流，在问卷结果的解释方面可能存在偏差。此外，虽然本文的一些结论与当前的政策走向相吻合，但是问卷仅仅涵盖新型农业经营主体，并未涉及我国规模庞大的小农户。在一些省份，受限于地方财政压力和小农户较低风险保障的需求，完全成本保险和收入保险的推动存在阻碍，如何在各个地区推动建立具有保障层级的农业保险供给体系是未来需要研究的重点问题。

参考文献（略）

遥感技术在种植收入保险中的应用场景及研究进展*

陈爱莲　赵思健　朱玉霞　孙　伟　张　晶　张　峭

摘要：种植收入保险已成为中国农业保险的一种重要形式，2022年将在13个粮食主产省的所有主产县开展。本文首先回顾了遥感技术在农业保险中的总体应用历程，其次，通过阐述现有种植收入保险的业务模式，展现了目前遥感技术在该模式下的应用场景，并对各种应用场景下的关键技术的应用研究进展进行了评述，包括耕地地块提取、作物分类提取、作物灾情评估和作物产量估算。最后，列举了目前种植收入保险常用的遥感数据源。通过综述，发现了种植收入保险应用场景下最重要的两个技术层面的问题：一是地块提取和作物分类不够自动化，二是产量估算机理性不强、准确度不高。由此又延伸出两个行业层面的问题：一是遥感行业自身局限性问题，二是保险行业的现行业务与遥感技术结合的兼容性问题。对此，本文提出建立数据分发平台解决数据获取与处理难以及初始数据标准化的问题，完善耕地地块和作物类型样本库以促进地块提取和作物分类自动化，多学科交叉研究实现更快更准更科学地产量估算，农业保险遥感技术应用标准化、合同化等具体建议。展望未来，种植收入保险乃至所有农业保险中遥感技术的应用模式应该是一个有数据可用、技术上更自动化智能化、有标准可依、有合同背书的新型模式。

关键词：遥感技术；农业保险；种植收入保险；精确理赔；产量估算；耕地提取；灾情评估；遥感数据源

一、引言

农业是一项弱质产业，面临自然灾害带来的生产风险和价格波动带来的市场风险。农业保险作为一种农业风险管理的有效工具，在规避农业风险、保障农民收入稳定和农村社会稳定方面发挥着重要的作用。自2007年实施政策性农业保险以来，中

---

* 本文原载《智慧农业（中英文）》2022年第1期。

作者简介：陈爱莲，博士，工程师，研究方向为遥感技术应用；赵思健，博士，研究员，中国农业科学院农业信息研究所研究员；朱玉霞，中国农业科学院农业信息研究所研究生；孙伟，中国农业科学院农业信息研究所研究生；张晶，中国农业科学院农业信息研究所研究生；张峭，中国农业科学院农业信息研究所农业风险研究中心主任。

国农业保险发展速度迅猛，2020年农业保险的签单保费达到815亿元人民币，保费规模首次跃居世界第一，2021年保费继续增长至965亿元人民币。

然而，中国目前实施的政策性农业保险绝大多数是物化成本保险，主要用于弥补自然灾害导致的产量损失，并以物化成本的水平对农户因灾损失进行补偿。随着经济全球化，各国农产品价格的关联度越来越高，农业市场风险的影响日益凸显。农产品价格的频繁波动，严重影响了农业收入的稳定性。传统的物化成本保险或者称产量保险，已经不能满足农业生产者的风险保障需求。国际经验表明，农业收入保险是防范农民生产和市场风险的重要手段，已经成为美国、加拿大、日本等发达国家重点推行的农业保险产品。与只保价格或者只保产量的保险产品相比，农业收入保险是一种弥补农业生产者因产量或价格双重风险而引起收入损失的保险，具有风险保障更加全面、承保风险更低、风险分散能力更强和准入门槛更低等优点，已经成为中国农业保险高质量发展的必然选择。

中国自2016年起开始重视农业收入保险，尤其是种植收入保险的实施与推进。2016年以来发布的中央1号文件均提及了探索开展种植收入保险试点。在政策的指引下，中国多省（自治区、直辖市）积极开展种植收入保险试点，其中以区域收入保险的试点居多。2021年6月，财政部、农业农村部和银行保险监督管理委员会三部委联合印发了《关于扩大三大粮食作物完全成本保险和种植收入保险实施范围的通知》（财金（2021）49号文），该通知明确2021年的种植收入保险试点由2020年的6个粮食主产省各4个主产县扩大到所有13个粮食主产省份的500个产粮大县，占产粮大县的60%。而2022年的中央1号文件进一步明确“实现三大粮食作物完全成本保险和种植收入保险主产省产粮大县全覆盖”，并增加了新的要求，即“探索开展糖料蔗完全成本保险和种植收入保险”。至此，在种植业保险方面，收入保险已成为目前及今后一段时期中国国家政策鼓励开展的重要险种。

在试点和大力发展种植收入保险过程中，保险各方在理赔时作物产量实时精确获取、理赔区域划分、基差风险识别等方面不断遇到新的难题。其中，作物产量实时精确获取是当前最为突出的难题。遥感（Remote Sensing，RS）技术是20世纪60年代兴起的一种探测技术，已经在农业领域中应用了50多年，应用领域涵盖了农业资源调查、农情四要素（面积、长势、灾害和产量）监测，以及农业环境保护等多个领域。遥感技术以其覆盖面积广、记录方式客观、重访周期短等优势被引入到收入保险的试点项目中，并积累了一定的试点经验。然而，随着保险行业的快速发展，以及政府层面的政策引导，遥感技术应用于农业保险迎来了新的机遇，同时也面临了巨大挑战。挑战主要包括以下几点：①遥感技术在中国农业保险中的应用历史不长，经验积累不足；②农业保险对遥感技术的服务需求因保险产品的不同而不同，没有统一的模式，没有可遵照的标准规范；③引入遥感技术不是政府或监管部门强制的行为，也没有在保险合同中明确相关条款，农业保险各方（提供保费补贴的政府、作为保险人的保险公司以及作为被保险人的农户）对遥感技术的认可存在不确定性；④遥感技术与农业保险，尤其是种植业产量损失补偿型保险（与之相对应的是指数型保险）的结合还不够成熟；⑤遥感技术自身也存在很多局限性。

因此，本文首先回顾了遥感技术应用于农业保险的发展历程，阐述了种植收入保险中产量获取存在的问题，并以种植业收入保险这一险种为重点，通过展示种植业收入保险的业务流程以及遥感技术的介入场景，综述与种植收入保险业务相关的关键技术，最后对当前遥感技术在种植收入保险中的应用现状进行讨论，对未来遥感技术在种植收入保险中的应用模式进行展望，以期推进遥感技术在种植收入保险中的深入应用，促进中国农业保险的高质量发展。

二、遥感技术在农业保险中的应用发展历程

（一）国际农业保险遥感的发展历程

遥感技术应用于农业保险的案例可追溯到 1975 年，1980 年 Towery 等使用航空红外影像定性地评估雹灾等灾害对作物产量的影响，确定耕地受损面积和位置。而根据 De Leeuw 等对遥感技术在农业保险中的应用潜力和实际采用情况的综述，2014 年之前的 40 年，遥感技术在损失补偿型保险方面的应用非常有限，几乎仅限于美国政府开展的几个研究。De Leeuw 等同时也发现遥感技术与指数型保险的结合度更高，其结合成熟程度远大于与损失补偿型保险的结合，且主要用于牧草或畜牧业指数保险。此后，2019 年，Vroege 等综述了遥感技术在牧草指数保险方面的应用，也指出遥感影像的应用潜力很高，不同分辨率的遥感影像可用于不同类型的农业保险，其中高分辨率遥感影像用于损失赔偿型保险，中分辨率遥感影像用于区域产量保险，而低分辨率的气象参数相关的影像可用于气象指数保险。

在 2014 年前后，发展中国家尤其是中国的农业保险开始飞速发展。由于发展中国家农业保险起步晚，保险双方信息不对称情况比较严重，遥感技术开始在很多国家的非指数类保险中得以应用，如印度水稻产量估算，中国小麦干旱风险评估，印度尼西亚水稻损失评估等，这些研究一定程度上都以辅助保险定损或产量估算为目的进行遥感技术探索，都需要将遥感所得信息转化成与产量损失相关的信息。

（二）中国农业保险遥感技术发展历程

中国是农业保险新兴市场。2007 年，自中国政府开始提供保费补贴以来，农业保险逐渐步入高速发展阶段，遥感技术在农业保险中的应用研究也始于这一时期。2013 年，中国人民保险财产股份有限公司（简称“人保财险”）联合北京师范大学等单位开展了《国家发改委卫星及应用产业发展专项项目——基于遥感技术的农业保险精确承保和快速理赔综合服务平台与应用示范》研究，是农业保险与遥感技术结合的里程碑。2014 年，郭清和何飞分析了遥感技术在农业保险中的“按图承保、按图理赔”的应用模式，详细介绍了在遥感技术支持下农业保险承保和理赔的技术流程。

从引入遥感技术至今，中国研究者除了学习国外经验之外，更积极从中国国情出发探索基于遥感技术的产品设计、基于遥感技术的保险全流程辅助技术应用，以及基于以遥感技术为主，地理信息系统（Geographic Information System，GIS）与全球定位系统（Global Positioning System，GPS）技术为辅的保险业务方案设想和设计，为农业保险高质量发展提供依据。其中，产品设计主要体现在指数型保险方面，如李懿珈等以西藏那曲市为例，设计以遥感植被指数作为赔付依据的畜牧业旱灾指数保险产品。基于遥感技术的保险全流程辅助则涉及保险承保后的验标、理赔时的灾害定损和产量估算。蒙继华等以内蒙古库伦旗较严重的旱灾为例，基于遥感技术开展了农作物分类与种植面积提取、干旱等级评估、作物长势监测及作物单产与产量评估，是一个系统的遥感技术应用于种植业保险承保、理赔的案例。将遥感技术引入种植收入保险方面也有专门的案例研究，如 2019 年陈爱莲等将遥感技术引入大豆区域收入保险中，基于哨兵 2 号卫星等数据，研究大豆遥感估产及其在区域收入保险中的应用流程。朱玉霞等在山西马铃薯区域收入保险中也做了详细的探索。基于 3S（GIS、GPS 和 RS）技术的农业保险业务方案设想也较多，包括赵思健和张峭提出建立基于 3S 技术的“天、空、地”一体化模式，应用于种植业保险的标的管理和灾害查勘定损，李乐等提出的基于 3S 技术的“精确承保和快速理赔”等。

中国农业保险进入高速发展以来，不断有不同团体，包括保险公司、科研院所、监管部门、科技公司等，独立或联合研究以遥感技术为主的 3S 技术在农业保险中的广泛应用。从保险标的方面，既包括粮食作物保险的应用，也包括经济作物、林业、牧草保险的应用；从保险产品角度，既包括损失理赔型保险的应用也包括指数保险的应用；使用数据涵盖了气象卫星数据、中低分辨率多光谱卫星数据、雷达卫星数据、中高分辨率卫星数据、高分辨率卫星数据和无人机航空数据等。其中气象卫星数据可用于灾害评估，如 NOAA 卫星降雨产品用于旱灾评估，也可用于产量估算，GPM 测雨雷达卫星数据用于产量评估等。中低分辨率既可用于长势评估，如中分辨率成像光谱仪（Moderate-resolution Imaging Spectroradiometer，MODIS）可用于产量估算。中分辨率卫星数据可用于耕地地块划分，如哨兵 2 号（sentinel 2），也可用于作物分类，如环境卫星；还可用于长势评估和产量估算。而超高分辨率卫星数据和无人机数据则多用于地块提取、作物分类和产量估算。

由于种植收入保险一般承保到户，或者到乡镇，因此需要实现区县、乡镇、村甚至地块级别较准确的作物分类、面积估算和产量估测，其尺度更小，对分辨率的要求更高，所使用的数据也以中高分辨率卫星数据和无人机数据为主。遥感技术在农业保险中的应用在总的技术框架层面已形成了标准规范，即《基于遥感技术的农业保险精确承保和快速理赔规范》（JR/T 0180—2019）。该规范虽然“规定了基于遥感技术的农业保险精确承保和快速理赔工作准备，遥感数据获取、预处理和解译技术方法，精确承保和快速理赔总体流程、产品内容和精度要求”，并规定其“适用于种植险和森林险利用遥感技术开展农业保险精确承保和快速理赔，规范遥感技术在农业保险承保和理赔中的应用。”但是，该规范总体上比较笼统，没有涉及不同险种、不同遥感数据、不同的保险阶段所涉及的具体遥感技术等内容。

总体上，如 De Leeuw 等所言，目前农业损失理赔中遥感技术的应用依然集中于技术的探索，而与保险业务结合的研究较少。虽然目前遥感技术在“精确承保”方面已经可以满足承保和验标的要求，但是在精确理赔方面，由于农业保险标的农作物生长和产量形成机制及影响因子的复杂性，理赔仍是“一地一技，一事一议”，没有形成技术标准或者应用模式规范。遥感技术在农业保险上的应用也侧重于验险验标、灾后查勘定损和产量估算中的技术探索，而如何让遥感技术与农业保险业务更好地结合，如何形成行业标准，形成何种行业标准是面对农业保险高速发展、高质量发展对数据需求的主要挑战。

（三）作物产量获取存在的问题

种植收入保险在理赔时需要作物收获期的实际产量和实际价格数据作支撑。实际价格数据可以参考物价局数据，而实际产量的数据来源则是个难题。中国统计部门通常会滞后半年甚至一年以上公布产量数据，因此在收入保险理赔中，目前普遍采用产量估算方法，即人工测产。中国目前农业生产仍以小农户为主，开展个体收入保险需要获取个体产量，成本极高，很难施行，目前的种植收入保险多以区域收入保险形式开展，通过测量区域产量开展理赔。现行的人工测产在区域产量获取中存在着成本高、效率低、区域覆盖不全、主观性大导致结果有偏差以及基差问题无法解决等五个方面的不足。

遥感技术的引入为估测作物产量提供了一条新渠道，利用遥感技术既可以为采样点布设提供长势分级图，也可以进行估产建模，但同时也带来了新的问题。一是遥感估产受数据的限制。如光学卫星数据受天气的影响，无人机数据受飞行范围与数据分辨率之间的矛盾以及成本的影响，雷达数据受信息量的影响。二是遥感估产的可靠性和认可度都存在不确定性。遥感估产依赖于地面数据的支持，所依赖的遥感参数存在“同物异谱”或者“异物同谱”现象，会带来估产误差。保险双方，尤其是被保险人对遥感的认同程度有待提高。三是获取数据的成本问题。不同的遥感数据，如存档卫星数据和编程卫星数据，中分辨率数据和高分辨率数据，无人机数据和卫星数据之间，成本相差很大，若收入保险统一要求用遥感数据，其存在巨大差距的数据成本需要慎重考虑。

可见，遥感技术在种植收入保险中的应用不仅是对遥感技术的挑战，遥感技术与农业保险的结合也是对保险公司、政府和监管等部门的挑战。

三、遥感技术介入种植业收入保险场景

下文以种植收入保险为例，展示种植收入保险的业务流程，从而展现遥感技术的

介入场景，如图 1 所示。

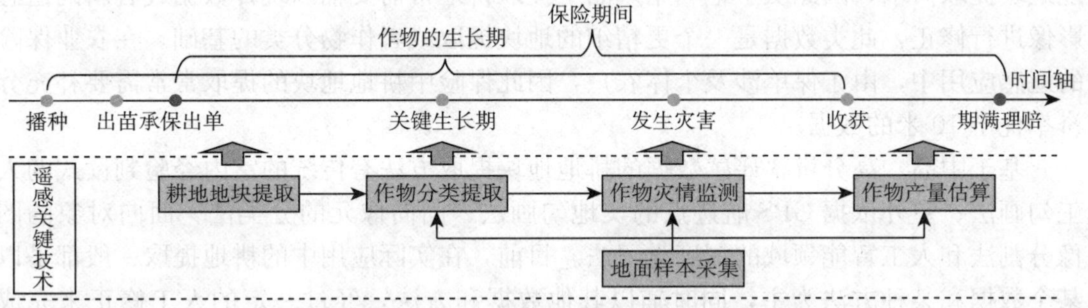

图 1　种植收入保险业务流程及遥感技术介入场景

从时间轴的角度看，种植收入保险开始于目标作物出苗后，保险机构进入收入保险的承保阶段。通过承保出单，保险机构确定收入保险的承保区域，明确了遥感技术应用的作业范围。随着作物进入生长期，可以利用遥感技术开展承保区域的耕地地块提取和作物分类。耕地地块是收入保险验标的基础数据，也是后续作物分类提取的基础，而作物分类图则是收入保险验标的重要依据；在作物生长过程中，还可以利用遥感技术记录和监测作物生长状态和受灾情况，开展作物长势分析和灾情评估；在作物收获期到理赔阶段，在气象、遥感、高程等多源数据的基础上开展作物产量估算建模，并按照理赔区域的范围计算出目标作物的平均产量，作为收入保险产量的依据。

从整个种植收入保险业务流程中可以看出，流程涉及的关键遥感技术可以分成 4 个部分，即耕地地块提取、作物分类、作物灾情监测以及作物产量估算。此外，整个业务流程中，数据源和地面样本采集是必要条件。其中，数据源的存在是业务开展的前提，而地面样本是基于遥感分析结果精度的保障。样本采集主要基于 GPS 技术、GIS 技术、互联网技术和抽样技术。目前样本采集技术也比较成熟，如中国太平洋财产保险股份有限公司的“e 农险”系统，中国农业科学院农业信息研究所的“样采宝”。由于篇幅关系，对于样本采集技术本文不再赘述。

四、种植收入保险涉及的遥感关键技术和数据源发展现状

理论上，农业遥感所用的技术和数据源在农业保险中都可以使用。其中，数据源和技术方法依据农业保险的业务进行选择。下文将对技术总体现状和农业保险所需技术和数据源现状展开评述。

（一）耕地地块提取技术

耕地地块是种植收入保险承保和验标的基础数据，也是作物分类提取的框架，在收入保险乃至整个种植业保险的应用中均有重要作用。耕地地块可以从已有的土地利用产品中提取，如分辨率为 30 米的 GlobeLand30。但是土地利用产品生产的最初目

的是土地利用类型的分类，产品精度一般无法直接满足农业保险涉及的乡镇级别的耕地地块提取需求，因此从土地利用产品中提取耕地常需要辅以统计数据或者新的遥感影像进行修正，此类数据是一个更精细的地块提取或者作物分类的基础。在农业保险的遥感应用中，由于保单涉及个体农户，因此保险中耕地地块的提取常常需要补充分辨率优于 10 米的数据。

基于中高、高分辨率遥感数据的耕地地块提取方法有传统的室内经验判读式的人工勾画法、室外依据 GPS 航迹点的实地勾画法、面向像元的分类法、面向对象的图像分割法和人工智能领域的深度学习法。目前，在实际应用中的耕地提取一般都是以某个数据和某种方法为主，同时辅以其他数据和方法，经过一定的人工修正来完成的。其中，面向对象的图像分割法和深度学习分类法是对人工依赖性相对较低、提取效率和精度都相对较高的方法，也是目前较常用的方法。

面向对象的方法是将多种知识，如遥感影像的多波段灰度值、纹理、邻域特征、几何形状等知识综合在一个表达里，进行邻域间比对，结合模糊数学，将各个相近的知识提炼成一个个对象，从而识别出具有相似纹理、相似形状和灰度的耕地信息。该方法可以消除以像元为基本单位的传统分类方法带来的像元孤岛和“椒盐”问题，减少大量分类后处理的工作，不仅提高了分类精度也提高了工作效率。面向对象的方法已经比较成熟，在很多商业图像处理软件中都有这项功能，如国际上的 eCognition 软件，其对 Sentinel 2A 卫星数据的面向对象提取，结合随机森林模型可以实现 96%的耕地提取精度。国产的遥感信息处理软件——简译，直接提供了多尺度的分割模式，对纹理信息尤其敏感。此外，其他常用的遥感软件，如 ENVI、ERDAS IMAGINE 都有面向对象提取功能模块。

深度学习分类法是从早期机器学习算法如人工神经网络（Artificial Neural Network，ANN）、支持向量机（Support Vector Machine，SVM）等机器学习算法中进化和升华而来的综合分类算法，2006 年由 Hinton 等正式提出，并被研究者引入遥感分类中。各国研究者们开展了基于深度学习多种算法的无监督或有监督分类，分类数据包括多光谱遥感、高光谱遥感、雷达遥感等。深度学习算法对硬件的要求比较高。目前，美国的 Google Earth Engine（GEE）平台为深度学习算法提供了云计算平台和可直接调用的代码模块，大大促进了深度学习算法的快速发展和应用。国产的简译遥感信息处理软件也内嵌了深度学习算法，促进了国内深度学习方法应用的推广。在云平台方面，国际上除了 GEE 以外，还有亚马逊云（Amazon Web Services，AWS）等云平台等。国内云计算平台的研发也在加速推进，如中国科学院先导科技专项的 EarthDataMiner，航天宏图的 PIE-Engine 等。

从分类方法角度看，在实际应用中，监督分类的深度学习法一般需要制作和积累数以万计的样本实现高精度的提取，而无监督分类的深度学习算法需要大量时间调节试验参数，目前基于深度学习的耕地提取技术在提取前和提取后处理上仍然需要大量的人工修正。杨颖频等基于 D-Linknet 算法的深度学习分类，只取了 84 个 1 000×

1 000 像素的样本，在小样本情景下，使用了人工修正的方式，取得了相对可靠的84%的识别精度，但深度学习的优势不明显。

从种植保险应用的角度来看，目前成熟且快速的耕地提取技术仍然是面向对象技术，该技术对样本数量要求低，对操作人员的技术要求也较低。但是随着深度学习应用的深入开展，其自动化和智能化的特性将被不断挖掘，成为未来耕地自动化和智能化提取的关键技术。

（二）作物分类提取技术

中国的农业保险是政府提供保费补贴的政策性保险，而保费补贴额度与作物类型相关。因此，作物分类图不仅是产量估算的基础，也是保险验标的基础。作物分类提取技术方法很多，采用何种作物分类提取技术主要取决于工作区域的大小、所采用的数据、区域种植结构特征等因素。大尺度（如省级及以上尺度）的作物分类，常选用中低分辨率影像（100～1 000 米）数据，如 MODIS、甚高分辨率扫描辐射计（Advanced Very High Resolution Radiometer，AVHRR）等遥感数据，分类依据主要是长时间序列影像展示的物候规律特征，方法上可采用人工决策树或者机器学习法进行作物识别，再辅以像元的软硬分类后处理来提高分类精度。中尺度（如省级以下或县级尺度）的作物分类，一般采用中高分辨率（10～100 米）影像，此时可以用面向对象法、决策树分类法或者多种方法综合方法等进行提取。小尺度（如乡镇级、村级尺度）或种植结构非常复杂的区域的作物分类，则一般需要高分辨率遥感影像（<10 米），此时一般采用面向对象或深度学习算法。

在种植收入保险中，开始作物分类之前，首先尽可能多地收集卫星遥感数据，根据数据情况，考察目标作物在影像上所呈现的特征来确定所采用的方法。若目标作物与同期作物从光谱特征或者纹理特征上差异明显，则可基于单期影像进行分类。若光谱特征存在明显差异，即可以基于传统的监督分类、非监督分类或面向对象等方法进行分类，若纹理特征存在明显差异，则可主要基于面向对象方法进行分类。刘斌等基于 SVM 对一期无人机影像农作物识别，结合数字地表模型（Digital Surface Model，DSM）数据，识别精度达到 92%。

在实际应用中，为了获得最佳的分类精度，达到应用需求，需要综合应用多种数据和多种方法。例如，吴志峰等在广西扶绥县进行的作物提取研究采用时空协同、多方法综合的方案，该研究首先采用深度学习算法对 0.6 米的谷歌地球（Google Earth，GE）数据进行耕地地块的提取，以此为掩膜底图，结合两年 45 景的 Landsat 8 数据和 Sentinel 2 数据（其中 2018 年 8 景 Landsat 8 数据，14 景 Sentinel 2 数据，2019 年 7 景 Landsat 8 数据，16 景 Sentinel 2 数据）的植被指数，基于随机森林方法进行全作物分类，实现了 88%的作物提取精度。陈爱莲等在嘉祥县进行大豆的识别时，首先从 Globeland30 中提取耕地对研究区进行掩膜，之后基于一期哨兵 2 号卫星数据进行面向对象分割，并对分割的地块采用监督分类，细化掩膜后的耕地内部的地块边界，提取出较详细的耕地地块边界。在此边界限定下，再采用非监督分类分出大豆与其他作物，区域总体精度达到了 90%。由于中国种植结构极其复杂，普遍存在同谱异物的作物，此时选择决策树方法进行分类，而分类的主要依据是作物的物候规律，也就是该阶段目标作物较前一阶段的生长变化率与其他作物存在明显的差异。

（三）作物灾情评估技术

作物受灾情况对产量有直接的影响，是产量估算的重要参考数据，也是保险理赔的依据之一，而作物灾情监测与长势监测息息相关。

作物灾情评估可以用灾前灾后的长势进行对比，如基于多时相多光谱卫星遥感数据的植被指数进行的对比，或者基于无人机激光雷达监测的玉米观测高度差异对比评价涝灾，还可以基于多光谱或者高光谱数据进行光谱变换来评估。

在种植业区域收入保险应用中，作物长势和灾情评估直接为产量估算服务，因此灾情评估常被转化成长势评估。专门的长势监测研究一般只给出作物的长势等级，种植收入保险中的长势监测不仅考虑作物某一长势特征的等级，还考虑导致该等级产生的原因以及与产量的关系。种植收入保险中的作物长势和灾情评估一般在作物分类和野外采样时进行。在作物分类时，对于不确定的类别进行再验证，对已经确定类别的地块在光谱特征上的微小差异进行再次甄别是作物长势评估的关键。不确定的类别或已经确定的类别间的光谱差异，以及单个地块内光谱差异，可能是受灾、受害或者种植习惯、管理方式不同造成的。对于这些异常地块和异常类别，要辅以野外验证，完成地面的长势定级和灾损定级，然后基于这些野外样本，找到最佳遥感指数，如归一化植被指数（Normalized Difference Vegetation Index，NDVI）、植被指数（Enhanced Vegetation Index，EVI），或生理参数，如叶面积指数（Leaf Area Index，LAI）、光合有效辐射吸收系数（Fraction of Absorbed Photosynthetically Active Radiation，FAPAR），进行大范围的长势定级和灾情评估，制作长势分级图和灾情分级图，从而指导实地测产的采样路线制定和样本数量计算，以加权等形式辅助作物的最终估产。如陈爱莲等在嘉祥县大豆区域收入保险中的研究，在大豆种植识别时开展了长势分级和灾情评估，为提高估产精度提供了有效的辅助数据。

（四）作物产量估算技术

作物产量是收入保险理赔的直接依据。基于遥感技术的作物产量估算方法可分成两类，一是统计建模法，二是遥感数据同化的作物生长模型模拟法。其中，统计建模法是采用航空或者航天遥感得到的参数作为建模的输入因子，与实际产量进行回归分析，得到经验统计模型，进而估算产量。该方法根据所获取的遥感数据分辨率的高低，可以得到不同水平地块尺度的产量，在识别作物种植面积的基础上对产量进行估算，估算结果精度高，可信度强。该方法存在的不足是需要较多的地面产量样本。传统的作物生理模型模拟法主要在单点（包括试验小区）上进行研究，以作物生产发育、遗传形状、品种筛选等为主要研究目的，近年相关研究呈现增加的趋势。然而，遥感数据同化的作物生长模型模拟法所需的作物相关参数多，在乡镇及更小尺度上的研究还没有更好的结果。目前，遥感产量估算的相关标准《中高分辨率卫星主要农作物产量遥感监测技术规范》（NY/T 4065—2021）、《小麦、玉米产量遥感估测规程》（DB61/T 1041—2016）和《遥感预测小麦产量技术规范》（DB32T 3780—2020）均采用统计建模法。统计建模法在遥感光谱或者其他辐射参数中寻找与实测产量相关关系较强的因子，通过回归分析建立统计估产模型，遥感参数可以是NDVI，也可以是作物农学参数，还可以是基于微波的辐射参数。除了遥感参数外，可以加入地形数据、气象相关遥感产品等因子，使得模型具有更高的解释度。朱玉霞等对山西马铃薯区域收入保险的马铃薯产量估算中，发现产量与代表地面潜热通量的地表温度关系最佳。

基于遥感技术的作物产量估算中，野外产量样本是关键，而野外采样之前的长势和灾情评估更关键。产量估算应该综合利用多源数据，包括资源卫星遥感数据，气象相关遥感产品，还可以包括地形数据、社会经济数据，从而增加所建模型的可信度。

（五）遥感数据源

遥感数据源是开展基于遥感技术的农业保险业务的前提。从以上遥感技术在农业保险中的应用历史回顾及技术进展评述可以看出，农业保险所用的数据来自众多遥感平台，可以是近地（手持设备）、航空平台，或（航天平台）。从所用电磁波谱来看，可以是主动遥感，也可以是被动遥感。从数据的分辨率角度，包括了高、中、低分辨率的数据（JR/T 0180—2019）。但是，对于种植收入保险而言，由于理赔区域一般到乡镇甚至到村和农场，因此对数据源的空间分辨率要求较高，而由于农业保险的商品属性，对数据费用也有一定限制。从数据多寡、技术成熟度、成本低廉等角度看，最常用且可以贯穿整个业务流程的依然是卫星数据。目前最常用的多光谱卫星数据及其常用的保险阶段如表1所示。

表1　种植保险常用的多光谱卫星数据参数

卫星	多光谱范围（毫米）	波段数量（个）	空间分辨率（米）	时间分辨率（天）	发射年份	是否收费	发射国家/组织	常用的保险阶段
Sentinel 2 A/B	443～2 190	12	10，20，60	5	2015/2017	否	欧空局	承保—理赔
Landsat 8	433～1 251	8	15，30，100	16	2013	否	美国	承保—理赔
Planet 星座	455～860	4	<3，3.7	1	2014	否	美国	承保—理赔
SPOT 6、7	455～890	4	1.5，6	26	2012/2014	否	法国	承保—理赔
Pleiades 1/2	430～940	5	0.5，2	1	2011/2012	是	法国	承保—理赔
Rapideye	440～850	5	5	1	2008	是	德国	承保—理赔
高分1号、6号	450～890	4	2，8，16	4	2013/2018	是	中国	承保—理赔
高分2号	450～890	4	1，4	5	2014	是	中国	承保
资源3号	450～890	4	2.1，3.5，6	3～5	2012	是	中国	承保

雷达卫星数据作为光学卫星数据的补充，近年来在农作物长势参数，如 LAI、生物量等反演中也展现了潜力，也可以应用于农业保险中。目前常用的雷达卫星数据及其常用的保险阶段如表 2 所示。

表 2　种植保险常用的雷达卫星数据参数

卫星	成像模式	波段	极化方式	空间分辨率（米）	重访周期（天）	发射年份	是否收费	发射国家/组织	保险应用阶段
TerraSAR-X 及组网星座卫星	SL，SM，SC，SCW	X	单极化，双极化，全极化	1～40	11	2007—2013	是	德国	承保—理赔
RadarSat 2	SL，SM，SC	C	单极化，双极化，全极化	1～100	24	2007	是	加拿大	承保—理赔
ALOS-2	SL，UFS，FS，HSS，SCN，SCI，SCW	L	单极化，双极化，全极化	1～100	14	2014	是	日本	理赔
高分 3 号 01/020/3 星	SL，SMSC，WAV，EXT	C	单极化，双极化，全极化	1～500	3.5	2016/2021/2022	是	中国	承保—理赔
Sentinel 1 A/B	SM，IWS，EW，WAV	C	单极化，双极化	1～100	6	2014/2016	否	欧空局	承保—理赔

注：SL：Spotlight，聚束成像模式；SM：Stripmap，条带成像模式；SC：ScanSAR，条带扫描成像模式；SCW：ScanSAR Wide，条带宽扫成像模式；UFS：Ultra Fine ScanSar，超精细条带扫描成像模式；FS：Fine ScanSar，精细条带扫描成像模式；HSS：High Sensitive ScanSar，高敏条带扫描成像模式；SCN：ScanSAR nominal，标准条带扫描成像模式；IWS：Interferometric Wide Swath，干涉宽幅扫描成像模式；WAV：Wave，波成像模式；EXT：Extended Incidence Angle，扩展入射角成像模式，EW：Extra Wide Swath，超宽幅扫描模式。

五、存在问题与发展建议

（一）存在问题

虽然遥感技术在农业保险中的应用仅有十多年的历史，但由以上综述可知，遥感技术在种植收入保险的应用流程涉及的地块提取、作物分类、长势和灾情评估和产量估算技术都可以在农业遥感技术应用中找到相似的应用案例和经验范本。然而，目前遥感技术在种植收入保险乃至整个农业保险中的应用仍然存在两个技术性问题和两个行业性问题。两个技术问题分别是：①地块识别和作物分类自动化和智能化程度不高；②产量估算缺乏机理意义，不够简便可靠。两个行业性的问题分别是：①遥感行业自身局限性问题，包括数据源自身的问题、数据费用问题和数据预处理问题。数据源自身问题指光学遥感受天气影响，经常缺失，雷达数据在农业信息反映上极其有限，且技术壁垒较高，而无人机要覆盖全国所有主产省的产粮大县，其成本极高。数据费用问题指的是多数数据都需要付费，就收入保险常用的高分辨率和中高分辨率的多光谱卫星遥感数据而言，国内外除了美国的 Landsat 8 及其相关系列和欧盟的 Sentinel 2 卫星数据免费之外，其余均需要付费，有些数据费用还不低。而且多光谱卫星数据的获取受天气影响严重，若在轨多光谱卫星数据缺乏，如何补充其他数据，包括商业卫星的编程获取、雷达数据和低空数据，及补充数据产生的费用由谁承担也是需要考虑的重要问题。数据预处理问题指的是数据的几何纠正、大气纠正、数据融合等数据预处理。同样，对于多光谱卫星而言，除了国外的 Landsat 8 和 Sentinel 2 卫星数据预处理流程相对简单之外，其他数据，包括中国高分系列数据，预处理过程也较费力，中国在农业遥感卫星数据预处理和农作物面积提取方面有遥感技术规范，但是数据预处理由谁来做，数据由谁来提供，数据费由谁埋单，这些都是影响遥感技术在农业保险中应用的重要因素。②应用目的问题。遥感技术在农业保险中的应用途径极有可能是一条弯路，本着对已有业务自动化的目的，遥感技术在农业保险应用方面的探索较多，但是对已有业务的自动化可能不及重新找一条业务途径便捷。如 Hammer 所说，20 世纪所有试图对已有业务自动化的尝试成功率并不高，最好的方法还是采用全新的业务模式取代之，这才是基于技术的业务革新。目前所有的应用在两者结合模式的创新方面探索较少。这也导致目前遥感技术与农业保险结合在理赔中的作用备受争议，如遥感所得的产量结果是否完全可靠，是否可以直接用于理赔，是否应该按照一定比例采纳遥感所得的结果，是否需要将遥感技术标准化并写入保险合同中等。

此外，虽然种植收入保险业务流程所涉及的各项遥感技术都有一定的技术基础，但是每一种作物、每一种保险产品的业务流程不同，他们所需要的遥感技术服务也不同，且随着种植收入保险的进一步发展，其对遥感技术提供的数据支持需求剧增，遥感技术在种植收入保险中的应用还需改进。

（二）发展建议

对下一步开展遥感技术在种植收入保险中的应用方面提出五点建议。

（1）国内具有卫星数据收集和分发资质的部门应该利用其优势和资源发挥重要作用，对数据进行统一收集和预处理，并建立可供农业保险行业或者遥感应用部门直接下载使用的标准化卫星数据分发平台。

（2）地块识别和作物分类方面，充分发挥保险行业查勘定损的野外样本采集优势，不断积累野外样本，完善耕地和作物样本库，为地块识别和作物分类自动化和智能化提供基础。

（3）充分利用交叉学科的研究成果，综合农学、气象学、模型学、生态学和遥感科学建立更具机理意义、更简便可靠、可多尺度开展的估产模型，降低估产流程的时间和经济成本，提高精度和机理性。

（4）尽快建立遥感成熟技术应用于农业保险的相关标准规范，以利于保险公司、行业监管对遥感技术的应用和认可，加快遥感技术的推广，促进农业保险行业的健康发展。

（5）在新时期种植收入保险扩大试点的形势下，遥感技术的引入应该始于保险产品的设计并写入保险合同中。对于未来遥感技术在种植收入保险及其他农业保险中的应用，努力进行试点和加快高新技术的应用，以高精度和高效率为目标，促进结合遥感技术的全新农业保险模式诞生。

随着遥感相关技术的进一步提升、遥感技术与农业保险相结合的标准规范的出台以及农业保险合同对遥感技术的明确规定，遥感技术在农业保险中的应用将进入快速发展阶段。未来种植收入保险乃至所有农业保险中遥感技术的应用模式将是一个有数据可用，技术上更自动化、更智能化，有标准可依，有合同背书的新型模式。

参考文献（略）

农业气象指数保险服务系统的设计与实现*

王 卫 赵思健 聂 谦

摘要：气象指数保险由于缺乏精算模型、数据获取难、因子选取与指数构建复杂、指数难以跟踪等问题导致该险种产品开发困难、运营效率低，无法满足农户多元化的风险保障需求。本研究基于深度学习、微服务架构等关键技术，在技术层面上设计了农业气象指数保险服务系统。系统通过内嵌农业气象灾害指数风险识别与农业气象指数保险产品设计两项关键模型，可以实现气象指数保险的在线自主开发、自助投保、在线跟踪指数和出险后的自动理赔等功能，为增强农业气象灾害风险的管理能力、提高气象指数保险的服务效率提供了技术方案。

关键词：气象指数保险；风险识别；气象灾害；系统设计

一、引言

农业保险作为转移农业风险的重要金融工具，在农业领域发挥着至关重要的作用。农业保险产品种类多种多样，2014 年国务院颁发了《关于加快发展现代保险服务业的若干意见》，其中第五条中提到，要加快新型农业保险产品的发展，如气象指数保险产品。农业气象指数保险依据客观的天气条件作为保险赔付对象，能有效地避免逆向选择和道德风险，已经逐渐成为发展中国家应对天气灾害的有效替代方式。最关键的是，农业气象指数保险的客观性、透明性等优势，使得其非常适合与互联网进行融合，利用科技形式开展农业气象指数保险必将是未来的发展趋势。通过充分利用互联网技术加速催生现代化农业气象指数保险的构建，挖掘互联网在资源配置中的优化和集成潜能，这对于建立科学、高效的农业保险机制，创新农业保险发展模式具有一定的理论和现实意义。

然而，目前我国农业气象指数保险在产品开发和运营的过程中面临诸多难点。主要有以下几点：①气象指数保险产品在设计的过程中，经常存在工作人员缺乏精算定价模型，凭经验进行产品设计，容易导致保险产品未能真实反映气象影响作物的产量损失情况。②农业气象指数保险在进行产品设计及承保理赔阶段，都需要协调保险产

* 本文原载《农业展望》2022 年第 3 期。基金项目：国家自然科学基金面上项目（编号：41471426）；中国农业科学院农业信息研究所科技创新工程项目（编号：CAAS-ASTIP-2016-AII）。

作者简介：王卫，男，中国农业科学院信息所硕士研究生；赵思健，男，博士，研究员，主要从事农业风险管理及农业保险方面的研究。

品对应区域的气象数据。另外，天气指数保险设计时还需要作物的产量数据，但是这个过程存在数据协调难，获取产量数据难度大的问题。③气象指数保险出险时，需对气象要素的观测值进行指数化公式计算，但大多数保险产品涉及的气象指数设计公式较为复杂，导致赔付理算工作量大。④目前，大多数保险公司只能收到当地气象部门发来的气象数据表格，既不直观，也无法体现和跟踪指数变化情况。

基于上述问题，本文为进一步提升我国农业保险服务水平，以农业气象指数保险为研究对象，从其服务系统的设计与实现方面入手，对现有农业气象指数保险产品进行技术创新，构建普适性的灾害气象指数与作物产量减产之间的数学关系模型，实现关键气象要素筛选和赔付阈值确定的高度关联，创新开发互联网气象指数保险产品，发挥互联网在农业气象保险设计、气象指数保险定价中的作用。本文主要研究基于互联网的农业气象指数保险的创新发展模式，提出农业生产风险气象关系识别与农业气象指数保险产品设计两项关键模型，基于深度学习、微服务架构等关键技术，设计与实现农业气象指数保险服务系统，充分解决了精算模型缺乏、数据协调困难、赔付理算复杂和指数无法跟踪等几项问题，从而提高农业气象指数保险的产品开发和运营效率，降低经营成本，为增强农业气象灾害风险的管理能力、创新农业保险的经营服务模式、满足农民多元化的风险保障需求等提供技术方案。

二、服务系统架构

（一）服务系统产品架构

本研究所设计的农业气象指数保险服务系统是一套依托互联网的农业气象指数保险服务的云端系统，具体系统产品架构如图 1。服务系统以农业生产风险气象关系识别模型和农业气象指数保险产品设计模型为基础，利用深度学习、微服务架构等技术，设计与实现农业气象指数保险服务系统，做到了农业气象指数保险产品设计、自助投保、指数跟踪、赔付理算四个核心功能。

（二）服务系统开发架构

服务系统的开发架构采用前后端分离的开发方式（图 2），后端使用 Java/Spring Cloud/MyBatis，前端使用 Vue/JavaScript 等开发语言，系统前端与后端之间的数据交互采用 HTTP+JSON 请求方式，方便前端解析后端传输的内容。在系统开发中，后端采用 Spring Cloud 框架作为基础框架，为后端服务提供 AOP、IOC、健康检查、内嵌容器等服务，同时也提供了多种业务协议解析、数据包组装、数据转发等功能。在实际运行过程中，通过 Spring Cloud 提供的 Actuator 插件，可以很好地监控系统整体情况以及重大异常报警。MyBatis 可以使用户很方便地利用 XML 配置完成数据库的连接及数据的读写等基本操作，与 Hibernate、JDBC 操作数据库相比，MyBatis 代码更具易读性等优势。在系统部署上，从系统稳定性、安全性与维护便利性等方面

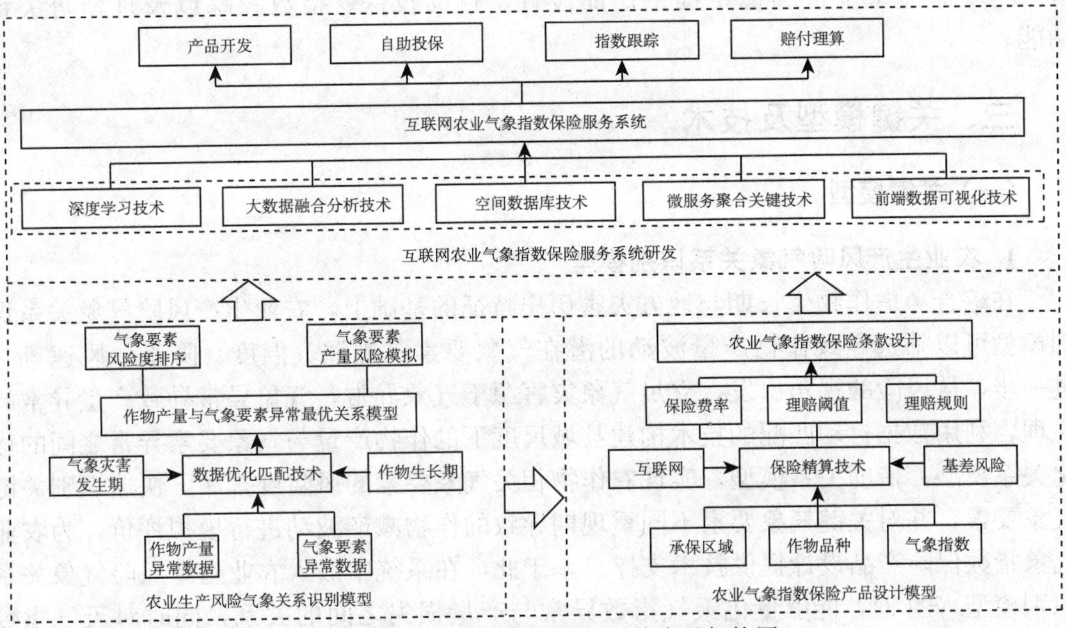

图1　农业气象指数保险服务系统产品架构图

考虑，采用Linux操作系统。在后端服务部署上，综合考虑服务的负载均衡与高可用性增加网关层，使用My SQL数据库和NoSQL数据库来实现数据存储和管理，同时采用微服务架构多模块分层并行的设计方式，将多个模块拆解并单独部署。基于以上技术方案实现的农业气象指数保险服务系统，可满足产量、气象等关键数据的运算，

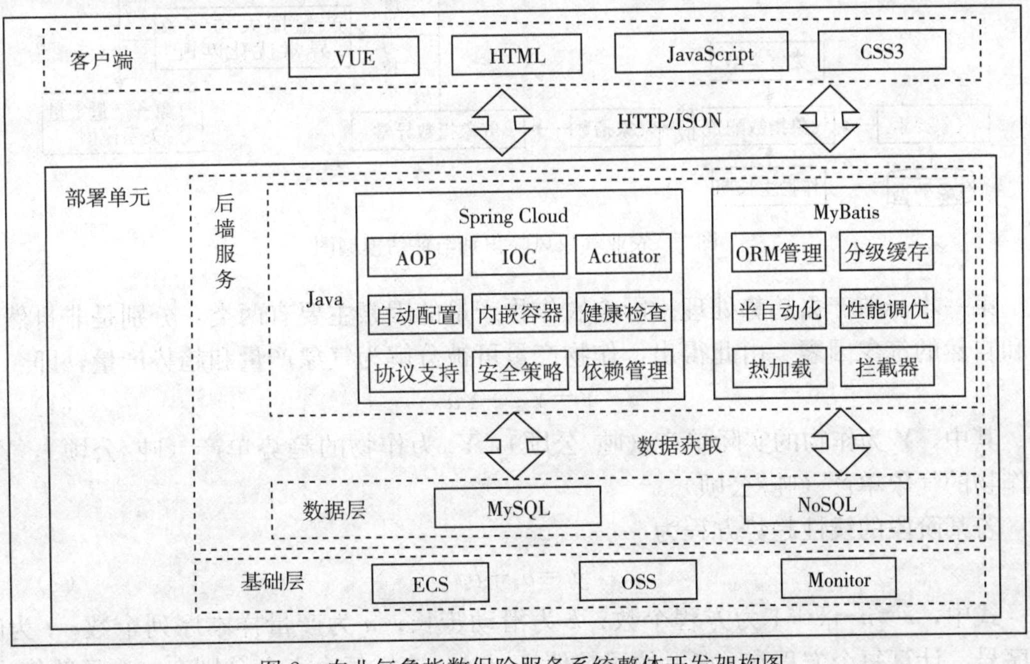

图2　农业气象指数保险服务系统整体开发架构图

最大程度保障系统持续稳定提供产品设计、自助投保、指数跟踪以及理赔等关键功能。

三、关键模型及技术

（一）关键模型

1. 农业生产风险气象关系识别模型

在综合考虑作物生长期与地方灾害历史特征的基础上，农业生产风险气象关系识别模型可以筛选导致作物产量波动的潜在气象要素（光照、温度、降水、风速等）。进一步，从风险的视角出发，立足气象灾害源于气象异常，气象异常导致产量异常的原理，利用数据自动匹配的技术构建县域尺度下的作物产量与气象要素异常之间的优化关系模型。借助关系模型，实现农作物相关气象要素的风险度排序，快速识别关键气象要素，并对关键气象要素不同重现期导致的作物减产波动进行模拟评价，为农业气象指数保险产品设计提供技术支撑。基于此，在系统中嵌入农业生产风险气象关系识别模型（图 3），能够量化天气指数异常与产量损失之间的关系，同时对天气指数异常对产量损失的贡献率进行排序。

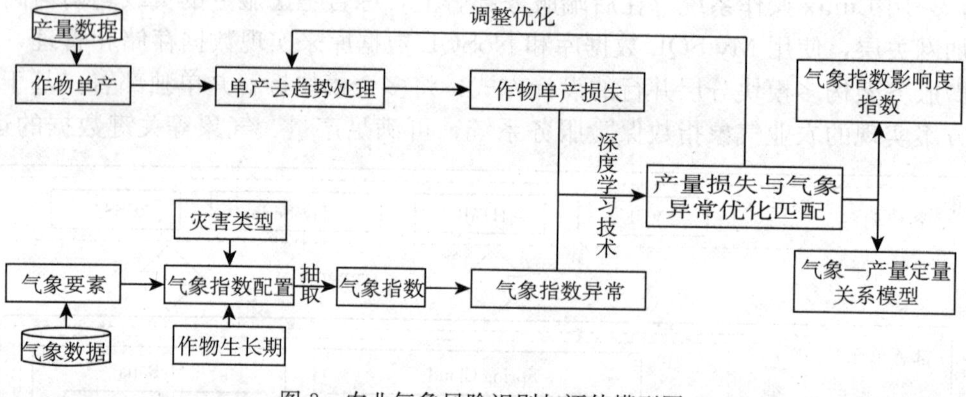

图 3　农业气象风险识别与评估模型图

第一步：单产去趋势处理。影响农作物产量的因素主要有两类，分别是非自然因素和自然的气象因素。由此得出，作物产量可被分解为气象产量和趋势产量，即

$$Y = Y_{td} + Yw \tag{1}$$

其中，Y 为作物的实际单产（吨/公顷），Y_{td} 为作物的趋势单产（吨/公顷），Yw 为作物的气象单产（吨/公顷）。

若某阶段的线性趋势方程为

$$y_i = a_i + b_i t \tag{2}$$

式中，$i = n - k + 1$ 为方程个数；k 为滑动步长；n 为产量样本序列个数；t 为时间序号。计算每个方程在 t 点上的函数值 y_i（t），这样每个点上分别有 q 个函数值，q

的多少与 n、k 有关。

第二步：气象异常与产量优化匹配。作物产量的损失我们通过判断作物产量波动率偏离历史最好增产率的程度来识别，也就是所谓的相对潜力产量，具体表达如下：

$$\delta y_t = |\Delta y_t - \max(\Delta y_t)| \tag{3}$$

其中，δy_t 表示作物第 t 年的单产损失率，Δy_t 表示作物第 t 年的单产波动率，$\max(\Delta y_t)$ 表示作物历史单产波动率的最大值。

为了消除不同类气象指数间量纲不同的影响，需要对气象指数的数据进行归一化处理，即

$$\bar{\delta} w_{g,t}^{+} = \frac{\delta w_{g,t}^{+} - \min(\delta w_g^{+})}{\max(\delta w_g^{+}) - \min(\delta w_g^{+})} \tag{4}$$

其中，$\bar{\delta} w_{g,t}^{+}$ 表示第 g 种气象指数第 t 年的归一化值，max（δw_g^{+}）表示该气象指数的历史最大值，min（δw_g^{+}）表示该气象指数的历史最小值。

第三步：气象灾害风险排序。在气象异常和产量损失最优关系的基础上，可以通过气象指数的敏感性来对关键气象要素进行排序（图 4）。综合其他气象指数敏感性系数，任一气象指数异常对作物单产损失风险的贡献度可进一步表达为

$$P_{w_g^{+or-}} = \frac{S_{w_g^{+or-}}}{S_{w_1^{+or-}} + \cdots + S_{w_g^{+or-}}} = \frac{a_g}{a_1 + \cdots + a_g} \tag{5}$$

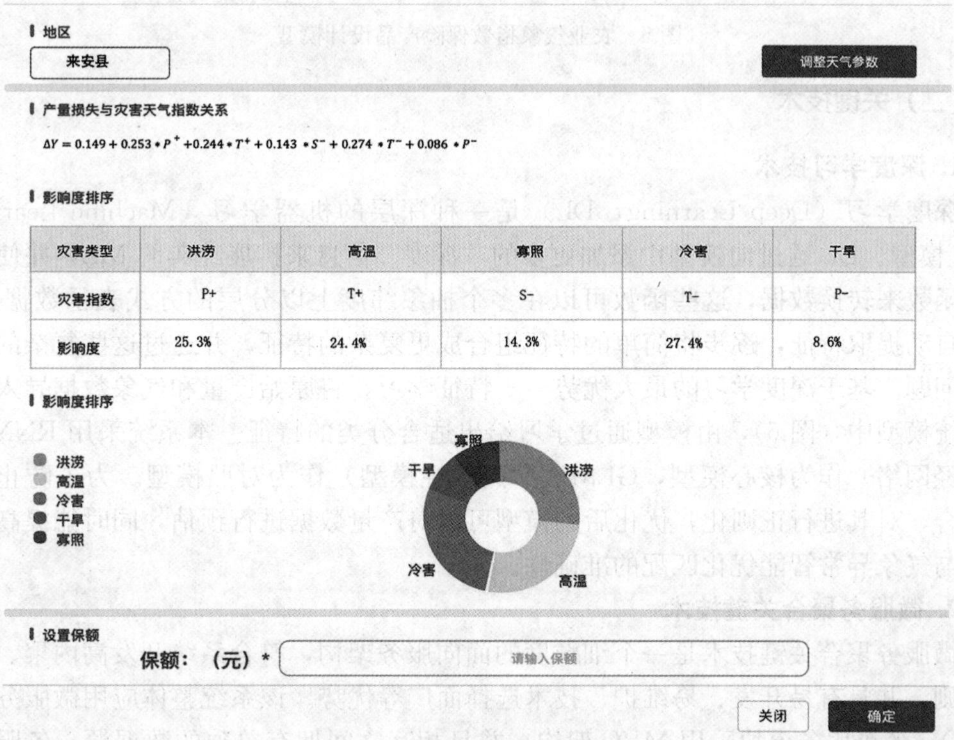

图 4　某县气象指数影响度排序

2. 农业气象指数保险产品设计模型

在技术层面上，借助产量气象关系识别模型，以气象要素风险显著性为原则，对适宜开展气象指数保险的县域进行自动化筛选，并为县域选定气象指数。构建县域尺度下的气象指数保险产品精算模型，评估气象指数带来的作物产量风险，实现气象指数保险产品的费率厘定、理赔阈值的确定及分级理赔的划分。设计"互联网+"的农业气象指数保险产品条款，制定保险产品信息咨询、投保、交费、核保、承保、保单查询、理赔和给付等保险全过程的网络化。由此设计的农业气象指数保险产品设计模型（图5）能够计算纯费率、指数阈值和理赔方案，回溯历史赔付情况，实现保险产品方案的动态调整。

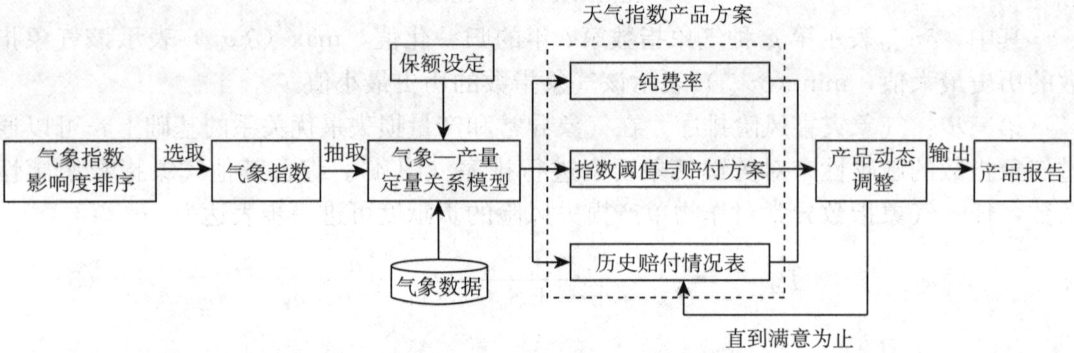

图5　农业气象指数保险产品设计模型

（二）关键技术

1. 深度学习技术

深度学习（Deep Learning，DL）是一种深层的机器学习（Machine Learning，ML）模型。DL通过向模型中添加更多的"深度"信息来扩展经典的ML，并使用不同的函数来转换数据，这些函数可以在多个抽象纬度上以分层的方式表示数据。DL可以自动提取特征，逐步将简单的特征组合成更复杂的特征，并通过这些复杂的特征解决问题。基于深度学习的最大优势——特征学习，将原始产量和气象数据导入到服务系统模型中（图6），由模型通过学习给出适合分类的特征。本系统采用RNN（循环神经网络）作为核心模型，GLM（广义线性模型）作为对照模型。为了防止模型过拟合，对其进行正则化，优化后的模型可以对产量数据进行预估，同时能提高产量损失与气象异常智能优化匹配的准确性。

2. 微服务聚合关键技术

微服务聚合关键技术是一个细粒度的面向服务架构，符合系统开发高内聚、低耦合原则，并具有易开发、易维护、技术选择面广等优势。该系统整体应用微服务架构（图7），各个服务模块采用MVC架构，并且相互之间拥有单独的数据源。各服务支持独立运行，相互之间使用REST风格通信机制，REST是一种软件架构风格，其提

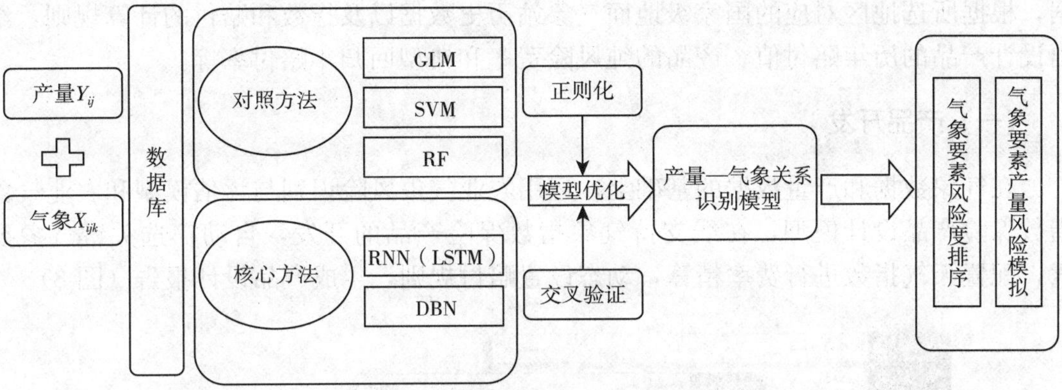

图6　深度学习技术应用

供了一组设计标准和制约条件，高效地降低了服务模块间的耦合性，增加了系统内聚性。系统使用Eureka组件实现微服务架构中的服务注册。Spring Cloud Gateway是微服务网关组件，介于服务端与客户端之间。用户提交的外部请求，经过Spring Cloud Gateway的处理和过滤，便可以做到用户信息认证、安全确认、负载分配、压力测试等功能。微服务聚合关键技术的应用，既保证了系统的稳定性、安全性，同时也做到了独立性、快速响应性。

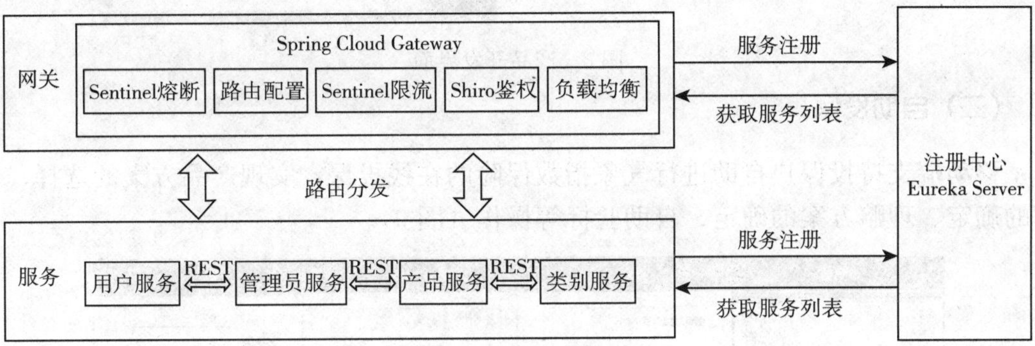

图7　微服务架构图

四、系统的设计与实现

农业气象指数保险服务系统主要有四个核心功能模块，分别是农业气象指数保险产品设计、自助投保、指数跟踪、赔付理算四个核心功能。系统解决了农险“指数”化过程中的技术难题，实现了农业保险指数类产品从开发到定价、承保、理赔等全流程的互联网化和自动化，支持指数类产品的批量开发，支持各类农作物单灾因及多灾因的指数类产品开发。同时运用了多项技术解决基差风险。通过指数和产量关系的综合分析模型，运用物理插值法细化颗粒度，应用网格数据校核，引入物联网技术自建气象站实时数据库，运用虚拟气象站等技术解决基差风险，可自动生成精算基础数据，根据所选地区对应的国家级地面气象站历史数据以及指数和赔付的计算规则，给出设计产品的历年赔付值、产品的纯风险费率和典型回归年赔付率等。

（一）产品开发

在气象数据和产量数据的基础上，运用农业气象风险识别与评估模型和农业气象指数保险产品设计模型，在线支持气象指数保险产品的开发，自动筛选关键气象要素，配置天气指数进行费率精算，动态设置赔付规则，生成产品设计报告（图 8）。

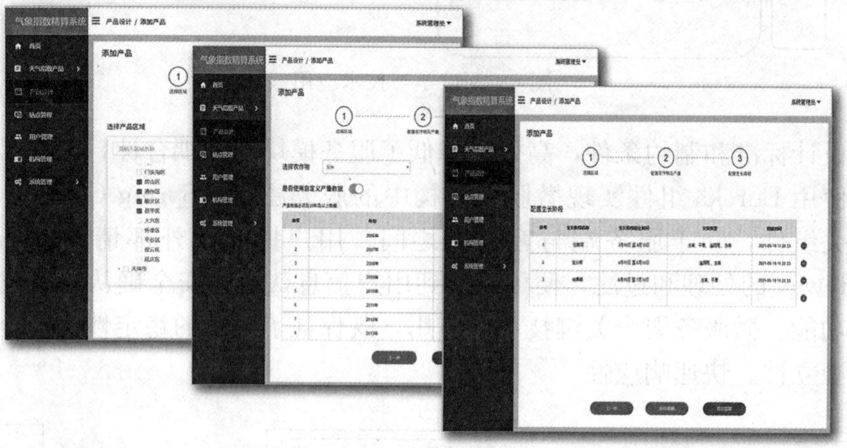

图 8　产品开发界面

（二）自助投保

移动端支持投保户自助进行气象指数保险的在线投保，实现产品方案的选择、费率的确定、理赔方案的确定、自助验标等操作（图 9）。

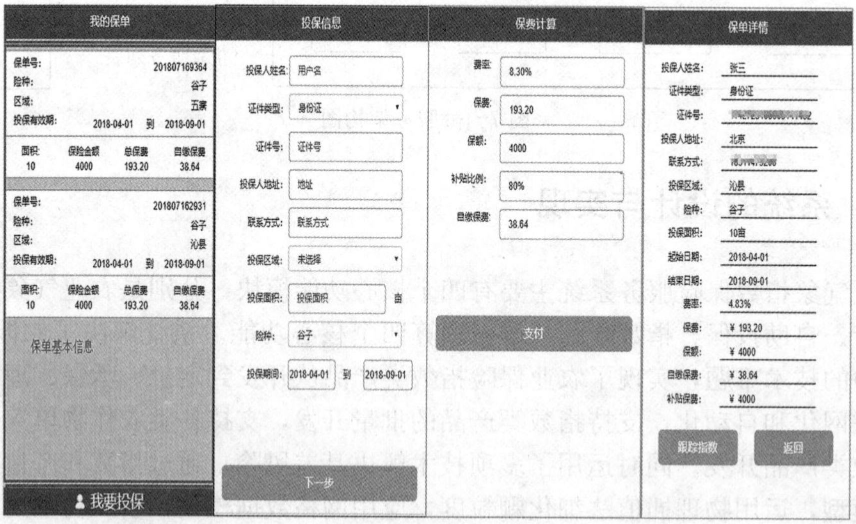

图 9　自助投保界面

（三）指数跟踪

在天气数据的支持下，保险机构可以配置气象指数保险产品，并在线实时跟踪天气的动态变化，监测天气指数是否超出产品设定的阈值，一旦超出阈值将提醒保险机构。指数跟踪功能可分享给投保农户，投保农户也可在线跟踪指数变化（图 10）。

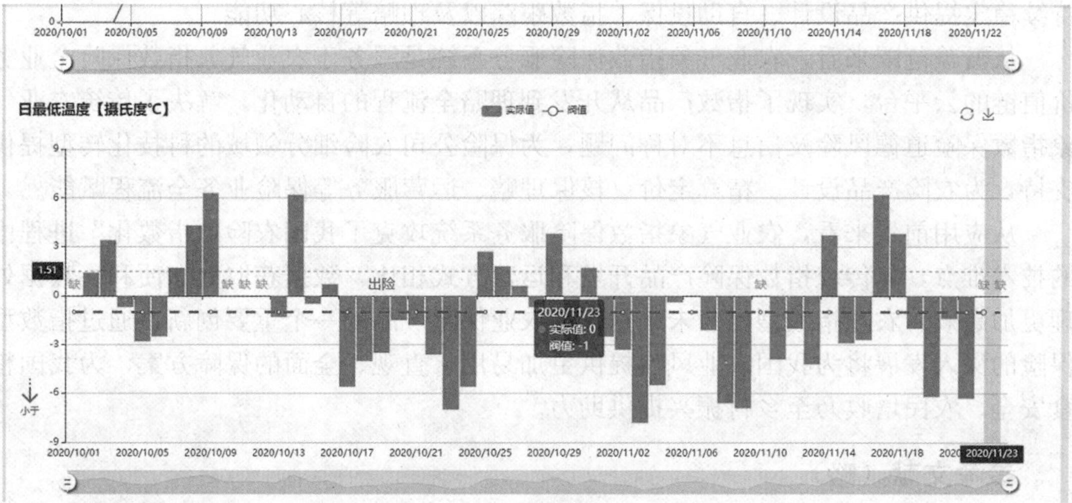

图 10　指数跟踪界面

（四）赔付理算

一旦跟踪的气象指数保险出险后，平台根据天气指数产品配置方案，自动计算承保区域的单位理赔金额，并制作气象数据汇总报告和理算报告（图 11）。

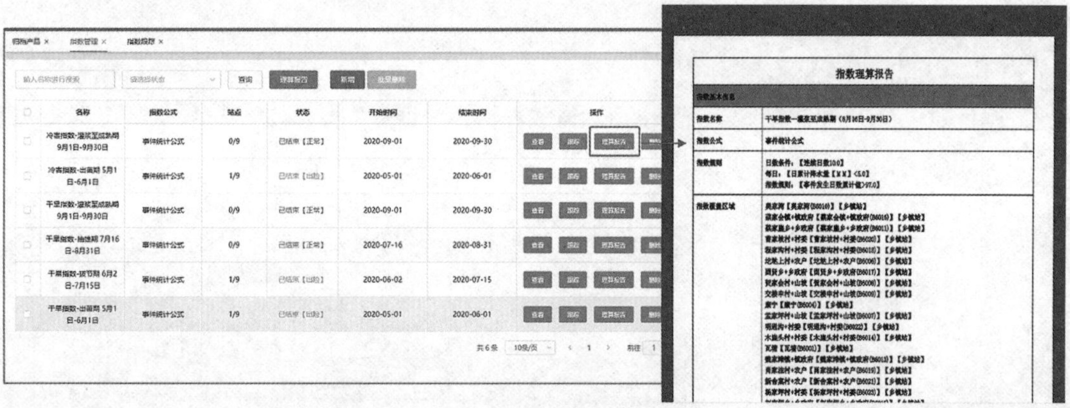

图 11　赔付理算界面

五、结论与展望

本研究针对农业气象指数保险在开发和运营过程中存在的一系列问题，基于农业气象灾害指数风险识别与农业气象指数保险产品设计两项关键模型，利用深度学习、微服务架构等技术，设计并实现了气象指数保险服务系统。该服务系统具有以下特点：首先，服务系统的开发架构采用前后端分离的开发方式。其次，在系统部署上，采用 Linux 操作系统，尽可能地保证系统的稳定性、安全性与维护便利性等。最后，采用微服务多模块上线分层的设计方式，将每个模块拆解并且多份部署，使服务系统持续稳定提供产品设计、自助投保、指数跟踪以及理赔等核心功能。

从覆盖范围来看，农业气象指数保险服务系统是服务于农业气象指数保险全业务价值链的云平台，实现了指数产品从开发到理赔全流程的自动化，解决了传统农业气象指数保险道德风险及信息不对称问题，为保险公司农险细分领域的科技化转型提供支持，为农险产品设计、精算定价、核保理赔、运营服务等保险业务全流程赋能。

从应用前景来看，农业气象指数保险服务系统攻克了我国农险“指数化”进程中的技术难点，与传统指数保险产品开发和运营方式相比，数据获取更加便利，数据处理更加高效。农业指数型保险未来是我国农业保险产品的一个重要创新，通过指数型保险的深入发展将为我国农业风险提供更加易用、直观、全面的保障方案，为我国粮食安全、农民增收乃至乡村振兴提供助力。

参考文献（略）

市场经营

安徽省茶产业风险特征及保险模式研究*

周家龙　姚国麟

茶叶是重要的经济作物，茶产业是安徽省传统优势特色农业产业。近年来安徽省茶产业不断发展，已成为皖南皖西山区和江淮丘陵等地区带动农民增收、推动乡村振兴的重要抓手。然而，茶产业作为传统的种植业面临着气候条件和市场环境等诸多不确定性，为茶叶的种植、生产、销售等整个产业链发展带来较大风险。本文将从乡村振兴背景出发，以安徽省茶产业为研究对象，分析茶产业面临的风险特征，梳理相关保险模式的优势和难点，并就如何更好地发挥农业保险功能、助力安徽省茶产业振兴提出针对性政策建议。

一、安徽省茶产业总体情况

（一）徽茶产业不断壮大，但近年发展有所放缓

安徽位于长江中下游地区，气候温和湿润，四季雨水充足，地域涵盖山区丘陵，茶叶种植历史悠久，历来是全国重要茶叶主产省之一，茶产业是省政府确定重点发展的农业产业化十大主导产业之一。截至 2020 年底，全省拥有茶叶经营主体 8 000 多家，茶叶合作经济组织 1 000 多家，茶叶交易市场（含季节性交易点）700 多个。全省现有国家级茶叶龙头企业 6 家，省级龙头企业 61 家，国家级合作社示范社 31 家，省级合作社示范社 90 家。“十三五”期间，全省茶园面积发展并稳定在 300 余万亩，干毛茶产量增长至 13.89 万吨，茶产业综合产值达到 477.32 亿元（表 1）。近年来茶叶出口量、出口额分别稳居在 7 万吨、2.92 亿美元，分别位列全国第二、第三。

安徽省茶产业规模不断扩大，产业链条不断完善，已经发展成为中国的茶叶大省。但相较于福建、浙江等茶叶强省，安徽省茶产业仍存在一定差距，茶园基础设施建设不足，现代化机械化管理能力不强，品牌宣传力度不够，产品附加值和经济效益不高，资源优势没有得到充分发挥，茶叶产量在全国的位次已从改革开放初期的第 3 位下滑到 2020 年的第 8 位，与周边省份出现差距并逐渐拉大。

---

* 本文原载《保险业风险观察》2022 年第 5 期。

作者简介：周家龙，中国银保监会安徽监管局党委书记、局长；姚国麟，中国银保监会安徽监管局财险处一级主任科员。

表1　安徽省茶产业“十三五”发展情况

年份	茶园面积（万亩）	采摘面积（万亩）	干毛茶总产量（吨）	干毛茶总产值（亿元）	茶叶出口量（吨）	茶叶出口额（亿美元）
2016	266.00	241.00	121 826.00	84.05	51 000.00	2.43
2017	270.00	253.00	132 202.40	111.15	59 702.00	2.35
2018	254.55	225.74	134 922.00	118.02	59 172.00	2.47
2019	280.25	254.19	137 094.25	145.50	60 022.40	2.48
2020	316.32	282.85	138 900.00	146.17	66 417.00	2.80
年份	绿茶产量（吨）	红茶产量（吨）	乌龙茶产量（吨）	黑茶产量（吨）	白茶产量（吨）	黄茶产量（吨）
2016	109 953.00	7 994.00	157.00	255.00	0.00	5 400.00
2017	120 040.00	9 570.00	330.00	210.00	0.00	4 150.00
2018	121 442.00	6 496.00	0.00	179.00	583.00	6 222.00
2019	122 600.00	7 031.00	37.00	296.00	430.25	6 700.00
2020	118 900.00	10 700.00	0.00	400.00	200.00	8 700.00

数据来源：表格综合中国海关、安徽省农业农村厅、安徽省商务厅相关数据。

（二）徽茶品牌持续提升，但市场竞争优势不强

安徽兼有南北气候特征，产茶区横跨江南江北，依据自然地理条件和产品特色可大致划分为皖南茶区、江南丘陵茶区、江淮茶区、皖西大别山茶区，盛产绿茶、红茶、黄茶等茶类。名茶品类数量位列全国第一，其中黄山毛峰、祁门红茶、六安瓜片、太平猴魁被列为中国传统十大名茶（表2）。截至2021年，全省有黄山、六安、宣城、池州、安庆、合肥、滁州、马鞍山、铜陵、芜湖10个市58个县（区）产茶，涉茶生产经营者达300多万人。“十三五”期间，全省新增“松萝茶业”“抱儿钟秀”两家茶企挂牌新三板，连同“谢裕大”共三家茶企成功进入新三板。

表2　安徽省四大茶区分布

茶区	代表地区	名优茶种
江南丘陵茶区	广德、郎溪、泾县、宣州、绩溪、繁昌	汀溪兰香、黄花云尖、涌溪火青、敬亭绿雪、天山真香
皖西大别山茶区	金寨、霍山、舒城、桐城、岳西、潜山	六安瓜片、金寨翠眉、霍山黄芽、岳西翠兰、天柱剑毫、桐城小花
江淮茶区	和县、滁州、巢湖、无为	白云春毫、韶关银须、西涧春雪
皖南茶区	休宁、祁门、歙县、东至、石台、青阳	黄山毛峰、祁门红茶、九华毛峰、休宁松萝、石台香芽、顶谷大方、屯溪绿茶、太平猴魁、雾里清

虽然安徽现有茶叶区域品牌和中国驰名商标数量在全国名列前茅，但总体价值低于浙江、云南等具有顶尖品牌省份。依据中国茶叶品牌价值评估课题组公布的《2021中国茶叶区域公用品牌价值评估报告》显示，“六安瓜片”“太平猴魁”“祁门红茶”品牌价值在全国分别排第 11、15、17 位，而浙江“西湖龙井”、云南“普洱茶”、河南“信阳毛尖”等则排在前三位。由于实力强、辐射广的大型茶叶集团不多，龙头企业带动作用有限，全省茶叶经营主体总体呈小、散、弱的特征，难以系统建立和运用茶叶物联网体系和电商销售等平台，制约了茶产业的高质量发展。

二、安徽茶业保险发展情况

茶产业区别于传统的种植业，横跨一、二、三产业，面临着气候条件和市场环境等诸多不确定性，为整个产业链发展带来较大风险。从风险类型看，主要包括种植阶段因低温霜冻、高热干旱、暴雨洪水等自然灾害及病虫害导致茶树死亡或损失风险，生产阶段存在产品质量和仓储运输风险，销售阶段有机茶叶价格大幅下跌的市场风险等。从风险特征看，低温霜冻是最主要的灾害因子，刘瑞娜等基于安徽省茶种植区 45 个气象站点 1981—2017 年气象资料和 1998—2017 年茶叶产量资料，开展了茶树霜冻害风险评估结果表明，安徽省茶树春霜冻害高风险、中风险和低风险区域面积分别为 118 万公顷、337 万公顷和 353 万公顷，分别占评价区域总面积的 14.6%、41.7% 和 43.7%。高风险区主要分布在大别山茶区的金寨县、霍山县、岳西县、潜山市等和江南茶区南部海拔 600 米以上的高山区域，零星分布在江北茶区北坡地带。中风险区多分布在大别山茶区和江南茶区海拔低于 600 米的山区，呈斑块状分布在江北茶区的丘陵和低山区。低风险区集中分布在芜湖—宣城—铜陵—池州沿江一带，零星分布在江南茶区的低山区。

针对上述徽茶产业风险特征，因地制宜推广实施茶叶种植产量保险、价格保险等系列保险产品，可以为茶叶的种植、生产、销售等各个环节提供保障，增强茶农抵御风险的能力，保障茶农种植收益，助力茶产业可持续发展。2009 年起，安庆、黄山、六安、宣城、池州、合肥等多地市、县政府出台茶叶种植保险试点实施方案，开办茶叶种植保险，保险责任主要为自然灾害和病虫害造成的茶叶损失，农户自交保费比例一般为 20%～30%，其余部分由各级财政补贴，每亩保险金额 1 000 元左右，覆盖农户基本物化成本（表 3）。截至 2022 年 5 月底，全省累计承保茶叶超过 500 万亩次，为 60 万户次茶叶种植户提供超过 30 亿元风险保障。

表 3　2021 年安徽省主要产茶地市茶叶保险情况

产茶地市	茶园面积（万亩）	投保面积（万亩）	保险产品形态	亩均保额（元）	保险覆盖率（%）
宣城	43.00	1.93	传统成本保险	500～2 000	4.49
芜湖	3.93	0.69	传统成本保险	1 000	17.56

（续）

产茶地市	茶园面积（万亩）	投保面积（万亩）	保险产品形态	亩均保额（元）	保险覆盖率（%）
六安	78.78	22.70	传统成本保险	1 000	28.81
安庆	54.00	31.85	传统成本保险	500～1 000	58.98
黄山	80.00	50.15	传统成本保险，低温气象指数保险	800～1 000	62.69
池州	36.00	14.65	传统成本保险，低温气象指数保险	800～1 000	40.69
合肥	13.60	2.78	传统成本保险	1 000	20.44
马鞍山	4.60	0.70	传统成本保险	1 000	17.50
铜陵	2.80	1.46	传统成本保险	1 000～1 500	52.14
滁州	3.20	2.30	传统成本保险	1 000	71.88

虽然安徽省茶叶保险在助力徽茶产业发展方面起到一定保障作用，但总体来看全省茶叶保险仍处于初级阶段，发展水平不高。一是保障程度较低。全省大部分地市亩均保额 1 000 元左右，无法覆盖茶农为种植茶叶而付出的物化成本。据六安舒茶镇部分茶叶合作社介绍，即使不算地租和人工工资，也不包含茶叶的加工成本、销售成本，目前茶园投入的种子、肥料、捕虫设备等直接物化成本已经超过 3 000 元/亩。二是投保覆盖率不高。虽然近年来农业保险从无到有，逐年扩大，但受制于农户保险意识不强、产品服务不足、财力配套有限等多种因素，整体投保比例仍然不高。2021 年全省茶园面积约 320 万亩，实际参保面积约 130 万亩，保险覆盖面约为 40%。三是保险产品单一。受制于气象设施配置、历史数据资料、价格形成机制等多方面原因，各地市茶叶保险形态以传统种植保险为主，指数类和价格类等创新型保险产品开发和推广困难。上述问题都制约了茶叶保险功能作用发挥，亟待研究并推动各方解决。

三、安徽省茶产业保险模式分析

（一）传统型茶叶种植成本保险

传统种植保险为目前省内政策性茶叶保险主要推行的模式，主要保障因暴雨、内涝、风灾、雹灾、冻灾、旱灾等自然灾害或茶蓑娥、茶尺蠖、假眼小绿叶蝉、茶毛虫、茶小卷叶蛾等病虫害造成茶叶的直接损失。

传统种植保险的主要优势在于：一是保险责任较多，涵盖常见的自然灾害和病虫害，基本满足种植阶段各类风险的保障需求。二是作为传统成本险种，与现行水稻、小麦等政策性险种类似，现阶段推行此类基本险种，可以逐步培育茶农自愿参保的积极性和风险保障意识，实现政府“低收费、低保障、广覆盖”的支农惠农目标。

传统种植保险的不足和局限性在于：一是传统农业保险合同设计较为复杂，一般按照茶叶不同生长期、损失率及受损面积给予赔偿，条款限制因素较多，容易产生理解偏差和理赔纠纷。二是受制于茶叶生长环境，茶园多处在丘陵地区，农业生产也比较分散，导致保险公司的抽验标的和查勘定损工作耗时耗力，降低理赔效率，增加服务成本。三是在传统型茶叶种植保险模式下，区域风险较大、受灾较多的农户反而会积极地投保，还有部分农户可能受茶叶市场波动影响对茶园疏于管理或人为扩大损失等，从而产生逆向选择和道德风险等问题。

（二）指数型茶叶气象灾害保险

气象指数保险是以特定的农业气象指标作为触发机制的一种保险模式，是发达国家和地区广泛采用的农业保险方式之一。从茶叶生长过程看，春茶萌芽至采摘期间的“倒春寒”低温霜冻是最主要的天气灾害因素。如2018年4月上旬强寒潮，六安市约1.73万公顷茶园遭受严重霜冻害，直接经济损失约1.22亿元。2015年浙江、贵州等地开始探索茶叶气象指数保险试点；2020年部分保险公司在安徽省黄山、池州也开展了小规模茶叶低温气象指数保险创新项目，将低温对茶叶的损害程度指数化，当低温指数达到约定的赔偿触发点时即进行赔付。例如，在承保时约定“在保险期间（通常1—4月），如果事先约定的观察站点的最低气温值低于一定数值（一般0～5℃）时，给予被保险人约定赔偿”，只要达到上述触发条件，无论被保险人的保险标的是否发生实际损失，保险公司都按照合同承担赔偿责任。

气象指数保险的主要优势在于：一是整体风险相对可控。低温气象指数保险依据历史气温数据与损失数据之间的关联关系，在综合考虑历史赔付率、最大赔付率等信息的基础上设计条款、厘定费率，产品设计更为科学。二是承保理赔服务便捷。低温气象指数保险具有的“触发即赔”特性，较传统保险省去大量繁琐的现场工作，既能加快承保理赔速度、降低管理成本，又能避免与农户因赔付意见不同引发各类争议。三是能有效避免市场失灵。低温气象指数保险是基于客观指数变动触发赔付，同一区域的所有农户赔付标准无差异，能有效减少道德风险与逆向选择，能够充分调动农户防灾减损管理的主动性和积极性。

气象指数保险的不足在于：一是保险责任单一。与传统型种植保险的综合责任相比，低温指数保险仅对低温灾害提供保障，不能满足茶农对多风险保障的需求。二是存在基差风险。茶园多处偏远山区，小气候比较普遍，同一个村因为海拔和坡向不同，实际温度和观测温度就可能存在偏差。除天气因素外，农户实际损失还与农技水平、土壤状况、防护措施等相关，导致出现同一气象站点范围内的茶园出现“受灾未赔”或者“无灾却赔”的情况。这种实际损失与采集数据不能完全对应的现象就是基差风险。三是开发推广难度大。茶叶气象指数保险产品设计，需要收集长序列历史气象、理赔数据和农户农作物产量数据，实际调研中发现一些“数据孤岛”问题难以解决。另外，安徽省现有的气象观测密度不足，偏远山区尤为突出。以黄山市为例，部分乡镇只有1～2个气象站点，难以满足农业气象指数保险开发运行条件。

（三）创新型茶叶目标收入保险

农户在农业生产经营中主要面临两种风险，即自然风险（产量减少）和市场风险（价格下跌）。传统农业保险保障的是产量风险，目标价格保险保障的是价格波动风险，目标收入保险则是提供“产量＋价格”保障的综合风险管理工具，即以一季作物或者整个农场经营的年收入作为保险标的，当实际收入因约定灾害或（和）市场价格下跌造成损失，由保险公司补偿低于保障水平的收入损失。从国际经验看，从“保灾害”向“保价格”“保收入”升级是农业保险未来方向。

茶叶收入保险的主要优势在于：一是保障综合全面。前面说的传统种植保险和气象指数保险都是针对自然风险的保险产品，而随着新型经营主体生产方式的变革和农业商品化程度的提高，尤其是茶叶这种高附加值的经济作物，面临的价格波动风险对生产经营的影响越来越大。收入保险既承保自然灾害造成的损失，又承保市场风险带来的损失，可以为农户提供全面充分的综合保障。二是符合农户认知和愿望。调研发现，对于现行的产量保险或者气象保险农户大多存在不同意见，但介绍收入保险模式时表现出总体一致认同。对于茶农来说，“灾年减产”和“丰年谷贱”都是不愿意看到的，而稳定的年收入预期则可以增强生产经营和投入信心，从而推动茶产业发展。三是可以平滑经营风险。将自然风险和价格风险结合在一起承保，由于产量和价格之间的负相关关系，就可能产生一定“对冲效应”，从而降低年度赔付的标准差，在不降低农户保障水平的基础上一定程度上降低农业保险经营的风险，使得此类保险的可行性大为提高。

茶叶收入保险的不足在于：一是价格风险的可保性不强。市场上的价格风险常常表现出趋势性和系统性特征，从而不能成为小概率事件，甚至不完全是随机事件，从而无法在空间上得到有效分散，时间维度上一定程度的分散也可能因为投保人的逆选择而难以控制，保险机构往往难以承保价格风险。好在安徽的春茶鲜叶大多是本地产本地销，且采摘周期短、运输性差，某种程度上具备封闭循环的特点。加上茶叶产区的地理环境限定了种植面积，从而控制了因供给扩大造成的价格下跌和保险赔付，因此鲜叶作为保险标的具备了价格风险承保试点的可能性。二是缺乏完备的价格发现机制。收入保险的价格端需要充分可靠的市场价格信息作为定价和理赔依据，而目前茶叶未纳入期货市场交易品种，无法利用期货市场的价格发现功能。同时省内也没有建立茶叶交易大数据监测和发布平台，无法为茶叶收入保险提供价格数据支撑。三是产量端的精准承保理赔仍然困难。一方面现在的统计数据体系中缺乏农户级别的完整历史产量数据，难以准确进行费率精算和开发产品；另一方面与前面分析的传统种植保险类似，产量损失测产确定时仍然会面临茶园面积大而人力有限，以及测产选点覆盖面和代表性不足等问题。

四、政策建议

2021年4月，安徽省人民政府出台的《关于推动茶产业振兴的意见》（皖政办秘〔2021〕28号）指出，“茶叶主产县应将茶叶纳入特色农业保险实施范围，省级统筹资金按规定给予保费补贴支持，支持保险公司开展茶叶商业险品种，探索开展低温冻害等茶叶气象指数保险产品试点，提高保障水平。”针对上述意见，应集聚政府部门、气象专家、茶叶协会、保险公司、茶叶企业等多方力量，进一步研究具体政策和支持措施。

（一）强化政策引导，合理规划安徽省茶叶保险发展路径

一是短期内，支持对现有茶叶种植保险扩面提标。加大茶叶主产县茶叶保险的财政补贴力度，进一步提高现行政策性茶叶保险保额和覆盖面。对一些高价值茶叶品种的种植户，可在基本险的基础上开发茶叶商业型保险，通过发挥“基本险＋商业险”的叠加效应，根据实际需求分段提升高价值茶园保险保额，满足不同农户、不同档次茶叶的保险保障需求，增强规模经营户抗风险能力。二是中期内，支持开展茶叶气象指数保险试点。以低温霜冻为主要风险点，组织保险机构、农业部门、气象部门、专业机构等共同研究安徽省茶叶霜冻灾害的风险区划，科学设计保险产品并积累试点经验。三是长期看，支持探索茶叶收入保险模式。在做实做优产量保险的基础上，逐步将保费补贴政策向指数保险、收入保险倾斜，指导各地逐步建立和完善茶叶产量、价格等数据收集及交互平台，为开发、实验和推广茶叶收入保险打好基础。

（二）推进产业升级，强化徽茶产业风险管理和分散能力

一是出台优惠政策扶优扶强一批茶产业领军茶企，充分发挥产业龙头引领作用，创新联农带农机制，推动茶叶生产方式由传统农业向现代化农业转变，提高现代茶业组织化程度和茶叶企业风险管理意识。形成茶叶保险创新推广与茶产业高质量发展良性互动，提升徽茶产业风险抵御能力，保障茶农稳定增收。二是出台用于茶产业转型升级、高质量发展技改配套转向政策，推进茶产业标准化、智能化转型升级。探索实施智慧茶园工程，建立茶园物联网应用基地，推广5G、智能装备等现代信息技术，采集温度、湿度等气象数据，建立健全各类灾害预警监测系统，提升防灾减损和风险管理能力。

（三）优化配套体系，为创新型茶叶保险发展提供支撑

进一步建立完善气象观测站、统计调查团队、产业数据库等，从而促进创新型茶叶保险更好发展。一是加强农业气象基础设施建设。随着信息网络系统的普遍发展，气象观测技术也有了新的发展，小型自动气象站已越来越普及，建议各级政府、气象

部门等持续完善茶产业气象服务和农村气象灾害防御体系建设，联合茶叶企业共同加大气象设备投入，尽量满足每 20 平方千米设置一个气象站点的要求，并根据实际对站点分步实施动态调整，确保观测数据与实际相符。二是建立完善茶产业相关数据平台，通过规模农户申报、农产品预售合约备案，农业部门和统计调查部门市场采集等多种途径收集和发布茶叶鲜叶产量和交易价格信息。同时推进安徽省茶叶互联网建设，并利用大数据分析技术，让茶叶产量和鲜叶交易价格发现机制更加科学。三是探索深化“茶长制”等工作机制创新，加大宣传与引导力度，逐步培育茶农自愿参保的积极性和风险保障意识，使茶叶保险真正成为茶产业必不可少的金融服务项目，推动安徽省从茶叶大省向茶叶强省转变，让茶产业真正成为巩固脱贫攻坚成果和全面推进乡村振兴的支柱产业和特色产业，让绿水青山变成金山银山。

参考文献（略）

政策性农业保险实现“真赔”了吗？

——基于全国2011—2018年的省级面板数据*

牛 浩 陈盛伟

摘要：我国农业保险业务在快速发展的同时，也存在赔付不科学的问题。本文基于全国27个省份2011—2018年的数据，利用面板随机效应模型分别从赔付比这一“赔付广度”指标，以及赔付率这一“赔付力度”指标测度农业保险赔付的准确性。结果显示：在“赔付广度”上，赔付比能够与成灾面积比构建显著的正向关系，但存在超比例赔付现象，这会加大保险公司的赔付支出；在“赔付力度”上，赔付率并不能与农作物减产率构建显著的正向关系，说明农业保险业务因为超比例赔付、交易成本高等问题，难以做到“应赔尽赔”。两个方面的实证结果共同反映出较为严峻的现实问题：农业保险因赔付“生态”被打破而并未实现“真赔”。要解决这一问题，加快实现科学定损与理赔、简化业务流程、明确政府定位、规范市场秩序至关重要。

关键词：农业保险；赔付比；赔付率；减产率；准确赔付

一、引言

自2007年政策性农业保险开展以来，我国农业保险发展迅速，保费规模平均增长速度为24.41%，高于财产保险17.02%的平均增长速度，2019年农业保险保费收入672.48亿元，为1.8亿户次农户提供了3.6万亿元的风险保障。从发展规模来看，我国农业保险这一金融风险管理工具在农业发展、农村发展和农民福利甚至国民福利政策体系中的作用不断显现出来（庹国柱，2020；徐婷婷、荣幸，2018）。2019年9月，财政部、农业农村部、银保监会、林草局四部门联合发布《关于加快农业保险高质量发展的指导意见》，这是第一次经国家深改委审议通过的关于农业保险高质量发展的专项文件，意见明确提出农业保险要持续提质增效、转型升级，实现补贴有效率等多赢格局。伴随着这一重要文件的出台，农业保险将在乡村振兴战略实施中发挥重

---

* 本文原载《农业经济问题》2022年第10期。项目来源：国家自然科学基金青年项目（71803103）、教育部人文社科基金青年项目（18YJC630126）、国家自然科学基金面上项目（71773067）、泰安市社会科学重大课题（21-ZZ-003）。陈盛伟为本文通讯作者。

作者简介：牛浩，山东农业大学经管学院；陈盛伟，山东农业大学经管学院。

要作用（冯文丽，2020）。

但是，农业保险在面临提质升级、补贴高效的目标时，却出现了如下两方面的问题：一方面，农业保险业务目前难以全面实现灾害发生后的科学定损，因此存在诸多以商议理赔为代表的主观理赔方式（庹国柱，2019；柴智慧等，2015），这不论给农户还是保险公司都有了较大的谈判空间，导致实际赔付容易偏离标准赔付；另一方面，我国农业保险因具备特殊的政策属性和业务属性，加之农业生产的小农户现状，使得农业保险业务产生了更多的竞标费、承保费、协保费、业务费等成本支出（张玉环，2018；牛浩、陈盛伟，2019）。2015 年以来，政府越位管理、市场竞争乱象、虚假理赔、虚假承保、不足额投保等违规行为时有发生且愈发严重（庹国柱，2020；冯文丽，2020；张跃华，2013；柴智慧、赵元凤，2019），共同导致农险业务的经营成本不断攀升，进而用于赔偿的金额必然减少。上述两方面最终导致保险公司赔付与农作物受灾之间的准确吻合受到影响，甚至产生了两者根本“没关系”的严重问题。众所周知，农业保险赔付的准确性、合理性是衡量其风险保障效率的关键基础，若农业保险不能根据客观的受灾情况准确、合理地从“数量”和“质量”① 两个角度补偿农户的收入损失，则难以说明农业保险真正起到了风险管理的作用（刘亚洲、钟甫宁，2019）。

以庹国柱为代表的专家学者已经对农业保险的赔付问题作出诸多质性结论，但是已有研究多从理论和实际业务层面发现农业保险赔付的诸多定性问题，少有通过实证分析进行科学的测度验证。基于上述政策、理论与研究背景，本研究将利用全国 27 个省份 2011—2018 年的面板数据，利用随机效应模型，分别从农业保险的赔付比这一“赔付广度”指标，以及农业保险的赔付率这一“赔付力度”指标测度赔付的准确性。可能的贡献为：在理论层面，从农业保险赔付比与赔付率的两个指标出发，构建农业保险赔付与农作物受灾的双维度模型，从赔付准确性角度检测农业保险的风险保障效率，完善相关研究的理论框架；在现实层面，通过研究结论揭示当前农业保险存在的赔付不合理和不标准问题，为农业保险高质量发展提供实证改革经验，并从加快实现科学定损与理赔、明确政府定位、规范市场秩序等方面提出政策建议。

二、理论分析

（一）农业保险定损机制不科学、政府“越位”等问题直接影响赔付广度

根据保险产品定价理论，在保险金额设定的前提下，纯保费收入是对期望损失率的无偏估计，假设存在较为稳定的风险周期，纯保费总额会等于未来赔偿保险金总额

① 刘亚洲和钟甫宁的研究，将农业保险赔付的评估放在了“数量”和“质量”两个角度上。其中，“数量”角度考察农业保险赔偿的户数情况，即农业保险赔偿的覆盖率，“质量”角度需要考察获得赔偿的农户所获得的赔偿金数额大小。本文参考的两个角度与之相似，但是存在研究方向的差异，本文将会把研究视角调整为“赔付广度”与“赔付力度”两个新角度。

（孙祁祥，2017；丰雪、吕杰 2013）。也就是说，不论是赔付支出的力度还是广度，都应该是与期望损失均衡的。从这一角度出发，农作物的受灾情况将会对赔付支出具有显著的正向影响，并且赔付支出能反映真实的受灾比例与程度。公式可以表示为

$$E[Loss]=\frac{1}{T}\sum_{i=1}^{T} Npi_i=\frac{1}{T}\sum_{i=1}^{T} Pay_i=\frac{1}{T}\sum_{i=1}^{T}(Ry_i\times Ia) \quad (1)$$

公式（1）中，$E[Loss]$表示期望损失，Npi_i表示第 i 年的纯保费收入，Pay_i表示第 i 年的赔付支出，Ry_i表示第 i 年的减产率，Ia 表示保险金额，T 表示风险周期。对于农业保险而言，在灾害严重的年份，赔付支出将大于纯保费收入，在灾害较轻以及无灾害的年份，赔付支出将小于纯保费收入，但二者在整个风险周期内是均衡的。因此农业保险业务的正常情况应该为“大灾多赔，小灾少赔，无灾不赔”。

事实上，农业保险赔付并不符合上述理论预期，主要受两个方面的影响，使得赔付广度的准确性直接受到了干扰：一方面，当前农业保险业务的定损机制并不科学，“协议赔付”形式仍较为普遍，这种主观判断占主导的定损机制导致理赔并不标准，农户会夸大受灾作物的规模和程度，保险公司则会想办法压低赔付，这都会在一定程度上影响赔付的准确性；另一方面，农业保险业务较为特殊，其本质是政府购买的国家农业风险管理服务，具备很强的政策属性，但有些地方政府在花费大量的财政资金的同时，希望看到保险公司较为“合理”的赔付，这本身无可厚非，但有的地方政府干预甚至强行要求保险经营机构降低保险费率，甚至“亲自”决定或者直接与保险经营机构就灾后如何赔、赔多少的问题讨价还价（庹国柱，2020），政府“偏袒”农户的倾向可能导致定损理赔违背保险基本原理，影响赔付广度，甚至造成保险公司超比例赔付的现象。

（二）农业保险业务繁琐、交易成本高等问题间接压缩赔付力度

根据保险产品定价理论，在纯保费之外，农业保险业务开展过程中还将产生一系列业务费用，如开办费、协保费、广告费、开发费、宣传费等支出，因此，保险公司收取的保费是附加保费与纯保费的和，其中附加保费是正常的业务费用支出。公式为：$Npr=(1+\lambda)E[Loss]$。Npr 表示总保费，$E[Loss]$表示期望损失，即纯保费，λ 表示附加保费比例。但农业保险对附加保费的比例往往有所限制，以保证业务的运行效率。

2011—2018 年，全国种植业保险的附加保费（综合费用率）比例均值为 18.51%，但是却呈现逐年上升的趋势①。从寻租理论出发，政府分配介入经济活动就会存在寻租空间，就会因为利益集团对政府的非生产性游说活动而造成资源浪费（Krueger，1974；施红，2008）。从交易费用理论出发，农业保险业务属于政府购买的管理型交易（罗必良，2006；姜岩、褚保金，2010），随着市场规模扩大和市场竞

① 2011—2018 年，全国农业保险的综合费用率均值为 17.67%，各地区的综合费用率均值存在一定差异，费用率较高的四川、上海等地接近 30%，费用率较低的山西、宁夏等地仅为 10%左右，但整体来看，最近几年频繁出现综合费用率超过 25%的现象，并呈现逐年上升的趋势，因为本文仅仅以此说明相关问题，不再对数据进行赘述。

争的加强，其特殊的政策属性及业务属性使得费用支出成本越来越高。

上述两大理论在农业保险中具体表现在：一方面，农业保险业务本身复杂繁琐。保险业务从承保启动到结束需要 14 个环节，且保险公司在业务环节还面临"小农户"的分散现状，这会使得保险业务在承保、定损、理赔的各个环节均需要大量的人力和物力耗费（庹国柱、李志刚，2020），也诱发了农户的"不足额"投保问题（张跃华 2013）。另一方面，保险公司获取保险业务的交易成本较高。农业保险市场是由政府主导的，保险公司要想获得业务份额就要达到政府的要求标准，这本身无可厚非，但是一旦政府存在"越位"情况，就会出现诸多合规问题，哪家公司向掌握保险资源的政府输出的利益更多，胜出的概率就越大（庹国柱，2017）。与此同时，随着市场竞争的加剧，与政府部门协调、保险业务招揽、招投标支出、协保员队伍建设等诸多因素会进一步加大成本支出。美国、加拿大等政策性农业保险发展较好的国家，均限制保险公司的经营数量在地区内只有 1～2 家，避免过度竞争是这些国家农险制度安排的考虑（Smith and Glauber，2012；Olivier et al.，2013；Emilia and Florin，2013；Cole and Xiong，2017）。而我国农业保险的市场竞争则比较充分，多数地区都具有 5 家以上的农业保险公司（牛浩、陈盛伟，2019）。总之，上述诸多费用的增加以及赔付广度的增加，将使得附加保费难以支撑业务的发展，保险公司只能通过压低赔付来稳定业务。

综合上述两种理论分析发现，农业保险赔付支出的准确性会受到直接和间接两种形式多类因素的复杂影响。即定损机制不科学、政府越位等问题直接影响赔付广度准确性，业务繁琐、交易成本高等问题通过压缩赔付支出空间间接影响赔付力度准确性。若上述理论分析成立，则说明农业保险风险保障效率存在问题，农业保险高质量发展的政策目标将会受到影响，本文将对这一问题展开研究。

三、数据来源、变量描述及模型构建

（一）数据来源

本研究采用全国 27 个省（自治区、直辖市）2011—2018 年的粮食作物保险、粮食作物生产、地方财政等相关变量的面板数据。其中，粮食作物保险数据包括保费收入、保险金额、赔付支出、参保数量、获赔数量、参保人数 6 类指标；粮食作物生产数据包括种植面积、成灾面积、受灾面积、单位产量 4 类指标；地方财政数据包括农业总产值、农林水事务支出、农业保险保费补贴 3 类指标。数据分别来自中国保险年鉴、中国统计年鉴、农业农村部门和银保监部门。

（二）变量描述（表 1）

1. 因变量

（1）赔付比（赔付数量/承保数量×100）。用粮食作物保险的赔付数量占承保数量的比重来衡量赔付广度的大小。2011—2018 年，各地区赔付比的最大值为 84.89%，均值为 14.76%。需要说明的是，保险合同的赔付条件是在粮食作物减产率到达一定比例后启动的，总结各省粮食作物保险合同发现，这一比例大多设定为 10%、20%、30%、40%四个数值，且以 20%和 30%居多，并且不同灾害类型的起赔点不同，保险合同保险责任也并非全部的灾害类型，但一般包括主要自然灾害与病虫害。

（2）赔付率。用粮食作物保险赔付支出占保险金额比重（赔付率 1），以及保险赔付支出占保费收入比重（赔付率 2）来衡量赔付力度大小①。2011—2018 年，各地区赔付率 1 的最大值为 15.95%，该值转换成赔付率 2 比例为 199.42%，即超赔接近 100%；最小值仅为 0.11%，该值转换成赔付率 2 的比例为 2.06%，即只将保费的 2.06%用于赔付。各地区赔付率 1 的均值为 3.20%，该值转换成赔付率 2 的均值为 53.44%。

2. 关键解释变量

（1）灾害面积比。用粮食作物成灾面积占总播种面积的比重（灾害面积比 1），以及粮食作物受灾面积占总播种面积的比重（灾害面积比 2）来衡量受灾广度的大小，二者的最高值分别为 31.25%和 66.03%。需要说明的是，成灾面积是指作物减产率达 30%以上的面积，受灾面积是指作物减产率达 10%以上的面积，这与当前粮食作物保险规定的起赔点相对吻合，我们将在后续的模型中针对二者特征与赔付率进行比较分析。

（2）作物减产率。基于各地区农作物实际单产序列（*Y*），采用移动平均法，首先求得各地区粮食作物的八年平均产量，然后根据年产量距平程度来确定作物减产率，作为衡量农作物受灾力度大小的关键解释变量。各地区减产率的最大值为 15.33%。需要说明的是，根据产量距平程度确定作物减产率有正值和负值，代表的产量增减的相对程度，所以减产量均值与赔付率均值不具有对比性。

表 1　因变量与关键解释变量的描述统计

变量名称	单位	平均值	标准差	最小值	最大值
赔付比（*Pp*）	（赔付数量/承保数量）×100	14.763 7	13.540 7	0.117 8	84.885 3
赔付率 1（*Pr*1）	（赔付支出/保险金额）×100	3.198 0	2.252 2	0.111 5	15.953 5
赔付率 2（*Pr*2）	（赔付支出/保费收入）×100	53.440 7	28.764 8	2.064 4	199.419 1
灾害面积比 1（*Dar*1）	（成灾面积/总播种面积）×100	8.447 6	6.300 2	0.493 3	31.255 0
灾害面积比 2（*Dar*2）	（受灾面积/总播种面积）×100	17.191 8	11.688 2	1.200 3	66.027 6
减产率（*Ry*）	（波动产量/实际产量）×100	0.064 5	3.960 6	−15.333 0	10.974 6

① 保费收入=保险金额×保险费率，农业保险业务中，因各个地区的粮食作物保险费率存在差异，所以因变量选择两类指标更具说服力，全国各个地区的粮食作物保险费率大多在 5%～6%。

3. 控制变量

本文纳入了农村人口、承保率、农业总产值、地市县补贴压力、保险深度共计 5 个控制变量，各类变量的描述统计如表 2 所示。

表 2　控制变量的描述统计

变量名称	单位	平均值	标准差	最小值	最大值
农村人口（Rp）	百万人	21.860 5	13.062 1	2.330 0	55.790 0
承保率（Uwr）	（承保数量/种植面积）×100	50.135 8	22.031 9	0.144 0	97.834 6
农业总产值（Rp）	亿元	1 905.780 0	1 178.683 0	49.620 0	4 973.680 0
地市县补贴压力（Sp）	（保费补贴金额/农林水事务支出）×100	0.122 5	0.103 7	0.000 7	0.442 0
保险深度（Ind）	（保费收入/农林牧渔总产值）×100	0.513 1	0.382 8	0.004 7	1.814 2

（三）模型构建

结合变量描述，本文共构建两个模型（图 1），分别为：模型 1：粮食作物保险赔付比与灾害面积比的回归模型；模型 2：粮食作物保险赔付率与减产率的回归模型，分别从“赔付广度”和“赔付力度”两个角度来分析农业保险赔付的准确性及合理度。构建的模型公式为

$$\begin{cases} Pp_{it}=\alpha+\beta\cdot Dar1_{it} or \beta\cdot Dar2_{it}+\gamma\cdot control_{it}+\vartheta_i+\mu_{it} \\ Pr1_{it} or\ Pr2_{it}=\alpha+\beta\cdot Ry_{it}+\gamma\cdot control_{it}+\vartheta_i+\mu_{it} \end{cases} \tag{2}$$

公式（2）中，Pp_{it}和Pr_{it}分别表示赔付比和赔付率，其中Pr_{it}有两种类型，Dar_{it}和Ry_{it}分别表示灾害面积比和作物减产率，Dar_{it}也有两种类型，$control_{it}$为系列控制变量，包括农村人口（Rp）、承保率（Uwr）、农业总产值（Rp）、地市县补贴压力（Sp）、保险深度（Ind）。ϑ_i为截距中的随机变量部分。

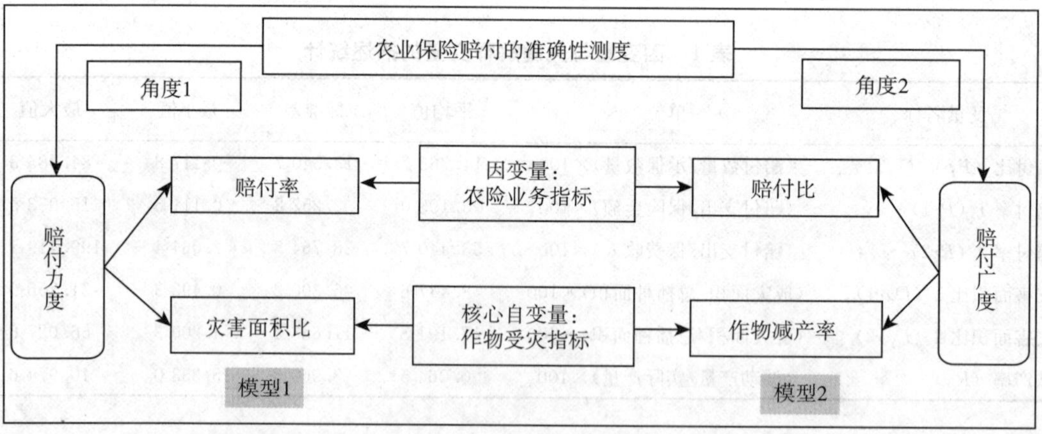

图 1　模型构建思路

四、实证分析结果

（一）变量的相关关系

首先考察粮食作物保险赔付比与成灾面积比、赔付率与减产率之间的相关关系，如表3所示，粮食作物保险赔付比与两类灾害面积比之间具有显著的正相关关系，相关系数分别为0.298 3、0.206 7，且均在1%的统计水平上显著；但是赔付率与减产率之间并没有显著的相关关系。这说明前文关于保险赔付支出广度、赔付支出力度与农作物实际受灾广度和受灾力度之间的理论分析基本正确。

表3 赔付比与成灾面积比、赔付率与减产率的相关关系

	赔付比	赔付率1	赔付率2
灾害面积比1	0.298 3*** (0.000 0)	—	—
灾害面积比2	0.206 7*** (0.003 2)	—	—
减产率	—	0.004 8 (0.945 7)	0.067 6 (0.340 3)

（二）农业保险赔付与农作物受灾的双维度回归结果分析

1. 农业保险的"赔付广度"存在超比例赔付问题

通过Hausman模型选择检验，采用面板随机效应模型，进行农业保险赔付比与农作物灾害面积比（模型1）的实证分析。但该模型中，有成灾面积比和受灾面积比两个相关维度的自变量，因此本文分别构建农业保险赔付比与成灾面积比（模型1-1）、与加入控制变量的成灾面积比（模型1-2），以及农业保险赔付比与受灾面积比（模型1-3）、与加入控制变量的受灾面积比（模型1-4）的4个子模型，通过双角度来进行分析。结果显示：带有控制变量模型（模型1-2和模型1-4）的LR-Chi2（6）统计量分别为71.45、77.80，均在1%统计水平上显著，模型拟合效果较优，Vif检验均值分别为6.78、7.44，均小于10，模型通过多重共线性检验。详细模型标注及回归结果见表4。

表4 农业保险赔付比与灾害面积比的实证回归结果

变量	符号	模型1-1	模型1-2	模型1-3	模型1-4
成灾面积比	(*Dar*1)	0.678 6*** (0.154 2)	0.608 3*** (0.136 9)	—	—
受灾面积比	(*Dar*2)	—	—	0.194 1** (0.083 8)	0.223 0*** (0.073 7)

（续）

变量	符号	模型 1-1	模型 1-2	模型 1-3	模型 1-4
农村人口	（Rp）	—	−0.553 9*** (0.138 1)	—	−0.590 8*** (0.139 2)
承保率	（Uwr）	—	−0.136 4*** (0.046 2)	—	−0.140 2*** (0.046 6)
农业总产值	（Rp）	—	0.005 5** (0.001 4)	—	0.005 5*** (0.001 4)
地市县补贴压力	（Sp）	—	54.020 6*** (9.648 5)	—	53.446 4*** (9.795 7)
保险深度	（Ind）	—	6.148 2*** (3.100 4)	—	7.609 4** (3.087 2)
常数项	（C）	9.031 1*** (1.473 2)	8.390 8** (3.393 4)	11.426 8*** (1.607 8)	10.034 3*** (3.492 5)

注：*、**、*** 分别表示在 10%、5%、1%的水平显著。

模型 1-1 和模型 1-2 显示，农作物成灾面积比对农业保险赔付比具有显著的正向影响，影响系数分别为 0.678 6 和 0.608 3，且均在 1%显著水平下通过检验；模型 1-3 和模型 1-4 显示，农作物受灾面积比对农业保险赔付比具有显著的正向影响，影响系数分别为 0.194 1 和 0.233 0，分别在 5%和 1%显著水平下通过检验。结合前期的变量描述统计，农业保险赔付比的均值（14.763 7%）较大于农作物成灾面积比的均值（8.447 6%），略小于农作物受灾面积比的均值（17.191 8%）①。但是限于农业保险不能赔付没有明显痕迹的自然减产，以及农业保险赔付的起赔标准比较接近于成灾面积比两个原因，说明保险公司在“赔付广度”上极有可能是超比例赔付的，即存在农户并没有受灾却获得了赔付的情况。

这一结果的解释为：因为保险业务尚未实现精确定损，导致农户存在较大争取空间：一方面，农户对受灾面积和投保面积会存在谎报的情况；另一方面，农户对受灾程度也存在“低报中、中报高”的情况。又因为保险公司在县市区的人力捉襟见肘，导致农户夸大受灾面积和受灾程度的问题难以彻底查处，进而滋生了超比例赔付问题。课题组在某地区调研时发现：农户谎报受灾面积现象较为严重，某保险公司在 2019 年 7 月的玉米洪涝灾害中核定的受灾面积是 1.2 万亩，但是农户上报的受灾面积却达到了 15 万亩，最终借助无人机技术核定的受灾面积为 1.3 万亩，二者之间差距明显。此外，课题组在某地区调研时发现：当地政府要求保险公司每年的赔付率必须在较高的比例以上，因为政府认为大量财政补贴如果不用于赔付将“落入”保险公

① 成灾面积比为损失率达 30%以上的农作物面积占总种植面积的比例，30%的损失率与粮食作物保险 30%的起赔标准是一致的，因此在保险责任范围内达到成灾面积的区域，理论上应该也在保险的赔付范围之内。需要说明的是，尽管农业保险的承保率目前尚未实现全覆盖，但是现实业务并未根据风险大小来有条件选择投保农户，可以认定为已参保农户是基于自然灾害下全部农户的随机样本。

司之手，这严重打破了保险赔付的“生态”。

2. 农业保险的“赔付力度”并未做到“应赔尽赔”

通过 Hausman 模型选择检验，采用面板随机效应模型，进行两类农业保险赔付率指标与农作物减产率（模型 2）的实证分析。但该模型中，有基于保险金额的赔付率和基于保费收入的赔付率两个相关维度的因变量，因此本文分别构建农业保险赔付率 1（赔付支出/保险金额）与减产率（模型 2－1）、与加入控制变量的减产率（模型 2－2），以及农业保险赔付率 2（赔付支出/保费收入）与减产率（模型 2－3）、与加入控制变量的减产率（模型 2－4）的 4 个子模型，通过双角度来进行分析。结果显示：带有控制变量模型（模型 2－2 和模型 2－4）的 LR-Chi2（6）统计量分别为 59.88、39.87，均在 1%统计水平上显著，模型拟合效果较优，Vif 检验均值分别为 6.97、6.96，均小于 10，模型通过多重共线性检验。详细回归结果见表 5。

表 5　农业保险赔付率与受灾率实证回归结果

变量	符号	赔付率（*Pr*1）		赔付率（*Pr*2）	
		模型 2－1	模型 2－2	模型 2－3	模型 2－4
减产率	(*Ry*)	−0.011 9 (0.032 1)	−0.045 4 (0.033 7)	−0.562 9 (0.480 4)	−0.272 4 (0.486 0)
农村人口	(*Rp*)	—	−0.084 9*** (0.024 8)	—	−1.000 3*** (0.323 5)
承保率	(*Uwr*)	—	−0.006 3 (0.008 2)	—	0.189 2 (0.108 9)
农业总产值	(*Rp*)	—	0.000 7*** (0.000 3)	—	0.009 4*** (0.003 3)
地市县补贴压力	(*Sp*)	—	4.193 6** (1.731 2)	—	7.146 6 (23.543 7)
保险深度	(*Ind*)	—	2.218 6*** (0.544 7)	—	16.612 6** (7.071 3)
常数项	(*C*)	3.159 2*** (0.293 1)	2.465 1*** (0.538 0)	53.265 4*** (2.728 4)	38.482 8*** (6.841 3)

注：*、**、*** 分别表示在 10%、5%、1%的水平显著。

模型 2 各子模型显示，两类农业保险赔付率与农作物减产率之间并未构建起显著的相关关系，这符合前文的理论分析。实际保险业务中，多个原因共同导致农业保险的赔付率与实际的受灾率之间脱节，农业保险在“赔付力度”上可能并未做到“应赔尽赔”。

这一结果的可能解释为：模型 1 的回归结果显示的保险公司存在超比例赔付问题，外加政府干预以及业务成本的提升，使得保险公司在灾害较轻的年份也容易产生相对较高的赔付和成本支出，导致保险赔付“生态”被打破，当较重的灾害发生时，保险公司的赔付压力将会加大，进而会压缩赔付支出。此外不可否认的是，协议赔付、违规操作等也是导致保险赔付与农业灾害“没关系”的重要原因。本课题组在调研时发现：在政府层面，某地区政府在业务招投标管理上非常混乱，简单的招标费就让多家保险公司苦不堪言；在保险公司层面，协议赔付问题较为普遍，业务繁琐现象持续存在。如某保险公司测算，每收取小农户 1 元的保费将带来 1.5 元左右的成本支出，也有的保险公司明确表明，农户在灾害较小时的过度索赔导致了大灾发生时保险公司的无能为力。

（三）控制变量对农业保险赔付影响的结果分析

模型 1 和模型 2 各子模型中，控制变量的回归结果显示：农村人口、承保率对农业保险赔付具有显著负向影响，地市县补贴压力、农业总产值、保险深度对农业保险赔付具有显著正向影响。上述结果主要的可能解释为：

第一，农村人口越多，可能代表着保险公司的业务较为零散，进而造成较高的业务成本而压低赔付，也可能代表着地区的保险基数较大，这就使得漏赔与惜赔的发生概率较高，两个方面共同作用产生负向的影响效果。第二，承保率越高，可能代表着保险公司对该地区的业务开展积极性较高，或者该地区的农作物种类宜于承保，而不论哪一种情况，说明该地区的风险种类相对较少或者风险程度相对较低，进而对农业保险赔付产生负向的影响效果。第三，农业产值越高，可能代表着农业生产在当地具有重要地位，这往往以农业大省为代表，其农业的重要地位会使农户对保险的赔付诉求较高，进而产生正向的影响效果。第四，地市县压力越大，可能代表着地区的保险产品规模和种类上较为充分，特别是补贴比例相对较大的区域特色农产品保险，这就会使得具有区域特性的风险被保障在内，而相对于常规风险来说，区域风险特性的增加在一定程度上会对农业保险的赔付产生正向的影响效果。第五，保险深度越高，可能代表着地区的农业保险发展程度较好，或者保险保障水平相对较高，即农业保险业务相对成熟，因此农户对农业保险的业务特征也较为清晰，赔付标准相对透明，漏赔与惜赔的发生概率较低，进而产生正向的影响效果。

五、稳健性检验

为检验回归结果稳健性，针对农业保险赔付比与赔付率两个因变量的分布特征，在模型 1-2、1-4 以及模型 2-2、2-4 中，我们将赔付比大于 60％的值以及赔付率（赔付支出/保费收入×100）大于 150％的值予以剔除，采用极端值剔除法进行稳健性检验。现实中，上述两个指标超过一定范围可以认定为非常规现象，因此这一检验方法也与现实较为吻合。剔除极端值后的模型回归结果见表 6，整体来看，各模型的回归结果与前期回归结果及显著性非常一致，因此，本文的回归结果是稳健的。

表 6 稳健性检验

变量	符号	赔付比（P_r1）	赔付比（P_r2）	赔付率（$Lr1$）	赔付率（$Lr2$）
成灾面积比	($Dar1$)	0.436 8*** (0.119 8)	—	—	—
受灾面积比	($Dar2$)	—	0.129 7** (0.062 9)	—	—
减产率	(Ry)	—	—	−0.045 4 (0.033 7)	−0.272 4 (0.486 0)
农村人口	(Rp)	−0.273 0** (0.119 7)	−0.294 3** (0.121 0)	−0.084 9*** (0.024 8)	−1.000 3*** (0.323 5)
承保率	(Uwr)	−0.106 6*** (0.038 9)	−0.110 3*** (0.039 3)	−0.006 3 (0.008 2)	0.189 2 (0.108 9)
农业总产值	(Rp)	0.002 7** (0.001 2)	0.002 6** (0.001 3)	0.000 7*** (0.000 3)	0.009 4*** (0.003 3)
地市县补贴压力	(Sp)	30.009 8*** (8.607 8)	29.415 1*** (8.730 7)	4.193 6** (1.731 2)	7.146 6 (23.543 7)
保险深度	(Ind)	8.751 9*** (2.634 2)	9.943 7*** (2.615 8)	2.218 6*** (0.544 7)	16.612 6** (7.071 3)
常数项	(C)	8.082 0** (2.896 6)	9.907 4*** (2.972 4)	2.465 1*** (0.538 0)	38.482 8*** (6.841 3)

注：*、**、*** 分别表示在 10%、5%、1%的水平显著。

六、结论与政策建议

（一）核心结论

本文基于全国 27 个省、自治区 2011—2018 年的数据，利用面板随机效应模型分别从赔付比这一“赔付广度”指标，以及赔付率这一“赔付力度”指标测度农业保险赔付的准确性。结果显示：在“赔付广度”上，赔付比能够与成灾面积比构建显著的正向关系，但存在超比例赔付现象，这会加大保险公司的赔付支出；在“赔付力度”上，赔付率并不能与农作物减产率构建显著的正向关系，说明农业保险业务因为超比例赔付、交易成本高等问题，难以再做到“应赔尽赔”。两个方面的实证结果共同反映出较为严峻的现实问题：农业保险因赔付“生态”被打破而并未实现“真赔”。

（二）政策建议

（1）构建完善的科学定损机制。保险业务赔付的不准确与不合理，关键原因之一是尚未实现科学定损。当前科学定损的实现亟须解决两个关键难题：一是建立完善粮食作物收获期的测产定损机制，代替减产率不明确情况下的商议赔付方式，来客观确定农作物减产水平；二是加大科技投入，通过遥感技术，建立农作物减产大数据图谱，科学测度农作物减产水平。

（2）简化农业保险业务流程。保险业务赔付的不准确与不合理，另一关键的原因是因繁琐的业务流程产生的高成本。当前实现农业保险业务流程的简化，重点在于：第一，要加强遥感影像、地块信息、灾害管理、气候服务数据平台与保险科技的融合，通过保险科技在承保、查勘、定损、理赔等环节的应用来简化业务流程；第二，要加强协保员这一基层最完善的农险队伍建设，充分发挥其对地区生产、农户特征的管理优势，来简化农业保险的业务流程。

（3）严格控制政府的“越位”行为。2019 年，国家四部委联合印发《关于加快农业保险高质量发展的指导意见》，其中第八条明确指出“地方各级政府不得参与农业保险的具体经营”，这为防范政府的“越位”行为提供了指导意见。只有处理好政府与市场的关系才会使农业保险的发展效率更高。现阶段，改善政府不合理赔付要求，不公开的“招标”方式，“有偿”分配市场资源的诸多“越位”行为至关重要。此外，还需制定有效的负面清单，对相关政府“越位”行为予以惩戒。

（4）严格控制市场竞争强度。市场过度竞争问题会导致恶性成本投入的增多，降低了农业保险的成本效率。农业保险高质量发展，要坚持适度竞争原则，避免自由竞争和无序竞争。控制市场竞争强度的核心在于通过业务基础、风险把控能力、成本运行效率，以及违规等级划分、业务效率评估、市场效果评价等指标建立准入退出机制。此外，还要在此基础上建立统一的农业保险招投标管理办法和保险经办费用管理办法，强化对经营机构的综合考评机制，保证农业保险业务的公开、透明、合规。

参考文献（略）

参保密度、市场竞争与农业保险公司的成本费用

牛　浩　王洪生　陈盛伟

摘要：本文基于2010—2019年全国各地区面板数据，运用门槛回归模型，考量不同市场竞争强度下参保密度对农业保险成本费用的影响。结果显示，参保密度对农业保险的成本费用具有显著影响，但是在市场竞争强度门槛变量下呈现出不同的影响方向。当市场竞争较弱时，参保密度对农业保险的成本费用具有显著负向影响；当市场竞争较强时，参保密度对农业保险的成本费用具有显著正向影响。因为市场竞争是一个由弱到强的过程，因此从成本效率角度出发，“先负后正”的影响关系使得农业保险市场存在一个最优竞争强度。

关键词：市场竞争；参保密度；农业保险；成本费用

一、引言

我国政策性农业保险自2007年实施以来成绩显著，2020年的保费收入为814.93亿元，约为2.18亿户次农户提供了4.36万亿元的风险保障。但是农业保险业务在规模快速增长的同时却存在费用率不断攀升的问题，其综合费用率从2009年的17.60%上升至2019年的23.19%①。2019年9月，财政部、农业农村部、银保监会、林草局四部门联合发布《关于加快农业保险高质量发展的指导意见》，这是第一次经中央深改委审议通过的农业保险专项文件，不同于其他相关文件，该意见首次将降低保险公司运行成本，提升保险保障效率纳入其中。究其根本原因在于现阶段农业保险业务成本的运行还存在亟须改善之处。

尽管农业保险业务同其他财产保险一样，在进展过程中会产生承保费、协保费、业务费、宣传广告费等成本支出，但是，农业保险还具有保险标的分散、业务规模大、业务环节繁琐、定损难度高等鲜明的特殊性，这都将导致其成本运行与其他财产保险类型存在较大差异。更为重要的是，基于农业保险市场的特殊性，参保

作者简介：牛浩，管理学博士，山东农业大学经济管理学院（商学院）副教授，研究方向为农业保险；王洪生，管理学博士，山东农业大学经济管理学院（商学院）教授，研究方向为农村金融；陈盛伟，管理学博士，山东农业大学经济管理学院（商学院）教授、院长，研究方向为农业保险。

① 数据来源：中国银保监会业务统计表，已赚保费综合费用率——农业保险。

密度[①]与市场竞争两个重要因素还会进一步影响农业保险成本费用的大小：首先，参保密度过小会加剧农险业务的烦琐性成本，市场竞争加剧会显著增加带有政策属性的农险业务的竞争成本和交易费用；进一步地，不同参保密度与不同市场竞争状态的结合作用，更容易共同通过加强业务维护难度、加大业务博弈空间、加剧理赔争议等影响农业保险的成本费用。

目前，对农业保险发展效率的研究结论丰富，且针对关键影响因素的分析结果较为统一，但是针对成本效率的实证研究较少，对成本效率影响因素的研究并不成熟，尚无对成本效率关键影响因素相互作用机理的探究。基于上述政策和研究背景，探究参保密度、市场竞争与农业保险公司成本费用之间的影响关系以及作用机理具有重要研究价值和现实意义。因此，本研究基于全国 2010—2019 年的省级面板数据，利用面板门槛模型探究参保密度、市场竞争与农业保险成本费用之间的相互作用关系。研究贡献在于：在理论层面，完善农业保险发展效率的实证研究框架，创新引入“参保密度”关键变量，并以市场竞争强度为门槛变量探究其对农业保险成本费用的影响机理，为农业保险业务效率的测度提供科学论据；在现实层面，通过实证分析农业保险成本费用的影响因素与作用机理，为解决农业保险高质量发展的现实问题提供建议。

二、理论分析

（一）参保密度与农业保险成本费用

在交易费用理论中，交易环境是影响交易费用的重要因素，其中，影响交易环境的两大主要因素是交易频率和不确定性。农业保险公司在业务运行的过程中，针对不同的参保密度产生的成本费用将会存在如下差异：第一，在承保环节，参保密度小的“小农户”的业务成本费用可能更高。因为保险公司在展业、承保、核保等主要环节中，参保规模小导致的业务频率烦琐问题将产生更多的成本费用。第二，在理赔环节，参保密度大的“大农户”的成本费用可能更高。因为保险公司在理赔环节对“大农户”实行逐一查勘，这不同于“小农户”的抽样查勘，且灾害对种植大户产生的经济冲击往往更大，进而会提升他们的主动议价能力。更加重要的是，农业保险标的具有生命特征，这使得赔付标准难以准确制定，进而会导致“大农户”在定损与理赔环节的“争议”问题更为突出，最终产生更高的“议价”成本。综合上述两个环节的特征，可见参保密度对农业保险成本费用的影响方向在不同的环节具有不确定性。

（二）市场竞争干预下参保密度对农业保险成本费用的影响

尽管参保密度对农业保险成本费用的影响方向具有不确定性，但是在不同的市场

① 参照保险密度概念，将参保密度公式定义为：参保密度＝承保数量/参保农户数量。用承保数量与参保农户数量的比值得到的人均参保规模，可以衡量地区参保密度的大小，进而代表各地区“小农户”与“大农户”的参保特征。

竞争强度下，其影响方向却相对清晰：一方面，当市场竞争较弱时，农业保险承保环节的常规成本费用为核心因素。此时，保险公司无需采取积极的竞争策略，其在产品设计、协保费用支出等环节较为常规，但是参保密度小导致的业务烦琐问题将明显提升常规成本费用，因此弱竞争环境下的成本费用可能会随着参保密度的扩大而降低。另一方面，当市场竞争变强时，农业保险理赔环节的协商交易费用成为核心因素。此时，保险公司针对各类型的农户会采取积极的业务策略来维护业务的稳定，特别是种植规模较大的“优质”农户，与此同时，农业保险在理赔环节的赔付标准难以统一，这时种植大户又会因其“纯农”特征而更加积极地争取理赔进而产生系列交易成本，因此强竞争环境下的成本费用可能会随着保险密度的扩大而提升。故本研究提出如下两个平行假设：

H_1：弱竞争环境下，参保密度与农业保险成本费用呈负相关关系。

H_2：强竞争环境下，参保密度与农业保险成本费用呈正相关关系。

若上述两假设成立，则在市场竞争的作用下，参保密度对农业保险成本费用的影响会呈现如下状态：弱竞争环境下，参保密度与农业保险成本费用呈负相关关系；强竞争环境下，参保密度与农业保险成本费用呈正相关关系，不同的市场环境使得参保密度对农业保险成本费用的影响呈“×”形状。因为市场竞争是一个由弱到强的过程，因此“先降后升”的影响关系会存在一个最佳市场竞争强度，使得农业保险的成本费用达到最优。

三、方法模型

根据 Hansen 提出的面板门槛回归模型思路，本研究构建农业保险成本费用与参保密度的面板门槛回归模型，模型形式如下：

$$y_{it}=\mu_i+\theta X_{it}+\beta_1 d_{it}(q_{it}>\gamma)+\beta_2 d_{it}(q_{it}\leqslant\gamma)+\varepsilon_{it} \tag{1}$$

其中，i 表示地区，t 表示年份，y 和 d 分别表示被解释变量农业保险综合费用率（Cer）和解释变量参保密度（$Pcps$）。q_{it} 为门槛变量市场竞争指数以及保险公司数量，γ 为门槛值，β_1、β_2 为待估系数，分别表示解释变量参保密度处于门槛值内的估计系数和跨越门槛值之后的估计系数。X_{it} 为一组对被解释变量具有较强影响作用的控制变量，包括亩均赔付、地方财政一般预算收入、人均获赔、农户受益比、农村人口、农作物总播种面积。θ 为控制变量的系数矩阵。ε_{it} 为各地区不同时间点的残差序列，服从零均值、同方差的正态分布。

在得到参数估计值之前，需要去除面板个体效应 μ_i 的影响，首先需要得到去除了时间效应的个体均值，即

$$\frac{1}{T}\sum_{i=1}^{T}y_{it}=\mu_i+\theta\frac{1}{T}\sum_{i=1}^{T}X_{it}+\beta_1\frac{1}{T}\sum_{i=1}^{T}d_{it}(q_{it}>\gamma)+\beta_2\frac{1}{T}\sum_{i=1}^{T}d_{it}(q_{it}\leqslant\gamma)+\frac{1}{T}\sum_{i=1}^{T}\varepsilon_{it} \tag{2}$$

（2）式可以合并为

$$\overline{y_i}=\mu_i+\theta\overline{X}_i+\beta_1\overline{d}_i(q_{it}>\gamma)+\beta_2\overline{d}_i(q_{it}\leqslant\gamma)+\varepsilon_{it} \quad (3)$$

然后，将每一观察值与组内均值作差处理，即（3）－（1），这样可以消除个体效应 μ_i，得到：

$$y_{it}^*=\mu_i+\theta X_{it}^*+\beta_1 d_{it}^*(q_{it}>\gamma)+\beta_2 d_{it}^*(q_{it}\leqslant\gamma)+\varepsilon_{it}^* \quad (4)$$

对所有的观测值进行累加，可以得到模型的矩阵形式：

$$Y^*=Y^*(\gamma)\beta+e^* \quad (5)$$

对于任一给定的门槛值 γ，对（5）式进行 OLS 估计可得到 β 值：

$$\hat{\beta}(\gamma)=[Z^*(\gamma)'Z^*(\gamma)]^{-1}Z^*(\gamma)Y^* \quad (6)$$

相应的残差为 $\hat{e}^*(\gamma)=Y^*-Z^*(\gamma)\hat{\beta}(\gamma)$，残差平方和为 $S_1(\gamma)=\hat{e}^*(\gamma)'\hat{e}^*(\gamma)$，通过最小化残差平方和 $\arg\min S_1(\gamma)$ 得到最终门槛值 $\hat{\gamma}$，可得 $\hat{\beta}=\hat{\beta}(\gamma)$，残差向量 $\hat{e}^*(\gamma)=\hat{e}^*(\hat{\gamma})$。

得到参数估计值后，模型涉及两个假设检验：①检验门槛效应是否存在；②门槛估计值是否等于真实值。检验门槛效应是否存在的原假设 H_0 为 $\beta_1=\beta_2$，对应备择假设 H_1 为 $\beta_1\neq\beta_2$，检验统计量为 $F_1=S_0-S_1(\hat{\gamma})/\hat{\sigma}^2$，在原假设 H_0 下，门槛值是无法识别的，因此，统计量不服从标准正态分布，可采用 Hansen 提出的“自抽样法”（Bootstrap）来构建渐进分布以获取其近似分布临界值。检验门槛估计值是否等于真实值时要构建似然比统计量 LR，原假设 H_0 为 $\hat{\gamma}=\gamma_0$，最大似然比统计量为 $R_1(\gamma)=S_1(\gamma)-S_1(\hat{\gamma})/\hat{\sigma}^2$，$LR$ 同样不服从标准正态分布。根据 Hansen（1999）的研究，在显著性水平 α 下，当 $LR_1(\gamma)\leqslant c(\alpha)$ 时，其中 $c(\alpha)=-2\mathrm{Ln}(1-\sqrt{1-\alpha})$，不能拒绝原假设。

四、数据来源与变量说明

（一）数据来源

本研究选取全国 31 个省（自治区、直辖市）2010—2019 年的种植业保险①及其他相关变量的面板数据。包括农业保险综合费用率、保费收入、赔付支出、保险公司数量、市场竞争指数等保险市场数据，以及第一产业增加值、农作物总播种面积、地方财政一般预算收入、农村人口、受灾面积、农林牧渔总产值、所处地域（东部、中部、西部）等农业生产特征和人口特征数据。数据来源于《中国统计年鉴》、《中国保险年鉴》、各省份统计年鉴，南开农险中心农险年度报告，银保监会农业保险业务统

① 选择种植业保险作为研究对象的主要原因有两个：第一，相比养殖业保险，种植业保险的业务进展在年度范围内较为统一，存在固定的作物周期，这就能与其他年度变量数据相匹配。但是动物生长周期并不一定和年度周期相吻合，所以按照年度分析养殖业保险的成本费率并不妥当。第二，种植业保险和养殖业保险的成本效率存在较大差异，整合在一起进行研究得到的整体成本效率不具备普适性，解释意义也不强。结合上述两方面的原因，本研究聚焦于种植业保险，其在全部农业保险业务中的份额占比接近 70%。

计表等。

（二）变量说明

在变量选取上，本研究以全国各地区农业保险综合费用率作为因变量，以参保密度为解释变量，以市场竞争强度为门槛变量，来测度不同市场竞争强度下参保密度对农业保险成本费用的影响。本研究以亩均赔付、地方财政一般预算收入、人均获赔、农户受益比、农村人口、农作物总播种面积作为控制变量，分别从赔付特征、财政特征、人口特征和生产特征等角度将变量加入模型中。

1. 因变量：综合费用率（*Cer*）

综合费用率是指保险公司经营费用占总保费收入的比例。其中，经营费用主要是保险业务开展过程中的专属费用和分摊的共同费用。综合费用率是评估保险公司成本费用高低的核心指标，其值越高代表保险公司的业务成本费用越高。图1为全国各地区2010—2019年种植业保险的平均综合费用率，可以看出全国各地区农业保险的综合费用率存在一定差异，均值都维持在30%以下的水平，各地区均值的极差为14.67%。个别地区存在早期综合费用率突高的情况，如贵州（2010年）、广东（2010年）等。

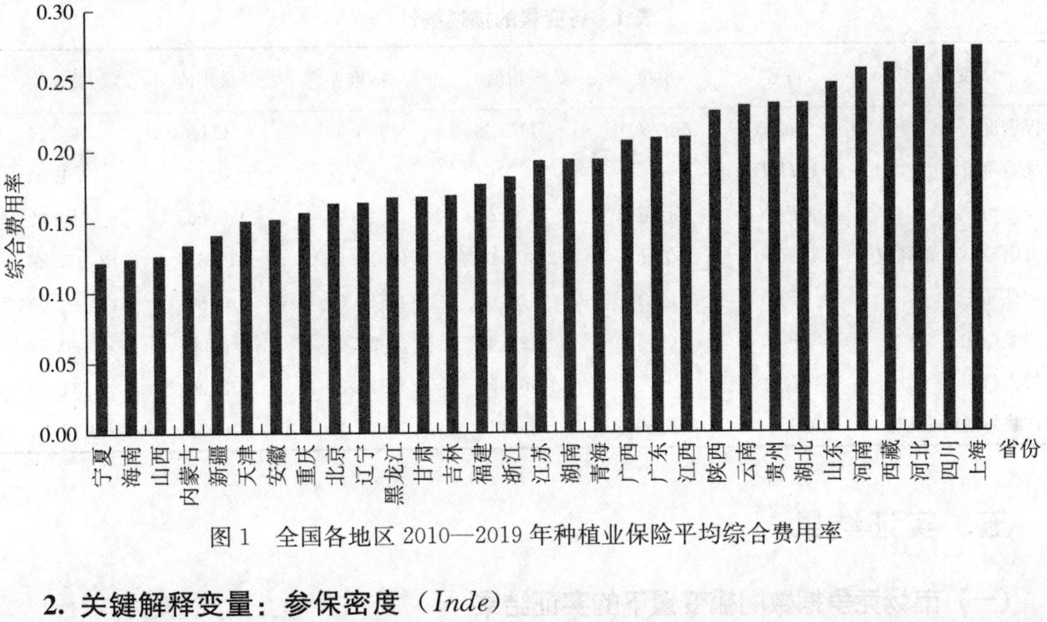

图1　全国各地区2010—2019年种植业保险平均综合费用率

2. 关键解释变量：参保密度（*Inde*）

参保密度是指承保数量与参保农户数量的比例。参保密度的大小代表地区农业保险人均参保规模大小，参保密度越大，一般代表着地区的保险业务较为集中，或者种植大户居多；反之，代表着地区的保险业务较为分散，或者小农户居多。统计发现，全国大部分地区的参保密度在人均100亩以下，但各地区的参保密度存在较大差异，其中以江苏、山东、安徽等为代表的低规模地区数量较多，以贵州、重庆、西藏等为代表的高规模地区参保密度明显高于全国其他地区。该变量的描述统计如表 1 所示。

3. 门槛变量：市场竞争强度

本研究分别利用市场竞争指数（*HHI*：连续变量）[①]，以及保险公司数量（*Nic*：离散变量）来衡量农业保险的市场竞争强度。2010 年前后，全国各地区的农险公司数量相对较少，大多在 4 家以下，市场竞争指数大多在 0.6 以上，此时的市场竞争强度相对较弱。但在此之后，多家农险公司看到了市场的广阔前景陆续进入市场，各地区农险公司的数量也开始快速增长，市场竞争强度明显增加，如 2019 年河南、四川、山东等多地区都拥有 10 家左右的农险公司，市场竞争指数已经提升到 0.2～0.3 的水平。同时，也有地区仍保持着较弱的市场竞争强度，如安徽、上海等地区只有 1 家具备一定规模的农险公司，市场竞争指数一直维持在 0.85 以上。该变量的描述统计如表 1 所示。

4. 控制变量

为控制其他变量对农业保险成本费用的影响，防止变量遗漏造成的估计偏误，本研究选择亩均赔付、地方财政一般预算收入、人均获赔、农户受益比、农村人口、农作物总播种面积作为控制变量，分别从赔付特征、人口特征和生产特征等角度将变量加入模型中。各控制变量的描述统计如表 1 所示。

表 1　各变量的描述统计

变量	符号	单位	均值	标准差	最小值	最大值
参保密度	(*Inde*)	(亩/人)	115.56	808.40	0.00	498.15
市场竞争指数	(*HHI*)	—	0.61	0.24	0.16	1.00
亩均赔付	(*Pcc*)	(元/亩)	9.60	14.08	0.00	116.92
地方财政一般预算收入	(*LFbr*)	(亿元)	2 361.08	2 018.71	36.65	12 105.26
人均获赔	(*Pci*)	(元)	440.00	1 546.00	0.00	17 149.00
农户受益比	(*Fbr*)	(%)	24.48	26.09	0.00	120.57
农村人口	(*Rp*)	(万人)	1 961.86	1 346.87	232.00	5 784.00
农作物总播种面积	(*Crta*)	(万公顷)	530.12	377.10	10.38	1 478.34

五、实证结果

（一）市场竞争指数门槛变量下的实证结果

结合上述理论与数据分析，本研究构建市场竞争指数门槛变量下的面板门槛模

① 赫芬达尔-赫希曼指数（*HHI*）：一种测量产业集中度的综合指数，指一个行业中各市场竞争主体所占行业总收入或总资产百分比的平方和。*HHI* 指数越小，表示该行业市场的竞争程度越强；*HHI* 指数越大，表示该行业市场的竞争程度越弱。

型，公式可以表示为

$$Cer_{it}=\mu_i+\beta_1\times Inde_{it}(HHI>\gamma)+\beta_2\times Inde_{it}(HHI\leqslant\gamma)+\theta_{it}\times Z_{it}+\varepsilon_{it} \quad (7)$$

对公式（7）进行回归，得到面板门槛随机效应模型的 F 检验值为 12.19，在 1% 显著性水平下通过检验。Vif 均值为 5.17，通过多重共线性检验。单一门槛值在 1% 显著性水平下通过检验，双重门槛值并未通过检验，表明农业保险市场竞争指数存在单一门槛值 $\gamma=0.8645$。

为充分验证市场竞争指数的门槛效应，分别构建农业保险综合费用率与参保密度（M1）、市场竞争指数（M2）以及与二者共有（M3）的面板随机效应模型（表 2）。结果显示，市场竞争指数在独立纳入模型时并不显著，但其与参保密度组合后就变得显著，说明市场竞争指数与参保密度之间存在相互作用关系。在此基础上，我们结合市场竞争指数门槛变量下的模型（M4）回归结果，可初步得出结论：2010—2019 年，我国农业保险市场的参保密度对综合费用率水平的影响并不是简单的线性关系，而是受到市场竞争强度这一门槛变量的显著作用，当市场处于不同的竞争强度时，参保密度对农业保险综合费用率的影响系数存在显著差异。当市场竞争指数低于 0.864 5 时，回归系数为 0.004 2，并在 1% 显著性水平下通过检验，参保密度对农业保险综合费用率具有显著的正向影响；当市场竞争指数大于等于 0.864 5 时，回归系数为 −0.007 6，并在 1% 显著性水平下通过检验，参保密度对农业保险综合费用率具有显著的负向影响。模型回归结果见表 2。

表 2　市场竞争指数门槛变量下农业保险成本费用的实证结果

	M1	M2	M3	M4
Inde	0.003 2*** (0.000 5)		0.003 9*** (0.000 6)	
HHI		−1.637 6 (2.548 3)	−6.229 4* (2.658 9)	
Inde（*HHI*<0.864 5）				0.004 2*** (0.000 5)
Inde（*HHI*≥0.864 5）				−0.007 6*** (0.002 3)
Pcc			0.097 6** (0.035 7)	0.076 0* (0.036 1)
LFbr			−0.000 5 (0.000 4)	−0.002 8*** (0.000 6)
Pci			−0.083 1** (0.030 7)	0.051 5 (0.040 2)
Fbr			−0.043 2 (0.028 1)	−0.005 4 (0.032 7)
Rp			0.002 3* (0.001 1)	−0.013 3*** (0.003 4)

（续）

	M1	M2	M3	M4
Crta			−0.000 3 (0.000 4)	−0.001 4 (0.001 2)
Con			21.410 6*** (2.756 4)	58.190 9*** (10.653 3)
年份/地区	控制	控制	控制	控制
参数联合检验值 （$P>F$ 或 $P>chi2$）			70.66 (0.000 0)	12.19 (0.000 0)
样本量	310	310	310	310

注：***、**、*分别表示在1%、5%、10%的水平下显著，括号内为稳健标准误，RE 报告的参数联合检验值为 *Wald* 值，面板门槛模型报告的参数联合检验值为 *F* 检验值。

（二）保险公司数量门槛变量下的替代检验结果

为验证回归结果的稳定性，进一步选择保险公司数量替代市场竞争指数，构建保险公司数量门槛变量下的面板门槛模型，公式表示为

$$Cer_{it}=\mu_i+\beta_1\times Pcps_{it}(Nic<\delta)+\beta_2\times Pcps_{it}(Nic>\delta)+\theta_{it}\times Z_{it}+\varepsilon_{it} \quad (8)$$

对公式（8）进行回归，得到面板门槛模型的随机效应 F 检验值为 12.30，在 1% 显著性水平下通过检验，Vif 均值为 5.17，通过多重共线性检验。单一门槛值在 1% 显著性水平下通过检验，双重门槛值并未通过检验，表明农业保险公司数量存在单一门槛值 $\delta=2$。值得一提的是，保险公司数量为 2 时对应的市场竞争指数均值为 0.838 5，这与市场竞争指数的门槛值非常接近。

表 3 保险公司数量门槛变量下农业保险成本费用的实证结果

	M5	M6	M7	M8
Inde	0.003 2*** (0.000 5)		0.003 8*** (0.000 6)	
Nic		0.163 5 (0.175 4)	0.394 2* (0.184 7)	
Inde（$Nic\leqslant 2$）				−0.007 5** (0.002 3)
Inde（$Nic>2$）				0.004 2*** (0.000 5)
Pcc			0.094 7** (0.035 7)	0.076 6* (0.036 1)
LFbr			−0.000 6 (0.000 4)	−0.002 8*** (0.000 6)
Pci			−0.082 8** (0.030 8)	0.049 2 (0.040 1)

（续）

	M5	M6	M7	M8
Fbr			−0.038 0 (0.027 8)	−0.006 5 (0.032 7)
Rp			0.002 3* (0.001 1)	−0.013 6*** (0.003 4)
Crta			−0.000 3 (0.000 4)	−0.001 4 (0.001 2)
Con			15.383 3*** (1.756 7)	58.898 7*** (10.674 4)
年份/地区	控制	控制	控制	控制
参数联合检验值 （P>F 或 P>chi2）			69.65 (0.000 0)	12.30 (0.000 0)
样本量	310	310	310	310

注：***、**、*分别表示在1%、5%、10%的水平下显著，括号内为稳健标准误，RE报告的参数联合检验值为*Wald*值，面板门槛模型报告的参数联合检验值为*F*检验值。

同市场竞争指数一致，分别构建农业保险综合费用率与参保密度（M5）、保险公司数量（M6）以及与二者共有（M7）的面板随机效应模型（表3），结果同样显示，保险公司数量在独立纳入模型时并不显著，但其与参保密度组合后就变得显著，说明市场竞争指数与参保密度之间存在相互作用关系。结合保险公司数量门槛变量下的模型（M8）回归结果，可进一步得出结论：2010—2019年，我国农业保险市场的参保密度对综合费用率水平的影响并不是简单的线性关系，而是受到市场竞争强度（保险公司数量）门槛变量的显著作用，当市场处于不同的竞争强度时，参保密度对农业保险综合费用率的影响系数存在显著差异。当保险公司数量小于等于2时，回归系数为−0.007 5，并在1%显著性水平下通过检验，说明参保密度对农业保险综合费用率具有显著的负向影响；当保险公司数量大于2时，回归系数为0.004 2，并在1%显著性水平下通过检验，参保密度对农业保险综合费用率具有显著的正向影响。模型回归结果见表3。

（三）市场竞争强度门槛变量下的实证结果分析

上述各模型充分地验证了理论假设，在市场竞争干预下，参保密度对农业保险成本费用的影响会存在显著差异。当市场竞争较弱时，承保环节的业务成本费用是影响业务总成本费用的核心因素，“小农户”的业务烦琐性将在其中起关键作用，故弱竞争环境下的参保密度对农业保险成本费用具有显著负向影响；当市场竞争加强时，业务维护与理赔环节的争议处理开始成为影响业务总成本费用的核心因素，特别是在大农户的议价能力较强且种植规模较大的“优质”客户可能会更受（保险公司）重视的双重前提下，故强竞争环境下参保密度对农业保险的成本费用具有显著正向影响。

上述实证结果能够较为恰当地表达出农业保险因业务独特性而带来的公司经营问题。不同于其他财产业务，农业保险标的及参保农户具有量大、分散的特征，在上述独特性基础上，当市场竞争变动的时候，农业保险公司会因为农户的参保密度不同，进而在业务开展难度、维护重点，以及农户的赔付难度、满意度等方面，对业务成本产生变动性门槛效应。研究团队在农业保险的实地调研中也发现，政策性农业保险实施初期的市场竞争较弱，农业保险的核心业务在于空白市场的发育，而此时因小农户种植特征导致的业务烦琐是农业保险公司最为棘手的难题，也是业务成本提升的核心因素。与此同时，随着市场竞争强度提升，保险公司也会更加注重业务质量的发展效率。但是，随着市场竞争的加强，农业保险公司不得不将更多的精力用于业务的维护，特别是大规模农户业务的维护，并且会通过积极赔付等多种方式来提升业务质量，进而产生了更多的成本费用。与此同时小农户成本费用过高的问题也通过"集体承保"方式以及保险科技应用等得以不断改善。基于上述各类因素，市场竞争门槛变量下参保密度对农业保险成本费用最终呈现差异化影响。

（四）控制变量的回归结果分析

在上述各模型中，控制变量的回归结果显示，亩均赔付和农村人口对农业保险综合费用率具有显著正向影响，人均获赔、地方财政一般预算收入对农业保险综合费用率具有显著负向影响。上述结果主要的可能解释如下。

1. 亩均赔付对综合费用率具有显著的正向影响

可能的解释为亩均赔付越高代表着农业生产受灾越严重或者农业保险理赔的次数越多，而不论是上述哪一种情况，都会使得理赔难度与烦琐度增加，进而导致综合费用率的提升。

2. 人均获赔对综合费用率具有显著的负向影响

可能的解释有两个方面：一方面，尽管人均获赔越高可能代表灾害的严重程度越高，但并不代表理赔次数越多，反而往往会使得理赔更加简洁和明确，这虽然会提高赔付水平但是却可能降低运行成本；另一方面，人均获赔越高可能代表着地区的参保人数相对较少，业务集中度较高，业务操作效率较高，从而产生更低的运行成本。

3. 地方财政一般预算收入对综合费用率具有显著的负向影响

因为农业保险具有"政府主导"的特殊性，因此地方财政收入越高，代表着地方对农业保险的保费补贴压力越小。这会使得当地政府在农业保险业务的开展上更加积极主动，从而降低保险公司的业务成本，也会使得保险公司在业务开展、品种增加等多个方面与政府沟通更加便利，进而产生更低的交易成本。

4. 农村人口对综合费用率具有显著的正向影响

可能的解释有两个方面：一方面，农村人口越多，可能代表着地区的农业生产规模越大，即农业保险资源禀赋越高，且险种愈加丰富，而这往往代表着农业保险业务的开展更加复杂；另一方面，农村人口越多，也可能代表着地区的小农户经营特征更加明显，这会加大农业保险各业务环节的烦琐性程度。而不论上述哪一个方面的因素，都会导致综合费用率的提高。

六、稳健性检验（略）

七、结论启示

本研究基于全国各地区 2010—2019 年种植业保险及相关数据，利用面板门槛模型得出参保规模、市场竞争对农业保险成本费用的影响。结论显示：参保密度对农业保险综合费用率具有显著影响，单位影响系数为 0.003 9，但是其影响在不同的市场竞争强度下存在显著的门槛效应。当市场竞争指数低于 0.864 5 时，参保密度对农业保险综合费用率具有显著正向影响，单位影响系数为 0.004 2；当市场竞争指数大于等于 0.864 5 时，参保密度对农业保险综合费用率转为显著负向影响，影响系数为 −0.007 6。因此，在不同市场竞争强度下，参保密度对农业保险成本费用的影响呈“×”形状。因为市场竞争是一个由弱到强的过程，因此“先降后升”的影响关系会存在一个最优市场竞争强度，使得农业保险成本费用达到最优。

基于研究核心结论，结合当前农业保险业务的开展情况，在我国种植业特征难以迅速调整以及规模化生产不断加强的背景下，控制市场竞争仍然是提升农业保险成本效率的关键因素。政策启示如下：第一，制定对农业保险公司严格的准入退出机制是确保成本效率的关键所在。准入退出机制的设立，可以控制市场竞争，还可以构建客观、公平的市场环境，从而使保险公司更加专注于业务经营，但是准入退出机制要把握如下关键点：准入机制要侧重农险公司业务基础、风险把控能力、成本运行效率；退出机制要侧重违规等级划分、业务效率评估以及市场效果评价。第二，准入退出机制要根据地区适宜的市场竞争强度进行差异化设立。要在地区固定的参保密度下，通过构建市场竞争强度对业务成本效率的影响关系，在保障成本费用效率最优的前提下，测度最佳的市场竞争强度，然后结合准入退出机制确定各地区的保险公司数量或市场份额。

参考文献（略）

大灾小赔，小灾大赔：保费补贴“包干制”模式下的农业生产风险与赔付水平悖论

——以政策性玉米保险为例*

易福金　陆　宇　王　克

摘要： 本文基于中国现行的农业保险保费补贴“包干制”模式，通过构建农业保险公司的赔付决策模型，对当前保费补贴模式引发中国农业保险的赔需错位问题进行了理论阐释，并通过2008—2019年省级政策性玉米保险数据验证了“包干制”保费补贴模式引起赔付水平与生产风险反向变动的假说。研究发现，现有的农业保险保费补贴方式会导致玉米干旱风险变化不能得到保险赔付水平的同向反应，基于不同干旱指标的检验结果均支持这一结论。从机制上来说，农业保险公司可以利用保费补贴在管理费用和纯保费之间灵活分配的权限，优先使用保费补贴支付农业保险经营管理费用，而这会导致保险赔付空间被挤占，反而降低赔付支出，引发保险赔付水平与生产者实际保障需求错位，最终偏离农业保险的风险管理目标。

关键词： 政策性农业保险；保费补贴；管理费用；赔付水平

一、引言

农业保险保费补贴作为世界范围内普遍采用的一种农业生产支持政策，其抵御风险的作用日益受到中国政府的重视。截至2019年，中国各级财政对农业保险的保费补贴比例已接近80%，在世界范围内也处于较高水平。随着财政支持力度的不断加大，农业保险保费补贴的效率问题已经成为制约农业保险高质量发展的关键问题。

从财政补贴的具体形式来看，中国政府对农业保险的支持实行了补贴“包干制”，即政府除给予保险公司一定比例的保费补贴之外无需再对其经营损益兜底。尽管补贴项目较为单一，缺乏对管理费用和再保险的独立核算支持措施，但是，政府在确定保费补贴时却会综合考虑保险公司风险损失率、经营管理费用和承保利润三方面因素。

---

* 本文原载《中国农村经济》2022年第3期。

作者简介：易福金，南京农业大学经济管理学院教授；陆宇，中国农业科学院农业信息研究所副研究员；王克，中国农业再保险股份有限公司战略发展部副总经理，教授。

换言之，针对保险公司经营管理费用的补贴已经隐含在保费补贴之中。然而，保费补贴究竟是优先用于赔付损失还是支付管理成本都由保险公司自主决定，政府在实际管理中很少按照费率厘定时的预设资金比例严格考核保险公司对补贴资金的使用情况。与此同时，农业保险的经营风险也就完全由保险公司独立承担、自负盈亏，本质上形成了政府与保险公司之间的包干关系。

在农业保险保费补贴“包干制”下，管理费用补贴的设计比例在保费补贴中相对固定，而保险公司实际经营中发生的管理费用占总支出的比重却会随承保规模及灾害程度不同而大幅波动。受制于管理费用的刚性约束，保险公司完全有可能在农业风险上升时降低赔付水平以实现短期的盈亏平衡。因此，保险公司是否能够依据“小灾小赔、大灾大赔”的保险原则对受灾农户进行赔付存在极大的不确定性，实践中具体表现为“协议赔付”现象屡禁不止，这极大地削弱了农业保险的风险管理功能。本文将保险公司根据农业风险强度变化，利用他们在支付管理费用和纯保费之间灵活分配保费补贴的权限，违背保险赔付原则，造成“大灾小赔、小灾大赔”的现象称之为农业生产风险与赔付水平悖论。

以中国政策性玉米保险为例，笔者发现，随着农业基础设施水平提高、旱灾程度降低，政策性玉米保险的赔付水平反而呈现出提高的趋势。2008—2019 年玉米保险单位面积赔付支出从 73 元/亩上升至 88 元/亩，赔付率从 53%增长至 64%。与此同时，玉米生长关键期干旱积害总体呈下降趋势，与农业保险公司的赔付水平构成反向变动关系。尽管这里还需要排除其他一些制度性因素的影响，例如保费水平、补贴强度等，但这也意味着生产者有可能在受损较大时得到的赔付水平反而更低，农业保险的风险保障功能存在弱化的可能。由此可见，中国重要粮食作物保险的赔需错位问题突出，农业保险的风险保障功能发挥可能存在制度性障碍，并造成保险实施效果偏离农业保险的风险管理目标。

现有研究在农业保险补贴是否能够提高社会总福利的问题上仍存在很大争议。设计不当的补贴制度会导致经济效率低下，保险市场无法正常运作，政府也无法通过补贴实现其预期目标。具体来说，为了实现有效风险管理而设计的保费补贴最终可能无异于一般的农户收入补贴。尽管 Smith 指出保险公司行为对农业保险社会效益的影响不容忽视，但国内针对农业保险公司行为与财政补贴效果之间关系的研究仍极为缺乏，更鲜有从保费补贴模式视角探讨保险公司行为对农业保险实施效率影响的研究。

本文的边际贡献在于尝试理解现行农业保险保费补贴“包干制”模式下农业生产风险对保险赔付水平的影响，并基于保费补贴模式下的保险公司行为解释中国农险市场“大灾小赔，小灾大赔”现象产生的内在机制。这将有助于中国进一步优化农业保险财政补贴制度，增强保险公司的赔付能力，进而提高农业保险的风险管理效果，对保障农民收入、稳定农业发展具有重要意义。

二、理论分析与研究假说

（一）农业保险公司的经营成本结构

保险公司经营农业保险业务的成本通常由三部分组成：一是保险公司用于获取区域农业保险经营资格的前期公关费用。二是保险公司实际承保农业保险业务所发生的管理费用。三是保险公司的保险赔付支出。由于协议赔付现象普遍存在，保险合同约束力度不足，赔付支出是保险公司自主性和灵活性最高的一项成本支出，也是控制自身经营效益的主要途径。

在上述三类成本中，前期公关费用对保险公司而言可控性较低且回收周期较长，接近于稳定的固定成本投入，属于日常经营决策的无关成本。当灾害风险程度发生变化时，保费收入会被优先用于弥补随风险程度上升而增加的管理费用支出，可供保险公司赔付的资金余量相应减少。此外，尽管保险公司在理论上存在跨期决策的可能，但管理者受限于总公司对分公司业绩的年度考核，在现实中很难实现跨期利润平滑。

（二）保险公司的赔付决策模型

根据农业保险公司的成本收入结构，本文构建了保费补贴“包干制”下的保险公司赔付决策模型。在市场竞争加强以及管理费用刚性等现实约束下，本文发现为了应对玉米灾害风险上升带来的亏损或经营绩效下降，保险公司会通过降低赔付支出以实现正常经营。由此，本文提出第一个研究假说。

假说 1：灾害风险升高会导致农业保险公司的保险赔付支出下降。

在此基础上，我们在对保险公司赔付决策模型作进一步推导时发现赔付支出的风险弹性小于−1。这表明灾害风险提高时，保险公司赔付支出减少的幅度会超过风险水平增加的幅度。玉米灾害风险上升会降低保险公司的赔付率。据此，本文提出第二个研究假说。

假说 2：灾害风险升高会降低农业保险公司的赔付率。

三、研究设计

（一）数据来源

本文使用了中国 2008—2019 年 25 个省（自治区、直辖市）的面板数据。其中，省级保险数据来源于中国银保监会。省级有效灌溉面积和耕地面积数据来源于历年《中国农村统计年鉴》和各省份统计年鉴。省级农业保险公司保费收入数据来源于历年《中国保险年鉴》。县级玉米播种面积数据来自农业农村部全国县域经济数据库，县级气象数据来源于中国地面气候资料年值数据集。

(二) 模型设定

为了验证假说1和假说2，本文分别以单位面积赔付支出和赔付率作为被解释变量构建面板数据模型，核心解释变量均为玉米干旱积害。控制变量包括保险产品价格、市场垄断程度、经营规模、农业生产条件、地方财政状况等，用以反映保费收入、市场竞争、理论产出、政府补贴能力以及农业保险监管要求变化等一系列因素对赔付水平的影响。

(三) 变量说明

1. 被解释变量

本文分别采用单位面积赔付支出和赔付率两项指标衡量政策性玉米保险赔付水平。其中，单位面积赔付支出以玉米保险赔付支出除以玉米保险赔付面积得到，赔付率以玉米保险赔付支出除以玉米保险保费收入得到。

2. 核心解释变量

在全国层面，干旱是对玉米生产影响最大的自然灾害。参考杨晓娟等的方法，本文选择以拔节期和灌浆期为主的玉米生长关键期干旱水平作为反映玉米生产风险的指标。依据德马顿系数及其阈值，本文分别构造关键期干旱指数、干旱频率和干旱积害作为描述干旱水平的不同指标。其中，干旱积害可以同时衡量一个地区的干旱频度与干旱强度，是本文模型的核心解释变量。

3. 控制变量

基于保险公司、政府和生产者三个层面考虑，本文的控制变量包括保险产品价格、市场垄断程度、经营规模、地方财政状况以及农业生产条件，分别用单位承保面积保费、赫芬达尔-赫希曼指数、玉米承保面积、应收保费率和有效灌溉面积占比加以度量。此外，玉米是一种不耐涝的作物。本文也将洪涝风险作为控制变量阶段性加入模型，该变量以玉米生长关键期内暴雨降水量的自然对数来衡量。

四、实证结果分析

(一) 基准回归结果

实证研究结果表明，玉米干旱积害对单位面积赔付支出的影响在1%的统计水平上显著且回归系数符号为负。具体来说，当干旱积害上升10%时，单位面积赔付支出就会降低约0.16元/亩。在全国平均干旱水平上，玉米生长关键期干旱积害每上升1个标准差，单位面积赔付支出降低约2元/亩，约占平均赔付支出的2.5%。

干旱积害对赔付率的影响在5%的统计水平上显著且回归系数符号为负。干旱积害每上升1%，赔付率下降约0.03个百分点。总体来看，干旱积害在全国平均水平上每上升1个标准差，赔付率将下降3.7个百分点。

本文以玉米产量占全国比重最高的黑龙江、吉林、山东三个玉米主产省份为例，分析 2008—2019 年干旱积害变动对赔付水平影响的经济显著性。其中，黑龙江玉米的干旱积害在最高的年份相比最低的年份大约升高了 448%。随着干旱程度提高，玉米保险单位面积赔付支出反而降低了 7.06 元/亩，赔付率也相应降低了 13.89 个百分点。结合黑龙江极端干旱年份的玉米保险赔付面积，总赔付支出下降了 0.47 亿元，占当年玉米保费总收入的 19.57%。吉林和山东的农业保险也存在类似的情况。总体来看，在现有财政支持安排下，干旱程度的变化会引起玉米主产区赔付水平的反向大幅变动。

（二）稳健性检验

为准确度量干旱风险，本文构建了不同的干旱指标进行稳健性检验。其中，德马顿干旱指数和干旱频率的回归结果均与基准模型一致。考虑到德马顿系数作为衡量干旱程度的一种经验方法，其有效性在不同地区间可能存在差异，本文选取埃斯特朗系数分别以干旱指数、干旱频率和干旱积害形式衡量干旱风险，结果依然表明玉米干旱风险对赔付水平存在负向影响。灾害风险上升会导致农业保险公司赔付水平下降的假说通过了稳健性检验。

（三）异质性分析

为进一步分析农业风险影响保费赔付水平的区域差别，本文从农业生产条件、政府关注度以及地方财政状况三个角度展开进一步讨论。

灌溉水平可以在一定程度上反映地区农业生产条件，与理论单产呈正相关关系。玉米预期单产越高，风险发生时保险公司所需支付的赔付支出也应越高，资金压力也就越大，保险公司在生产条件较好的地区可能会更加严格地把控自身保险赔付支出。回归结果显示，灌溉水平较高地区的保险赔付水平对风险变动更为敏感。

政府对保险公司经营决策具有较强的干预能力。考虑到农业保险分散风险、稳定生产的作用对于农业主产区政府管理绩效相对更重要，主产区的地方政府更有可能对保险公司的赔付水平进行干预。保险公司在非玉米主产区可能拥有更高的赔付自主权。根据回归结果，在非主产区能观察到干旱风险对赔付水平有显著的负向影响。

地方财政状况也会影响赔付支出水平。部分财政紧张的地方政府无力承担补贴任务，造成保险公司运营过程存在较大的资金压力，其赔付水平对风险变动可能更加敏感。回归结果表明，高应收保费率地区干旱风险上升对赔付水平的负向影响更加突出。

五、结论与政策含义

本文研究发现，中国玉米干旱风险对玉米保险的单位面积赔付支出和赔付率存在负向影响。在中国现行农业保险保费补贴“包干制”下，由灾害风险造成的管理费用变动过度占用保险赔付资金，导致保险公司的保险赔付能力与农业生产者的风险保障需求错位。这种“大灾小赔，小灾大赔”的赔付问题一方面扭曲了农业保险风险转移的基本功能，降低了财政支农经费的使用效率，另一方面也不利于农户形成对农业保险的正确认知，阻碍了农业保险风险防范作用的发挥。

本文的研究结论具有重要的政策含义：

首先，保费补贴与管理费用补贴双轨运行迫在眉睫。考虑到赔付水平的变化来源于风险上升造成的管理费用变动，一种可行的思路是专门对可变的管理费用进行补贴。这不仅可以在一定程度上抵消定损成本上升带来的保险公司管理费用增加，缓解发生重大灾害造成管理费用上升挤压赔付空间的问题，还可以释放可能的特定农产品“黄箱”政策的操作空间。

其次，引发赔付乱象的主要原因还是保险公司不能厘定差异化的保险费率。从长效机制角度出发，改革“一省一费”制度有助于保险公司的成本收益实现长期均衡，更能让农业保险发挥应有的惠农功能。

参考文献（略）

青山镍之战对“农业保险+期货”的借鉴*

吴学明　陈星足　刘怡鑫

摘要： 今年发生的镍期货事件，震动整个大宗商品期货市场，对于期货交易的参与者，如何把握期货交易的敞口风险，提供了惨痛的教训。近年来，保险业参与“农业保险+期货”，随着业务量的增加，存在着期货市场向保险市场传导风险的可能。本文深入回顾了交易双方在交易所规则下开展“期货镍之战”攻防，再现了期货市场的风险转移特点和相应责任，据此分析了“农业保险+期货”模式及其风险构成，为今后持续开展此类业务提供了借鉴。

关键词： 镍期货事件；农业保险；“保险+期货”

一、背景

（一）镍的类别及产量分布

镍矿主要分硫化镍矿和氧化镍矿（红土镍矿），两者的选矿和冶炼工艺不同，可分为火法和湿法两大类。前者含镍量高，用途广泛，可制造高性能动力电池，简称“俄镍”（其中俄罗斯提供22%的俄镍）。后者含镍量低，杂质多，用于生产不锈钢，简称为“印尼镍”。

2021年全球生产镍当量（纯镍）270万吨，同比增长8%，全球镍矿的分布情况如图1和图2所示。中国作为镍矿稀缺国家，对于镍矿长期依赖进口，2021年度我国镍当量产量60万吨，需求约167万吨，对外依赖度高达64%。

（二）国内某控股企业（以下简称Q公司）的业务情况

Q公司的核心业务是不锈钢生产加工，并形成了从镍矿开采冶炼到不锈钢冶炼生产加工的全产业链布局。该公司主要生产的镍当量为“印尼镍”。2021年Q公司中国区域粗钢产量占中国不锈钢粗钢总产量的31.14%；在2021年《财富》世界500强企业榜中，该企业以营收424.48亿美元、利润8.26亿美元排名第279位，成为中国最大的民营钢企。2009年该企业在印度尼西亚收购了占地面积705千米^{2}的镍矿，2021年在印度尼西亚和中国合计生产镍当量60万吨，其中在印度尼西亚生产的占印度尼

---

* 本文原载《中国保险》2023年第2期。基金项目：本文获得教育部人文社科规划基金项目（21YJA790020）的资助。

作者简介：吴学明，中华保险大厦集团战略规划部，wxm9118@163.com；陈星足，对外经济贸易大学保险学院研究生；刘怡鑫，对外经济贸易大学保险学院研究生。

西亚总镍当量产量的67%左右，垄断了其国内镍市场。

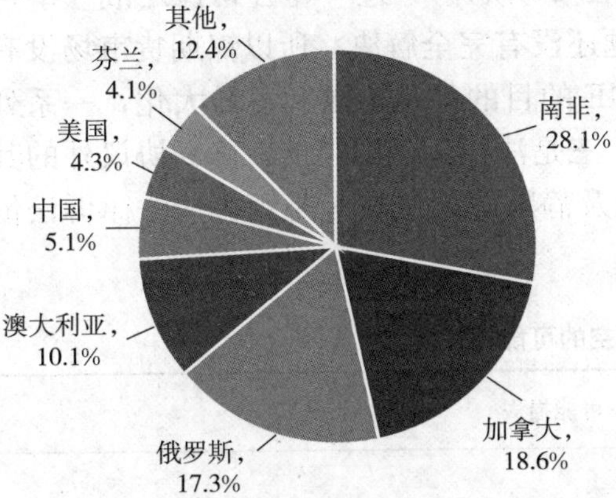

图1　硫化镍矿在全球镍矿中占比约为36%

资料来源：美国地质调查局（USGS）。

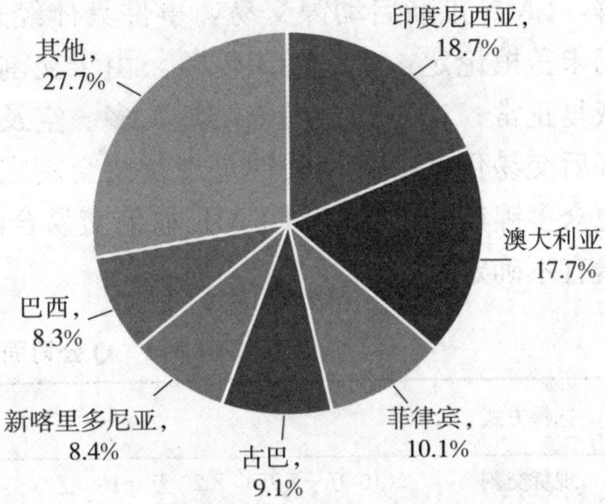

图2　红土镍矿在全球镍矿中占比约为64%

资料来源：美国地质调查局（USGS）。

（三）Q公司的套期保值

金属镍是典型的大宗商品，受供需关系影响，价格波动非常大。为了规避潜在风险，一般生产企业选择套期保值。而Q公司长期活跃在中国和国际镍期货市场，具有丰富的套期保值及期货经验。

套期保值，是在现货市场和期货市场中对同一种类的商品同时进行数量相等但方向相反的买卖活动，从而在“现”与“期”之间、近期和远期之间建立一种对冲机制，从而使价格风险降到最低限度。利用期货市场进行套期保值实际上是一种以规避现货交易风险为目的的风险投资行为，但需现货支持。

二、期货镍之战的事件经过及启示

（一）事件经过

Q公司生产印尼镍的成本约10 000美元/吨，镍的市场价值一直维持在20 000美元/吨左右，为了规避价格下跌对利润的侵蚀，Q公司选择套期保值。它在伦敦金属交易所（LME）以均价20 000美元/吨，做了20万吨的俄镍空单，约定交割时间是2022年3月9日。LME面向全球市场，全球的资本做对手盘可以接单，但LME对镍期货的品种有严格要求，只认俄镍，造成了Q公司手里的现货和期货对应的品种不匹配。在一般情况下，两种镍矿价格变动方向一致，影响因素大同小异，原则上只需支付手续费把印尼镍换成俄镍。但Q公司的期货和现货对应品种不一致的风险已经潜在集聚。

俄乌冲突爆发后，Q企业被多头（瑞士嘉能可）和国际资本“逼空”[①]，面临巨

① 逼空为临近交割日，期货价格逐渐接近现货价格，多方通过抬高价格，逼迫空方以高价完成交割。

额损失的风险，具体如表 1 所示。经过 3 次反转，多空双方最终于 3 月 16 日达成谅解，LME 重新启动镍交易，事件具体经过如图 3 所示。不过“Q 公司镍之战”事件仍未盖棺论定：一是尚未恢复，由于交割问题还没有完全解决，所以镍期货市场没有恢复正常；二是利益尚未结清，多、空及 LME 的目的都是追求利益最大化，一系列幕后交易仍在持续，关键是现货要交割完毕；三是法律诉讼的可能，静默协议外的其他众多镍期货参与者对 LME 取消交易合法性及静默协议侵权等是否提请法律诉讼依然有不确定性。

表 1　Q 公司面临逼空的可能损失

选择方式	可能损失
现货交割	（10 万－2 万）×20 万＝160 亿（美元）
主动平仓①	被反向再“逼空”一次，20 万吨俄镍，10 万美元/吨
延期交割	按照 LME12.5%的保证金比例追加保证金，最低 160 亿×0.125＝20 亿（美元），且一旦无力追加，会被 LME 强制平仓②，承担巨额亏损

注：本表假设到交割时现货和期货市场的俄镍价格均为 10 万美元/吨。

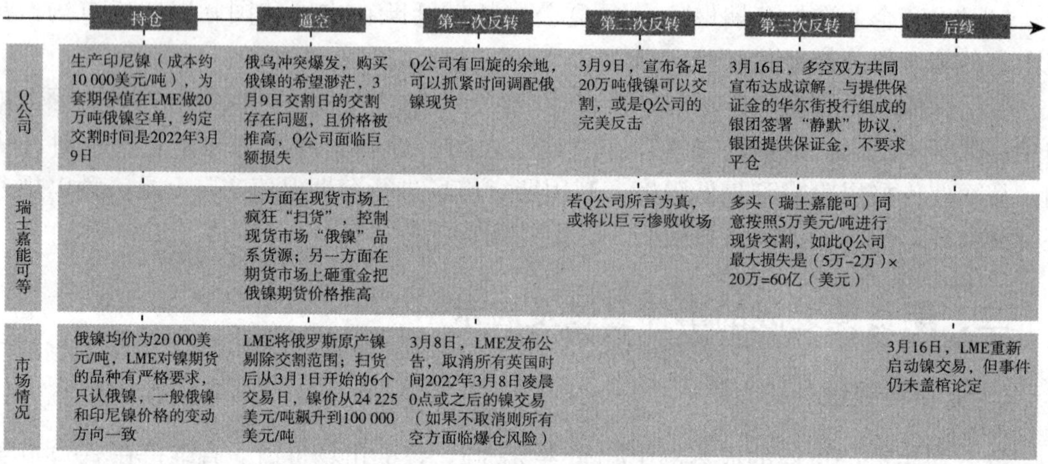

图 3　Q 公司镍之战事件过程

注：爆仓指扣除保证金依然不能抵消损失，需投入更多资金弥补期货交易所的损失。

（二）事件启示

从事件复盘来看，Q 公司、外资多头和 LME 均存在问题。Q 公司生产印尼镍，但在期货市场做空俄镍，这不仅是套期保值行为，而且是投机行为，对风险的管理和预防有所失察。外资多头趁火打劫，利用俄乌冲突并进行恶意炒作。LME 交易机制

① 主动平仓是指空方在市场上重新以多单开仓，与之前的空单完全相反。

② 强制平仓是指交易所把空方的头寸扣掉一部分，优先满足保证金的数额。

存在漏洞，没有单日涨跌幅限制或是对于恶意操作的鉴别机制。取消交易、静默协议和延迟交割等行为均在保护关联者的最大利益，但一些小投资参与者损失惨重，利益无法保障，只能被无情地“割韭菜”。期货期权业务是多空之间利益之争，最终由谁买单平仓是关键。所有的市场参与者必须明确，有盈就有亏，巨大的亏损一定有承担者，愿赌（投机）服输。从根本上看，Q公司主观上是投机（品种不一、品质不一、时机错赔、利益至上）而持重仓，最终收到的可能是巨额亏损的苦果，而这与其所持的风险管理偏好有关。实体企业套期保值操作的审慎性与期货期权市场的投机性之间的平衡需要专业决策和把握，最终风险可能是巨大的。

此事件的前因后果分析，对做套期保值的企业有很多启示，如需要了解并遵守规则、合理设置自己的头寸、根据市场变化动态进行展期或使用各种工具避险等，这充分体现出期货市场的专业性、复杂性及巨大风险的不确定性。这场惊心动魄的“大战”，在2020年中行原油期货爆仓案例后，又一次重复上演。只要有期货市场存在，投机收益巨大，此类事件今后一定会反复上演，谁能在巨大的风险中独善其身？

三、“农业保险＋期货”的特点

（一）农产品期货市场

目前中国的农产品期货市场的整体成交量大，但交易品种较少且存在部分品种交易量不足的问题。我国的期货市场一般按照亚式期权设定涨跌停机制和限仓制度，以大连商品交易所（以下简称大商所）为例，大商所约定各品种期货合约交割月份以前的月份涨跌停板幅度为上一交易日结算价的4%，交割月份的涨跌停板幅度为上一交易日结算价的6%。限仓则指交易所规定会员、境外特殊参与者或客户可以持有的，按单边计算的某一合约投机头寸的最大数额，但对于套期保值用途可申请增加，实施减仓时也采取先投机后套期保值的顺序。此外，大商所还对异常情况实行提高保证金的措施，即当某期货合约连续3个交易日按结算价计算的涨（跌）幅之和达到合约正常执行的涨跌幅的2倍，连续4个交易日按结算价计算的涨（跌）幅之和达到合约正常执行的涨跌幅的2.5倍，连续5个交易日按结算价计算的涨（跌）幅之和达到合约正常执行的涨跌幅的3倍时，交易所有权根据市场情况，采取单边或双边、同比例或不同比例、部分或全部会员、部分或全部境外特殊参与者提高交易保证金的措施。提高交易保证金的幅度不高于合约正常执行交易保证金的1倍。[①]

（二）商业模式

“农业保险＋期货”基础模式由保险公司、期货公司、农业生产方（农户、合作

① 以上条款见《大连商品交易所风险管理办法》，http：//www.dce.com.cn/dalianshangpin/fgfz/6142914/6142922/6262956/index.html。

社、农业企业）和商品交易所构成。保险公司与农业生产方签订依据期货价格设定保障价格的收入保险或价格保险合同，保险公司向期货公司购买场外看跌期权，期货公司则在商品交易所中进行复制看跌期权操作。部分模式会有龙头企业、银行和再保险公司的参与，其中，龙头企业选择购买期货合约进行套保。在价格保险中保险公司仅起到中介的作用，收取保险费后将价格风险转嫁给期货公司，而期货公司在期货市场中复制看跌期权的操作并不涉及实物的交割，仅为对冲期权空头带来的风险，在龙头企业选择套保时会涉及实物交割方式。

从价格风险来看，由于价格的标准对所有参保标的是一致的，农产品价格本身的不可控性、变动性较强，因此出现重大损失是必然的，风险大小与公司的业务总量是一致的，体现在参与数量和价格重大波动两个层面。而农产品价格受天气、供需、市场、流通及政策影响较大，价格波动巨大是必然的。原则上在保险业务层面，价格风险是不可保风险。“农业保险＋期货”的推出，使得保险公司将价格风险通过协议转嫁给期货公司。对于被保险人而言，如出现与价格保险合同约定的保险责任，保险公司必须按照保险合同履约，承担价格下跌等引起的损失赔偿责任，这是必须的平仓（保险法的基本要求）。根据三方协议，保险公司理赔的款项应当由期货公司（风险子公司）承担，但存在着期货公司（风险子公司）由于自身经营状况不佳或期权合约损失巨大无法履行看跌期权损失风险的可能，这样理赔风险将最终会传导至保险公司，由保险公司履行兜底责任。当前“农业保险＋期货”的模式尚在试点和探索阶段，交易规模较小，不存在相关超赔风险，但“农业保险＋期货”存在规模激增的可能，在极端市场条件下，尤其是在投机规模较大的情况下，存在爆仓的可能，需要从制度设计上理性对待。

四、期货镍之战对“农业保险＋期货”的借鉴

（一）在保险实务中注意防范期货风险，尤其是投机风险

从本次镍期货事件来看，套期保值的期货风险不可怕，可怕的是巨量的投机风险扭曲市场供需形成的不可控风险，为此“农业保险＋期货”要回归风险保障本源。在期货公司的非实物交割的操作中，平仓量要有最大控制，要量力而行。保险业面对参保的广大农业生产者有损失的，一定要平仓，这是“保险＋期货”的前提。

首先，做空方筹码要真实。参与期货的农产品的数量和规格要一致，要防止空头投机杠杆过高放大风险超过可控水平。其次，平仓量要有最大控制。平仓的最大额度要与场外期权参与期货公司的平仓能力相匹配，期货公司的风险阈值由“保险＋期货”的保费托底，有保险资金属性的意义。产品设计领域要符合保险补偿原则，严格意义上目标价格的设定是以成本保障加成一定收益，保障基本收入为主，保额的设计要有专业支撑，产品要匹配风险管理能力。再次，应当把握周期性。农产品具有天然的周期性，一方面要杜绝短周期的反复做空操作，要根据农产品的生产规律，在生产

周期的起止点上做好期货产品安排，杜绝短期炒作，回归期货发现价格的本源规律。另一方面对周期性较强的农产品期货，如猪周期管理，要避免确定风险造成的逆选择，按照保本机制或者价格差机制做好产品设置，建立“保险+期货”产品的自动停牌机制，预防逆市场规律的投机操作。最后，对于参与实物交割的龙头企业或生产方而言，应当注意在实际参与过程中的品种匹配问题，也应当注意农产品的标准化应当符合期货规定的问题。

（二）实务中应当精准把握“农业保险+期货”的风险大小

要在实务中精准把握“农业保险+期货”的风险大小。“农业保险+期货”使得保险公司参与了期货市场的交易，保险公司在风险管理中要解决如下问题。一是风险究竟有多大？从价格风险来看，本次镍期货事件仅是俄乌冲突的一个独立事件引起的现货不能正常交割，而农产品价格受多种因素影响，价格波动较大，因此对期货产品的价格构成规律要有一定认知。二是参与方承担风险的能力有多大？一方面要对期货财务公司的财务能力、清偿能力和风险集聚情况有基本的把握，当前以三方协议来分摊风险的做法，一定要考察期货财务公司承担风险的能力和水平，而这些水平一定是有限的（一般注册资本在1亿～10亿元），要评估财务公司业务最大接受量，要选择实力强、信誉高、专业性强、清偿能力高的期货公司合作。另一方面要做好清偿预案，一旦发生期货公司不能承兑的情况，公司保险权益金安全及清偿顺序要做相应的安排，要做好风险演练和处理批量客户诉求的预案，切实防范风险在期货市场和保险市场间的传导和放大。三是最终承担者是否有管理及分摊风险的手段？对于重大风险发生预防工作机制，如三方协议可以履约，期货公司应建立类似保险应对重大风险的再保机制，或业务对冲机制，在时间和空间上分散风险；如三方协议不能履约，最终的承担者是保险公司，保险公司需要做成本筹划，衡量是否能以专门超赔再保方案来保障公司的基本经营稳定。这样如果三方协议不能履行，保险公司不会由于期货公司的违约而不承担保险合同约定的农户及农业企业损失，如果没有相应的保障举措，没有兜底协议予以保障公司的基本权益，产品违约的结果本身就是重大事件的发生，会严重影响公司的持续经营。预防重大和传导性风险的管控机制要健全，在“农业保险+期货”领域，由于保险公司直接与农业生产经营者签订价格保险合同，在实务中无论期货公司是否履行三方协议，保险公司必须承担最终的兜底责任。

（三）成熟的期货市场为“农业保险+期货”提供风险转移稳定工具

成熟的期货市场是“农业保险+期货”稳定经营的前提。一是“农业保险+期货”的被保险人是生产企业，该模式以服务实体经济为根本，实行套期保值的参与模式，要防止投机。二是建立科学的价格发现机制，期货市场对于规模不同的农产品，要利用专业性提高对农产品价格预期的准确性，加强对市场实际交付价格的指导，揭示期货价格和实际价格之间的内在规律。三是期货期权交易方的风险可衡量，要控制农产品期货多空筹码、限定多空争夺期限及严格精准管理交割库等，规范期货交易的全过程。四是完善农产品期货交易市场机制，在保障交易透明性、连续性的基础上，建立适合不同农产品供需及价格规律的期货关联的熔断机制、冻结机制和止损机制等，按照期货市场的交易规则，控制农产品期货的交易风险在一定范围内波动。五是引导农产品交易价格的稳定，提高期货交易农产品的产业化、现代化水平。适合在期货市场交易的农产品价格形成机制健全，产品标准化程度高，符合基本市场供需规律。六是建立预防重大和传导性风险的管控机制，确保在保险和期货两种金融模式上不存在风险传导。“农业保险＋期货”的实质是保险公司将不可保的价格风险分摊到期货市场，但在实务中保险公司依保险法承担保险合同的最终兜底责任，因此监管方面必须专门对期货公司资本对应的整体风险以及“农业保险＋期货”的相关风险进行总体量化控制管理。另外，中国期货市场存在的涨跌停机制和限仓机制等对于类似 Q 公司镍事件的恶意做空行为起到了很好的防范作用。

参考文献（略）

区划定价

主粮作物市县级农业综合风险区划与收入保险定价研究*

陈　燕　林乐芬

摘要：本文基于农业综合风险区划深入探讨主粮作物收入保险的市、县级差异化定价，选取玉米为代表，运用江苏省13个地级市与33个产粮大县（县级市、区）1999—2019年农业数据，构造产量风险、气候风险、土壤风险的多维指标体系区划农业综合风险，验证期货市场价格发现功能，采用参数估计法与Copula函数的定价方法厘定保险费率，利用ARIMA模型预测保险金额并计算财政补贴政策下政府与农户的保费承担情况。研究发现：第一，13个地级市与33个产粮大县（县级市、区）被划分为低、中、较高、高4类风险等级；第二，玉米期货市场具备价格发现功能，期货价格与单产的对冲效应比现货价格更强，可以在同等保障水平下有效降低保险费率与保险费用；第三，得到异质性风险等级下市级、县（县级市、区）级的4种保险组合，包括单产与现货价格、单产与期货价格的两类保险费率以及预期保险金额、历史保险金额两类保险金额。基于Copula函数的定价方法经过试点市、县数据检验，对我国其他省份的市、县也具有普适性与可操作性，亦能对主粮作物以外的其他农作物定价提供参考。针对收入保险定价，本文提出加强数据积累、成立国家级农业大数据集成共享平台、完善主粮期货市场、因地制宜差异化推行与补贴等政策建议。

关键词：风险区划；收入保险；保险定价

一、引言

以习近平同志为核心的党中央进一步确立了新粮食安全观，把粮食安全纳入《中华人民共和国国家安全法》重要内容和“六保”重要任务，主粮作物是疫情下粮食安全战略的重中之重。当前我国正处于农产品市场转型升级的关键期，对粮食调控政策

---

* 基金项目：国家社会科学基金后期资助项目“现代农业保险实践模式与体制机制创新研究”（19FJYB002）。
作者简介：陈燕，南京农业大学金融学专业博士；林乐芬，南京农业大学金融学院教授。

的选择面临着国内外形势、世界贸易组织（WTO）合规的巨大挑战，稻麦最低收购价政策、玉米“价补分离”的补贴制度以及“低保障、广覆盖”的种植保险，难以满足农业适度规模经营下的农业经营主体的多元化、高保障的风险管理需求。2021 年 6 月，财政部、农业农村部、银保监会联合发布《关于扩大三大粮食作物完全成本保险和种植收入保险实施范围的通知》（以下简称《扩大范围》），提出在江苏等 13 个粮食主产省份开展三大粮食作物种植收入保险试点，收入保险成为各界关注的焦点与热点。江苏省率先于 2014—2019 年在常州市武进区成立主粮作物收入保险国家级试验区，2020 年全省 33 个产粮大县（县级市、区）推进试点，收入保险试点经验丰富。保险定价是保险之基，不仅影响生产者的购买行为以及保险公司的收益与发展，甚至还影响政府部门的财政支出。另外，一个省内各地级市乃至县（县级市、区）内部各地的地形、气象、土壤等条件不同，农业风险迥异且具有一定区域性，“一省一价”的定价模式缺乏科学性且易产生逆选择与违规问题，因此风险区划是精细化管理风险、精准定价的需要。目前收入保险处于研发试点阶段，正式统一的定价方法尚未落地，试点也暴露出市、县级风险区划缺失以及定价方法不科学等定价问题，如“协商定价”、保险金额设定滞后、价格选取与现实脱节、经验法测产成本过高等。不合理的定价将严重阻碍收入保险深入推进与《关于加快农业保险高质量发展的指导意见》提出的“2022 年收入保险成为我国农业保险的重要险种”目标的达成。因此，收入保险的定价问题亟待深入研究。

迄今为止，国内外学者对收入保险定价展开了研究与讨论，成果丰富。农业保险定价方法主要有损失成本率法和风险分析法。损失成本率法需要基于足够年份的历史数据定价，使用单个农户或地区的经验赔付数据，计算平均保额损失比率，这种方法原理简单、可行性高，是最基础也是最常见的计算方法。而当引入一种新的保险产品时，损失成本率法会由于缺失直接历史数据而使用受限，定价需要依靠可用数据与模拟损失。在损失成本率法基础上国外探索出收入保险的风险分析法，该方法遵循“序列去趋势—分布拟合—序列相关性—数值模拟”的范式，从作物产量、价格（现货、期货或期权）序列出发，分离出序列波动，估计边缘分布与相关性进而定价。序列去趋势方法主要有直线滑动平均法（LMA）、差分法、H-P 滤波法等，分布函数的确定主要有参数估计法、非参数估计法、期权定价模型等。McKinnon 最早提出产量和价格具有一定的对冲效应，即在理想的市场经济下，农产品价格和产量具有显著的负向非线性相关关系，而期货价格的对冲效应比现货价格更明显。合理的收入保险定价明显取决于产量和价格相关性的准确估计，因此收入保险需考虑单产与价格的联合分布。关于变量之间的联合分布的估计，没有直接的估计方法，各类方法表现差异显著。农业经济学领域常使用 IC、PQH 的模拟方法，这类模拟方法的本质是近似生成，因此不能保证估计精度。美国的收入保险定价程序设定利用 Gaussian Copula 来表示产量和价格之间的关系，Copula 函数允许灵活表征随机变量之间的依赖关系，各类 Copula 函数被用于保险定价中刻画产量与价格之间的非线性相关性。国内定价主要围绕风险分析法展开，分布拟合方法有参数估计、非参数估计、半参数估计等，联合分布的确定使用Copula函数。收入保险作为一种新型保险，不宜采用损失成本率法，同时需要考虑单产与价格之间的相关关系，因此风险分析法更适用，其中Copula函数经国内外研究检验较先进且在处理产量与价格关系时具有独特优势。

从风险区划来看，庹国柱和丁少群最先探讨了我国农业风险区划的必要性与指标，农业生产风险区划的研究主要基于产量损失指标体系和气象等特定风险因子。2020年中国农业科学院发布《中国农业生产风险区划地图册》，中国精算师协会发布《稻谷、小麦、玉米成本保险行业基准纯风险损失率表（2020版）》，为保障生产风险的险种定价提供了技术支持，遗憾的是数据未向社会大众公开，而且仅计算了地市级的纯风险损失率或仅利用了灾情数据进行省级和县级区划，将产量风险结合气象、土壤等风险因子同时区划市级、县级农业综合风险的研究尚为空白。综上所述，国内外学者研究成果丰富，为后续研究奠定了坚实的理论基础，但国内收入保险定价的研究数量不多，同时考虑市、县级差异化农业综合风险的基础上定价的研究仍为空白。

那么，如何在地域风险异质性下科学定价农业收入保险？即如何按地域区划收入保险？如何选取定价因素、保险费率和金额厘定方法？对这些问题的回答，不仅可以填补相关研究的空白，而且关系到政策制定者、保险公司、农户以及消费者的利益，还可以帮助我国在疫情下稳定农民收入、创新农业安全网以及保障粮食安全，具有重要的理论意义与政策意义。针对上述问题，本文深入探讨农业风险区划下主粮作物收入保险定价。根据《扩大范围》意见要求，目前江苏省等13个试点省份优先选择三大粮食作物完全成本保险与玉米收入保险进行试点。本文选取试点经验丰富且在试点名单中的江苏省、市场化程度较高的玉米为代表，基于江苏省1999—2019年的13个地级市与开展试点的33个产粮大县（县级市、区）的农业数据，首先构建产量风险、气候风险、土壤风险指标体系并系统聚类，划分市、县多层风险等级，作为定价的风险系数依据。其次验证期货市场价格发现功能，确定期货价格序列。再次厘定保险费率与保险金额，参数法估计单产与价格的边缘分布，运用Copula函数评估单产与价格的联合分布，采用Monte Carlo模拟法测算费率，使用ARIMA模型加入预期因素设定保险金额，最后得到单产与现货价格、单产与期货价格的两类保险费率，带预测信息、依据历史数据的两类保险金额，共四种保险组合，并计算财政补贴政策下保费在政府与农户之间的分配情况。

本文边际贡献主要体现在三方面：第一，将气候风险、土壤风险纳入现有的生产风险区划框架，构建农业综合风险评估指标体系，形成新的风险区划，更全面地刻画主粮作物种植者面对的农业风险；第二，构建市、县（县级市、区）级多层风险区划与收入保险定价体系，细化风险区域，改变"一省一费率"的定价格局，基于Copula函数设计多种保险费率与保险金额的组合可供不同市、县选择；第三，加入预期因素，利用期货市场价格发现功能联结"保险＋期货"、ARIMA模型动态调整保险金额。定价方法对我国江苏省以外的其他省份的市、县均具有普适性与可操作性，亦能对主粮作物以外的其他农作物定价提供参考。

二、理论分析

（一）风险区划必要性

农业生产具有区域性、系统性的特点，同一种农作物在不同区域的农业风险也会存在明显差异。实施农业风险区划是实现农作物风险精细化管理的重要手段，其准确性直接决定了农业风险管理的效果与科学性。第一，风险区划有助于体现对价交换原则。保险精算基于中心极限定理等数理统计原理，一个总体之间的个体差异越小，估计结果的准确性越高。农业风险区划可以聚集风险水平相当的区域，从而缩小组内差异，提高保险定价精度，保证保费公平以及保险人和投保人的权责对等。第二，风险区划有助于防范道德问题。统一保费可能会导致逆选择和道德风险的出现甚至加剧，高风险地区的投保农户无法获取足够的风险支持，低风险地区的农户所承担的保费高于其所需的补偿水平。第三，风险区划有助于减少保险公司寻租行为，风险区划下的保险公司可以获得与其承担风险责任相匹配的保费收入，合理科学地促进保险公司控制并承担风险。没有风险区划，保险公司可能出现寻租行为，将更愿意承保低风险地区。另外，风险区划也有助于政府部门合理分配有保费补贴险种的财政拨款，减少低风险地区的非必要支出，加强对高风险地区的资金支持。风险区划的缺失最终将影响农户的保险认知、参保积极性、保险机构的可持续运营以及政府财政。

农业风险区划是明确保险责任、精准合理厘定保险费率的基础，不进行风险区划，农业保险分区域设定费率的操作就难以实现，因此收入保险需在农业风险区划基础上权衡定价。与产量保险不同，产量和价格是收入保险需要保障的两大要素。我国各地资源禀赋差异显著，地区风险异质性强。现有的农业风险区划不论直接使用产量指标或挂钩风险因子，最终关注的都是产量风险。主粮产成品的品质决定价格，与农户收益紧密相关，而气候变化、土壤环境等因素除对产量有影响外，亦直接决定了作物品质。因此，除产量风险外，地域的气候风险、土壤风险的异质性也应考虑在收入保险的农业综合风险区划中。

（二）收入保险因素解构

美国是世界上农业保险发展最早的国家，且收入保险已成为其农业风险管理体系的核心，因此本文以美国收入保险为基础剖析成熟的保险产品定价的构成因素。收入保险的保险费＝保险费率×保险金额，保险费率基于保险精算原理厘定，保险金额体现农产品收入，美国以预期保障收入设定保险金额。收入保险定价由单产因素与价格因素构成。

单产因素包括保障单产和实际单产。保障单产为定价的价格基础，以预期单产为计算依据，一般基于作物历史产量数据获得。实际单产用于确定保险赔付，一般为保险年度收获期的单位面积产量。

价格因素包括保障价格和实际价格。美国利用农产品期货市场的价格发现功能，对价格因素优先执行基于期货市场的《商品交易所价格规定》（Commodity Exchange Price Provisons，CEPP），CEPP规定以作物播种期间的远期期货价格作为保障价格指标、收获期间的期货到期价格作为实际价格纳入产品定价。在活跃有效的期货市场，期货价格能够有效包容影响农产品价格的可预期因素，比如长期趋势性、周期性、季节性等。那么实际价格与预测价格的偏差将主要归因于随机因素，从而可以降低逆选择问题。由于不同作物播种期和收获期不一致，因此保障价格指标和实际价格指标对应的价格发现期间不同。同一作物也会由于地域禀赋差异存在不同的播种和收获时间，因此不同地区的同一作物对应的期货合约播种、收获期间也存在差异。以玉米为例，玉米期货合约来自芝加哥商品交易所（CBOT），播种期间价格与收获期间价格使用的是该年度9月或12月交割的玉米期货合约在不同时期的月度平均结算价格。亚拉巴马州采用9月合约，播种期间为1月15日—2月14日，收获期间为8月1日—31日。亚利桑那州采用12月合约，播种期间为1月15日—2月14日，收获期间为10月1日—31日。对于没有期货合约的农产品，美国采取以现货价格、其他农产品的期货合约为依据的方式确定价格因素。目前来看，CEPP是当前农作物收入保险价格指标设计的基本准则，绝大部分农作物收入保险项目运行的前提是农产品期货市场的发展。

（三）收入保险定价模型推导

仅从保险公司收支平衡的角度来看，保险费率主要包括纯费率与风险附加，两者共同构成毛费率。费率的计算过程就是对保险公司所承受的风险进行评估的过程，一是通过纯费率解决风险的期望损失；二是引入风险附加，反映损失实际值超过风险预期程度的附加费用。毛费率应同时具备无欺性与超均值性，即不应超过保险公司对随机风险的最大可能赔付额，也不应小于随机风险的期望损失。（以下推导内容略。）

三、研究设计与数据处理

（一）数据来源

本文根据《扩大范围》意见以及苏财金〔2021〕96号文件精神，选取玉米为代表，以有收入保险地方试点经验以及纳入国家级试点的江苏省为研究地点，涉及13个地级市以及33个试点产粮大县（县级市、区）。江苏玉米常年种植面积和总产占全省粮食生产比例都基本稳定在7.5%左右，但玉米在秋粮作物中，其面积、总产分别占14%左右和11%以上，占有较重要的地位。且江苏省有开展收入保险的丰富经验，政府、保险公司、农户对其熟悉度较高。

考虑到数据可得性，本文数据来自2000—2020年的《江苏农村统计年鉴》《全国农产品成本收益资料汇编》以及中国气象科学数据共享服务网、美国国家海洋大气管理局（NOOA）。从 1999—2019 年《江苏农村统计年鉴》中选取各市、试点县玉米的“每亩主产品产量（千克）”数据作为单产序列。由于市、县级政府部门没有提供价格数据的职能，因此价格数据统一选取省级。从《全国农产品成本收益资料汇编》中选取江苏省玉米指标“每 50 千克主产品平均出售价格（元）”数据，用它除以 50 作为现货价格，农户历年单位面积年收入（元/亩）为单产与现货价格数据相乘所得。玉米期货合约于 2004 年 9 月在郑州商品交易所上市，鉴于数据可得性以及与单产数据匹配，期货价格数据选取 2005—2021 年的合约日交易结算价。

（二）风险区划方法与指标选取

我国地域广大，江苏省各市县间自然气候条件迥异，玉米生长环境差异显著，进而存在差异化的生产风险，因此有必要进行农业风险的区划。有些学者认为不论哪种自然风险因素、如何致灾，最终都会反映在产量变化上，所以农业风险区划多以产量指标为基础。然而，农业风险不仅影响产量，同时对玉米品质尤其是商业品质也影响重大，玉米品质与市场相关，直接关系到玉米产成品的销售与农户收入，单独依靠产量变化表征农户收入保险或许并不是一个很好的办法。玉米产量和品质的形成由气候条件、土壤环境等非遗传因素决定，在作物风险指标选择上考虑的主要因素是气候和土壤两大类，因此本文选取产量指标、气候指标、土壤指标区划农业综合风险。产量风险指标选取效率指数、专业化指数、单产变异系数、灾害损失率，其中灾害损失率使用非参数信息扩散模型计算得到。气候风险指标选取水分胁迫、光照胁迫、温度胁迫。土壤风险指标选取土壤环境。本文采用系统聚类对指标体系进行聚类分析从而将市、县根据风险等级分类，系统聚类法是最常用的聚类分析方法之一，相比 K 均值聚类法更适用于少量的样本数据，也不需要设计者预先设定希望得到的聚类数 k。

1. 产量风险

（1）效率指数。一般来说，农作物的高产量伴随着高风险，农业生产风险随着农作物产量增加而上升。本文选用不同地区玉米单产的相对水平来衡量生产风险。

（2）专业化指数。专业化指数用于考察玉米的规模情况。一般来说，玉米播种面积的大小即玉米规模也在一定程度上反映了其易受灾损的程度，播种面积越大，受损可能性也就越大。因此专业化指数也用于反映农作物生产的风险状况。

（3）单产变异系数。单产变异系数用于衡量单产年际变动幅度，在一定程度上反映了生产波动，指标越小表明生产风险越小，生长环境越稳定。

（4）灾害损失率。在农业保险中，常常以作物单产的减产率代替灾害损失率。灾害损失率测算的关键是趋势单产的预测，本文利用 H-P 滤波分析法从单产序列中分离出趋势项和波动项，单产Y_t分成趋势产量YQ_t与随机波动量$\widetilde{Y}_t$，然后计算其单产损失率。

2. 气候风险

（1）水分胁迫。玉米是对水分胁迫最敏感的作物之一，也是旱地作物中需水量最大的作物之一。环境和玉米自身水分的盈亏平衡状况，直接影响玉米生理活性的强弱、产量高低、品质优劣，水分胁迫导致籽粒产量下降等情况。本文使用气象部门常用来划分与判断气候性旱、涝灾害等级的 Z 指数分析江苏省各市、县的旱涝特征。Z 指数由 Wu 等针对中国旱涝情况所创，采用 Person Ⅲ的分布概率来处理偏态的降水资料，用标准化降水累计频率来划分干旱等级，可有效反映水分亏缺或盈余量的大小。

（2）光照胁迫。国内外研究普遍认为，降低光强会导致玉米幼苗新叶出生速率显著下降，叶面积、茎粗发育受阻，弱光胁迫下玉米干物质积累下降，产量、品质下降。本文使用各市、县净日照强度（兆焦/米^2）表征光照对玉米的影响，净日照强度越小，玉米面临的农业风险越强。

（3）温度胁迫。江苏省夏季常受副热带高压控制，每年七八月经常出现的高温胁迫（高于 35℃）会严重影响籽粒的发育、玉米糖类代谢和淀粉的合成，降低作物产量和品质。近年来，随着温室效应加剧，短期异常高温频发，高温胁迫愈发严重。传统方法一般使用高温出现的天数作为胁迫指标，本文使用 1999—2019 年各市、县日最高温度高于 35℃的天数作为热害指标，天数越长，玉米遭受热害越明显，农业风险越大。

3. 土壤风险

土壤供应并调节玉米生长发育的水肥等，对产量和品质影响极大，有机质（SOM）是土壤质量评价中选取频率最高、最为核心的指标，选取频率高达 96.6%，而土壤有机碳占土壤有机质的 60%～80%，有机碳含量对玉米产量和品质有显著正向影响。本文选取各市、县有机碳含量（%）作为衡量土壤环境对玉米风险的影响，一般来说，指标越大表明农业风险越小，生长环境越稳定。

（三）定价策略

整体而言，收入方法定价的范式已达成一致，但具体的数据选取与处理、最优 Copula 模型选择及保险金额的确定等方面仍有所差异，因此本文基于风险分析法范式使用 Copula 模型厘定保险费率与 ARIMA 模型确定保险金额。

1. 确定期货价格序列

根据成熟的保险产品定价的构成因素，期货价格可用于保险定价。如果要在保险合同中使用期货价格作为价格基础，最核心的要求是期货市场的价格发现功能。因此本文首先验证期货市场的该功能是否完善，在验证期货市场价格发现功能基础上根据各地作物生长规律确定期货价格序列。

2. 确定单产波动序列、价格波动序列的边缘分布

由于科技、化肥农药、机械等农业生产条件的影响，单产与价格序列一般存在时间趋势与风险波动，为了反映玉米单产、价格的真实波动情况，需要剔除时间趋势，准确测定单产、价格风险。本文利用 H-P 滤波分析法从时间序列中将数据的趋势项和波动项进行分离，滤波处理能够降低保险定价的基差风险，提高保险费率厘定的准确性。对去除趋势项的波动序列，本文使用参数估计法拟合边缘分布，参数估计法能充分利用提供的信息，统计分析效率较高。本文使用 Easyfit5.6 软件拟合序列，该软件目前含有 65 个常见分布，能够自动拟合分析大量的概率数据、选出最适合的概率分布，并使用最佳拟合模型执行特定计算。

3. 确定单产波动序列、价格波动序列的联合分布

单产和价格之间存在非线性相关关系，需要估计单产-价格的联合分布。通过 Matlab16.0 软件引入 Copula 函数刻画单产与价格的关系，Copula 函数提供了一组潜在的更灵活、更正式和更准确的估计工具，用于对具有非正态边际的联合分布进行建模。

4. 确定保险费率

在确定反映单产-价格联合分布的具体 Copula 函数的基础上，运用蒙特卡洛方法，模拟 10 000 次，得到单产去趋势和价格去趋势分布的随机序列 U'、V'，根据边缘分布函数的反函数方法计算随机序列的原函数，$Y'=F_Y{}^{-1}$（U'）和 $P'=F_P{}^{-1}$（V'），对数据进行还原，将随机产生的单产与价格序列相乘，作为收入样本。根据费率厘定（4）式厘定纯费率，根据风险区划结果设定不同风险等级下的附加系数，确定毛费率。

5. 确定保险金额

尝试将预期因素加入保险金额的设计中。ARIMA 模型预测下一年的收入作为确定保险金额的基础。ARIMA 是最广泛被用于单变量时间序列数据预测的方法之一，只需内生变量而无需借助其他外生变量。软件 R3.6.2 的 auto.arima 命令用于预测，命令 auto.arima 通过机器自动选择 ARIMA（p，d，q）中 p、q、d 阶数的最佳参数值，避免了人工确定阶数的不精确。

（四）数据处理

1. 期货价格发现功能检验

为了使现货价格数据和期货价格数据相对应，检验更精确，本文使用玉米全国日均收购价和我国玉米期货市场上连续合约日结算价作为玉米期货价格序列，时间跨度为 2009 年 1 月 5 日—2021 年 9 月 27 日，数据均来自 wind 数据库。

（1）单位根检验及协整检验。首先通过 Stata16.0 测算出玉米期货价格和日均收购价的相关系数为 0.975 2，表示它们之间具有高度相关性。使用 ADF 检验、PP 检验、DF-GLS 检验、KPSS 检验等检验是否存在单位根，结果表明日均收购价与期货价均一阶单整。接着检验协整性，E-G 两步法检验结果显示在 1%的显著性水平下拒绝“两者不存在协整关系”的原假设，说明玉米期货价格序列和日均收购价序列存在长期协整关系，Johansen 协整检验结果也支持此结论。

（2）格兰杰因果检验。由于玉米期货价格和日均收购价通过了协整关系检验，因此可以对其继续进行格兰杰因果检验。根据 AIC 和 BIC 的最小数值准则，选定检验“期货价格是否为日均收购价的格兰杰原因”与“日均收购价是否为期货价格的格兰杰原因”的最佳滞后阶数。P 值<1%，表明在 1%的显著性水平下拒绝“期货价格不是日均收购价的格兰杰原因”以及“日均收购价不是期货价格的格兰杰原因”的原

假设（表 1）。

表 1　格兰杰因果检验

原假设	P 值	结论
期货价格不是日均收购价的格兰杰原因	0.000	拒绝原假设
日均收购价不是期货价格的格兰杰原因	0.000	拒绝原假设

结果显示，玉米期货价格和日均收购价之间存在双向因果关系，目前我国玉米期货市场对现货市场起发现作用，现货市场对期货市场亦具有引导作用。那么，将玉米期货价格纳入价格因素的方法在玉米收入保险定价中可行。

2. 期货价格序列选取

根据江苏省的自然条件、耕作制度、生产条件以及玉米品种类型等，将江苏省划分为徐淮夏玉米区、沿海春玉米区、通扬高沙土春玉米区，丘陵及洲地夏玉米区。①

3. 单产与现货价格去除趋势项处理

首先对玉米的单产、现货价格序列进行单位根检验。由于科技、化肥农药、机械等农业生产条件的影响，单产序列可能存在趋势与波动，因此，为分离趋势项获得平稳的单产、价格序列，需要进行去趋势处理得到单产与价格的波动序列表征风险。本文采用 Stata16.0 对数据进行 ADF 单位根检验，验证单产序列、现货价格序列是否存在单位根。

四、实证结果与分析

（一）风险区划分析

农业风险区划实际上是把相似性较大的类型或地区聚合成一类。本文选用系统聚类法对无量纲化处理后的 10 个指标进行风险分区，使用系统聚类法下的类平均法聚类分析，通过观察系统聚类树形图以及计算不一致系数②，最终将江苏省 13 个城市与 33 个试点县（县级市、区）的风险等级分为低、中、较高、高 4 类（表 2、表 3）。

---

① 徐淮夏玉米区位于江苏省淮河、灌溉总渠以北地区，是江苏省最大的玉米产区，包括徐州市、淮安市、宿迁市和连云港市全部。沿海春玉米区位于江苏省东部，包括盐城市的射阳、大丰、东台及阜宁的南部，盐亭湖区的东部，南通市的启东、海门、如东、通州以及海安、如皋的东部。通扬高沙土春玉米区位于长江以北，包括扬州市江都区的一部分，泰州市的泰兴和姜堰、南通市的海安和如皋的一部分。丘陵及洲地夏玉米区位于南京附近的长江洲地和长江以南的丘陵山区。

② 不一致系数可用来确定最终的分类个数。在并类过程中，若某一次并类所对应的不一致系数较上一次有大幅增加，说明该次并类的效果不好，而它上一次并类的效果是比较好的；不一致系数增加的幅度越大，说明上一次并类效果越好。在使得类的个数尽量少的前提下，可参照不一致系数的变化，确定最终的分类个数。

表2　市级风险区划

市级	风险区划
南京、常州、苏州、南通、盐城、扬州、镇江、泰州	低
徐州、淮安、宿迁	中
无锡	较高
连云港	高

注：表中为风险区划结果，各指标具体数值由于篇幅限制未列出。

表3　县级风险区划

县级	风险区划	县级	风险区划	县级	风险区划
海安市	低	宿城区	低	淮阴区	中
如皋市	低	沛县	中	涟水县	中
盱眙县	低	铜山区	中	金湖县	中
响水县	低	睢宁县	中	滨海县	中
阜宁县	低	新沂市	中	宝应县	中
射阳县	低	邳州市	中	沭阳县	中
建湖县	低	如东县	中	泗阳县	中
东台市	低	东海县	中	泗洪县	中
大丰区	低	灌云县	中	高邮市	较高
兴化市	低	灌南县	中	江都区	较高
泰兴市	低	淮安区	中	丰县	高

注：表中为风险区划结果，各指标具体数值由于篇幅限制未列出。

根据系统聚类的风险区划结果，大部分城市被划分为低风险地区，具有连片性。低风险城市共8个，为南京、常州、苏州、南通、盐城、扬州、镇江、泰州。低风险地区中除镇江外，灾害损失率超过30%的概率均为0，发生旱涝灾害年景数为6或7，土壤有机碳含量较高。徐州、淮安、宿迁为中风险城市，变异系数在0.16左右，专业化指数较高，灾害损失率超过30%的概率大于0.04，发生旱涝灾害年景数为7或

8。较高风险城市为无锡，效率指数与专业化指数较低，但灾害损失率超过30%的概率大于0.07，发生旱涝灾害年景数为9。连云港被划分为高风险地区，效率指数与专业化指数均大于1，损失率超过20%的概率较高，为0.167，净日照强度超过4 700兆焦/米^2，土壤有机碳含量较低。

县级区划中，风险等级低、中、较高、高的县（县级市、区）分别为12、18、2、1个。低风险地区中，各县（县级市、区）变异系数较小，绝大部分不超过0.1，损失率超过30%的概率均为0，净日照强度与土壤有机碳含量较高，均值分别为4 971.161兆焦/米^2、0.794%。中风险地区中，各县（县级市、区）效率指数在0.092 9～1.125波动，变异系数均值为0.203，除淮安区、淮阴区、如东县外，其余15个县（县级市、区）损失率超过30%的概率大于0，日最高温度超过35℃的天数为4个风险等级中最小。高邮市、江都区为较高风险地区，效率指数高于1，其中高邮市的效率指数在县级各地中最高，值为1.533。高邮市与江都区Z指数较高，发生旱涝灾害的年景数为10与8，1999—2019年日最高温度超过35℃的总天数超过257天。丰县被划分为高风险地区，丰县效率指数大于1，专业化指数显著高于其他县，达5.430，净日照强度最少，为4 904.344兆焦/米^2。

（二）单产、价格分布估计

1. 边缘分布的参数估计

利用Easyfit5.6软件拟合单产波动序列和价格波动序列，以A-D检验、K-S检验以及卡方统计量为标准，检验值最小的模型即最适合的分布模型。由于A-D检验在这三者中最稳健，因此当三种检验方法结果不同时，以A-D检验的结果为准。市级单产波动序列中，南京、常州、苏州、淮安、扬州、泰州、无锡、连云港的最佳拟合为Wakeby分布，南通、宿迁为Cauchy分布，盐城为Johnson SB分布，镇江为Laplace分布，徐州为Gen. logistic分布（表4）。县级单产波动序列分布涉及Hypersecant、Laplace、Cauchy、Wakeby、Gen. logistic这几类分布，其中Wakeby分布最多为17，其次是Cauchy分布为13（表5）。现货价格波动序列最佳拟合为Johnson SB分布。

表4 市级单产波动序列分布拟合

市级	分布
南京	Wakeby
常州	Wakeby
苏州	Wakeby
南通	Cauchy
盐城	Johnson SB
扬州	Wakeby

（续）

市级	分布
镇江	Laplace
泰州	Wakeby
徐州	Gen. logistic
淮安	Wakeby
宿迁	Cauchy
无锡	Wakeby
连云港	Wakeby

注：表中所列为 A-D 检验显示的最佳拟合分布，由于篇幅限制 K-S 检验以及卡方统计量未列出。

表 5　县级单产波动序列分布拟合

县级	分布	县级	分布	县级	分布
海安市	Hypersecant	宿城区	Cauchy	淮阴区	Wakeby
如皋市	Laplace	沛县	Cauchy	涟水县	Cauchy
盱眙县	Cauchy	铜山区	Cauchy	金湖县	Gen. logistic
响水县	Wakeby	睢宁县	Wakeby	滨海县	Wakeby
阜宁县	Cauchy	新沂市	Wakeby	宝应县	Wakeby
射阳县	Wakeby	邳州市	Cauchy	沭阳县	Cauchy
建湖县	Wakeby	如东县	Wakeby	泗阳县	Cauchy
东台市	Wakeby	东海县	Wakeby	泗洪县	Cauchy
大丰区	Cauchy	灌云县	Wakeby	高邮市	Cauchy
兴化市	Wakeby	灌南县	Wakeby	江都区	Wakeby
泰兴市	Wakeby	淮安区	Cauchy	丰县	Wakeby

注：表中所列为 A-D 检验显示的最佳拟合分布，由于篇幅限制 K-S 检验以及卡方统计量未列出。

2. 联合分布的 Copula 估计

本文选择 Gaussian Copula、T-Copula 和阿基米德族的 Clayton、Frank、Gumbel Copula 共 5 种常用 Copula 函数对单产和价格的联合分布进行估计，选择平方欧氏距离最小的 Copula 函数为最优 Copula 函数，结果如表 6 和表 7 所示。在市级单产与现货价格的 Copula 估计中，南京、苏州、淮安、盐城、无锡、徐州、宿迁、连云港 8 个市的最佳 Copula 函数为 Gumbel Copula，南通、扬州、镇江、泰州为 Clayton Copula，常州为 Frank Copula。在市级单产与期货价格的 Copula 估计中，Clayton Copula 最多，分别为常州、盐城、无锡、徐州、宿迁、淮安，其次是 Gumbel Copula。县级 Copula 估计中，单产与现货价格的最佳 Copula 函数为 Gumbel Copula 的县（县级市、区）数量最多，为 15 个，其次是 Clayton；单产与期货价格的最佳拟合为 Clayton Copula 函数的县（县级市、区）数量最多，为 21 个。

表6 市级最佳 Copula 函数选择

市级	现货价格	期货价格
南京	Gumbel	T
常州	Frank	Clayton
苏州	Gumbel	Gaussian
南通	Clayton	Gumbel
盐城	Gumbel	Clayton
扬州	Clayton	Gumbel
镇江	Clayton	Frank
泰州	Clayton	Gumbel
徐州	Gumbel	Clayton
淮安	Gumbel	Clayton
宿迁	Gumbel	Clayton
无锡	Gumbel	Clayton
连云港	Gumbel	Gaussian

表7 县级最佳 Copula 函数选择

县级	现货价格	期货价格	县级	现货价格	期货价格	县级	现货价格	期货价格
海安市	Gumbel	Clayton	宿城区	Clayton	Frank	淮阴区	Gumbel	T
如皋市	Clayton	Clayton	沛县	Gumbel	T	涟水县	Frank	Frank
盱眙县	T	Clayton	铜山区	Clayton	Clayton	金湖县	T	Clayton
响水县	Gumbel	Clayton	睢宁县	Gumbel	Clayton	滨海县	Gumbel	Frank
阜宁县	Gumbel	Gaussian	新沂市	Frank	Clayton	宝应县	Clayton	Clayton
射阳县	Clayton	Clayton	邳州市	Clayton	Clayton	沭阳县	Gumbel	Clayton
建湖县	Gumbel	Clayton	如东县	Clayton	Clayton	泗阳县	Frank	Clayton
东台市	Frank	Clayton	东海县	Gumbel	Clayton	泗洪县	Gumbel	Frank
大丰区	T	Clayton	灌云县	Gumbel	T	高邮市	Clayton	Clayton
兴化市	Clayton	Gumbel	灌南县	Gumbel	T	江都区	Gumbel	T
泰兴市	Clayton	Gumbel	淮安区	Frank	Clayton	丰县	Gumbel	Clayton

（三）保险费率厘定

本文运用蒙特卡洛仿真模拟方法，得到 10 000 对单产与价格随机数据，代入费率厘定公式（6）得到纯费率。

市、县的纯费率厘定结果符合“风险越大，费率越高”的保险定价原则，以现货价格为基础的保险费率显著高于以期货价格为基础的保险费率。在市级层面，以现货价格为基础的保险费率中，13 个城市总体平均纯费率为 4.55%。低风险市级纯费率从3.95%（南通、盐城、泰州）至5.09%（镇江），平均纯费率为4.29%；中风险市级纯费率均值为4.52%；较高风险市级纯费率为5.40%；高风险市级纯费率为5.91%。以期货价格为基础的费率中，13个城市总体平均纯费率为3.69%，低风险市级纯费率从2.69%（南通）至4.49%（苏州），平均纯费率为3.31%；中风险市级平均纯费率为3.83%；较高风险市级纯费率为4.77%；高风险市级纯费率为5.13%。在县级层面，以现货价格为基础的保险费率中，总体平均纯费率为4.60%。低风险县级纯费率从3.74%（大丰区）至4.42%（射阳县），平均纯费率为4.07%；中风险县级纯费率从4.11%（邳州市）至6.49%（灌南县），均值为4.87%；较高风险县级纯费率均值为5.00%，高风险县级纯费率为5.20%。以期货价格为基础的费率中，33个县（县级市、区）总体平均纯费率为3.78%。低风险县级纯费率从2.69%（如皋市）至4.07%（射阳县），平均纯费率为3.15%；中风险县级纯费率从2.54%（沛县）至6.00%（睢宁县），均值为4.13%；较高风险县级纯费率均值为4.14%，高风险县级纯费率为4.25%。

得到纯费率后，根据《扩大范围》意见“保险费率应按照保本微利原则厘定，综合费用率不高于20%”的规定，并结合风险区划结果，本文差异化设定低风险市、县附加保险费率为17%，中风险市、县为18%，较高风险市、县为19%，高风险市、县为20%。将纯费率与附加保险费率代入公式（7）得到毛费率。单产与现货价格、期货价格的市、县级的纯费率与毛费率如表8和表9所示。

表8　市级保险费率

单位：%

风险区划	市级	现货价格		期货价格	
		纯费率	毛费率	纯费率	毛费率
低	南京	4.21	4.93	2.83	3.31
低	常州	4.08	4.78	3.30	3.86
低	苏州	4.85	5.68	4.49	5.25
低	南通	3.95	4.62	2.69	3.15
低	盐城	3.95	4.62	3.20	3.74
低	扬州	4.26	4.99	3.06	3.58
低	镇江	5.09	5.96	4.22	4.94
低	泰州	3.95	4.62	2.73	3.19
中	徐州	5.06	5.97	4.91	5.79
中	淮安	4.29	5.06	3.20	3.77
中	宿迁	4.21	4.97	3.40	4.01
较高	无锡	5.40	6.42	4.77	5.67
高	连云港	5.91	7.09	5.13	6.16

注：低风险市、县毛费率为纯费率×1.17，中风险为纯费率×1.18，较高风险为纯费率×1.19，高风险为纯费率×1.20。

表 9　县级保险费率

单位：%

风险区划	县级	现货价格		期货价格	
		纯费率	毛费率	纯费率	毛费率
低	海安市	3.86	4.51	3.42	4.00
低	如皋市	3.95	4.62	2.69	3.15
低	盱眙县	4.41	5.16	3.17	3.71
低	响水县	4.00	4.68	3.24	3.79
低	阜宁县	4.00	4.69	2.97	3.47
低	射阳县	4.42	5.17	4.07	4.76
低	建湖县	4.06	4.74	3.23	3.78
低	东台市	4.12	4.81	3.23	3.78
低	大丰区	3.74	4.38	3.12	3.65
低	兴化市	4.37	5.11	2.91	3.41
低	泰兴市	4.08	4.78	2.81	3.28
低	宿城区	3.90	4.56	2.87	3.36
中	沛县	4.33	5.11	2.54	3.00
中	铜山区	4.54	5.36	3.81	4.50
中	睢宁县	5.67	6.69	6.00	7.08
中	新沂市	4.88	5.76	4.75	5.60
中	邳州市	4.11	4.85	3.48	4.11
中	如东县	5.43	6.41	5.01	5.91
中	东海县	5.35	6.31	4.78	5.64
中	灌云县	6.04	7.12	4.74	5.59
中	灌南县	6.49	7.66	5.21	6.14
中	淮安区	4.17	4.92	3.24	3.82
中	淮阴区	4.54	5.35	3.62	4.27
中	涟水县	4.21	4.97	3.24	3.82
中	金湖县	4.69	5.54	4.68	5.52
中	滨海县	4.67	5.51	3.75	4.42
中	宝应县	5.35	6.32	4.34	5.12
中	沭阳县	4.12	4.86	3.34	3.94
中	泗阳县	4.72	5.57	4.34	5.12
中	泗洪县	4.36	5.15	3.51	4.14
较高	高邮市	4.85	5.77	4.37	5.20
较高	江都区	5.15	6.13	3.90	4.64
高	丰县	5.20	6.24	4.25	5.10

注：低风险市、县毛费率为纯费率×1.17，中风险为纯费率×1.18，较高风险为纯费率×1.19，高风险为纯费率×1.20。

（四）保险金额测算

利用 ARIMA 模型对收入进行预测，以此作为下一年度保障收入的基础。预期保险金额设定为近两年历史数据加前后一年预测数据的均值，这种设定将实际情况与未来预期同时囊括，历史保险金额设定为近 3 年历史数据的均值。每一年的预期保险金额和历史保险金额均可随着过去与未来的情况按照公式递推重新制定。

表 10、表 11、表 12、表 13 列出了市、县（县级市、区）级差异化保障水平下的预期保险金额与历史保险金额，预期保险金额普遍高于历史保险金额，预期保险金额加入预期因素根据预测与历史结合而得到。历史保险金额根据过去年景的情况获得，相较来说预期保险金额的现实基础更强。市级保险金额中，100%保障水平下，预期保险金额从 512 元/亩（无锡）至 797 元/亩（盐城），历史保险金额从 482 元/亩（无锡）至 770 元/亩（常州、泰州），预期保险金额均值比历史保险金额均值高 21 元/亩。县级保险金额中，100%保障水平下，预期保险金额从 472（宝应县）元/亩至 885 元/亩（阜宁县），历史保险金额从 472 元/亩（宝应县）至 885 元/亩（阜宁县），预期保险金额均值比历史保险金额均值高 24 元/亩。预期保险金额将预测值加入保险金额的设定，普遍适用于没有开设期货市场的农作物、开设了期货市场但其期货市场不具备价格发现功能的农作物。另外，这种确定保险金额的方法对开设了期货市场且具备价格发现功能的农作物也具有可操作性。

表 10　市级保险金额设定

单位：元/亩

市级	100%保障水平		90%保障水平		80%保障水平	
	预期	历史	预期	历史	预期	历史
南京	761	746	685	672	609	597
常州	745	770	671	693	596	616
苏州	705	681	634	613	564	545
南通	761	747	685	672	609	598
盐城	797	764	717	687	637	611
扬州	634	618	570	556	507	494
镇江	688	652	619	587	550	522
泰州	791	770	711	693	632	616
徐州	740	716	666	644	592	573
淮安	650	623	585	561	520	498
宿迁	679	649	611	584	543	519
无锡	512	482	460	434	409	386
连云港	757	728	681	655	606	582

注：预期即预期保险金额，为 2018 年历史收入、2019 年历史收入、ARIMA 模型得到的 2020 年预测值的 3 年平均值。历史即历史保险金额，为 2017 年、2018 年、2019 年历史收入的 3 年平均值。

表 11 县级保险金额设定（100%保障水平）

单位：元/亩

县级	预期	历史	县级	预期	历史	县级	预期	历史
海安市	863	831	宿城区	722	699	淮阴区	696	669
如皋市	690	675	沛县	743	723	涟水县	581	577
盱眙县	633	606	铜山区	702	688	金湖县	721	693
响水县	732	686	睢宁县	788	749	滨海县	833	803
阜宁县	885	852	新沂市	767	728	宝应县	472	470
射阳县	688	670	邳州市	757	728	沭阳县	657	635
建湖县	749	752	如东县	730	706	泗阳县	693	666
东台市	821	812	东海县	764	746	泗洪县	663	629
大丰区	769	746	灌云县	717	689	高邮市	792	769
兴化市	782	744	灌南县	691	649	江都区	520	511
泰兴市	835	809	淮安区	682	660	丰县	712	702

注：预期即预期保险金额，为 2018 年历史收入、2019 年历史收入、ARIMA 模型得到的 2020 年预测值的 3 年平均值。历史即历史保险金额，为 2017 年、2018 年、2019 年历史收入的 3 年平均值。

表 12 县级保险金额设定（90%保障水平）

单位：元/亩

县级	预期	历史	县级	预期	历史	县级	预期	历史
海安市	777	748	宿城区	650	629	淮阴区	626	602
如皋市	621	608	沛县	669	651	涟水县	523	520
盱眙县	570	546	铜山区	632	620	金湖县	648	624
响水县	659	617	睢宁县	709	674	滨海县	749	722
阜宁县	797	767	新沂市	691	655	宝应县	425	423
射阳县	619	603	邳州市	681	655	沭阳县	591	571
建湖县	674	677	如东县	657	636	泗阳县	624	599
东台市	739	731	东海县	688	671	泗洪县	597	566
大丰区	692	671	灌云县	645	621	高邮市	713	692
兴化市	703	670	灌南县	622	584	江都区	468	460
泰兴市	751	728	淮安区	614	594	丰县	640	632

注：预期即预期保险金额，为 2018 年历史收入、2019 年历史收入、ARIMA 模型得到的 2020 年预测值的 3 年平均值。历史即历史保险金额，为 2017 年、2018 年、2019 年历史收入的 3 年平均值。

表 13　县级保险金额设定（80%保障水平）

单位：元/亩

县级	预期	历史	县级	预期	历史	县级	预期	历史
海安市	621	598	宿城区	520	503	淮阴区	501	482
如皋市	497	486	沛县	535	521	涟水县	418	416
盱眙县	456	436	铜山区	506	496	金湖县	519	499
响水县	527	494	睢宁县	568	540	滨海县	600	578
阜宁县	637	614	新沂市	553	524	宝应县	340	338
射阳县	496	482	邳州市	545	524	沭阳县	473	457
建湖县	539	541	如东县	526	508	泗阳县	499	480
东台市	591	584	东海县	550	537	泗洪县	477	453
大丰区	554	537	灌云县	516	496	高邮市	570	554
兴化市	563	536	灌南县	498	467	江都区	374	368
泰兴市	601	583	淮安区	491	475	丰县	512	506

注：预期即预期保险金额，为 2018 年历史收入、2019 年历史收入、ARIMA 模型得到的 2020 年预测值的 3 年平均值。历史即历史保险金额，为 2017 年、2018 年、2019 年历史收入的 3 年平均值。

（五）财政补贴下政府与农户保费承担情况

《扩大范围》意见规定“种植收入保险的保障水平不高于相应品种种植收入的80%”，因此保险金额选取 80%保障水平下的预期保险金额与历史保险金额，保险费率选取 100%的现货价格保险毛费率与期货价格保险毛费率。表 14 和表 15 列出了70%保费补贴政策下市、县两级的具体保费分配情况。各风险等级市、县的保险费用的计算结果总体符合保险定价原则。不论市级还是县级，组合 1 平均保费最高，组合 4 最低，每个风险等级的平均保费随风险等级升高而上升，期货价格可以在提供同等保障水平下降低保费。市级层面每个组合保费最低的城市均为扬州，保费最高的城市均为连云港。县级层面每个组合保费最高与最低的县（县级市、区）存在差异，最高分布于灌南县、睢宁县，最低分布于涟水县、如皋市。市级层面，低风险的扬州总保费低于其他城市，组合 4 保费最低，为 17.69 元/亩，70%保费补贴下，农户自缴 5.31 元/亩。高风险的连云港总保费第一，其中组合 1 保费最高，为 42.93 元/亩，农户自缴 12.88 元/亩。市级层面，组合 1 中，平均总保费为 30.25 元/亩，低风险城市保费均值为 29.42 元/亩，中风险城市保费均值为 29.55 元/亩，较高风险城市保费为 26.30 元/亩，高风险城市保费为 42.93 元/亩，保费补贴范围从 17.69 元/亩至30.05 元/亩，农户自缴保费范围从 7.58 元/亩至 12.88 元/亩。市级层面，组合 2 平均总保费为 29.31 元/亩，组合 3 保费均值为 24.42 元/亩，组合 4 保费均值为 23.65元/亩。县级层面，4 类组合 33 个县（县级市、区）中，保费最高的为组合 3 的睢宁县（40.17 元/亩），70%保费补贴下农户自缴 12.05 元/亩，保费最低的为组合 4 的如皋市，70%保费补贴下，农户自缴 4.59 元/亩。县级层面，组合 1 中，灌南县保费最高，涟水县保费最低，平均保费为 28.07 元/亩，低风险县（县级市、区）平均保费为 26.18 元/亩，中风险县（县级市、区）保费均值为 29.13 元/亩，较高风险县（县级市、区）平均保费为 27.93 元/亩，高风险县保费为 31.94 元/亩。县级层面，组合 2 中，睢宁县保费最高，涟水县保费最低，平均保费为 27.13 元/亩；组合 3 和组合 4 中，睢宁县保费最高，如皋市保费最低，平均保费分别为 23.10 元/亩、22.33 元/亩。

表 14　70%保费补贴政策下市级保费分配

单位：元/亩

风险区划	市级	组合 1		组合 2		组合 3		组合 4	
		补贴	农户	补贴	农户	补贴	农户	补贴	农户
低	南京	21.00	9.00	20.59	8.83	14.10	6.04	13.82	5.92
低	常州	19.94	8.54	20.59	8.83	16.10	6.90	16.63	7.13
低	苏州	22.41	9.60	21.66	9.28	20.72	8.88	20.03	8.58
低	南通	19.69	8.44	19.33	8.28	13.43	5.76	13.19	5.65
低	盐城	20.60	8.83	19.75	8.46	16.68	7.15	15.99	6.85
低	扬州	17.69	7.58	17.26	7.40	12.69	5.44	12.38	5.31
低	镇江	22.95	9.84	21.76	9.32	19.02	8.15	18.03	7.73
低	泰州	20.47	8.77	19.94	8.55	14.13	6.06	13.77	5.90
中	徐州	24.73	10.60	23.93	10.25	23.98	10.28	23.20	9.94
中	淮安	18.42	7.90	17.65	7.57	13.73	5.89	13.16	5.64
中	宿迁	18.89	8.10	18.06	7.74	15.26	6.54	14.59	6.25
较高	无锡	18.41	7.89	17.36	7.44	16.25	6.96	15.32	6.57
高	连云港	30.05	12.88	28.88	12.38	26.12	11.20	25.11	10.76

表 15　70%保费补贴政策下县级保费分配

单位：元/亩

风险区划	县级	组合 1		组合 2		组合 3		组合 4	
		补贴	农户	补贴	农户	补贴	农户	补贴	农户
低	海安市	19.63	8.41	18.90	8.10	17.42	7.47	16.77	7.19
低	如皋市	16.07	6.89	15.72	6.74	10.95	4.69	10.71	4.59
低	盱眙县	16.45	7.05	15.75	6.75	11.85	5.08	11.35	4.86
低	响水县	17.24	7.39	16.15	6.92	13.98	5.99	13.10	5.61
低	阜宁县	20.90	8.96	20.12	8.62	15.50	6.64	14.92	6.39
低	射阳县	17.94	7.69	17.46	7.48	16.52	7.08	16.07	6.89
低	建湖县	17.90	7.67	17.97	7.70	14.26	6.11	14.32	6.14
低	东台市	19.93	8.54	19.70	8.44	15.65	6.71	15.46	6.63
低	大丰区	16.97	7.27	16.46	7.05	14.14	6.06	13.71	5.88

（续）

风险区划	县级	组合1		组合2		组合3		组合4	
		补贴	农户	补贴	农户	补贴	农户	补贴	农户
低	兴化市	20.13	8.63	19.17	8.21	13.43	5.76	12.79	5.48
低	泰兴市	20.10	8.61	19.49	8.35	13.82	5.92	13.40	5.74
低	宿城区	16.61	7.12	16.08	6.89	12.23	5.24	11.84	5.07
中	沛县	19.16	8.21	18.65	7.99	11.25	4.82	10.95	4.69
中	铜山区	18.96	8.13	18.58	7.96	15.93	6.83	15.61	6.69
中	睢宁县	26.58	11.39	25.27	10.83	28.12	12.05	26.74	11.46
中	新沂市	22.27	9.55	21.12	9.05	21.68	9.29	20.56	8.81
中	邳州市	18.51	7.93	17.80	7.63	15.66	6.71	15.06	6.46
中	如东县	23.58	10.11	22.82	9.78	21.74	9.32	21.03	9.01
中	东海县	24.30	10.42	23.71	10.16	21.74	9.32	21.21	9.09
中	灌云县	25.74	11.03	24.75	10.61	20.19	8.65	19.42	8.32
中	灌南县	26.70	11.44	25.06	10.74	21.40	9.17	20.09	8.61
中	淮安区	16.91	7.25	16.35	7.01	13.15	5.63	12.71	5.45
中	淮阴区	18.77	8.05	18.05	7.73	14.98	6.42	14.40	6.17
中	涟水县	14.55	6.23	14.46	6.20	11.20	4.80	11.13	4.77
中	金湖县	20.12	8.62	19.35	8.29	20.06	8.60	19.29	8.27
中	滨海县	23.11	9.90	22.28	9.55	18.55	7.95	17.88	7.66
中	宝应县	15.03	6.44	14.96	6.41	12.19	5.22	12.13	5.20
中	沭阳县	16.10	6.90	15.56	6.67	13.05	5.59	12.61	5.40
中	泗阳县	19.45	8.34	18.69	8.01	17.89	7.67	17.19	7.37
中	泗洪县	17.21	7.37	16.31	6.99	13.84	5.93	13.12	5.62
较高	高邮市	23.03	9.87	22.36	9.58	20.78	8.90	20.17	8.65
较高	江都区	16.07	6.89	15.78	6.76	12.17	5.22	11.95	5.12
高	丰县	22.36	9.58	22.07	9.46	18.29	7.84	18.05	7.73

五、结论与政策建议

本文在农业风险区划基础上对主粮作物收入保险实行市、县多层级定价。选取玉米为代表，以开展主粮作物收入保险试点的江苏省的 13 个地级市与 33 个产粮大县（县级市、区）为例，得到以下结论。

第一，本文的农业风险区划对 10 项产量、气候、土壤风险指标系统聚类，将市与县（县级市、区）划分为低、中、较高、高 4 类风险等级。现有风险区划一般只区划产量风险，本文同时考虑品质风险，因此本文在现有区划基础上加入气候、土壤风险构建农业综合风险评估体系，结果表明，大部分城市被划分为低风险地区，具有连片性。低风险城市共 8 个，为南京、常州、苏州、南通、盐城、扬州、镇江、泰州；

徐州、淮安、宿迁为中风险城市；较高风险城市为无锡；连云港被划分为高风险城市。县级区划中，风险等级低、中、较高、高的县（县级市、区）分别为12、18、2、1个，高邮市、江都区为较高风险县（县级市、区），丰县被划分为高风险县。

第二，玉米期货市场具备价格发现功能，玉米期货价格和日均收购价之间存在双向因果关系，期货价格可作为定价的价格基础。播种期期货价格可以较好地预期收获期价格，可按照春、夏玉米的播种与收获时期确定相应市、县的期货价格波动序列。保险费率与保费的实证结果显著表明期货价格与单产的对冲效应比现货价格更强，可以在同等保障水平下有效降低保险费率与保险费用。

第三，本文采用风险分析法下的Copula函数对收入保险定价，试点市、县的实证结果验证了这种方法的适用性。参数估计、Copula方法、ARIMA模型厘定了市级、县级收入保险的保险费率与保险金额，得到不同风险等级下基于单产与现货价格、期货价格的两类保险费率以及带预测信息、依据历史数据的两类保险金额，共4种保险组合。不同风险市、县的保险费率差异明显，保险纯费率随着风险等级升高而上升，符合保险定价原则。以现货价格为基础的保险费率显著高于以期货价格为基础的保险费率，加入预测因素的预期保险金额高于基于实际数据的历史保险金额，差异化保费补贴下，以期货价格为基础的总保费明显低于以现货价格为基础的总保费。4种组合中，现货价格保险费率与预期保险金额的组合保费最高，期货价格保险费率与历史保险金额的组合保费最低。

基于Copula函数的定价方法能够有效量化价格与单产确定方式，具有复制推广的可操作性，本文设计的主粮作物收入保险在试点省的市、县乃至全国相应层级地区普适，也可对其他作物定价提供参考。针对收入保险的发展本文提出如下政策建议：一是加强数据积累，成立国家级农业大数据集成共享平台。真实有效的单产数据、价格数据是精准衡量风险、定价的前提。本文设计的收入保险产品是基于全国以及地方的统计年鉴中的区域数据设计出来的，单产上需建立完备的数据采集系统，延伸历史统计数据，构筑更完备久远的县级乃至户级数据库。目前，价格数据除《全国农产品成本收益资料汇编》外难以获得官方数据，且仅有省级权威价格数据，没有市级、县级政府部门的相关数据。建议在充分收集单产与价格数据基础上，构建国家层面的农业信息化大数据库，实现诸如农产品产量、收购价、土地确权、遥感数据等数据共享，作为权威数据供农业部门与机构使用。二是完善主粮期货市场。玉米期货市场的价格发现功能被成功检验，稻谷和小麦期货市场仍有待检验。我国稻谷和小麦存在最低收购价且期货市场起步较晚，在未来主粮托市收购政策逐步减弱甚至可能取消、价格回归市场化的趋势下，期货价格将成为不可或缺的价格因素，中国主粮期货市场还需政府的完善推动，扩大主粮期货合约交割品种范围，加强主粮期货市场与现货市场品种匹配性。三是因地制宜差异化推行与补贴收入保险。我国城市乃至县级地域禀赋差异显著，在设计收入保险时需首先考虑地区综合风险的差异，遵循保险精算原理，确定公平合理的费率。可以根据当地生产风险、经济发展水平、农民经济情况和政府财政承担能力，差异化选择费率与保险金额组合，提供多层次保障水平的保险产品供农户选择。另外目前的主粮作物收入保险试点有中央的财政补贴支持，对东中西实行不同保费补贴，未来全国推广时可以将中央财政保费补贴比例进一步细化，与市级甚至县级地区风险状况挂钩，“因地而异”向财政能力较薄弱、风险高的地区稍加倾斜，适当降低地区承担比例，实行多层级差异化保费补贴政策。

参考文献（略）

天然草原综合风险评估与区划研究
——基于多重风险相互作用的视角*

郭新雅　赵元凤　弓宇飞　Muhammad Umer Arshad

摘要：在建立健全草原风险管理体系，保障草原生态安全和稳定草原畜牧业生产的背景下，草原保险的作用更加凸显。草原风险评估和区划作为草原保险设计的前提和基础，其准确性直接决定着草原保险条款的合理性及科学性。本文利用半定量化因果关系矩阵法、H-P 滤波模型、多种聚类分析法和单因素方差分析法，将锡林郭勒草原分为低、中、高和极高四个风险区，各风险区间的差异显著。其中，低风险区呈现出致灾因子危险性低、承灾体脆弱性低和防灾减灾能力强的显著特点；中风险区呈现出承灾体暴露性水平高，但致灾因子危险性处于中等水平的显著特点；高风险区呈现出致灾因子危险性高，防灾减灾能力处于中等水平的典型特征；极高风险区呈现出承灾体脆弱性水平高，防灾减灾能力弱的典型特征。所以在厘定草原保险费率时，应考虑多种风险间的交互作用，构建合理的草原风险区划图。

关键词：天然草原；草原风险；风险评估；风险区划；锡林郭勒草原

一、引言

中国拥有近 4 亿公顷的天然草原资源（以下简称草原），占国土面积的 41.7%。草原不仅是重要的国家生态安全屏障，也是现代农业和现代畜牧业发展的重要资源，对社会经济发展至关重要。然而，自然灾害频发已严重威胁草原生态安全和草原畜牧业生产经营。近年来，草原保险作为一种分散草原风险、弥补因灾损失的非价格型草原生态和畜牧业生产的风险保障工具，日益得到世界各国政府的重视，目前，美国、澳大利亚、加拿大、法国、德国、瑞士和西班牙等发达国家都实

---

* 本文原载《中国农业资源与区划》2023 年第 7 期。基金项目：内蒙古自治区科技计划项目“内蒙古农牧业干旱灾害风险评估与精细化保险费率厘定研究”（201802108）；国家自然科学基金项目“畜牧天气指数保险：牧户需求、收入效应和行为影响——基于牛羊天气指数保险的准自然实验”（71863028）；国家自然科学基金项目“畜牧业‘保险＋信贷’对养殖户信贷可得性、生产决策行为及收入的影响”（72173069）。

作者简介：郭新雅，内蒙古农业大学经济管理学院博士，研究方向为草原风险管理与草原保险；赵元凤，内蒙古农业大学经济管理学院教授，研究方向为农业风险管理与农业保险；弓宇飞，内蒙古农业大学博士研究生；Muhammad Umer Arshad，内蒙古鸿德文理学院讲师。

施了草原保险。

中国草原保险尚处于起步阶段，2015—2019 年仅在少部分地区进行商业化试点。为此，2019 年财政部等 4 个机构联合颁发的《关于加快农业保险高质量发展的指导意见》中明确指出“研究制定草原保险示范性条款，完善草原保险制度”。2020 年，全国首例政策性草原保险在内蒙古自治区巴彦淖尔市乌拉特后旗试点，2021 年推行到内蒙古 8 个盟市 13 个旗县。政策性草原保险的保险标的为禁牧区及草畜平衡区的草原，所有草原类型的费率统一为 5%。全部区域实行统一的保险费率，与内蒙古草原实际风险严重不符，内蒙古草原面积大，包涵多种草原类型，不同草原类型面临的风险不同，造成的风险损失也不同，若实行统一费率可能会导致道德风险和逆向选择等问题，长远来看不利于草原保险的健康稳定发展。因此，精准的风险评估和区划直接决定着费率厘定的科学性，综上所述，中国草原保险制度的建设首先要进行科学的风险评估和区划。

国内外学者在风险评估和区划领域进行了系统的研究。在农作物风险区划领域，单风险和多重风险的区划研究较为系统和全面。然而，在草原风险区划领域，多数研究集中在单风险的区划，如草原雪灾风险区划、草原火灾风险区划等，主要用于风险预警和防灾减灾系统。事实上，草原风险种类繁多，包括旱灾风险、火灾风险、雪灾风险、生物灾害风险和人为风险等，而且各风险间的相互作用关系明显，一种风险可能由多种致灾因子导致，一种风险发生会引起一系列风险发生。学者普遍认为，草原风险的发生在空间上呈现出在同一地区各种风险的相互关联和组合的灾害链。综上，基于草原多重风险视角进行综合风险评估与区划，对草原风险管理，特别是草原保险条款的设计意义重大。为此，本文立足风险管理理论，运用风险四因子论，构建了草原综合风险评估与区划的指标体系；基于锡林郭勒草原的风险状况，融合气象、草原地上生物量、遥感、灾情和社会经济等多源数据，采用多方法进行风险评估和区划，为中国草原保险条款制度设计提供借鉴参考。

二、研究思路、研究方法与数据来源

（一）研究思路

国际公认可应用多风险评估框架来分析多种风险并发，但具体评估方式并不明确。对于多重风险评估框架，根据风险管理理论，首先要分析风险，再分析多风险间的关系，最后进行风险评估，本文基于此提出了草原综合风险评估的三级分层框架（图 1）。三级分层框架以风险为中心，评估其大小。一级分析是草原风险分析，包括分析致灾因子、风险发生的概率与强度以及其时空变化趋势。二级分析是识别风险间相互作用的过程，并运用因果矩阵法对历年风险间的相互作用进行定量分析。三级分析则是评估多重风险，基于风险四因子论，就风险的脆弱性、危险性、暴露性及防灾减灾能力进行草原综合风险评估。

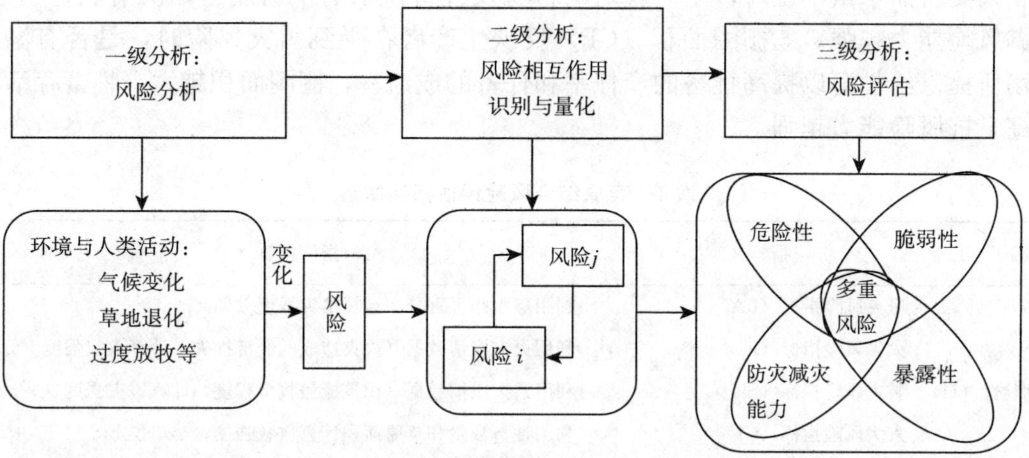

图1　草原综合风险评估的三级分层框架

（二）评估指标选取与数据来源

基于前文分析的草原风险评估的框架，参考已有研究，结合研究目标及数据可得性，在风险四因子论的基础上，从草原多重风险的视角出发，本文从致灾因子和孕灾环境的危险性、承灾体的脆弱性、承灾体的暴露性和防灾减灾能力四个维度选取指标。考虑到各指标体系综合反映了风险的后果，在实际计算过程中对全部指标赋予相同的权重，从而构建了草原综合风险评估的指标体系（表1）。选取这些指标的依据在于：第一，旱灾风险指标（PA）、火灾风险指标（FI）、雪灾风险指标（SN）和人为风险指标（GI）是草原最主要的四大致灾因子，同时草原多重风险之间存在较强的相互作用关系（IN），因此本文引入了测度多重风险相互作用关系强度的指标。以上5个指标可以单独反映各致灾因子危险性的同时，还可综合反映多重致灾因子间相互作用关系，因此，以上5个指标属于致灾因子危险性指标（H）。第二，历年平均单产减产率（E）可以反映牧草单产损失情况，历年单产减产率变异系数（CV）可以反映牧草单产损失波动程度，两者可以共同体现承灾体脆弱性（V）大小。第三，植被覆盖度（NDVI）可以反映某一区域植被覆盖程度，从而表征承灾体暴露在风险中的程度，属于暴露性指标（EX）。第四，防灾减灾能力（C）是区域各方面减灾要素综合能力的体现，草原风险防灾减灾能力的影响因子众多，以客观性、数据获取便利性、指标量化可行性、突出核心要素为指标选取原则，本文从区域防灾减灾能力和生产者自身防灾减灾能力两个层面选取了指标。从区域防灾减灾能力来说，选取了地区GDP和路网分布。①地区GDP（SR）可以反映整个区域抵御风险和灾后重建的能力。②路网分布（GL）是反映灾害风险发生后，减灾措施是否能够及时到达受灾地点的重要指标。从生产者自身防灾减灾能力来说，选取了打贮草总量、机电井眼数和棚圈面积3个指标。③打贮草总量（CC）反映生产者的贮草总量，贮草总量越高，抵御风险能力越强。④机电井眼数（JJ）表征生产者在受到旱灾风险的情况下，当牲畜和人类所需水量不足时，生产者对于自身及牲畜饮水的供给能力，供给能力越强，抵御风险能力越强。⑤棚圈面积（CP）反映生产者在受到雪灾风险时，是否有温暖的场所提供给牲畜以提高牲畜的产仔率和仔畜的成活率，棚圈面积越大，牲畜存活率越高，抗风险能力越强。

表 1　草原综合风险评估指标体系

因子（1）	指标（2）	指标核算（3）
危险性（H）	旱灾风险指标（PA）	利用降水距平百分率计算旱灾强度（%）
	火灾风险指标（FI）	利用火灾灾情数据（火灾造成的经济损失）计算火灾强度（元）
	雪灾风险指标（SN）	利用雪灾灾情数据（积雪掩盖牧草程度）计算雪灾强度（%）
	人为风险指标（GI）	利用牲畜数量和草原面积计算放牧强度（羊单位/米^2）
	多重风险相互作用关系强度（IN）	利用因果判断矩阵识别和量化多重风险相互作用强度
脆弱性（V）	历年平均单产减产率（E）	利用 H-P 滤波模型计算牧草趋势单产和波动单产（%）
	历年单产减产率变异系数（CV）	历年平均单产减产的变化情况（%）
暴露性（EX）	植被覆盖度（NDVI）	4—9 月 NDVI 的加总值
防灾减灾能力（C）	地区 GDP（SR）	历年地区人均 GDP（元/人）
	路网分布（GL）	历年单位面积公路里程（千米）
	棚圈面积（CP）	历年单位面积棚圈面积（米^2/千米）
	机电井眼数（JJ）	历年单位面积机电井（眼/千米）
	打贮草总量（CC）	历年单位面积打贮草总量（吨/千米）

本文选择内蒙古自治区锡林郭勒草原作为研究区，一是因为内蒙古草原面积居于全国第二位，内蒙古草原产草量居于全国第一位，锡林郭勒草原是内蒙古草原面积最大和草地资源最为丰富的地区；二是锡林郭勒草原面临的风险较多，包括旱灾风险、火灾风险、雪灾风险、生物灾害风险和人为风险，且多重风险间相互作用关系显著，因此适宜进行草原综合风险区划；三是锡林郭勒草原数据支撑度较高、时间序列较长、空间尺度较为精细。本研究使用 5 类数据集，包括气象数据、草原产量数据、遥感数据、灾情数据和社会经济数据，5 类数据集的数据来源、时间和空间尺度及测度指标选取的数据如表 2 所示。

表 2　数据来源及其描述

数据集类别	时间尺度	空间尺度	数据来源	测度指标选取的数据
气象数据	1960—2019 年	气象站点	中国气象科学数据共享服务网和内蒙古自治区气象局	逐日降水量
草原产量数据	2004—2018 年	锡林郭勒盟 12 个旗县	草地调查数据库监测和草原生态固定观察点	8 月末草原牧草鲜重

（续）

数据集类别	时间尺度	空间尺度	数据来源	测度指标选取的数据
遥感数据	2000—2020 年	1 千米分辨率	美国国家航空航天局（NASA）网站上 MOD11 A2 和 MOD13 A2 产品	牧草生长季的 NDVI 指标
灾情数据	1981—2018 年	锡林郭勒盟 12 个旗县	内蒙古自治区防火信息管理系统和内蒙古自治区气象局	积雪掩盖牧草程度数据、火灾受灾草原面积、火灾伤亡人数及其造成的经济损失
社会经济数据	2000—2019 年	锡林郭勒盟 12 个旗县	《锡林郭勒盟统计年鉴》《内蒙古统计年鉴》《中国县域统计年鉴》	牲畜数量、草原面积、地区 GDP、公路里程、打贮草总量、机电井眼数和畜棚面积

（三）研究方法

1. 半定量化因果关系矩阵法

前人研究表明半定量化因果关系矩阵是分析多重风险间的相互作用的有效方法，其思想是首先利用半定量化的因果矩阵法识别多重风险间的相互作用，若识别结果认为风险间存在相互作用关系，就确定相互作用强度，将其引入到危险性指标中。其次，将上述风险指标进行标准化处理，利用因果关系矩阵判断每种风险与其他风险间的相互作用关系强度，模型如下所示：

$$IN_j = \theta_0 + \sum_{i=1}^{3} \theta_i IN_i + \varepsilon_i (i \neq j) \tag{1}$$

$$R_{\max} = 3n(n-1) \tag{2}$$

式（1）和式（2）中，i 与 j 代表风险种类，IN 为风险指标，用标准化的系数 θ 来衡量计算出多重风险间相互作用的强度数值，风险间相互作用强度的总和 $W = \sum\theta_i$。n 为风险的数量，$R_{\max}$ 为相互作用强度总和的最大值。W 用于判断是否需要将多重风险间的相互作用关系引入模型中，若 $W \geqslant 50\% R_{\max}$，那么推荐将其引入模型中。

2. H-P 滤波模型

H-P 滤波法是一种时间序列在状态空间中的分析方法，是计算单产损失率的常用方法。其思想是利用 H-P 滤波从产量序列中检测出稳定的信号，消除无规律信号，将检测出稳定信号的方法定义为最小化问题的解。利用该方法计算牧草单产损失率，其中牧草产量可用公式 $Y = Y_w + Y_r$ 表示，利用 H-P 滤波模型确定最小化问题的解，即

$$in\{\sum_{i=1}^{T} (Y - Y_W^T)^2 + \lambda[c(l) Y_W^T]^2\} \tag{3}$$

其中，式（3）中 $c(l)$ 为延迟算子多项式：

$$c(l) = (l^{-1} - 1) - (1 - l) \tag{4}$$

延迟算子是对趋势产量 Y_w 的延迟，将 c（l）代入得到函数的解为

$$\min\{\sum_{i=1}^{T}(Y-Y_W^T)^2+\lambda\sum_{i=2}^{T-1}[(Y_{W+1}^T-Y_W^T)-(Y_W^T-Y_{W-1}^T)]^2\} \quad (5)$$

其中，式（5）中 λ 为 H-P 滤波参数，当 $\lambda=0$ 时，函数最小化的解为 Y_w 的序列，随着 λ 的增加，最小化解的估计趋势越来越光滑，当数据为年度数据时，经验 λ 的取值为 100。

利用 H-P 滤波模型，可得到锡林郭勒盟各旗县牧草的历年趋势产量序列，根据公式 $Y_r=Y-Y_w$ 分离出各旗县、市区牧草的波动产量序列 Y_r，即为牧草风险损失序列。基于趋势序列 Y_w 和实际单产序列 Y 构建历年平均单产减产率 E，其计算公式如下：

$$E=(Y-Y_w)/Y_w \quad (6)$$

3. 聚类分析法

风险区划是将具有相似风险特征的县域聚合，把风险特征差异较大的县域分离，风险区划的具体方法有时间序列法、回归分析法和聚类分析法等。按照适用性和简洁直观的原则，本文使用常用的聚类分析法，其思想是在缺少“先验知识”的情况下，将研究的指标按照不同程度的相似性进行分类。根据聚类方式的不同，聚类分析法可分为系统聚类法和 K－mean 聚类法，为了使聚类结果更为准确，本文首先利用系统聚类法确定最优类别数，再利用 K－mean 聚类法进行聚类分析。

4. 单因素方差分析和 LSD 多重比较

单因素方差分析和 LSD 多重比较是检验多个个体之间差异显著性的方法，其可用于检验区划结果中各风险区间差异是否显著，以此判断区划结果是否可用。其思想是在判断控制变量对观测变量产生显著影响的前提下，确定控制变量不同水平对观测变量的影响程度，其是在总体方差相等的假设条件下，对全部变量观测值进行最小显著性差异检验的过程。

三、草原综合风险评估与区划实证分析

（一）构建草原综合风险评估指标体系

基于已有研究，本文从致灾因子和孕灾环境的危险性、承灾体的脆弱性、承灾体的暴露性和防灾减灾能力 4 个维度选取 13 个指标构建风险评估指标体系，通过核算各指标对草原综合风险进行评估，各指标的核算如表 1 列（3）所示。其中，危险性指标中，根据气象、灾情和社会经济数据计算风险强度，多重风险相互作用关系强度是根据因果关系矩阵计算的总作用强度（W）。脆弱性指标中，根据 H-P 滤波模型计算得到平均单产减产率，并利用拟合后的单产数据对原数据进行线性回归来检验结果的准确性，结果显示，各旗县的拟合结果均通过了假设检验，都较好地解释了原数据中的信息。再基于变异系数计算公式，利用平均单产减产率计算得到单产减产率的变异系数，最终得到各指标的计算值，如表 3 所示。

表 3　锡林郭勒盟各旗县各指标计算结果

旗县	E	CV	PA	FI	SN	GI	IN	EX	SR	GL	CC	JJ	CP
东乌旗	0.796	0.014	0.621	1.000	1.000	0.235	0.163	0.816	0.000	1.000	0.000	0.858	0.345
西乌旗	0.981	0.005	1.000	0.708	0.167	0.351	0.314	0.948	0.287	0.954	0.186	0.897	0.271
锡林浩特市	0.639	0.017	0.785	0.083	0.167	0.289	0.446	0.626	0.282	0.913	0.409	0.788	0.599
正镶白旗	0.536	0.011	0.474	0.083	0.500	0.501	0.070	0.490	1.000	0.662	0.661	0.730	0.311
正蓝旗	0.169	0.053	0.441	0.125	0.667	0.559	0.125	0.677	0.709	0.765	0.269	0.685	0.170
多伦县	0.449	0.016	0.467	0.042	0.000	1.000	0.000	1.000	0.858	0.445	0.167	0.469	0.000
太仆寺旗	0.000	1.000	0.000	0.042	0.333	0.807	0.310	0.912	0.947	0.000	0.513	0.000	0.387
二连浩特市	0.703	0.008	0.739	0.000	0.167	0.000	0.178	0.000	0.505	0.922	1.000	1.000	1.000
阿巴嘎旗	0.615	0.013	0.549	0.042	0.500	0.195	0.547	0.450	0.328	0.982	0.424	0.922	0.443
苏尼特左旗	1.000	0.000	0.604	0.000	0.500	0.020	1.000	0.135	0.790	0.989	0.854	0.963	0.643
苏尼特右旗	0.919	0.006	0.585	0.000	0.167	0.067	0.321	0.104	0.978	0.938	0.754	0.945	0.670
镶黄旗	0.947	0.000	0.322	0.125	0.333	0.321	0.056	0.369	0.856	0.681	0.873	0.962	0.664

注：为准确进行风险区划，需消除量纲对聚类分析结果的影响，本文利用最大最优化和最小最优化方法对上述指标进行无量纲化处理。

（二）草原综合风险聚类分析结果

根据上文中草原风险评估结果的指标值，结合系统聚类分析法和 K-mean 聚类分析法得到草原综合风险聚类结果。首先，依据 7 种不同分类方式下的系统聚类分析的结果，利用类间距离大则差异大的准则选取最优分类个数。具体而言，最优分类个数根据类别数和类间间距的散点图决定，根据“类别数减少，类间距离不断增加，则类间差异不断增大”的原则来选择最优分类个数。系统聚类分析的结果表明，最优类别数量为 4 个。

其次，基于最优类别数（4 个），利用绝对值距离、欧氏距离、马氏距离、最大值距离和相关系数的 K-mean 聚类分析法对比分析，基于风险区划的空间连续性原则，结合锡林郭勒草原实际风险状况进行结果评价，最终选择欧式距离下的风险区划结果。结果显示，第 1 类包括 1 个旗县，东乌旗，位于锡林郭勒盟东部；第 2 类有 3 个旗县，包括西乌旗、锡林浩特市、阿巴嘎旗，位于锡林郭勒盟中部；第 3 类有 4 个旗县，包括正蓝旗、正镶白旗、太仆寺旗和多伦县，位于锡林郭勒盟南部；第 4 类包括 4 个旗县，分别为苏尼特左旗、苏尼特右旗、二连浩特市和镶黄旗，位于锡林郭勒盟西部（表 4）。

表 4　欧式距离的 K-mean 聚类法下草原综合风险区划聚类结果

类别（1）	旗县区域（2）	判断风险等级（3）
第 1 类	东乌旗	中
第 2 类	锡林浩特市、西乌旗、阿巴嘎旗	高
第 3 类	正蓝旗、太仆寺旗、多伦县、正镶白旗	低
第 4 类	苏尼特右旗、二连浩特市、镶黄旗、苏尼特左旗	极高

从聚类结果看，锡林郭勒草原综合风险聚类结果中，各风险区内各县域地理位置均有邻居，在地理上符合空间连续性原则，而且基本与实际风险情况相符。根据已获得聚类的结果，可将风险区分为极高、高、中和低四类，基于"指标大则风险大"的原则构建风险区判别标准，用于判别各类的风险等级，结果如表4列（3）所示，第1类为中风险区，第2类为高风险区，第3类为低风险区，第4类为极高风险区，不同风险区下各指标均值如表5所示。

表5　不同风险区下各指标的均值

指标		低风险区	中风险区	高风险区	极高风险区
脆弱性	E	0.288 7	0.646 1	0.810 1	0.952 6
	CV	0.368 5	0.095 4	0.011 0	0.007 8
危险性	PA	0.310 5	0.620 5	0.892 3	0.549 8
	FI	0.072 9	1.000 0	0.395 8	0.009 1
	SN	0.375 0	1.000 0	0.110 3	0.333 3
	GI	0.716 7	0.235 2	0.362 2	0.066 4
	IN	0.029 1	0.163 4	0.380 3	0.559 9
暴露性	EX	0.544 0	0.873 7	0.787 0	0.211 7
防灾减灾能力	GL	0.468 1	1.055 3	0.933 8	0.770 9
	SR	0.949 4	0.000 0	0.307 7	0.691 7
	CC	0.509 2	0.000 0	0.297 3	0.816 2
	JJ	0.471 0	0.858 0	0.768 3	0.958 5
	CP	0.200 1	0.345 3	0.458 8	0.717 4

（三）草原综合风险区划结果的验证

为了检验上面的区划结果是否准确，本文利用单因素方差分析，假定等方差下选择LSD方法对上述结果进行多重比较，检验结果如表6所示。根据单因素方差分析的结果来看，锡林郭勒草原综合风险区划的各个代表性指标的P值2个小于0.01，其余均小于或等于0.10，均拒绝各风险区间差异小的原假设，即各风险区有显著差异，因此可以判断锡林郭勒草原综合风险区划结果较为全面地体现了各方面的信息，区划结果准确可用。

表6　草原综合风险区划结果单因素方差检验

指标	分类	平方和	自由度	均方	F	显著性
E	组间	0.777	3	0.259	5.939	0.020
	组内	0.349	8	0.044		
CV	组间	0.273	3	0.091	1.169	0.100
	组内	0.622	8	0.078		

(续)

指标	分类	平方和	自由度	均方	F	显著性
PA	组间	0.407	3	0.136	3.953	0.053
	组内	0.274	8	0.034		
FI	组间	0.918	3	0.306	11.557	0.003
	组内	0.212	8	0.026		
SN	组间	0.486	3	0.162	3.660	0.063
	组内	0.354	8	0.044		
GI	组间	0.814	3	0.271	9.239	0.006
	组内	0.235	8	0.029		
IN	组间	0.224	3	0.075	0.971	0.053
	组内	0.616	8	0.077		
EX	组间	0.948	3	0.316	7.110	0.012
	组内	0.356	8	0.044		
GL	组间	0.559	3	0.186	3.624	0.065
	组内	0.411	8	0.051		
SR	组间	0.901	3	0.300	7.185	0.012
	组内	0.334	8	0.042		
CC	组间	0.764	3	0.255	5.554	0.023
	组内	0.367	8	0.046		
JJ	组间	0.553	3	0.184	4.291	0.044
	组内	0.344	8	0.043		
CP	组间	0.501	3	0.167	4.439	0.041
	组内	0.301	8	0.038		

(四) 各风险区特征分析

利用聚类分析法得到锡林郭勒草原风险区划结果后，需对每个风险区进行深入分析，厘清各风险区之间差异化特征形成的原因及同风险区中所包含县域的相似性特征。为便于直观地观察各个风险区的地理位置及特征，本文绘制了锡林郭勒草原风险区划图，不同颜色表示不同的风险区，颜色越深代表风险越高（图 2）。总体上看，高风险区集中在锡林郭勒草原的西部和中部，低风险区集中在北部和南部，呈现出“中间重，上下轻”的风险特征。根据各风险区资源禀赋、自然条件和社会经济条件的差异，结合不同风险区指标值大小（表 5），可总结出如下特点。

1. 低风险区呈“承灾体脆弱性低、致灾因子危险性低和防灾减灾能力强”的特点

该区域包括正蓝旗、正镶白旗、多伦县和太仆寺旗，其覆盖的县域面积最小（占总面积的 11.56%），属于半农半牧区，40.09%的面积是草原。该区域主要为沙地植被，草地资源质量差，但其是全盟水资源最为富集的区域（滦河水系，地表水占全盟65%以上），降水量充足（年降水量 383～408 毫米），牧草质量不高（优质牧草率42%），但产草量最高（1 100～2 000 千克/公顷）。草原是畜牧业的部分生产资料来源，当地居民还依靠农业生产来满足畜牧业对生产资料的需求，该区域具有农区人口密度大（1.5 人/千米^2）的典型特征，由于人口密度大和草地质量差等原因，该区域农牧区居民可支配收入最低（1.37 万元）。由此，尽管草地资源禀赋差，但其不是该区域主要依赖的资源，该区域还依赖需要富足水资源的农业，而农业系统的可控性远超“靠天吃饭”的草原生态系统，草原生态系统带来的风险对畜牧业生产者的影响小。同时该区域的防灾减灾措施充足，畜牧业生产者防灾减灾能力强。

因此，从风险大小的角度来看，该地区单产减产率水平最低（0.29），减产率变异系数最高（0.37），但由于减产率水平本身较低，所以变异系数对最终风险损失结果的影响不大，因此承灾体脆弱性低。在致灾因子的危险性方面，该风险区受旱灾风险和火灾风险等的影响较小，且受多重风险相互作用的影响最低（0.03），因此，该区域致灾因子的危险性水平较低。从暴露性水平来看，该区域主要为沙地植被，沙地植被的植被覆盖度低，暴露性较低，发生风险时造成的可能损失小。从防灾减灾能力来看，该区域的防灾减灾能力最强，其中，公路里程、机电井眼数和棚圈面积等设施数量大，所以在发生风险后减灾能力强，且应对旱灾风险和雪灾风险的能力强。综上，该区域防灾减灾能力最强。因此，结合承灾体脆弱性低、致灾因子危险性低和防灾减灾能力最强的特点，该区域属于低风险区。

2. 中风险区呈“承灾体暴露性水平高，但致灾因子危险性处于中等水平”的特点

该区域仅包括东乌旗，仅覆盖 1 个县域（包括乌拉盖管理区），其面积约为 4.76 万千米^2，是牧业为基、工业为主的旗县，草原面积占其土地总面积的 96.97%。该区域资源禀赋最优，主要分布的草原类型为草甸草原，以低山丘陵、高山平原与宽谷平原地形为主，是森林向草原的过渡地段，地表水比较丰富（有乌拉盖水系），降水量充足（年降水量 388.7 毫米以上），牧草质量最高（优质牧草率 87%），牧草产量处于中上等水平（900～1 500 千克/公顷）。但由于日照强（年均日照 2 975 小时）和大风日多（年际 7～8 级大风日数 73 天）极易诱发火灾风险，同时冬季降雪量大导致该区域也是雪灾易发区。在资源禀赋最优的背景下，该区域人口密度不高（0.21 人/千米^2），人均优质资源占有量较大，所以牧区居民人均可支配收入最高（2.85 万元）。由此，该区域资源禀赋最好，但极易发生火灾风险和雪灾风险，生态系统自身危险性因子较多，同时，资源禀赋最优的条件使得草原畜牧业发展迅速，社会经济发展水平较好，人类防灾减灾措施充足。

因此，从风险大小的角度看，该区域的单产减产率处于中等水平（0.65），说明风险导致的损失率较小，减产率变异系数处于高水平（0.10），说明该区域的风险稳定程度低，但由于减产本身发生的概率低，在变异系数较大的情况下，整体脆弱性水平不高。从危险性水平来看，该区域致灾因子的危险性处于中高水平，说明该风险区受到各种风险的影响处于中高水平，在多重风险中，该区域受到火灾风险和雪灾风险的影响较大，受到人为风险和多重风险相互作用的影响较小。从暴露性水平来看，承灾体的暴露性处于最高水平（0.87），说明该区域植被覆盖程度最高，且牧草数量和质量均较高，高植被覆盖度也表征着暴露在风险中的植被多。从防灾减灾能力来看，该区域的防灾减灾能力处于中等水平，其中，地区 GDP 和打贮草总量较高，防范风险能力较强，但是公路里程和机电井眼数较低，减灾能力较弱，所以防灾减灾能力整体上呈中等水平。因此，该区域在承灾体暴露性水平最高情况下，致灾因子危险性和防灾减灾能力处于中等水平，在风险发生时，最终的风险损失也处于中等水平，综上该区域属于中风险区。

3. 高风险区呈“致灾因子危险性水平高，防灾减灾能力处于中等水平”的特征

该区域包含西乌旗、锡林浩特市和阿巴嘎旗，其覆盖面积仅次于极高风险区，约为 6.57 万千米^2，属于纯牧业和政治中心旗县，92.45%的面积为草原。该区域资源禀赋相对较好，主要分布的是大面积的典型草原和局部的草甸草原，地形以平原和低山丘陵为主，地表水比较丰富（有呼尔查干淖尔湖水系），降水量适中（年降水量 300～408 毫米），但日照强（年均日照 2 900 小时）和大风日多（年均 7 级大风日数 62 天）导致蒸发量大（年蒸发量 3 200 毫米以上），土壤湿度较低，所以牧草质量适中（优良牧草率 66%），产草量适中（500～1 500 千克/公顷）。同时，该区域人口密度处于中等水平（0.62 人/千米^2），牧区居民可支配收入处于中等水平（2.60 万元）。因此，该区域资源禀赋和自然条件相对较好，生态系统自身防灾减灾能力较强，但由于蒸发量大、土壤湿度低，产草量和草地质量不是很高，导致草原畜牧业发展处于中等水平，人类防灾减灾能力处于中等水平。

因此，从风险大小来看，该区域的单产减产率较高（0.81），说明该区域的风险损失率较大，且风险损失率的变异系数处于中等水平（0.01），说明该区域的风险损失率波动水平较为稳定，高损失率下的较低波动水平使得承灾体脆弱性呈中等水平。从危险性水平来看，该区域受旱灾风险、火灾风险、人为风险和多重风险相互作用的影响大，所以，该区域致灾因子危险性处于高水平。从暴露性水平来看，草甸草原和典型草原是该区域主要分布的草原类型，这两类草原类型的植被覆盖度较高，因此风险发生时暴露的承灾体较多，承灾体暴露性水平较高。从防灾减灾能力来看，该区域打贮草总量、机电井眼数和地区 GDP 处于中等水平，对风险的防范和应对水平中等，但公路里程和棚圈面积较低，防灾减灾能力较低，整体上来看，该区域风险防范能力处于中等水平。因此，在致灾因子危险性高，承灾体暴露性较高，防灾减灾能力处于中等水平的情况下，风险发生时造成的可能风险较大，该区域属于高风险区。

4. 极高风险区呈“承灾体脆弱性水平高，防灾减灾能力弱”的特征

该风险区包括的县域有苏尼特左旗、苏尼特右旗、二连浩特市和镶黄旗，其覆盖的县域面积最大（占总面积的 32.5%），属于纯牧业和边境旗县，93.76%的面积为草原。该区域资源禀赋最差，主要分布的草原类型是荒漠草原，地形以山坡、丘陵、平原和高原为主，水资源不足，区域内无常年性河流，仅有部分间歇性河流和季节性水沟，且年降水量最低（约 205 毫米），由此导致土壤墒情差，草地质量最差（优良牧草率 31%），产草量最低（20～400 千克/公顷）。同时该区域人口密度也在 4 个区域中最低（0.3 人/千米^2），虽然人均资源占有率大，但由于资源禀赋和自然条件差，牧区居民可支配收入仍然较低（1.38 万元）。所以，由于资源禀赋和自然条件差，生态系统本身应对风险的能力较差，同时资源禀赋差导致社会经济发展水平低，人类应对风险的能力也不足。

因此，从风险大小来看，该区域的单产减产率最高（0.95），但减产率变异系数低，说明该区域的风险损失率高，但其波动程度低，也就是说处于高风险损失率的水平比较稳定，因此，风险发生时该区域损失最大。从危险性水平来看，该区域受旱灾风险、雪灾风险等单一风险影响较低，但受多重风险相互作用的影响最大（0.56），因此，多重风险相互作用导致的致灾因子危险性处于中等水平。从暴露性水平来看，该风险区的承灾体暴露性最低（0.21），因为该区域主要分布着荒漠草原，其植被覆盖度低，所以承灾体的暴露程度低。该区域一旦发生风险，虽然植被少，但难以恢复。从防灾减灾能力来看，该风险区的防灾减灾能力最低，其中，由于地区 GDP 低，区域防灾减灾措施不足，打贮草总量、机电井眼数和棚圈面积等数值低，畜牧业生产

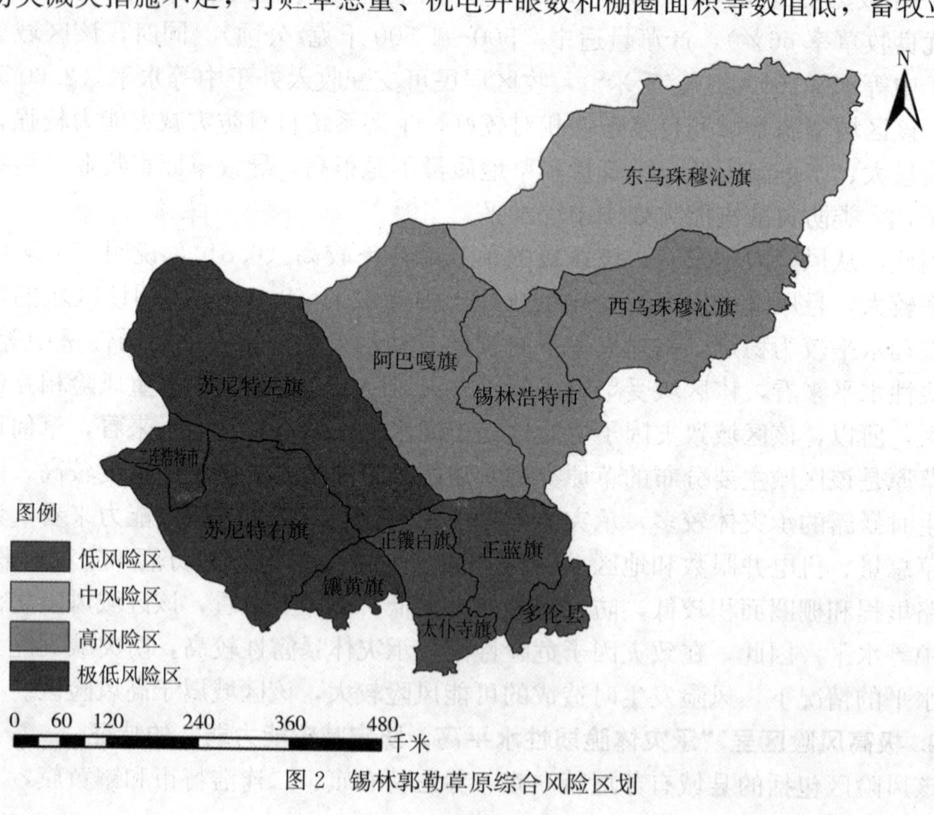

图 2 锡林郭勒草原综合风险区划

者防灾减灾能力低，风险发生时造成的损失大。因此，在承灾体脆弱性水平高和致灾因子危险性处于中等水平，且防灾减灾能力差的情况下，该区域属于极高风险区。

四、结论与启示

草原风险具有明显的区域分异规律，基于不同风险区划确定的草原保险费率才是精准费率。因此，通过科学、合理的草原风险区划，精准识别和评估不同草原的综合风险，对于设计草原保险条款、构建可持续发展的草原保险制度具有重要的决策支持作用。

基于草原综合风险评估和区划的结果有：第一，锡林郭勒草原可分为 4 类风险区。其中，低风险区包括正蓝旗、正镶白旗、多伦县和太仆寺旗，中等风险区是东乌旗，高风险区包括西乌旗、锡林浩特市和阿巴嘎旗，极高风险区包括苏尼特左旗、苏尼特右旗、二连浩特市、镶黄旗。第二，各风险区间的资源禀赋、自然条件和社会经济发展水平等方面的差异显著，因此在承灾体的脆弱性、致灾因子的危险性、承灾体的暴露性和防灾减灾能力方面体现出不同特征。具体而言，低风险区呈现承灾体脆弱性低、致灾因子危险性低和防灾减灾能力强的特点；中风险区呈现承灾体暴露性水平高，但致灾因子危险性处于中等水平的特点；高风险区呈现致灾因子危险性水平高，防灾减灾能力处于中等水平的特征；极高风险区呈现承灾体脆弱性水平高，且防灾减灾能力弱的特征。

基于以上结论，本文提出如下启示：首先，应综合考量各地区自然条件和社会经济条件的差异，选择适宜的指标进行分区费率厘定。由于各风险区的特征差异主要体现在自然条件和社会经济条件上，根据各风险区进行费率厘定需要考虑各风险区的特点，选择适宜的指标厘定费率，这样才能够最大限度上满足风险与费率对等的原则，进而避免逆向选择和道德风险等问题，长远来看利于草原保险的健康稳定发展。其次，进一步缩小空间尺度进行草原保险的分区费率厘定。对于草原来说，其面积大，幅员辽阔，不同区域下的自然条件、社会条件等存在明显差异，使得各区域草原风险损失存在明显差异。即使在同一风险区下（假设其费率相同），由于地区覆盖面积过大，风险状况仍然有差异，这种差异会使得风险与费率不对等，从而引起道德风险和逆向选择等信息不对称导致的一系列问题。最后，提高数据数量和质量，建立多源数据融合的信息平台。保险合约设计的关键基础是数据，从非寿险精算理论来说，第一，越长的时间序列越有利于纳入更多的异常值，使得费率厘定更加精确。第二，越细化的空间尺度，越有利于测度风险的空间差异性，从而有利于降低由于风险的空间异质性导致的基差风险等问题。第三，数据质量越高，对风险的解释能力越强，保险设计和费率厘定更准确。第四，多源数据融合平台的建立需要多方面的数据，包括地理信息数据、气象数据、社会经济数据、灾害数据、承保理赔数据、巨灾损失数据和遥感数据等。同时，收集历年参保者信息也很重要，这也就要求在承保理赔阶段要精准化，投保人需要报告地块相关的详细信息。此外，大量数据分散在不同机构，数据标准不统一，数据整合难度大。因此，多源数据融合的信息平台是中国草原保险制度建设的关键。

参考文献（略）

森林保险

森林保险保费补贴政策参保激励效应分析
——基于异质性营林主体视角*

富丽莎　汪三贵　秦　涛　张　晞

摘要：本文在理论分析营林主体参保机理基础上，以传统小林农与新型林业经营主体两类异质性营林主体为研究对象，结合运用 Oprobit 模型与 Ivoprobit _ CMP 估计法，实证分析森林保险保费补贴政策的参保激励效应以及两类营林主体的参保激励差异。结果表明：首先，异质性营林主体在不同保额下的参保意愿、补贴政策认知评价及森林保险产品供给评价存在显著差异。其次，森林保险保费补贴政策对小林农和新型林业经营主体均具有参保激励效应，补贴政策认知度与满意度越高，参保激励作用就越强。森林保险产品供给特征，包括保险责任、保障水平、费率及赔付的认知评价等，均为营林主体参保意愿的重要影响因素。最后，保费补贴政策对两类营林主体的参保激励效应存在显著差异，当前“低保障”的补贴政策对小林农的参保激励效应更高。为此，需要在考虑异质性营林主体实际需求基础上，通过科学测算补贴规模、合理设置差异化补贴水平、增强补贴资金指向性进一步增强补贴政策激励效应。

关键词：森林保险；保费补贴政策；参保激励；异质性营林主体；Ivoprobit _ CMP 估计

一、引言与文献综述

为推动森林保险快速发展，2009 年中国开始实施中央财政森林保险保费补贴试

* 本文原载《中国农村观察》2022 年第 2 期。基金项目：本文是教育部人文社会科学研究规划基金项目“我国森林保险精准扶贫效应评估与机制优化研究”（编号：20YJA790059）、国家社会科学基金后期资助项目“中国森林保险需求与供给模式研究”（编号：20FGLB022）、国家自然科学基金重点项目“脱贫地区持续发展的内生动力及政策研究”（项目批准号：72034007）的阶段性研究成果。

作者简介：富丽莎，中国人民大学农业与农村发展学院博士后；汪三贵，中国人民大学农业与农村发展学院教授；秦涛，北京林业大学经济管理学院教授；张晞，北京林业大学经济管理学院博士研究生。

点工作。随着保费补贴力度的加大，森林保险保持着高速发展态势，保险覆盖面逐步提升，参保主体逐渐增多。根据 2020 年《中国森林保险发展报告》，2019 年三级财政补贴额为 30.94 亿元，占总保费的 88.48%，参保面积达 23.56 亿亩，提供风险保障 1.51 万亿元。但随着保费补贴试点工作的推进，中国森林保险市场却面临着“一高两低”的问题，即高补贴比例、低参保率、低赔付率。在补贴力度持续增加的同时，商品林参保率增长乏力，投保主体真实参保意愿不强。从整体看，森林保险总参保面积的增长主要依赖政府基本实现全额补贴的公益林参保面积的提高，2018 年公益林参保面积较 2011 年增长了 350.25%，而商品林参保面积仅增长了 36.91%；从 2014 年开始中国森林保险参保面积增长放缓，甚至 2016 年出现下降。当前参保率并非“真实”量，而是在政府行政力量干预下的参保水平。那么，当前森林保险保费补贴政策参保激励效应究竟如何，影响营林主体参保的因素有哪些，尤其在当前农户加速分化与经营规模化背景下，森林保险保费补贴政策对异质性营林主体的参保激励是否存在差异，这些问题有待于进一步的理论探讨与实证检验。

国内外学者就森林保险财政补贴政策下营林主体的参保意愿及其影响因素进行了大量的理论与实证研究。大部分学者认为保费补贴可有效刺激林农的森林保险需求，促进森林保险在更大范围内实施。已有研究从个人基本特征、家庭经济水平、保险产品特征等方面分析了林农的森林保险需求影响因素，但当前大部分研究仅针对传统小林农，对新型林业经营主体的参保需求与异质性营林主体的参保需求差异问题鲜有涉及，这与当前中国林业生产分化与经营规模化背景下新型林业经营主体逐渐成为林业生产主要力量的趋势不相符。异质性营林主体在林业经营规模与生产特征等方面存在差异，导致其对森林保险的需求存在较大差异。相对于传统小林农，新型林业经营主体经营规模更大，面临的林业风险及风险所致损失相应更大，面临的风险种类更多，其对森林保险的需求更强烈。但受限于低保障水平与财政补贴政策设计缺陷，现有森林保险产品无法满足新型林业经营主体的基本风险管理需求，这严重影响了其参保意愿。

为此，本文将传统小林农与新型林业经营主体纳入统一研究框架，基于实地调研数据，在综合考虑森林保险保费补贴政策与保险产品供给特征、内生性等因素的基础上，结合运用 Oprobit 模型与 Ivoprobit _ CMP 估计法，就森林保险保费补贴政策参保激励效应、补贴政策对异质性营林主体的参保激励差异进行实证分析。相较于已有文献，本文的边际贡献如下：一是对传统小林农与新型林业经营主体的差异化参保需求进行深入分析，关注了经营规模化背景下森林保险保费补贴政策对两类异质性营林主体的参保激励及其差异情况，并运用有序 probit 模型更准确全面地体现了营林主体参保意愿的层次性；二是在分析中考虑了森林保险保费补贴政策及产品供给特征因素，为进一步改善补贴政策与保险产品供给提供参考；三是在选取工具变量的基础上，运用 Ivoprobit _ CMP 估计法纠正了潜在内生性偏误，提高了估计结果的可靠性和有效性。

二、参保机理理论分析

（一）参保机理分析

在森林保险需求的影响因素方面，学者们主要考虑了营林主体特征、家庭基本情况、林业经营情况、受灾情况、保险认知、保险条款、政府补贴、政府救济等方面。总体来看，营林主体主观性因素、收入因素、林业经营性因素等均会对森林保险需求产生重要影响。其中，主观性因素包括投保主体年龄、受教育程度、风险偏好、对森林保险重要性的认知等；收入因素包括家庭收入情况、林业信贷情况等；林业经营性因素包括林地经营情况、林业收入情况、林业受灾状况等。学者们对森林保险产品特性及政府补贴制度等客观性因素与森林保险需求关系的关注相对较少。基于此，本文将影响营林主体参保的主要因素归纳为三方面：是否有保险需要，保险产品供给能否满足潜在需求，这是参保的先决条件；根据家庭收入特征，营林主体是否具有支付能力，这是参保的基础；政府保费补贴政策是否激励营林主体参保，这是参保的保障（图 1）。同时，传统小林农与新型林业经营主体在上述各类特征上存在较大差异，导致两者参保意愿可能存在较大差异。

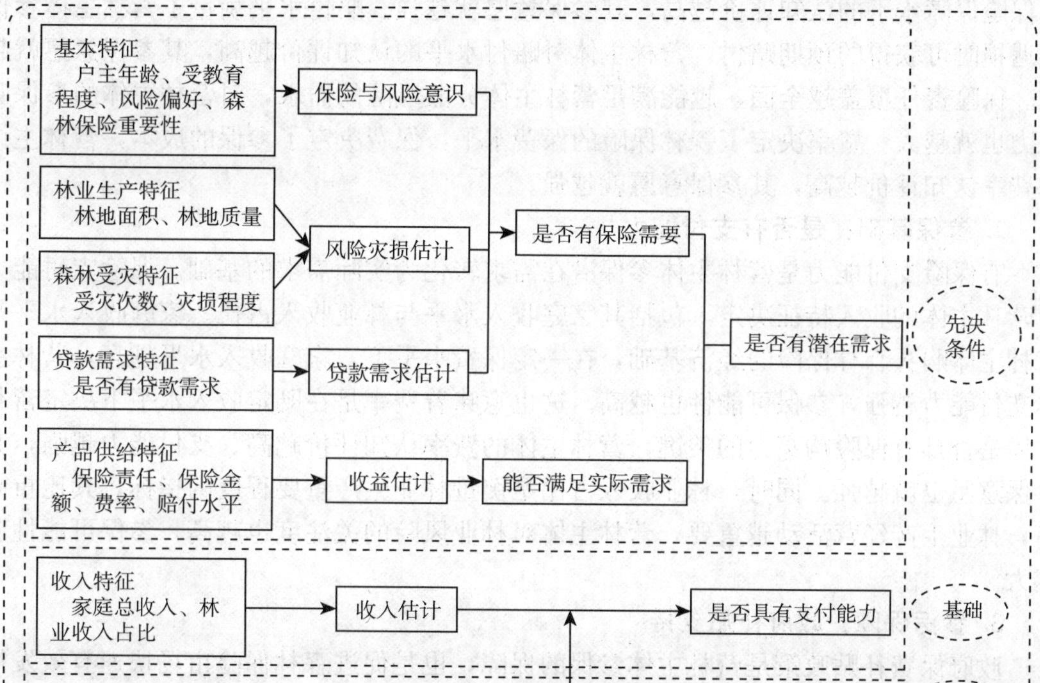

图 1　森林保险参保机理图

1. 参保先决条件：是否有潜在需求

首先，保险需要是形成参保潜在需求的前提。营林主体的保险需要主要由其风险与保险意识、风险灾损估计以及贷款需求估计三方面决定。其一，风险与保险意识是营林主体形成保险需要的先决条件。林业生产面临着自然风险、技术风险、市场风险、政策风险等多重风险，且具有连带特征，风险水平较高。具有保险意识的营林主体更倾向于通过参保来分散风险，且风险规避的营林主体对风险更敏感，在经营过程中更愿意主动采取措施规避风险，参保需求更高。其二，风险灾损估计是营林主体形成保险需要的必要条件。经历过重大灾害或频繁遭受灾害的营林主体对未来的风险灾损估计更高，更需要通过参保来分散风险，且风险所致损失越大，风险灾损预期越高，参保意愿也越强。其三，贷款需求也是营林主体形成保险需要的重要因素。林业生产受多重风险影响，收入稳定性差，使得营林主体信贷获取难度大，而森林保险作为林权抵押贷款的前置条件，对有贷款需求的营林主体有较强吸引力，尤其是想要扩大生产规模或想要加大生产资金投入的营林主体。

其次，森林保险产品供给是营林主体形成参保潜在需求的核心，决定了营林主体的参保效用与预期收益。保障水平直接影响营林主体的参保预期收益，营林主体对森林保险保障水平的认知评价越高，其参保意愿就越强。赔付水平衡量了营林主体参保后遇损时可获得的预期赔付，营林主体对赔付水平的认知评价越高，其参保意愿就越高。保险责任覆盖越全面，越能满足营林主体分散风险的需求，对营林主体的参保吸引力也就越大。费率决定了森林保险的保费水平，保费决定了参保的成本，营林主体的费率认知评价越高，其参保意愿就越强。

2. 参保基础：是否有支付能力

有保险支付能力是营林主体参保潜在需求转化为实际需求的基础。保险支付能力由营林主体的收入特征决定，包括其家庭收入水平与林业收入占比。家庭收入水平是营林主体购买森林保险的经济基础，在一定保费水平下，家庭收入水平越高，营林主体支付能力越强，参保可能性也越高。这也意味着费率是在既定收入水平下决定营林主体是否具有保险购买力的关键，营林主体的费率认知评价越高、支付能力越强，其参保意愿也就越强。同时，林业收入占比是衡量林业生产重要程度的指标，其比重越高，林业生产经营活动越重要，营林主体对林业风险的关注度也越高，参保可能性就越大。

3. 参保保障：政府补贴支持

政府保费补贴政策是营林主体参保的保障，也是促进森林保险市场快速有效发展的重要措施。政府对购买森林保险的营林主体提供一定比例的保费补贴，这会从收入效应与替代效应两方面增强营林主体的参保可能性。从收入效应看，实施保费补贴政策后，营林主体的实际可支配收入增加，保险支付能力提高，参保有效需求也会随之增加。对具有保险潜在需求但受收入水平限制的营林主体而言，政府保费补贴增强了其保险购买力，有助于将其参保潜在需求转化为参保有效需求，提高参保可能性。从替代效应看，实施保费补贴政策后，相较于其他风险管理措施，森林保险的相对价格降低，效用与收益相对提升，增加了营林主体选择参保从而规避风险的可能性，有效需求随之增加。因此，森林保险保费补贴政策可能提高营林主体的参保意愿。

但异质性营林主体对风险管理与保障的需求、保费补贴政策的认知、保险产品的需求等均存在较大差异，导致保费补贴政策对营林主体的参保激励效应可能存在差异。传统小林农林业生产规模普遍较小，受灾可能性及灾损估计相对较低，保险意识普遍较低，这抑制了其参保需求。随着城镇化与劳动力转移的推进，林业生产收入占家庭总收入的比例相对较小，林业生产波动对小林农家庭收入或生活的影响普遍较低，这也严重降低了其保险需求。此外，小林农收入水平较低，保险购买力弱，对森林保险产品的保费水平变动更敏感，这也导致小林农更加依赖政府保费补贴，保费补贴可能是影响小林农参保的关键。新型林业经营主体规模化、专业化程度高，更多受到林业风险的影响，灾损估计也相应较大。新型林业经营主体包括大林场、林业企业等，具有与综合企业相似的特征，风险与保险意识高，具有较高的保险需求。同时，新型林业经营主体收入水平较高，具备较高购买力，对政府的保费补贴需求相对不高，但具有较高的风险管理需求，对森林保险产品保障水平的要求较高，现行“低保障”保险产品可能会抑制其对森林保险的有效需求。

（二）研究假说

政府大力宣传森林保险保费补贴政策，有助于提升营林主体的保险意识，强化其保险需求。补贴政策的实施，可以有效降低营林主体保费负担，提高其保险购买力，进而促使潜在需求转化为有效需求。据此，笔者提出研究假说 H_1：森林保险保费补贴政策具有参保激励效应，森林保险保费补贴政策的实施可以有效提高营林主体的参保意愿。

传统小林农与新型林业经营主体在林业生产特征、收入特征、产品供给特征及贷款需求特征等方面存在较大差异，使得两者的保险潜在需求与参保支付能力存在差异，这造成两者对政府保费补贴的需求存在差异，进而导致森林保险保费补贴政策对两类营林主体参保意愿的影响存在差异。据此，笔者提出研究假说 H_2：森林保险保费补贴政策参保激励效应存在主体异质性，即保费补贴政策对传统小林农与新型林业经营主体参保意愿的影响存在差异。

三、模型构建与数据来源

（一）数据来源

本文数据来源于笔者 2018 年 10—12 月在福建省的问卷调研，调研采用分层抽样和随机抽样相结合的方法，首先采用分层抽样方法选取 2 个样本县，分别为福建省清流县和沙县，在此基础上，对样本县中的林业经营主体展开随机抽样。调研共覆盖8个乡镇[①]，40个村，发放调查问卷500份，收回有效问卷470份，样本有效率为94.0%。其中，传统小林农有效问卷为382份，新型林业经营主体（包括林业大户、家庭林场以及林业龙头企业等）有效问卷为88份。选取福建省为调研地点，主要有两点考虑：一是福建省为中国重点林区，森林覆盖率高；二是福建省为中国最早一批进行中央财政森林保险保费补贴试点的省份，森林保险开展时间较长，具有一定代表性。

（二）变量选择

1. 被解释变量

被解释变量为营林主体的森林保险参与意愿，问卷中的回答及赋值设定为“无参与意愿＝1”、“一般＝2”、“有较高参与愿意＝3”。森林保险参与意愿是有序分类变量，以便更好地体现营林主体森林保险参与意愿的层次性。

2. 核心解释变量

笔者将核心解释变量设定为营林主体的森林保险保费补贴政策认知度与森林保险保费补贴政策满意度。前者通过问卷题目“您是否了解本地当前的森林保险保费补贴政策?”衡量，题项答案为：①完全不了解；②一般；③较为了解；④非常了解。后者通过问卷题目“您对本地当前的森林保险保费补贴政策是否满意?”衡量，题项答案为：①不满意；②一般；③比较满意；④非常满意。

3. 控制变量

控制变量分为营林主体基本特征、林业生产经营特征、森林灾损特征、收入特征、产品供给特征及贷款需求特征六类。其中，本文选取年龄、受教育程度、风险偏好程度、森林保险重要性等变量衡量营林主体的基本特征；选取林地面积衡量林业生产经营特征；选取是否遭受灾害与林地灾损程度两个变量衡量森林灾损特征；选取林业收入占比来衡量收入特征；选取保险责任认知评价、保障水平认知评价、赔付认知评价、费率认知评价衡量产品供给特征；选取是否有贷款需求变量衡量贷款需求特征。变量及赋值见表1。

表1　森林保险参保意愿变量选择

类型	变量	测量及赋值
参保意愿	森林保险参与意愿	不愿意参与＝1，一般＝2，有很高参与意愿＝3
保费补贴政策	保费补贴政策认知度	完全不了解＝1，一般＝2，较为了解＝3，非常了解＝4
	保费补贴政策满意度	不满意＝1，一般＝2，比较满意＝3，非常满意＝4

① 调研乡镇包括三明市清流县李家乡、龙津镇、嵩口镇、灵地镇、沙芜乡、嵩溪镇，三明市沙县高桥镇、南霞乡。受篇幅限制，调查村的名称不一一说明。

（续）

类型	变量	测量及赋值
产品供给特征	保险责任认知评价	不满意＝1，一般＝2，比较满意＝3，非常满意＝4
	保障水平认知评价	不满意＝1，一般＝2，比较满意＝3，非常满意＝4
	费率认知评价	不满意＝1，一般＝2，比较满意＝3，非常满意＝4
	赔付情况认知评价	不满意＝1，一般＝2，比较满意＝3，非常满意＝4
贷款需求特征	是否有贷款需求	是＝1，否＝0
森林灾损特征	是否遭受灾害	近3年是否遭受自然灾害：否＝0，是＝1
	林地灾损程度	10%以下＝1，10%～30%＝2，31%～50%＝3，50%以上＝4
营林主体基本特征	年龄	户主实际年龄（岁）
	受教育程度	小学及以下＝1，初中＝2，高中＝3，大专及以上＝4
	风险偏好程度	风险偏好实验的实际测试值：风险厌恶型＝1，风险中立型＝2，风险偏好型＝3
	森林保险重要性	不重要＝1，一般＝2，比较重要＝3，非常重要＝4
林业生产经营特征	林地面积	实际林地面积或经营规模（亩）
收入特征	林业收入占比	10%以下＝1，10%～30%＝2，31%～50%＝3，50%以上＝4

注：借鉴 Anderson 和 Gong（2010）的研究，营林主体的风险偏好实验设置如下，假定营林主体可在 2019 年年末采伐所有林木，且林木有两种销售方式：一是以固定的市场价格出售给森工企业，需要在 2018 年年底与森工企业签署销售合同，无论 2019 年市场价格如何变动，营林主体须按合同执行；二是根据 2019 年的市场价格出售。由于市场价格存在不确定性，2019 年获得的收益可能比第一种方式高，也可能低于第一种方式。营林主体若认为第一种方式优于第二种方式，则被视为风险厌恶型；若认为第二种方式优于第一种，则被视为风险偏好型；若认为两种方式不存在差异，则被视为风险中立型。

（三）模型设定

1. 森林保险保费补贴政策参保激励效应模型设定

被解释变量为营林主体的森林保险参与意愿，是有序分类变量，因此，本文选择 Oprobit 模型进行分析。Oprobit 模型设定如下：

$$Y_i = \alpha + \beta_1 X_1 + \beta_2 X_2 + \sum_{k=1}^{n} \pi_k Z_k + \varepsilon \tag{1}$$

（1）式中，Y_i 表示营林主体 i 的参保意愿；X_1 为森林保险保费补贴政策认知度，X_2 为森林保险保费补贴政策满意度，两者为本文核心解释变量，β 表示核心解释变量系数。Z_k 表示控制变量，包括营林主体基本特征、产品供给特征、贷款需求特征、森林灾损特征、林业生产经营特征、收入特征等；π_k 为控制变量系数；ε 为随机干扰项。

此外，诸多研究表明，Oprobit 模型与 Ologit 模型、OLS 模型估计结果的系数符号及显著性一致，当模型设定无误时，Oprobit 模型、Ologit 模型及 OLS 估计并无优劣之分。因此，本研究运用 Oprobit 模型进行回归估计，并运用 Ologit 模型与 OLS 估计进行稳健性检验。

2. 森林保险保费补贴政策参保激励效应异质性模型设定

为进一步检验异质性营林主体的保费补贴政策参保激励效应差异，笔者在（1）式基础上加入营林主体虚拟变量与森林保险保费补贴政策认知度和满意度的交互项，模型设定如下：

$$Y_i = \alpha + \beta_1 X_1 + \beta'_1 X_1 \times F + \beta_2 X_2 + \beta'_2 X_2 \times F + \sum_{k=1}^{n} \pi_k Z_k + \varepsilon \qquad (2)$$

（2）式中，F 为营林主体虚拟变量，如果营林主体是传统小林农，则赋值为 1，如果营林主体是新型林业经营主体，则赋值为 0。其他变量设定与（1）式一致。交互项的系数 β'_1、β'_2 分别表示森林保险保费补贴政策认知度与满意度对两类营林主体参保意愿的影响。估计方法与（1）式一致。

（四）描述性分析

为分析两类异质性营林主体在森林保险参与意愿、保费补贴政策认知评价、森林保险产品供给认知评价、基本特征等方面的差异，笔者分别对这些方面进行非参数卡方（χ^2）检验。卡方检验的原假设是：不同样本组的数据不存在内在因素导致的显著差异，所有差异都是抽样误差引起的。

1. 异质性营林主体的森林保险参与意愿分析

在当前每亩 1 000 元的保障水平下，有较高森林保险参与愿意的传统小林农有 256 个，占全部小林农的比重为 67.02%，而没有参与意愿的小林农仅 12 个，占全部小林农的 3.14%；有较高森林保险参与意愿的新型林业经营主体有 48 个，占全部新型林业经营主体的比重为 54.55%，一般或不愿意参保的新型林业经营主体有 40 个，占全部新型林业经营主体的 45.45%。由此可知，在当前“低保费、低保障”的森林保险模式下，相较于新型林业经营主体，小林农的参保意愿更高。小林农经营规模小，生产投入少，且林业收入在家庭总收入中占比较低，使得小林农对风险管理与保障的要求相对较低，但对保费较为敏感。因此，当前“低保费、低保障”的森林保险产品能满足大部分小林农的参保需求。而新型林业经营主体的经营规模大、投入大，林业收入占比高，这使得其对保障水平有较高要求。而当前“低保障”的森林保险产品供给并不能有效满足新型林业经营主体的风险管理需求，因此，新型林业经营主体的参保意愿相对不高。此外，各保障水平下参保意愿的卡方检验均在 1%统计水平上显著拒绝原假设，表明新型林业经营主体与传统小林农的风险管理需求存在明显差异，即异质性营林主体的森林保险需求存在明显差异。

2. 异质性营林主体的森林保险保费补贴政策认知分析

森林保险保费补贴政策认知情况如表 2 所示。首先，两类营林主体对补贴政策的认知度均较高，较为了解与非常了解的小林农和新型林业经营主体分别有 244 个和 66 个，分别占全部小林农和全部新型林业经营主体的 63.87%和 75.00%，不了解的小林农与新型林业经营主体分别有 24 个和 3 个，分别占全部小林农和全部新型林业经营主体的6.28%和3.41%。由此可知，大部分营林主体对补贴政策的认知度较高，反映出福建省对补贴政策的重视程度较高，推广宣传较为成功，大部分营林主体对补贴政策有一定了解。卡方检验在5%统计水平上显著拒绝原假设，表明新型林业经营主体的补贴政策认知度显著高于传统小林农。其次，对补贴政策非常满意与较为满意的小林农共有240个，占全部小林农的62.83%，评价为不满意的小林农占全部小林农的5.76%。而评价为非常满意与较为满意的新型林业经营主体有80个，占全部新型林业经营主体的90.91%，评价为不满意的新型林业经营主体仅占全部新型林业经营主体的2.27%。由此可知，营林主体对补贴政策满意度较高，现行补贴政策可在一定程度上满足其投保需求。卡方检验在1%统计水平上显著拒绝原假设，表明新型林业经营主体的补贴政策满意度显著高于传统小林农。

表2 异质性营林主体森林保险保费补贴政策认知特征

		传统小林农		新型林业经营主体	
		频数	占比	频数	占比
补贴政策认知度	不了解	24	6.28%	3	3.41%
	一般	114	29.84%	19	21.59%
	较为了解	203	53.14%	47	53.41%
	非常了解	41	10.74%	19	21.59%
	χ^2检验	χ^2 (3) =9.355；p=0.025			
补贴政策满意度	不满意	22	5.76%	2	2.27%
	一般	120	31.41%	6	6.82%
	较为满意	201	52.62%	57	64.77%
	非常满意	39	10.21%	23	26.14%
	χ^2检验	χ^2 (3) =33.532；p=0.000			

3. 异质性营林主体的森林保险产品供给认知分析

异质性营林主体的森林保险产品供给认知如表3所示。

第一，就森林保险责任认知评价而言，传统小林农与新型林业经营主体的保险责任认知评价均值分别为2.41与2.78。其中，新型林业经营主体整体评价相对更高，评价为满意及以上的有59个，占全部新型林业经营主体的67.04%，评价为不满意的仅占全部新型林业经营主体的6.82%。传统小林农评价为满意及以上的有162个，占全部小林农的42.41%，评价为不满意的占全部小林农的13.09%。由此可知，福建省森林综合保险责任覆盖面较广，涵盖了绝大部分自然灾害种类，两类营林主体对保险责任均较为满意。卡方检验在1%统计水平上显著拒绝原假设，表明新型林业经营主体对保险责任的评价显著高于传统小林农。

第二，就保障水平认知评价而言，新型林业经营主体整体评价偏低。其中，评价为很满意的新型林业经营主体数为0，评价为满意的仅有6个，占全部新型林业经营主体的比重仅为6.82%，其余均为一般与不满意。传统小林农的评价比新型林业经营主体高，其中，评价为满意与很满意的有194个，占全部小林农的比重为50.78%。由此可知，福建省目前每亩700～1 080元的保险金额能满足一部分小林农的风险保障需求，但远不能满足新型林业经营主体的风险保障需求。根据调研，目前福建省森林保险保障水平仅为营林主体生产总成本的46.67%～66.67%，虽较前几年有所提升，但仍不能完全解决林业简单再生产的风险补偿问题，更不能满足规模化新型经营主体的风险保障需要。卡方检验在1%统计水平上显著拒绝原假设，表明小林农的保障水平评价显著高于新型林业经营主体。

第三，就费率认知评价而言，新型林业经营主体认知评价整体较高，均值为3.19。其中，评价为满意及以上的有70个，占全部新型林业经营主体的79.55%，评价为不满意的仅占全部新型林业经营主体的7.95%。小林农的认知评价略低于新型林业经营主体，均值为2.79，评价为满意与很满意的有252个，占全部小林农的比重为65.97%，评价为不满意的占全部小林农的11.52%。由此可知，福建省目前1.39‰～2.15‰的费率水平（1.5元/亩）在大部分营林主体可负担的范围内，尤其在财政高比例补贴后，营林主体需支付的保费很低，使得其对当前费率水平的满意度评价整体偏高。卡方检验在1%统计水平上显著拒绝原假设，表明新型林业经营主体对费率水平的评价显著高于传统小林农。

第四，就赔付认知评价而言，新型林业经营主体的评价整体较高，均值为2.89。其中，评价为很满意与满意的有66个，占全部新型林业经营主体的比重为75.00%，评价为不满意的有10个，占全部新型林业经营主体的比重仅为11.36%。而小林农的评价低于新型林业经营主体，均值为2.40，且“中间大，两头小”，大部分小林农的评价集中在一般与满意两个水平上，占全部小林农的比重达82.19%。福建省森林保险赔付没有绝对免赔规定，仅有相对免赔率。当前以100亩为界的赔付规定更有利于规模较大的新型林业经营主体，不利于林地经营面积偏小的传统小林农，导致小林农的获赔满意度低于新型林业经营主体。卡方检验在1%统计水平上显著拒绝原假设，表明新型林业经营主体的赔付评价显著高于传统小林农。

表3 异质性营林主体森林保险产品供给评价特征

保险产品供给特征		传统小林农		新型林业经营主体	
		频数	占比	频数	占比
保险责任认知	不满意	50	13.09%	6	6.82%
	一般	170	44.50%	23	26.14%
	满意	116	30.37%	43	48.86%
	很满意	46	12.04%	16	18.18%
	χ^2检验	χ^2 (3) =17.513，p=0.001			

（续）

保险产品供给特征		传统小林农		新型林业经营主体	
		频数	占比	频数	占比
保障水平认知	不满意	78	20.42%	47	53.41%
	一般	110	28.80%	35	39.77%
	满意	158	41.36%	6	6.82%
	很满意	36	9.42%	0	0.00%
	χ^2 检验	χ^2 (3) $=88.544$，$p=0.000$			
费率认知	不满意	44	11.52%	7	7.95%
	一般	86	22.51%	11	12.50%
	满意	160	41.89%	28	31.82%
	很满意	92	24.08%	42	47.73%
	χ^2 检验	χ^2 (3) $=20.148$，$p=0.000$			
赔付认知	不满意	48	12.57%	10	11.36%
	一般	154	40.31%	12	13.64%
	满意	160	41.88%	44	50.00%
	很满意	20	5.24%	22	25.00%
	χ^2 检验	χ^2 (3) $=46.847$，$p=0.000$			

四、实证检验与结果分析

（一）森林保险保费补贴政策参保激励效应分析

表 4 展示了全样本营林主体的参保意愿回归结果。其中，方程 1 到方程 3 为运用 Oprobit 模型的回归结果，方程 4 到方程 6 为运用 Ologit 模型的回归结果，方程 7 为运用 OLS 模型的回归结果。方程 1 与方程 4 考察了森林保险保费补贴政策认知度对营林主体参保意愿的影响，方程 2 与方程 5 考察了森林保险保费补贴政策满意度对营林主体参保意愿的影响，方程 3、方程 6 及方程 7 同时加入了森林保险保费补贴政策认知度和满意度两个核心解释变量。从估计结果来看，所有方程中森林保险保费补贴政策认知度与满意度两个核心解释变量均显著，且系数差异不大，回归结果稳健。

表 4　森林保险保费补贴政策的参保激励效应检验结果

	Oprobit 模型			Ologit 模型			OLS 回归
	方程 1	方程 2	方程 3	方程 4	方程 5	方程 6	方程 7
补贴政策认知度	0.027*		0.028*	0.049*		0.052*	0.013*
	(0.012)		(0.012)	(0.024)		(0.024)	(0.008)

（续）

	Oprobit 模型			Ologit 模型			OLS 回归
	方程 1	方程 2	方程 3	方程 4	方程 5	方程 6	方程 7
补贴政策满意度		0.191*** (0.039)	0.194*** (0.040)		0.367*** (0.074)	0.371*** (0.076)	0.102** (0.023)
保险责任认知评价	0.022* (0.024)	0.018* (0.023)	0.016* (0.024)	0.039* (0.045)	0.032* (0.041)	0.028* (0.047)	0.009* (0.014)
保障水平认知评价	0.257*** (0.070)	0.206*** (0.071)	0.234*** (0071)	0.483*** (0.131)	0.406*** (0.133)	0.447*** (0.134)	0.125*** (0.038)
费率认知评价	0.003** (0.001)	0.002** (0.001)	0.002** (0.001)	0.005** (0.002)	0.003** (0.002)	0.003** (0.002)	0.001* (0.001)
赔付情况认知评价	0.019** (0.040)	0.023** (0.040)	0.020** (0.040)	0.032** (0.081)	0.041** (0.079)	0.035** (0.083)	0.011* (0.021)
是否有贷款需求	0.031** (0.083)	0.025** (0.082)	0.036** (0.083)	0.053** (0.163)	0.042** (0.162)	0.056** (0.163)	0.019* (0.045)
是否遭受灾害	0.024* (0.013)	0.020* (0.012)	0.022* (0.014)	0.042* (0.025)	0.036* (0.022)	0.039* (0.026)	0.013* (0.008)
林地灾损程度	0.213*** (0.085)	0.163*** (0.084)	0.171*** (0.085)	0.375*** (0.159)	0.288*** (0.154)	0.304*** (0.161)	0.090*** (0.043)
年龄	−0.067 (0.009)	−0.046 (0.009)	−0.055 (0.009)	−0.113 (0.017)	−0.084 (0.016)	−0.098 (0.017)	−0.031 (0.005)
受教育程度	0.009** (0.029)	0.015** (0.030)	0.008** (0.030)	0.015** (0.055)	0.025** (0.058)	0.014** (0.058)	0.004* (0.016)
风险偏好程度	−0.011*** (0.008)	−0.023*** (0.007)	−0.016*** (0.008)	−0.017*** (0.014)	−0.038*** (0.012)	−0.030*** (0.014)	−0.008*** (0.004)
森林保险重要性	0.040* (0.041)	0.028* (0.040)	0.043* (0.041)	0.071* (0.076)	0.045* (0.075)	0.075* (0.078)	0.022* (0.025)
林地面积	0.016** (0.070)	0.008** (0.070)	0.012** (0.071)	0.025** (0.137)	0.014** (0.134)	0.020** (0.138)	0.006* (0.037)
林业收入占比	0.135*** (0.023)	0.106*** (0.023)	0.158*** (0.023)	0.256*** (0.043)	0.193*** (0.042)	0.282*** (0.043)	0.083*** (0.012)
切点 1 估计值	0.505 (0.361)	0.688 (0.511)	0.217 (0.241)	0.501 (0.612)	0.682 (0.802)	0.215 (0.389)	
切点 2 估计值	1.126 (0.364)	1.309 (0.513)	1.064 (0.245)	2.025 (0.618)	2.293 (0.810)	1.856 (0.392)	
县域地区变量	已控制	已控制	已控制	已控制	已控制	已控制	已控制
准 R^2 或 R^2	0.082	0.105	0.107	0.093	0.121	0.124	0.256
样本量	470	470	470	470	470	470	470

注：① ***、**、* 分别表示 1%、5%和 10%的显著性水平；②括号内为标准误。

根据表 4 的估计结果，补贴政策认知度在 10%统计水平上显著正向影响营林主体的森林保险参与意愿，表明营林主体的补贴政策认知度越高，其参保意愿越强烈，即了解森林保险保费补贴政策有助于激励营林主体参保。除方程 7 外，补贴政策满意度在 1%统计水平上显著正向影响营林主体的森林保险参与意愿，表明营林主体的补贴政策满意度越高，其参保意愿越强烈，即补贴政策越能满足营林主体的期望，越有助于激励其参保。由此可知，森林保险保费补贴政策的实施有效激励了营林主体参保，验证了研究假说 H_1。

Oprobit 模型的回归系数没有实际意义，只能反映显著性与符号方向。为反映森林保险保费补贴政策对营林主体参保意愿的影响效应，笔者进一步计算了补贴政策认知度与满意度在均值处的边际效应，结果如表 5 所示。根据表 5 的计算结果，保费补贴政策认知度与满意度增加时，营林主体无参与意愿的概率均有所降低，较高参与意愿概率均有所增加，这进一步反映了森林保险保费补贴政策可以有效提升营林主体的参保意愿，具有参保激励效应。随着森林保险保费补贴政策的完善以及政府部门的推广与宣传，营林主体对森林保险及保费补贴政策的认知更深入，对政府参保优惠政策以及参保的重要性有更全面的认识，从而激励了营林主体参保。同时，当前保费补贴政策，包括补贴方式、补贴力度以及补贴标准等，越能满足营林主体的期望，保费补贴政策对营林主体的参保激励作用越强。

表 5　森林保险保费补贴政策对参保意愿的边际效应分析

	无参与意愿	一般	较高参与意愿
补贴政策认知度	−0.001 8*	−0.003 0*	0.003 9*
补贴政策满意度	−0.002 7**	−0.005 1***	0.007 4***

注：***、**、*分别表示 1%、5%和 10%的显著性水平。

从森林保险产品供给特征看，森林保险责任认知评价、保障水平认知评价、费率认知评价、赔付情况认知评价均显著正向影响营林主体森林保险参与意愿，表明营林主体对森林保险责任、保障水平、费率以及赔付的评价越高，其参保意愿越强烈。这也反映出改善森林保险产品供给质量，提高营林主体对森林保险产品的满意度，可有效提升其参保意愿。结合营林主体对森林保险产品供给的评价可知，营林主体对森林保险费率水平和保险责任比较满意，但对保障水平与赔付的满意度偏低，尤其是保障水平。因此，进一步提升补贴政策的参保激励效果，需要在提高保障水平与优化赔付规定等方面完善森林保险产品供给。在其他控制变量方面，是否有贷款需求、是否遭受灾害、林地灾损程度、林地面积、林业收入占比、受教育程度以及森林保险重要性均在不同统计水平上正向影响营林主体的参保意愿，表明林业信贷需求越强烈、遭受过林业灾害或灾损程度越大、林地经营规模越大、林业收入占比越高、越重视森林保险，营林主体的参保意愿越强烈。风险偏好程度在 1%统计水平上显著负向影响营林主体的参保意愿，表明风险规避度越高，营林主体越倾向于通过参保来规避林业生产风险。

（二）异质性营林主体参保激励效应分析

表 6 展示了两类异质性营林主体的森林保险保费补贴政策参保激励效应回归结果。其中，方程 1 到方程 3 为参保激励效应异质性模型回归结果，回归中加入了森林保险保费补贴政策认知度和满意度与营林主体类型的交互项①。其中，方程 1、方程 2、方程 3 分别为运用 Oprobit 模型、Ologit 模型及 OLS 估计的回归结果。方程 4 为针对传统小林农的补贴政策参保激励效应回归结果，方程 5 为针对新型林业经营主体的补贴政策参保激励效应回归结果。

表 6　小林农与新型林业经营主体参保激励效应回归结果

	异质性营林主体激励差异性			传统小林农	新型林业经营主体
	方程 1	方程 2	方程 3	方程 4	方程 5
	Oprobit	Ologit	OLS	Oprobit	Oprobit
补贴政策认知度	0.021*	0.040*	0.009*	0.026**	0.005*
	(0.017)	(0.031)	(0.009)	(0.082)	(0.074)
补贴政策认知度×营林主体类型	0.015*	0.029*	0.007*		
	(0.008)	(0.012)	(0.002)		
补贴政策满意度	0.142***	0.275***	0.064**	0.156**	0.114**
	(0.046)	(0.080)	(0.025)	(0.080)	(0.073)
补贴政策满意度×营林主体类型	0.098***	0.194**	0.055***		
	(0.016)	(0.040)	(0.011)		
保险责任认知评价	0.013*	0.023*	0.006*	0.009	0.261*
	(0.028)	(0.052)	(0.017)	(0.066)	(0.054)
保障水平认知评价	0.189***	0.344***	0.086***	0.166***	0.278**
	(0.075)	(0.141)	(0.042)	(0.167)	(0.148)
费率认知评价	0.001**	0.002**	0.001*	0.001**	0.001
	(0.005)	(0.009)	(0.003)	(0.110)	(0.018)
赔付情况认知评价	0.014**	0.026**	0.005*	0.009**	0.063*
	(0.044)	(0.087)	(0.028)	(0.129)	(0.091)
切点 1 估计值	0.295	0.291		0.317	0.545
	(0.531)	(0.866)		(0.392)	(0.258)
切点 2 估计值	1.127	2.042		1.416	1.118
	(0.539)	(0.870)		(0.396)	(0.262)
控制变量	已控制	已控制	已控制	已控制	已控制
常数	已控制	已控制	已控制	已控制	已控制
调整 R^2 或准 R^2	0.125	0.137	0.082	0.114	0.101
样本量	470	470	470	382	88

注：① ***、**、* 分别表示 1%、5%和 10%的显著性水平；②括号内为标准误；③因篇幅限制，表中仅展示核心解释变量的回归结果，其他控制变量同表 4。

① 营林主体类型变量的设定：新型林业经营主体为对照组，赋值为 0；传统小林农为处理组，赋值为 1。

根据表 6，方程 1 中保费补贴政策认知度和营林主体类型交互项、保费补贴政策满意度与营林主体类型交互项分别在 10%、1%统计水平上显著，且系数均为正，说明两类营林主体的补贴政策参保激励效应存在显著差异，当前森林保险保费补贴政策对传统小林农参保意愿的影响要高于新型林业经营主体。同时，方程 2 和方程 3 估计结果同样表明两类营林主体的补贴政策参保激励效应存在显著差异。因此，研究假说 H_2 得到验证。为进一步分析两类营林主体补贴政策参保激励效应的差异，笔者分别计算了两类营林主体的森林保险保费补贴政策认知度与满意度在均值处的边际效应，结果见表 7。

表 7　两类营林主体的边际效应分析

		无参与意愿	一般	较高参与意愿
补贴政策认知度	传统小林农	−0.002 4*	−0.003 5*	0.004 7*
	新型林业经营主体	−0.001 3*	−0.002 1*	0.002 7*
补贴政策满意度	传统小林农	−0.003 5**	−0.005 8***	0.008 6***
	新型林业经营主体	−0.001 9**	−0.004 2***	0.004 9***

注：***、**、* 分别表示 1%、5%和 10%的显著性水平。

根据表 7 的估计结果，森林保险保费补贴政策认知度和满意度增加时，传统小林农与新型林业经营主体的无参与意愿的概率均有所降低，较高参与意愿概率均有所增加。从边际效应值看，现行保费补贴政策对新型林业经营主体的参保激励效应弱于传统小林农，进一步验证了研究假说 H_2。这可能是由于两类营林主体在基本特征、森林保险产品偏好等方面的差别。新型林业经营主体通常是大林场或林业企业等，风险与保险意识高，受到林业风险的影响相对较大，灾害损失也相应较大，对风险管理的需求较高。而在当前“低保障”补贴政策下，森林保险产品不能满足部分新型林业经营主体的风险管理需求，即使在政府高比例保费补贴下，补贴政策的参保激励作用仍相对较小。传统小林农林业生产规模较小，风险与灾害损失相对较低。同时，小林农收入水平较低，保险购买力弱，对保险价格而非风险管理更加看重。因此，当前“低保费、高补贴”的森林保险保费补贴政策对小林农参保意愿的影响较大，参保激励作用更强。

进一步地，笔者在现有森林保险保障水平基础上分别提高 50%、100%、150%（即 1 500 元/亩、2 000 元/亩、2 500 元/亩），按当前的保费补贴比例与费率水平给出各保障水平下所需支付的保费，受访营林主体根据保障水平与保费等确定其参保意愿，具体如表 8 所示。根据表 8，新型林业经营主体的参保意愿随保障水平的提高而上升。森林保险覆盖林木再植成本并不能完全满足新型林业经营主体的风险管理需求，“保价值”“保收入”等更高保障水平的森林保险会更吸引新型林业经营主体参保，这反映了低保障水平是阻碍保费补贴政策发挥其对新型林业经营主体的参保激励效应的最主要因素。传统小林农的参保意愿随保障水平的提高而先上升再下降，呈倒“U”形。保障水平超过林木再植成本后，小林农的参保意愿反而会下降，说明覆盖林木再植成本基本可以满足大部分小林农的风险管理需求，继续提高保障水平并不会提高小林农的参保意愿。这可能是由于过高的保障水平会导致保费过高，给小林农带来较大经济负担。因此，在当前较低的保障水平下，保费补贴政策对小林农的参保激励更大，对新型林业经营主体的参保激励相对较小。

表 8　不同保障水平下异质性营林主体的森林保险参与意愿特征

		1 500 元/亩			2 000 元/亩			2 500 元/亩		
		无意愿	一般	高意愿	无意愿	一般	高意愿	无意愿	一般	高意愿
传统小林农	频数	16	69	297	46	117	219	95	143	144
	参保率	4.19%	18.06%	77.75%	12.04%	30.63%	57.33%	24.87%	37.43%	37.70%
新型林业经营主体	频数	9	23	56	3	16	69	1	9	78
	投保率	10.23%	26.13%	63.64%	3.41%	18.18%	78.41%	1.14%	10.23%	88.64%
卡方检验		χ^2 (2) =9.182，p=0.010			χ^2 (2) =14.215，p=0.001			χ^2 (2) =75.386，p=0.000		

注：限于篇幅，表中未列出 1 000 元/亩保障水平下营林主体的森林保险参与意愿特征。

此外，表 6 方程 4 的估计结果显示，对传统小林农而言，森林保险保费补贴政策认知度与满意度均在 5%统计水平上显著正向影响其参保意愿，表明补贴政策对小林农具有参保激励效应。方程 5 的估计结果显示，对新型林业经营主体而言，森林保险保费补贴政策认知度与满意度分别在 10%与 5%统计水平上显著正向影响其参保意愿，表明补贴政策也对新型林业经营主体具有参保激励效应。

（三）内生性检验

营林主体的参保意愿在理论上受到森林保险保费补贴政策认知度和满意度的影响，但具有参保意愿的营林主体很可能会更积极主动地了解补贴政策和保险产品，具有参保意愿的营林主体也更容易对森林保险保费补贴政策与保险产品给出高评价，从而导致模型可能存在内生性问题。因此，笔者采用工具变量法来纠正内生性问题。本文两个关键内生解释变量不是连续型变量，不能直接采用工具变量法。相较于 Ivoprobit _ MLE 估计，Ivoprobit _ CMP 估计对内生解释变量的要求更宽松，即可为连续变量，也可为非连续变量。因此，本文运用 Ivoprobit _ CMP 估计法进行回归，并同时列出 Ivoprobit _ MLE 估计的回归结果，以进一步检验结果的稳健性。

1. 工具变量选择

其一，引入新农保政策认知度作为森林保险保费补贴政策认知度的工具变量。新农保政策和森林保险保费补贴政策均为财政惠农政策，且了解新农保政策的营林主体更具有保险意识，更有意愿通过参保来进行风险管理，因此，新农保政策认知度与森林保险保费补贴政策认知度预计存在高相关性。同时，新农保政策认知度与营林主体是否购买森林保险不直接相关。其二，引入造林补贴政策满意度作为森林保险保费补贴政策满意度的工具变量。造林补贴政策与森林保险保费补贴政策均为财政惠农政策，政策实施至今均逾 10 年，且造林是营林主体林业生产经营的起点，营林主体对造林补贴政策的满意度可在一定程度上反映其对森林保险保费补贴政策的满意度。同时，造林补贴政策满意度与营林主体是否购买森林保险不直接相关。因此，笔者选择新农保政策认知度与造林补贴政策满意度作为工具变量。

笔者对工具变量依次进行弱工具变量检验、外生性检验、过度识别检验以及内生性检验以判断其有效性。首先，由第一阶段回归结果可知（表 9），新农保政策认知度与森林保险保费补贴政策认知度、造林补贴政策满意度与森林保险保费补贴政策满意度分别在 1%、5%统计水平上显著相关，表明工具变量满足与内生变量相关的要求。联合显著性检验 *F* 值均大于 10，表明不存在弱工具变量问题。其次，Sargan 检验 *P* 值与 Basmann 检验 *P* 值均大于 0.05，表明无法拒绝工具变量符合外生性条件的原假设。再次，*Hansen J* 统计量等于 0，说明工具变量恰好识别。最后，内生性 Hausman 检验的 *P* 值为 0.047，在 5%统计水平上显著拒绝了所有变量均为外生的原假设，表明运用工具变量法是合理的。因此，新农保政策认知度与造林补贴政策满意度满足工具变量的基本要求。

2. 内生性检验

表 9 展示了全样本营林主体的森林保险保费补贴政策参保激励效应的再估计结果。其中，方程 1 为 Ivoprobit _ CMP 估计的回归结果，方程 2 为 Ivoprobit _ MLE 估计的回归结果。

表 9　全样本森林保险保费补贴政策参保激励效应的再估计

	方程 1 Ivoprobit _ CMP			方程 2 Ivoprobit _ MLE		
	第一阶段		第二阶段	第一阶段		第二阶段
补贴政策认知度			0.060^{***} (4.84)			0.075^{***} (4.21)
补贴政策满意度			0.208^{*} (2.91)			0.191^{*} (3.17)
新农保政策认知度	1.077^{***} (9.13)			1.136^{***} (8.97)		
造林补贴政策满意度		2.362^{**} (9.39)			2.155^{**} (9,52)	
控制变量	已控制	已控制	已控制	已控制	已控制	已控制
样本量	470	470	470	470	470	470

注：①***、**、*分别表示 1%、5%和 10%的显著性水平；②括号内为经稳健标准误校正过的 *t* 统计量；③因篇幅限制，表中仅展示核心解释变量的回归结果，其他控制变量同表 4。

根据表 9 的估计结果，方程 1 和方程 2 中核心解释变量的回归结果并无明显变化，说明考虑内生性后，森林保险保费补贴政策认知度与满意度均显著正向影响营林主体的参保意愿，这再次验证了森林保险保费补贴政策具有参保激励效应的结论。

表 10 展示了两类营林主体的森林保险保费补贴政策参保激励效应再估计的结果。其中，方程 1、方程 2 为针对传统小林农分别运用 Ivoprobit _ CMP 估计与 Ivoprobit _ MLE 估计的回归结果；方程 3、方程 4 为针对新型林业经营主体分别运用 Ivoprobit _ CMP 估计与 Ivoprobit _ MLE 估计的回归结果。

表 10　两类营林主体的森林保险保费补贴政策参保激励效应的再估计

	传统小林农				新型林业经营主体			
	方程 1		方程 2		方程 3		方程 4	
	Ivoprobit _ CMP		Ivoprobit _ MLE		Ivoprobit _ CMP		Ivoprobit _ MLE	
	第一阶段	第二阶段	第一阶段	第二阶段	第一阶段	第二阶段	第一阶段	第二阶段
补贴政策认知度		0.106***		0.094***		0.043**		0.040**
		(3.13)		(4.28)		(2.36)		(2.79)
补贴政策满意度		0.257**		0.232**		0.128*		0.119*
		(3.95)		(2.72)		(5.38)		(5.84)
新农保政策认知度	1.241***		1.163***		0.804**		0.775**	
	(8.34)		(8.51)		(7.62)		(8.56)	
造林补贴政策满意度	3.062**		3.108**		2.079**		2.212**	
	(9.67)		(9.45)		(14.75)		(9.48)	
控制变量	已控制	已控制	已控制	已控制	已控制	已控制	已控制	已控制
样本量	382	382	382	382	88	88	88	88

注：① ***、**、* 分别表示 1%、5%和 10%的显著性水平；②括号内为经稳健标准误校正过的 t 统计量；③因篇幅限制，各方程第一阶段工具变量的回归结果均放在同一列；④因篇幅限制，表中仅展示核心解释变量的回归结果，其他控制变量同表 4。

根据表 10 的估计结果，所有方程中森林保险保费补贴政策认知度与满意度均显著，且系数为正，说明考虑内生性后，森林保险保费补贴政策对两类营林主体均具有参保激励效应。同时，方程 1 中保费补贴政策认知度与满意度分别在 1%、5%统计水平上显著，系数分别为 0.106、0.257，方程 3 中保费补贴政策认知度与满意度分别在 5%、10%统计水平上显著，系数分别为 0.043、0.128，说明考虑内生性后，森林保险保费补贴政策对传统小林农参保意愿的影响要高于新型林业经营主体，这再次验证了森林保险保费补贴政策参保激励效应存在主体异质性的结论。

（四）稳健性检验

本文通过删除极端样本和替换核心解释变量来进行稳健性检验，估计结果参见表 11。首先，笔者删除林地经营规模最大 1%和最小 1%的营林主体，重新进行回归。方程 1、方程 3、方程 5 分别为删除极端样本后全部营林主体、传统小林农、新型林业经营主体的回归结果。其次，笔者将森林保险保费补贴政策认知度替换为是否知道森林保险保费补贴比例（知道森林保险保费补贴比例=1，不知道森林保险保费补贴比例=0），重新进行回归。方程2、方程4、方程6分别为替换核心解释变量后全部营林主体、传统小林农、新型林业经营主体的回归结果。

表11 稳健性检验

	全样本营林主体		传统小林农		新型林业经营主体	
	方程1	方程2	方程3	方程4	方程5	方程6
补贴政策认知度	0.235** (0.076)		0.364* (0.141)		0.027* (0.152)	
是否知道森林保险保费补贴比例		0.055* (0.063)		0.361* (0.049)		0.031* (0.187)
补贴政策满意度	0.282*** (0.103)	0.187*** (0.137)	0.216*** (0.162)	0.227** (0.091)	0.208** (0.149)	0.015** (0.084)
控制变量	已控制	已控制	已控制	已控制	已控制	已控制
样本量	470	470	382	382	88	88

注：①***、**、*分别表示1%、5%和10%的显著性水平；②括号内为标准误；③因篇幅限制，表中仅展示核心解释变量的回归结果，其他控制变量同表4。

在剔除极端样本和替换核心解释变量后，全样本营林主体、传统小林农及新型林业经营主体的估计结果均无明显变化，表明回归结果是稳健的。

五、结论与政策启示

本文基于森林保险参保理论与参保机理分析，在考虑内生性问题的基础上，运用Oprobit模型与Ivoprobit _ CMP估计法，分析了森林保险保费补贴政策参保激励效应，并探究传统小林农与新型林业经营主体两类营林主体的补贴政策激励差异性。研究发现，首先，异质性营林主体的森林保险保费补贴政策认知评价存在显著差异，且在不同保障水平下的参保意愿、森林保险产品供给评价也存在显著差异。其次，森林保险保费补贴政策对营林主体具有参保激励效应。营林主体对补贴政策的认知度越高，其参保意愿越强烈；营林主体对补贴政策的满意度越高，其参保意愿越强烈。再次，森林保险保费补贴政策对两类营林主体的参保激励效应存在显著差异，当前“低保障”的保费补贴政策对传统小林农的参保激励效应要明显高于新型林业经营主体。最后，森林保险产品供给特征，包括保险责任、保障水平、费率及赔付规定等，均为影响营林主体森林保险参与意愿的重要因素。

本文结论可以得出几点政策启示。首先，要科学测算补贴规模。避免一味提高保费补贴比例，应在市场化原则下，将完善森林保险产品体系与改进财政补贴体系结合起来。在扩展保险责任覆盖、科学厘定费率、逐步提高保障水平的基础上，基于供给方费率水平与需求方支付水平科学测算补贴规模。其次，合理设置差异化补贴水平。应根据保障水平的不同，设计差异化保费补贴比例，补贴比例要随着保障水平的提升而逐渐减低，以避免营林主体低效率生产。最后，增强补贴资金指向性。一方面，加大中央财政对经济发展相对落后地区及森林资源丰富地区的财政补贴力度，降低这类地区县级财政的配套补贴比例，减轻县级财政的补贴负担，提高这类地区营林主体的参保意愿；另一方面，考虑不同营林主体对森林保险需求的差异性，有效区分需求弹性较低与需求弹性较高的营林主体，加大对需求弹性较高的新型林业经营主体的补贴力度，提高补贴资金使用效率，增强补贴资金的指向性与精准性。

参考文献（略）

关于开发“森林碳汇价值保险”产品的初步探索

乔恩红　李大伟

摘要：安华农业保险股份有限公司在近两年的业务探索实践过程中，为推动林业生态高质量持续发展，助力碳中和、碳达峰，进行了一系列大胆创新试点，开发了“林业碳汇”相关的一系列绿色农业保险创新产品，从“吉林省商业性林业碳汇损失补偿保险”的1.0代产品升级到“山东省商业性森林碳汇价值保险”的2.0代产品，真正实现了从保障林木价值（林木成本价值）到保障碳汇价值的转变，精准解决了林业碳汇项目的痛点问题，极大提高了灾后救助、修复能力和效率，也为行业创新发展提供了很好的借鉴意义。

关键词：碳中和；林木价值；碳汇价值

森林是陆地生态系统的主体，森林植被通过光合作用，可吸收固定大气中的二氧化碳，每年吸收的二氧化碳量可以占到陆地生态系统的66.67%，对于维持陆地整体生态环境具有重要意义，发挥着巨大的碳汇功能，并具有碳汇量大、成本低、生态附加值高等特点。联合国粮食及农业组织评估结果表明，森林是陆地生态系统最重要的贮碳库。

林木损毁导致的固碳能力减弱长期来看会带来全球气候变化等不利影响，尤其是对“全球2℃升温目标”的破坏，这会极度影响生物的生存，破坏生物多样性。因此，森林灾害的预防、灾害发生后的及时补救对于稳固和修复林木固碳能力意义重大。2020年召开的中央经济工作会议指出：“我国二氧化碳排放力争于2030年前达到峰值，努力争取2060年前实现碳中和（二氧化碳净零排放）。”截至目前，全球已经有超过120个国家和地区提出了碳中和的目标，甚至部分国家将碳中和计划目标写入法律之中。《中共中央　国务院关于做好2022年全面推进乡村振兴重点工作的意见》提出“研发应用减碳增汇型农业技术，探索建立碳汇产品价值实现机制”。在相关政策的大力支持下，以传统森林综合保险为基础，研发为林木碳汇损失后及时提供资金补偿的创新型产品成为保险行业需要开展的重要课题。

作者简介：李恩红，安华农业保险股份有限公司中国准精算师；李大伟，安华农业保险股份有限公司处长助理。

一、行业同类产品多样，实现共创新共发展

森林的存在和扩大可以创造越来越多的碳汇，保险为灾损之后的森林恢复提供了资金保障。2021 年以来，为及时在森林受灾之后提供补偿资金，行业主体开发多款创新型碳汇产品，比如太平财产保险有限公司首发的粤港澳大湾区碳配额质押贷款保证保险，其他相关的同类产品如表 1 所示。

表 1　行业主体开发的碳汇同类产品

产品名称	落地城市	产品简要说明
碳配额质押贷款保证保险	粤港澳大湾区	以碳排放配额质押贷款合同为基础合同，由碳配额所有人投保，保障质权人实现质权差额补偿
湿地碳汇生态价值保险	浙江省宁波市	以湿地的碳汇富余价值为赔款计算依据，可用于灾后湿地碳汇资源的救助和碳源清除，加强生态保护与维护自然生态
林业碳汇价格保险	广东省清远市清新区	基于广州碳排放权交易中心认定的碳汇价格，为市场林业碳汇项目价格波动造成保险碳汇的实际价格低于事先预定的目标价格的损失提供保险保障
林业碳汇指数保险	福建省龙岩市新罗区	火灾等原因造成投保区域内保险林木完全损毁，且林木减少面积设置 232 亩的起赔点，以此作为保险赔付的依据。在理赔环节，年度林木毁损累计面积在不同的区间，对应不同的单位赔偿金额
商业性草原碳汇遥感指数保险	内蒙古自治区	火灾等原因造成保险草原植被净初级生产力（NPP）降低，且按照约定方法测得的保险草原的 NPP 值低于本保险合同载明的标准 NPP 值时，视为发生保险草原碳汇富余价值损失，以此为依据计算相应的赔偿金额
商业性森林碳汇价值保险	山东省	自然灾害等原因导致保险林木碳汇量减少，造成保险林木碳汇价值损失，以此作为事故发生的依据

表 1 列举了行业中一些主要的产品及简要介绍，总体来看相关产品主要分为两大类——碳排放权保险和碳汇保险，而后者又可以再细分为三类：碳汇指数保险①、碳汇价格指数保险②和碳汇价值保险③。这些产品在产品设计上有好的地方，也有不足之处。

比如一些产品在理赔环节只关注实际的林木损失情况，无法精准关联对应的碳汇量④的损失，因此，这些产品在保障本质上与传统的森林综合保险无异（传统的森林综合保险在保险事故发生时只关注林木损失程度，并据此计算赔款金额）。笔者猜测，

① 碳汇指数保险对因灾害造成的固碳量的损失提供补偿。

② 碳汇价格指数保险对因碳汇市场价格波动带来的损失提供补偿。

③ 碳汇价值保险对因碳汇林受灾导致碳汇价值损失提供补偿。

④ 根据《林业碳汇计量监测技术规程（DB11/T 953—2013）》，碳汇量指一定时间段内，林地、城市绿地的碳储量的变化量，减去监测边界内的排放量，它反映了林地、绿地对温室气体的清除能力和贡献。

整个行业可能都面临着这样的困境，我们知道碳汇量的计算基础是碳储量，而碳储量的计算受林分面积、树龄、树种、单位面积蓄积量、基本木材密度等多种因素的影响，计算难度大且很难找到碳汇量与林木损失之间的统计模型关系。此外，计算复杂和实施难度大的直接结果就是保险公司高企的费用负担，这将迫使保险公司寻求其他替代的保险方案，如福建省龙岩市新罗区的林业碳汇指数保险直接规定不同的森林毁损累计面积区间对应着不同的单位赔偿金额。

当然行业产品也存在着一些值得肯定的地方，比如把卫星遥感影像技术应用到产品的承保和理赔环节中，如运用遥感估算森林生物量。借助卫星遥感技术高效监测损失情况、与林业主管部门联合查勘定损，极大缩短了从事故发生到赔款支付的时间差，为灾后减损、固碳能力修复争取宝贵的时间。

二、安华农险 1.0 代碳汇产品

根据最新森林资源统计结果，吉林省林地面积为 956.00 万公顷，有林地面积为 843.15 万公顷，活立木总蓄积 10.99 亿米^3，有林地蓄积量 10.96 亿米^3，森林覆盖率为 45.04%。伴随着森林质量的不断提升，林业碳汇增长潜力较大，这对我国“碳达峰”“碳中和”目标的实现具有重要作用。森林经营具有长期性和高风险性，很容易受气候、病虫灾害等自然因素的影响，给林业生产带来很大的不确定性，林业碳汇资源也不可避免地面临自然风险的威胁。而在 2021 年前，吉林省碳汇产品尚属空白，在此背景下，安华农业保险股份有限公司（以下简称安华农险公司）在 2021 年开发了碳汇 1.0 代产品——安华农险吉林省商业性林业碳汇损失补偿保险，其产品核心要素介绍如下。

（一）保险标的和保险责任

凡生长和管理正常且权属清晰的商品林、生态公益林，可作为保险合同的保险标的（以下简称“保险林木”）。

在保险期间内，由于以下原因（火灾；暴雨、暴风、台风、洪水、冰雹、霜冻、暴雪、泥石流、旱灾、雨凇；暴发性、流行性森林病虫害）直接造成保险林木完全损毁，且保险林木损毁程度①大于等于 0.005%时，视为发生林业碳汇损失事件，对于被保险人因保险事故所支出的林业碳汇资源救助、植被恢复等与林业碳汇富余价值生产活动有关的灾后救助费用，保险人按照本保险合同的约定负责赔偿。

（二）赔偿处理

保险事故发生时，被保险人对保险标的不具有保险利益的，不得向保险人请求赔偿保险金。在保险期间内，保险标的发生保险责任范围内的损失，保险人按照保险林

① 损毁程度＝保险期间内累计林木完全损毁面积/投保面积。

木损毁程度对应的赔偿比例（表 2）进行赔偿。林木完全损毁面积参照投保区域内林业碳汇损失量进行换算或根据实际林木完全损毁面积测算确定。赔偿金额＝保险金额×赔偿比例。

表 2　毁损程度对应的赔偿比例表

损毁程度	赔偿比例（%）
0.005％≤损毁程度＜0.01％	1
0.01％≤损毁程度＜0.02％	3
0.02％≤损毁程度＜0.05％	5
0.05％≤损毁程度＜0.07％	7
0.07％≤损毁程度＜0.1％	10
0.1％≤损毁程度＜0.2％	20
0.2％≤损毁程度＜0.4％	40
0.4％≤损毁程度＜0.6％	60
0.6％≤损毁程度＜0.8％	80
损毁程度≥0.8％	100

保险事故发生时，如果存在重复保险，保险人按照保险合同的相应保险金额与其他保险合同及本保险合同相应保险金额总和的比例承担赔偿责任。

（三）保险金额

保险合同的保险金额依据投保地理区域内的林木资源状况、面积、林木碳汇价值及林木灾后救助费用等，由投保人和保险人协商确定，并在保险单中载明。

在该产品开发过程中，依据全国碳市场交易数据，我们取 2021 年 7 月 16 日的开盘价（48 元/吨）作为计算价格，报价如图 1 所示。

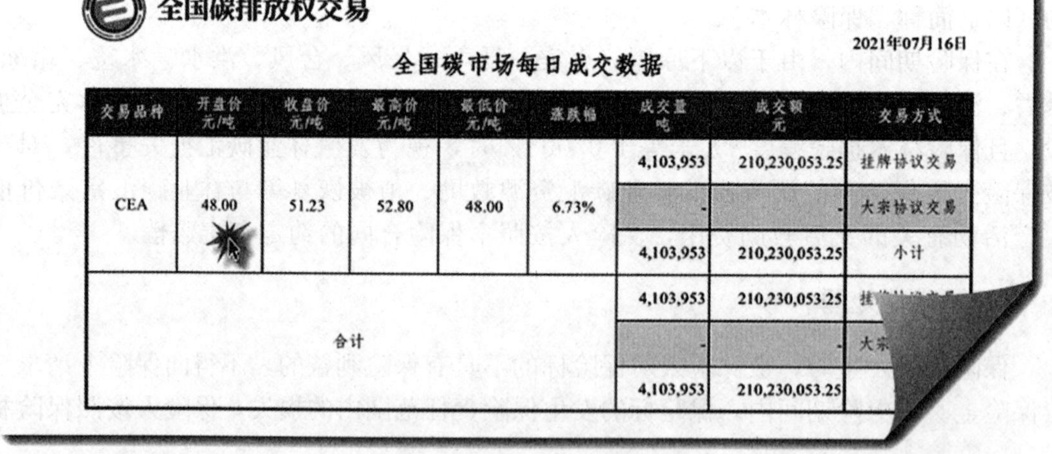
全国碳排放权交易

2021年07月16日

全国碳市场每日成交数据

交易品种	开盘价 元/吨	收盘价 元/吨	最高价 元/吨	最低价 元/吨	涨跌幅	成交量 吨	成交额 元	交易方式
CEA	48.00	51.23	52.80	48.00	6.73%	4,103,953	210,230,053.25	挂牌协议交易
						-	-	大宗协议交易
						4,103,953	210,230,053.25	小计
合计						4,103,953	210,230,053.25	挂
						-	-	大宗
						4,103,953	210,230,053.25	

图 1　全国碳市场日成交数据

依据吉林森工松江河林业集团相关碳汇量测算数据（吉林省松江河森林经营碳汇项目文件），可知每亩碳汇量约为0.238 1吨，在上述条件假设下，我们计算出吉林森工三岔子林业局和吉林森工临江林业局的保险金额分别为1 794万元和1 463万元（假定全部毁损的情况下，按照碳价格计算的数据）。在前期业务调研过程中，我们向相关专家咨询后发现，平均一亩地有50～70棵树（假定取60棵树），一棵树毁损后，其清理费用高达400元，那么，目前方案中的赔偿金额占清理费用最高仅为28.57%，赔偿金额远不及清理费用。这也就意味着在升级的2.0代产品中，依据碳汇价值确定的保险金额远远不能覆盖林木毁损后的清理费用，当然这种简单计算，也为新产品开发提供一定的思考。

（四）风险测算

测算数据来源于安华农险公司吉林省森林保险（MDB）实际的承保理赔数据，包含承保面积、损失面积、损失程度、事故日期等字段，承保数据共包含1 710个保单数据（扣除49条注销保单），理赔数据包含635条保单记录。

在费率测算过程中，我们将毁损面积（>0）与投保面积的比值看成一个随机变量，研究发现，对于不同的承保面积，其损毁程度存在明显差异，损毁程度的Kruskal-Wallis检验结果如表3所示。

表3　损毁程度的多独立样本秩和检验

Kruskal-Wallis 秩和检验	
χ^2	P值
44.13	6.044×10^{-9}

鉴于此，我们依据投保面积采用聚类分析法（由于样本数量较多，故采用K均值聚类法）将投保面积分为了5个等级，聚类算法结果如图2所示。

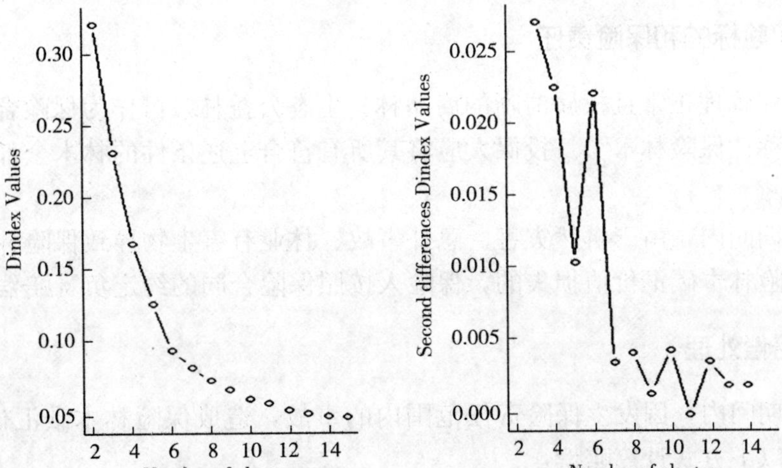

图2　K均值聚类类别选择聚类结果

基于上述的5个类别，损毁程度服从Gamma分布（通过KS检验），5个类别Gamma分布极大似然法下的参数拟合结果如表4所示。

表4　5个类别Gamma分布理论拟合结果

类别	两参数Gamma分布拟合结果	
	形状	尺度
类别1	1.21	1 608.80
类别2	1.20	2 154.31
类别3	1.05	2 226.40
类别4	1.59	2 303.75
类别5	0.38	45.58

在事故发生率下，结合上述理论分布计算得出的条件概率，进而计算出纯风险损失率，最终计算得出基准费率。

三、安华农险2.0代碳汇产品

传统森林综合保险的保障对象是林木的再植成本，而森林碳汇价值保险着眼于林木的碳汇价值，安华农险公司将产品由1.0代升级到2.0代碳汇产品，会更有利于加强森林资源培育，不断增强自然生态系统的固碳能力，促进绿色发展。因此，2.0代的安华农险山东省商业性森林碳汇价值保险，是安华农险公司助力“碳达峰”“碳中和”的一次积极、大胆的探索，相较于1.0代产品，该产品真正实现从保障林木价值（更准确地说是成本价值）到保障碳汇价值的转变，其产品核心要素介绍如下。

（一）保险标的和保险责任

凡生长和管理正常且权属清晰的商品林、生态公益林，可作为保险合同的保险标的（以下简称“保险林木”）。投保人应将其所有符合上述条件的林木全部投保，不得选择投保。

在保险期间内，由于自然灾害、意外事故、林业有害生物导致保险林木碳汇量减少，造成保险林木碳汇价值损失的，保险人按照保险合同的约定负责赔偿。

（二）赔偿处理

在保险期间内，因发生保险责任范围内的事故，造成保险林木碳汇价值损失的，保险人按照以下方式计算赔偿：

赔偿金额＝每亩保险金额×受损面积×损失程度。

损失程度＝保险林木单位面积平均碳汇损失量/保险林木单位面积碳汇量。

赔偿金额以保险金额为限。损失程度指受损区域内碳汇量的损失程度，也可以换算成下面的表达式：

损失程度＝max［保险林木单位面积碳汇量（吨/亩）－保险期间结束时单位面积实际碳汇量（吨/亩），0］/保险林木单位面积碳汇量。

对这个表达式需要说明的一点是假设保险林木单位面积碳汇量（吨/亩）为0.2，保险期间结束时单位面积实际碳汇量为0.21，那就意味着保险期间结束后碳汇量不仅没有下降，反而增加了，这样的话就不进行保险赔付，即使实际林木有损失也视为无损失，与此对应，按照上述表达式计算的损失程度恰好为0。

保险林木单位面积平均碳汇损失量由被保险人和保险人共同认可的理赔专家组或第三方机构确定。

保险事故发生时，如果存在重复保险，保险人按照保险合同的相应保险金额与所有有关保险合同的相应保险金额总和的比例承担赔偿责任。

（三）保险金额

每亩保险金额依据保险林木单位面积碳汇量，并参照上一年度碳交易市场平均价格，由投保人和保险人协商确定，并在保险单中载明。其中，单位面积碳汇量按照国家及地方相关标准进行计算。

保险金额＝每亩保险金额×保险面积。

（四）风险测算

费率测算相关数据来源于《山东省统计年鉴》中2012—2020年度的森林资源数据和相关灾害数据，安华农险公司内部数据（传统森林保险产品历史损失数据），《森林生态系统碳储量计量指南》（LY/T 2018）中相关树种的生物量扩展因子①，含碳率、基本木材密度等数据以及通过前期业务调研获取的目标承保森林区域树种、树龄结构分布数据，数据权威真实，参考意义较强。

以光明寺林场和大洼林场相关数据为基础，本着费率充足性、合理性原则，基准费率在参考《森林生态系统碳储量计算指南》（LY/T 2018）乔木地上生物量计算规范的基础上，结合相关数据综合判断得出。

根据2012—2020年山东省森林火灾受灾面积、病虫鼠害发生面积、森林资源面积等数据，计算得到山东省森林资源由于自然灾害、有害生物等原因导致森林损失的发生概率为18.76%，综合考虑取值为19.00%。根据目标林区各树种分布、年龄分布计算得出生物量扩展因子和基本木材密度如表5所示。

① 生物量扩展因子为森林生态系统林木地上生物量与树干生物量的比值。

表5　生物量扩展因子和基本木材密度计算结果

林场	生物量扩展因子（BEF）	基本木材密度（SVD）	乘积
光明寺林场	1.497 0	0.465 5	0.696 9
大洼林场	1.459 9	0.446 2	0.651 4
平均	1.480 3	0.456 8	0.676 2

注：上表计算涉及的主要树种是赤松和黑松（面积占比超70%）。

从上表可以看出，两个林场两类因子差异极小，因此，可以按照分布结构计算平均值。由于两类因子均为常数，按照标准，可以假定生物量的损失率与蓄积量的损失率一致，按照行业标准，一般情况下森林含碳率设定为0.50（默认值），因此，碳储量损失率与蓄积量损失率一致，在假定蓄积量损失率与传统森林损失率一致的情况下，碳储量损失率就与传统森林损失率保持一致。

参考安华农险公司内部森林保险实际经营数据，多年来实际加权损失程度为14.14%，考虑到地区差异及谨慎性原则，我们将平均损失程度定为15.00%，因此，纯风险损失率可参考的数值为19.00%×15.00%=2.85%。

四、乔木层林分地上碳储量计算

乔木层地上部分生物质碳储量应根据组成林分各树种的平均单位面积地上生物量、树种含碳率及林分面积，采用以下公式计算

$$C=\sum_{k=1}^{n}(B_k\times CF_k)\times s \qquad (1)$$

（1）式中，C为林分乔木层地上部分生物质碳储量，单位为吨；$k=1, 2, 3, \cdots, n$为组成林分的树种；B_k为林分中树种k的平均单位面积地上生物量，单位为吨/公顷；CF_k为树种k的含碳率；s为林分面积，单位为公顷。

对于含碳率较为精确的测算方法是采用森林生态系统碳库调查及树种含碳率测定的结果，但这种方法费时费力，一般情况下采用缺省值0.5。

上式中的B_k可根据森林生态系统碳库调查及测定获得的各树种单位面积蓄积量、树种的基本木材密度以及生物量扩展因子，采用以下公式进行计算：

$$B_k=V_k\times SVD_k\times BEF_k \qquad (2)$$

（2）式中，V_k为树种k单位面积蓄积量，单位为米^3/公顷；SVD_k为树种k的基本木材密度，单位为吨/米^3；BEF_k为树种k的生物量扩展因子，无量纲。

五、启示及建议

（一）落实遥感影像等农险科技的应用

遥感技术是一种空间信息技术，利用遥感技术进行数据采集具有获取速度快、数

据精确度高、收集范围广等特点，将遥感技术应用于农业保险领域，并结合传统的森林保险理赔定灾估损，可以大大缩短未决时长，也更有利于计算碳储量、碳汇量等数值（如运用遥感估算森林生物量），也建议相关监管部门重视并鼓励有鉴定资质的科技公司加强其与农险公司的合作，将农险科技的应用落到实处。

（二）加大产品研发力度，创新产品形态设计

目前虽然行业内有多款碳汇产品，包括安华农险 1.0 代碳汇产品和升级的 2.0 代产品，但产品形态设计仍比较单一，创新力度不够，行业仍需加大产品研发力度，创新产品形态（比如开发“林业碳汇质押贷款＋林业碳汇价值保险”等模式），适当提高保险金额，使其能够在一定程度上覆盖“清理费用”。

（三）公平、合理拟定产品条款和费率，建立健全费率调整机制

从行业首款碳汇保险相关产品问世到现在，多数保险公司经营时间较短，数据积累不足，从传统农险产品经验情况看，一款产品可能需要经过多次升级迭代才能被农户认为是符合需求的好产品。在随着碳汇产品不断推广、数据和经验积累越来越多的情况下仍需行业不断探索，公平、合理拟定保险条款和保险费率，在费率充足性、公平性原则下，建立健全费率调整机制。

（四）健全林业碳汇开发及价格交易机制

目前我们从全国碳市场每日成交数据可以看出，碳汇价格波动较大，其中核心问题可能是林业碳汇产品的生产成本受较多因素的影响而难以精确的核算，导致碳汇价格在市场上表现出较大的不确定性。由此带来的价格波动风险是巨大的，而林业碳汇价值保险的关键就在于碳汇预期价值的确定，碳汇价格的波动会给保险保额的确定以及定价带来一定的困难。不断健全完善林业碳汇开发及价格交易机制，不仅能够起到稳定市场交易价格的作用，也能为碳汇保险产品的开发带来便捷。

参考文献（略）

产品开发

种业保险服务粮食安全战略的制约因素与建议*

冯文丽　梁　瑞

摘要： 种业是保障国家粮食安全的核心产业，日益受到国家重视。种子生产比一般农业生产面临更高风险，急需种业保险提供保障。本文从制种保险和种业其他环节的保险两个维度分别梳理了我国种业保险发展现状，认为种业保险在服务粮食安全战略中存在产品结构难以满足需求、保障作用尚未充分发挥、财政补贴制度仍需优化、投保组织形式有待改进及大灾风险分散机制亟须健全等制约因素。基于此，本文提出构建适需产品结构、稳步提高保障水平、优化财政补贴机制、探索投保组织方式和健全大灾风险分散机制的对策建议。

关键词： 种业保险；粮食安全战略；种业全产业链保险

一、引言

粮安天下，种铸基石。种业位于农业产业链源头，是建设现代农业的标志性、先导性工程，是国家基础性、战略性的核心产业，是促进农业长期稳定发展、保障国家粮食安全的"压舱石"和"定盘星"。同时，种业具有投入大、环节多、周期长、技术要求高等特点，极易受到自然气候条件、市场、技术等多方面不可控因素影响，在研发育种、制种繁种、生产加工、推广销售等环节均面临不同种类风险，使种业发展存在很多不确定性，需要通过保险机制分散和转嫁风险。与良种补贴、制种大县资金奖励等种业支持保护方式相比，种业保险具有下列优势：一是保费补贴通过保险机制能产生"杠杆效应"，提高财政支农资金使用效率；二是利用保险赔款手段支持种业"育繁推"各环节发展更具精准性；三是种业保险在一定程度上也更加符合世界贸易组织（WTO）规则。因此，种业保险发展日益受到国家重视。

2011 年以来，中央政府及相关部门发布的支持现代农业及种业发展的文件中，多次对种业保险尤其是主粮作物制种保险发展提出具体要求。2018 年，财政部将三

---

* 本文原载《农村金融研究》2022 年第 6 期。

作者简介：冯文丽，河北经贸大学京津冀协同发展河北省协同创新中心教授；梁瑞，河北经贸大学研究生。

大粮食作物制种纳入中央财政农业保险费补贴目录。2021年中央1号文件对“打好种业翻身仗”作出专题部署。2022年中央1号文件提出“全面实施种业振兴行动方案”，给种业保险带来新的发展机遇，提出更高的发展要求，也赋予了其新的发展任务。完善我国的种业保险制度，使其在“种业振兴行动”中发挥“防火墙”和“助推器”作用，对于保障粮食安全具有重要意义。

已有文献从不同视角对种业保险问题进行了研究：一是聚焦于种业保险制度的构建与完善。耿月明、袁国保提出种业保险应定位于产品责任保险、投保人应为种子企业以及保费来源由财政和企业共同缴纳等制度构想；龙文军等认为中国种业发展存在多重风险，需要通过明确合理的保险金额和保费来源以促进种业保险制度完善。二是基于主粮作物制种保险的实施背景探索制种保险的发展路径。方华等和李冉等针对制种不同的组织模式，建议采取“保险公司＋制种企业”的投保运作模式，并逐步完善杂交水稻制种保险大灾风险分散机制；李友强认为，玉米制种保险开展中存在适合产品少、农户参保意识不强等问题，提出扩大制种保险覆盖范围和建立制种保险长效机制等措施。

综上所述，上述成果对种业保险制度的某一方面展开研究，是本文研究的重要基础。随着种业“育繁推一体化”的发展和粮食安全地位的愈发凸显，还需要对种业风险管理方案从全产业链角度进行系统化考虑和设计。

本文的边际贡献在于，根据种业“育繁推一体化”发展形势，从种业全产业链出发，在统筹分析种业风险基础上，探索系统化的种业保险方案和制度优化路径；根据种业各环节外部性差异，界定各类种业保险属性，提出构建政策性和商业性种业保险协同发展的机制，为维护粮食安全保驾护航。

二、我国种业保险发展现状

从实践探索历程来看，我国种业保险发展以制种保险为主，研发育种、生产加工、推广销售等环节的风险保障仍处于理论研究、政策倡导和零星探索阶段。因此，本文分别从制种保险和种业其他环节的保险两个维度，梳理我国种业保险发展现状。

（一）制种保险探索

我国最早的种业保险是20世纪80年代由中国人民保险公司在湖南推出的杂交水稻制种保险。由于杂交水稻制种主要分布在福建省、海南省等南方沿海地区，受台风等气象灾害影响相对频繁，对风险保障的需求强烈。因此，杂交水稻制种保险是我国种业保险开办历史最悠久、试点区域最广的险种。2010—2017年，中国人民财产保险股份有限公司（以下简称人保财险公司）先后在福建、江苏、海南、四川等地试点杂交水稻制种保险，目前已覆盖杂交水稻制种主要省份。

2006年，永安财产保险股份有限公司在甘肃省高台县试点玉米制种保险，标志着制种保险标的从杂交水稻向其他主粮作物拓展。2015 年，华农财产保险股份有限公司在河南省试点小麦制种保险。2019 年 4 月，国元农业保险股份有限公司推出小麦制种保险并在安徽省亳州市开展试点。2021 年 3 月，中华联合财产保险股份有限公司在山东省试点小麦制种保险。自此，水稻、玉米、小麦三大主粮作物制种保险在全国主要制种省份逐步得到推广。

随着农业现代化加速发展和政府对种业的日趋重视，我国制种保险在保障品种方面呈现从主粮作物向经济作物、从种植业向养殖业逐渐扩张的态势。例如，2016 年，人保财险公司首次在四川省凉山彝族自治州试点马铃薯制种保险；2017 年，中原农业保险股份有限公司在河南省济源市试点蔬菜制种保险，包括甘蓝与洋葱制种、白菜制种、萝卜制种三类，实行差异化保费补贴，贫困户、贫困村整体制种的自缴保费部分由财政全额负担；2018 年，人保财险公司在大连市试点水产制种保险，实现制种保险在养殖业的突破；2021 年 9 月，全国首单水果制种保险试点在陕西省杨凌农业高新技术产业示范区启动，人保财险公司为制种企业的 261 亩甜瓜等制种农作物提供约 271.2 万元的风险保障。

（二）种业其他环节的保险探索

2014 年，人保财险公司针对北京市杂交小麦种业面临的风险，提出定制化“北京杂交小麦种业一揽子保险方案”，覆盖制种育种、专利产权、良种质量、技术服务、良种推广五个环节，为种业产销全程所特有的自然灾害风险、法律风险、职业责任风险及市场推广风险等提供全方位风险保障。该方案纳入北京市政策性农业保险补贴范畴，由市农业局对参保的两家种企分别提供 50%和 80%的保费补贴。2021 年 4 月，安徽省人民政府印发《安徽省农业保险创新发展若干政策》，在全国范围内首次提出要探索开展种质资源保险，以此推动育种制种产业发展。

从种业保险上述两方面的实践探索现状来看，虽然种业保险在整个农业保险中所占比重非常小，但由于种业在国家粮食安全战略中的重要地位，种业保险发展受到了各级政府和保险公司的重视，保险标的呈现出从主粮作物向经济作物、从种植业向养殖业逐渐扩张的态势，保险产品也呈现出从生产环节向产销全程延伸的态势。

三、种业保险服务粮食安全战略的制约因素

从我国种业保险现状可以看出，我国种业保险发展起步较晚、基础薄弱，与服务国家粮食安全战略的要求相比，还存在很大差距和许多制约因素。

（一）产品结构难以满足需求

种业在研发育种、生产加工、推广销售等各环节实际上都面临较大风险，尤其在“育繁推一体化”发展趋势下更需要通过保险机制分散风险。但目前，除制种繁种环

节外，种业其他环节的保险尚未开发出来，现有的保险产品也难以满足需求。

1. 制种保险保障品种不全

目前，制种保险仍集中在三大主粮作物制种保险上，尽管开始呈现出向保障经济作物、水产养殖制种延伸的趋势，但也仅限于个别品种小范围的零星试点，一些关乎国计民生的作物制种仍处于风险裸露状态，制种保险保障的品种远远不能满足实际需求。

2. 创新型天气指数产品较少

由于制种保险标的具有复杂性和特殊性，相较保险公司，农户对制种技术和生产过程中面临的风险更清楚，保险双方面临严重的信息不对称问题，容易引发逆向选择和道德风险，加之实地查勘定损产量的难度大、周期长、费用高，造成保险公司经营制种保险的成本居高不下。因此，传统损失补偿型制种保险可能并不适合对制种环节提供风险保障，而不直接与产量挂钩的创新型天气指数保险能为降低逆向选择、道德风险和管控成本提供解决方案。但由于缺乏数据积累、研发难度较高等原因，目前天气指数保险在我国制种生产中的应用范围并不广泛。

3. 保险责任范围较窄

目前在财险公司实际推行的三大主粮作物制种保险条款中，保险责任范围通常包括三方面：一是暴雨、洪水、内涝、风灾、雹灾、冻灾、地震、旱灾、连阴雨、气温异常等自然灾害；二是火灾、爆炸、泥石流、山体滑坡等意外事故；三是暴发性病虫草鼠害。与制种过程中经常遭遇的风险相比，保险责任显然还不够细化，无法满足制种环节复杂多样的风险保障需求。

（二）保障作用尚未充分发挥

农业农村部统计数据显示，2019 年我国水稻、小麦、玉米三大主粮作物种子市值合计约 636.74 亿元。而三大主粮作物制种保险保费收入约 2.2 亿元，按照平均费率 6%可匡算出总保额约 36.67 亿元，进一步可大致计算出三大主粮作物制种保险保障水平在 5.76%左右。也就是说，仅从我国目前已大力推行的三大主粮作物制种保险来看，还有将近 95%的产值处于风险裸露状态，可见其他作物种业“育繁推”各环节基本也处于风险裸露状态。

另外，从制种保险推广的实践看，单位保险金额较低，保障深度不高，也是种业保障水平较低的原因之一。以玉米制种保险为例，目前推行的玉米制种保险金额为每亩 1 000 元左右，但由于近年来农药、化肥、劳动力等要素成本均有不同程度上涨，致使甘肃、新疆制种基地“亩保”价格（种企对制种农户的最低收购价）暴涨到 3 400～3 500 元，保险金额不到制种收入的 30%，甚至不能保障制种的直接物化成本和人力成本。事实上，“低保障、广覆盖”的保障原则已经不能满足制种主体的实际需求，产品保障水平“不解渴”，在一定程度上挫伤了制种主体的投保积极性。

（三）财政补贴制度仍需优化

1. 补贴品种不足

2018 年 7 月，财政部、农业农村部和银保监会联合发布《关于将三大粮食作物制种纳入中央财政农业保险保险费补贴目录有关事项的通知》，将水稻、小麦、玉米三大主粮作物制种保险正式纳入中央财政补贴范围，对保障绝对口粮安全意义深远。在大食物观下，重要肉类、蔬菜、水果和水产品等种业的发展对保障我国粮食安全也很重要，但还有很多品种没有被纳入政策性险种的范围。例如，除中央财政补贴的大豆作物外，我国的胡萝卜、菠菜、洋葱种子（约 80%依赖进口）和西兰花种子（近 90%依赖进口）等都面临严重的“卡脖子”问题。

2. 补贴方式单一

目前，我国对种业保险的财政支持方式只有直接保费补贴和税收优惠两种。从已经推行的三大主粮作物制种保险来看，各级财政的保费补贴维持在 80%左右的较高水平，但是税收优惠力度却不大。此外，从 WTO《农业协定》来看，对保险公司的经营管理费用补贴和再保险补贴都被归入“绿箱”范围，由于多方面原因，我国有关政府部门还没有充分认识到经营管理费用补贴和再保险补贴的作用，普遍认为对农户补贴保费可以理解，但没有必要对保险公司补贴费用，所以在对种业保险的补贴中并未充分利用这两种保费补贴。

3. 补贴层级太多

我国政策性制种保险自 2018 年开始试验以来，一直采用“四级财政补贴联动机制”。具体流程是只有制种农户缴纳保费、市县和省级财政补贴相继拨付到位后，中央配套补贴资金才得以落实。这种机制原本是为了规避地方政府“钓鱼”的道德风险，但是也暴露出一些亟须解决的实践问题。首先，种业的制繁生产与其他产业不同，具有明显的正外部性特征，种子产品主要销往省外，如某地水稻制种量仅占当地用种量的 10%左右。其次，部分制种大省、制种大县往往也是财政弱省和财政弱县，由于地方政府财力有限，补贴资金难以到位，在四级财政补贴联动机制下，就无法争取到上级配套财政保费补贴。最后，一些基层政府还存在将中央财政和省级财政拨付的保险费补贴款截留、挪用、强占甚至贪污的违规操作，给经营种业保险的公司增加了很多应收保费。

4. 补贴环节难以确定

种业在研发育种、制种繁种、生产加工和推广销售各环节均面临不同种类风险，而且在“育繁推一体化”发展趋势下，各类风险的关联性增强、传导性加快，由此引发的损失程度也越来越高，严重时甚至可能导致种业产业链断裂。因此，对各环节提供风险保障的重要性毋庸赘言。但目前，我国对种业保险的财政支持还仅限于主粮作物制种保险，对研发育种、推广销售等环节的种业保险是按商业性险种运作还是纳入政策性保险范围，目前还有待进一步研究。

（四）投保组织形式有待改进

与其他农业保险不同的是，种子产业不仅包括多方参与主体，而且生产运行模式复杂多样（图1），最主要体现在制种繁种环节。以农作物种子生产为例，运行模式主要有三类：一是主流的“企业＋基地＋农户”模式，由企业与村民委员会签订约定最低收购价格的“亩保”合同，村民委员会落实制种基地的种子生产工作；二是“企业＋合作社或专业大户＋农户”模式，即企业委托合作社或专业大户组织农户进行种子生产；三是“企业＋农户”模式，即企业先进行土地流转，再将土地分散承包给制种农户。前两类的土地经营权属于农户，企业与农户本质上是协议委托关系，第三类土地经营权属于企业，企业与农户本质上是雇佣关系。

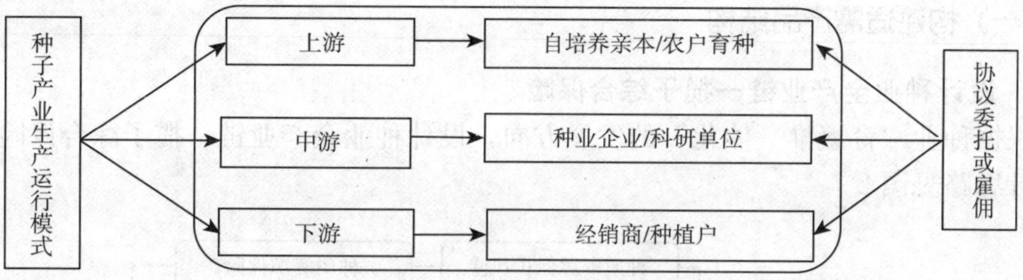

图1　我国种业生产运行模式

种子生产运行模式多样化导致制种繁种风险分担主体多元化，进而导致制种保险的投保主体界定存在困难。在我国主粮作物制种保险试点过程中，不同省份、不同地区甚至不同作物之间的投保主体均有差别。有的省份企业尽管已经与农户签订“亩保”合同，但保费仍需由企业为农户代缴，有的省份则由农户自缴；有的地区玉米制种保费全由公司承担，而水稻制种保费则采取以公司缴纳为主、农户承担少许的方式。因此，在种子生产运行模式多样化的背景下，如何确定投保主体成为一大难题，这不仅涉及保费由谁承担、赔款由谁领取的问题，也会影响种业保险的市场秩序、财政补贴资金的支持方向与落实效率等。

（五）大灾风险分散机制亟须健全

从我国已推行多年的杂交水稻制种保险来看，赔付率通常都在100%以上，如遇台风等自然灾害发生的年份，赔付率甚至会在600%以上。简单赔付率如此之高，但仍存在被低估的可能性。这是因为计算简单赔付率的分母中还包括应收保费，如果将保险公司没有实际收到的应收保费扣除，赔付率将比现在更高。面对如此高的赔付率，保险公司经营制种保险常常收不抵支，甚至产生较大亏损。

目前，我国农业保险大灾风险分散制度还不健全，使保险公司缺乏安全感。在“育繁推一体化”趋势下，不同环节各类风险由多元主体分散并沿着种业产业链演变和集聚，产生连带效应，容易形成高度相关的系统性风险，进而影响承保机构的偿付能力和经营持续性。经营传统制种保险已使保险公司面临大灾风险压力，对服务种业全产业链更是望而却步，少数保险公司也只是做些小范围试点，浅尝辄止，很难实现大的突破。例如，某地历史上先后 3 次均因遭遇大灾停办制种保险并中断长达数年之久，不少开展制种保险业务的机构陷入“九年盈利一年赔光”的尴尬境地。

四、种业保险服务粮食安全战略的建议

为了充分发挥种业保险服务粮食安全战略的“助推器”作用，需要对我国种业保险制度进行不断优化。

（一）构建适需产品结构

1. 设计种业全产业链一揽子综合保险

根据种业“育繁推一体化”的发展方向，设计种业全产业链一揽子综合保险，总体设计思路见图 2。

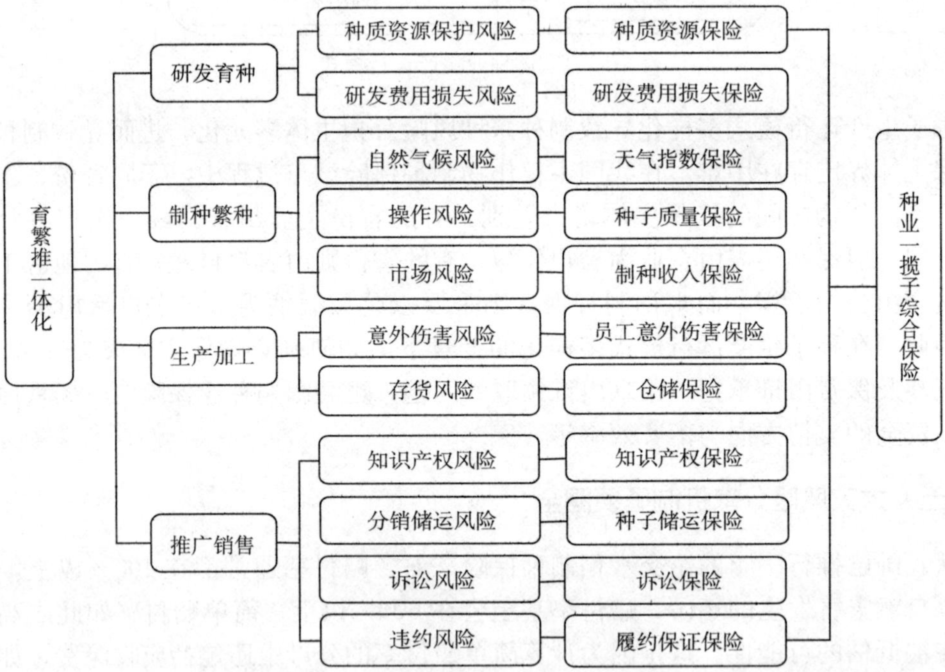

图 2　种业全产业链一揽子综合保险

（1）针对种业研发育种环节存在的种质资源保护风险和研发费用损失风险，分别设计种质资源保险和研发费用损失保险。其中，种质资源保险主要用于保障珍贵物种或濒临灭绝物种的种质资源，研发费用损失保险则承保种子企业在开展新品种研发过

程中，因以下原因造成的费用损失：研发成果未通过后续开发和试验；未能形成新品种；新品种形成样品后，市场已存在同类品种或样品落后于市场需求等。

（2）针对种业制种繁种环节存在的风险，研发种子质量保险。目前，我国针对种业制种繁种环节存在的风险，尤其是操作风险等不当种子繁育行为导致的种子纯度质量不高问题，还没有可行的保险解决方案。因此，在借鉴非洲“Kilimo Salama”项目的基础上，将技术因素纳入保险责任范围，可研发出种子质量保险。

（3）针对种业生产加工环节存在的风险，研发员工意外伤害保险和仓储保险。员工意外伤害保险是除工伤保险外，种企为雇佣工人购买的商业性险种，其保险金额更高，保障责任更全面，赔付金额也更高。员工在工作中一旦发生意外伤害事件，便可触发保险理赔机制，能够有效减少企业与员工的赔偿纠纷。仓储保险是补偿由于种子存储过程中温度、湿度等造成的种子性能下降和贬值引发的经济损失的保险。

（4）针对种业推广销售环节存在的风险研发相关系列保险。一是研发知识产权保险（专利保险），它是在新品种专利研发、申请、使用和转让过程中，围绕专利侵权和被侵权行为提供风险保障的保险，国际上开展较广泛的是专利执行保险和专利侵权责任保险；二是设计种子储运保险，借鉴美国设计种子储运保险（Dealer seed inventory insurance）产品的经验，保障在种子储运过程中由于冰雹、火灾、盗窃、倒塌及洪涝等导致的种子损失；三是开发诉讼保险，诉讼保险即为种子企业诉讼风险提供保障的种企责任险，种企责任险在加拿大开办已经比较成熟，这为我国试点提供良好的经验；四是开展履约保证保险，减少在销售过程中因买方拖延付款或不付款等违约现象导致的财产损失，履约保证保险也可以应用到制种繁种环节，维护土地流转契约关系、委托合作关系及雇佣关系的稳定。

2. 加大制种保险创新研发力度

（1）增加制种保险品种。建议借鉴美国和印度丰富的制种保险种类，结合我国各作物种子事关粮食安全的轻重缓急及面临风险大小，开发新的制种保险产品。例如，应对上述提到的大豆、胡萝卜、西兰花、菠菜、洋葱等“卡脖子”品种尽快研发制种保险。

（2）大力推广天气指数保险在制种保险中的应用。建议整合多方资源，变革研发模式，创新研发天气指数保险，降低种业保险经营难度和信息不对称风险。不断完善基础设施，根据试点情况及时调整和修正天气指数保险的理赔触发条件，减少基差风险，以此不断提升产品创新效能。

（3）根据需要扩展保险责任范围，优化合同条款内容。一方面，将制种过程中面临的特殊灾害及因品种适应性、抗逆性等造成减产或绝产纳入保险责任范围；另一方面，在设计保险合同时，条款解释要通俗易懂。此外，监管部门及行业协会在加强种业保险产品标准化的同时，也要注重审核不同作物制种保险产品中保险责任范围的异质性。

（二）稳步提高保障水平

农业保险国际实践表明，收入保险是农业保险发展的主要方向。这是因为，收入保险能够实现价格风险与产量风险的对冲，从而强化价格风险的可保性。目前，太平洋财产保险股份有限公司已经成功开展大豆繁种收入保险试点，通过区域收入保险解决逐户定损测产难和道德风险问题，建立保险损失补偿和基差收购双重保障机制，有效帮助农户抵御生产风险和市场风险。

站在保障种业全产业链的视角研发种业保险产品时，建议结合种企规模化、技术化、产业化等特征，合理设定种业保险金额，进行高保障的保险产品设计。例如，可以根据《种子购销合同》中载明的购销价格乘以保险责任中规定的亩产量来确定单位保险金额。同时，对于不同品种的保额也要进行差异化测算，进一步提升保额设定的科学性和合理性。

尽管保障水平的提高能调动投保主体的参与积极性，但也加大了财政资金支出和保险公司的风险承受压力。这就要求保险机构在开发高保障的收入保险产品时，及时总结试点经验，多源探索各类种业保险的最优保障水平。

（三）优化财政补贴机制

1. 增加补贴品种

自 2007 年以来，我国中央财政保费补贴险种范围不断扩大，截至本文定稿时共包括水稻、小麦、玉米三大主粮作物及其制种等 16 个品种。根据财政部 2021 年 12 月发布的《中央财政农业保险保费补贴管理办法》，中央财政对“关系国计民生和粮食、生态安全的主要大宗农产品，以及根据党中央、国务院有关文件精神确定的其他农产品”提供保费补贴。对种业保险的保费补贴支持，也应按照这个原则来进行。我们建议在发展初期，根据事关粮食安全的轻重缓急，稳步增加制种保险的补贴品种。例如，先增加大豆、胡萝卜、西兰花、菠菜、洋葱等“卡脖子”品种，再将目前中央财政保费补贴目录的其他经济作物和油料作物的制种保险纳入，最后将补贴范围逐步扩大至一些畜禽和水产作物的制种保险。

2. 增加补贴方式

认真研究 WTO 规则中关于种业补贴方式的“归箱”属性，借鉴美国等发达国家的申报经验，在条件成熟时可以适当对开展种业保险的保险机构补贴经营管理费用和再保险费用。逐步减免保险机构经营种业保险的一切赋税，降低供给成本，调动其发展种业保险的积极性。

3. 简化补贴层级

鉴于制种保险的利益外溢性和其对于粮食安全战略的重要性，建议取消省级财政和市县级对重要农作物制种保险的补贴比例，其保费补贴由中央财政直接按预算拨付至相关保险机构，减轻制种大省和制种大县的保费补贴负担，也杜绝财政资金“跑冒滴漏”现象发生。

4. 合理确定补贴环节

目前，制种繁种环节的险种已有保费补贴。建议未来可以将研发育种环节的保险产品纳入中央财政保费补贴范围，生产加工环节和推广销售环节的保险产品按商业性保险模式运作。构建政策性和商业性种业保险协同发展的机制，既能提高保险双方当事人的积极性，也不会对财政造成较大负担。

（四）探索投保组织方式

1. 明确投保主体和补贴对象

尽管种业生产运行模式复杂多样，但无论是“企业＋基地＋农户”模式，还是“企业＋合作社或专业大户＋农户”模式，抑或是“企业＋农户”模式，核心主体都是种子企业。即使农户参与种业生产中，他们也只是生产者，而并非风险的最终承担者。因此，应该明确种业保险的投保主体为种业企业或科研单位，同时适时取消种企与制种农户签订的“亩保”合同。这是因为在种企购买保险后，农户的制种收入就能相应得到保障。需要注意的是，种业保险投保主体的属性决定保费补贴的对象，即保费补贴对象应由农户转变为种业企业或科研单位。

2. 采取菜单式承保新模式

保险机构按照种业全产业链一揽子综合保险的承保思路，形成“一张保单保全程”的“政策险＋商业险”保障体系。其中，政策险主要指为研发育种环节提供保障的种质资源保险和研发费用损失保险，以及为制种繁种环节提供保障的天气指数保险、种子质量保险和制种收入保险，由中央财政对这两个环节的险种提供保费补贴；商业险是指为生产加工环节提供保障的员工意外伤害保险和仓储保险，以及为推广销售环节提供保障的知识产权保险、种子储运保险、诉讼保险和履约保证保险等。在投保时，由种子企业根据风险管理需求进行菜单式勾选。此外，可积极拓展网络承保渠道。借鉴加拿大线上组织投保的经验，建议保险机构主动与中国种子协会开展合作，借助平台资源，开辟线上承保新模式。例如，在种子协会发起的“爱种网”中，设置种业保险宣传及购买专栏，种业企业选择购买保障不同环节的产品后，线上可自动生成个性化的种业一揽子综合保险方案，经保险公司后台业务部门审核后，即可完成承保流程。

（五）健全大灾风险分散机制

充分发挥中国农业再保险公司职能，尽快构建起由再保险、保险公司层面的大灾风险准备金和中央财政支持的大灾风险基金构成的农业保险大灾风险分散机制。具体而言，建议赔付率200％以下的损失赔偿责任由保险公司购买再保险和公司层面的大灾准备金承担，赔付率200％～300％之间的损失赔偿责任可申请使用国家大灾风险基金。中央财政每年按照上一年度全国农业保险保费收入的一定比例列出预算，往国家大灾风险基金中注入资金，单独列账，逐年滚存累积，单独使用，积累到一定规模，没有使用的话，就不再注入资金。使用之后，可以再继续注入资金达到预定规模时中止。保险公司对国家大灾风险基金并不是无偿使用，需要还本付息，以防止使用中的道德风险。

参考文献（略）

土地经营权流转租金支付履约保证保险运行机制与规模农户决策响应研究*

林乐芬　滕　菲

摘要：本文基于江苏省调研数据，在分析土地经营权流转租金支付履约保证保险运行机制基础上，运用Logistic模型探究试点地区与非试点地区新型农业经营主体的决策响应及影响因素。研究发现，试点地区规模农户已投保比例较高，运行效果显著，土地流入规模、农业经营主体对政府补贴及保险费率满意度、家庭年均总收入和土地租金等变量由高到低依次显著影响规模农户的决策响应；非试点地区部分规模农户由于试点地区已投保比例较高产生的溢出效应而表现出较高的响应意愿，同时实证结果也发现对保险费率、政府补贴政策以及租金违约风险的认知不足，影响了部分地区规模农户的决策响应，本文基于此提出了相关建议。

关键词：土地流转；土地经营权流转租金支付履约保证保险；运行机制；决策响应

一、引言

2020年是全面建成小康社会开启农业农村现代化和乡村振兴新时代的承上启下的关键之年。2013—2020年连续8年的中央1号文件均特别强调积极稳妥地推进土地流转，培育新型农业经营主体；创新土地流转和规模经营方式，实现规模经营。这将有助于加快推进农业农村现代化，走中国特色社会主义乡村振兴道路的总目标。随着土地流转深入发展，通过土地流转流入土地的专门从事规模经营的新型农业经营主体，由于经营规模扩大、资源投入增加和市场价格波动等原因而发生经营不善导致租金违约的现象频繁出现，致使流出土地经营权的小农户租金收益难以保障，影响了小农户流出土地经营权的积极性。在此背景下，设计符合土地流转双方需求的租金支付履约保证保险，就显得迫切而重要。2014年10月中共中央办公厅、国务院印发《关

* 基金项目：2019年国家社会科学基金后期资助项目“现代农业保险实践模式与体制机制创新研究”（19FJYB002）；中央高校基本科研业务费人文社科基金社科优助项目“土地经营权流转租金支付履约保证保险的试点效果与推广建议——基于江苏省调研数据”（Y0202000200）；2020年度江苏保险应用课题“农地流转履约保证保险试验效果与复制推广问题研究”（SBX2020-063）。

作者简介：林乐芬，南京农业大学金融学院农业保险研究所所长、教授、博士生导师；滕菲，南京农业大学金融学院博士研究生。

于引导农村土地经营权有序流转发展农业适度规模经营的意见》，明确要求“防范承包农户因流入方违约或经营不善遭受损失”。自此，中央针对土地流转违约风险发布多项文件，2017 年中央 1 号文件更是明确提出“鼓励地方探索土地经营权流转履约保证保险”。土地经营权流转租金支付履约保证保险作为防范违约风险的有效措施，起到保障农户收入和稳定三农发展的作用。小农户的租金收入得到保障，流转积极性得以激活，规模农户更容易实现产业化经营，广大农村地区的脱贫质量才能提升。任何政策的制定与执行想要达到预期的效果，必须充分把握政策目标群体的经济行为。因此厘清规模农户对土地经营权流转租金支付履约保证保险的积极决策响应和阻滞因素，是全面推广该创新保险的前提。为了得到稳定的土地流入，实现长期规模经营和规模收益递增，新型农业经营主体存在对于土地经营权流转履约保证保险的内在需求。

目前关于土地流转风险的研究主要集中在风险成因和风险评价两个方面。林旭认为农村土地流转会带来五个方面的社会风险：农民失业、失地、失去保障的风险，影响粮食安全的风险，加剧农村两极分化的风险，产权主体权益受损的风险和政治风险，并提出了构建农地流转社会风险防范机制的对策与建议。姜晓萍和衡霞介绍分析了农地流转的契约风险、市场风险和社会风险的重要原因。李长健和杨莲芳指出随着流转的全面展开，法律滞后将导致诸如非农化、非粮化与确权不确地、合同违约、农地过度集中等损害农民土地权益的风险。学者们将规模农户发生土地流转合同违约归因于自然风险、市场风险、契约风险、经营风险、政策法律风险及粮食安全风险等。已有文献对于土地流转风险的识别和评价主要是采用 AHP 层次分析法、风险矩阵法、因子分析法、ISM 模型、专家调查法、灰色聚类分析等方法。虽然较多学者对土地流转的违约行为及土地流转风险的分类有一定认识，但鲜有研究将导致土地流转发生违约的具体成因与决策响应相联系。

此外，学者们关于土地经营权流转履约保证保险的研究主要集中在试点运行现状的介绍。范丹等具体介绍了邛崃市土地流转违约风险防范的实践探索和存在的问题。现有研究大多是试点的简单介绍与现存问题的描述性统计，对于土地经营权流转履约保证保险的运行机制没有进行理论阐述，并且对于该保险的决策响应分析不足。已有研究已经形成了投保决策响应研究的基本范式，但是对于土地经营权流转履约保证保险还停留在定性认识，对规模农户决策响应的具体影响因素关注不够，难以提供明确的政策启示信息。

2020 年实现全面小康以后，我国将在乡村振兴道路上加快推进农业农村现代化。土地经营权流转租金支付履约保证保险作为服务三农的创新手段，缓解了土地流转双方彼此不信任的问题，在鼓励小农户土地流转、保障其租金权益和促进农业农村现代化中发挥着不可或缺的作用。土地经营权流转租金支付履约保证保险自全国第一张保单在邛崃诞生起虽已试点多年，但现有研究匮乏，严重阻碍了该保险机制设计的完善与推广。决策响应指规模农户是否参与土地经营权流转履约保证保险的选择，参保表示积极的决策响应，不参保表示消极的决策响应。在研究过程中不但要考虑试点地区的响应意愿，还需要关注非试点地区规模农户的响应意愿，对于主体决策响应的研究从一定程度上可以反映现存问题并对完善运行机制有所助益。因此本文将克服已有研究的不足，在阐述土地经营权流转履约保证保险的运行机制基础上，基于规模农户的视角研究土地经营权流转履约保证保险的决策响应，探究试点区和非试点区新型农业经营主体的决策响应及其影响因素，在此基础上提出进一步推广该保险的政策建议。

二、土地经营权流转租金支付履约保证保险运行机制分析

（一）规模农户租金的违约风险

土地流转是指土地经营权流转。土地承包经营权流转一词最早在 2002 年《中华人民共和国农村土地承包法》中出现，指拥有土地承包经营权的农户将土地经营权（使用权）转让给其他农户或经济组织，即保留承包权，转让经营权。土地流出方通常是指拥有土地承包经营权的农户或农村集体经济组织，土地流入方主要指流入土地经营权的家庭农场、专业大户、农民合作社、农业龙头企业等新型农业经营主体。流转通常是有偿的，也就是在合同中规定了流转租金。因此土地流转中经常会出现违约现象，其中既有来自土地流出方的违约，比如合同未到期就随意提高流转土地的租金或收回土地等；也有来自土地流入方的违约，比如向土地流出方交付土地租金时间延迟或金额不足等。鉴于近年来土地流转违约现象更多出现在土地流入方，本文重点研究土地流入方新型农业经营主体的租金支付违约问题。土地流入方的违约风险指通过土地流转流入土地经营权的专门从事规模经营的新型农业经营主体因违约或经营不善，而使得具有土地承包经营权的小农户遭受损失，即土地流入方未按双方约定时间、约定金额向土地流出方交付土地租金等。

梳理已有文献，土地流入方违约风险主要归因于：①市场风险，指新型农业经营主体由于经营规模较大，受农产品价格波动、农产品不满足需求、没有好的生产项目等影响而收入减少，进而可能产生的租金支付违约。②政策和法律风险，指新型农业经营主体受土地流转政策变化和地方政府对相应县（乡）给予支持的实际落实程度带来的风险，比如土地经营权权属不明晰、政策支持力度不足、相关法律法规不健全给土地流入方租金支付履约带来的影响。③契约风险，指因为合同不规范、合同条款歧义，抑或是新型农业经营主体不明确合同内容等而引起的租金支付违约。④土地流转中的经营管理风险，主要是指新型农业经营主体在土地流转后出现经营管理问题，导致土地没有出现应有的规模经济效应，甚至产生经济损失而无力支付租金产生的违约。⑤自然风险，主要是指农业的弱质性决定了农业生产容易受环境、气候、病虫害等不可抗力因素影响，导致规模经营的新型农业经营主体产量骤减，进而引起租金支付违约。

（二）土地经营权流转租金支付履约保证保险的运行机制

为了推动土地流转的顺利进行，引导规模经营健康发展，解决新型农业经营主体因为面临各类可能风险而产生的土地经营权流转租金支付困难，江苏省实行了《中国人民财产保险股份有限公司土地经营权流转租金支付履约保证保险条款》（以下简称《保险条款》），保障土地经营权流出的小农户租金权益，让保险为土地流转和规模经营保驾护航。

土地经营权流转租金支付履约保证保险是指通过土地流转主体按照规定缴纳一定的保险费用，财政给予一定比例的补助，形成土地流转保险基金，维护农户利益和社会稳定的机制。根据《保险条款》规定，保险的投保人，即与出租方订立流转合同的农业经营主体，包括但不限于农户、家庭农场、专业大户、农民合作社、农业龙头企业等。保险的被保险人，是指拥有土地经营权且与承租方订立流转合同的农户或农村集体经济组织。土地经营权流转租金支付履约保证保险产品涉及投保人、被保险人、保险人以及地方政府等相关利益主体，其行为都有各自的特点。对于投保人而言，该保险的收入保障功能促使小农户愿意延长土地流转年限，因此更有利于投保人长期经营和规模经济的实现。对于被保险人而言，该保险更好地保障了租金收入，缓解了流转双方不信任的问题。就保险公司而言，该保险为创新险种，丰富了公司的涉农保险产品，可以提高保险公司收益；同时保险公司与这些新型农业经营主体沟通更加密切，甚至可以为这一群体提供定制的附加险种，帮助他们降低经营风险，保障保险供需双方的利益。对于政府而言，该保险可以减少土地流转和农业生产过程中的纠纷，缓解了各级政府调解纠纷的压力。因此土地经营权流转租金支付履约保证保险的运行机制也应当考虑相关利益主体各自的利益诉求和可行性。

江苏省南通市海门区作为最早的试点地区，土地经营权流转租金支付履约保证保险试点机制经历了不断完善的过程。最初试点时投保人主要包括农户、土地股份合作社、土地流入方，被保险人包括农户、土地股份合作社。经过几年的实践探索，现确定投保人为土地流入方，被保险人为村土地股份合作社。农户通过加入村土地股份合作社，成为土地权益的最终受益者。保险公司实务中采用合同规定投保人和被保险人，因为流入方租的土地可能来自不同的流出方，同样，同一个流出方可能将土地租给不同的流入方，这样操作简单明了，易于识别和管理。保险费率为3%，保费由土地流入方和区财政补贴各承担50%。新签订的流转合同必须参保，之前签订的流转合同鼓励投保。另外，在试点地区实践过程中，政府角色由最初和保险公司“联办共保”形成风险共担利益共享的利益共同体，转变为政府退出直接经营而成为市场监管者，以财政补贴形式给投保人补贴，鼓励新型农业经营主体投保。

从保险涉及主体利益出发并结合试点经验，修订后的土地经营权流转租金支付履约保证保险的运行机制可以概括为以下步骤：①新型农业经营主体依据流转合同作为投保人向保险公司申请投保，保险公司对投保人资格进行事前审核，对其经营能力、履约情况、面临风险等进行调查。②审核后，保险公司与新型农业经营主体签订保险合同。被保险人为农户组成的土地股份合作社，履约保证保险标的以流转合同中约定的租金金额为准，政府给予投保人一定比例的保费补贴。③若在保险期内，土地流入方未按合同约定交付租金，且在赔款等待期追索无果，保险公司承担赔付。运行机制如图1所示。

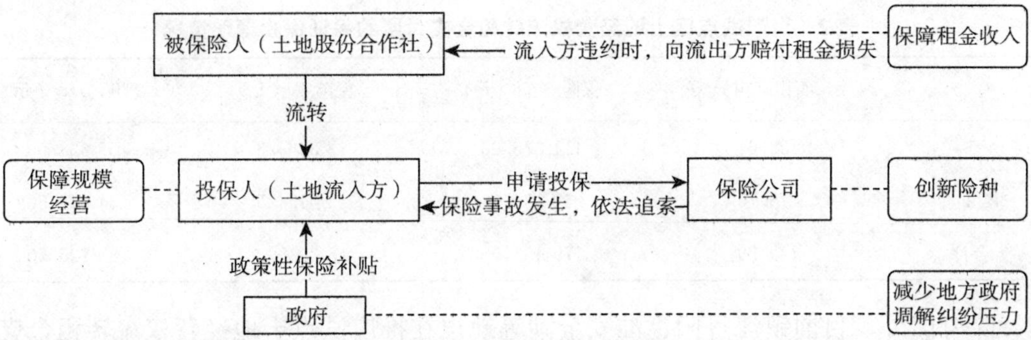

图1　土地经营权流转租金支付履约保证保险运行机制

三、规模农户的决策响应分析

（一）土地经营权流转租金支付履约保证保险试点情况统计分析

土地经营权流转租金支付履约保证保险已在江苏省南通市海门区试点多年，收效良好。根据对中国人民财产保险股份有限公司海门支公司的调研，海门试点区土地经营权流转租金支付履约保证保险承保情况如表1所示，2017—2019年，土地流转面积从4 575.02亩上升至32 995.10亩，参保面积由4 575.02亩升至32 013.04亩，保险金额从约371万元提升至约2 646万元，保险费由约11万元上升至约79万元，投保户数从29户上升至189户，均呈逐年上升态势。

表1　海门试点区土地经营权流转租金支付履约保证保险承保情况

年份	流转面积（亩）	参保面积（亩）	保险金额（元）	保险费（元）	户数
2017年	4 575.02	4 575.02	3 712 579.48	111 377.44	29
2018年	22 151.49	22 151.49	19 285 140.94	578 554.48	142
2019年（含续保）	32 995.10	32 013.04	26 458 030.12	793 741.02	189
2020年1—4月（含续保）	13 643.63	13 125.55	11 012 738.26	330 652.18	76
合计	73 365.22	71 865.10	60 468 488.80	1 814 425.12	436

海门开办土地经营权流转租金支付履约保证保险以来，土地流入方的参保积极

性比较高，截止 2020 年 4 月共参保土地 71 865.10 亩，参保面积覆盖率为 98%；合计保险金额 60 468 488.80 元、保险费 1 814 425.12 元。发生过两起理赔，理赔金额合计为 89 725.50 元（表 2）。从理赔情况来看，引入土地经营权流转租金支付履约保证保险确实能够实现应赔尽赔，保障农民权益。海门试点区 12 个乡镇土地经营权流转租金支付履约保证保险已经实现全覆盖，惠及 136 个村的 136 个土地股份合作社。

表 2　海门试点区土地经营权流转租金支付履约保证保险理赔情况

序号	面积（亩）	保险金额（元）	保险费（元）	理赔金额（元）
1	123.64	111 276.00	3 338.28	55 638.00
2	75.75	68 175.00	2 045.25	34 087.50
合计	199.39	179 451.00	5 383.53	89 725.50

除海门外，目前镇江丹阳、淮安金湖等地也在推广试点土地经营权流转租金支付履约保证保险。本文以江苏为例，基于土地流入方规模农户的视角，通过分析购买土地经营权流转租金支付履约保证保险的决策响应来揭示试点效果。积极的决策响应包含规模农户表现出投保意愿或具有投保行为。试点地区已经推行土地经营权流转租金支付履约保证保险，因此对于试点地区的投保情况分析可以反映规模农户对于该保险的决策响应；对于将要推广该保险的非试点区，可以通过调查主体投保意愿情况反映其响应意愿。

（二）数据来源

本文数据来源于 2019 年 6 月对江苏省 13 个地级市农户的实地问卷调研，调查数据通过分层随机抽样的方法采集，在 13 个地级市随机抽取县、镇、村进行问卷调查。样本涉及 52 个县（区）、118 个乡镇、205 个村、305 个新型农业经营主体样本。其中，种养大户 149 个，家庭农场主 64 个，专业合作社 70 个、农业企业 22 个。调查样本覆盖面广，代表性较好。试点地区选择南通市海门区样本 60 份，其他非试点地区样本 245 份。根据统计分析，在试点区是否投保的决策中，新型农业经营主体中响应为已投保的占 96.67%；在非试点地区是否投保的决策中，新型农业经营主体愿意响应投保的占比为 77.55%。异质性新型农业经营主体的决策响应情况见表 3，可以看出土地经营权流转租金支付履约保证保险不仅在试点地区获得正向响应，而且得到了非试点地区的积极响应。其中，试点地区的家庭农场、专业合作社、农业企业均已投保；非试点地区不同主体的响应意愿从高至低排序依次为家庭农场、种养大户、专业合作社、农业企业。总体而言，试点地区规模农户表现出更积极的决策响应，为非试点地区起到了一定的示范效应。

表 3 土地经营权流转租金支付履约保证保险投保决策响应情况

调查主体类型		种养大户	家庭农场	专业合作社	农业企业	合计
试点地区	已投保	31 (94%)	15 (100%)	9 (100%)	3 (100%)	58 (97%)
	未投保	2 (6%)	0 (0%)	0 (0%)	0 (0%)	2 (3%)
非试点地区	愿意投保	93 (80%)	46 (94%)	39 (64%)	12 (63%)	190 (78%)
	不愿意投保	23 (20%)	3 (6%)	22 (36%)	7 (37%)	55 (22%)

(三) 研究方法

在分别考察了新型农业经营主体试点地区投保和非试点地区意愿投保的决策响应行为基础上，本文进一步实证研究其决策响应行为的影响因素。由于Logistic回归模型可以很好地满足对分类数据的建模需求，并且本文探讨的规模农户作出的决策响应为二分变量，因此选择二元Logistic回归模型来衡量，设定模型如（1）和（2）所示。模型（1）中被解释变量Y_1是试点地区的新型农业经营主体是否投保，调查主体积极响应投保为1，否则为0。模型（2）中被解释变量Y_2是非试点地区的新型农业经营主体是否愿意投保，调查主体表现出积极的响应意愿为1，否则为0。

$$Y_1=\ln\left(\frac{P_i}{1-P_i}\right)=\alpha_0+\alpha_1x_1+\alpha_2x_2+\cdots+\alpha_kx_k+\mu \tag{1}$$

$$Y_2=\ln\left(\frac{P_j}{1-P_j}\right)=\beta_0+\beta_1x_1+\beta_2x_2+\cdots+\beta_kx_k+\varepsilon \tag{2}$$

其中，Y_1和Y_2是因变量；P_i和P_j是因变量为1的概率；x_1，x_2，…，x_k是自变量，代表决定调查主体决策响应的各种因素；α_1，α_2，…，α_k和β_1，β_2，…，β_k是各自变量的系数；α_0和β_0为常数项；μ和ε为残差项。

由于试点地区样本量较小，为了保证结果的准确性，本文运用自助抽样（Bootstrap）对模型（1）的样本量进行扩充。Bootstrap是一种通过重复抽样来估计总体分布的非参数蒙特卡洛方法，通常被用在目标分布未知或者样本量较小的情况下。

(四) 变量选取

1. 核心解释变量

一般而言，风险概率高，从事规模经营的新型农业经营主体的收益下降概率就大，更易产生租金违约，因此规模农户积极响应购买土地经营权流转租金支付履约保证保险。通过上文对土地流转违约风险成因的理论分析，我们对相关风险因素进行汇总，确定新型农业经营主体共同面临的风险因素，并在此基础上进行实地问卷调研和访谈，最终确定冰霜冻灾风险程度、旱涝灾害风险程度、高温风险程度、台风风险程度、病虫害和疫病风险程度、巨灾风险程度、政府或村集体帮助流转土地、地方政府部门宣传农业知识次数、农产品价格下跌致受损次数、价格波动损失、土地流入后经营面积、农业生产性支出、是否了解解除合同的风险、家庭农业收入占比共 14 个具体违约风险因素。本文利用 SPSS 19 软件处理样本数据，KMO 检验值为 0.833，Bartlett 检验显著性概率为 0，说明样本很适合进行因子分析。本文以主成分分析法提取特征根大于 1 的公共因子，并分别命名为自然风险、政策风险、市场风险、经营风险和契约风险，其累积方差贡献率为 74.076%。最终，本文以各因子方差贡献率占累积方差贡献率的比重为各因子得分的权重，由此构建违约风险指标体系，将计算出的新型农业经营主体租金违约风险和 5 种具体风险因子作为本文的核心解释变量①。

2. 控制变量

Sherrick 等的研究表明经营规模、年龄、融资程度以及对产出风险的认知对投保有显著影响。杜鹏认为对农业风险的认知、农业收入占比、政府补贴等与农业保险需求显著正相关，个人承担保费水平与农业保险需求成负相关，年龄、教育与农业保险需求关系不显著。据此，新型农业经营主体的决策响应除了出于规避违约风险的考虑，还需要关注新型农业经营主体特征、土地流转情况、政府补贴情况和新型农业经营主体对于保险费率满意度等因素。具体变量说明见表 4。

表 4　变量说明

变量分类	具体变量	变量说明	预期方向
被解释变量	是否已投保Y_1 是否愿意投保Y_2	土地经营权流转租金支付履约保证保险的投保行为：是=1；否=0 投保意愿：是=1；否=0	/
核心解释变量	自然风险X_1 政策风险X_2 市场风险X_3 经营风险X_4 契约风险X_5	因子分析法测算的违约风险大小	+
新型农业经营主体特征	务农年限X_6 家庭年均总收入X_7	从事农业生产实际年限 近 3 年年均总收入	+/− +
土地流转情况	土地流入规模X_8 流转年限X_9 土地租金X_{10}	15 亩以下=1；15～30 亩=2；30 亩以上=3 流转合同约定的流转年限 流转合同规定的土地流转单价（元/亩·年）	+ + +
政府补贴情况	对政府补贴满意度X_{11}	非常不满意=1；比较不满意=2；一般=3；比较满意=4；非常满意=5	+
保险费率满意度	对保险费率满意度X_{12}	非常不满意=1；比较不满意=2；一般=3；比较满意=4；非常满意=5	+

① 限于篇幅没有列出具体测算结果，如有需要可联系作者。

四、实证分析

（一）变量相关性分析

通过 Pearson 分析可知，模型（1）和（2）的被解释变量与各解释变量间的相关系数均大于 0.3，且在 1%的双尾水平下显著，据此确定选取的解释变量均可以进入方程。各个解释变量之间的相关系数都在 0.5 以下，模型不受共线性干扰，可保证实证研究的可靠。

（二）Logistic 回归结果分析

利用 SPSS19.0 软件对样本数据进行 Logistic 回归处理，两个模型分别研究新型农业经营主体租金违约的总体风险和具体风险对于规模农户决策响应的影响，各变量的回归系数和优势比值如表 5 所示。从分析结果来看，模型通过了统计学检验，总体拟合良好，可以用来分析。

表 5　二元 logistic 模型结果分析

	模型（1）				模型（2）			
	系数	优势比	系数	优势比	系数	优势比	系数	优势比
新型农业经营主体租金违约风险	1.919* (4.189)	6.816	—		0.670* (0.348)	1.954	—	—
自然风险	—	—	0.749** (2.522)	2.115	—	—	1.183** (0.592)	3.264
政策风险	—	—	2.223*** (3.053)	9.232	—	—	3.003** (1.395)	20.149
市场风险	—	—	1.751** (4.784)	5.760	—	—	0.239 (0.365)	1.270
经营风险	—	—	0.682** (1.158)	1.978	—	—	−0.759 (0.327)	0.468
契约风险	—	—	1.448** (4.688)	4.255	—	—	0.267 (0.998)	1.306
务农年限	−1.042*** (0.759)	0.353	−1.385** (1.171)	0.250	−0.857** (0.419)	0.424	−1.307* (0.743)	0.271
家庭年均总收入	0.174** (0.272)	1.191	0.016 (0.434)	1.016	0.051*** (0.019)	1.052	0.091* (0.047)	1.095
土地流入规模	1.002* (4.248)	2.724	1.266** (4.930)	3.548	0.826** (0.383)	2.284	1.687** (0.827)	5.403
流转年限	1.147* (3.500)	3.150	1.423** (4.415)	4.151	0.199* (0.119)	1.220	0.592* (0.358)	1.808

（续）

	模型（1）				模型（2）			
	系数	优势比	系数	优势比	系数	优势比	系数	优势比
土地租金	0.969** (3.473)	2.635	1.609*** (3.998)	4.998	0.872** (0.366)	2.392	1.905* (1.136)	6.718
对政府补贴满意度	0.956* (3.088)	2.601	1.618*** (3.868)	5.043	0.607*** (0.223)	1.834	1.112** (0.561)	3.041
对保险费率满意度	1.603** (2.814)	4.970	2.055** (5.796)	7.805	0.674*** (0.241)	1.962	0.906* (0.504)	2.474
常数项	−7.064*** (9.313)	0.001	−13.321*** (25.208)	0.000	−6.802*** (1.638)	0.001	−16.435** (7.054)	0.000
似然比卡方值	47.421		47.397		2 759.523		300.370	
模型的综合检验 P 值	0.000		0.000		0.000		0.000	

注：***、**、*分别代表在1%、5%和10%的统计水平上显著，括号内为回归系数的标准误。试点地区的显著性基于1 000个Bootstrap样本。

从回归结果来看，在试点地区和非试点地区所有自变量对规模农户的决策响应均有显著影响，且自变量对于决策响应的影响方向与预期一致。根据试点地区模型中优势比可以看出：新型农业经营主体租金违约风险、新型农业经营主体对保险费率满意度、流转年限、土地流入规模、土地租金、政府补贴等对试点地区规模农户的决策响应均产生成倍的正向影响。针对非试点区，规模农户的决策响应对于土地租金、土地流入规模、新型农业经营主体租金违约风险等较为敏感。

1. 新型农业经营主体（规模农户）租金违约风险

规模农户作为土地经营权的流入方，其风险偏好直接决定着其对土地经营权流转租金支付履约保证保险的响应。出于缓释租金违约风险的缘故，规模农户租金违约风险显著正相关于他们作出积极决策响应的概率。根据实证结果，试点地区新型农业经营主体之所以大多购买土地经营权流转租金支付履约保证保险主要受租金违约风险的影响。由试点地区模型中5个风险因子的优势比可以看出政策风险最大，新型农业经营主体对风险因子的敏感程度从大到小依次为政策风险、市场风险、契约风险、自然风险、经营风险。调研中我们发现，这主要是因为土地是农民基本生产资料，即使对于新型农业经营主体而言，土地也发挥着可靠的生活保障功能，新型农业经营主体仍要从家庭和集体利益出发，若土地经营权流转租金支付履约保证保险的政策扶持力度不足，他们的响应程度就会降低。另外，由于土地流转合同不规范造成土地流转期限不定等问题，也可能影响新型农业经营主体长期稳定经营，从而加大其对于土地经营权流转租金支付履约保证保险的响应概率。这为政府优先关注风险类型提供了理论依据，有助于优化该保险的体制机制。非试点地区的新型农业经营主体之所以有响应的意愿，也是出于缓释违约风险的需求。

2. 新型农业经营主体特征

家庭年均总收入越多，购买力更高，购买保险的能力和意愿更显著。务农年限显著负向影响规模农户的决策响应，这可能是因为务农年限长的经营主体种植经验丰富，防范各类风险及灾后补救的能力高，因此积极响应程度减弱；但其优势比值小于1，这表明务农年限不是导致决策响应改变的必然因素。这两个变量对于试点地区和非试点地区的规模农户决策响应影响方向一致。

3. 土地流转情况

土地流入规模、流转年限和土地租金3个变量与规模农户决策响应显著正相关。从理论上讲，规模农户通过土地流转后经营面积越大、流转年限越长、土地租金越高，各类风险发生时损失越大，更担心遭受大额损失而无法支付合同规定的租金收益，因此试点地区规模农户都基本作出积极的决策响应，同时非试点地区也会增强购买该保险的意愿。

4. 对于政府补贴及保险费率的满意度

政府补贴及保险费率的制度设置越符合规模农户的内心预期，他们就越愿意参加该保险。试点地区的规模农户大部分响应购买是因为他们对于政府补贴及保险费率的政策满意度较高，而非试点地区新型农业经营主体也有较高的响应积极性是由于其对试点地区释放的红利有所了解。补贴政策以及保险费率设置的优化将极大促进土地经营权流转租金支付履约保证保险效果的发挥。

（三）稳健性检验

为了保证模型稳健可靠，本文重新选定变量进行稳健性检验，把“对政府补贴满意度”变量改为“如果没有保费补贴，您是否愿意参加土地经营权流转租金支付履约保证保险”；把“对保险费率满意度”变量改为“您感觉所交保费（太高、有点高、一般、较低、很低)”。

将以上变换后的新模型设定，进行稳健性检验，结果显示，各个主要变量回归系数正负方向与显著性水平并未产生过大波动。因此，模型通过稳健性检验。

五、研究结论与进一步推广的建议

本文分析了江苏省试点地区土地经营权流转租金支付履约保证保险的运行机制，根据对江苏省新型农业经营主体的调研数据，采用Logistic模型深入探讨影响试点地区及非试点地区规模农户对于土地经营权流转租金支付履约保证保险决策响应的具体影响因素，得到如下研究结论：

试点地区，规模农户已投保比例很高，该保险运行效果显著。规模农户租金违约风险概率越高，决策投保积极性就越高；5种风险因子对规模农户投保行为的影响程度存在差异。显著影响规模农户积极响应的因素，由高到低依次是土地流入规模、农业经营主体对政府补贴及保险费率满意度、家庭年均总收入和土地租金。

非试点地区，部分新型农业经营主体对土地经营权流转租金支付履约保证保险也表现出较高的响应意愿，主要是由于试点地区已投保比例较高产生的溢出效应。实证结果还发现对保险费率、政府补贴政策以及租金违约风险的认知不足，影响了部分地区规模农户的决策响应。

基于以上研究结论，为高质量推进土地经营权流转租金支付履约保证保险的实施，进一步扩大试点范围，让其能够为土地流转和规模经营的健康发展保驾护航，本文提出如下政策建议：①试点地区需要不断完善该保险运行制度，认真总结经验，不断增强可持续性的政策溢出效应，根据各地实际情况有序稳健推进试点；同时应加强规模农户对违约风险不同成因的认知、挖掘农民增收潜力；从政策上规范流转合同，尽可能降低政策风险和契约风险。②非试点地区本着因地制宜的原则，保险机构应当在充分听取政府和农民代表意见的基础上，根据各地实际情况和异质性风险优化该保险机制，制定合理的费率和补贴比例，满足规模农户的购买需求，同时还可通过定制附加险种、改善信贷服务、提供技术帮助等多种方式，给予新型农业经营主体支持，提高规模经营的生产效率。③各级农业农村局、财政局等地方政府部门可以加快该保险试点的推广及宣传，科学合理制定和完善财政补贴机制，培育和监管农业保险市场主体，促进农业保险市场高效率高质量发展。

参考文献（略）

林业碳汇保险模式比较、制约因素和优化策略*

秦　涛　李　昊　宋　蕊

摘要： 林业碳汇保险是一种可以有效规避碳交易市场中的碳汇资产损失的金融工具。本文梳理分析现阶段国内开展林业碳汇保险的四种产品，并从保险标的、投保主体、保险责任、保险金额和定损理赔等方面进行比较，分析产品要素与适用条件，发现现行碳汇保险实施过程中存在保险标的不明确、保险金额设定不合理、保险责任不全面、费率定价不科学、风险补偿作用未能充分发挥等问题，因此建议尽快完善林业碳汇相关政策、丰富碳汇测量标准与方法、完善计量监测基础准备工作、优化保险产品设计、创新定损理赔流程。

关键词： 林业碳汇保险；模式比较；制约因素；推广策略

一、引言

随着全球极端天气发生频率和强度的明显增加，国际社会逐渐对通过“碳中和”应对全球气候变化达成共识，我国也正在重点推行“碳达峰”“碳中和”战略。林业碳汇作为应对气候变化的自然解决方案，是实现“碳中和”的重要路径之一，其碳抵消作用被认为是最经济的且有多种效益的。为加快发展林业碳汇，2019年国家9部委联合印发的《建立市场化、多元化生态保护补偿机制行动计划》中明确提出“林业碳汇优先纳入全国碳交易市场”的构想。保险作为风险规避的重要金融工具，可以有效规避碳交易市场中的碳资产损失风险和碳汇林生长过程中的碳汇损失风险，对支持林业碳汇发展意义重大。2021年中国人民财产保险股份有限公司（以下简称人保财险公司）和中国人寿财产保险股份有限公司（以下简称人寿财险公司）等多家保险公司联合政府部门积极开展保险试点工作，先后在福建、江西和广东等地进行了林业碳汇保险的试点。与传统保险不同，林业碳汇保险更加注重将绿色发展理念融入保险产品与服务之中，达到实现经济效益和社会可持续发展双赢的目的。从本质上看，林业

* 本文原载《农村经济》2022年第3期。基金项目：教育部人文社会科学研究规划基金项目“我国森林保险精准扶贫效应评估与机制优化研究”（编号：20YJA790059）、国家社会科学基金后期资助项目“中国森林保险需求与供给模式研究”（编号：20FGLB022）、北京市社会科学基金项目“北京市公益林保险产品创新与运行模式优化”（编号：18YJB011）。

作者简介：秦涛，北京林业大学经济管理学院教授、博士生导师；李昊，北京林业大学经济管理学院硕士研究生；宋蕊，北京林业大学经济管理学院博士研究生。

碳汇保险是以碳资产为标的的保险产品，可以对碳排放权交易过程中的价格波动，碳汇生产过程中的碳汇损失进行风险规避和担保。目前我国实施的森林综合保险仅针对苗木种植的直接物化成本投入，导致林业碳汇发展面临无险可保的困境。碳汇保险的实施可以有效补充包括人工投入成本及碳汇富余价值在内的有关成本，通过技术手段对投保区域内碳汇量进行计量和监测，更好地保障碳汇资源的培育过程和林木固碳能力的价值核定。

目前我国林业碳汇保险试点方兴未艾，而现阶段国内关于林业碳汇保险的研究较少，现有研究主要是以分析林业碳汇交易的各种影响要素和运行机制为主，缺乏对林业碳汇保险产品设计和运行模式机制的探索，无法在理论上对林业碳汇保险发展提供建议参考。因此，剖析和比较不同林业碳汇保险模式特征，分析其适用条件，有助于把握林业碳汇保险的模式设计及选择。基于此，本文选取目前开展试点的福建顺昌、福建龙岩、江西黎川和广东云浮四个地区为研究对象，通过研究这四种不同的林业碳汇保险产品要素，比较产品间的异同，总结不同模式的适用条件和推广应用策略，为国内其他地区开展适合本地区特点的林业碳汇保险模式提供有益参考，加快推进林业碳汇市场的发展和双碳战略的落实。

二、我国林业碳汇保险产品与核心要素

从 2021 年起，国内各地区陆续开始实施林业碳汇保险试点，各试点地区根据自身经济发展情况和区域经济特征水平创新出了不同的林业碳汇保险产品与运行模式。本文主要总结出目前国内开展林业碳汇保险的四种模式：“福建顺昌模式”“福建龙岩模式”“江西黎川模式”“广东云浮模式”，并探讨在四种不同模式下具有显著差异性的林业碳汇保险产品核心要素。

（一）福建顺昌：林业碳汇价格保险

2021 年 3 月 30 日，人保财险福建省南平市分公司顺昌支公司与福建省顺昌县国有林场签订林业碳汇价格保险合同，为 6.9 万亩碳汇林提供 100 万元的风险保障，保费 0.52 万元，可以有效保障林木产生的碳汇因市场交易价格下跌导致的参与主体收入下降风险，防止碳汇林经营主体受到价格极端下跌的影响，稳定林业碳汇交易收入。福建顺昌在全国开创了“林业碳汇质押＋远期碳汇融资＋林业碳汇保险”的模式，是以林业碳汇作为质押物、以远期碳汇产品为标的物的约定回购融资项目。人保财险公司联合兴业银行和海峡股权交易中心，共同为碳汇质押贷款增信，有效解决林业碳汇项目因普遍存在的签发周期长、生态价值实现难等困境而融资手段不足的问题，增强了林业产业融资力度。根据人保财险公司提供的保险条款资料，林业碳汇价格保险的产品要素见表 1。

表 1　林业碳汇价格保险产品要素

要素	要素说明
保险人	人保财险福建省南平市分公司顺昌支公司
被保险人	福建省顺昌县国有林场
保险标的	满足相应条件的林业碳汇项目的碳汇林产生的碳汇①
保险责任	保险期间内碳汇的实际价格低于目标价格时，进行赔偿②
保险金额	根据不同树种的年平均固碳储值、碳汇目标价格和投保面积确定③
保险费率	0.52%
定损理赔	赔偿金额=(碳汇目标价格−实际价格)×对应赔偿比例×保险产量（吨/亩）×保险面积（亩）

(二) 福建龙岩：林业碳汇指数保险

2021 年 4 月 26 日人寿财险福建省分公司首创开发的林业碳汇指数保险产品在福建省龙岩市新罗区签单落地，为 300 多万亩林地提供 2 000 万元的保额，保障近 100 万吨碳汇量，在保费为 120 万元的基础上，最大赔付比超过 16 倍，有效保障碳汇林木生长过程中面临的火灾、雨灾、风灾、水灾、雹灾、冻灾、雪灾、雨凇、旱灾、泥石流、山体滑坡、林业有害生物等自然灾害和意外事故而导致的碳汇能力减弱风险。福建龙岩开创了“林业碳汇指数保险+灾后直接赔付”模式，借助指数保险在灾后赔付时特有的“出险—赔付”流程，省去了中间的核损过程，可在灾后迅速将赔款支付到位，为灾后减损、固碳能力修复争取宝贵时间，为其他林业碳汇保险灾后理赔提供新思路。根据林全德等对林业碳汇指数保险的介绍以及人寿财险公司提供的保险条款，林业碳汇指数保险的产品要素见表 2。

表 2　林业碳汇指数保险产品要素

要素	要素说明
保险人	人寿财险福建省分公司
被保险人	福建省龙岩市新罗区政府
保险标的	新罗区内生长正常且管理规范的生态林和商品林④

① 林业碳汇项目的碳汇林需满足以下三点条件：一是自 2005 年 2 月 16 日之后开工建设，林业碳汇项目要求 2005 年 2 月 16 日后抛荒一年以上的林地；二是林业碳汇项目业主必须具备独立法人资质，并且林地权属清晰，具有林地权属证书；三是林业碳汇项目活动参照国家发改委或福建省碳交办备案的方法学。

② 实际价格是指保险期间内的市场发生交易金额交易日收盘价的年平均价格。目标价格以易碳投资指数平台发布的福建市场碳汇的近三年发生交易金额交易日收盘价的年平均价格为基础，由保险人和投保人协商确定。

③ 保险金额=杉木单位保险金额（元/吨）×杉木保险面积（亩）+马尾松单位保险金额（元/吨）×马尾松保险面积（亩）+阔叶树单位保险金额（元/吨）×阔叶树保险面积（亩）+毛竹单位保险金额（元/吨）×毛竹保险面积（亩）。单位保险金额=目标价格（元/吨）×不同树种树龄对应每亩保险产量（吨/亩）。

④ 保险标的不含无立木林地林木和龙岩市梅花山自然保护区林木。

（续）

要素	要素说明
保险责任	保险期间内林木碳汇能力减弱事故发生时，进行赔偿①
保险金额	根据对当地林业碳汇资源进行救助、植被恢复等与林业碳汇富余价值生产活动有关的灾后费用支出设定相应保险金额
保险费率	6%
定损理赔	赔偿金额＝林业碳汇减少量换算成的年度林木损毁累计面积对应的单位赔偿金额×(1－免赔率)

（三）江西黎川：林业碳汇价值保险

2021 年 6 月 28 日，人保财险江西省分公司签出全省首个碳汇林价值保险保单，为黎川县林业工业公司岩泉林场位于樟溪乡的 370 亩碳汇林提供 37 万元风险保障。林业碳汇价值保险在传统森林保险基础上进一步补充了碳汇价值保障，使林木成本金额和碳汇价值不受自然因素和市场价格波动风险的影响，将林木损失合理转化为森林固碳量损失，从而科学测算碳汇价值损失。江西黎川开创了“林业碳汇价值保险＋国有企业参与＋林业碳汇融资”模式，通过引导国有企业对其拥有的国有林场进行投保，为其他国有企业积极参与林业碳汇保险起到示范作用；同时企业的参与也为林业碳汇参与生态产品价值实现机制提供便利，可在未来通过江西省成立不久的南方林业产权交易所生态产品（抚州）运营中心开发林业碳汇融资产品，扩展企业拥有的林业碳汇的质押权能和可能的融资贷款手段，探索林业碳汇等生态产品价值的市场化实现机制，助力生态产品价值实现机制转换。根据抚州市政府发布的公告和人保财险公司提供的资料，林业碳汇价值保险的产品要素见表 3。

表 3　林业碳汇价值保险产品要素

要素	要素说明
保险人	人保财险江西省分公司
被保险人	江西省黎川县林业工业公司岩泉林场
保险标的	岩泉林场林业碳汇项目的碳汇林木
保险责任	保险期间内因自然灾害和意外事故造成碳汇林木损失时，进行赔偿
保险金额	根据碳汇林的碳含量和碳容量计算出固碳量，从而设定保险金额②
保险费率	0.55%
定损理赔	赔偿金额＝不同树种每亩保险金额×受损面积×损失程度③

① 当投保地理区域内遭遇自然灾害或意外事故，直接造成保险林木不可恢复性的完全损毁，损毁面积所监测换算的固碳量减少大于一定标准时，视为林木碳汇能力减弱事故发生。

② 不同树种每亩保险金额＝不同树种树龄对应每亩保险碳汇产量（吨/亩）×碳汇单位价格（元/吨）。不同树种树龄对应每亩保险碳汇产量由林业部门提供；碳汇单位价格以易碳投资指数平台发布的上海市场碳汇的近三年发生交易金额交易日收盘价的年平均价格为基础，由保险人和投保人协商确定。

③ 损失程度＝单位面积平均损失株数/单位面积平均种植株数。

(四) 广东云浮：林业碳汇综合价值保险

2021 年 6 月 30 日，人保财险广东省分公司与广东省云浮市国有大云雾林场签下全国首单林业碳汇综合价值保险合同，为其 5 100 亩碳汇造林项目提供 112 万元的风险保障，保费 0.71 万元。林业碳汇综合价值保险在保障林木价值和碳汇自身价值之外，还创新提出将碳汇造林项目的其他生态效益（如水土保持、水源涵养、放氧功能、净化空气）以调节系数的形式体现在碳汇最终价值的核定方法中，有效地将林木经济价值与碳汇价值、生态价值进行结合。广东云浮开创了“林业碳汇综合价值保险＋碳汇方法学＋碳排放交易所认定价值”模式，是全国首次在认定碳汇量时引入碳汇方法学和碳排放交易所。人保财险广东省分公司联合广州碳排放权交易所（以下简称广碳所）共同设计了林业碳汇综合价值保险方案，利用《广东省林业碳汇碳普惠方法学》的科学性来核定碳汇林项目的碳汇量，广碳所也发挥了碳交易权威定价平台的角色，为碳汇造林项目出具了林木碳汇价值认定结论，解决了碳汇价值确定难的问题。根据云浮市政府发布的公告和人保财险公司提供的资料，林业碳汇综合价值保险的产品要素见表 4。

表 4　林业碳汇综合价值保险产品要素

要素	要素说明
保险人	人保财险广东省分公司
被保险人	广东省云浮市国有大云雾林场
保险标的	生态公益林、商品林、高质量水源林、红树林等林木及其产生的林业碳汇
保险责任	自然灾害和意外事故导致保险林木损失时，赔偿林木和碳汇价值的损失
保险金额	保险金额＝林木保险金额＋碳汇价值保险金额①
保险费率	0.75％
定损理赔	赔偿金额＝每亩保险金额×损失面积×损失率×不同树种及树龄每亩赔偿比例－免赔额

三、林业碳汇保险产品比较与特征分析

分析四种模式的保险产品，我们不难发现，作为区域经济社会发展状况截然不同的四个试点地区，其保险产品在保险标的、投保主体、保险责任、保险金额与费率和定损理赔等方面存在明显差异，如表 5 所示。

① 林木保险金额＝林木每亩保险金额（元/亩）×保险面积（亩）。碳汇价值保险金额＝不同树种对应每亩碳汇产量（吨/亩）×碳汇单位价值（元/吨）×保险面积（亩）。不同树种的碳汇产量以县（区）级及以上林业部门或广州碳排放权交易所认定的数据为准；碳汇单位价值以广州碳排放权交易所发布的近三年交易日收盘价年平均价格为基础，由保险人和投保人协商确定。

表 5　我国林业碳汇保险产品比较

要素	产品			
	林业碳汇价格保险	林业碳汇指数保险	林业碳汇价值保险	林业碳汇综合价值保险
保险标的	碳汇	林木	林木	林木与碳汇
投保主体	国有林场	区政府	国有企业	国有林场
保险责任	碳汇实际价格低于目标价格	固碳量损失指数达一定标准	林木损失达到一定标准	综合价值损失达到一定标准
单位保额	304.35 元/亩	6 元/亩	1 000 元/亩	535.31 元/亩
保险费率	0.52%	6%	0.55%	0.75%
定损理赔	根据碳汇目标与实际价格差额划定不同赔偿比例	根据林木损失导致的碳汇减弱量确定赔偿比例	赔偿金额按照保险碳汇林损失来确定	根据核定方法计算出的综合损失确定赔偿金额

（一）保险标的

在开展林业碳汇保险试点的地区中，保险标的可分为三类。林业碳汇价格保险的标的是碳汇林木产生的碳汇，聚焦于碳汇交易市场中的碳汇价格；林业碳汇指数保险和林业碳汇价值保险的标的是碳汇林木，聚焦于碳汇生产过程中的林木价值，通过林木受损量来衡量固碳量的损失；林业碳汇综合价值保险的标的是碳汇林木及其产生的林业碳汇，分别衡量林木价值和碳汇价值，明确了保险标的的范围与所属，为后续确定保险责任、保险金额和费率奠定了基础。

（二）投保主体

根据投保碳汇林所属单位不同，投保主体（被保险人）分为国有林场、地方政府和国有企业三类。当国有林场和国有企业作为被保险人时，更有利于企业借助碳汇进行融资贷款，满足企业对资金的需求，增强林业产业融资力度；当地方政府作为被保险人时，则更有利于碳汇保险承保理赔，同时也可借助卫星遥感等科技手段进行查勘定损，满足防灾防损的需求。

（三）保险责任

保险责任是根据保险标的面临的风险设立的。林业碳汇价格保险主要保障碳汇交易时的价格波动风险，当碳排放权交易市场中的碳汇实际价格低于目标价格时，进行赔偿。林业碳汇指数保险、林业碳汇价值保险和林业碳汇综合价值保险则主要保障林木在生长过程中可能发生的碳汇价值减弱风险，当合同约定的指标达到一定标准时，进行赔偿。三者的区别在于将林木损失换算成何种标准，林业碳汇指数保险将林木损失换算成固碳量减少指数指标，林业碳汇价值保险是换算成林木损失指标，林业碳汇综合价值保险是换算成综合价值损失指标。

（四）保险金额与费率

不同林业碳汇保险产品的保险金额和费率的计算方法均有不同。林业碳汇价格保险和林业碳汇价值保险虽然单位保额和费率不同，但计算保额的方法一致，均为不同树种的单位保险金额与投保面积相乘，结果的差异是由二者投保树种碳汇量不同而产生的；林业碳汇指数保险的保险金额最高，这一方面是根据灾后费用支出确定的，另一方面也与其投保主体是地方政府有关，林业碳汇指数保险投保目的侧重于灾后补偿，所以需要较高的保额；林业碳汇综合价值保险计算保额时将林木保险金额和碳汇价值保险金额相加，该产品将林木保险金额也纳入进来，导致广东云浮模式保险金额与费率偏高。

（五）定损理赔

林业碳汇价格保险面临的风险主要发生在碳排放权交易市场中，所以该产品根据碳汇目标价格与实际价格的差额划定不同赔偿比例，并结合保险产量和面积确定金额进行赔偿；林业碳汇指数保险采取“出险—赔付”的方法，对灾情查勘后认定受灾森林面积，并将其对应的碳汇能力减弱量进行吨数换算，通过指数保险灾害水平的分档划定赔偿比例；林业碳汇价值保险通过统计受灾林木株数来计算损失程度，从而通过保额确定赔偿金额；林业碳汇综合价值保险则是将林木损毁面积、损失率和赔偿比例综合纳入赔偿金额的确定方法中，并引入一定的免赔额。相较而言，林业碳汇指数保险的赔付更加直接，缩减了一定的定损时间，更有利于发挥林业碳汇保险的灾后风险补偿作用。

四、林业碳汇保险存在问题与制约因素

（一）保险标的不够明确，林业碳汇交易市场尚未恢复

在碳交易市场中有两类基础产品，一类是企业分配到的减排量，即配额；另一类就是国家核证自愿减排量（CCER），即企业实施项目减排温室气体而获得的减排凭证。由于CCER审批项目自2017年3月被暂停，至本文截稿时仍未重新启动，所以在交易市场中无法形成新的碳汇资产，这也直接导致目前开展的林业碳汇保险试点中保险产品主要是以森林林木或者碳汇储蓄量作为保险标的，无法直接将碳汇作为一种资产进行投保，这在一定程度上阻碍了碳汇保险进行抵押贷款融资，不利于林业碳汇保险的发展。

（二）保险责任范围有限，投保主体实际需求未能满足

我国开展林业碳汇保险试点的地区普遍林业资源丰富，气象灾害频发，林木受灾以自然灾害为主，但现行保险方案中普遍承保的是受灾后完全损毁或是不可再生的林

木，保险责任中尚未涵盖不完全损毁或损毁后一定程度上可以恢复再生的林木资源。由于保险责任的缺失，林木资源的固碳量难以准确测量，无法核定真实的受灾损失，从而影响后续的保险赔付。另外参与林业碳汇的投保主体十分有限，主要为有减排需求的企业、拥有国有林场碳汇造林项目的国有企业或者地方政府。碳汇造林的地方属于集体经营的土地，林农是林业经营的主体，分户经营的现状与碳汇交易的规模需求存在较大矛盾，加之信息不对称的劣势也使林农无法充分有效地参与保险试点中。

（三）保险金额难以测算，林业碳汇资产无法准确计量

目前开展的林业碳汇保险试点中存在保险金额难以测算与衡量、确定损失量方法不明确等问题，在福建龙岩开展的林业碳汇指数保险中具体表现为以下几方面：一是保险金额由政策统一规定，不足以区分各地域的风险水平差异和灾害的实际损失成本。由于不同地域森林固碳能力具有差异性，在概算平均固碳能力时势必造成基差较为明显，统一的保险金额无法反映各地域真实的固碳能力。二是投保植被的固碳能力影响因素衡量维度不全面不明确，除了受自身树种、树龄、胸径和密度等因素影响，林木的净固碳能力还受到区域年度日照时长的影响，因此进一步完善影响因素衡量维度有利于全面客观地确定保险金额。

（四）费率厘定不够科学，碳汇保险定价机制有待完善

科学厘定保险费率是确保林业碳汇保险经营稳定的重要前提，关系到投保主体对林业碳汇保险的有效需求，也关系到政府保费补贴的支出程度。如果保险费率偏高，使投保主体认为高昂的保费无法有效覆盖受灾损失，那么其投保积极性会下降，不利于保险业务的发展；如果费率偏低，使保险公司的偿付能力受到影响，理赔活动无法有效开展，那么也会损害投保主体的利益。以福建龙岩开展的林业碳汇指数保险为例，该产品将保险费率统一规定为 6%，缺乏费率动态调整机制，另外该产品根据测算各树种的年净固碳量和每单位平均年净固碳量来确定保险费率，无法反映不同地区同一树种的固碳量差异，未根据保险标的的实际成本与风险状况科学厘定费率。

（五）理赔方式比较复杂，风险补偿作用未能有效发挥

从目前实施的保险方案中可以看出，第一，现行的保险险种未根据灾害的种类与分布进行分区，保险费率在不同树种和不同地区间也缺乏差异，这势必会导致低风险区与其他中高风险区缴纳同样多的保费，造成整体赔付率低下，无法充分发挥林业碳汇保险的风险补偿作用。第二，理赔流程烦琐，理赔效率低下。在灾情发生后，对受灾林木需要有 3～6 个月的观察期，理赔过程中需要进行大量的查勘定损工作，理赔时间长、程序复杂，导致收集受灾资料较为困难，理赔工作难以开展，也影响了赔付资金的发放。第三，在以林木为标的的试点方案中，保险产品普遍要将林木受灾面积与固碳能力减弱挂钩，通过一定的指数进行换算从而确定对应的赔付比例，而这种换

算方法的合理性和有效性还需要时间进行检验，根据后续实际情况进行调整。

五、林业碳汇保险政策建议与优化策略

（一）恢复林业碳汇交易机制，明确保险标的资产

近年来CCER需求不足，市场活跃度有限，根据北京碳排放权电子交易平台数据，2015—2020年北京CCER累计交易均价约为15.55元/吨，显著低于配额交易均价。目前全国碳交易市场重新启动，势必带来CCER需求释放。由于2022年CCER审定项目仍未重新启动，备案项目总量远不及对CCER的年均需求量，且过去已备案的减排量基本履约，实际供应稀缺，亟须重启CCER项目的审定备案程序，并吸取之前发展暴露出的问题，重点解决申报审批周期长、政策缺乏连续性和稳定性等问题，开放CCER交易市场，放宽CCER交易限制，保障林业碳汇保险的有效实施。

（二）优化碳汇保险产品体系，扩展保险责任范围

现阶段的林业碳汇保险产品设计还难以完全满足林业经营主体的实际需求，因此应进一步优化保险产品供给。第一，农户作为林业经营的主体，众多规模非常小的潜在林业碳汇生产者与林业碳汇保险供给形成矛盾，导致整体碳汇交易市场供小于需。因此应拓展投保主体，尽可能将分户经营的林农统一纳入投保范围内，设定不同保障水平的保险内容，满足不同林业经营主体的异质性需求。第二，应不断完善保险责任，将受灾后不完全损毁或损毁后一定程度上可恢复再生的林木纳入保险责任内，核定其真实的富余价值损失，提供合理的保险赔付。第三，建立吸收贫困林农参与的激励机制，充分发挥基层组织的能力，通过设立适当的优惠和支持条件，调动贫困林农的内生动力与活力。

（三）完善碳汇监测计量方法，优化保险定价机制

林业碳汇保险的保险金额与费率的确定受到林业碳汇计量和监测水平的影响，只有确定符合实际情况的固碳能力才能设定出合适的保险金额与费率。各试点地区应在国家林业局制定的《碳汇造林技术规定（试行）》和《造林项目碳汇计量与监测指南》等办法标准基础上，结合本地区经济发展情况和自然条件，制定因地制宜的标准，确定合适的计量监测方法，根据全面监测数据测算本地区的林业碳汇及其动态变化，完善计算林木固碳量的综合影响因子，将林木日照时长、林下植物和林下土壤产生固碳效益等因素综合考虑进来。总而言之，要建立林业碳汇计量和监测评估机构，确定合适的林业碳汇计量、监测体系和标准。

（四）增强碳汇计量监测能力，提升风险管理能力

丰富的计量监测基础准备工作有助于计量监测体系的有效运作，而林木固碳能力

发生变化时也可以得到及时的反映。林业碳汇计量监测工作主要包括室内区划、外业验证、修改完善、图版属性因子查错和叠加分析等环节。首先在室内区划时要注意不同地域森林固碳能力的差异，综合考虑造林树种和林木生长量差异等因素，细化标的分类。其次在外业验证时要关注在同一地域内林木树种、树龄、胸径和密度等因素是否与预期相符，在实地测量时进行样木测量，计算项目碳储量，当计算精度小于一定值时应基于标准差重新进行分区和抽样测量。最后要培养林业碳汇专业技术人才，提升从业人员的服务技能。

（五）完善定损理赔操作流程，提升基层服务水平

目前林业碳汇保险定损理赔流程仍较为烦琐，基层服务水平有限，应完善定损理赔流程。第一，优化林业碳汇保险的理赔程序，缩减或取消理赔观察期要求，在不忽略损失的前提下缩短理赔周期，完善理赔程序，提高理赔时效。第二，在江西黎川和广东云浮模式中，可以引入指数保险的理赔模式，将固碳量损失指数化，当承包地区因灾损失达到事先限定的指数触发值就进行理赔，与现在的理赔流程相比，“出险—核损—赔付”三阶段模式缩短为“出险—赔付”两阶段模式。

参考文献（略）

非标准产品、非正式交易与农业保险创新

——政策性鱿鱼保险机制研究*

张跃华　陈　欢　李　彤　张　鑫

摘要： 远洋鱿鱼产业的发展对保障粮食安全，促进海洋经济发展和维护国家海洋权益具有重要意义。然而，远洋鱿鱼产业的高质量发展面临急需解决的挑战。一方面，远洋鱿鱼捕捞和交易中存在的自然风险、市场风险和政治风险，使得捕捞企业（船东）的收入在不同年份间剧烈波动。另一方面，非标准的鱿鱼产品与非正式的鱿鱼交易关系，使得船东和买方、保险公司以及政府之间存在严重的信息不对称问题。本研究通过对舟山市远洋鱿鱼行业的深度访谈和问卷调查，提出创新型的"收入指数保险"，利用海关信息中的报关量和市场平均交易价格，解决交易信息不可得的难题，并在很大程度上缓解信息不对称问题。该保险能够有效分散捕捞企业面临的生产风险，促进远洋鱿鱼产业稳步发展。本研究探索了政策性农业保险的新模式，拓展了支持远洋鱿鱼产业发展的新型政策工具，可为其他非标准产品的保险机制设计提供借鉴。

关键词： 远洋鱿鱼产业；信息不对称；农业保险；收入指数保险

一、引言

作为获取海洋农产品的重要方式，远洋渔业一般指在离岸200海里的经济海域以外或于公海上从事的海洋渔业。其中，远洋鱿鱼是中国远洋渔业中产量最高的品种，中国也是世界上最大的鱿鱼生产国、消费国和贸易国。鱿鱼营养价值丰富，含有多种人体所需的氨基酸。发展远洋鱿鱼产业有利于增加海产品供给，保障粮食安全，在发展海洋经济和维护国家海洋权益上发挥着重要作用。然而，远洋鱿鱼产业的发展面临着自然风险、市场风险和政治风险等，且目前缺乏有效的风险分散机制，严重制约行业的可持续发展。2022年2月，中国农业农村部印发《关于促进"十四五"远洋渔业高质量发展的意见》，强调要稳定完善远洋渔业相关支持政策，提高远洋渔业整体抗风险能力。因此，研究如何构建有效的保险机制，提高相关支持政策的效率，对促

---

* 本文原载《保险研究》2022年第11期。

作者简介：张跃华，浙江大学长三角智慧绿洲创新中心、公共管理学院、民生保障与公共治理研究中心教授，中国特色社会主义研究中心研究员，zhangyuehua@zju. edu. cn；陈欢、李彤，浙江大学公共管理学院博士研究生，张鑫，就职于浙江舟山国际农产品贸易中心有限公司。

进远洋鱿鱼产业的稳步发展具有重要意义。

远洋鱿鱼产业具有两大特性，分别为非标准产品和非正式交易关系（Relational Contract）。非标准产品简称"非标"，一般是指产品的规格等没有或者难以有统一的标准，常用于制造业领域。在远洋鱿鱼产业中，尽管行业内对鱿鱼的规格等有一定标准，但由于鱿鱼的初步分拣和称重均在远洋渔船上完成，且一直处于冷冻状态，鱿鱼的规格、重量和质量参差不齐，因此本研究将远洋鱿鱼称为非标产品。此外，鱿鱼的特征难以被观测到，这使得卖方（船东）和买方（中间商或加工厂）之间存在严重的信息不对称问题。这种信息不对称问题导致了鱿鱼交易市场中出现了大量的非正式交易关系。已有研究认为，在发展中国家的市场中，由于私营公司难以找到合适的交易对象以及合同缺乏约束力，非正式交易关系成为交易能够进行的重要渠道。在非正式交易关系中，信任和中间商发挥着重要作用，但由此产生的交易数据也难以获取。此外，竞争的加剧和市场环境的变化会引起交易关系的改变。在远洋鱿鱼交易中，买卖双方的信息不对称使得大量中间商出现，交易关系主要依靠熟人之间的信任维持。因为交易的非公开性和鱿鱼可冷冻储存较长时间，交易量、交易价格和交易时间都属于难以观测的信息，这是相关支持政策设计中面临的主要挑战。

农业保险是国家稳定和促进农业发展的重要政策，也是农户分散风险和调整生产行为的工具，在提高农产品产量、保障粮食安全和稳定农户收入等方面具有重要的积极作用。中国现行的农业保险包括产量保险、价格保险和收入保险等。从国内外的发展经验来看，收入保险最有可能成为未来政策性农业保险的主打品种。一般而言，农产品的产量和价格具有负相关关系。收入保险同时承保产量风险和价格风险，能够平滑和降低总的赔付风险，更加符合农户稳定收入的目标。

浙江省舟山市是中国最早发展远洋渔业的地区之一，也是当前国内最大的鱿鱼捕捞和生产基地，被誉为"中国鱿钓渔业第一市"。2020 年舟山市远洋渔业产量为 63.1 万吨，约占浙江省的 95%，全国的 60%以上。在通过深度访谈和问卷调查充分了解舟山鱿鱼生产环节和生产风险的基础上，本研究讨论了政策性鱿鱼保险的设计原理，提出收入指数保险的机制设计，以提高财政利用保险补贴的效率，促进远洋渔业的高质量发展。本研究提出的收入指数保险是一种公共政策和保险机制的创新，同时能够为其他非标准产品的保险机制设计提供借鉴。

二、远洋鱿鱼产业的生产环节与风险分析

（一）描述性统计

本研究于 2022 年 1 月对舟山市 17 家远洋鱿鱼捕捞企业进行了深度访谈，占舟山市相关企业总量的 58%，并于 2022 年 6—7 月对远洋鱿鱼捕捞企业的生产情况进行问卷调查。问卷调查共获得 205 艘船只信息，约占舟山市远洋鱿钓船的 50%，共收集到 129 位船东信息，具有较强的样本代表性。

在全部受访船东中，99%以上为男性，仅有一位女性。船东年龄分布于 26～67 岁，平均年龄约为 50 岁（表 1），其中 35 岁及以下占比 7.87%，36～54 岁占比 58.27%，55 岁及以上占比 33.86%，反映出远洋渔业从业人员的平均年龄较高，这与浙江省第三次农业普查数据①中的农业生产经营人员，尤其是规模农业经营户的年龄构成十分相近。

表 1　船东人口学特征

变量	观察值	平均值	标准差	最小值	最大值
性别	117	0.991	0.092 5	0	1
年龄	127	49.92	9.514	26	67
受教育年限	119	11.14	3.268	1	20
经营鱿鱼捕捞年限	124	13.03	7.170	2	35

地域来源方面，91.11%的船东为舟山本地人，6.67%来自浙江省内其他地市，仅有 2.22%来自其他省份（图 1），并且本次调查中来自其他省份的 3 人均来自山东省。舟山的历史传统、资本积累和人际关系为本地人经营远洋渔船提供了得天独厚的优势，外地人则难以进入远洋渔业行业，除非其来自同样具备远洋渔业基础的其他沿海省份。

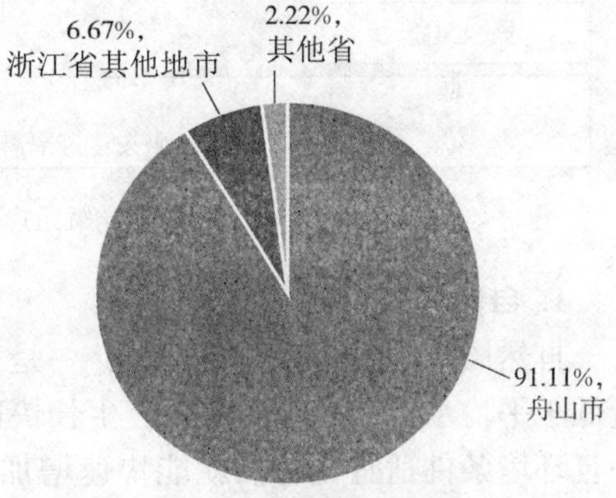

图 1　船东地域来源分布

（二）远洋鱿鱼产业的风险分析

远洋鱿鱼从捕捞到销售的过程包含多个生产环节：①远洋捕捞。鱿鱼具有趋光习性，喜欢聚群活动，渔船多采用配合灯光诱捕技术的鱿钓方式，使用特制卤素灯（或其他诱鱼灯）吸引鱿鱼至捕捞船和鱿钓机周围。鱿鱼被捕捞上岸后，船员进行分拣和称重，将其送入渔船冷库。②海上运输。鱿钓船在自身鱿鱼库存量达到一定程度时（100～150 吨），会联系远洋运输船进行转载，同时向远洋渔业协会申报。运输船在收到转载运输需求后，根据实际情况到达鱿钓船进行转载，转载完成后，提供大副收据和舱容图。运输船装载足够货物后返回舟山，由秘鲁渔场运回舟山大约需要 35～40 天。③海关申报。运输船转载完成并形成大副收据后，鱿钓船使用大副提单向海关申报，报关后形成报关单。④码头装卸。远洋运输船预估出到达舟山的日期后，提前通过邮件向港口报备。运输船在码头靠泊后，进行机械人工装卸，将鱿鱼从运输船

① 浙江省第三次农业普查主要数据公报显示，全省规模农业经营户年龄 35 岁及以下占比 8.2%，36～54 岁占比 54.7%，55 岁及以上占比 37.1%。数据来源：http：//tjj.zj.gov.cn/art/2018/2/5/art_1525568_20972755.html。

上转移到运输货车上。⑤陆上运输和冷库仓储。运输货车将鱿鱼从码头运到各个冷库企业，在鱿鱼进库前，需要完成不同规格的分拣工作。

在远洋鱿鱼产业从捕捞到销售的各个环节中，船东既是利益主体，也是风险承担主体。自然风险和市场风险一直是船东面临的最大风险。此外，新冠疫情与国际形势的变化进一步扩大了远洋企业和船东的经营风险。图2展示了远洋鱿鱼产业不同生产环节中面临的风险，主要为自然风险、市场风险、政治和疫情风险。

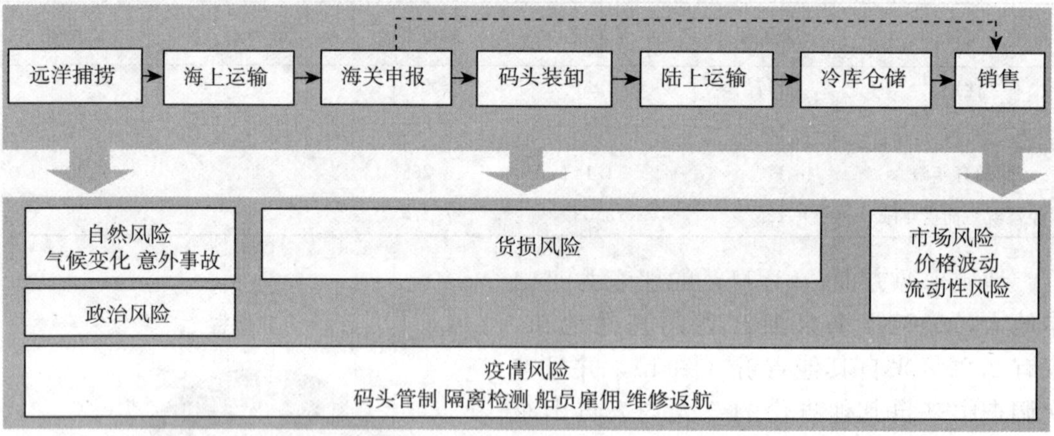

图2 远洋鱿鱼产业的生产环节与风险分析

1. 自然风险

自然风险主要包括两个方面：一是气候和洋流等自然条件导致某年某地的鱿鱼产量低于平均水平。鱿鱼寿命短、生长快速、繁殖率高，其产量易受海洋环境的影响。一旦环境条件适宜，它们就能快速增加种群数量，因此年际间的丰度会发生剧烈变化。近年来，鱿鱼产量的波动随着鱿鱼资源过度捕捞而变得更加难以预测（图3）。二是自然灾害导致的意外事故。近年来，意外事故造成的损失已经大大减少。究其原因，一方面造船技术的改进和远洋渔业安全生产和安全保障设施设备的投入使得船舶

图3 2011—2021年舟山市远洋鱿鱼捕捞量

数据来源：舟山市远洋渔业协会。

质量有所提高，渔船生产作业的安全隐患得以消除，抗风险能力不断加强；另一方面，通信设备与定位技术的普及，如船位监测、电子渔捞日志、远程视频监控在远洋渔船上的应用，也提升了生产的规范化水平，加强了远洋渔船与舟山本地的联系，降低了灾害的损失程度。

从风险管理对策来看，当前渔业互保和商业人身保险等已经为船舶损坏和人身伤亡的意外风险提供了较好的保障，但是远洋渔业在产量上“靠天吃饭”的传统仍是困扰当前大多数船东的生产难题。

2. 市场风险

市场风险主要是价格波动造成的风险，价格是由供给和需求同时决定的。在不同的年份，由于市场供求关系的变化，同一品种的鱿鱼价格可能存在剧烈波动。一方面，受自然风险或人为因素的影响，远洋鱿鱼产品的供给可能会发生变动。另一方面，受国内外市场变化和进出口制约等因素的影响，远洋鱿鱼产品的需求也在不断变化。如图 4 所示，鱿鱼价格在不同年份间存在巨大的差异。其中，西南大西洋鱿鱼的交易价格波动较大，占据生产份额更大的东南太平洋鱿鱼的交易价格波动相对较小，但近年来该品种鱿鱼价格持续走低也严重挫伤了船东的生产积极性。价格和产量的频繁变化，最终表现为船东的收入波动，给鱿鱼生产带来了更大的不确定性。

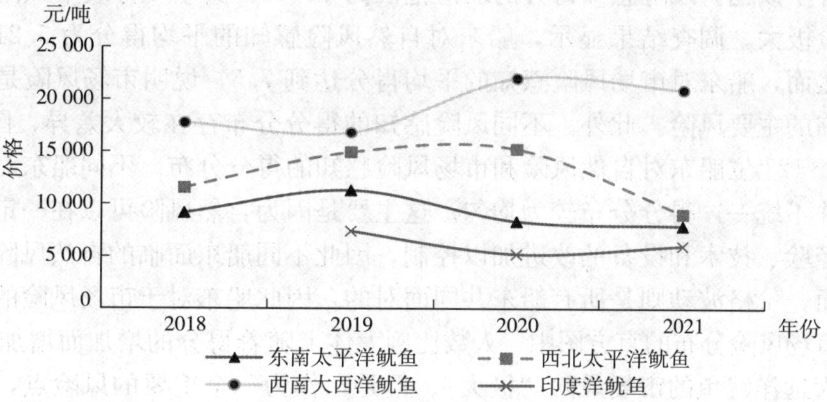

图 4　2018—2021 年舟山市各种类鱿鱼交易价格

数据来源：浙江舟山国际农产品贸易中心（截至 2021 年 11 月 29 日）。

当市场上的鱿鱼价格较低时，船东就要面临是否出售的决策。继续等待可能会收获相比直接出售更高的收入，但为了获取这个可能的收入“溢价”，船东也需要承担额外的风险和成本。首先，鱿鱼需要冷库存储，船东需要另外支付每月 69 元/吨的成本，尽管该费用通常可以等到仓储结束后统一结算，但当鱿鱼价格一路走低时，船东就会处于两难的境地。其次，冷冻储存虽然不会导致鱿鱼变质，但新鲜的货物总会更加受到市场的欢迎。在供给充足的情况下，长期储存可能会降低鱿鱼的销售价格。最后，无法及时销售的存货将成为积压的库存，影响船东的资金流，导致资金周转不良，同时也增加了企业的经营压力。

3. 政治风险与疫情风险

政治风险是指因国际关系或某些不可控的外国法规导致的风险，包括渔船扣押或罚款等。例如，2003 年中兴渔业有限公司在马达加斯加新加港被罚款 22.4 万美元，损失 1 000 余万元，导致公司破产。新冠疫情的影响也增加了远洋鱿鱼捕捞的负担。受疫情影响，至本文截稿时舟山只开放惠群码头，在全部三个码头中，两个用来装卸货物，一个用来更换船员。一艘运输船卸货需要 10 余天，在这期间，其他到达船只都需要排队等待。2022 年 1 月时，在码头卸货的运输船排队时间长达 40 余天。此外，疫情管控期间每艘生产船返回舟山港口时均要进行隔离检测，费用均由企业自负。同时，以往生产船在远洋捕捞作业时可以就近前往附近的国家维修，疫情管控时期只能花费两个月的时间返回舟山检修，产生了高额的油费成本和无法开展生产的机会成本。最后，疫情管控期间的隔离政策导致外籍船员难以补充，进一步增加了人工成本。综上，政治风险与疫情风险的发生具有特殊性和阶段性，并且可以通过相关文件或 GPS 等技术工具加以识别，因此可以将其作为附加条款，不包含在保险的主要保障范围内，本文所设计的保险以保障鱿鱼生产的自然风险和市场风险为主。

4. 风险感知

在问卷调查中，本研究使用评分制测度了船东对不同风险的感知程度，共有 127 位船东回答了该题。风险感知得分的取值范围为 1～10，其中 1 分表示风险极小，10 分表示风险极大。调查结果显示，船东对自然风险感知的平均得分为 5.21，属于中等水平。然而，船东对市场风险感知的平均得分达到 7.5，说明市场风险是远洋鱿鱼捕捞中面临的主要风险。此外，不同风险感知的得分分布存在较大差异，图 5 和图 6 分别展示了 127 位船东对自然风险和市场风险感知的得分分布。不同船东对于自然风险的态度并不统一，得分分布较为均匀。这主要是因为自然风险可以在一定程度上通过船长的经验、技术和设备的改进加以控制，因此不同船东面临的自然风险可能存在差异。然而，价格波动则是所有船东共同面对的，因此船东对于市场风险的感知更为集中。在市场风险分布的直方图中，人数比例大体上随着得分的增加而增加，近 40% 的船东认为远洋鱿鱼的市场风险“极大”。但是，作为一个重要的风险点，市场价格的波动仍未被纳入到当前远洋渔业各项保险的覆盖范围内。

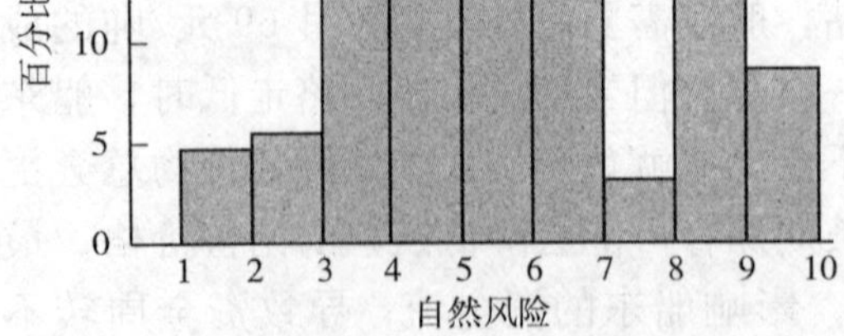

图 5　自然风险感知得分

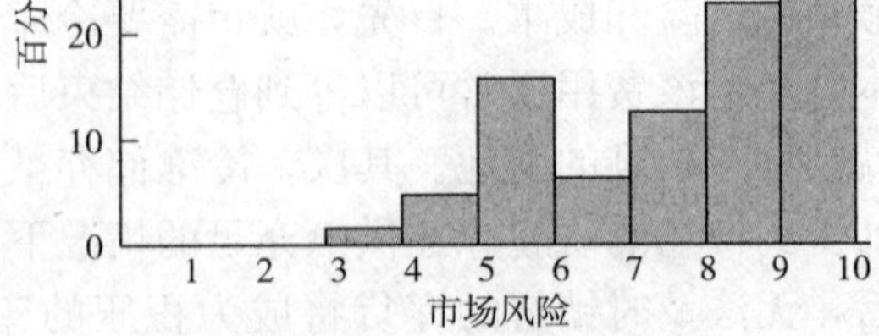

图 6　市场风险感知得分

三、鱿鱼保险机制的设计难点

政策性鱿鱼保险方案设计的主要焦点在于如何构建一个微观制度框架，将可利用的信息组合起来，用以设计政策性保险机制，使得船东能够利用社会化工具分散自然风险和市场风险。同时，在保险公司和船东间存在信息不对称的背景下，控制投保人道德风险问题。本研究从保险方案设计的难点出发，讨论鱿鱼产量保险和鱿鱼价格保险的可行性，进而在规避道德风险基础上探讨设计指数型收入保险的基本思路和理论基础。

（一）保险方案设计的难点

设计鱿鱼保险方案的主要难点在于非标准的鱿鱼产品以及船东与贸易商或加工厂之间多为熟人交易，导致交易价格、交易量和交易时间都属于隐私信息，难以被直接观察到。

1. 非标准产品

一方面，鱿鱼的规格和重量存在非标准问题。同一品种的鱿鱼按不同标准可分为多种规格①，不同规格的鱿鱼价格存在一定的差异。远洋鱿鱼在被捕捞后，首先由船员根据肉眼观察判断鱿鱼的规格，按照不同的规格进行分拣和称重，以每 20 千克（东南太平洋鱿鱼）为一件②，之后注水进入渔船的冷库进行冷冻。在后续的运输、进关和交易中，均使用船上分拣确定的规格和件数（和件重）。因为鱿鱼的规格和重量是由船员确定的，所以可能存在规格不符或缺斤少两的情况。另一方面，不同渔船捕获鱿鱼的质量存在较大差异。鱿鱼在被捕捞后，为确保品质，需要在一定时间内入库冷藏。但由于不同渔船的操作要求和捕捞情况有差异，可能会存在鱿鱼在甲板上时间过长（尤其是夜间）的情况，导致鱿鱼品质下降。运输上岸的鱿鱼是冷冻状态且数量众多，难以逐个观察鱿鱼的规格、重量和质量，只有经加工厂解冻和加工后，才能够观察到鱿鱼产品是否符合标准。因此，部分渔船可能会生产和出售规格不符、缺斤少两或质量较差的鱿鱼。

2. 非正式交易关系

由于鱿鱼产品的非标准化性质，买卖双方之间存在信息不对称。因此，船东和买方之间往往依靠信任进行长期交易。此外，由于中间商能够发挥提供买卖双方的信息、把控产品质量和解决买卖双方纠纷的作用，舟山市的大量鱿鱼通过中间商销售。问卷调查结果显示，在鱿鱼自行销售中，66%的鱿鱼通过中间商销售，仅有 27%的鱿鱼直接销售到加工厂。

---

① 如西南大西洋鱿鱼的规格分为 600 克以上、400～600 克、300～400 克、200～300 克、150～200 克、100～150 克、100 克以下。东南太平洋鱿鱼的规格分为大原条（2 000 克以上）、中原条（1 000～2 000 克）、小原条（500～1 000 克）、特小原条（500 克以下）以及胴体、大头、小头、尾鳍、大片、小片、颈、嘴。

② 不同品种鱿鱼的件重存在差异，一般可分为 8 千克、10 千克、12.5 千克、15 千克、20 千克。

3. 交易信息（价格、数量和时间）难以获得

首先，在非正式交易的情况下，他人难以得知每批鱿鱼的交易价格。尽管交易价格无法观察，但我们可以根据当期其他可观察到的大公司交易价格推测小船东实际交易价格的区间。其次，每次的交易量更难观察，船东可能将一批货分几次卖出，也可能一次性卖出多批货。最后，交易时间无法确定。鱿鱼被捕捞上岸后，可能并不会立刻销售。船东会根据对市场价格的判断，先将鱿鱼存入冷库，等待价格合适时再出售，等待时间可能为 1 个月到 2 年。鱿鱼交易时间的不确定导致很难估计船东的年收入（毛收入），因此无法在非正式交易背景下观察船东的年收入。

（二）实施产量保险和价格指数保险的难点

1. 产量保险的难点

产量保险的核心是将农作物产量作为保险保障的对象，当农作物产量低于约定产量时将触发保险赔付。产量保险是农业保险中最成熟的险种，但在鱿鱼保险中却很难实施，主要原因如下。

（1）产量与收入之间并不一致。由于鱿鱼存放的时间不确定，船东往往会在价格合适时出售鱿鱼获得收入。因此，仅仅考虑鱿鱼产量，并不能够平滑船东的收入。尤其是舟山鱿鱼产量占全国 60%以上，舟山鱿鱼的产量有可能严重影响全国鱿鱼价格，可能会出现鱿鱼产量与价格之间的负相关关系，进而出现“丰产不丰收”“谷贱伤农”的现象。在鱿鱼打捞历史中，2014 年鱿鱼产量非常高，但该年却是几年中鱿鱼价格最低的年份之一。尽管小麦等作物也可以存放很久，但存放后的小麦价格品质下降较鱿鱼更为明显，因此除了国家或企业有囤积的目的外，很少出现农户自身长期储藏小麦等类似农产品的现象。

（2）系统性风险产生，即巨灾的可能性。鱿鱼的产量很大程度上取决于气候和自然条件，如果出现较为严重的自然灾害，可能会导致某一个渔场的鱿鱼产量大幅度下降，从而产生大量理赔。同时，鱿鱼价格由于产量的骤降可能产生大幅度变化。因为鱿鱼保险条款可能只赔付某一个区间的损失而非全部损失，所以产量保险无法准确平滑船东的巨灾风险。

2. 价格指数保险的难点

农产品价格指数是指在约定的区域内，针对特定的事件，以事先约定的价格参数为触发指数，依照触发指数和损失相关性来确立保险保障限额，并根据事先设定的指数是否高于或低于保险合同中确定的触发条件来进行赔偿[①]。由于价格指数保险的指标较为透明，理赔速度快，交易成本低，所以它可以有效降低农业保险的经营成本以及监管部门的监管成本，从而降低农业保险费率，增加农户承保积极性。但由于价格

① 瑞士再保险：农业指数保险产品的可保利益与损失补偿原则探讨，https：//www.swissre.com/china/news-insights/articles/agri-index-insurance-products-china.html。

风险是市场风险，因此价格指数保险在国际财务报告准则第 17 号（IFRS 17）中被认为不是保险合同，而是一种金融衍生品。在远洋鱿鱼产业中，价格指数保险实施的难点主要可分为以下三点。

(1) 价格指数难以形成。由于鱿鱼的非标准性质以及存在大量非正式交易，保险公司无法观察到真实的市场价格。同样由于非正式交易的存在，保险公司也难以观察到每一笔交易价格相对应的交易量，因此无法确定每笔交易的权重，难以形成具有公信力的价格指数。

(2) 鱿鱼出售时间不确定。由于鱿鱼可以在冷库存放较长时间，所以船东出售鱿鱼的时间并不确定，这造成船东实际得到的收益价格（不含冷库费用等的价格）与实际交易价格相偏离。例如，某一批鱿鱼的交易价格是每吨 8 000 元，但是如果这批鱿鱼的冷库费用已经超出了每吨 1 000 元，船东实际得到的鱿鱼收益价格不足 7 000 元。因此，以具体的交易价格进行保险的指标会偏离船东的真实收入。

(3) 系统性风险产生。价格指数保险的特点是当价格达到某一个设定的数值时开始启动理赔。然而对于远洋鱿鱼产品而言，鱿鱼的产值相对较高，且舟山市的鱿鱼产量在全国占比较大，鱿鱼价格在舟山甚至国内是较为相似的，所以鱿鱼价格指数保险具有系统性风险的性质。对于一般产品的价格风险，保险公司可以通过地理维度、时间维度或其他保险标的进行分散。然而对于鱿鱼价格指数保险，保险公司只能通过其他保险标的差异化进行风险分散，理赔压力较大。价格指数保险本质上是期货市场的场外期权，但由于中国的期货市场发展并不完善，鱿鱼产品本身没有相对应的期货品种。因此，对保险公司而言，开发鱿鱼价格指数保险具有较大的经营风险。

四、鱿鱼收入指数保险的机制设计

(一) 收入指数保险的设计理念

对于农户而言，无论是产量风险还是价格风险，最终影响的都是农户的收入。因此，对收入进行保险，可以起到平滑农户收入的作用。收入保险既承保自然灾害造成的损失，也承保市场风险带来的损失。一般而言，在一个封闭的环境中，农产品产量和价格具有负相关关系。收入保险同时承保作物产量风险和价格风险，使得产量风险和价格风险之间会产生对冲，从而降低总的赔付风险。因此，收入保险实现了将风险覆盖范围从产量风险扩展到市场风险，能较好规避传统价格指数保险在价格持续下跌周期内出现的大范围理赔，同时可以保障农户的合理收入。农业保险往往采取财政补贴的形式进行，所以对收入的合理保障可以提高财政补贴效率，以及政府使用政策性保险作为工具的效率。

然而，收入保险需要同时考虑两个变量——产量和价格。如前所述，在现阶段部分船东采取非正式交易售卖鱿鱼的情况下，我们既不能观察到有效的交易量，也无法获取实际的交易价格，这对传统的收入保险模式提出了严重的挑战。为了应对这个挑战，本课题组经过一年多的实地调研、文献研究和数据分析，提出了收入保险的一种新形式——收入指数保险。保险的具体思路如下。

鱿钓船捕捞的鱿鱼通过远洋运输船运至国内，船东在运输途中向海关申报。报关之后，船东可以进行鱿鱼交易。理论上讲，报关后如果鱿鱼交易价格合适，船东可以将鱿鱼立刻出清（交易）。如果船东认为交易价格偏低，则可能会将鱿鱼先储存在冷库，等待合适价格再出售。在这个过程中，有两个变量保持不变。一是报关量不变。报关单包含进口日期、申报日期、境内收货人（远洋渔业公司）、商品名称、数量与重量、捕捞区域和生产船号等信息。一旦报关，报关单上的信息是无法修改的。二是每批鱿鱼报关后的大宗交易价格可以观察。鱿鱼每月都会有很多次交易，所以可以按照鱿鱼报关后的大宗交易价格作为这一批鱿鱼的交易价格。因此，我们将这批鱿鱼的报关量与可以观察的鱿鱼价格的乘积作为该批鱿鱼的产值指数（毛收入），即毛收入＝产量（吨）×价格（元/吨），如式（1）所示：

$$y = x \times p \tag{1}$$

其中，x 为该批鱿鱼的进关量，p 为鱿鱼进关入库后一天（或约定的一段时间内）的市场平均交易价格（加权计算），y 为该批鱿鱼的产值指数。一年的产值指数即为当年内每批鱿鱼产值总数的加总求和，如式（2）所示：

$$Y_{income} = \sum_{1}^{n} x_i \times p_i \tag{2}$$

式（2）计算得到的毛收入为全年毛收入的最小值，n 为进关次数。这是因为船东认为报关时的市场价格可以营利时，会选择直接进行交易。如果船东没有进行交易，往往是因为当期价格达不到其心理预期，选择等待价格更高时再出售。式（2）计算得到的毛收入是相对稳定的，不会随真实交易时间和交易价格发生变化。因此，本研究将式（2）计算出的收入作为船东的收入指数，对该指数进行保险。

保险的初步设计为采取前 5 年的收入指数的平均值，作为第 6 年的触发条件基础。平均收入的计算公式如式（3）所示：

$$Y_{aver\_income} = \frac{\sum_{1}^{5}\sum_{1}^{n} x_i \times p_i}{5} \tag{3}$$

假设保险承保船东 80％的收入，那么如果当期收入低于历史平均收入的 80％，即触发理赔。

$$Y_{income} < Y_{aver\_income} \times 80\% \tag{4}$$

（二）交易产量的确定原则

在收入指数保险的设计中，本研究设定交易产量为当期的报关量，主要原因如下。

1. 海关报关量是一个相对准确的产量

在公海捕捞的鱿鱼必须运回国内，所以捕捞到的鱿鱼都会体现在报关单上。在进关后，船东可以进行下一步的交易。海关可对货物进行抽查，如不符合申报信息，海关会向运输方和捕捞方追责。在对多家企业的调研中，船东和企业负责人均表示报关量是较为准确的产量。

2. 海关报关单防范了道德风险

远洋鱿鱼是免税产品，船东在报关时通常会准确填报。鱿鱼是以冷冻的形式出现在运输以及储藏中，难以计量真实的鱿鱼净重量。因此，海关报关量有一定的可允许偏差。但是，如果船东的报关量超出了允许的范围，尤其是小于报关量，将涉嫌走私，违反了相关法律。因此海关报关量小于实际重量的概率较小，往往只会偏多而不会偏少。

3. 海关报关量可以被观察到

海关报关单作为法律依据的正式文件，是可以直接观察到的，且具有公信力，能够作为保险所需要的重要数据来源。同时，船东在交易时，也需要提供海关报关单。

4. 捕捞日志可以作为海关报关单的佐证资料

农业农村部要求每艘鱿钓船都要有详细的捕捞日志，目前鱿钓船的捕捞日志大多还是通过自主形式申报，但捕捞日志所载产量的加总应该与海关报关量存在较强的正相关关系。

5. 海上走私对海关报关量的影响

海上走私可能对海关报关量影响较大。当保险利益足够大的时候，渔船是否有动机在海上将鱿鱼出售给别国渔船？如果出售给别国渔船，将造成本渔船的报关量减少，进而影响当期收入指数。然而，走私可能会存在以下几种困难：其一，鱿鱼进口的税率将大幅度降低，通过这种走私的方式难以获得更高的经济利益；其二，捕捞日志可以在一定程度上观察到这种情况的发生；其三，走私是违法行为，有相关法律进行震慑。

6. 不同船只之间转移或瞒报产量

当保险利益特别大时，是否可能出现不同船只之间转移鱿鱼，使得部分船只产量减少，进而获得保险赔付的情况？这种情况可能会出现在同一家公司内部的不同船只之间，或者有利益关系的船只之间。但该情况有三种制约因素：其一，运输船在每次运输装卸鱿鱼时候，会有相应的经纬度标识，不同船只的经纬度标识会有差异；其二，即使因为转移鱿鱼获得了保险赔付，但由于同一条船可能存在多个船东，产量发生变化导致的收入变化，以及保险利益在不同船东之间的分配都会成为纠纷的原因；其三，捕捞日志同样可以起到佐证的作用；其四，改变鱿鱼生产船号会引起一系列的文件修改，难度较大。例如一旦改变了鱿鱼货品的生产船号，需要同时改变多个文件的单号，包括大副收据、报关单、仓单、交易回运补贴申请单等，这些文件涉及多个经济主体，修改难度较大。

（三）交易价格的确定原则

大部分鱿鱼的交易是非公开的，他人难以获得真实的交易价格。同时，鱿鱼交易往往在1～2年完成，这使得交易价格很难通过严格的加权平均方法进行确定。本研究设计的收入指数保险中的价格，只需要满足与真实价格之间有相关关系。因此，本研究将鱿鱼报关后一个月（或一段时间）的价格作为虚拟交易价格。

价格的产生机制如下：选取 10～15 家规模较大的行业内有引领作用的企业（不局限在舟山市，可以包括山东省或者广东省的企业），采集这些企业每天的交易数据，通过加权平均的方法计算每天（每段时间）的虚拟交易价格。这些企业的规模相对较大，交易量占市场的比例较高。所以市场上的鱿鱼价格往往会以这些企业的交易价格作为参考。尽管该虚拟价格不是真实的鱿鱼交易价格，但却是客观存在的，难以被干预的市场价格信号，且该价格容易被观察到。

五、结论

远洋鱿鱼产业拓展了中国的渔业发展空间，为国内提供了大量的海洋农产品，也带动了海洋经济的发展，有利于维护国家海洋权益。然而，远洋鱿鱼生产和交易过程中面临较大的自然风险和市场风险等，目前仍缺乏有效的风险分散机制。此外，受鱿鱼产品非标准化和非正式交易关系的影响，船东和买方、保险公司以及政府之间存在严重的信息不对称问题，使得财政支持政策的效率较低，保险产品难以同时达到有效分散风险和保障可持续经营的目标。因此，本研究通过深度访谈和问卷调查，深入分析了舟山市远洋鱿鱼产业的特性及其面临的风险，探讨政策性鱿鱼保险的思路，并提出相应的险种设计机制。主要贡献体现以下三个方面：

首先，本研究提出创新性的“虚拟收入指数”概念，据此设计的鱿鱼收入指数保险能够有效防范道德风险。为解决鱿鱼产品非标准化和非正式交易对保险设计的挑战，本研究将海关报关量和报关后的鱿鱼价格作为计算船东收入的指数，使得政策性保险的主要着力点具有了客观、公平和难以被操纵的特点，进而在很大程度上解决了信息不对称问题。

其次，本研究拓展了支持远洋鱿鱼产业发展的新型政策工具，能够提高相关财政补贴的效率。通过保险的方式分散船东面临的自然风险和市场风险，可以达到支持远洋鱿鱼产业稳定健康发展的目的。同时，该保险也可以丰富国家鼓励和利用社会化工具干预远洋渔业发展的政策工具，提高国家支持远洋渔业财政补贴的效率。

最后，本研究探索了政策性农业保险的新模式，创新了农业保险险种。现行的政策性农业保险集中在种植业和养殖业，对于远洋渔业进行支持的政策性农业保险较为少见。非正式交易关系下，采集鱿鱼实际交易产量和交易价格成为难题，进一步制约了政策性鱿鱼保险的发展。本研究提出以“鱿鱼收入指数保险”模式支持远洋鱿鱼产业的发展，打破了原有产量保险和价格保险的固有思维，使得鱿鱼政策性保险成为远洋渔业政策性保险险种上的创新。

进一步的工作应结合保险公司的风险承担能力、业务范围以及承保意愿等因素，设计相应的保险条款。此外，鱿鱼收入指数保险的关键在于确定鱿鱼的价格，由于鱿鱼可分为不同种类和规格，未来的研究仍需关注采用何种价格能够同时满足容易采集和被广泛接受两大要求。

参考文献（略）

附录：收入指数保险的模拟案例分析

以下案例为简化版说明。假设某捕捞企业有一艘远洋鱿钓船，作业区域为东南太平洋渔场。收入指数保险需要计算该船只过去 5 年的产值情况。以 2021 年为例，具体的产值计算方法如附表所示。

附表　收入指数保险的产值计算案例

月份	进关量（吨）	价格（元/吨）	产值（元）
1月	60	7 600	456 000
2月	60	7 600	456 000
3月	45	7 600	342 000
4月	110	7 600	836 000
5月	35	8 400	294 000
6月	60	7 500	450 000
7月	70	7 000	49 000
8月	50	7 100	355 000
9月	30	7 500	225 000
10月	40	7 300	292 000
11月	90	7 200	648 000
12月	50	7 200	360 000
总计	700	—	520 400

注：价格为鱿鱼进关的后一个月（或一段时间）的市场加权平均价格。

按照上述计算方法，假设该企业 2017—2020 年的年总产值分别为 400 万元、600 万元、550 万元和 450 万元，则该企业 5 年总产值为 2 520.4 万元（2 520.4＝400＋600＋550＋450＋520.4），5 年年均产值为 504.08 万元（附图）。假设保险保障收入为 X 万元（X＝504.08 万元×保障水平），该企业第 6 年产值为 Y 万元，当 $Y \geqslant X$ 时，不赔付，当 $Y < X$ 时，赔付（$X-Y$）万元。

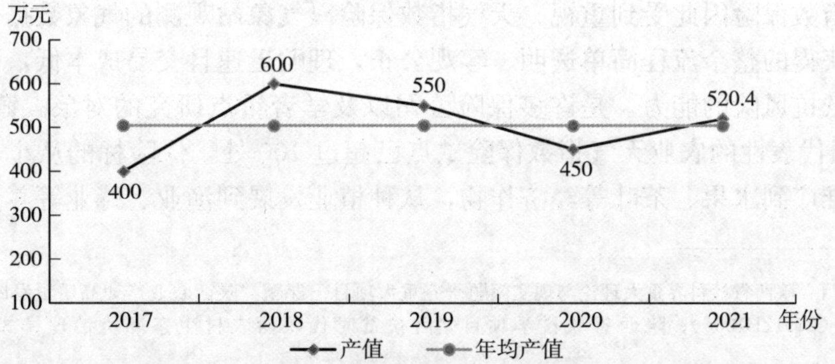

附图　收入指数保险的模拟案例

猕猴桃高温干旱复合天气指数保险产品设计与定价研究*

王　雯　陈　妍　汪红梅

摘要：相比传统农业保险产品，天气指数保险具有信息透明、理赔便捷、二级市场流通性强等优点，是分散农业风险的有效手段。但农作物的受灾机理十分复杂，在其生长过程中往往受到多重灾害的共同影响，如何准确构建多个天气指数之间以及天气指数与农产品单位面积产量之间的关联关系模型，扩大天气指数保险的承保责任，同时减少基差风险，是目前天气指数保险发展的难点。本研究基于国家气象网 1995—2018 年共 24 年逐日降水和气温数据，以陕西眉县猕猴桃为例，构建降水、气温和单位面积产量的三维嵌套 Copula 模型和条件混合三维 Copula 模型，通过误差比较，选择利用模拟精度较高的条件混合三维 Copula 模型模拟三者的关系，并厘定复合天气指数保险的纯费率。结果表明，在 70%的保障水平下，5—9 月累计降水量低于 423.16 毫米，且平均日最高气温高于 26.40℃时进行赔付，纯保险费率为 10.07%。本研究为复合天气指数保险产品设计提供了一种可行方法，有助于天气指数保险的推广应用。

关键词：交叉影响；复合天气指数；Copula 函数；蒙特卡洛模拟

气候变化引起的极端自然灾害，始终是农业生产面临的一个主要难题。农业保险可以分散和转移农民在生产过程中遭遇的无法避免的风险，从而提高农户抵御自然灾害等风险的能力并保障其收入水平。但传统农业保险存在管理成本高、信息不对称等问题，一定程度上影响了农户对农业保险的需求，需要开发创新型保险来解决这些问题，天气指数保险因此受到重视。天气指数保险以气象站观测的气象数据作为赔付依据，数据获得的整个流程简单透明、客观公正，理赔迅速且交易成本低，可以有效提高小农户抵抗风险的能力，是许多保险公司以及学者重点研究的对象。截至 2021 年 6 月，我国代表性的农业天气指数保险试点已超过 100 处，保险标的从小麦、玉米等粮食作物推广到水果、茶叶等经济作物，从种植业发展到渔业、蜂业等养殖行业。陕

---

* 基金项目：陕西省社科界重大理论与现实问题研究重大项目子课题“陕西农业产业高质量发展水平测度与目标框架构建”（2021ZD1055）；陕西省软科学项目“后扶贫时代陕西农村生态环境治理模式及效应研究”（2021KRM051）。

通讯作者简介：汪红梅，西北农林科技大学经济管理学院教授。

西省眉县是我国最主要的猕猴桃生产基地之一，但气候条件的不断变化、极端天气事件的频繁发生，导致猕猴桃的越冬期冻害、高温热害等气象灾害发生频率显著增加，猕猴桃的产量和质量都受到较大的影响。现有的猕猴桃保险产品，以成本保险为主，每亩保额仅 2 000 元，不到每亩产值的 20%，保障水平极低，且存在保险责任与猕猴桃种植面临的风险不匹配、定价不够合理等问题，猕猴桃生产有较大的天气指数保险需求。

关于天气指数保险产品的设计和定价问题，国内外学者展开了积极的探索和研究。Bokusheva 等以哈萨克斯坦谷物生产农场为例，分别采用 Copula 函数和线性回归模型两种方法对单一天气因素与农作物产量的关系进行了估计，发现天气因素与农作物产量之间的关系会随时间变化，Copula 估计比线性相关的估计更可靠。储小俊等通过 Copula 函数构造单一天气指数与单位产量之间的相关关系并计算纯费率。但经过更深入的研究，Bokusheva 等证明了用单一天气指数很难有效补偿农场极端产量损失，且选择错误的或数量不足的天气变量来构建指数会产生可变基差风险，进而导致天气指数和产量的相关性不充分。因此，部分学者也开始尝试设计复合天气指数保险，如杨太明等针对小麦关键生育期的主要风险确定了 5 个天气指数，并在安徽省宿州市试验应用。王月琴等利用数据优化匹配方法，分别定量评估了干旱指数和暴雨指数对山西省沁县谷子产量的影响。但是以上研究均未评估各天气指数对作物产量损失可能存在的交叉影响。

评估交叉影响的方法还未出现在天气指数保险产品设计的研究报道中，但相关方法在水文研究中已有使用，主要包括直接对三维 Copula 函数进行参数估计、通过二维 Copula 函数不断嵌套和条件混合三维 Copula 模型三种方法。王颖等分别采用三种三维 Copula 模型对多支流干流年最大流量进行研究，通过对比三种模型的残差和均方根误差（RMSE），最终选择条件混合三维 Copula 模型进行建模。因此，本研究借鉴水文研究中的方法，分别构建三维嵌套 Copula 模型和条件混合三维 Copula 模型，研究多种天气因素对农作物单位面积产量（单产）的交叉影响，比较其模拟精度，并选择精度较高的模型进行猕猴桃复合天气指数保险的纯费率厘定，以期为转移猕猴桃种植过程中的高温干旱风险提供有效途径。

一、资料与方法

（一）数据来源

本研究使用的 1995—2018 年气温和降水的日值数据来源于中国气象数据网（http：//data. cma. cn/），1995—2018 年陕西省眉县猕猴桃的种植面积和产量数据来源于历年《陕西统计年鉴》。

（二）研究方法

1. Copula 方法

根据 Sklar 定理，对于 N 个随机变量的联合分布，可以将其分解为这 N 个变量各自的边缘分布和一个 Copula 函数，从而将变量的随机性和耦合性分离开来，其中，随机变量各自的随机性由边缘分布进行描述，随机变量之间的耦合特性由 Copula 函数进行描述。因此，可以通过分别求解 Copula 函数与边缘分布函数的方式来降低计算难度。Sklar 首次利用 Copula 函数研究随机变量间的非线性相关结构，并证明 Copula 函数的存在性与唯一性。

（1）二维 copula 函数。Copula 函数是定义域为［0，1］均匀分布的多维联合分布函数。设气温和降水两个气象因子分别为 x 和 y，农作物单为 z。若 F 为一个二维变量的联合分布函数，那么存在一个二维 Copula 函数 C 可以将边缘分布和联合分布"连接"起来，使得

$$F(x,y)=C[F(x),F(y)] \tag{1}$$

式中，$F(x)$、$F(y)$ 分别为降水和气温的边缘分布函数。

其中，Copula 函数的密度函数为

$$c(u_1,u_2)=\frac{\partial^2 C(u_1,u_2)}{\partial u_1 \partial u_2} \tag{2}$$

式中，$u_1=F(x)$，$u_2=F(y)$，$C(u_1,u_2)$ 为 Copula 的分布函数。

Copula 函数（又称连接函数）最初主要应用于金融衍生品领域，后来随着 Copula 理论的不断完善发展，已广泛应用于水文、环境和风险评估等领域，近年被一些学者应用到天气指数保险产品设计上。研究中使用最多的 Copula 函数分为椭圆 Copula 和阿基米德 Copula（Archimedean Copula）。椭圆 Copula 包括高斯 Copula 和 T-Copula；最基本的阿基米德函数有 Frank Copula 函数、Gumbel Copula 函数以及 Clayton Copula 函数，具体函数形式如表 1 所示。其中，阿基米德函数由于其构造简单且能体现变量之间的尾部相关性问题受到学者们的广泛关注。

表 1　Archimedean Copula 函数类型及形式

类型	函数形式	生成元
Frank Copula	$C_\alpha^{Frank}(u_1,u_2)=-\frac{1}{\alpha}\ln\left[1+\frac{(e^{-\alpha u_1}-1)(e^{-\alpha u_2}-1)}{(e^{-\alpha}-1)}\right]$	$-\ln\frac{e^{-\alpha t}-1}{e^{-\alpha}-1}$
Gumbel Copula	$C_\alpha^{Gumbel}(u_1,u_2)=\exp\{-[(-\ln u_1)^\alpha+(-\ln u_2)^\alpha]^{\frac{1}{\alpha}}\}$	$(-\ln t)^\alpha$
Clayton Copula	$C_\alpha^{Clayton}(u_1,u_2)=[u_1^\alpha+u_2^\alpha]^{-\frac{1}{\alpha}}$	$\frac{1}{\alpha}(t^{-\alpha}-1)$

由于高维 Copula 结构的复杂性，学者将高维 Copula 函数转变为二维函数进行建模。在利用阿基米德函数研究多维问题相关性中，直接对多维 Copula 函数进行参数估计，只能基于所有变量之间的相关性相同假设，这种假设显然与实际不符。阿基米德函数对双变量的拟合效果很好，但在解决高维相关性问题时存在较大的局限性，因此，本研究构建更为灵活的嵌套 Copula 模型和条件混合三维 Copula 模型，可以综合几种 Copula 函数的特点，实现对变量间相关性更为精确的描述。

（2）三维 Copula 模型。由于直接估计三维 Copula 模型的参数有一定难度，文献中常采用二维 Copula 不断嵌套的方式得到三维联合分布。王颖等提出了基于条件混合的三维 Copula 分布模型，利用边缘分布的积分值来确定三维 Copula 参数。本研究分别采用这两种方法并比较其预测精度。

由图 1 可以看出，三维嵌套 Copula 模型采用的是简单的逐步叠加的方法。图 1 中节点 u_1，u_2 由 Copula 函数 C_1 来连接，节点 u_3 和 $C_1(u_1, u_2)$ 由 Copula 函数 C_2 来连接。对于两种气象因子和农作物单产三个变量，按照本研究的研究思路来确定顺序，由两种气象因子构造第一个 Copula 函数（式 3），然后将结合得到的 Copula 函数与第三个变量——农作物单产构造第二个 Copula 函数（式 4）。

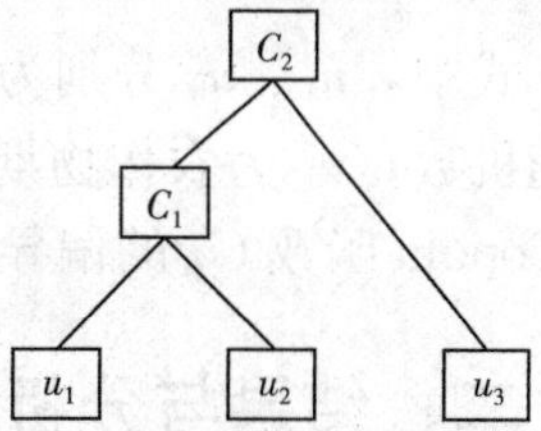

图 1　三维嵌套 Copula 模型结构

$$C_1[F(X),F(Y)] \tag{3}$$

$$C_2\{C_1[F(X),F(Y)],F(Z)\} \tag{4}$$

条件混合三维 Copula 模型是一种将二维 Copula 拓展到三维的方法，是在建立二维 Copula 函数的基础上，利用条件分布来构造三维联合分布函数。该模型可以利用边缘分布的积分值来确定三维 Copula 参数，解决三维 Copula 参数估计困难的问题，估计过程相对简单。气象因子一（降水）的边缘分布函数为 $F(x)$，气象因子二（气温）的边缘分布函数为 $F(y)$，农作物单产的边缘分布函数为 $F(z)$，通过 Copula 方法拟合其二维 Copula 联合分布，即

$$C_{XZ}[F(X),F(Z)],C_{YZ}[F(Y),F(Z)] \tag{5}$$

由条件概率公式得到其条件分布，即

$$F_{X|Z}(x|z)=P(x\leqslant X|z=Z)=\frac{\partial C_{XZ}[F(X),F(Z)]}{\partial F(Z)} \tag{6}$$

$$F_{Y|Z}(y|z)=P(y\leqslant Y|z=Z)=\frac{\partial C_{YZ}[F(Y),F(Z)]}{\partial F(Z)} \tag{7}$$

再利用 Copula 方法计算式（6）、式（7）的二维 Copula 联合分布，即

$$C_{XY}[F_{X|Z}(x|z),F_{Y|Z}(y|z)] \tag{8}$$

由条件混合法得到三变量 X、Y、Z 的联合分布表达式，即

$$F_{XYZ}(x,y,z)=\int_{-\infty}^{y}C_{XY}[F_{X|Z}(x|z),F_{Y|Z}(y|z)]F_Y(\mathrm{d}y) \tag{9}$$

2. 保险费率及阈值

（1）纯费率计算。两种气象因子分别为 X 和 Y，农作物单产为 Z，则纯费率 R 可以表示为

$$R=\int_0^{\alpha z_0}\frac{(\alpha z_0-z)}{\alpha z_0}\lambda(z)\mathrm{d}z \tag{10}$$

式中，α 为保障水平，z_0 为目标单产（设为单产平均值），$\lambda(z)$ 为农作物单产 z 的概率密度分布函数。

(2) 阈值设定。降水量和气温阈值可以由以下公式计算得到。

$$u_1 = C_{xzu_3}^{-1}(t) \tag{11}$$

$$u_1^0 = E(u_1 | z_0) = E[C_{xzu_3}^{-1}(t) | z_0] \tag{12}$$

$$x_0 = F^{-1}(u_1^0) \tag{13}$$

式中，u_1、u_3 分别为降水和农作物单产的分布函数，t 为服从 [0，1] 均匀分布的随机数，u_1^0 为农作物期望单产对应的降水分布函数值，$C_{xzu_3}^{-1}$ 为降水和农作物单产的 Copula 函数 C_{xz} 的偏导数的反函数，x_0 为降水阈值。同理可计算得到气温阈值。

二、结果与分析

(一) 猕猴桃生长关键期高温干旱气象因子选择

猕猴桃的物候期可分为果树萌芽期（3 月中旬至 4 月中旬）、果树展叶期（4 月中旬至 5 月底）、开花期（5—6 月）、果实发育期（6 月至 9 月底）、果实成熟期（9 月底至 10 月）、落叶期（11 月中旬）及果树休眠期。5 月，猕猴桃新梢生长迅速，同时进入了坐果期，此时段是猕猴桃果实生长关键时期，对养分（如氮、磷、钾等）消耗很大。猕猴桃果实一年中有两次生长高峰，第 1 次是坐果后到 7 月中旬，此时段猕猴桃发育最为迅速，生长量可占全年总生长量的 70%；8 月中旬，猕猴桃果实进入第 2 次生长高峰，直到采果。5—9 月是猕猴桃生长的关键时期，因此本研究选择这一时段设计天气指数保险。

陕西省眉县是猕猴桃的优质生产区，具有优质猕猴桃生长所需的光、温、水等气候资源条件。但猕猴桃对气候变化非常敏感，在其生产过程中极易受到高温和干旱的影响。实地调查结果显示，陕西省眉县猕猴桃的产量以及品质曾多次遭受高温和干旱影响，进而导致果农收入下降。猕猴桃喜湿润，干旱条件不利于其生长发育。关中地区夏季经常发生阶段性高温，其强度大、持续时间长，且常伴有伏旱天气，易引起果树高温热害，会对猕猴桃产量及品质造成影响。由于高温干旱灾害涉及的气象因子包含气温和降水量，所以本研究选择这两个气象因子构建复合天气指数。

猕猴桃开花期一般为 5 月，平均气温以 12～16℃最适宜，温度过高会导致果树提前开花。果实发育和成熟期为 6—10 月，其中，最热月（7 月）平均气温应为 21～26℃，温度过高，猕猴桃生长接近停滞。果实快速生长的时期需要的水量较多，最优降水量为 250～300 毫米，降水量少于 150 毫米会影响果实生长速度。5—9 月是猕猴桃生长的关键时期，而此时段果实易受到高温干旱的影响。高温干旱会导致猕猴桃叶片和果实不同程度受损，而两者的叠加效应会严重影响猕猴桃的单产和品质。

研究表明，降水和气温之间存在一定的相关关系。Clausius-Clapeyron（CC）关系指出气温每升高 1℃，大气的水汽储存能力增加 7%，为研究气温与降水之间的相关关系奠定了物理基础。郭家骥基于 40 年的降水和温度数据，通过 Copula 函数理论分别从年度以及季节尺度两层面量化分析降水和温度的相关性，为研究气温与降水之间的相关关系奠定了理论基础。平措次旺等研究指出我国夏季气温和降水的相关系数图是显著的，且为明显的负相关，为研究气温与降水之间的相关关系奠定了实践基础。因此，本研究尝试通过两种三维 Copula 模型分析降水与气温之间的关联关系，以及这两种气象因子对猕猴桃单产的交叉影响。

（二）猕猴桃单产去趋势处理

研究认为，经济变量是一种趋势缓慢变动的变量，通过 H-P 滤波法研究经济变量时，可以将变量看作是高频部分与低频部分的叠加。因此，本研究采用 H-P 滤波法对陕西省眉县 1995—2018 年猕猴桃单产进行去趋势处理，如图 2 所示。猕猴桃的单产分离为趋势产量和气象产量两部分，趋势产量代表农业技术进步等因素对产量的贡献，经过趋势处理后的单产序列剩余项视为受气象因子影响的产量分量即气象产量。

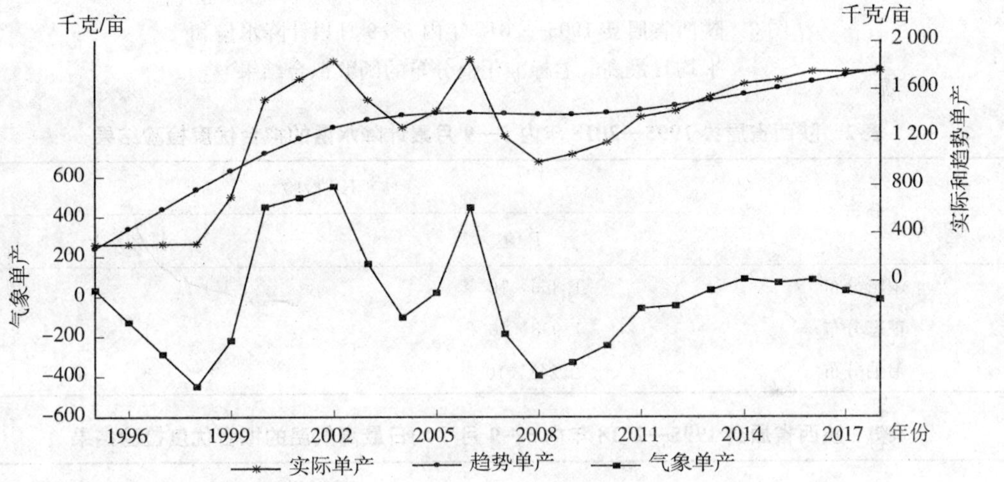

图 2　1995—2018 年陕西省眉县猕猴桃单产变化过程的 H-P 滤波法去趋势结果

（三）气象因子和气象单产序列分布函数拟合

1. 气象因子分布函数拟合

本研究对陕西省眉县 1995—2018 年共 24 年的日降水与日气温数据进行整理，选取 24 年内 5—9 月的数据，构建能反映高温干旱灾害情况的天气指数。Bokusheva 使用每月累计降水量和日平均气温设计干旱指数。Leblois 等将简单指数的结果与更复杂指数的结果相比较，并提出在样本内评估中，最好的指数是生长期的简单累计降水。在文献研究的基础上，本研究分别将 5—9 月累计降水量和平均日最高气温作为干旱和高温指数，并对其进行标准化处理。

本研究采用 MATLAB R2019b 绘制标准化后的累计降水量和平均日最高气温的直方图，综合考虑国内外现有研究，选取常用的正态分布、逻辑分布、广义极值分布对两天气指数进行概率分布拟合（图3），通过KS检验确定最优参数分布模型，两指数最优分布结果统计如表2和表3所示。

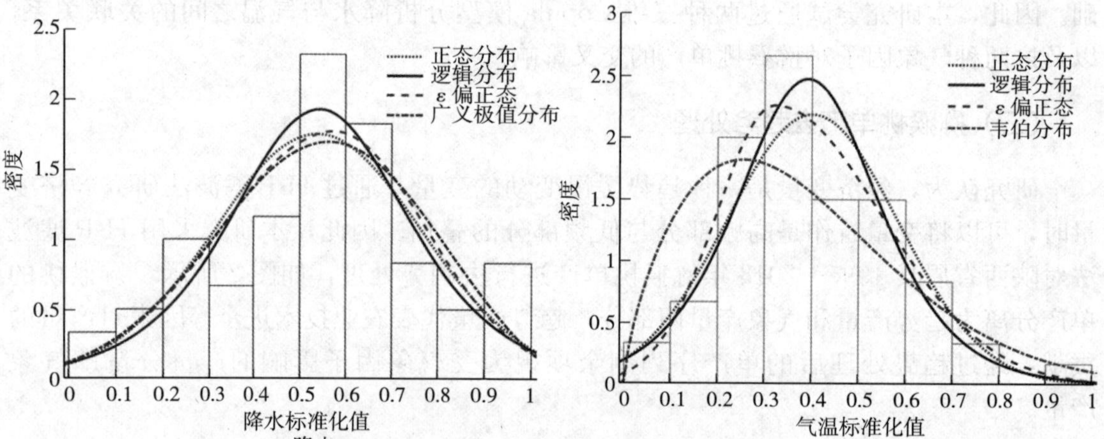

a.降水　b.气温

图3　陕西省眉县1995—2018年内5—9月累计降水量和平均日最高气温标准化值分布的函数拟合结果

表2　陕西省眉县1995—2018年内5—9月累计降水量的拟合优度检验结果

分布	KS检验	
	P值	排名
逻辑分布	1.366×10^{-14}	2
正态分布	1.998×10^{-15}	1
韦伯分布	2.241×10^{-9}	3

表3　陕西省眉县1995—2018年内5—9月平均日最高气温的拟合优度检验结果

分布	KS检验	
	P值	排名
逻辑分布	1.367×10^{-13}	3
正态分布	1.377×10^{-14}	2
韦伯分布	2.22×10^{-16}	1

根据拟合优度检验结果，选择正态分布描述陕西省眉县累计降水量的分布，选择韦伯分布描述陕西省眉县平均日最高气温分布。根据正态分布的拟合结果，眉县累计降水量的分布函数为

$$F(x)=\frac{1}{0.2248\sqrt{2\pi}}\int_{-\infty}^{x}e^{-\frac{(x-0.5382)^2}{2\times0.2248^2}}\mathrm{d}x(-\infty<x<+\infty) \quad (14)$$

根据韦伯分布的拟合结果，眉县平均日最高气温的分布函数为

$$F(y)=1-e^{-(y/1.7027)^{0.4291}}\quad(y\geqslant0) \quad (15)$$

2. 气象单产序列分布函数拟合

利用H-P滤波法将猕猴桃单产进行分离得到趋势单产和气象单产后，采用Min-Max法对气象单产进行标准化处理。对标准化后的序列进行分布函数拟合，拟合方法同气象因子的边际分布函数拟合方法，拟合结果如图4所示，拟合优度检验结果如表4所示。

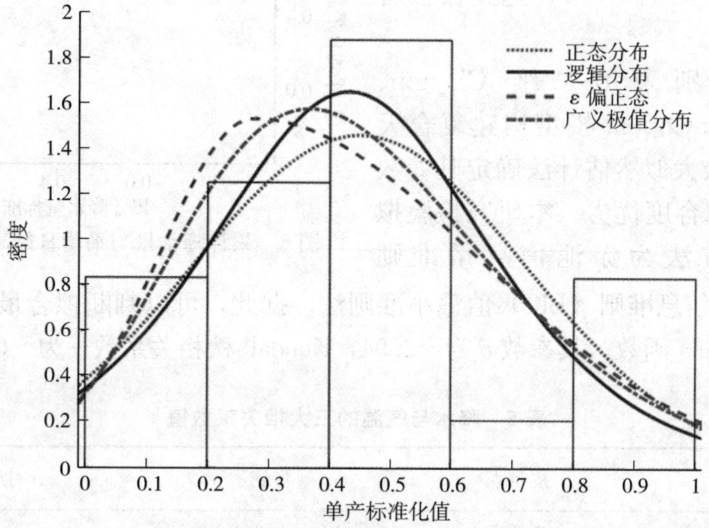

图4　1995—2018年陕西省眉县猕猴桃气象单产序列的函数拟合结果

表4　1995—2018年陕西省眉县猕猴桃气象单产序列拟合优度检验结果

分布	KS检验	
	P值	排名
逻辑分布	4.504×10^{-6}	1
正态分布	4.504×10^{-4}	3
韦伯分布	4.673×10^{-6}	2

根据拟合优度检验结果，选择逻辑分布描述陕西省眉县猕猴桃气象单产序列的分布，由逻辑分布的拟合结果可得眉县猕猴桃气象单产序列的分布函数为

$$F(z)=[1+e^{-(z-0.4314)/0.1517}]^{-1}(-\infty<z<+\infty) \quad (16)$$

（四）构建三维copula模型

1. 三维嵌套copula模型

首先，构造降水和气温之间的Copula函数，即构建复合天气指数；其次，在已构建的复合天气指数的基础上，建立单产与复合天气指数之间的联合分布；最后，通过蒙特卡洛模拟方法随机产生模拟单产、降水和气温的样本序列，进而厘定纯费率。

（1）构建复合天气指数。构建复合天气指数需要先找到降水和气温之间的相关关系。通过降水和气温的散点图（图 5）可以发现，降水（累计降水量）与气温（平均日最高气温）呈负相关关系。降水和气温序列的三大相关性系数均表示两者的相关性较强（表 5），且相关系数检验的概率 P 值远小于 0.01，达到极显著水平。

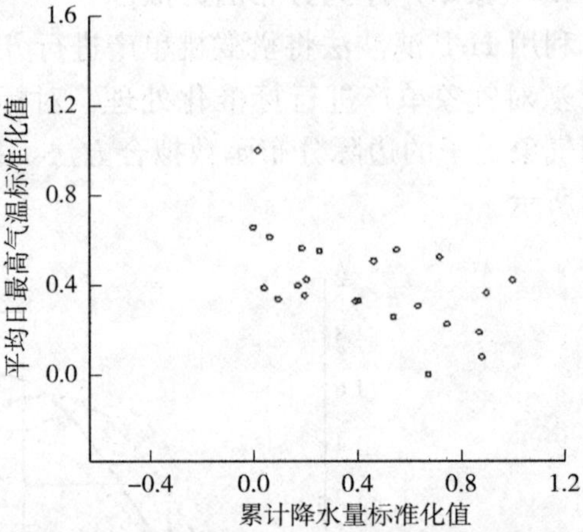

图 5　累计降水量与平均日最高气温散点图

因此，分别采用二维 Clayton、Gumbel、Frank Copula 模型构建复合天气指数，通过极大似然估计法确定其参数值，并检验其拟合度优劣。本研究检验拟合度优劣的方法为赤池信息量准则（AIC）、贝叶斯信息准则（BIC）值最小准则法。据此，可以判断拟合最优的 Copula 函数为 Frank Copula 函数，其参数 θ 为−3.94，Kendall 秩相关系数 τ 为−0.38（表 6）。

表 5　降水与气温的三大相关系数值

相关性系数	皮尔森	肯德尔	斯皮尔曼
数值	−0.495 4	−0.341 4	−0.468 4
P 值	5.705×10^{-5}	1.170×10^{-4}	1.603×10^{-4}

表 6　眉县降水与气温的 Copula 拟合优度评判值

Copula 函数	AIC 值	BIC 值
Clayton Copula	−3.48	−2.30
Gumbel Copula	−5.46	−4.29
Frank Copula	−5.98	−4.81

（2）构建复合天气指数与单产之间的联合分布。分别对 Clayton Copula 等三种常用的 Archimedean Copula 函数构建的复合天气指数和猕猴桃气象单产之间的联合分布函数进行参数估计及拟合优度检验，可以判断最优 Copula 函数为 Gumbel Copula 函数，其参数 θ 为−1.03，Kendall 秩相关系数 τ 为−0.23（表 7）。

表 7　眉县复合天气指数与猕猴桃气象单产的 Copula 拟合优度评判值

Copula 函数	AIC 值	BIC 值
Clayton Copula	1.95	3.13
Gumbel Copula	1.94	3.12
Frank Copula	2.00	3.18

（3）蒙特卡洛模拟。蒙特卡洛模拟是一种用来模拟大量数据的统计学方法，该模拟从已知概率分布中进行随机抽样，并通过随机抽样得到近似解，随着随机抽样数值增多，得到正确结果的概率越大。由 Copula 函数性质可知，随机变量 v 对 u 的条件分布函数 $C_u(v)=\partial C(u,v)/\partial u$ 在 $v\in$［0，1］内单调非减，令 $t=C_u(v)=\partial C(u,v)/\partial u$，则 t 服从［0，1］均匀分布。因此我们可以先得到随机数 u 和 t，然后根据条件分布函数 $C_u(v)$ 的反函数求得另外一个随机数 v，由此构造随机数对（u，v）[20]。

本研究构造随机序列的具体步骤如下：首先，生成服从［0，1］均匀分布的随机序列：u_1、t；其次，根据连接降水和气温的 Copula 函数 C_1 以及连接复合天气指数和气象单产的 Copula 函数 C_2，计算得到 u_2、u_3。其中，$u_2=C_1^{-1}u_1(t)$，$u_3=C_2^{-1}C_1(t)$；最后，分别通过降水、气温和猕猴桃气象单产的边缘分布函数计算降水、气温和单产随机序列的原函数值，即 $x=F^{-1}(u_1)$，$y=F^{-1}(u_2)$，$z=F^{-1}(u_3)$，并将其作为新的降水、气温和单产数据序列。

2. 条件混合三维 Copula 模型

（1）构建条件混合三维 Copula 模型。首先，分别求得降水与单产，气温与单产之间的联合分布函数。由于 AIC 和 BIC 均达到了最小值，两者均选取 Frank Copula 模型（表 8 和表 9）。其次，基于条件混合法，利用式（6）、式（7）分别求得降水与气象单产、气温与气象单产的条件分布。最后，基于条件概率公式，通过式（9）构建三维联合分布函数。

表 8　降水与气象单产的 Copula 拟合优度评判值

Copula 函数	AIC 值	BIC 值
Clayton Copula	1.48	2.66
Gumbel Copula	1.95	3.13
Frank Copula	1.30	2.48

表 9　气温与气象单产的 Copula 拟合优度评判值

Copula 函数	AIC 值	BIC 值
Clayton Copula	1.81	2.99
Gumbel Copula	1.56	2.74
Frank Copula	0.76	1.94

（2）蒙特卡洛模拟。首先，生成服从［0，1］均匀分布的随机序列 u_3 和 t；其次，根据连接降水和气象单产的 Copula 函数 C_{xz}，计算得 $u_1=C_{xz}^{-1}u_3(t)$，同理可得到 u_2 的值；最后，分别通过降水、气温和猕猴桃气象单产的边缘分布函数计算降水、气温和单产随机序列的原函数值，即 $x=F^{-1}(u_1)$、$y=F^{-1}(u_2)$、$z=F^{-1}(u_3)$，并将其作为新的降水、气温和单产数据序列。

（五）厘定纯费率

计算两种三维 Copula 模型的气象单产模拟序列与猕猴桃气象单产序列之间的均方根误差（RMSE）、归一化均方根误差（NMSE）及平均绝对误差（MAE），并比较三者误差程度。由表 10 可知，条件混合三维 Copula 模型的 RMSE 为 207.521 3，NMSE 为 137 460.2，MAE 为 169.843 9，均优于三维嵌套 Copula 模型。因此，条件混合三维 Copula 模型能更充分地模拟气象因子与单产之间的非线性变化规律。

表 10　两种三维 Copula 模型指标结果对比

	三维嵌套 Copula 模型	条件混合三维 Copula 模型
RMSE	323.027 7	207.521 3
NMSE	171 551.1	137 460.2
MAE	312.242 3	169.843 9

基于条件混合三维 Copula 模型进行蒙特卡洛模拟所得的降水、气温及单产数据，厘定纯费率。根据式（10）得出，在 70%的保障水平下，纯保险费率为 10.07%；根据式（11）一式（13）计算可得，此时的 5—9 月累计降水量阈值为 423.16 毫米，同理可得平均日最高气温阈值为 26.40℃。复合天气指数保险的定价不仅考虑了降水和气温两个影响猕猴桃产量的因素，还考虑到两者对产量的交叉影响，能够更有效地应对农户遇到的风险。

三、结论与讨论

（一）结论

考虑到眉县猕猴桃产业发展对陕西省甚至是中国猕猴桃产业发展的重要作用，以及猕猴桃在生产过程中极易遭受天气风险的特征，本研究利用基于 Copula 函数构建的复合天气指数对陕西省眉县猕猴桃天气指数保险进行费率厘定。首先，构建降水、气温及单产之间的三维嵌套 Copula 模型和条件混合三维 Copula 模型；其次，分别通过蒙特卡洛模拟法随机产生模拟单产、降水和气温的样本序列，并通过均方根误差、归一化均方根误差和平均绝对误差比较两种模型的模拟精度；最后，利用模拟精度较高的条件混合三维 Copula 模型随机产生的样本序列厘定纯费率。具体结论如下：①本研究对猕猴桃生长过程中的各天气因素进行分析，确定陕西省眉县猕猴桃生长关键时期的主要气象灾害为高温和干旱，并据此构建高温指数和干旱指数。②比较两种三维 Copula 模型的模拟精度可以发现，条件混合三维 Copula 模型对眉县气象因素与猕猴桃产量数据关系的拟合效果优于三维嵌套 Copula 模型。③利用蒙特卡洛模拟随机产生的数据，计算得到猕猴桃高温干旱复合天气指数保险的阈值为 5—9 月累计降水量低于 423.16 毫米，且平均日最高气温高于 26.40℃；在 70％的保障水平下，天气指数保险产品的纯保险费率为 10.07％。

（二）讨论

本研究基于两个气象因子对农作物产量损失的交叉影响设计复合天气指数，能在一定程度上降低基差风险，为复合天气指数保险产品的设计和论研究提供新的思路和启示。从实践意义上看，本研究重点关注陕西省眉县的气候条件以及猕猴桃生长关键时期的情况并由此厘定天气指数保险产品的费率，为其他地区以及保险公司广泛开展天气指数保险实践提供可以借鉴的经验，对于复合天气指数保险的进一步发展有重要的现实意义。

此外，本研究也存在今后有待继续研究完善的问题：第一，天气、地域等客观条件极易影响农业的正常生产，猕猴桃单产和天气变量之间存在着复杂的相关关系，本研究仅尝试性提出一种研究两个气象因子与单产之间相关关系的方法，更复杂的关系仍需进一步研究。第二，猕猴桃是一种多年生植物，各个时期的天气状况都会影响猕猴桃的生产。本研究仅考虑猕猴桃开花、结果期降水和气温的复合指数对猕猴桃单产的影响，未考虑同时期其他天气因素对猕猴桃单产的影响以及其他时期影响猕猴桃单产的天气因素。因此，应进一步探索天气因素与猕猴桃单产之间的相关关系。

参考文献（略）

经验交流

辽宁省农业保险高质量发展面临的挑战及其解决路径研究

赵 凯 郭 沛 张雁飞 王晓丽 杨甜甜

摘要： 目前我国农业保险表现出保障水平低、可持续性不强、服务质量不高的特点，需要建立更加科学合理的定价机制和体制，进一步提高服务水平和质量。通过剖析辽宁省农业保险发展现状及相关案例，本研究揭示了制约辽宁省农业保险高质量发展的因素，寻求促进辽宁省农业保险高质量发展的路径，以满足农业现代化发展和乡村振兴的内在需求。

关键词： 辽宁省；农业保险；高质量发展；解决路径

一、引言

2004 年，中央 1 号文件提出加快建立政策性农业保险制度。2007 年中央财政开始对政策性农业保险进行保费收入财政补贴试点，2013 年公布的《农业保险条例》促使政策性农业保险进入有法可依和快速发展阶段。2019 年，财政部、农业农村部、银保监会、林草局联合印发《关于加快农业保险高质量发展的指导意见》，对我国政策性农业保险业提出了高质量发展要求，政策性农业保险需要在“脱贫攻坚战略”“乡村振兴战略”两个战略背景下实现质的飞跃。

辽宁省兼具工业大省及农业生产基地的双重角色，是中国粮食主产区之一。近些年来，辽宁省发生的干旱、洪涝、病虫害等，给其农业生产带来了极大损失，加重了政府的财政负担。辽宁省自 2008 年入围中央财政农业保险补贴试点省份以来，农业保险规模逐年快速增长，极大程度上缓解了自然灾害对农业生产造成的影响。在确保实现乡村振兴战略、如期建成社会主义现代化强国的基础上，如何引导辽宁省农业保险体系与政策对位、质量与需求对位、体量与发展对位，分析辽宁省农业保险高质量发展面临的主要挑战并得出解决路径，是本研究的重点。

作者简介：赵凯，安华农业保险股份有限公司北京分公司总经理；郭沛，中国农业大学经济管理学院教授；张雁飞，就职于安华农业保险股份有限公司辽宁分公司；王晓丽、杨甜甜，中国农业大学经济管理学院研究生。

二、辽宁省农业保险发展的历史阶段与现状评价

（一）辽宁省农业保险发展阶段

辽宁省作为我国东北农业大省，耕地面积广阔，农业从业人口基础大，农业保险起步较早，自 1983 年开办农业保险至今已 40 多年历史，其发展大致分为四个阶段。

起步阶段（1983—1993）。20 世纪 80 年代我国农村发展形成了统分结合的双层经营体制，以集体经营为主，个体和私营经济并存的格局逐渐形成，农村改革进程中，农业经营风险再次凸显。此时期是辽宁旱灾、洪涝、暴雨等灾害的多发期。面对农业发展和农业保险发展的双重需求，1983 年辽宁省正式试办农业保险业务。初期保险品种仅限于大牲畜、猪、鸡、羊等，虽然当年赔付率达到 300%，但农业保险依旧逐年有序开展。1988 年，辽宁省农业保险保费达到 880.1 万元，保险密度达到 0.39 元/人。这种快速发展的影响因素主要包括三点：一是当时农村实行承包经营改革的需要。二是政府给予大力的宣传支持，同时给予免除营业税的政策。三是中国人民保险公司以“抽肥补瘦”的方式维持业务经营。1991—1993 年，辽宁省农业保险发展较快，保险种类、保障总额、保险规模均达到历史最高水平，1993 年保费收入达到 3 623.3 万元。1991 年《中共中央关于进一步加强农业和农村工作的决定》中提出“农业综合生产能力和效益要提高到一个新的水平”，“积极发展农村保险事业，扩大险种范围，鼓励农民和集体投保”。这对农业保险的发展是一个很大的鼓舞。同时，中国人保将农业保险业务与商业性保险业务彻底分离，建立单独核算试点，还设立专门的农业保险部门和人员，进行单独管理。政府支持和公司经营模式的变化推动了辽宁省农业保险的突破性发展。

萎缩阶段（1994—2003）。此时期辽宁省农业保险进入全面萎缩阶段，具体体现在农业保险保费收入逐年下降，1993 年辽宁省农业保险保费收入超过 3 000 万元，1998 年辽宁省农业保险保费收入降至 1 300 万元，2004 年辽宁省农业保险收入已降至 500 万元以下（图 1）。其原因有四点：一是历年赔付居高不下，1983—1993 年赔

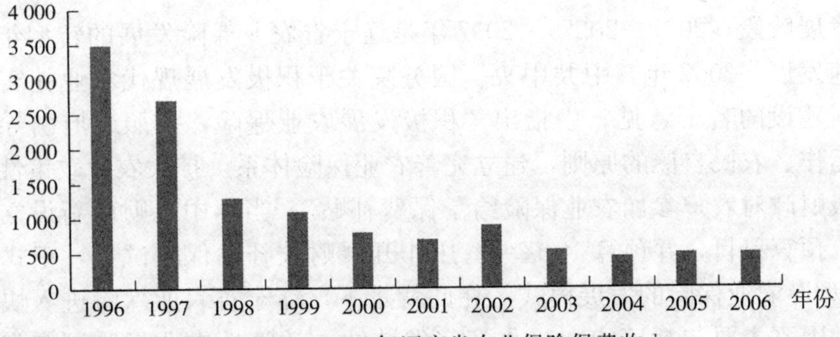

图 1　1996—2006 年辽宁省农业保险保费收入

资料来源：辽宁省保险行业协会。

付率均超过 100%，虽然政府给予免税政策扶持，但长期经营性亏损导致农业保险难以持续发展。二是 1993 年国有企业开始进行市场化改革，中国人保改制为中保财险和中保人寿，中保财险在利税指标考核的背景下开始全面转向商业性经营。三是农业保险在业务规模萎缩的情况下，归入一般财产保险，不再单独核算。四是政府支持干预过度，出现强制收费、乱收费、道德风险等，最终导致中国人保大范围停办农业保险业务。五是辽宁省农业从业者人均收入较低，缺乏有效需求。

探索阶段（2004—2007），2004—2007 年，中央 1 号文件均对农业保险工作提出具体要求，2007 年的全国金融工作会议中明确了构建多层次、广覆盖、可持续的农村金融体系，需要建立农业保险制度。在全国大力推动农村金融体系建设的情况下，辽宁省农业保险也在不断总结发展困难及分析问题原因，逐步探索农业保险多种试点模式。2004 年为支持阜新市养殖业发展，阜蒙县开办了“政府补贴型”养殖业保险试点，财政部门提供占总保费 40%的财政补贴，剩余由个人承担，但由于县政府财政投入有限，此项业务没有得到持续发展。2005 年在铁岭烟草公司的要求下，基于当时烟草种植的生产需求，铁岭地区开办了“龙头企业牵头型”的烟叶保险试点，由烟叶龙头企业承担补贴总保费的 70%，其余 30%由农户个人承担。当年烟叶保险赔付率达到 192%，虽然生产损失得到赔付，但保险主体出现经营亏损，难以持续发展。经过几年的广泛宣传，政府部门提高了对农业保险的重视程度。2006 年，辽阳市政府开办了养殖业保险试点，承办了牛、猪、鸡三个品种的养殖保险，政府部门大力推动和积极参与，当年农业保险收取保费 112.8 万元，被称为“政府主导型”农业保险试点。

以上三种模式试点的开办初步展现了辽宁省农业保险的发展困难。一是风险保障意识不够，农户缴费能力不足，导致农业保险有发展空间但无发展条件。二是缺少政策体系扶持，没有自上而下的协办推动体系，仅靠保险机构运作导致保险成本大幅上升。同时地方财政支持有限，试点模式注定保险覆盖范围较小，风险分散的范围很小，违背保险基本原则。三是道德风险较高，农业保险标的具有特殊性和分散性，缺乏有效手段降低道德风险导致的高赔付水平。因此，辽宁农业保险仍处于供需失衡状态。

快速发展阶段（2007—2022）。2007 年是辽宁省农业保险发展的转型年份，由探索转向快速发展。2007 年《中共中央　国务院关于积极发展现代农业扎实推进社会主义新农村建设的若干意见》中指出“积极发展农业保险，按照政府引导、政策支持、市场运作、农民自愿的原则，建立完善农业保险体系。扩大农业政策性保险试点范围，各级财政对农户参加农业保险给予保费补贴”，当年中央财政新设立“农业保险费补贴”预算科目，并预算 10 亿元，用作开展财政补贴保险试点，正式拉开全国“财政补贴型”农业保险的发展模式。在此背景下，辽宁省农业保险进入快速发展阶段。其推动因素主要包括五点：一是辽宁省被纳入政策性农业保险试点省份。2008 年辽宁省种植业保险获准入围财政补贴试点省份；2010 年辽宁省进入国家森林保险第2批试点省份；2014年辽宁省畜牧兽医局发布《关于印发辽宁省养殖业保险工作实施方案的通知》，辽宁省正式启动政策性养殖业保险。二是财政补贴支持力度逐年加大。2013年种植业保险提高省级补贴比例，由25%提高至30%；2017年种植业保险产粮大县中央财政补贴比例提高至45%；2019年辽宁省拟开展“以奖代补”试点，政策性肉牛保险、绒山羊保险、温室大棚保险拟增加中央财政补贴30%。三是法律法规进一步完善。2013年3月1日，《农业保险条例》正式实施；2015年4月1日，《农业保险承保理赔管理暂行办法》正式实施；2018年辽宁银保监局正式成立，保险监管下沉至基层，农业保险监管实现由点到面的全覆盖，“严监管”既提高了防范系统性金融风险的能力，也确保了农业保险稳定发展。四是科技助力与产品创新双轮驱动。卫星遥感、无人机技术、大数据与物联网、气象预警、移动出单服务、生物识别技术不断应用到辽宁省农业保险中，防范操作性风险的同时提高了保险综合服务能力。五是各保险主体均加大创新投入，农业保险地方特色保险、商业性保险产品覆盖进一步提高。截至2022年，辽宁省农业保险保费收入46.62亿元（图2），其中种植险保费收入27.25亿元，养殖险保费收入18.45亿元，森林险保费收入0.92亿元，为农户提供风险保障1 070.19亿元，农业保险风险保障能力再创新高。

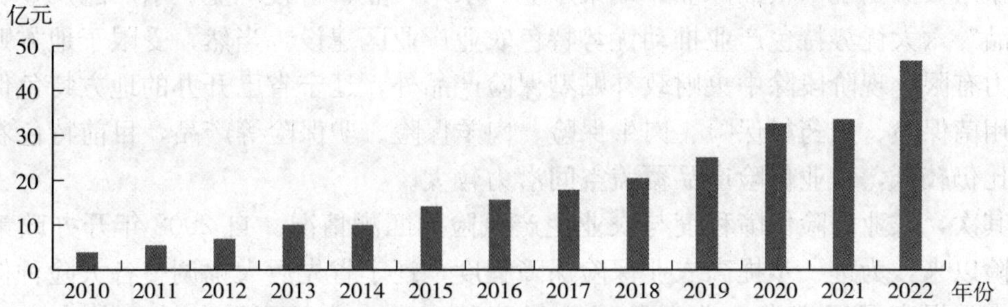

图2 2010—2022年辽宁省农业保险保费收入

资料来源：辽宁省保险行业协会。

（二）辽宁省农业灾害背景

辽宁省作为我国东北农业大省，自然灾害常年影响其农业生产，自然灾害频发也是推动辽宁省农业保险发展的重要因素。据不完全统计，1949—2003年，辽宁省农作物年平均受灾面积122.1万公顷，年平均成灾面积达到60.8万公顷，每年成灾面积与受灾面积均呈增加趋势。2006年全省农作物受灾面积达到386万公顷，经济损失68亿元；2009年全省农作物受灾面积达到307万公顷，经济损失107亿元。进入21世纪辽宁省自然灾害主要包括旱灾、暴雨、洪涝、雹灾、风灾、病虫害等，随着全球气候变暖影响，厄尔尼诺现象和拉尼娜现象交替出现，辽宁省连续多年遭受自然灾害侵袭。其中，2011年超强台风“梅花”、2012年超强台风“布拉万”、2019年三台风“巴威”“美沙克”“海神”、2022年台风“梅花”，均为辽宁省带来较强的暴雨洪涝及大风灾害。各灾害种类中尤以旱灾对农作物影响最大，资料显示，辽宁在64

年间有 58 年出现干旱，比例高达 90.6%，2009 年、2014 年、2015 年、2020 年均出现严重春旱及夏旱灾害，旱灾整体呈频次高、程度重、范围广的特征，辽西地区已形成典型的易旱区域。面对辽宁省气象灾害高频率、高覆盖、高成灾的特性，农业保险已成为有效分散农业生产风险和保障农民生产收益的有效措施之一。

（三）辽宁省农业保险市场供需关系

在辽宁省农业供给侧改革的市场背景下，农业保险高质量发展更体现在农业保险市场对供需关系自我调整的能力上。农业保险业务中农户、政府、保险经营主体之间的供需关系，更能体现当前农业保险市场的发展现状和发展特征。

首先，农业保险产品与农业主体需求的匹配情况。早期农民收入有限，缴费能力严重不足，难以形成农业保险的有效需求。自 2008 年起，辽宁省通过农业保险保费补贴的方式推动农业保险。中央财政提高了对种植业保险的补贴比例，又通过“以奖代补”政策，支持地方特色农业保险产品的发展，辽宁省又对养殖险比例承保和统保，降低了农业主体缴费门槛，基本解决了需求方缴费能力不足的问题。2019 年辽宁省全年农业保险保费补贴投入 16.4 亿元，是 2008 年投入 7 184 万元的 22 倍。辽宁省近年来紧紧围绕“粮油产业、蔬菜产业、水果产业、畜牧产业、水产品产业、特色农产品”六大优势特色产业推动优势特色农业产业区建设。当然，受限于地方财政补贴能力有限，现阶段除中央财政补贴型保险产品外，辽宁省已开办的地方特色保险仅有食用菌保险、中药材保险、肉牛保险、肉羊保险、驴保险等产品，目前特色农业保险占比仍较低，农业保险产品覆盖空间潜力较大。

其次，农业保险保障程度与农业生产风险的匹配情况。自 2008 年开办政策性农业保险以来，为进一步提高农业保险保障程度，辽宁省先后大幅调整各大险种保险条款，有效提高了辽宁省农业保险风险保障程度和农户抗风险能力，其中 2014 年、2015 年重大旱灾分别支付赔款 9.3 亿元和 15.03 亿元。以安华农业保险公司的粮油作物保险为例，2019 年农户受益户次占比达到的 98.1%。现阶段辽宁省农业保险已提高了农户保险的可得性，农业的基本生产风险得到有效保障。

最后，农业保险体系建设与农业保险市场发展的匹配情况。从农业保险开办原则的角度分析，辽宁省在充分发挥“政府引导”职能的基础上，“自主自愿、市场运作、协同推进”在农业保险发展中得到充分落实，农业保险体系不断发展和完善。

（四）辽宁省农业保险经营管理模式

辽宁省农业保险经营模式主要依靠政府引导推动为主，保险机构宣传启动为辅，每年通过市场招标、竞争性谈判或延续上年度经营方式来确定保险经营主体和承保区域，再由市、县、乡、村逐级组织与发动，保险公司则配合进行承保核查和定损理赔。

辽宁省农业保险的管理模式可细分为市场管理、服务管理、风险管理三方面。市场管理方面，政府主要采取市场招标的方式，制定优胜劣汰的考核机制，促使保险机构规范经营和不断提高农业保险服务能力，提高农户保险服务可得性。服务管理方面，2018年辽宁省农委、省财政厅下发《关于开展特色农产品保险试点申报工作的通知》，要求每年选择1～2个优势特色农产品开展政策性保险试点，进一步扩大了保险产品服务覆盖面。保险经营机构也在不断加大创新和科技投入，提高保险综合服务能力，包括无人机开展大田查勘、卫星遥感精准承保理赔、智能牛脸识别等均已应用到农业保险业务中。风险管理方面，政府部门加强了对补贴资金的使用管控，通过管理平台实现了补贴资金的垂直管理，在预算编制、拨付使用、成效监控等方面制定了严格的制度。监管部门对保险经营的监管力度加大，人民银行则对保险业非法集资进行了有效管控，避免了出现系统性重大金融风险。

政府的政策推动、体系搭建，保险主体的资源投入、经营管理，监管部门的合规引导、风险管控，共同促进了辽宁省农业保险的快速发展，伴随着乡村振兴的节奏，辽宁省农业保险迈入了高质量发展的门槛。

三、辽宁省农业保险高质量发展面临的主要问题

通过对辽宁省农业保险发展现状的分析可以看出，现阶段辽宁省农业保险业务得到了快速发展，风险保障体系初步建成，三大主粮保险覆盖率稳定在80%以上。在此背景下，农业保险正是助力乡村振兴和农村转型发展的重要保障措施，但目前辽宁省农业保险风险保障能力与农业保险高质量发展的目标仍存在较大差距。具体体现在以下方面。

（一）农业保险产品种类单一

目前辽宁省农业保险依旧以传统的覆盖直接物化成本的粮油作物保险、大牲畜保险、森林综合保险为主要产品，产品体系单薄、种类单一。种植险方面，现有数据显示2022年辽宁省地方特色保险保费规模占种植险总保费比例仅为6.98%，仍需进一步扩大覆盖范围。例如，温室大棚保险作为辽宁省开办最早的地方政策性特色保险产品，受保障程度低、缴费比例高、经营成本高的影响，保费规模仅599.75万元，远远不能覆盖现有全省设施农业的生产规模。养殖险方面，辽宁省现有养殖产品仍以中央三大补贴保险产品为主，小牲畜、渔业保险产品较少，目前仅有大型畜牧企业能够获得相应保险服务。林业保险方面，政策性森林综合保险保费占比较高，商品林承保覆盖不足，特色水果保险受地方财政不足的影响则未纳入财政补贴范围，商业性水果保险受风险概率大、缴费额度高等因素影响，迟迟未能形成承保规模。根据辽宁省统计局发布的数据，辽宁省2022年农业从业人口为1 150万人，同年辽宁省农业保险保费为46.62亿元，简单计算辽宁省农业保险密度为405.39元/人，距离我国农业保险高质量发展要求标准500元/人仍存在差距。

（二）农业保险保障程度和服务范围不足

辽宁省农业保险保障程度重点受产品结构、政策引导、经营情况等因素影响，目前大部分产品还是物化成本保险，保障程度低。随着农业农村发展和乡村振兴的推进，各地形成新型经营主体和一二三产业融合发展的趋势，势必释放出更多的市场需求，其中收入保险、指数保险、农村财产保险及人身意外保险、银保创新险种等均需要不断探索和完善，为乡村各种产业振兴发展提供多元化的风险保障。2016年辽宁省曾起动农业金融服务的提质扩面行动，但农业保险起步较晚、基础较弱的特点制约着农村金融发展和农民金融服务的可得性，现阶段银保合作业务仍属小众业务，农村贷款保证保险业务规模小，未能有效调动保险与银行的资金作用，银保企业间合作模式和发展目标均存在较大差异，仍旧需要政策来引导促使银保深入合作。

（三）农业保险基础设施不完善

辽宁省现有的农业保险基础设施仍不完善，缺少发展基础。一方面，信息共享机制不完善，保险机构缺少农业标的、农业客户、农业产业等信息获取渠道，以土地确权信息为例，大部分地区土地确权信息未允许对外公开，保险机构在产品研发、精准承保、精准理赔等环节由于缺少数据支持处于无计可施的状态。另一方面，还存在农业灾害损失缺乏真实记录、农业气象资料的积累不足等问题。

四、辽宁省农业保险高质量发展的路径

（一）多角度提高农业保险服务能力

1. 提高农业保险保障程度

近几年，辽宁省农业保险虽然整体保费规模增长较快，但局部承保率和产品覆盖差异较大，例如，阜新花生作为辽宁省特色农产品之一，种植面积超过百万亩，已形成小粒花生的优势产业区域，但受地方财政补贴能力限制，保险覆盖率始终较低。目前，在辽宁省现有物化成本保险基础上，应继续扩大完全成本保险试点范围，重点对主要粮食作物承保率较低的地区，建立对政府与保险机构的双向考核指标。政府部门应出台扶持政策，支持“保险＋期货”项目试点，统筹各方资源，并扩大试点规模和品种范围，提高保障程度。继续推动养殖业保险整县统保模式，灵活运用补贴资金，调动农户保险积极性。对地方特色农业产业，则建议在地方财力许可的条件下，加大政策支持，建立“一县一品”的地方特色保险体系，对于县级补贴的保险产品保险覆盖达到一定标准的，允许其纳入省级财政补贴范围，其中以优选特色种植、养殖及菜篮子产品为重点补贴对象。林业保险要对商品林保险加大承保覆盖率，不断完善产品体系和提高风险保障能力。

2. 完善农业保险金融功能

辽宁省应建立银保合作机制，由政府部门主导制定银保合作方案，明确银保各方工作职能，初步由监管部门出台普惠金融考核机制。应利用各方平台资源，制定短期或长期银保担合作发展计划，充分释放银行资金和数据处理优势，建立农村个人征信体系，依托农业保险、信贷、担保的密切合作，开发贷款保证保险和抵押金融贷款产品，解决地方农业产业融资难的问题。

3. 升级农业保险服务

可在制定政策时明确地方协办单位应配合保险机构开发涉农财产险、农民短期意外伤害险、农产品质量险、一揽子综合险等产品，可制定对协办单位和保险机构的激励政策或考核指标，适当给予一定保费补贴，保险机构则根据当地风险情况和农业保险开展情况，适当给予费率优惠，并加强保险政策宣传。保险机构应加强针对适度经营农户的产品研发，加大创新投入，发挥保险产品灵活的风险保障作用。

（二）全方位优化农业保险运营机制

1. 加大政策支撑与引导力度

现阶段辽宁省农业保险的市场化作用还没有得充分到发挥，具体体现在产品结构单一、风险分散措施不足、保险机构经营压力大等方面，其根本原因在于“政府推动、协同推进”的原则在基层没有得到高效落实，制约着农业保险的市场化进程。建议在全省制定统一的工作进度考核规程，针对承保启动、收取保费、系统出单均设立完成时限，各级协办部门及保险机构均按照时限节点完成相关工作，提升效率，完善双向考核机制。继续加大财政支持力度，以多种方式开展补贴，提高保险动能、激发市场活力、提高保险各方主体积极性。制定协办管理办法，明确各级政府在农业保险业务中的职责，保证业务开办效率。同时协办部门应严格遵守农业保险开办原则，要尊重保险市场定价、不介入理赔定损、充分提供农业产业信息与确权信息，全力支持农业保险的业务宣传。

2. 经营机构要加强自身建设

保险机构应加强自身建设，提高农业保险服务综合能力，在承保理赔流程、业务档案资料、客户权益保障、保险产品创新、技术资源等方面加大投入，通过加强业务管控和风险管控，提升技术和产品投入，以提高客户金融服务可得性，突出保险服务普惠性。

3. 加强市场监督和管理

为深入贯彻中央全面深化改革委员会关于加快农业保险高质量发展的总体部署，2020 年 6 月，银保监会发布了《关于进一步明确农业保险业务经营条件的通知》，该通知进一步规范了农业保险业务经营标准。省级机构应进一步出台实施细则，制定农业保险业务经营条件管理办法，严格管控市场主体资质，确保农业保险高质量经营。可对考核不合格及服务能力差的机构限制其业务范围及规模，形成优胜劣汰的市场选择机制。监管应利用农业保险信息平台，加大非现场监管力度，严格把控数据真实性、完整性，杜绝虚假承保、虚假理赔。

（三）多措施加强农业保险基础设施建设

1. 整合和共享农业保险信息

现阶段辽宁省种植业保险产品结构相对单一，除中央财政补贴产品外，只有食用菌保险、中药材保险、温室大棚保险等几种产品。保险机构在产品创新研发的过程中缺少费率厘定依据和农产品相关产业风险信息，更缺少地方特色农业产业的信息。建议由省农业保险领导小组协调组织农业保险机构、农业专家、金融保险院校、统计部门等单位联合开展农业风险区划研究，定期公布主要农作物、经济作物等的风险区划研究成果，为保险机构开发保险产品提供费率依据。信息共享方面，建议财政资金申报平台或农业保险信息平台能够适当为保险机构开放信息查询功能，方便保险机构及时了解和掌握保险业务数据、补贴资金划拨等情况，同时确保信息上报的准确性。建议农业保险领导小组成员单位能够在政策允许的情况下，进一步提高信息共享程度，例如气象部门能够为被保险人或保险机构提供气象灾害证明。

2. 加大农业保险科技投入

应汲取全球农业保险科技化转型的诸多经验，积极构建日益完善的新型农业保险服务生态。一是借助移动互联网和智能终端的迅猛发展，将农业保险承保理赔流程从电脑端移到移动端，降低保险机构的人力成本与工作量，进而提升农业保险服务效率；二是在地理信息技术（3S 技术）、物联网与人工智能（AI）等高科技的支持下，建立种植业管理和养殖业数量精准管理系统，逐步实现按图承保、数量识别精确承保，有效降低保险机构虚假承保的违规风险；三是在大数据的助力下，建立以科技为驱动的农业保险产品创新体系，推进农险保险的“扩面、增品、提标”。

3. 优化农业保险布局

建议允许保险机构在乡镇级政府设立农业保险服务站点，可在保险协办费用中拿出部分费用聘用协办人员，出台统一的保险服务站点建设标准和管理办法。由乡镇协办人员与保险机构业务人员共同承担承保、理赔相关工作，特别是养殖业保险，要将防疫部门的工作与保险工作密切结合起来，这有利于加强防疫工作，同时对农业保险来说，一方面有利于推动承保，另一方面也有利于严格风险管控。

4. 管控农业保险风险

保险经营主体应加强对风险防范的管理措施，通过加强承保标的验标、无人机技术与卫星遥感技术的查勘定损应用、气象灾害预警等应用，强化风险管控措施。辽宁省目前尚无大灾风险分散体系和灾前防灾防损体系，农业保险经营风险的分散，仅依靠保险机构的再保险购买行为，还是过于单薄。中央政府正在建立大灾风险基金，辽宁省也应积极配合，完善省级大灾风险保障措施和防灾防损工作方案，集中政府和保险机构资金资源，统筹安排全省风险管控工作。

五、总结

农业保险每一个阶段的转型发展，都会有特定的背景和因素。辽宁省农业保险发挥着辽宁省乡村振兴战略和脱贫攻坚战略护航者的重要角色。农业保险高质量发展，需要以乡村振兴的战略需求、农业农村现代化的发展需求和农户生产经营的风险需求为核心目标，在政策端不断加大支持力度，完善运营机制与体系建设，市场端依托科技、大数据、互联网的技术革新，尊重市场运行规律，不断推动农业保险产品与服务的提质增效，实现以市场为导向的多元化融合发展，最终实现高质量发展。

参考文献（略）

黑龙江省农业收入保险试点实践与思考

卢一鸣

摘要： 近年来，全国多地相继开展了水稻、玉米、大豆、棉花等作物收入保险试点，取得了一些经验，为下一步扩大开展政策性种植收入保险打下了良好的基础。黑龙江省作为农业大省，也于多个地区开展了农业收入保险试点。本文以黑龙江省部分地区农业收入保险开展情况为例，在深入调研的基础上，总结分析了开展收入保险过程中遇到的问题，并给出相应的对策建议，以期为推广农业收入保险提供参考。

关键词： 黑龙江省；农业；收入保险；“保险＋期货”

自2007年政策性农业保险制度建立以来，我国农业保险快速发展，2020年我国农业保险保费收入已达815亿元，规模跃居全球第一位，2021年农业保险保费收入更是达到了965亿元。然而，相比农业保险发达国家，我国的农业保险发展仍存在一定差距，不仅品种不够丰富、覆盖率不高，更为重要的是，保障水平依然较低。2016年，我国三大粮食作物保险金额约为369元/亩，只占生产成本的40%左右，与实际成本有较大差距，不仅难以满足农户需求，更是无法为农业的发展提供充足的保障。

2021年12月25日，习近平总书记在中央农村工作会议上指出“保障好初级产品供给是一个重大战略性问题，中国人的饭碗任何时候都要牢牢端在自己手中，饭碗主要装中国粮。”在粮食安全愈发重要的背景下，提高农作物尤其是粮食作物的保障水平更为重要。

农业收入保险，能够增强农户应对自然风险和市场风险的能力，可以更好地保障农户收入、稳定农业生产。美国于1996年开展农业收入保险，至今这一产品已经成为美国农业保险的主流产品。日本也从2019年开始在全国范围内正式推广农业收入保险。我国也在不断探索农业收入保险。2017年，中央1号文件中提出探索建立农产品收入保险制度。2018年，中央1号文件提出，要探索开展稻谷、小麦、玉米三大粮食作物完全成本保险和收入保险试点，加快建立多层次农业保险体系。要稳步扩大“保险＋期货”试点，探索“订单农业＋保险＋期货（权）”试点。

近年来，全国多地相继开展了水稻、玉米、大豆、棉花等作物收入保险试点，取得了一些经验，为下一步扩大开展政策性种植收入保险打下了良好的基础。黑龙江省作为农业大省，也于多个地区开展了农业收入保险试点。本文以黑龙江省部分地区农

作者简介：卢一鸣，阳光农业相互保险公司党委副书记、总经理。

业收入保险开展情况为例，在深入调研的基础上，分析收入保险开展过程中遇到的问题，并给出相应的对策建议，以期为推广农业收入保险提供参考。

一、农业收入保险面临着重要的发展机遇期

（一）符合国际通行规则

我国加入世界贸易组织（WTO）时承诺减少农业生产者补贴、耕地地力保护补贴等直接补贴方式，农业保险保费补贴属于WTO规定的“绿箱”农业支持政策。开展农业收入保险，通过农业保险保费补贴支持农业发展，符合国际通行的规则。

（二）保险需求逐年增大

国内粮食价格形成机制逐步市场化，玉米、大豆实行“市场定价、价补分离”的定价机制，小麦、水稻也逐渐趋向取消最低收购价格制度，按生产成本加补贴的办法，实行“市场定价，价补分离”的政策。农户特别是新型农业经营主体享受的补贴虽然在增加，但是却直接面临着自然灾害和市场价格波动的双重风险，迫切希望得到保障程度更高、保险责任覆盖范围更广的保险产品，农民对农业收入保险的需求正逐年增大。

（三）政策保障力度加大

2019年10月，财政部、农业农村部、银保监会和林草局四部门联合印发了《关于加快农业保险高质量发展的指导意见》。该意见明确指出，未来我国农业保险保障体系中，收入保险要成为我国农业保险的重要险种。2021年6月，财政部、农业农村部和银保监会联合印发了《关于扩大三大粮食作物完全成本保险和种植收入保险实施范围的通知》，政策性玉米种植收入保险在全国13个粮食主产省份正式开始全面实施。

二、黑龙江省农业收入保险试点实践

黑龙江垦区农户单户种植面积相对较大，农业机械化水平较高，种地投入大、风险高，一旦遭受大灾，农户将面临重大损失，因此他们对提高保障程度有着非常迫切的需求。近几年，阳光农业相互保险公司（以下简称阳光农险）展开了收入保险以及“保险＋期货”模式下的收入保险试点，取得了一定经验。

（一）收入保险

2017年，阳光农险率先在黑龙江垦区290农场开展了水稻收入保险试点。当年承保水稻收入保险面积47.3万亩，保费收入2 601.46万元，提供风险保障5.54亿

元，将水稻的保险保障由820元/亩提高到1 170.2元/亩，保障价格为每千克3.1元，基本满足了农户的需求。具体做法如下。

1. 实践做法

首先，确定起赔产量。确定起赔产量是水稻收入保险中最重要的要素之一。通过调查290农场水稻前5年的单位面积产量，阳光农险与农场农业部门共同分析和测算，最终确定按历年平均产量的75%确定理赔产量，为377.49千克/亩。按照条款相关规定，参保农户水稻单产低于377.49千克/亩，就会得到赔付。

之后，约定赔付价格。约定赔付价格，是水稻收入保险中另一个关键要素。为充分调动农户的参保积极性，经过与农场和农户的多次协商，阳光农险最后按国家发改委公布的年度粳稻最低收购价，约定赔付价格为3.1元/千克。农户对约定的赔付价格比较满意，认为较为公平、合理。试点起赔产量为377.49千克/亩，约定赔付价格为3.1元/千克，保险金额为1 170.2元/亩。经分析测算，试点时采用了较低的费率水平，厘定费率为4.7%，亩保费55元。保费分摊比例为中央财政补贴32.5元/亩，占59.09%；农场补贴5元/亩，占9.09%；农户个人承担17.5元/亩，占31.82%。亩保费55元中，超出直接物化成本部分的保费5元/亩，全部由农户承担。

2. 赔付情况

2017年，受8月末台风“狮子山”及9月持续降雨影响，试点地区的水稻出现部分面积的倒伏，部分低洼田块水稻出现发芽霉变、千粒重下降等受灾情况。9月末，经阳光农险和农户代表联合查勘和定损，最后确定保险赔款金额为2 415.1万元，赔付率92.8%，获得受灾理赔农户2 866户，受灾农户户均赔款8 426元，最多的农户共获得赔款119 817元，保险赔款全部通过银行转账的方式，直接支付给受灾农户。

3. 取得经验

一是水稻收入保险试点对水稻产量和价格风险进行了双重保护，一定程度上起到了替代最低收购价的作用。二是保障水平由原来保障直接物化成本大幅提高到基本覆盖水稻生产全部成本，锁定了水稻种植户的收入预期。三是对参保农户起到良好的增信作用。水稻收入保险保障程度高，减少了金融机构的放贷风险，相当于为农户增加了“贷款信誉”，促进了农村金融市场的发展。四是保险条款通俗易懂，在对条款进行宣传的过程中，我们发现农户很容易理解，从而也很容易接受。以理赔计算为例，只要保险水稻发生保险责任范围内的损失，且测定产量低于起赔产量377.49千克/亩时，阳光农险就按2016年粳稻最低收购价3.1元/千克的标准，进行赔付。

（二）“保险＋期货”模式下的收入保险

2017—2021年，阳光农险共计开展“保险＋期货”收入保险试点项目12个，承保作物面积462.3万亩，签单保费2.1亿元。其中，大豆项目试点承保347.9万亩，签单保费1.2亿元；玉米项目试点承保114.4万亩，签单保费0.9亿元。截至本文截稿，阳光农险累计向 8.55 万户次农户支付赔款 1.25 亿元，户均赔款 1 458.7 元，其中，大豆收入保险支付赔款 0.89 亿元，玉米收入保险支付赔款 0.36 亿元。

1. 实践做法

“保险＋期货”模式下的收入保险流程如下：

首先，农户购买保险。农户向保险公司购买农产品（大豆、玉米）收入保险，支付保险费，约定农产品（大豆、玉米）保险赔付价格。收入保险中约定的保险市场价格，由大连商品交易所（以下简称大商所）在保险合同生效后某月份一定期限内交割的农产品期货合约交易日收盘价的平均值计算而来。保险公司收取农户保费，并出具保单。

其次，保险公司购买看跌期权。保险公司向期货公司购买场外看跌期权，向期货公司的风险管理子公司交纳权利金，转移价格风险。

再次，期货公司的风险管理子公司对冲风险。期货公司的风险管理子公司利用期货复制期权，将大豆、玉米价格风险分散到期货市场中。

最后，三方兑现协议。在保险有效期内，阳光农险根据保单约定向农户支付收入保险赔款；期货公司根据对冲协议向阳光农险支付赔款。

下文以 2019 年黑龙江省农垦九三管理局（以下简称九三管理局）的“保险＋期货”玉米收入保险以及 2020 年黑龙江省海伦市的“保险＋期货”大豆收入保险为例，介绍试点情况及取得的经验。

（1）“保险＋期货”玉米收入保险。2019 年，阳光农险与浙商期货有限公司联合牵头，参与大商所“农民收入保障计划”县域覆盖试点项目，共向九三管理局下属的 9 家农场共 62 个管理区提供风险保障，总计承保面积 56.67 万亩，签单保费 4 518.39 万元，承保户次 12 119 户次，保险金额 51 343.32 万元。具体的承保要素与保费分摊比例如表 1 和表 2 所示。

表 1　2019 年九三管理局“保险＋期货”玉米收入保险承保要素

单产（吨/亩）	价格（元/吨）	保险责任水平（%）	保险金额（元/亩）	保费（元/亩）	费率（%）
0.52	2 050	85	906.10	79.74	8.80

表 2　2019 年九三管理局“保险＋期货”玉米收入保险保费分摊比例

项目	合计	中央财政	农场补贴	农户	项目补贴
保费（元/亩）	79.74	35.75	5.5	13.75	24.74
占比（%）	100	44.83	6.90	17.24	31.03

总保值吨数 29.47 万吨，阳光农险向期货公司支付权利金 2 259.4 万元（76.68 元/吨），最终期货公司期权对冲赔款为 2 004.85 万元。收入保险的结算价格取值为大商所玉米 C2001 合约 10 月 1 日—31 日收盘算术平均价（1 845.28 元）。

（2）“保险＋期货”大豆收入保险。2020 年阳光农险与南华期货股份有限公司（以下简称南华期货）联合牵头，参与大商所“农民收入保障计划”县域覆盖试点项目，共向黑龙江省海伦市 15 个乡镇提供风险保障，总计承保面积 110.35 万亩，总保费 5 186.5 万元，承保户次 39 023 户次，保险金额 57 169.94 万元。具体的承保要素与保费分摊比例如表 3 和表 4 所示。

2020 年海伦市大豆收入保险承保单产按照承保区域不同分为 0.16 吨/亩与 0.17 吨/亩两档。

表 3　2020 年海伦市“保险＋期货”大豆收入保险承保要素

单产（吨/亩）	价格（元/吨）	责任水平（%）	保险金额（元/亩）	保费（元/亩）	费率（%）
0.17	3 900	80	530.4	47	8.86
0.16	3 900	80	499.2	47	9.42

表 4　2020 年海伦市“保险＋期货”大豆收入保险保费分摊比例

项目	合计	中央财政	省级财政	县级财政	农户	项目补贴
亩保费（元/亩）	47	6.4	4	3.6	5	28
占比（%）	100	13.62	8.51	7.66	10.64	59.57

2020 年海伦市县域覆盖“保险＋期货”大豆收入保险项目试点中，阳光农险与南华期货等五家期货公司合作进行套期保值，总保值吨数 14.35 万吨，向期货公司支付权利金 2 682.45 万元（186.93 元/吨），最终在期货市场获得期权对冲赔款 971.5 万元。收入保险的结算价格取值为大商所大豆 A2 101 合约 9 月 16 日—10 月 15 日收盘算术平均价（4 517.19 元/吨）。

2. 理赔情况

2019 年，九三管理局遭受持续降雨以及数次台风侵袭，局部地区受灾较为严重，自然灾害导致玉米减产的同时，非洲猪瘟疫情导致养殖业遭遇重创，饲料需求不振，玉米价格也随之下跌。2019 年九三管理局玉米收入保险的结算价格以大商所玉米 C2001 合约 10 月 1 日—31 日收盘算术平均价为准，最终市场价格为 1 845.28 元/吨。阳光农险总计向期货公司索赔 2 004.85 万元，总计向农户赔付理赔款 3 483.75 万元。在产量、价格双下跌的背景下，此试点项目带给玉米种植户的风险保障显得格外重要，切实保障了农户种植收入，让种植农户“受灾不受损、价低收入不低”，解了种植户的燃眉之急。

2020 年 8 月下旬，受到台风“巴威”影响，黑龙江省部分地区出现作物倒伏、强降雨内涝情况。9 月受台风“美莎克”和“海神”带来的风雨天气影响，黑龙江省部分地区出现作物大面积贴地倒伏及农田内涝，此时大豆正处于鼓粒期，受灾害影响发生倒伏和折断，导致产量受到严重影响。海伦市的“保险＋期货”大豆收入保险在粮食市场动荡、自然灾害侵袭的情况下，保障农户收入不减少。最终获得受益户次28 234户次，支付收入保险赔款3 284.16万元。

3. 取得经验

一是巩固脱贫攻坚成果。黑龙江省海伦市原为国家级贫困县，是全国知名的产粮大县。2019年在海伦市试行县域覆盖大豆收入保险项目，产生赔付9 772.83万元，并助力海伦市于2020年2月脱贫摘帽。2020年再度开展县域项目为海伦市巩固脱贫成果“扶上马，再送一程”。试点项目充分体现收入保险保障农户种植效益的优势，最终赔付3 284.16万元，在粮食市场动荡、自然灾害侵袭的情况下，有效巩固海伦市脱贫成果。二是增强农户风险管理意识。2019年，很多农户抱着尝试的态度参与试点项目，2020年，农户参与收入保险的积极性有了很大提升，自缴保费比例较2019年显著增加，同时本次项目还将部分土地托管面积纳入保险范围，为托管豆农提供保障。三是积累了收入保险经验。2019年九三管理局玉米收入保险为县域覆盖试点，由于该试点承保面积大、对应玉米现货量大、涉及农户多，为了保障服务能力，阳光农险在产品设计、费率厘定、系统开发、流程制定、定损创新、合规管控等方面，进行了深入的探索研究，积累了宝贵的经验和教训，促进了新技术的全面应用，使公司的收入保险体系趋于成熟。四是改变了传统的大面积灾害灾情查勘人海战术的方法，验证了地理信息技术（3S技术）在种植险定损中的可行性，3S技术在试点查勘定损中发挥了重要作用。

三、推进农业收入保险的思考

试点实践证明，收入保险较好地发挥了促进农业增效、保障农户收入、促进社会稳定的作用，受到参保农户和各级政府部门的普遍认可。然而，试点过程中也发现了一些问题，本文给出相关建议。

（一）加强风险防范是开展收入保险的前提

收入保险的保险责任涵盖农产品价格、产量波动导致的收入损失，保险金额较高，保障水平最高可达相应品种种植收入的80%。以2021年《黑龙江省三大粮食作物完全成本保险和种植收入保险试点工作方案》（以下简称《方案》）为例，试点县玉米收入保险亩保费85元，亩保险金额1 074元，费率为7.91%。一方面，收入保险单位面积保险金额高，风险集中度高。另一方面，收入保险风险存在着明显的系统性风险特征，一个地区的被保险人可能同时遭受自然灾害和价格波动带来的损失风险。这种系统性风险使一定区域内的被保险人的风险呈现高度相关性，从而无法通过大数法则在时间和空间上充分分散风险，形成超出预期的高额赔付，可能导致保险公司巨大亏损。2019年，阳光农险在黑龙江省海伦市开展的大豆收入保险共支付被保险人收入保险赔款9 773万元，简单赔付率145%。因此，保险经办机构在开展收入保险时，要特别注意防范可能面临的巨额赔付风险。

建议政府部门选择地理位置较好、农业自然灾害损失程度较低的区域开展收入保险试点。保险经办机构在开展业务前，要做好风险评估，对区域潜在的自然灾害风险、价格波动风险和开展规模进行充分的研究和论证。

（二）开展标准化建设是推进收入保险的关键

试点过程中，还存在条款、测产定损标准不统一的问题。

1. 条款不统一

各保险经办机构自行报备条款，收入保险赔付方式存在差异。以玉米收入保险条款为例，有的公司规定了在被保险人玉米全部绝产时，不同生长期绝产的赔偿比例标准，绝产赔偿金额等于保险金额乘以不同生长期赔偿比例。出苗期到拔节期、拔节期到抽雄期、扬花期到成熟收获期赔偿比例分别为 40%、70%、100%。有的公司则没有规定不同生长期绝产的赔偿比例，农户受灾达到理赔标准时，赔偿金额等于保障收入减去实际收入。条款不统一，带来赔付方式和结果的不一致，容易引起矛盾和纠纷。

2. 测产定损标准不统一

开展收入保险，需要准确测定被保险人保险作物的实际产量。一方面测定农作物的实际产量，至今在行业内还没有一个统一的规范性标准。各保险机构只能根据相关的农业技术规范，自行制定农作物测定产量的方法。由于理解或采用的标准不一致，导致各公司制定的收入保险查勘定损技术规范存在较大差异。另一方面，行业内对于应用 3S 技术开展农业保险测产和定损，也没有制定出统一的技术标准和规范，在相关司法实践中，保险公司通过 3S 技术得出的测产和定损结果，往往也不被采信。这给农业保险科技应用带来了负面影响。

开展标准化建设是推进收入保险的关键，建议相关部门研究制定收入保险示范条款和查勘定损技术规范。

（三）建立灵活的费率调整机制是开展收入保险的保障

以 2021 年黑龙江省为例，《方案》规定了玉米收入保险试点采取固定的保费、保额和费率，亩保费 85 元，亩保险金额 1 074 元，费率为 7.91%。虽然操作方便，但是这加大了经办公司的操作风险。因为开展收入保险试点的县域乡镇自然条件不一样、作物产量不一样、经办公司承保时价格不一样、农民收获时价格不一样，农户收入也是不一样的，所以，试点单位面临的风险差异较大。采用统一的保费、保额和费率，如果固定的保额比农户收入还高，经办公司面临的赔付会增加，风险增大，会产生道德风险；如果固定的保额太低，农户受灾后获得的赔款不能满足需要，试点的可持续性会受到打击。

建议按照农业保险费率风险区划的要求，研究建立收入保险费率调整机制，根据实际情况确定费率、保费和保障水平，做到一县一保额，甚至一乡镇一保额，满足农户的保险保障需求，同时减少经办机构的经营风险，实现农户得实惠、企业得发展的双赢。

（四）分品种实施和渐进式推进是开展收入保险的发展途径

收入保险是推进农产品市场化改革的一项工具，它只有在农产品市场价格放开，农户同时可能因自然风险和价格波动而遭受损失的条件下，才能产生实际需求。在前期开展的水稻收入保险试点中，由于水稻最低收购价的存在，农户实际上不存在价格风险，水稻收入保险实质上是提高了保障程度的产量保险。玉米和大豆实行了“市场定价、价补分离”的政策，才具备了广泛开展收入保险的可行性。所以，收入保险只有随着农产品市场的不断完善，农产品期货市场容量的逐渐扩大和交易品种数量的增加，才能不断向前推进。

参考文献（略）

农业天气指数保险的业务难题、角色定位与发展思路*

李　政　陈盛伟　牛　浩

摘要： 农业天气指数保险是一种优缺点较突出、特色鲜明的农业保险创新产品。当前，我国农业保险深度与密度提升快，但农业天气指数保险份额少、波动性大，处于发展困惑期。从文献梳理和调研实践看，现阶段我国农业天气指数保险在技术与管理层面存在气象数据短缺、多因子指数复杂、各部门协同程度低、跨学科复合型人才短缺等业务难题。鉴于此，它既不能完全成为我国农险业务的主角，但又不可或缺。因此，在发展定位上，可从风险的系统性属性、区域范围大小、指数设计颗粒度粗细、区域与作物的适宜性、保险标的类型等角度定位其“主配角”地位；在发展措施上，可从重视其比较优势、把控其适用性边界、创新政府购买型巨灾产品、加强各部门协同、加大政策支持等五方面发展农业天气指数保险，更好地完善我国农业保险产品体系。

关键词： 农业天气指数保险；基差风险；比较优势；角色定位

一、引言

我国农业天气指数保险的试点与研发自 2007 年起步。相较传统农业保险，天气指数保险具有赔付标准透明、赔付过程简洁、理赔速度快、抑制逆选择、防范道德风险、降低管理成本和保险费率的突出优势，因此它仍然是目前诸多指数创新保险产品中较为活跃的一种。但是，农业天气指数保险也因为其技术特征而存在营销与管理难题，导致其存在难以避免的基差风险以及较高程度的业务运行障碍。

农业天气指数保险可以描述为一类优势突出、特色鲜明的“个性化”产品，其并不是能完全解决我国农业风险的“普适性”产品。梳理我国农业保险险种的鼓励政策

---

* 本文原载《农村经济》2022 年第 2 期。基金项目：本文系国家自然科学基金青年项目“主粮作物天气指数保险的风险保障效率测度及影响机理研究——与传统农业保险的比较”（编号：71803103）、国家自然科学基金面上项目“玉米连续性和共生性致灾因子天气指数保险产品构建及差异性分析”（编号：71773067）、山东省高等学校青创科技计划创新团队项目“城乡融合视角下山东省脱贫攻坚与乡村振兴的衔接机制与政策供给研究”（编号：2021RWG003）的阶段性研究成果。陈盛伟系本文通讯作者。

作者简介：李政，山东农业大学经济管理学院博士研究生；陈盛伟，山东农业大学经济管理学院教授、博士生导师；牛浩，山东农业大学经济管理学院副教授。

可以发现，尽管政府部门对农业天气指数保险的重视程度较高，其政策的适应性、时效性水平不断提升，但现阶段它的政策热度依然低于收入保险等农业保险创新产品。那么，针对处于创新与发展困惑期的农业天气指数保险，特别是在其实践力度尚未提升的前提下，如何对其进行定位，并分析其未来发展思路便具有重要意义。为此，需要首先对我国农业天气指数保险的研发、试点进行梳理。

二、我国农业天气指数保险理论研究与业务试点的回顾总结

进入21世纪以来，2007年保监会（现合并为银保监会）下发了《关于做好保险业应对全球变暖引发极端天气气候事件有关事项的通知》，该通知提出了要“积极探索天气灾害指数保险等新型产品的开发和推广”。2010年，保监会下发《关于做好2010年农业保险工作的通知》，指出保险公司要探索引入天气指数保险作为理赔方式的创新。此后，山东省、山西省、内蒙古自治区等省级行政区也相继出台相关文件，支持本省开发、推广天气指数保险，相关政策对农业天气指数保险的重视程度也在提高。总结十几年的发展历程，我国农业天气指数保险经历了从外部引入到产品研发再到试点推广的过程，并且天气指数保险所承担的功能逐渐扩展，已由单一的气象灾害救助提升到助力农业现代化、服务乡村振兴等多个方面。

（一）我国农业天气指数保险的研发情况与特点

近几年，国外也有一些代表性的天气指数保险产品设计成果，例如加拿大安大略省的饲料作物综合指数保险、德国东部的小麦干旱指数保险，为我国相关研究提供了参考与借鉴。

总结发现，农业天气指数保险具有如下特点：第一，有较为统一的设计流程。可总结为“数据的获取与清洗—筛选气象灾害因子并设定天气指数—分离气象产量序列—构建天气指数与气象产量的相关关系—厘定保险费率”5个步骤。第二，标的以地方特色农产品为主。在公开发表的学术成果中，研究对象以水稻、玉米、小麦三大主粮为主，另外也有苹果、蜜橘等经济作物。在实现成果转化的研发产品中，针对地方特色农作物的研究成果较多，包括茶叶、柑橘、藏系羊等多项地方特色产品。第三，创新方法应用增多。早期的产品研发中，研究方法相对基础，近年来的创新研究方法越来越多，产品设计能力进一步提升。例如，在“分离气象产量序列”这一步骤中，早期多使用较为简单的移动平均法、指数平滑法、H-P滤波模型，后来逐渐采用ARIMA模型、LOWESS平滑模型、K阶最邻近聚类、随机森林等前沿方法。在费率厘定环节，早期多使用基础的燃烧定价法，后来逐渐应用参数定价法，现在又应用了非参数定价法、蒙特卡洛仿真法。第四，由单一风险向多风险发展。早期的研究受限于技术水平，大多针对一种农产品的单一风险设计保险产品，例如玉米的旱灾风险、茶叶的冻害风险等。该类产品对某些灾害类型单一的农作物较为适用，而对于灾

害较为复杂的农作物特别是主粮作物，适用性稍弱。后来随着技术的发展，多因素回归分析、秩相关分析、Copula 耦合分析等新方法得到应用，多风险因子产品、连续性与共生性产品陆续问世。

（二）我国农业天气指数保险的试点情况与特点

2007 年 4 月，上海安信农业保险股份有限公司在上海试点推出西甜瓜梅雨强度指数保险，这是我国首次开展天气指数保险试点。2008 年 4 月，国元农业保险股份有限公司与国际农业发展基金（IFAD）、联合国世界粮食计划署（WFP）等机构开展了安徽省“农村脆弱地区气象指数农业保险”合作项目。据不完全统计，截至 2021 年 6 月，我国代表性的农业天气指数保险试点已达 100 多处，保险标的从小麦、玉米、水稻等主粮作物推广到水果、烟叶、茶叶等经济作物，从种植业发展到渔业、蜂业等养殖行业。汇总结果见表 1、表 2 和表 3。

表 1　我国农业天气指数保险试点区域分布情况汇总

开展地区	产品数量	开展地区	产品数量	开展地区	产品数量
浙江	30	辽宁	3	上海	1
福建	7	河南	3	新疆	1
安徽	7	广东	3	广西	1
山东	6	大连	2	贵州	1
四川	5	海南	2	吉林	1
江西	4	山西	2	青海	1
北京	4	甘肃	2	陕西	1
内蒙古	4	海南	2	黑龙江	1
河北	4	湖南	2		
湖北	4	江苏	2		

资料来源：根据百度资讯统计整理，截至 2021 年 6 月 10 日。

表 2　我国农业天气指数保险试点的承保风险汇总

风险类型	产品数量
降水	21
低温	20
大风	19
寡照	8
干旱	8
高温	18
雪灾	4
综合（多风险因子）	7

资料来源：根据百度资讯统计整理，截至 2021 年 6 月 10 日。

表3 我国农业天气指数保险试点的标的种类汇总

标的种类	产品数量
主粮	12
蔬菜	7
水果、干果	28
其他经济作物（茶叶、竹子、中草药等）	21
养殖	30
综合（多种农作物）	7

资料来源：根据百度资讯统计整理，截至2021年6月10日。

总结发现，农业天气指数保险的试点具有以下特点：第一，保险责任由单一风险因素向多风险因素发展。早期的保险产品受技术水平限制，风险保障只能针对单一风险因素。例如浙江的茶叶天气指数保险早期仅针对低温冻害指数，后来又增加了休眠期高温与秋冬季干旱两个指数，成为多指数保险。第二，保障对象多为地区代表性经济作物。在天气指数保险的产品试点中，保险标的为非主粮作物产品的占到89%，其中具有地方特色的农产品占据了相当高的比例。如阳澄湖大闸蟹水文天气指数保险、浙江茶叶低温冻害天气指数保险、海南橡胶树风灾天气指数保险等试点。第三，试点规模较小，投保主体有限制。目前，一些开展效果较为理想的天气指数保险产品试点规模仍较小，例如开展时间长达7年的浙江茶叶天气指数保险，2021年承保茶园面积为11.79万亩，但这也仅仅占到2020年浙江茶园总面积的5.9%。同时，试点对象的选取多倾向于专业合作社、家庭农场、专业农业企业以及种植大户等新型农业经营主体。

三、农业天气指数保险的业务难题

通过上文对研发与试点的总结可以发现，农业天气指数保险具有突出的科学优势以及明显的创新特征，很大程度上弥补了传统灾害损失险的不足，理应在我国农业保险产品体系中占有重要地位，但现阶段却存在理论研究、业务试点活跃与试点规模小、政策力度低的矛盾。究其原因在于农业天气指数保险本身在技术、管理两个方面存在具有鲜明属性的业务难题，这些难题限制了市场和政府对农业天气指数保险的认可和信心。

（一）技术方面存在的业务难题

农业天气指数保险技术方面的业务难题在其产品设计的四个环节都一定程度存在，而这些技术难题都会导致天气指数保险面临基差风险。

1. 数据的获取与清洗环节

农业天气指数保险在数据的获取与清洗环节存在三个方面的问题：一是在气象数

据方面，存在数据精细度不够、数据缺失严重、数据历史序列短等问题；二是在产量数据方面，存经济作物的产量数据质量不高、历史序列短、统计口径不一致，主粮作物产量数据准确性值得商榷，并且产量数据难以体现农户自救行为等问题；三是气象数据与产量数据不能严格对应的问题。

2. 气象灾害因子的选取与指数构建环节

在气象灾害因子的选取与指数构建环节，主要存在两个方面的问题。一方面，气象灾害多因子致灾导致的复杂性难题不易克服。就具体农作物而言，产量损失可能是多种气象因素共同作用的结果，且不同气象因素之间也存在相互影响，完善的模型构建需要考虑气象因素的系统性问题，难度很大，致使气象灾害因子的选取存在困难。另一方面，农业风险存在利害互变性问题。农业自然风险并不完全造成农业生产损失，有时灾害过后还会带来一些好的结果。如台风带来的强风和降水可能会使台风中心地区的农作物遭受风灾和涝灾，但相对于中心区域，周边地区降水并不严重，可能台风在一定程度上还能缓解周边地区的旱灾。受灾的不一致给保险产品设计带来困难。

3. 气象产量的分离环节

在气象产量的分离环节存在的突出问题是趋势产量的拟合有诸多方法，如移动平均法、回归分析法、滤波分析法等平滑模型，这些不同的趋势产量拟合方法会得到不同的气象产量，并且这些方法的适用性缺少科学的评价标准，容易带有定价者的主观色彩。

4. 天气指数与气象产量关系的确立环节

天气指数与气象产量关系的确立是决定天气指数保险基差风险的核心环节。一方面，前面提及的基础数据获取、灾害因子确立、气象产量分离的准确性会影响该环节的准确性。另一方面，该环节也存在一些自身的难题，比较突出的有三点。第一，产品适用范围问题。大范围内的天气指数与气象产量关联性弱。从试点情况看，单个天气指数保险的试点区域较小，一般不超过县（区）一级。如果扩大产品范围，则难以确定天气指数与气象产量的关联性，容易产生基差风险。第二，气候变化需要趋势性预测。目前全球气候变暖明显，极端天气事件频发，气候变化可能导致天气指数与气象产量在未来的关联性变弱。农业天气指数保险的产品设计一般基于历史数据，在气候变化的大环境下，它对于未来的预测能力下降。第三，系统性赔付问题。农业天气指数保险一旦触发赔付条件，就会出现承保区域内全面赔付，如果气象灾害因子构建出现偏误，极易导致系统性风险。

（二）管理方面存在的业务难题

农业天气指数保险也因其个性化的业务特点而存在特有的管理难题，主要体现在部门间协调性差、政策支持力度小、复合型人才缺乏、条款较为复杂、产品可复制性差等五个方面。

1. 各部门在数据共享、业务界限等方面协同程度低、责任不明晰

农业天气指数保险的研发涉及产量、气象、地理等多方面数据，目前由于缺乏权威部门的统一管理和协调，农业、气象、自然资源等数据部门之间尚未形成数据共享机制。单一部门的数据虽然比较完整、真实，但是各部门之间的数据联合性、共享性差，有些涉密数据的使用也存在问题。同时，财政、农业、银保监等农险管理部门之间也未形成协同管理机制，以至于部门之间存在推诿、拖沓的问题，相关权威部门对农业天气指数保险研发和试点所涉及的气象证明、产量证明等公证材料出示慢、效率低。虽然农业保险联席会议定期组织召开，但各部门之间还存在责任划分不明晰的问题，并且会议商讨的部分结论缺乏科学性、适应性，这在一定程度上阻碍了农业天气指数保险的试点和推广。

2. 政策扶持力度小，产品推广难度大

与传统农业保险一样，农业天气指数保险同样具有普惠性和正外部性。但是，由于目前中央财政保费补贴对象以作物品种而非产品类型为依据，没有专门将天气指数保险产品纳入保费补贴的范围，所以各级政府出台的针对性文件缺乏，对该类产品研发、试点、运行的政策支持力度小。虽然部分省份和地区将天气指数保险列入“以奖代补”名单且品种逐渐增多，但受限于财政资金压力和“先支付、后奖励”的资金使用模式，产品落地区域的地方政府提供保费补贴的积极性较低。并且，由于农业风险的系统性特征，长期以来保险公司的赔付压力较大，若政府财政对农业天气指数保险无补贴或补贴未落实，保险公司该类业务经营和推广积极性则不高。

3. 适应性的多学科复合型人才缺乏，研发业务与推广业务衔接不理想

农业天气指数保险的设计和研发需要气象、农业、保险、地理、财务等多个学科的专业知识，而保险公司的研发队伍中，大多数研发人员在某一方面的专业储备较强，懂农业、懂气象、懂保险的复合型人才较为匮乏，导致其设计的产品与现实需求偏离较大。同时，在目前的农险市场中，市县级分公司以农险产品的营销和推广业务为主，省级及以上分公司主要负责险种的研发，基层农险工作人员无法参与保险产品的研发过程，这就导致基层的经验、方法不能有效地传递到产品研发部门，产品方案与实际情况的拟合度低，未达到理想状态，降低了农业天气指数保险产品的生命力和持续性。

4. 农业天气指数保险设计的科学性与农户认知的通俗性难以兼容

农业天气指数保险设计的核心环节是构建农作物损失水平与一种或几种气象因子间的数量关系模型。农业天气指数保险也可以做到通俗易懂，但其保险合约、条款仍比传统保险更复杂，并且触发值、临界值等专业术语更是加大了农户理解的难度。当实际发生的灾害损失与赔付不一致时，农户的认可度会降低，容易产生保险纠纷问题。同时，保险公司为了降低基差风险，提高保险方案的科学性、适应性，往往会设置更为复杂的条款，但这会进一步加大农户的理解难度，进而会降低农户投保的积极性和产品的延续性。

5. 农业天气指数保险的降低基差风险与推行标准化方案存在矛盾

在农业天气指数保险研发过程中，保险公司为了降低基差风险、提高产品的精细化水平，可能会分别对投保主体进行风险测算和费率厘定。对于每一个地区、每一个农户而言，其自然环境、经济水平、受灾特征不同，会产生不同的保险责任，进而衍生出单独的产品方案、赔付特征。这虽然会提高产品方案的精细化水平、弱化基差风险，但也会导致产品研发的可复制性较差，不能形成标准化的产品方案模式，一定程度上增加了保险公司研发成本，不利于农业天气指数保险的规模化经营。

四、我国农业天气指数保险的角色定位分析

（一）农业天气指数保险角色定位分析的视角与条件

从上述分析可知，农业天气指数保险在多个角度面临极具个性化的业务难题。在面对上述多角度的共同约束时，我们不能静态地定位其在现有农业保险产品体系中的角色，而应根据不同的场景，发挥其比较优势特征，辩证地找准天气指数保险的角色定位。据此，我们从五个方面分析总结了其发展定位问题。

1. 系统与非系统风险条件下的发展定位分析

我国农业天气指数保险目前主要用于分散非系统性风险，但是若聚焦于另一方面的系统风险，则有两个适宜开展农业天气指数保险的特点。第一，农业风险往往具有系统性，在单个致灾因子与多个致灾因子之间不易分离气象灾害损失，单因子的气象指数实际上表达了多因子致灾的系统性特征。第二，系统性风险指数保险对基差风险的要求更为宽松。系统性风险指数保险往往是以一切险或综合险的形式对区域内的整体受灾进行统一赔付，而不再详细进行微观参保主体与赔付的精细化对应，因此其可以通过再分配的方式内化基差风险。此外，有些系统性很高的巨灾风险指数保险适宜通过政府买单的方式为农户提供风险覆盖，也有利于政府财政的高效安排。

2. 开展区域范围大小适宜性的发展定位分析

农业天气指数保险开展区域范围的大小一直是研究的热点议题。大区域范围内开展天气指数保险有利于在更大的空间内分散风险，降低经营成本；小区域范围内开展天气指数保险也有相应优势，可以精细化测量天气指数，但提高了经营成本。因此，农业天气指数保险开展范围的大或小，应以区域内风险系统性的强弱为决定性条件，即区域内风险系统性越强，越适宜于大范围开展，反之亦然。同时，也有必要根据系统性风险的覆盖范围来决定开展范围，甚至可尝试突破行政区域的限制开展农业天气指数保险业务。

3. 指数设计颗粒度粗细标准下的发展定位分析

上文分析了区域范围大小对农业天气指数保险的影响。在系统性风险较弱的区域，使用统一指数与统一费率，会造成较大的基差风险。但是，如果区域内灾害类型较为统一，只是天气指数的触发值有所不同，仍然可以通过内部细分区划进行指数微

调，从而达到风险贴水目的，一定程度上消除基差风险。这样做的好处是可以避免重新设计一套指数，从而降低重复开发的成本。但是，与开展范围大小一样，指数设计也会面临颗粒度的取舍。指数设计颗粒度粗，可以减少风险区划的工作量，但是风险贴水不够准确，仍然面临较大的基差风险。指数设计颗粒度越细，风险贴水越准确，同样工作量也会升高，导致较高的成本。颗粒度问题还受到数据可得性的制约。目前的气象、产量数据还无法精细到乡镇、行政村级别，所以不支持开展颗粒度很细的风险区划。因此要综合考虑成本和数据可得性，选择适当的颗粒度进行低系统风险区域的风险区划与指数微调。

4. 区域内地形一致性与作物统一性条件下的发展定位分析

在上述两点基础上，农业天气指数保险的开展区域还应考虑地形的一致性与作物的统一性。一方面，在地形一致的区域，气象条件趋同、气象灾害空间相关性高，可依据作物主要天气灾害的复杂程度选择传统农业保险或者天气指数保险。在地形复杂地区，气象灾害的空间相关性可能不强，相同天气条件的致灾程度受地形影响不一致，且勘察定损难度极大，应依据基差风险强度与勘察定损难度选择传统农业保险或天气指数保险。另一方面，在作物统一性高的区域，天气灾害造成的损失更加相似，容易建立天气指数与产量之间的关联，这是采用农业天气指数保险的有利条件；而区域内作物品种复杂则意味着天气灾害造成的损失可能不一致，可能产生较大的基差风险。

5. 种植业与养殖业保险标的适宜性发展定位分析

农业天气指数保险的标的类型应该以种植为主还是养殖为主、以主粮为主还是经济作物为主，并没有明确的结论，因为针对不同的保险标的，其开展的适宜性分别存在优势和劣势。

一是在种植和养殖的对比上，种植业的播种与收获期相对固定，有利于确定保险期间，且种植业产量往往与天气灾害存在直接联系，更容易设计农业天气指数保险产品，但种植业易受多种天气灾害影响且作物不同生长阶段受天气灾害影响差异大。养殖业比种植业抗逆性更好，受天气灾害直接影响小，多表现为天气与损失发生的间接关系，例如，天气导致牧草等牲畜饲料作物受灾，进而间接影响动物养殖。不过，动物生长起始点不固定，难以确定标的属于哪一承保批次。

二是在主粮作物与经济作物的对比上，主粮作物多种植在平原地区，气象灾害在空间上关联度强，但是受灾类型多样且主粮作物在不同生长阶段，可能面临灾害因子多样性、连续性和共生性致灾等复杂情况；经济作物的优势是多数作物受灾相对单一，但是种植地区地形复杂、品种多样、虫害较多，致使产品设计难度较大。

（二）农业保险产品体系中天气指数保险的主配角定位

综合以上五个角度的定位分析，当多个条件都达到理想情况时，农业天气指数保险可以担当农业保险产品体系中的主要险种，即成为“主角”。但是对于所要满足的条件有严格的层层递进关系。首先针对系统性与非系统性两类产品，某些巨灾风险具有较强的系统性，且巨灾天气指数保险一切险的开展形式对基差风险的要求较为粗糙，因此其能够较好地符合开展农业天气指数保险的两个特点，适宜做“主角”。而针对非巨灾情况，应对其开展条件进行进一步细化。其中，首要条件就是区域天气灾害的系统性强弱以及指数设计的颗粒度粗细，区域天气灾害的系统性强、指数设计颗粒度粗的产品有做“主角”潜在可能。然后，应进一步分析天气灾害系统性强的区域的地形一致性与作物统一性，区域内地形条件单一、作物品种单一的情况下，天气指数保险有做“主角”的潜在可能。在上述所有条件都较为理想的情况下，还要进一步考虑最为核心的因素，即能否构建气象产量与天气指数稳定的相关关系。只有上述诸多条件均得到较好满足时，我们才认为天气指数保险具备了当“主角”的适宜性条件。否则，天气指数保险不具备担任主要险种的条件，但其仍可以作为补充性、辅助性险种，参与农业保险产品体系的构建，即作为“配角”发挥作用。

五、我国农业天气指数保险的发展思路

从上文分析可知，农业天气指数保险是一类优缺点都比较鲜明的产品，所以它不能解决所有农业风险管理需求。在当前农业保险热度高而天气指数保险试点少的困惑时期，确定未来农业天气指数保险的发展定位显得尤为关键。我们认为，可以从“主角”与“配角”两个方向分析我国农业天气指数保险的发展思路。如果将其定位在“主角”，那么可以积极寻找适宜农业天气指数保险发展的地区和标的，使其能够成为农业保险产品体系中的主要险种。如果将其定位在“配角”，则要更好地将农业天气指数保险与现有农业保险产品体系进行搭配，通过发挥其比较优势来解决当前的业务难题，拓宽其衍生功能，并在此基础上尽可能增强产品的科学性。综上，我们提出以下五点发展思路。

（一）重视农业天气指数保险的比较优势

天气指数保险的比较优势体现在其产品设计的科学性优势、运行管理的系统性优势、灾害赔付的自救激励优势。第一，发挥农业天气指数保险的产品科学性优势，将其与传统农业保险在定损问题上进行搭配。针对区域气象灾害特征明显、业务开展烦琐性高的地区，要着重发挥天气指数保险的科学性优势。第二，发挥农业天气指数保险的管理系统性优势，将其与传统农业保险在小农户的参保特征上进行搭配。一方面可以改善小农户对不均等赔付的不满意状态，另一方面可以发挥农业保险对小农户的普惠性作用。第三，发挥农业天气指数保险的灾害自救激励优势，将其与传统农业保险在农户激励上进行搭配。农业天气指数保险以指数作为赔付依据，农户不会因其自救行为降低灾害损失导致所获赔付减少。因此农业天气指数保险能激励农户开展灾后自救，可弥补传统农业保险中存在的道德风险问题。

（二）把控农业天气指数保险的适用性边界

尽管寻找农业天气指数保险的理想条件较难，农业天气指数保险也不可能完全规避基差风险，但是该险种在我国农业保险发展中的地位不可或缺，发展农业天气指数保险关键在于如何尽量控制基差风险问题，即科学把控农业天气指数保险的准确性边界。第一，保障客观条件的完备性，主要包括可保的气象灾害风险、完整与真实的数据、触发机制不复杂且农户容易接受、主要风险点可以被独立准确识别、完善的金融市场和引进第三方数据。第二，注重区域与作物的适宜性，主要包括区域内受灾的一致性强、地形地貌统一、小气候的干扰性弱以及农产品的种类统一。第三，评估保险标的的重要性，包括保险标的在区域经济的重要性、农业生产中的重要性以及政府对它的重视程度。第四，判断市场潜在的需求度，包括气象灾害保障需求、保障水平需求等。鉴于确立天气指数与施救成本之间的对应关系比探索天气指数与气象产量之间的对应关系更容易且准确，前者能够更好把控基差风险，所以今后可积极发展成本补偿型农业天气指数保险。

（三）创新政府购买型巨灾天气指数保险

当前国内出现了政府购买型的险种，如广东省的巨灾指数保险。巨灾风险的特点是灾害损失程度深、波及范围大，具有极高的系统性，但是发生概率较低。根据该类风险的特点，可以发展政府购买型农业巨灾天气指数保险，发挥农业天气指数保险管理巨灾风险的优势。第一，巨灾天气指数保险对产品的基差风险要求较弱，是综合险或一切险产品，相较其他保险，该产品不精确定位于气象与农作物的损失，但对产品科学性的要求是一致的。第二，巨灾天气指数保险具有更高的系统性，当灾害程度越大时，其风险共振、波及范围、损失程度越具有相关性。第三，巨灾天气指数保险能够很好地解决政府的救灾预算安排难题，把事后救灾变为事先预防，既能减轻政府救灾资金的财政负担，又有利于政府合理安排财政资金。

（四）联合各部门力量共同推动农业天气指数保险发展

鉴于农业天气指数保险的创新性、复杂性、跨学科性等特点，其业务开展涉及农业、气象、自然资源、银保监等多个部门，因此在发挥各部门的农业生产、气象科学、保险精算等方面的优势同时，应当在数据资源共享、产品研发协作、业务监督与管理等方面加强各部门之间的合作，实现降低研发成本、提高理赔效率、规范业务开展的目标。需要强调的是，在农业天气指数保险的产品设计上，应该请银保监部门牵头，由保险公司提出设计方案，即在充分论证产品科学性基础上，各部门应协助保险公司开发和运行产品，不宜提出过多的行政性否定意见。

在金融行业内部，也要加强保险、银行、证券的合作，设计并运行农业天气指数保险的标准化合约，便于其在二级市场进行流通转让。除了格式性要求外，标准化合约要求制定具有同样条款、赔付依据以及费率的农业天气指数保险合同，不需要差别定价。加强保险、银行、证券合作的思路主要包括两个方面。一是赋予保单增信功能。相较传统灾害损失险保单，标准化合约保单易于定价，因此可允许农户使用农业天气指数保险合同作为质押物申请贷款，充分发挥保单的信用贷款功能。二是赋予农业天气指数保险保单可交易权利。从法律上允许利益相关主体交易农业天气指数保险保单，按照保单证券化的基本思路与运行条件，建立特殊目的机构（SPV）作为中介，将资本市场的资金融通至农险市场。

（五）加大对农业天气指数保险的政策扶持

农业保险的发展离不开政策扶持，作为创新险种的农业天气指数保险尤其如此。第一，从政策依据上说，2021 年修订后的《中央财政农业保险保险费补贴管理办法》中就明确提出“补贴险种的保险责任应涵盖当地主要的自然灾害、重大病虫鼠害、动物疾病疫病、意外事故、野生动物毁损等风险；有条件的地方可稳步探索将产量、气象等变动作为保险责任。”地方政府根据作物品种、风险特点、财政实力选择农业天气指数保险作为中央及地方的补贴品种，既解决了市场失灵，又避免地方政策碎片化带来的低效率。第二，从业务需求来说，农业天气指数保险需要长期的历史数据和管理经验作为支撑，并且保险公司开展农业天气指数保险业务需要在前期投入大量的成本，这不仅需要提升对农业天气指数保险的认知程度，更需要保持持续性的政策扶持，减少保险公司的沉淀成本，降低经营的不稳定性。第三，在政策支持的方式上，除了给予保费补贴之外，还应当给予开展天气指数创新产品的保险机构一定的经营权保护，允许其在产品试点地区、试点时期内享有优先经营权，充分调动保险机构从事新产品开发的积极性。第四，在保费资金综合费用率的调控上，要结合农业天气指数保险成本支出“前期研发成本高，后期运行成本低”的周期特征，在前期研发阶段给予其相对宽松的考核标准，允许研发阶段较高的费用率支出，但是要保障周期内的平均成本支出水平符合资金管理使用要求。

参考文献（略）

农险再保

加拿大农业再保险制度的经验及对中国的启示*

魏腾达　王　克　张　峭

摘要：加拿大是世界上农业保险最为发达的国家之一，其农业再保险制度独具特色，功能多样。在中国农业再保险股份有限公司已被批准成立的背景下，构建中国政府支持的农业再保险体系迫在眉睫，因此有必要借鉴国际经验，夯实中国农业再保险体系架构。本文通过分析加拿大的农业再保险制度建设发现：加拿大的政府农业再保险除了为直接保险提供再保服务外，还在再保险体系内建立了具有稳定资金规模的风险基金，用于降低重大灾害时保险公司的超额赔付风险；商业再保险在稳定政府再保基金方面贡献显著。结合加拿大的再保险制度经验，本文建议未来中国的农业再保险建设应该建立完备的农业再保险法规，政府应该在农业再保险建设中发挥重要作用，同时形成对再保险人的激励和约束机制。

关键词：加拿大；农业再保险；大灾风险分散

一、引言

自2007年中央财政实施农业保险保费补贴政策以来，中国农业保险快速发展，保费规模稳步提高，从2007年的51亿元增长至2020年的814.9亿元，年均复合增长率23.8%，中国成功超越美国跃升为全球最大的农业保险市场。农业保险在稳步发展的过程中积极发挥风险保障功能，稳压器、防火墙作用凸显，在应对自然灾害，恢复农业生产和稳定农民收益方面发挥了重要作用。

然而，随着全球风险环境日趋恶劣，巨灾风险不断加剧，保费规模的增长并不能满足巨灾风险赔付的要求，农业保险经办机构的赔付率居高不下。2010—2019年全国农业保险平均赔付率为63.7%，2019年一些省份，如黑龙江、四川、北京等地的赔付率甚至超过了100%，严重影响了保险公司的经营稳定性和偿付能力。而且，据

---

* 本文原载《世界农业》2022年第7期。

作者简介：魏腾达，中国农业科学院农业信息研究所博士研究生；王克，中国农业再保险股份有限公司研究开发部副总经理；张峭，中国农业科学院农业信息研究所农业风险研究中心主任。

相关学者计算，2007—2018 年中国绝产面积的变异系数是 32%，从生产的角度同样说明了中国农业生产风险巨大，因此转移农业生产风险的农业保险必然面临超额赔付风险。2021 年，突如其来的河南洪涝灾害导致全省农作物受灾面积达到 1 620.3 万亩，成灾面积 1 001 万亩，绝收面积 513.7 万亩①，截至 7 月 28 日河南保险行业共收到农险报案 9 452 件，估损金额 2.96 亿元，达到了省财政目前已下发农业生产救灾资金的 60%②，农业保险行业损失惨重，凸显了构建财政支持下农业保险大灾风险分散机制的必要性和紧迫性。

再保险制度是分散直接保险超额赔付风险的第一道防线，在整体的农业保险大灾风险分散体系中扮演着重要的角色。为推动构建中国的农业再保险体系，2014 年 11 月中国境内 23 家农业保险经营机构和中国财产再保险有限责任公司共同发起成立了中国农业保险再保险共同体（以下简称农共体），填补了中国农业保险大灾风险分散体系行业层面空白，但是由于农共体只是各家保险公司的联合体，并不属于公司法人，在体制机制上存在缺陷，同时缺乏完善的分保结构和条件要求，政策导向与商业利益的冲突严重影响了农共体的运行效率，农共体在经营期间一直处于亏损状态。2020 年 8 月，中国农业再保险股份有限公司（以下简称中农再）获批正式成立，农共体也完成了应有的历史使命退出历史舞台，而中农再则接过了农共体的接力棒，开启了中国农业再保险建设的新篇章。在新的历史节点上，如何借鉴国际上农业保险发达国家的再保险建设经验，夯实中国农业再保险体系架构，对中国农业保险大灾风险分散体系的健康发展具有重要意义。

从全球范围看，北美大陆是全球农业保险发展最早且最为发达的地区，美国和加拿大是其中最具代表性的两个国家。中国一些学者对美国的农业再保险制度进行了深度剖析，认为中国需要坚持政府补贴与市场运作相结合的原则，建立详细的农业再保险制度和法规，在全国统一再保险框架的基础上规范农业再保险行为。加拿大农业保险起步较早，体制机制相对完善，而且在运作机制上采取了联邦政府和省政府两级补贴的形式，与中国较为类似，借鉴加拿大联邦政府和省政府在农业保险大灾风险分散体系中的权责分配经验，对于中国明晰中央政府和地方政府在农业再保险体系中的权责关系，强化政府对农业再保险的领导和规划具有更高的参考价值。范丽萍等从农业大灾风险分散的角度介绍了加拿大农业再保险的组织结构；郑伟等从风险分散、持续经营、高效运行和合理激励 4 个维度 8 个指标对比了国际上 7 个国家在农业保险大灾风险分散机制建设中的不同做法，其中也涉及了再保险在其中扮演的角色；王克从更为宏观的视角介绍了农业保险在加拿大农业支持保护政策中的地位以及农业再保险的操作规定。但是，国内学者对加拿大农业再保险制度的研究大多是将其放在一个宏观视角下进行研究，主要论证了加拿大农业再保险在农业支持保护体系或风险管理体系

① 资料来源于 2021 年 8 月 16 日新京报《专家解读丨农业险这次为何帮不了河南受灾玉米?》。

② 资料来源于 2021 年 8 月 11 日农民日报《河南洪涝灾害对我国农业保险发展的启示》。

中的作用，对具体的再保险制度设计、资金积累办法、赔付标准等缺乏专门的研究，难以为中国的农业再保险制度优化提供详细的借鉴方案。因此，本文重点聚焦加拿大农业再保险的制度设计，详细介绍农业再保险的再保险费率厘定方案、资金积累、赔付办法等运作机制和流程，为优化中国农业再保险制度提供借鉴。

二、加拿大农业保险运行机制和发展现状

农业再保险是建立在农业保险基础之上的一种分散直保端经营风险的工具，一个国家的农业再保险制度建设必然与本国的农业保险发展模式有关，因此在分析加拿大农业再保险制度之前，有必要对加拿大农业保险的运行机制、管理部门、职责分工等进行简要介绍。

（一）加拿大农业保险制度框架

自 1939 年美国开始实施由联邦政府提供财政支持的农业保险政策后，1959 年加拿大通过颁布《联邦作物保险法案》开始发展政策性农业保险，1967 年，加拿大全部 10 个省都加入了农业保险项目。加拿大农业保险制度由联邦政府与省级政府共同制定，联邦政府负责规定制度框架，为农业保险项目提供补贴保费和经营成本补贴等资金支持，并于 1964 年增补了再保险安排。经过几十年的实践积累，加拿大农业保险已经形成独具特色的发展模式，成了加拿大农业安全网中最为重要的一环，有效地促进了加拿大农业的长期稳定发展。

加拿大的农业保险能够在全球处于领先地位，与联邦政府和省级政府的密切合作是分不开的。联邦政府和省级政府通过农业协议分工合作、共同推进本国农业保险发展，是加拿大农业保险制度的鲜明特点。加拿大是联邦制国家，联邦政府与各省在经济财产方面不具有行政隶属和指挥关系，省级政府和省级以下的地方政府是相对独立的，因此需要通过协议确定推行和支持农业保险过程中的双方责任和义务。

加拿大联邦政府和省级政府的协同合作主要体现在经营管理、职责分工、组织管理和保费补贴四个方面。在经营管理方面，加拿大虽然颁布了《联邦农作物保险法》，但是并没有仿照美国建立全国性的农作物保险公司，而是由每个省级政府出资设立“农作物保险公司”，垄断经营该省的农业保险业务，联邦政府和省级政府仅依据双方的合同协议对农作物保险公司进行监管并提供全额的经营管理费用补贴，但不干预公司的日常经营。在职责分工方面，根据加拿大《未来增长协议》（*Growing Forward Agreement*）规定，联邦政府的职责有：①提供 36％的保费补贴、60％的经营管理费补贴以及再保险支持；②审核和批准省级保险公司的精算结果；③对各省农业保险业务实施监管；④开展农业保险的政策研究，通过建立加拿大农业保险法规体系管理农业保险业务。省级政府农业部的农作物保险局下设开发、调整、营业和行政管理 4 个部门，主要职责包括：①提供 24％的保费补贴和 40％的经营管理费补贴；②雇佣精

算团队进行农业保险费率厘定的评估和修订；③具体监管本省农业保险运营；④评估本省农业保险的可持续发展能力。在组织管理方面，联邦政府与省级政府交换农业保险政策、对相关问题进行讨论主要是通过农业保险工作组（AgriInsurance Working Group）进行。该工作组分别由一名联邦政府代表和一名省级政府代表担任联合主席，工作组由联邦和省生产保险管理者、农业保险计划和政策分析人员组成，主要负责为全国农业保险指导原则的制定和完善、评估农业保险项目参数以及解决项目运行中的问题提供技术支持。在保费补贴方面，联邦和省两级政府为农场主提供60%的保费补贴，其中联邦政府承担保费补贴的60%，省级政府承担40%，即农场主每购买一份农业保险，需要自行承担保费的40%，联邦政府承担36%，省级政府承担24%。

（二）加拿大农业保险发展现状

目前，加拿大可以获得政府补贴的农业保险险种主要是作物产量多灾害保险（MPCI）和西部畜牧价格指数保险（WLPIP）。其中，作物产量多灾害保险是加拿大最主要的作物保险产品，保费收入约占农业保险总保费收入的80%，其本质上属于区域产量保险；西部畜牧价格指数保险是2014年加拿大联邦政府在阿尔伯特省的肉牛价格指数保险计划（CPIP）和生猪价格保险计划（HPIP）的基础上，推出的一种创新型农业保险产品，主要目的是为加拿大肉牛和生猪养殖者提供一个简便易行的价格风险管理工具，其本质上类似看跌期权，目前已经覆盖加拿大不列颠哥伦比亚省、阿尔伯特省、萨斯喀彻温省和曼尼托巴省。这种价格保险产品的经营成本由联邦政府和省级政府共同承担，但是对农户不提供保费补贴。除政策性农业保险外，加拿大还推出了商业性的冰雹保险，约占农业保险保费收入的20%。

经过几十年的发展和政策改革，加拿大的农业保险已经走在了世界前列。一方面，得益于大规模的生产特点、完善的农业经营与农业保险数据库，以及保险公司对农场主提出的提供种植报告和收获报告的要求，加拿大的农业保险经营管理费用率很低，平均经营管理费用占总保费的比例一般保持在9%左右，曼尼托巴省、萨斯喀彻温省和阿尔伯塔省甚至在5%左右，远低于美国（35%）和中国（24%）。另一方面，据加拿大联邦政府农业部统计，加拿大可以获得财政支持的农作物保险品种有48种，产量保险的最高保障水平（Coverage Level）[①] 从1959年的60%提高到现今的80%，目前可以为农户提供了50%、60%、70%和80% 4个保障选择。2019年联邦政府农业保险支出6.28亿美元，农户每缴纳1美元的保费，可以得到2.5美元的赔偿。2018年，曼尼托巴省、萨斯喀彻温省、阿尔伯塔省、安大略省和魁北克省的农业保险参保率（按面积计算）分别为90%、76%、70%、68%和66%。根据《中国农业

① 此处的保障水平（Coverage Level）是以产量保险为基础的一个指标，表示的是农业保险最高可以保障历史平均产量的比例，例如80%的保障水平表示农业保险最多可以保障历史平均产量的80%，其余20%属于免赔部分。

保险保障分析与评价》中对美国、加拿大、日本等国家和中国的农业保险发展水平的比较分析，2017年加拿大曼尼托巴省的种植业保险保障水平[①]为35.15%，虽然低于美国50%～60%的高保障水平，但是也超过日本的1.5倍，是中国和印度的3倍，在全球处于领先地位。此外，加拿大的种植业保险保障广度[②]在80%左右，保障深度[③]达40%，尤其是保障深度超过中国4倍有余。

三、加拿大农业再保险制度安排

为了保障农业保险经营主体的稳定经营，加拿大联邦政府和省级政府分别于1964年和1965年签署了《再保险协议》(*Reinsurance Agreement*)，并在不断探索中形成了适合本国农业经济发展和农业保险模式的农业再保险制度。总体而言，加拿大的农业再保险制度同样体现了联邦政府和省级政府相对独立的行政关系，再保险制度特色鲜明，功能强大，主要分为政府再保险和商业再保险两部分。政府再保险除了要做好为直接保险提供再保的“本职工作”外，还在传统的再保险制度框架下形成了资金规模稳定、用于弥补超额赔付的再保险基金，只有当省直保公司当年保费全部赔付后才可以启动再保险基金补偿超额赔付部分。目前，阿尔伯塔省、曼尼托巴省、萨斯喀彻温省、新不伦瑞克省、新斯科舍省等五个省份加入了国家农业再保险计划。商业再保险的赔付机制并不是传统的比例再保险或超额赔付再保险，而是将损失成本率(Loss Cost Ratio，LCR)[④] 作为触发再保险赔付的指标。商业再保险作为分散直保公司农业保险大灾风险的市场化渠道，有效缓解了政府再保险基金持续亏空的风险。

由于加拿大各省拥有农业再保险制度建设的自主权，因此各省的农业再保险安排并不相同。加拿大曼尼托巴省农业保险发展历史悠久，是加拿大第一个通过省级农作物保险试验立法的地区，并率先与联邦政府签订了农业保险协议。1960年，曼尼托巴省开始正式推行农作物保险。因此，本文以加拿大曼尼托巴省的农业再保险为例，具体介绍加拿大政府再保险和商业再保险的操作流程与管理规定。

(一) 加拿大政府再保险的流程与制度设计

加拿大政府再保险基金分为省再保基金和联邦再保基金，分别由省级政府和联邦政府管理，两个再保单位相对独立，没有分保关系。曼尼托巴省保险公司可以分保给任意一个再保单位，也可以向两个再保单位同时签订一份再保险合同。加拿大的农业

---

① 种植业保险保障水平＝种植业产值/种植业保险保额。这里的保障水平概念与前文提到的加拿大产量保险的保障水平(Coverage Level)并不相同，这是张峭等从农业保险保障农业产业的角度出发，创新提出的一个测度农业保险发展水平的指标。

② 种植业保险保障广度＝种植业参保面积/种植业播种面积。

③ 种植业保险保障深度＝种植业单位保额/种植业单位产值。

④ 损失成本率(LCR)＝截止到当年12月15日的保险赔款/当年的保险金额。

保险再保险运行机制，可以分为四步，如图 1 所示。

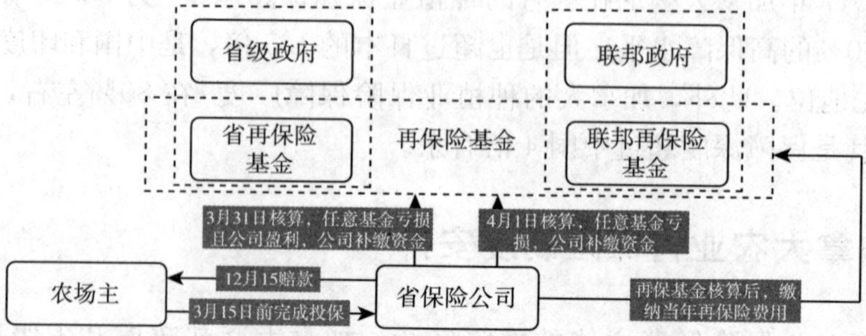

图 1　加拿大农业再保险运行流程

资料来源：根据王克（2019）、Weng 等（2017）绘制。

第一，曼尼托巴省保险公司在每年的 3 月 15 日前完成承保后，首先需要根据两个再保险基金的资金情况向基金池注入资金，资金核算日期为 3 月 31 日和 4 月 1 日。如果在 3 月 31 日的再保基金核算中发现，截至 3 月 15 日有任一再保基金余额为负，且保险公司上一年度的盈利超过当年保费收入的 50%，曼尼托巴省保险公司需要向基金池中补缴资金，保持再保险基金的资金稳定，资金缴纳额度如式（1）所示。其中，$D^T_{t,Mar31}$ 表示保险公司在 3 月 31 日需要补缴的金额，$R^T_{t,Mar15}$ 表示截至 3 月 15 日的上一年度保险公司盈余，$\pi^M_{t,0}$ 表示本年度截至 3 月 15 日曼尼托巴省保险公司的保费收入，$R^F_{t,Mar15}$ 和 $R^P_{t,Mar15}$ 分别表示截至 3 月 15 日联邦再保险基金和省再保险基金的余额。

$$D^T_{t,Mar31}=\max(R^T_{t,Mar15}-0.5\pi^M_{t,0})\text{如果 }R^F_{t,Mar15}<0\text{ 或 }R^P_{t,Mar15}<0 \quad (1)$$

如果省再保险基金和联邦再保险基金同时亏损，则两个基金按照各自资金规模的比例分配直保公司的追加资金。资金缴纳的额度分别表示为式（2）和式（3）。其中，$D^F_{t,Mar31}$ 和 $D^P_{t,Mar31}$ 分别表示保险公司在 3 月 31 日需要向联邦再保险基金和省再保险基金缴纳的费用。

$$D^F_{t,Mar31}=\begin{cases}\dfrac{R^F_{t,Mar31}}{R^F_{t,Mar31}+R^P_{t,Mar31}}\times D^T_{t,Mar31} & \text{如果 }R^F_{t,Mar15}<0\text{ 和 }R^P_{t,Mar15}<0\\ \min\{|R^F_{t,Mar15}|,D^T_{t,Mar31}\} & \text{如果 }R^F_{t,Mar15}<0\text{ 或 }R^P_{t,Mar15}<0\\ 0 & \text{其他}\end{cases} \quad (2)$$

$$D^P_{t,Mar31}=\begin{cases}\dfrac{R^P_{t,Mar31}}{R^F_{t,Mar31}+R^P_{t,Mar31}}\times D^T_{t,Mar31} & \text{如果 }R^F_{t,Mar15}<0\text{ 和 }R^P_{t,Mar15}<0\\ \min\{|R^P_{t,Mar15}|,D^T_{t,Mar31}\} & \text{如果 }R^F_{t,Mar15}\geqslant 0\text{ 或 }R^P_{t,Mar15}<0\\ 0 & \text{其他}\end{cases} \quad (3)$$

第二，保险公司在 3 月 31 日完成补缴资金后，4 月 1 日需要以 3 月 31 日再保险基金的资金状况为基准，再次核算两个再保险基金的总盈余情况。如果两个基金和保险公司盈余总和仍小于零，则需要保险公司再次补缴再保险费，可以分 15 年（分期）补缴，每次补缴数额等于 4 月 1 日核算亏损总额的 1/15。具体补缴金额表示为式（4）

和式（5）。其中，$B_{t,Apr1}$为4月1日曼尼托巴省保险公司盈余和两个再保险基金的总和，$R_{t,Mar31}^{M}$为以3月31日为核算基准点的曼尼托巴省保险公司盈余金额，$R_{t,Mar31}^{F}$和$R_{t,Mar31}^{P}$分别表示以3月31日为基准点的联邦再保险基金和省再保险基金的余额，$D_{t,Apr1}^{P}$表示曼尼托巴省保险公司需要每年分期向再保基金缴纳的总资金数额。

$$B_{t,Apr1}=R_{t,Mar31}^{M}+R_{t,Mar31}^{F}+R_{t,Mar31}^{P} \tag{4}$$

$$D_{t,Apr1}^{P}=\frac{|B_{t,Apr1}|}{15}\text{如果 }B_{t,Apr1}<0 \tag{5}$$

同样，如果两个基金在4月1日的核算中同时亏损，则按照比例分配补缴资金，各基金可以获得的资金如式（6）和式（7）所示。其中，$D_{t,Apr1}^{F}$和$D_{t,Apr1}^{P}$分别表示保险公司在4月1日需要向联邦再保险基金和省再保险基金缴纳的费用。

$$D_{t,Apr1}^{F}=\begin{cases}\dfrac{R_{t,Mar31}^{F}}{R_{t,Mar31}^{F}+R_{t,Mar31}^{P}}\times D_{t,Apr1}^{T} & \text{如果 }R_{t,Mar31}^{F}<0\text{ 和 }R_{t,Mar31}^{P}<0\\ \min\{|R_{t,Mar15}^{F}|,D_{t,Apr1}^{T}\} & \text{如果 }R_{t,Mar31}^{F}<0\text{ 或 }R_{t,Mar31}^{P}<0\\ 0 & \text{其他}\end{cases} \tag{6}$$

$$D_{t,Apr1}^{P}=\begin{cases}\dfrac{R_{t,Mar31}^{P}}{R_{t,Mar31}^{F}+R_{t,Mar31}^{P}}\times D_{t,Apr1}^{T} & \text{如果 }R_{t,Mar31}^{F}<0\text{ 和 }R_{t,Mar31}^{P}<0\\ \min\{|R_{t,Mar15}^{P}|,D_{t,Apr1}^{T}\} & \text{如果 }R_{t,Mar31}^{F}>0\text{ 或 }R_{t,Mar31}^{P}<0\\ 0 & \text{其他}\end{cases} \tag{7}$$

第三，保险公司在补缴再保险费后需要根据联邦再保险基金、省再保险基金和保险公司盈余情况缴纳当年的再保险费，再保险费率根据盈余不同而不同，盈余越多则再保险费率越低。具体而言，再保险费率与累计盈余率成反比，累计盈余率如式（8）所示。

$$F_{t}^{E}=\frac{B_{t,Apr1+}}{\pi_{t-1}^{M}} \tag{8}$$

其中，F_{t}^{E}表示累计盈余率，$B_{t,Apr1+}$表示本年度4月1日后联邦再保险基金、省再保险基金和曼尼托巴省保险公司的累计盈余总和，π_{t-1}^{M}表示上一年度曼尼托巴省保险公司的保费收入。累计盈余率与再保险费率的对应关系如表1所示。

表1　累计盈余率与再保险费率的对应关系

累计盈余率（F_{t}^{E}）	再保险费率
<0.1	0.158
$0.1<F_{t}^{E}<0.2$	0.155
$0.2<F_{t}^{E}<0.3$	0.153
$0.3<F_{t}^{E}<0.4$	0.130
$0.4<F_{t}^{E}<0.5$	0.109
$0.5<F_{t}^{E}<0.6$	0.094

（续）

累计盈余率（F_t^E）	再保险费率
$0.6<F_t^E<0.7$	0.082
$0.7<F_t^E<0.8$	0.073
$0.8<F_t^E<0.9$	0.067
$0.9<F_t^E<1.0$	0.060
$1+0.1k<F_t^E<1.1+0.1k$（$k=0, \cdots, 7$）	$0.054\sim0.005k$
$F_t^E>1.8$	0

根据再保险的费率安排，曼尼托巴省保险公司需要按照分保情况向联邦再保险基金或省再保险基金或两个再保险基金缴纳再保险费用，缴纳金额如式（9）和式（10）所示。其中，π_t^F和π_t^P表示曼尼托巴省保险公司需要向联邦再保基金和省再保基金缴纳的再保险费，π_t^M为曼尼托巴省保险公司在 t 年截至 3 月 15 日的保费收入，F_t表示再保险费率。

$$\pi_t^F=(\pi_t^M-D_{t,Mar31}^F-D_{t,Apr1}^F)\times F_t \tag{9}$$

$$\pi_t^P=(\pi_t^M-D_{t,Mar31}^P-D_{t,Apr1}^P)\times F_t \tag{10}$$

第四，曼尼托巴省保险公司于每年的 12 月 15 日确定当年的赔付额，并优先动用保费收入进行赔付，再保险基金只有在曼尼托巴省保险公司当年的保费收入完全赔尽后才能启动。两个再保险基金的赔付比例一般约定为省再保险基金提供超额赔付的 40%，联邦再保险基金提供超额赔付的 60%。具体表示形式如式（11）和式（12）所示。

$$p_{t,Dec15}^F=\begin{cases}0.6\,|R_{t,Dec15}^M| & \text{如果 } R_{t,Dec15}^M<0\\ 0 & \text{其他}\end{cases} \tag{11}$$

$$p_{t,Dec15}^P=\begin{cases}0.4\,|R_{t,Dec15}^M| & \text{如果 } R_{t,Dec15}^M<0\\ 0 & \text{其他}\end{cases} \tag{12}$$

其中，$P_{t,Dec15}^F$和$P_{t,Dec15}^P$分别表示按照 12 月 15 日的核算结果，联邦再保险基金和省再保险基金需要支付的超额赔付金额，$R_{t,Dec15}^M$表示 12 月 15 日曼尼托巴省保险公司的盈余。在大灾年份，如果两个再保险基金也不能弥补保险公司的超额赔付损失，曼尼托巴省财政厅和联邦财政部可以为再保险基金提供无息贷款。

总体上看，加拿大的政府农业再保险涉及联邦政府、省级政府和省保险公司 3 个主体，整体的制度安排和运行机制体现了联邦制国家中联邦政府与省级政府相对独立的政治体制特点。首先，与日本的都道府县需要向中央政府分保不同，加拿大的联邦再保险基金和省再保险基金之间没有分保关系，两者既可以共同承保一份保单，也可以分别承保，某个基金超额赔付后另一个基金没有义务承接超额赔付基金的赔偿责任。其次，省保险公司与两个再保险基金是否存在再保险关系取决于省保险公司向哪一个再保险基金购买再保险，但是省保险公司在与再保险基金确立再保关系之前，有义务向任何亏损基金补缴资金，保证再保险基金池的稳定，这在一定程度上体现了省保险公司的政策属性。

(二) 加拿大商业再保险的制度安排

1970—2000 年，曼尼托巴省平均 LCR 为 8.26%，超过 15%的情况出现过 4 次，在很大程度上逼近了 20%的大灾警戒线。而且，在此期间曼尼托巴省保险公司的经营利润有 11 次出现亏损，省保险公司的严重亏损在很大程度上影响了政府再保险基金的稳定发展。为了拓宽农业保险大灾风险分散渠道，缓解政府再保险基金的压力，2001 年曼尼托巴省保险公司开始以止损再保险的形式向商业再保险人进行分保，即当 LCR 超过规定比例时，商业再保险公司需要向曼尼托巴省保险公司进行赔付。2001—2006 年商业再保险的保障范围为 15%～25%，自 2007 年起，最高保障从 25%增长到 27.5%。自从曼尼托巴省保险公司购买商业再保险后，曼尼托巴省保险公司再也没有出现过亏损的情况，一方面为保险公司扩大农业保险业务提供了坚实的资金保障，另一方面也稳定了政府的再保险基金规模，减少了财政预算的短期波动。

四、中国农业再保险发展历程与现状

(一) 农共体时期

自 2006 年国务院颁布《关于保险业改革发展的若干意见》，第一次将“农业再保险”写入中央文件以来，中国农业再保险市场日渐繁荣，众多国际再保险人纷纷进入中国承接农业再保险业务，为中国农业保险的大灾风险分散提供了渠道。但是，由于这一时期没有在国家层面统筹规划和管理农业再保险的分保机制，各保险公司主要依赖于国际再保险市场，而国际分保谈判条件往往较为严苛，尤其是面临超额赔付风险时，以盈利为根本目的的国际再保险公司可能会离开中国市场，从而造成中国农业再保险市场的不稳定。

2014 年 11 月，经中国保险监督管理委员会审查同意，由中国境内具有农业保险经营资质的 23 家非寿险公司与中国财产再保险有限责任公司共同发起成立了中国农业保险再保险共同体（农共体），这是支持农业保险稳健发展的一次机制创新，填补了农业保险大灾风险分散体系行业层面的空白。农共体自成立以来，在风险保障水平提升 10%～15%、赔付率提高 10 多个百分点的情况下，充分发挥了农业再保险的主渠道作用，扭转了对国际再保市场高度依赖的局面，有力支持了农业保险行业的“扩面、增品、提标”工作，为直保公司提供了比较坚实的“风险后援”。2019 年农共体实现保费收入 82 亿元，同比增长 61%，市场份额 50.4%；2015—2019 年累计实现保费收入 272 亿元，平均市场份额达 47.8%（图 2），大幅提升了国内农业再保险市场的定价权和话语权，为保障中国农业保险体系的稳健运行、落实国家强农惠农富农政策、服务农业现代化发挥了积极作用。

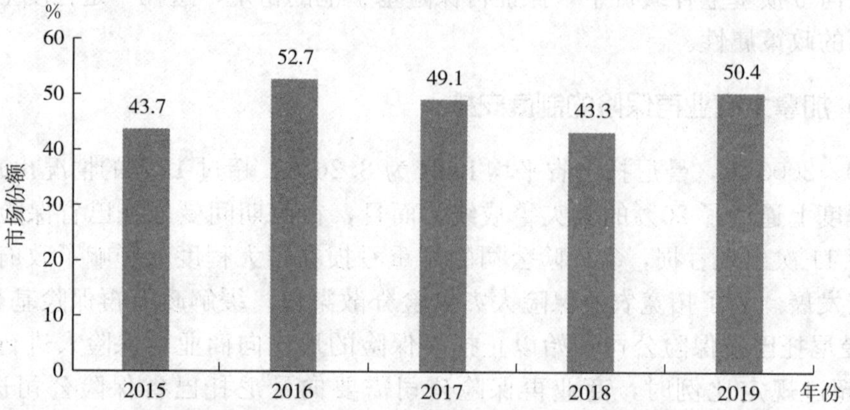

图 2 2015—2019 年农共体在中国的市场份额

数据来源：根据“农共体”提供的数据整理。

但是，由于农共体是各保险公司的松散联合体，并不是一个完整的实体法人，也不是完全意义上的市场主体，因此缺乏对成员公司的管控手段，部分成员公司不遵守或不严格履行农共体制度的情况时有发生，降低了运行效率。此外，由于缺乏健全的保险信息收集和共享机制，农共体难以充分了解直保公司的前端风险状况，加之治理结构存在缺陷，导致部分成员公司向农共体分保的逆选择问题严重，直保公司将高风险业务分出而将低风险业务自留，造成农共体亏损严重，经营难以为继。数据显示，2016 年农业保险直保公司整体利润为 13 亿元，再保险公司整体亏损 13.6 亿元；2015—2019 年，农共体连年亏损，综合赔付率相较直保公司高出 10 多个百分点，累计亏损超过 23 亿元。

（二）中农再时期

为了建立政府支持的政策性农业再保险体系，2020 年 8 月，经中国银行保险监督管理委员会批复同意，财政部等 9 家单位共同发起筹建了中国农业再保险股份有限公司（中农再），中农再的创立是中国政策性农业保险再保险运行机制和管理机制的重大变革，开启了中国农业大灾风险分散体系建设的新篇章。按照《政策性农业保险再保险标准协议》（以下简称《标准协议》）规定，中农再与分出公司本着“风险共担、互惠互利、协同发展、合作共赢”的原则签署协议，直保公司需要将其承保的所有农业保险责任的 20%向中农再办理成数分保。此外，《标准协议》提出了建立以省份为单位的大灾超额赔付机制，即对于自然灾害、意外事故、疾病疫病等造成单一省份（所有农业保险经营机构合并计算）单一险种（分为种植险、养殖险两类）赔付率超过 150%时，由中农再承担该省份该险种赔付率 150%～200%的赔款。

2020 年中农再的成立以及《标准协议》的出台，标志着中国农业再保险制度在高质量发展道路上迈出了关键一步，这无疑会对农业直保市场的可持续发展起到积极的作用。然而，从长远发展的角度而言，受到农业风险的复杂性、巨灾损失的频发性，以及中国未来对再保险需求不断攀升等因素的影响，中国目前的农业再保险制度仍然存在诸多需要完善的地方。一是政府没有在农业大灾风险分散体系中承担“兜底”责任。按照《标准协议》规定，中国的农业再保险模式为“约定分保+超额赔付”，中农再负责赔付率在150%～200%的超额赔付，但是赔付率在200%以上的超额赔付风险却只能由直保公司自行分散，中央政府和省级政府并没有在农业大灾风险分散中起到关键的作用。反观加拿大，加拿大省级政府和联邦政府建立再保险基金，基金虽然来源于保险公司的再保费和再保盈余，但是当再保险基金不足以支付超额赔款时，联邦政府为其提供无息贷款，充分体现了政府在大灾风险分散中的“兜底”保障责任。二是中农再的再保险盈余资金不能得到有效积累。《标准协议》规定如果中农再的再保险业务存在盈余，启动盈余返还机制，将盈余全部返还给会员公司，这种机制体现了中农再政策性农业保险服务机构的属性，但是这同时也会导致中农再在大灾年份出现超额赔付，一方面不利于中农再的稳健经营，可能导致直保公司对其失去信心；另一方面也没有将盈余资金充分利用在分散农业保险的大灾风险中。三是需要完善直保公司向中农再分保的约束和激励措施。《标准协议》对于直保和再保双方规定的成数分保机制，克服了农共体时期分保手续烦琐、道德风险和逆选择问题，使中农再与分出公司成为真正的利益共同体，但是仍没有出台相应措施鼓励保险公司主动控制直保端的超额赔付风险。而加拿大的再保险制度一方面通过规定只有当保险公司当年赔付率达到100%后才可以启动再保险程序，激励直保公司在承保展业中控制风险，降低不必要的风险损失；另一方面要求保险公司在再保险基金亏损年份向其注入资金，保持再保险基金的稳定规模，同时对保险公司的盈利进行约束。此外，中农再还需要处理好与其他商业再保险人的关系，既要为商业再保险留有一定的市场空间，又要积极发挥农业再保险的主渠道作用，然而中国在这方面的探索还比较缺乏。

五、中国农业再保险的发展建议

加拿大农业保险发展历史悠久，在农业保险制度不断调整和完善过程中，根据本国农业经济发展和农业风险状况建立了独具特色、相对完备的农业再保险制度。本文通过对加拿大农业再保险体系的分析发现，加拿大农业再保险不仅通过超额赔付再保险的方式分散直保端的经营风险，同时基于再保险的保费收入形成了两个规模稳定的再保险基金，用于分散再保险的超额赔付，并通过将再保险基金的盈亏情况与直保端补缴资金挂钩的方式激励保险公司控制前端风险。此外，加拿大积极发展商业再保险市场，为省保险公司提供了多元的风险分散渠道。

尽管加拿大的农村经济特点、农业再保险的构建思路和框架模式与中国存在差异，但是加拿大在农业再保险法规建设、充分发挥政府作用以及形成激励约束机制等方面积累了大量成功经验。因此，借鉴加拿大的再保险制度经验，笔者提出了完善中国农业再保险制度的三点建议。

（一）建立完备的农业再保险法律法规

完善的法律法规是农业再保险体系稳定高效运行的基础，也是对再保险参与者的制度约束，有利于全国农业再保险的统筹、监督和管理。加拿大在实行农业再保险制度之初，就通过颁布《联邦作物保险法案》建立了农业再保险的制度规范，规定了直保公司和再保险公司的责任、权利和义务，并随着国家农业经济水平的发展经历了多次修改，很好地保障了政策的执行效果。除此之外，加拿大农业再保险合同全面细致地规定了每一个时间节点的工作任务，对相关主体的责任、运作流程和操作办法都有很详细的规定，对农业再保险实务具有很强的指导价值，极大地避免了实践中的逆选择和道德风险，确保农业保险大灾风险分散体系的健康运作。中国于 2013 年 3 月 1 日颁布的《农业保险条例》在农业保险立法上具有里程碑意义，同时也指出了“国家建立中央财政支持的农业保险大灾风险分散机制”和“鼓励地方政府建立地方财政支持的农业保险大灾风险分散机制”。但是在近十年的农业再保险探索发展中仍然没有出台配套的法律法规和实施细则，《标准协议》也仅就直保再保双方的分保赔付原则作出了规定，并没有涉及违反规定的相关处理办法，不具备法律约束能力，可能导致各保险公司“各自为政”，国家统筹协调存在困难。未来在中农再的支持协调下，中国有望在农业再保险的法规建设方面迈出关键一步。

（二）政府需要在农业再保险建设中发挥重要作用

农业生产自身的“弱质性”特点意味着农业属于高风险行业，一旦发生重大自然灾害，仅依靠市场力量分散化解风险难度较大，很可能造成再保险公司经营难以为继。因此，应对农业大灾冲击，实现农业保险可持续发展，政府应该在农业再保险体系中发挥重要作用。例如，中国的农业再保险在农共体时期属于完全的商业化运作，虽然有一些地方政府，如北京、上海，为保险公司购买再保险或补贴再保费，但是再保险巨大的风险敞口并没有得到政府的“兜底”保障。因此，需要以中农再为依托，尽快建立政府作为最后风险分散人的农业再保险制度，可以利用中农再的再保险盈余建立再保险基金分散更高赔付率的风险，或者由政府和保险公司共同出资建立大灾风险基金，承担再保险后的超额赔付风险，确保农业再保险的健康持续发展。

（三）切实形成对再保险人的激励和约束机制

农业再保险作为直保公司的保险人，一方面面临着来自上游保险公司的逆选择和道德风险，另一方面其自身也可能存在逆选择问题。为了促进以农业再保险为核心的农业保险大灾风险分散体系的良性运转，需要建立激励再保险人提高服务效率，加强前端风险管控的农业再保险机制。因此，未来中国的农业再保险还应当通过《标准协议》不断优化中农再与直保公司的分保关系，根据实际情况调整约定分保业务比例、价格和内容，探索约定分保和市场化分保相结合的机制，允许其他商业再保公司参与农业再保险，适度增加市场竞争，建设政策性与市场化相结合的农业再保险市场。

参考文献（略）

金融合作

农业保险保单质押贷款：理论与实践

刘怡鑫　倪宇欣　吴学明　何小伟

摘要： 发挥“农业保险+信贷”的融资作用，是落实普惠金融服务乡村振兴战略的重要机制。农业保险保单质押贷款作为农业保险与信贷业务相结合的产物，能通过拓宽农业信贷融资渠道有效破解农业经营主体贷款难、贷款贵的现实问题。本文从理论、政策、技术、社会价值四个维度分别论证农业保险保单质押贷款业务的现实可行性，并在系统梳理其实践运行情况的基础上，针对不同的参与主体为农业保险保单质押贷款业务持续健康发展提供可行建议。

关键词： 农业保险；保单质押贷款；可行性

一、引言

农村金融是我国金融体系的重要组成部分，是实现乡村振兴、促进共同富裕的重要支撑。随着我国农业生产的规模化、专业化，农业生产经营主体的融资需求逐渐增加，然而，对于小农户、新型农业生产经营主体而言，由于自有资产的局限与合格抵质押品的缺乏，金融机构往往慎贷惜贷，导致农户“贷款难”“贷款贵”问题日益凸显。如何缓解农户融资的供需矛盾，引导更多优质金融资源配置到农村经济社会发展的重点领域，进而盘活潜在的农村信贷资源，全面提升金融服务乡村振兴的能力和水平，已成为当前农村金融体制改革进程中亟须解决的关键问题。

从实践来看，农业保险保单质押贷款作为农业信贷与农业保险相结合的新事物，近年来被视作缓解农村金融供需矛盾的重要方式。所谓农业保险保单质押贷款，是指农户先向保险公司投保农业保险，而后将自身合法持有的农业保险保单质押给金融机构，金融机构就保单保险金额的一定比例向农户发放贷款，当农户因发生保单所约定的保险事故而不能如期履约并偿本付息时，保险公司则将保险赔偿金优先偿付给提供信贷的金融机构，以此弥补金融机构可能的信贷损失，保障其债权实现。

作者简介：刘怡鑫、倪宇欣，对外经济贸易大学保险学院研究生；吴学明，就职于中华保险集团战略规划部（保险研究所）；何小伟，对外经济贸易大学保险学院副教授。

2016 年的中央 1 号文件明确指出，要积极探索农业保险保单质押贷款，鼓励和支持保险资金开展支农融资业务创新试点。然而，按照传统的理论，保单质押贷款一般是指投保人以保单作为质押物，向保险人或其他金融机构贷款融资，通常被视为长期寿险合同的特有功能。《中华人民共和国民法典》物权编中明确框定了权利质押的范围，农业保险保单并不在其中。农业保险保单质押贷款业务是否有可行性？农业保险保单质押贷款与其他农业信贷模式相比有何独特之处？本文就这些问题进行了深入研究探讨。

二、文献综述

从目前来看，农业保险保单质押贷款的相关文献大致可以分为理论探讨和实践总结两大类。

从理论探讨的视角来看，相关研究主要是从法律基础、增信原理及可行性三方面展开的。首先，在法律基础方面，农业保险保单质押贷款是否可以被认为是符合当前法律规定的“质押”仍然处于争议之中。部分学者基于现有法律框架中保单质押贷款的适用险种及法律效力，认为只有具备现金价值的保单才能为保单质押贷款提供担保，农业保险因不具有现金价值，无法开展保单质押贷款业务。另一部分学者则从农业保险保单质押的实际功用出发，认为农业保险保单质押贷款实质上是一种权利质押，建议将农业保险保单纳入合法的权利质押范围，充分发掘农业保险的保单价值以此来突破农户的信贷瓶颈。其次，在增信原理方面，Ifft 等研究发现投保美国联邦玉米保险（FCI）能有效降低农户收入风险，这让贷款机构接受以低价值农产品为抵质押物的贷款申请成为可能。李梅华等提出农业保险保单质押功能可以降低农户的“被动违约风险”，有助于节省信贷机构的征信成本。最后，在可行性方面，曹耀民认为被保险人在财产保险保单生效后相当于获得一份无风险的最低额度收益期权，农业保险保单因获得期权价值从而具备资本化的可行性。包正认为农业保险保单与寿险保单相比虽不具备现金价值，但因其在农业融资中具有抵押物的替代价值，所以它能够成为农村金融体系中的有效融资工具。

从实践总结来看，自 2016 年中央 1 号文件提出“积极探索农业保险保单质押贷款”后，对于农业保险保单质押贷款的专题研究日渐丰富，部分研究对农业保险保单质押贷款在各地的试点情况进行总结与梳理。李敏分别介绍了张家口、蚌埠和奎屯三地的农业保险保单融资增信模式，并比较三地业务在政策实施对象、贷款担保方式、第一赔付人等方面的不同点。晋铁认为农业保险保单质押贷款业务资金需求方多为农民合作社及种养大户，其财务管理水平落后且财务规章制度缺失会给企业融资造成困难。关泽英在分析农业保险保单质押贷款内容与特点的基础上，从主体、政策、道德三方面指出了农业保险保单质押贷款业务运行中面临的问题。

综上，目前有关农业保险保单质押贷款的研究仍然较为有限，绝大部分研究仍然以传统的保单质押理论来看待农业保险，未能注意到在当前我国政府提供保费补贴的背景下，农业保险已经成为我国财政支农的重要工具，农业保险的保单质押业务也面临着全新的外部环境，其可行性也有了根本性的改变。在这种背景下，我们有必要结合当前的环境，对农业保险保单质押问题的可行性进行深入分析，并对近年来我国的相关实践进行全面总结。

三、农业保险保单质押贷款的理论依据分析

农业保险保单可以成为质押品是由农业保险的基本属性决定的。农业保险覆盖了主要农产品的风险保障，具有普惠性，通过风险减量管理；农业信贷本身是现代农业的根本支撑。从发展方向上看，这两种金融工具的融合具备天然基础，农业保险降低了农业生产风险，农业信贷构建信用机制，通过发挥保险的增信作用，高信用的农业生产经营者不需要额外成本，就能更好地获得金融服务。在实务流程上实现二者对接，能够降低风控成本，在约定范围内不再需要单独的增信手段。农村信贷对于农业生产的渗透率越来越高，根据农村信用社会建设情况看，持续经营农业生产的农户对信贷的需求十分旺盛。

（一）农业保险保单质押的法理及政策实践

保单质押贷款是指投保人以保单作为质押物，向保险人或其他金融机构贷款融资，通常被视为长期寿险合同的特有功能。因为可用于质押的保单需要具备现金价值，现金价值良好的担保性使其能够成为保单质押贷款的担保标的，而现金价值为具有储蓄特征的长期寿险保单所特有。事实上，早在 1992 年最高人民法院曾明确回复“财产保险单是保险人与被保险人订立保险合同的书面证明，并不是有价证券，也不是可以折价或者变卖的财产。因此，财产保险单不能用于抵押”。《中华人民共和国民法典》物权编中明确框定了权利质押的范围，农业保险保单并不在此范围内。由此可见，农业保险保单在担保物权的效力上有所缺失，农业保险保单质押贷款缺乏法律层面上的明确定义。

虽然农业保险保单质押贷款在法理上尚不明确，但在实践中却有所突破，2011 年便有地方政府及金融机构开展以农业保险保单为质押物的信贷融资业务，2016 年中央 1 号文件从国家层面提出“积极探索农业保险保单质押贷款”，标志着将农业保险保单质押贷款纳入农村金融体系势在必行。因此与其争论是否应当将农业保险保单纳入法律规定的合规质押物范围内，不如充分论证农业保险保单质押贷款的可行性以及系统分析其是如何在实践中一步步成为实际意义上的“质押物”，从而起到切实为农户增信，惠及更多农业经营主体的作用。

（二）农业保险保单质押的基本逻辑：稳定的“生物资产价值”

农业产业本身风险较高，易受耕作水平、自然灾害、市场的多重影响而出现波

动，金融机构无法估值定价，难以确定合理的贷款授信额度，并且一旦发生违约，农产品难以处置变现，即使变现金额也不一定能够覆盖贷款本息，在现实中金融机构基本不接受农产品作为抵质押物。农业保险可以稳定农业经营主体收入，参与构筑“生物资产价值”，使农业保险的保单具备特殊的“保单价值”，不拘泥于原有寿险保单“现金价值”概念。这里所提到的“生物资产价值”是指农业保险标的保险金额即保险价值。农业保险可以分散农户生产经营风险，稳定农户预期收入，保障农民未来的预期收入至少维持在一个区间，将不确定的生物价值稳定成为有保障的保单，因此农业保险保单可以视为对未来或有收益权的约定，而此预期收益权则构成农业保险保单成为合格抵质押品的前提要件。这就使得原本难以确定价值、缺乏流动性、不可抵押的农产品，因成为农业保险标的而拥有“生物资产价值”。“生物资产价值”的确立能够为银行确定授信额度提供价值依据，为农业保险保单质押贷款成为可行的融资增信渠道提供理论依据。

（三）农业保险保单质押可发挥国家财政惠农政策的联动增益作用

农业保险是惠农政策的重要组成部分，财政政策支持发展农业保险，以达到稳定农业生产和农民收入的基本目标，同时，农业保险的增信作用得到政策肯定。2019年财政部、农业农村部、银保监会和林草局4部门联合印发《关于加快农业保险高质量发展的指导意见》中明确提出要建立健全农村信用体系，通过农业保险的增信功能，提高农户信用等级，缓解农户“贷款难、贷款贵”问题。农业的弱质性、农业生产的高风险性、农村信贷额度小且征信难度大等因素导致长期以来农村金融渗透率较低，政策支持下的农业保险的广覆盖性，使得农业保险保单质押贷款具备可行性和经济性，连接两种金融模式的成本得以降低。

这是综合惠农政策能够起到的最优协同作用，整合政府的惠农政策，发挥财政资金的引导作用，有助于激活涉农信贷市场的主体活力。各级财政给予农户保费补贴，农户可以运用农业保险保单质押获得贷款和优惠利率。联动银行、担保与保险公司的基本职能，不同的金融模式发挥了回归本源的作用，共同构建了中国特色的财政支持下的农业农村综合金融体系，风险管理更加到位，社会资源顺畅流通，金融服务的可获得性更加充分，金融对现代农业支持的广度和深度更加拓展，信用机制的建立更加可持续（图1）。

（四）科技赋能农业保险保单质押业务

当前云计算、区块链和物联网技术的应用，线上线下融合，大数据平台的服务深化，自助化和数智化服务的普及，为农业保险保单质押的运营和落地提供了更广阔的空间。从风控角度看，在开展农业保险保单质押贷款业务中，银行方面的贷前调查、贷中审查及贷后检查环节与保险公司方面的承保风险审核、数据真实性管理和直赔到户等实务存在共通性，银行与保险公司可通过科技赋能优化信贷及风控业务实务，通

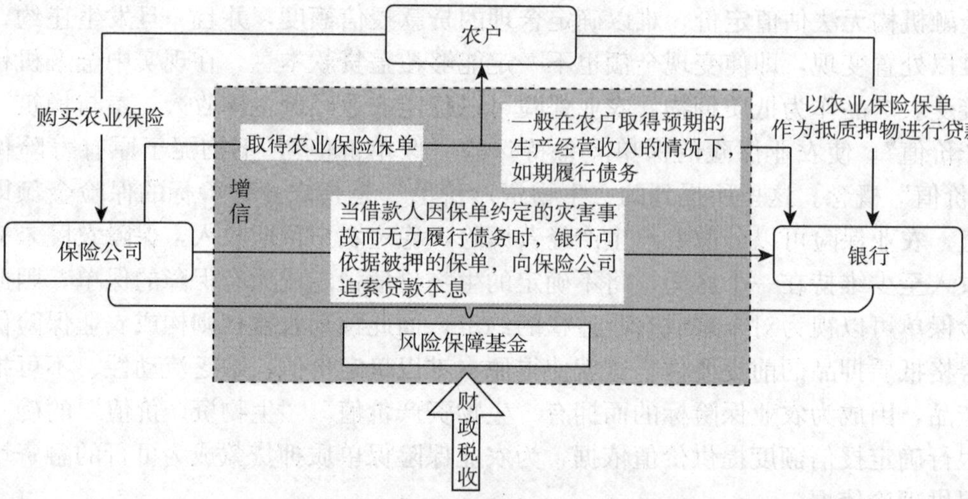

图 1　农业保险保单质押贷款运作机制

过信息共享、共用、共建，建立一站式有感化的精准服务模式，强化智能风控，优化信贷业务申请时间，简化申请环节和申请材料，在回款等方面实现联动，提高服务效率和质量。在科技深度赋能之下，农业保险保单质押贷款业务可以根据借款人的还款信息，评估借款人的还款能力及还款意愿，归类量化借款人的信用等级，精准绘制目标客群的用户画像，建立信用机制，使银行、保险公司等金融机构最终服务于绝大部分的“诚实经营者”，在信用机制建设上有效服务农业产业稳定。

（五）农村金融的普惠性为农业保险保单质押提供广阔空间

农业保险保单质押贷款业务设立的初衷并不是为了追求低风险或高回报，而是为了缓解农户因普遍不具有合格质押品而无法满足自身信贷需求的现实困境，而这正与农业保险的普惠性相契合。在财政补贴政策的支持下，农业保险的覆盖范围逐年扩大，参保农户迅速增加，政策性农业保险覆盖了重要农产品 80%以上的经营农户，成为普惠程度最高的农村金融服务模式，能够为农业保险保单质押贷款业务带来广泛的客户基础与良好的发展前景。此外，农业保险保单质押贷款业务因其业务手续简便、融资成本较低等特点吸引农户参与，此项业务以农业保险保单为依托的前提条件能够间接调动农户投保农业保险的积极性，从而有助于盘活农业保险保单资源，为乡村振兴战略注入保险动能。

四、我国农业保险保单质押贷款的模式创新及实践

（一）农业保险保单质押贷款的实践情况

2011 年，安徽省蚌埠市联合国元农业保险股份有限公司推广农业保险保单质押贷款业务，业务对象主要为农业经营主体，该项目广泛应用于安徽省且持续时间较

长。2013 年，张家口市在全市范围内推广农业保险保单质押贷款融资增信制度，制度内险种包括粮食种植业保险、生猪保险以及奶牛保险。2020 年，河南省中原农业保险股份有限公司联合微众银行创新推出“保费贷”和“经营贷”产品，增信贷款流程，实现线上化操作。2021 年，由山东省财政厅牵头开发的“农业保险贷”产品项目正式启动，该项目以农业保险保单为质押，为农户提供优惠利率贷款，财政部门给予一定比例贴息。同时，线上化操作及“见单即贷”的业务模式有助于缓解农业生产经营主体融资难、融资贵等问题。

表 1 以奶牛保险保单质押贷款为例，进一步讨论在不同情形下农户、保险公司、银行之间的交互行为，并对农业保险保单质押贷款业务面临的道德风险加以说明。

表 1　农业保险保单质押贷款中的不同情形与可能的道德风险

案例说明	某农户为其所养殖的 100 头奶牛购买奶牛死亡保险，保险合同约定一头奶牛的保险金额为 2 000 元，即如果发生保险责任范围内的保险事故（如疫病等）导致奶牛死亡，则保险公司给予赔付； 而后，农户又将该奶牛保险的保单向某一银行进行质押，银行按保单保额的 80%给予授信额度。农户在获得贷款以后可将贷款用于农业生产经营活动中，如购买农机、饲料、牛犊等； 同时，农户要与银行达成转让保单第一受益人（赔付人）的合约
情形一	农业生产经营顺利，农户获得预期收入，银行如期收回本息，保险公司无需赔付
情形二	奶牛因疫病死亡导致农户无法获得预期收入，无力偿还贷款，保险公司在进行勘查定损后将保险金优先赔付给保单质权人
道德风险一	在不发生灾害的情况下，若农户擅自挪用专项贷款从事与农业生产经营活动无关的事务，或不认真开展农业生产经营活动，对农作物、所养牲畜欠缺应有的照护和风险维护，从而导致不受保单保护的歉收。一旦发生违约，银行等金融机构无法获得保险公司的保险金补偿。此外还存在套取保费补贴、转借套利等风险问题
道德风险二	农户的奶牛并未发生保险责任范围内的事故，农户获得了相应的农业生产经营收入，但是仍不愿清偿之前的贷款

由上述案例可知，农业保险可以为农户增信并提高其贷款偿还能力，但由于农业保险保单质押贷款业务中道德风险的存在，银行等金融机构在此业务中仍会面临信贷风险。

（二）其他“农业保险＋农业信贷”融资机制的政策实践

2009 年，宁波市人民政府办公厅发布《关于开展城乡小额贷款保证保险试点工作的实施意见》，在全国范围内率先开展涉农贷款保证保险试点工作，服务对象包括农业种养大户、初创期小企业和城乡创业者。截至 2021 年 8 月，宁波城乡小额贷款保证保险业务已发放贷款逾 185 亿元，切实满足了农业经营主体扩大生产规模、拓宽产业链的融资需求，打造了涉农贷款保证保险的“宁波样本”。此后广东、山东、河南、江苏等地纷纷借鉴“宁波经验”，结合本地实际情况陆续推出涉农贷款保证保险业务。由于农业生产的不确定性，农业信贷往往会面临较高的经营风险，因此我国绝大多数试点地区采用以政府为主导的“政银保”模式，即保险公司提供保证保险，银行提供贷款，政府提供保费补贴和贴息补贴，财政、信贷、保险三轮驱动，风险共担，共同扶持当地农业经营主体发展。

农业保险保单质押贷款的核心是保单质押。涉农贷款保证保险以借款方的信用风险为保险标的，当借款农业经营主体无法按期还款并使放贷机构遭受经济损失时，由保险公司代为偿还，其本质仍然是保证保险，只是其所涉及的是农业生产经营这一特定场景。

（三）“活体抵押贷款＋保险”模式

2021 年，农业农村部、国家发展改革委等 6 部门联合发布《关于促进生猪产业持续健康发展的意见》（以下简称《意见》），《意见》中提到，银行业金融机构要加快推广生猪活体抵押贷款，支持将符合农业发展银行职能定位和政策性业务标准的生猪养殖相关贷款按程序纳入政策性业务范围。近两年，安徽省、甘肃省、湖北省等多地积极探索“活体抵押＋保单质押”模式，并已创新推出“生猪活体抵押贷款”“活牛抵押贷”“动产＋保险＋期货活体抵押绿色贷款”等业务，活体资产抵押物范围不断扩展、贷款抵押风险分散机制更加多元，有助于解决农业经营主体缺乏有效固定资产抵押的信贷瓶颈，为普惠金融服务乡村振兴注入新的活力。

养殖户以活体牲畜为抵押担保物并为其购买保险，保险公司对这些抵押物提供风险保障，从而为养殖户活体抵押贷款分险增信，实现了传统抵押贷款在抵押物上的拓展，并能与保险发挥协同作用。

农业保险保单质押贷款与“活体抵押贷款＋保险”业务，都能够挖掘出本不具备抵质押资格农产品的“生物资产价值”。农业保险保单质押贷款盘活了农业保险保单；而“活体抵押贷款＋保险”则盘活了诸如生猪、奶牛等农村生物资产。二者皆运用保险对生物资产加以保障，进而起到对农户增信的作用，最终拓宽了农户原本有限的信贷融资渠道。但两种业务在保险标的、抵质押物等方面并不相同，因此在理论研究中并不能将二者混淆，表 2 从三个方面展示了农业保险保单质押贷款与“活体抵押贷款＋保险”之间的区别。

表 2　农业保险保单质押贷款与“活体抵押贷款＋保险”的区别

区别	农业保险保单质押贷款	“活体抵押贷款＋保险”
保险标的	一般为种植业保险和畜牧业保险中常见的保险标的，主要涉及大宗农作物、生猪、奶牛等，另有部分将农业生产经营设施等也纳入其中	对活体抵押的标的进行承保，主要为疫病及死亡保险，保险标的主要有生猪、奶牛、肉牛等
抵（质）押标的物	以农业保险保单为质押标的	一般以价值较大的生猪、奶牛等生物资产作为抵押标的
农业保险第一受益人（赔付人）	一般情况下指定授信银行为第一受益人，也有投保农户为第一受益人的情况	一般情况下强制指定授信银行为第一受益人

农业保险保单质押贷款、涉农贷款保证保险、“活体抵押贷款＋保险”三种业务模式。对农业经营主体的增信实现路径各不相同，但均致力于解决农业经营主体贷款难这一现实问题。保险机制在农业融资中的覆盖度和渗透度逐步提升，农业经营主体可以通过购买保险增强自身的风险应对能力和信贷资产保全能力，另外，政府投入政策性扶持资金、银行提供信贷资金支持、保险发挥保单融资增信功能的多方联动机制已基本形成。

五、政策建议

尽管农业保险保单不具有现金价值，在现有法律体系下不具备可用于开展保单质押贷款业务的法律依据。然而，由于农业保险保单质押贷款能够挖掘质押物的“生物资产价值”、得到财政支农政策的配套支持、节约农业信贷的业务成本、盘活农业保险的保单资源，具备可行性。为促进农业保险保单质押贷款业务持续健康发展，更好满足乡村振兴多样化、多层次的金融需求，本文提出如下政策建议。

（一）强化银行和保险公司的联动与协同

加强农业保险保单质押贷款业务中的银保合作。银行与保险公司在农业保险保单质押贷款的承保验标与贷前审核、查勘定损与贷中调查、理赔到户与贷款还款等实务流程深度融合，充分利用大数据、云计算等信息技术，搭建数字化、智能化的银保信息共享共用平台，整合农业保险保单数据及银行信贷业务数据，监测农业保险保单标的物的“生物资产价值”，提升银行对农户等融资方的授信额度，为农业生产经营者建立更为高效的服务机制。

（二）加大政策支持力度，发挥政府在农业保险保单质押贷款业务中的引导作用

中央财政应继续加大对农业保险的支持力度，“提标、增品、扩面”，稳定农业生产和农民收入。同时针对性明确农业保险保单质押对应的贷款利息的优惠政策，鼓励银行等机构主动作为，积极推动相关农业农村基础数据的共享，完善农村信用体系建设，为建立更为顺畅的农业生产信贷资金支持机制提供坚实的数据支撑。

（三）建立农业保险保单质押贷款业务的管理办法

为确定农业保险保单质押的法理基础，监管机构应在实践创新的基础上，总结经验、规范标准、区分性质、设定规则、明确要求、确定流程，划定范围、实施监督，将信贷业务中相关责任主体的违规行为纳入失信行为记录名单，强化对销售误导等其他违背监管规定行为的查处惩戒力度，防范金融风险的传导，切实规范农业保险保单质押业务。

参考文献（略）

农业“保险＋信贷”政策对农业信贷发展的影响*

叶明华　陈　康

摘要：在政策梳理基础上，本文基于典型案例和2012—2020年中国省际面板数据分别对农业“保险＋信贷”政策影响农业信贷发展的成效进行典型省份“点”的剖析和全国“面”的门槛检验。研究发现，在典型案例分析层面，农业“保险＋信贷”形成了以“政策性农业保险＋农林牧渔贷款＋财政补贴”为样板的实践模式，该模式以农户投保政策性农业保险为前提，以政府对农业保险保费补贴和农业贷款贴息为保障。在全国面板数据检验中，农业“保险＋信贷”政策对农业信贷具有显著正向作用，但受农业保险发展水平双重门槛效应影响，即农业“保险＋信贷”政策对农业信贷的影响存在适度最优水平。进一步机制分析表明，农业保险平滑农户收入波动效应是农业保险发展水平双重门槛效应存在的重要原因。据此，本文建议一方面着力提高农业保险密度和深度，另一方面提升农业保险合同完备性，创新农业保险服务和借鉴国际经验，以期实现农业“保险＋信贷”支持农业信贷发展的最优成效。

关键词：农业政策；农户；农业保险；农业信贷

一、农业“保险＋信贷”政策背景

作为农村金融的两大基石，农业保险和农业信贷融合发展（以下简称农业“保险＋信贷”）成为增强农村金融服务能力的重要举措，其在提升农业风险保障水平、缓解农业融资约束方面有着重要使命。2009年中央1号文件首次提出“探索建立农村信贷与农业保险相结合的银保互动机制”，2022年，农业“保险＋信贷”政策已由中央1号文件纲领性规定，逐步走向了由财政部、农业农村部、银保监会等相关部门出台的具体指导意见。相关政策文件相继出台为建立和加强农业保险与农业信贷之间的互动机制提供了制度保障（表1）。

---

* 本文原载《华南农业大学学报（社会科学版）》2022年第6期。基金项目：国家社会科学基金一般项目（编号：20BJY261）。

作者简介：叶明华，华东师范大学经济与管理学部统计学院教授、博士生导师；陈康，华东师范大学经济与管理学部博士研究生。

从历年相关政策的梳理和分析中可知，农业“保险＋信贷”的政策目标旨在缓解我国农村信贷市场“融资难”问题，即借助农业保险的风险保障功能为农业信贷提供融资担保或农户增信。比如，政策中“将涉农保险投保情况作为授信要素”及“发挥农业保险保单增信作用”等相应规定均对农业“保险＋信贷”支持农业信贷发展作出了具体指示。那么在中国三农领域历经十余年操作实践，农业“保险＋信贷”政策是否切实促进了农业信贷发展呢？以及促进农业信贷发展需要哪些条件？对上述问题的回答将有助于推进农业保险与农业信贷的联结，助力农业“保险＋信贷”政策有效促进农业信贷发展，进而对更好地满足乡村振兴多样化、多层次的金融需求具有重要的现实意义。为此，本文基于农业“保险＋信贷”的典型案例剖析，同时对我国31个省份农业“保险＋信贷”近十年面板数据进行分析，以进一步检验我国农业“保险＋信贷”政策促进农业信贷的效果，并解析农业保险增信效应所需具备的条件或门槛。

表1　农业“保险＋信贷”历年相关政策梳理

年份	政策文件	涉及农业“保险＋信贷”相关内容
2009	《中共中央　国务院关于2009年促进农业稳定发展农民持续增收的若干意见》	探索建立农村信贷与农业保险相结合的银保互动机制
2010	中国银监会、中国保监会《关于加强涉农信贷和涉农保险合作的意见》	银行业金融机构要将涉农保险投保情况作为授信要素。借款人从事农业生产标的保险已列入国家或地方财政保费补贴范围的，原则上应以投保情况作为对借款人信用等级评定的重要参考指标
2012	国务院《农业保险条例》	国家鼓励金融机构对投保农业保险的农民和农业生产经营组织加大信贷支持力度
2016	中共中央、国务院《关于落实发展新理念加快农业现代化 实现全面小康目标的若干意见》	探索建立农业补贴、涉农信贷、农产品期货和农业保险联动机制。积极探索农业保险保单质押贷款和农户信用保证保险
2019	财政部、农业农村部、银保监会和林草局《关于加快农业保险高质量发展的指导意见》	通过农业保险的增信功能，提高农户信用等级，缓解农户“贷款难、贷款贵”问题
2020	银保监会办公厅《关于做好2020年银行业保险业服务“三农”领域重点工作的通知》	探索信贷＋保险合作模式，加强银行、保险信息共享，发挥保险保障功能，对已投保的涉农项目在信贷额度、利率、期限等方面予以倾斜
2022	银保监会办公厅《关于2022年银行业保险业服务全面推进乡村振兴重点工作的通知》	注重发挥农业保险保单增信作用
2022	农业农村部计划财务司、中华联合财产保险股份有限公司《关于开展农业经营主体信贷直通车专项创新服务的通知》	探索“农业保险＋信贷”模式，强化对参加农业保险农户的支持，引导更多信贷资金投向种养环节

二、文献综述

从传统小农经济到农业现代化，农户对生产资金的需求日益高涨，但是农业信贷市场出现两个困局，其一是信贷贵，其二是信贷难。造成这两个困局的主要原因是农业的弱质性、农村抵押担保体系不健全及借贷双方严重的信息不对称性。农业保险作为农业风险管理的有效工具，与农业信贷在时间状态和融资目的上具有互补性，两者联合能够有效缓解上述问题。现有研究基于农村金融系统共生性及农村金融工具互补性理论，对农业“保险＋信贷”模式中两者的相互关系进行了讨论。刘素春和智迪迪、彭小兵和朱江、陈秋月等、林凯旋、Shee 等诸多学者均认为农业“保险＋信贷”通过两种或多种金融工具之间的共生与互补，有助于实现农村金融效率的整体帕累托改进。

在农业保险与农业信贷的互动中，农业保险支撑农业信贷在该模式中占据主导地位。部分学者认为农业信贷会通过机构网点代售和增收效应来促进农业保险发展，然而该机制在农业保险推行实践中似乎难以成立。其一，我国农业保险协保员约有 50 万人，服务范围触及乡镇和村。相较于信贷机构网点，协保员制度在农业保险经营过程中发挥了较好的代理人作用。其二，我国农业保险属于政策性保险范畴，制度诱导是农业保险的主要驱动力，而农业信贷增收效应对农业保险发展的影响较小甚至不显著。陈长民和康芳丽发现农业保险是农业信贷的格兰杰原因，但是农业信贷不是农业保险的格兰杰原因。为此，本文将重点关注农业“保险＋信贷”中，农业保险影响农业信贷发展的效果。

农业“保险＋信贷”的出现和发展，为农业保险支撑农业信贷发展提供了契机。其作用机制可归纳 3 点。第一，农业保险能够为参保农户的风险损失提供经济补偿，进而平滑农户收入波动。农业保险可赋予保险标的物保单保障所具有的价值，间接地将农业保险标的物转化为可进行抵押的抵押品，使其具有较强变现能力。第二，农业保险的防灾减损功能有助于降低农户违约风险。保险公司可对农业生产经营过程中的重大风险点进行监测与管理，实现事前预警、事中响应与事后补偿全流程风险管理，能有效监督和制衡信贷风险。第三，保险公司可与银行机构共享其所掌握的农业生产风险信息，缓解借贷信息不对称问题。

但也有学者持反对意见，祝国平和刘吉舫、Olubiyo 和 Hill、安冬等研究发现农业保险对农业贷款的影响并不显著。本文认为存在这种分歧的主要原因是现有研究多是在线性模型框架下开展，并未考虑到我国农业保险发展水平存在阶段及地区差异性。当农业保险发展水平较低时，农业保险的发展存在保险覆盖面不高和保险保障水平较低等问题，这些问题的存在会限制农业保险平滑农户收入波动，进而影响其增信效用的发挥。因此，在不同农业保险发展水平下，农业保险对农业信贷的影响可能表现出非线性关系，而现有研究对该非线性关系的研究相对缺乏。为此，本文将采用面板门槛模型实证研究农业保险与农业信贷的非线性关系。

相较于以往文献，本文的边际贡献如下：其一，从政策及典型案例层面，明晰了农业“保险＋信贷”的政策及实践目标在于“以保险促信贷”，这可为后续研究农业保险与农业信贷在农村普惠金融中的不同地位及明确二者相互关系提供参考；其二，本文采用面板门槛模型分析农业保险对农业信贷影响的非线性关系，并进一步分析了该非线性关系背后的农业保险平滑收入效应机制，不仅为农业保险对农业信贷影响的研究提供了更具解释力的新视角，还为实现农业“保险+信贷”的最优实施效果提供了理论依据。

三、农业“保险+信贷”实施现状与典型案例解析

近年来，在农业与金融相关政策的支持与引导下，农业“保险+信贷”协同能力不断增强，在缓解农业信贷约束中发挥重要作用。据图1可知，虽农业保险保费收入低于当年农林牧渔贷款余额，但二者均呈现出增长趋势，且农业保险保费收入的年均增长速度大于农林牧渔贷款余额的平均增长速度。2010—2021年农业保险保费收入年均增长率为19.80%，农林牧渔贷款余额年均增长率为6.48%。总体而言，二者呈现出同步变动趋势，具有较为显著的时间趋势上的一致性。

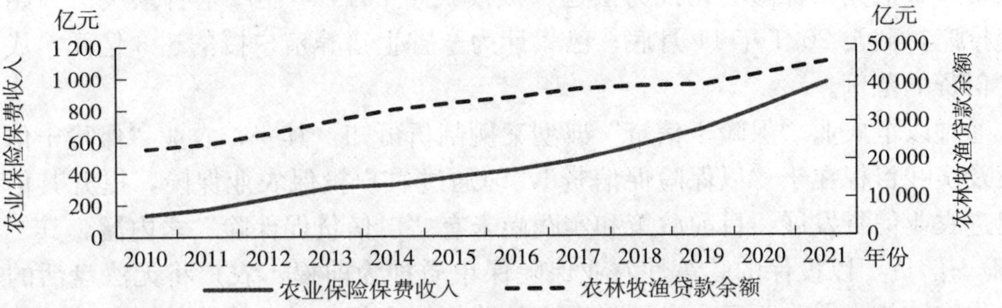

图1　2010—2021年我国农业保险保费收入与农林牧渔贷款余额状况

数据来源：《中国保险年鉴》、《中国金融年鉴》和金融机构贷款投向统计报告。

农业“保险+信贷”在实践中主要表现为“政策性农业保险+农林牧渔贷款+财政补贴”形式，即政府提供保险的保费补贴和贷款的利息补贴，银行对投保农业保险的农户发放农业生产贷款。山东省“农业保险贷”和广东省“生猪活体抵押+保险增信+银行授信”模式是近年农业“保险+信贷”的典型代表。

（一）山东省“农业保险贷”模式

该模式由山东省农村信用社联合社联合中国人民财产保险股份有限公司山东省分公司和中国太平洋财产保险股份有限公司山东分公司共同发起和实施。具有资金需求的农业生产经营主体在申请贷款时，需以购买政策性农业保险、保单质押为前提，所申请贷款资金用途需与农业保险范围内项目生产经营密切相关。山东省财政资金提供农业保险的保费补贴，还会对不同贷款资金额度进行差异化贴息，对50万元以下贷款贴息1.5%，50万～300万元贷款贴息1%，300万元以上贷款贴息0.5%。山东省“农业保险贷”兼有利率上限、保费补贴和财政贴息等多项优惠政策，不仅有效降低

了农业生产经营主体的融资成本，而且显著降低了银行承担的风险水平。截至 2022 年 2 月，山东省 24 家农信社和农商行的“农业保险贷”已授信 48 户、授信金额 2 177 万元，用信 36 户、用信金额 1 483 万元。

（二）广东省“生猪活体抵押＋保险增信＋银行授信”模式

生猪养殖户面临的资金约束主要表现为活体资产抵押盘活难，为此，中华联合财产保险股份有限公司广东分公司协同广东省政府设计“生猪活体抵押＋保险增信＋银行授信”模式，以生猪养殖保险保单增信拓宽生猪养殖的抵质押担保物范围。该模式具体做法为，第一，具有资金需求的生猪养殖户提出融资申请，由银行、农业主管部门、保险公司联合审定养殖户的经营信用；第二，保险公司为符合条件的贷款申请养殖户提供政策性生猪养殖保险，且保单第一受益人为银行；第三，投保生猪保险的养殖户将生猪活体抵押给银行，银行依据保险投保额度，向贷款申请养殖户进行授信及发放贷款。在保险期间，一旦生猪由于保险责任事故出现死亡等损失状况，生猪养殖户的贷款金额则由保险公司代为偿还。该模式于 2019 年在广东省肇庆市开始实施并迅速推广，截至 2021 年 11 月底，已累计为全省生猪养殖户授信超 3 亿元，成为保险拉动信贷的范例。

通过以上农业“保险＋信贷”典型案例剖析可知：其一，农业“保险＋信贷”的政策及实践目标在于“以保险促信贷”，即通过农户投保农业保险，提升其信用，最终促进农业信贷发展。目前政策和实践尚未有“以信贷促保险”之内涵。其二，农业“保险＋信贷”以投保的政策性农业保险保单质押为前提，农户将无法盘活的养殖物或农作物转化为保险额度，进而将农户的偿债能力相应转化为出险时保险公司的赔付能力。其三，农业“保险＋信贷”得以实现的制度保障是政府对农业保险的保费补贴和对农林牧渔业相关贷款的利息补贴。通过政策上的双向补贴制度，同时依赖银行与保险机构在农户信息上的充分共享，在保单和信贷工具上的有效联动，及银行与保险机构在供给侧上的协同推进，农业“保险＋信贷”才能有效实施。

四、研究设计

鉴于当前农业“保险＋信贷”政策的核心是“以保险促信贷”，即以农业保险推动农业信贷的发展，故下文将进一步分析中国省际层面农业保险发展水平对农业信贷的影响，以检验农业“保险＋信贷”在全国“面”上的实施效果，以便与农业“保险＋信贷”典型案例的“点”层面解析相印证。

（一）模型设定

为实证检验农业“保险＋信贷”政策支持农业信贷发展的效果，本文首先构建如下基准回归模型：

$$Y_{it} = \alpha_0 + \alpha_1 x_{it} + \beta \sum control_{it} + \mu_i + \lambda_t + \varepsilon_{it} \tag{1}$$

（1）式中，下标 i 表示省份，t 表示年份，α_0、α_1 和 β 为待估参数。Y_{it} 为农业贷款，x_{it} 为农业保险发展水平。$\sum control_{it}$ 是一系列控制变量，具体包括农户受教育程度、农业机械化水平、政府支农程度、城镇化水平和金融发展水平。为避免遗漏变量带来的内生性影响，模型还控制了省份和年份双重固定效应，分别用 μ_i 和 λ_t 表示，ε_{it} 为随机干扰项。

另外，考虑到农业“保险+信贷”政策对农业信贷的作用可能会受农业保险发展水平的影响，如果采用线性模型估计可能会造成结果偏误，因此，本文采用面板门槛模型进行估计，在（1）式基础上引入门槛变量构建多重门槛面板模型如下：

$$\begin{aligned} Y_{it} = {} & \alpha_0 + \alpha_1 x_{it} \times I(x_{it} < \gamma_1) + \alpha_2 x_{it} \times I(\gamma_1 \leqslant x_{it} < \gamma_2) + \cdots + \\ & \alpha_n x_{it} \times I(\gamma_{n-1} \leqslant x_{it} < \gamma_n) + \alpha_{n+1} x_{it} \times I(x_{it} \geqslant \gamma_n) + \\ & \beta \sum control_{it} + \mu_i + \lambda_t + \varepsilon_{it} \end{aligned} \tag{2}$$

（2）式中，γ 是未知门槛值，$I(.)$ 为指示函数，满足括号中的条件，则 $I(.)=1$，反之，$I(.)=0$，其他符号含义同式（1）。

（二）变量说明

1. 被解释变量：农业贷款

本文选取农村人均农林牧渔贷款测度农业贷款状况。之所以选取农林牧渔贷款而不选择涉农贷款的原因包括两点。一是涉农贷款包含了所有与农业相关的贷款，涵盖范围相对宽泛。比如，涉农贷款中的农户贷款将农户消费贷款也纳入了考量范围。而农业保险是农业生产经营活动的风险管理工具，农户消费活动与农业保险风险管理目标不一致。二是农林牧渔贷款主要指对农业生产主体进行农林牧渔业生产提供的贷款，该项贷款活动与农业保险保障的目标较为一致。另外，考虑到农村人口状况，本文进一步利用农村人均农林牧渔贷款测度农业贷款状况。

2. 解释变量：农业保险发展水平

现有研究较多利用农业保险保费收入、农业保险密度（农业保险保费收入/农村人口数）和农业保险深度（农业保险保费收入/农林牧渔业产值）测度农业保险发展水平。考虑到农业贷款的测度为农村人均农林牧渔贷款，为保证数据口径的一致性，本文将基于农业保险密度和保险深度这两个相对指标，并利用熵值法测度农业保险发展水平。熵值法测度的农业保险密度和保险深度权重分别为 0.51 和 0.49。

3. 控制变量

借鉴现有文献，本文将进一步控制农户受教育程度、农业机械化水平、政府支农程度、城镇化水平和金融发展水平等可能影响农户生产经营贷款的因素。其中，以农村劳动力平均受教育年限作为农户受教育程度的代理变量，由不同教育程度的人口比例与受教育年限加权计算均值测得①；以单位农业机械动力作为农业机械化水平的代理变量，单位农业机械动力为农业机械总动力与农作物播种总面积的比值，考虑到农户获得农业贷款有提升其机械化生产水平的可能性，所以选取农业机械化水平一阶滞后纳入模型；以政府财政农林水事务支出与政府财政预算总支出的比值作为政府支农程度的代理变量；以城镇化率（城镇人口占总人口的比值）作为城镇化水平的代理变量；以金融机构营业网点数的对数作为地区金融发展水平的代理变量。

表 2 列出了各变量的具体说明和描述性统计结果。图 2 为农业保险发展水平与农业贷款关系的散点图。据图 2 可知，从整体的趋势性来看，农业保险发展水平与农业贷款存在明显的正向相关关系；从区域聚集性或拐点特征来看，农业保险发展水平与农业贷款的关系存在两个显著性聚集区，即二者关系大致在农业保险发展水平等于 0.3 处出现拐点，初步判定农业“保险＋信贷”的实施效果在拐点前后存在一定的差异性。本文将通过面板门槛效应模型对拐点前后农业“保险＋信贷”的实施效果差异进行检验。

表 2　主要变量的描述性统计

变量名称	变量说明	平均值	标准差	最小值	最大值
农业贷款	（农林牧渔贷款/农村人口数）的对数	8.748 4	0.571 9	7.135 3	10.220 6
农业保险发展水平	基于熵值法对农业保险深度和农业保险密度进行测算	0.164 6	0.159 9	0.001 3	0.771 7
农户受教育程度	农村劳动力平均受教育年限（年）	7.699 6	0.831 5	3.818 9	9.800 8
农业机械化水平	农业机械总动力/农作物播种总面积（万瓦/公顷）	0.688 8	0.352 8	0.290 6	2.462 7
政府支农程度	财政农林水事务支出/财政预算总支出	0.116 4	0.034 5	0.014 4	0.203 8
城镇化水平	城镇化率（城镇人口/总人口）	0.579 4	0.128 4	0.227 5	0.896 0
金融发展水平	金融机构营业网点数的对数	8.656 9	0.752 7	6.453 6	9.759 7

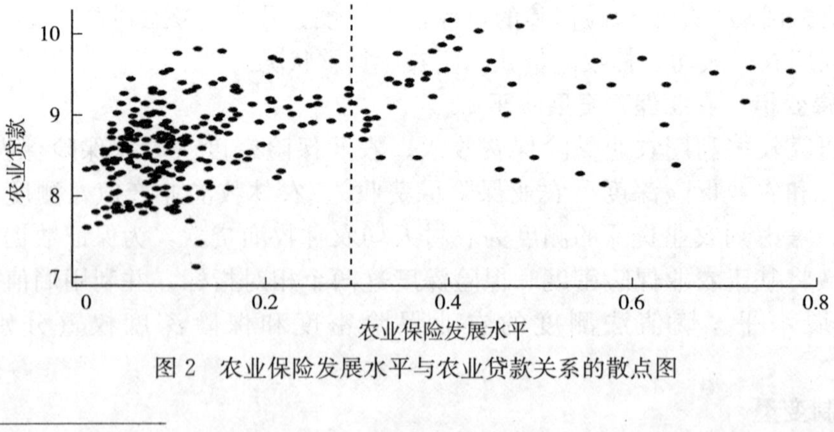

图 2　农业保险发展水平与农业贷款关系的散点图

① 计算公式为受教育程度$=\sum_{i=1}^{n}P_i\times Y_i$。其中，$P_i$为某省份 6 岁以上农村人口中接受教育程度为 i 的人口数量占农村总人口数量的比例。Y_i为该教育程度所需教育年限，其中未上过学为 0 年，小学学历为 6 年，初中学历为 9 年，高中学历为 12 年，大专及以上学历为 16 年。

（三）数据来源

基于数据可得性，本文选取样本的时间跨度为2012—2020年。农林牧渔贷款数据来自2015—2020年《中国金融统计年鉴》和2012年《中国农村金融服务报告》。其中，2020年农林牧渔贷款数据来源于中国银保监会。另外，2013年各省份农林牧渔贷款数据依据2015年《中国金融年鉴》统计的2014年各省份农林牧渔贷款数据同比增长率测得。农业保险数据主要来自2013—2020年《中国保险年鉴》，2020年农业保险数据来源于中国银保监会。受教育程度来自2013—2021年《中国人口与就业统计年鉴》，农业机械化水平、政府支农程度和城镇化水平数据来源于2013—2021年《中国统计年鉴》。金融机构营业网点数来源于Wind数据库。由于部分省份金融机构营业网点数存在年份数据缺失，为了尽可能保证样本数量充足，本文对于缺失数值进行非空前值填充。此外，为了控制异方差的影响，本文对农村人均农林牧渔贷款和金融机构营业网点数等变量进行对数化处理。

五、政策影响农业信贷发展的实证分析

在实证分析之前，考虑到变量多重共线问题及非平稳性会导致估计结果偏差，本文分别对变量进行了方差膨胀因子分析和平稳性检验，检验结果可知，一是所有变量中最大的VIF值为4.570 0，远小于10，因此，不用担心变量间存在多重共线问题；二是ADF-Fisher单位根检验显示，所有变量均为平稳序列。

（一）基准回归结果分析

为了准确评估农业“保险＋信贷”政策支持农业信贷的实施效果，本文首先对混合回归、固定效应模型（FE）和随机效应模型进行选择。固定效应模型下的F统计量（P＝0.000 0）、随机效应模型下的LM统计量（P＝0.000 0）和豪斯曼检验（P＝0.000 0）均显示用固定效应模型进行估计的效果较好。

表3中第（1）列是农业保险发展水平对农业贷款的回归结果。由该结果可知，在控制一系列其他变量（农户受教育程度、农业机械化水平、金融发展水平等）的基础上，农业保险发展水平通过了5％水平下的显著性检验，表明农业保险发展水平提高能够显著促进农业信贷。具体而言，农业保险发展水平增加1个单位，农业贷款能够提升1.152 2。控制变量方面，农业机械化水平在10％水平上显著为正、城镇化水平和金融发展水平均在5％水平上显著为正。说明农业机械化水平、城镇化水平及地区金融发展水平的提升均有利于地区农业信贷的发展。然而，农户受教育程度和政府支农程度对农业贷款的影响并不显著。

为增强研究结论的可信性，本文进一步更换核心解释变量和选取工具变量对研究结论进行检验。第一，本文选取农业保险密度（取对数）测度农业保险发展水平，表

3 第（2）列是替换核心解释变量后的实证结果。由表 3 第（2）列可知，农业保险发展水平对农业贷款仍然在 5%的水平上显著为正。第二，考虑到农业贷款具有促进农业保险发展的可能性，本文借鉴马九杰和崔恒瑜的相关研究，将农业保险发展水平滞后一阶作为工具变量，并利用 2SLS 对模型可能存在的内生性进行处理，表 3 第（3）列为模型内生性处理的结果。由表 3 第（3）列可知，在考虑内生性问题后，农业保险发展水平对农业贷款依旧具有显著的正向影响。另外，进一步的弱工具变量检验结果显示不存在弱工具变量问题（*C-D Wald F* 统计值为 75.129 0）。

表 3　模型回归结果

解释变量	(1)	(2)	(3)	
			第一阶段	第二阶段
农业保险发展水平	1.152 2** (0.495 5)	—	—	1.802 4*** (0.399 6)
农业保险密度	—	0.220 7** (0.102 6)	—	—
农业保险发展水平滞后一期	—	—	0.571 4** (0.252 5)	—
农户受教育程度	0.237 9 (0.163 0)	0.293 2 (0.204 1)	0.044 8 (0.037 5)	0.188 3 (0.118 4)
农业机械化水平	0.314 2* (0.185 0)	0.353 7* (0.190 3)	0.017 3 (0.036 8)	0.306 2** (0.145 2)
政府支农程度	−0.959 8 (1.014 3)	0.416 5 (1.278 8)	0.976 1** (0.485 0)	−2.148 7* (1.179 8)
城镇化水平	4.773 6** (2.207 4)	2.645 6 (1.865 7)	−0.150 2 (0.339 5)	5.174 3*** (1.475 1)
金融发展水平	0.998 0** (0.387 6)	0.987 3** (0.442 8)	−0.041 1 (0.059 4)	1.064 1*** (0.287 1)
常数项	−4.783 1 (4.631 7)	−4.758 3** (4.785 9)		—
省份固定效应	控制	控制	控制	控制
年份固定效应	控制	控制	控制	控制
R^2	0.685 9	0.660 0	—	0.669 0
样本量	248	248	248	248

注：* 代表 $P<10\%$、** 代表 $P<5\%$、*** 代表 $P<1\%$；括号内为稳健标准误。

（二）面板门槛回归结果分析

1. 门槛模型检验

上述研究表明提高农业保险发展水平能够显著促进农业贷款，但考虑到在不同农业保险发展水平下，农业保险对农业信贷的影响可能表现出非线性关系，本文遵循Wang的面板门槛模型检验逻辑，进一步对农业保险的增信效果进行检验，探讨其是否会受到农业保险发展水平门槛效应的影响。首先对门槛变量的不同门槛值进行假设检验。本文在单一门槛、双重门槛和三重门槛的设定下分别进行估计，门槛条件检验结果可知，单一门槛模型的 F 统计量在 10%的水平下显著，双重门槛模型的 F 统计量在 5%的水平下显著，而三重门槛模型未能通过显著性检验。因此，可初步判定农业保险促进农业贷款的效果受到农业保险发展水平双重门槛的影响。表 4 为双重门槛估计值和置信区间。结果显示，农业保险发展水平的门槛值分别为 0.337 2 和 0.382 3。图 3 和图 4 为似然比（Likelihood Ratio）函数图，图中虚线确定了似然比检验中门槛值 95%置信区间的临界值，真实门槛值为 LR 统计量最低点，由于真实门槛值明显小于临界值，因此可以认为上述两个门槛值均真实有效。

表 4　双重门槛估计值与置信区间

门槛变量	门槛值	95%的置信区间
农业保险发展水平	$\gamma_1=0.337\ 2$	(0.334 2，0.342 0)
	$\gamma_2=0.382\ 3$	(0.377 7，0.392 4)

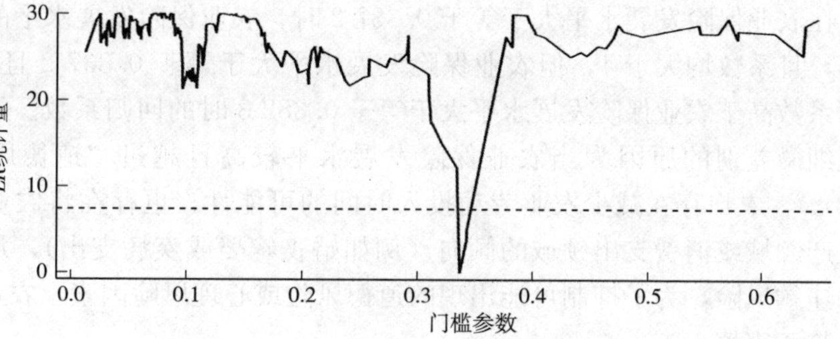

图 3　第一个门槛的估计值和置信区间

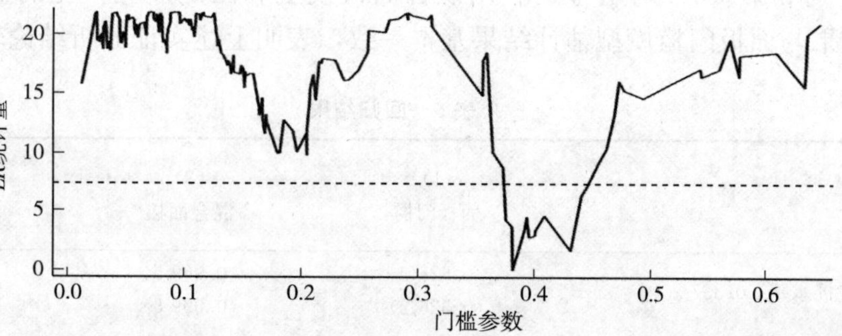

图 4　第二个门槛的估计值和置信区间

2. 门槛回归结果分析

表5第（1）列为农业保险发展水平门槛效应的回归模型估计结果。由表5第（1）列可知，农业保险促进农业贷款发展的效果会受农业保险发展水平双重门槛效应的影响。具体而言，当农业保险发展水平小于0.337 2时，农业保险对农业贷款的影响不显著；而当农业保险发展水平大于等于0.337 2时，农业保险对农业贷款具有较为显著的正向影响。当农业保险发展水平大于等于0.337 2且小于0.382 3时，农业保险发展水平的回归系数为1.749 2，且通过1%显著性水平检验；当农业保险发展水平大于等于0.382 3时，农业保险发展水平的回归系数为1.008 8，且通过5%显著性水平检验。

由此可知，农业保险发展水平对农业贷款影响的显著性在农业保险发展水平等于0.337 2前后出现明显变化。本文认为可能的深层原因是农业保险发展水平的高低会影响农户灾后损失补偿水平的高低，进而影响农业保险促进农业信贷发展效果的大小。具体而言，农业保险的核心作用是通过灾后补偿功能来平滑农户收入波动，而农业保险发展水平较低可能意味着保险覆盖面不高和保险保障水平较低等问题，这些问题抑制了农业保险平滑收入波动功能的实现程度，一定程度上削弱了农业保险增信效用的发挥。但是，随着农业保险发展水平的逐步提高，这些问题会逐步得到缓解，农业保险支持农业信贷发展的效用将得以逐步提升。

尽管在农业保险发展水平大于等于0.337 2时，农业保险发展水平的回归系数均显著为正，且系数均大于1，但农业保险发展水平大于等于0.337 2且小于0.382 3时的回归系数高于农业保险发展水平大于等于0.382 3时的回归系数。本文认为两者系数出现细微差别的原因为当农业保险发展水平较高且越过“道德风险”门槛时（≥0.382 3），农户存在减少农业劳动投入时间的可能性，也存在将农业贷款资金投向非农生产领域或消费支出领域的倾向（例如婚丧嫁娶或疾病支出），从而提升了农业信贷的违约风险，为了抑制可能出现的道德风险或心理风险因素，农业信贷机构在放贷中会趋于审慎。

为了避免模型设定存在的估计偏误，本文进一步对以上结果进行稳健性检验，表5第（2）列和第（3）列是分别利用混合面板模型和固定效应模型的稳健性检验结果，该结果与面板门槛模型估计结果基本一致，表明上述实证分析结论较为稳定。

表5 回归结果

变量	(1) 面板门槛	(2) 混合面板	(3) 固定效应
农业保险发展水平<0.337 2	0.628 0 (0.526 2)	0.969 5 (0.999 5)	1.212 8 (1.426 8)
0.337 2≤农业保险发展水平<0.382 3	1.749 2*** (0.597 4)	1.750 1*** (0.451 0)	1.682 5*** (0.609 7)

（续）

变　量	(1) 面板门槛	(2) 混合面板	(3) 固定效应
0.382 3≤农业保险发展水平	1.008 8** (0.455 5)	0.619 6** (0.253 6)	0.957 2** (0.462 4)
常数项	控制	控制	控制
年份固定效应	控制	控制	控制
省份固定效应	控制	控制	控制
R^2	0.722 2	0.454 1	0.723 2
样本量	248	248	248

注：* 代表 $P<10\%$、** 代表 $P<5\%$、*** 代表 $P<1\%$；括号内为稳健标准误。

3. 影响机制分析

在农业保险发展水平对农业贷款影响的门槛回归分析中，本文认为农业保险发展水平的门槛效应存在的主要原因是，当农业保险发展水平较低时，低保障水平等问题削弱了农业保险平滑农户收入波动效应。而农户收入波动与农户贷款违约紧密相关，是影响信贷机构发放农业贷款的最重要因素之一，当农户收入波动越大时，金融机构的信贷供给意愿越低。

为了验证这一影响机制，本文借鉴马彪等的研究，采用 2012—2020 年各省份农户每年人均农业经营收入与其均值的差值作为计量农户收入波动水平的变量。另外，基于农业保险发展水平门槛效应中双重门槛所划分的 3 个区间，本文进一步利用中介效应模型检验不同农业保险发展水平下，农业保险能否通过稳定农户收入效应来影响农业信贷发展，进而解析农业保险发展水平对农业贷款影响存在门槛效应的内在机制。

表 6 展示了上述影响机制的检验结果。据表 6 可知，当农业保险发展水平低于 0.337 2 时，农业保险发展水平的系数在表 6 第（1）、（2）列中均不显著，说明当农业保险发展水平较低时，农户收入波动水平未通过中介效应检验，即农业保险未能通过发挥收入平滑效应促进农业信贷发展。而当农业保险发展水平大于等于 0.337 2 时，农业保险发展水平及农户收入波动水平的系数在表 6 第（1）、（2）列中均至少通过 5%水平显著性检验。此时，农户收入波动水平通过中介效应检验，即当农业保险发展水平达到一定程度时，农业保险能通过发挥收入平滑效应促进农业贷款发展。此外，尽管当农业保险发展水平大于等于 0.337 2 时，农业保险能通过发挥农户收入平滑效应促进农业贷款发展，但是农业保险发展水平在［0.337 2，0.382 3）区间时的中介效应大于农业保险发展水平大于等于 0.382 3 时的中介效应，说明只有将农业保险发展维持在适度水平，农业保险支持农业信贷发展的效果才最优。该结果有力验证了农业保险平滑收入波动效应的有效发挥是农业保险发展水平双重门槛效应存在的重

要原因。

表6　影响机制的分析结果

变量	(1) 农户收入波动	(2) 农业贷款
农业保险发展水平<0.337 2	−0.264 2 (0.172 6)	1.144 4 (1.719 0)
0.337 2≤农业保险发展水平<0.382 3	−0.315 6** (0.145 0)	1.721 8*** (0.573 0)
0.382 3≤农业保险发展水平	−0.255 5** (0.094 3)	0.973 4** (0.454 9)
农户收入波动	—	−0.158 3** (0.062 3)
常数项	控制	控制
省份固定效应	控制	控制
年份固定效应	控制	控制
样本量	248	248

注：* 代表 $P<10\%$、** 代表 $P<5\%$、*** 代表 $P<1\%$；括号内为稳健标准误。

六、研究结论与政策优化

（一）研究结论

本文旨在探究农业“保险＋信贷”政策对农业信贷发展的影响。首先，本文对农业“保险＋信贷”的政策制定过程进行了梳理；其次，从农业“保险＋信贷”的典型案例中对其缓解农业信贷约束的效果进行“点”的剖析；最后，利用我国2012—2020年31个省份的面板数据，借助面板门槛模型对农业“保险＋信贷”影响农业信贷发展的效果进行全国“面”的检验，以此解析农业“保险＋信贷”支撑农业信贷发展所需具备的条件或门槛。研究发现，在典型案例“点”的分析层面，农业“保险＋信贷”形成了以“政策性农业保险＋农林牧渔贷款＋财政补贴”为主要形式的地方实践模式，该模式以农户投保政策性农业保险为前提，以政府对农业保险的保费补贴和农业贷款贴息为保障，有效缓解了农户在生产经营中面临的融资难问题。在全国“面”的检验层面，农业“保险＋信贷”政策对农业信贷发展具有显著的正向影响，但是其影响效果会受到农业保险发展水平双重门槛效应的制约。进一步的机制分析发现，唯有较高水平的农业保险方可平滑农户收入波动，进而实现为农户增信，从而提升农业“保险＋信贷”促进农业信贷发展的效用；低水平的农业保险会抑制农业“保险＋信贷”促进农业信贷发展的效用，其门槛值为农业保险发展水平等于0.337 2时。

（二）政策优化

据上述研究结论可知，当农业保险发展水平大于等于 0.337 2 且小于等于 0.338 3 时，农业“保险＋信贷”支持农业信贷发展效果最优，当农业保险发展水平低于 0.337 2 时，农业“保险＋信贷”的效果难以实现；而当农业保险发展水平大于等于 0.338 3 时，农业“保险＋信贷”的实施效果会有所下降，即农业“保险＋信贷”促进农业信贷发展的最优实施效果，需要农业保险发展水平维持在适度最优水平。故此，以下将分别针对农业保险发展水平较低（小于 0.337 2）时和农业发展水平较高时（大于等于 0.338 3）的两种不同状况，提出政策优化建议。

其一，对于农业保险发展水平较低的省份，应着力提升农业保险深度和保险密度，以期实现农业保险助力农业信贷的成效。当前我国多数省份的农业保险发展水平处于门槛值 0.337 2 以下，例如云南、贵州、青海、甘肃、陕西和江西等省份农业保险发展水平仍处低位。为提升农业保险深度和保险密度，首先，从需求方农户的角度，农户应主动了解农业保险产品与服务，认识到农业保险在农业风险管理中的重要作用，提升自身风险意识，主动将潜在农业保险需求转化为有效需求。其次，从供给方保险公司角度，一方面保险公司可以通过无人机遥感影像、卫星遥感影像等数字信息技术不断提高农业保险服务效率和服务质量；另一方面，保险公司可借鉴美国相关经验优化赔付模式，将我国农业保险赔付模式从比例式转为差额式以提升理赔效率，推动当前“高获赔概率、低保险赔付”的赔付现状向“低获赔概率、高保险赔付”转变。最后，从宏观政府角度，政府应通过构建保障水平多层级的农业保险产品体系，来满足传统小农户和新型农业经营主体等差异化主体的不同风险保障需求，并依据保障水平的不同建立梯度保费补贴制度，补贴水平随农产品品种、灾害风险等级及保额不同而变化，改变当前“一刀切”的做法。

其二，针对农业保险发展水平较高但是对农业信贷拉动效应下降的情况，应从合同完备性、保险产品创新和国际经验借鉴三个角度着手防范道德风险问题。当农业保险发展到较高水平时，为缓解参保农户可能存在减少农业劳动投入时间及将农业贷款资金投向非农生产领域等一系列道德风险问题，可采取以下举措：一是从合同完备性角度，通过合理设置相对免赔、为信用良好农户给予保费折扣等方式优化保险合约，设计防范道德风险的激励机制；二是从保险产品创新角度，强化农业保险创新产品与农业信贷的联结，比如区域产量保险、天气指数保险和价格指数保险等创新产品；三是从国际经验借鉴角度，可借鉴美国等农业保险发达国家经验，保险公司和信贷机构协同合作组建动态监督机制，利用大数据、物联网等现代信息技术对农业生产全流程进行监测，在识别农业保险可疑保单的同时，强化贷款资金运用的监督管理。

参考文献（略）

研究播报

2022年中国农业保险部分研究播报

于 跃

期刊论文

【制度建设】

农业再保险制度国内外研究综述及启示

【摘要】农业再保险制度是保障农业保险安全运行的重要制度，既是农业保险的"安全阀"，也是保险市场的"调控器"。本文从农业再保险的概念、功能作用和国外经验三个方面对农业再保险制度相关文献进行梳理，总结出对我国农业再保险发展的启示。

吴静，农村·农业·农民（A版），2022年11期

试论我国农业再保险法律体系构建

【摘要】农业再保险是分散农业巨灾风险和保障农业生产体系顺利运转的关键一环。而完备的农业再保险法律体系是确保农业再保险经营发展的重要前提。我国农业再保险在组织架构上取得了进步，但在立法方面还较为欠缺，财政补贴和税收优惠制度、巨灾风险分散制度等都亟待完善。须尽快有针对性地解决此类法律层面的问题，以保障农业再保险经营活动和业务开展有序进行，保障农业再保险行业稳健发展。

李霓，上海商业，2022年01期

典型国家农业保险制度与产品综述

【摘要】农作物生长及产量形成受到多种自然灾害影响，农民易遭受巨大的产量损失风险。农业保险作为一种有效的农业风险保障机制，能够分散和转移自然灾害风险、减少农民因灾损失、稳定农民收入。目前各国已经逐步建立起农业保险风险分散体系应对自然灾害风险，但各国在农业保险发展历史、农业生产方式、农业保险制度等方面的差异导致各国所采取的农业保险经营方式、产品及种类各有特色。本文综述了目前国外典型农业保险制度及保险产品，分析我国农业保险的相关政策、农业保险的发展历程以及在农业巨灾保险领域的相关探索，总结了我国农业保险目前存在的问

题。目前农业保险产品主要包括天气指数保险、价格保险、产量保险以及收入保险产品。我国农业保险存在的问题主要包括：①农业保险立法不足，制度不完善，导致农业保险管理及经营不规范；②农业保险产品单一、覆盖品种少；③农民对农业保险认知不足，购买意愿不强；④农业保险覆盖面窄、保障程度不足；⑤尚未建立农业巨灾风险分散体系等问题。针对目前我国农业保险出现的问题，结合国外农业保险经验，本文提出了一些有针对性的建议。

王亚许、吕娟，灾害学，2022 年 04 期

【补贴政策】

农业保险保费补贴政策执行中存在的问题及对策

【摘要】政策性农业保险保费补贴是新时期国家大力发展农业经济、推进乡村全面振兴、提高农民收入水平、减少农业风险损失的重要政策性举措。政策的有效执行可以保障农民生产，解决在农业经济发展过程中出现的问题，帮助农户扩大生产规模和扩大再生产。政策性农业保险保费补贴是国家给予基层三农建设的重要福利，是国家全面发展基层经济、全面建成小康社会、实现国民经济全面发展的战略性举措。在实际的政策执行过程中，往往存在着一些问题，直接影响政策执行的有效性。本文主要研究开展政策性农业保险保费补贴的重要性，分析政策执行中存在的问题及注意事项，为我国各地在开展政策性农业保险保费补贴方面提供参考依据。

戴静，山西农经，2022 年 04 期

农业保险财政补贴政策能调整作物种植结构吗？——来自中国准自然实验的证据

【摘要】合理的种植业结构是粮食安全内涵的重要组成部分。本文以 2002—2018 年省级面板数据为样本，将逐步推进的农业保险财政补贴政策作为一项准自然实验，实证检验了农业保险财政补贴政策对农作物种植面积影响的作用机制及效果。研究发现，农业保险财政补贴政策显著提高了水稻和小麦的种植面积，能够发挥助力种植业结构调整的作用，并且这种影响效应具有持续性；农业保险财政补贴政策对作物种植面积的影响效果具有异质性，在作物非主产省份的促进效果更加明显。机制分析表明，通过收入效应渠道，财政补贴政策能够有效释放农业保险需求，提高农户的投保积极性，促进作物种植面积调整；通过替代效应渠道，相互竞争的主产作物间补贴水平的差异能够诱导农户重新进行土地分配，实现作物间的相互替代，达到优化调整种植业结构的目标。本文的发现为农业保险财政补贴政策对作物种植面积的影响效应提供了来自中国的证据，基于此本文提出加大农业保险财政支持力度、制定差异化补贴政策和加强发展地方特色优势农产品保险等相关建议。

江生忠、付爽，保险研究，2022 年 06 期

农业保险保费补贴政策是否缓解了农产品市场风险

【摘要】最近几年的中央 1 号文件均有涉及深化农业保险发展的相关内容，在进一步推进农业保险的背景下，探究农业保险保费补贴政策是否有效降低农产品市场风险有显著的政策和现实意义。本文以首批中央财政农业保险保费补贴的农产品（水稻、玉米、小麦、大豆和棉花）为例，首先利用 Chow 检验判断中央财政出台农业保险保费补贴政策是否为大宗农产品价格变化的一个间断点，之后利用 GARCH 模型探究中央财政实行农业保险保费补贴政策后，农产品市场价格波动的风险是否发生显著变化。结果表明，农业保险保费补贴政策实施后，水稻、玉米、小麦、大豆和棉花价格的变异系数明显下降；中央财政对农业保险保费补贴是这 5 类农产品价格变动的一个间断点。GARCH 模型证实了农业保险保费补贴政策降低了这 5 类农产品价格波动的程度，即农业保险保费补贴政策缓解了大宗粮棉油农产品的市场风险。研究表明，中央财政补贴农业保险保费的政策，实际上是利用市场化手段间接管控农业风险，这种方式是有效的，推动了农业保险扩面、增品、提标。

宋长鸣、赵方潇，农业现代化研究，2022 年 04 期

农业保险财政补贴的政策优化探析——评《农业保险财政补贴理论及经验研究》

【摘要】近年来，随着中国农业建设水平不断提高，农业保险财政补贴政策逐步发挥良好的保障效能，但与国际标准相比，仍有很大的进步空间。为此，深入研究农业保险财政补贴的政策优化问题对完善国家政策性农业保险以及增强农业发展活力具有重要意义。由南开大学出版社于 2017 年 7 月出版的《农业保险财政补贴理论及经验研究》一书，立足中国农业现代化发展需求，结合国内外相关研究，系统分析国家农业保险财政补贴的运作机制、功能效用以及实践成果，并运用实证分析法，深入研究农业保险财政补贴政策的优化策略，具有重要理论意义和实践价值。

周永新，中国瓜菜，2022 年 01 期

【经营技术】

农业保险气象服务关键技术的应用与展望

【摘要】农业保险是气象灾害重要的风险管理工具。本研究通过分析气象科技服务农业保险的现状，以陕西省气象部门为例，系统总结了气象部门利用现有技术手段服务农业保险创新发展的具体实践，为农业保险高质量发展要求下气象服务关键技术在精准承保、理赔等农业保险全流程中的应用提供思路和建议。围绕解决农业保险道德风险大、勘灾成本高、理赔纠纷多、信息不对称以及基差风险等现实问题，本研究提出基于差异化费率和气象指数化的保险产品设计、基于农业大数据和卫星遥感的投保校验、基于多源数据融合技术支撑的格点化理赔核算、基于互联网的信息对称公示、基于物联网的精细化监测及服务链延伸等服务技术，并结合未来可能的应用场景

进行具体分析与展望。

张勇、屈振江，陕西气象，2022 年 05 期

人工智能赋能农业保险公司数字化经营研究

【摘要】农业保险是农业生产经营的“稳定器”和“安全阀”，而人工智能作为保险科技的核心技术正改变着农业保险公司的经营模式。本文首先分析农业保险公司数字化经营的内外部动因，阐明农业保险公司向人工智能战略转型的依据；其次通过划分农业保险公司前端、中端、后端经营环节，分析人工智能赋能农业保险公司整个经营环节的路径；再次从经营战略转型、数据处理和技术落地三方面探讨人工智能赋能农业保险经营体系面临的挑战；最后提出优化人工智能战略的合理布局、提升数据治理能力、注重人工智能人才培养及技术创新等人工智能持续赋能农业保险经营的应对策略。

胡芳、何逍遥，金融理论与实践，2022 年 04 期

农业保险对农业技术采纳行为的影响研究——基于种植业家庭农场的调研数据

【摘要】农业保险是分散农业风险、保障农业生产的重要手段，农业技术是发展现代农业、实现农业转型升级的关键因素，本文拟通过实证分析，探究农业保险是否对家庭农场农业技术采纳行为产生影响。本文以 2021 年山东省 348 家种植业家庭农场为样本，运用 Logit 模型和多元线性回归模型分析农业保险对家庭农场农业技术采纳行为的影响；并建立调节效应模型，分析农业保险对家庭农场农业技术采纳行为产生的异质性影响。结果表明，农业保险对家庭农场农业技术采纳行为具有显著正向影响；且影响因家庭农场的异质性而存在差异，种植粮食作物（相较经济作物）、农业收入占比高、风险偏好程度大的家庭农场更倾向采纳农业技术。据此，本文得出结论，农业保险能促进家庭农场农业技术采纳，进而本文从农业保险对接农业技术、提高粮食作物的保险补贴力度和保障水平以及加强农业保险宣传三个方面提出相关政策建议。

李棠、孙乐，中国农业资源与区划，2022 年 07 期

农业保险、信贷与农户绿色农业技术采用行为——基于植棉农户的实证分析

【摘要】农业保险不仅能分散农业经营风险，还可以引导农业绿色发展。本文运用新疆植棉农户田野调查数据，研究了农业保险对农户绿色农业技术采用行为的影响及其作用机制。研究结果表明，农业保险对农户绿色农业技术采用行为有显著的促进作用。探讨作用机制后发现，农业保险可以通过促进农户信贷，从而促进其采用绿色农业技术。进一步研究发现，参与农业保险的保额越高，农户越倾向于采用绿色农业技术。本文为理解农业保险对农户绿色农业技术采用行为的影响及其作用机制提供了新的经验借鉴，为深化农业保险供给侧结构性改革和保障农业生态环境安全提供了微

观证据。

毛慧、胡蓉，农业技术经济，2022 年 11 期

【绩效评价】

乡村振兴战略背景下我国政策性农业保险的绩效评估

【摘要】农业保险可有效降低农业生产中的意外风险造成的损失，对巩固脱贫攻坚成果和实施乡村振兴战略具有重要的保障作用。本文依据科学性、合理性和经济性原则，从保障水平、政府补贴水平、发展力水平以及减贫能力水平 4 个维度选取 12 个二级指标，利用熵权 TOPSIS 方法构建政策性农业保险绩效评价体系，对 2011—2020 年我国政策性农业保险绩效进行评估，并从空间和时间维度进行比较分析。结果表明，近年来各省份政策性农业保险绩效得分逐年上升，但表现有所不同，绩效最好的 3 个省份为安徽省、内蒙古自治区和吉林省；我国农业保险区域发展不平衡，西部地区政策性农业保险的发展弱于东部、中部地区，可能在一定程度上会弱化农业保险对边远地区和少数民族聚居地区农业生产的保护作用，有可能还会加剧区域经济发展失衡。最后，本文提出加强农业保险需求端建设、改进农业保险补贴范围、完善监管评价反馈互动机制和完善绩效补贴评价体系的建议。

尤晓静、朱振华，江苏农业科学 .2022 年 17 期

省市县三级联动转移支付政策绩效评价路径研究

【摘要】农业保险是市场经济国家扶持农业发展的做法之一，是我国促进三农发展的重要手段。通过政策性农业保险，可以对农业进行合理有效的保护，减少自然灾害与贸易摩擦对农业生产的负面影响，稳定农民收入，促进农业和农村经济的发展。本文以 S 省农业保险保费补贴为例，在设计农业保险保费补贴项目绩效评价指标体系框架的基础上，结合省、市、县三个层级的管理特点明确了不同层级评价指标的考察侧重点，并将评价指标体系在不同层级进行联动。

夏和飞、李巧娜，财政监督，2022 年 09 期

牲畜保险保费补贴的效率研究

【摘要】保费补贴运用效率是政策性农业保险的重要评价标准，同时也是比较和判断财政支农效率和优化调整支农方式的重要指标。本文采用 DEA 和 Malmquist 指数模型从静态和动态角度对我国牲畜保险保费补贴效率进行了实证分析。研究结果表明，2008—2017 年牲畜保险保费补贴效率基本维持在 92.69%～96.43%，表现相对高效稳定。2013 年后补贴静态效率逐年下降，主要表现为规模报酬递减，存在投入过剩现象。纯技术效率方面，共有 213 个决策单元纯技术有效，规模效率方面，共 129 个决策单元规模有效。动态补贴效率仅在 2010 年和 2011 年上升，技术进步指数

下降导致全要素生产率下降，地区间因地制宜调整补贴政策的能力有待提高。基于此，应提高中央保费补贴比例的弹性和灵活度，重视地区差异，增强补贴政策活力，加强补贴制度和补贴模式的创新。

李嘉浩，价格理论与实践，2022 年 12 期

森林保险财政补贴效率评价及最优补贴规模测算研究

【摘要】基于财政支出效率相关理论，本文对我国森林保险财政补贴效率进行研究。首先，本文从经济效率和社会效率两个角度构建了我国森林保险财政补贴综合效率评价指标体系，并采用熵权法测算了2019 年各省份补贴效率值。然后，把补贴规模纳入生产函数，采用 2013—2019 年我国各省份的数据，探究不同因素对森林保险财政补贴效率的影响，并测算出我国森林保险财政补贴的最优规模。研究发现，在评价森林保险财政补贴效率时，经济效率的权重大于社会效率；政府财政补贴规模对补贴效率有显著的正向推动作用，同时该地的经济发展水平也对森林保险财政补贴效率产生着重要影响。另外，通过生产函数法可以得出，当森林保险财政补贴规模占林业第一产业产值达到 4.21％时，补贴效率达到最大，然而全国大部分地区的实际补贴规模还远远小于最优水平。据此，本文提出如下建议，第一，扩大补贴范围，在全国范围内推行森林保险；第二，加大财政补贴力度，着力缩小实际补贴规模与最优规模的差异，并根据各地经济发展水平、补贴额度等实际情况差异化提高补贴比例；第三，兼顾社会效率的同时，注重提升经济效率，政府应根据林业产值目标规模及得出的最优补贴规模比例综合确定森林保险最优补贴规模。

邓晶、郭丽莎，北京林业大学学报（社会科学版），2022 年 04 期

【实证研究】

农业保险对农业产出及效率的影响——基于京津冀地区的实证分析

【摘要】京津冀地区农业及农业保险协同发展已经成为京津冀协同发展战略的重要组成部分。本文以京津冀地区 13 个城市面板数据为基础，实证分析了京津冀地区农业保险密度对农业产出及农业全要素生产率的影响效应，根据农业产值将样本分为高水平组和低水平组并进行分组回归。分析表明，在农业保险对农业产出的影响效应中，农业保险密度对农业全要素生产率及农业产出均发挥正向的调节作用，农业保险密度与农业技术进步指标体现出正相关关系，与农业技术效率指标无显著关系。高产值组和低产值组在指标中表现出稳健性，但弹性系数不同。建议扩大农业保险范围，创新产品模式，针对不同产值地区采取不同的发展策略，加快数字化经营转型并通过再保分散风险。

李婕妤，金融理论与实践，2022 年 07 期

耕地转入、农业保险与农户收入的实证分析

【摘要】本文探讨农业保险与耕地转入对农户收入的作用机理及其因果关系，利用内蒙古自治区5个盟市农户微观调研数据，在考虑农业保险和耕地转入间双内生性和交互影响的基础上，通过构建联立方程和中介效应检验模型，对农业保险、耕地转入和农户收入三者间的关系进行了实证检验。结果表明，农业保险对农户人均纯收入的提高产生了显著促进作用。其中，农业保险既可直接作用于农户人均纯收入的增长，也可通过耕地转入作为中介变量间接地促进人均纯收入提高。耕地转入对农户人均纯收入的增加产生了显著正向影响，而农业保险在耕地转入影响农户收入的路径关系中存在中介效应。据此，本文提出了规范农村土地流转、完善农业社会化服务体系、优化农业保险经济保障功能等提高农户收入的政策建议。

赵立娟、牛庭，河南农业大学学报，2022年06期

“十四五”视域下农业保险与农业信贷交互机制的实证分析

【摘要】农业保险、农业信贷作为乡村振兴战略的两大重要引擎，在推进农业现代化高质量发展的进程中发挥着重要作用。本文对1985—2020年全国农业保险保费收入以及农业贷款余额数据进行实证检验，结果表明，我国的农业保险与农业信贷之间不存在长期稳定的协同关系，且双方均无法成为彼此的格兰杰原因。本文立足“十四五”背景，结合实证结果分析，为加强农业银保联动，提升金融服务乡村振兴的能力和水平提出建议。

谢梓文、姜艳庆，现代农业科技，2022年07期

风险认知对农业保险需求的影响——基于四省藏区调查数据的实证分析

【摘要】本文基于四省藏区（四川、云南、甘肃、青海）454户农户家庭的调查数据，阐释了风险认知影响农户农业保险需求的机理，然后采用二元Probit回归、工具变量法、中介效应检验实证分析了风险认知对农业保险需求的影响。研究表明：①风险认知因素在1%显著水平下对农业保险需求产生正向影响；②风险认知的正向影响在汉语水平较好和纯农户样本中表现得更明显；③农业保险认知与保险公司服务质量是风险认知影响农业保险需求的两个重要渠道；④年人均收入提高、政府补贴支出增加、村通网络对农业保险需求产生正向影响。鉴于此，本文就促进农户农业保险需求提出了相关政策建议。

柏青云，江西农业学报，2022年02期

农业保险发展与农业绿色全要素生产率：内在机制与实证检验

【摘要】本文基于2007—2019年中国30个省份的面板数据系统考察了农业保险发展对农业绿色全要素生产率的影响及作用路径。研究表明，第一，农业保险发展水平对农业绿色全要素生产率具有显著提升作用；第二，农业保险发展水平对农业绿色

全要素生产率提升作用主要体现在东部地区和非粮食主产区；第三，机制检验表明，农业保险通过扩大农业经营规模、调整农业种植结构和促进农业技术创新间接促进农业绿色全要素生产率提升。最后，本文从农业保险发展视角提出促进农业绿色全要素生产率增长的相关对策建议。

周法法、郑义，世界农业，2022 年 10 期

【国际启示】

农业收入保险：国际经验与中国实践

【摘要】农业收入保险将成为农业保险的重要险种。农业收入保险不仅是世界贸易组织（WTO）规则规避的重要策略，而且是传统农业保险的重要补充。本文基于对我国农业收入保险现状的分析，将我国农业收入保险与美国和日本农业收入保险从法律法规、运作模式等 7 个方面进行比较，提出完善农业收入保险相关制度建设，积极建设农产品再保险市场，积极开发更多相关险种、扩大保障范围，加快气象、保险等的数据库建设及共享等建议，为农业收入保险的发展提供一定参考。

张艺萍、杜金向，商业经济，2022 年 02 期

国外农业保险法律制度及其对中国的启示

【摘要】农村地区是目前我国相对贫困人口比较集中的地区，农业收入对于农民来说几乎是所有收入，为了减少灾害所带来的损失和风险，农业保险赔偿金就成了有效的救济方式。在全面深化依法治国的背景下，我国现代化的农业保险相关法律和制度应该更加完善。美国、日本、法国等都是世界上发展农业保险较早的国家，本文基于对国外农业保险相关法律和制度的研究，提出了完善我国农业保险相关法律和制度的意见与建议。

黄福粉，现代农业研究，2022 年 01 期

日本农业共济保险制度及对我国农业保险的启示

【摘要】我国已跃居成为全球最大的农业保险市场，农业保险规模飞速增长与农业保险制度滞后的矛盾逐渐凸显，农业保险制度有待进一步完善。日本与我国的农业生产及农业风险情况相似，两国均设置了“政府引导”农业保险的基本原则，借鉴百年实践中不断完善的日本农业共济保险的实施经验，对我国农业保险的持续完善具有重要意义。本文通过分析日本政策性农业共济保险的制度、体系、运营模式，总结日本农业保险的特点，再结合我国农业保险发展中的问题，提出完善政府职能、推动供给侧结构性改革、加强产品创新、优化业务流程等完善我国农业保险制度的建议，持续优化我国农业保险制度，以农业保险配合国家供给侧结构性改革，推动农业高质量

发展，实现农业现代化，完善乡村振兴体系。

李文阔，西南金融，2022 年 06 期

【博硕论文】

农业保险助推乡村振兴效率评价及影响因素分析

【摘要】农业保险，在乡村振兴战略中被称为“农业支持保护制度”，被我国财政部誉为化解风险的“稳定器”，也是广大农户口中的“保护伞”。本文的重点是探究农业保险是否能够有效地助推乡村振兴的进程以及影响农业保险助推乡村振兴发展效率的因素有哪些。本文首先阐述了研究的背景、意义、内容及方法，整理了国内外有关农业保险、乡村振兴战略、农村高质量发展以及效率评价方法的相关文献，然后结合农村内生发展理论、福利经济学理论、金融杠杆理论等理论分析农业保险助推乡村振兴的内在机理，随后以我国 30 省（自治区、直辖市）2011—2020 年的数据为样本，构建乡村振兴发展指标体系计算产出指标，代入三阶段 DEA 模型和 Malmquist 指数模型中，分别从静态和动态两个角度进行效率测算和分析，为农业保险有效助推乡村振兴发展提供了有力的证据，并分析了影响效率的相关因素，最后根据实证分析结果分类定策，提出相关政策建议。

徐梦月，南开大学

基于 DEA - BP 神经网络的西部地区农业保险支农效率评价研究

【摘要】农为邦本，本固邦宁。当前阶段准确评价农业保险支农效率显得尤为重要，便于后续不断优化农业保险支农模式，提高农业保险支农效率。在分析已有研究成果基础上，本文综合对比不同效率评价方法优缺点，选择 DEA 数据包络法和 BP 神经网络评价西部地区农业保险支农效率。本文先选择部分代表性强的投入产出指标进行 DEA 数据包络分析，接着纳入更多指标进行 BP 神经网络评价，然后对比分析两种不同评价方法差别，分析各自影响效率高低的原因，最后从政府、保险公司、农户三个不同主体层面提出提高农业保险支农效率的政策建议。研究发现：①两种不同效率评价方法，评价结果差异不大；②西部各省份效率差异明显，支农效率较好地区集中在西北边疆地区；③农业保险支农效率不稳定，忽高忽低，缺乏持续提升的动力。影响西部各省份支农效率的原因不尽相同，从投入冗余、产出不足的情况来看，青海与宁夏存在资金投入冗余情况。重庆、云南、广西与贵州等地存在人力资本投入冗余。陕西、云南、甘肃与重庆等地存在农业固定资产投资投入冗余。重庆与青海存在风险保障程度不足情况。西部大部分省份农业保险在帮助农户增收致富上效果不佳。从各投入产出指标对农业保险支农效率影响程度来看，农险赔付支出、粮食产量、涉农贷款是影响农业保险支农效率最重要的指标。基于以上分析，本文提出提高农业保险支农效率的政策建议：①政府层面应该出台差异化保费补贴政策，建立农业

巨灾风险分散机制，成立专门农业保险监管部门；②保险公司层面应该做好承保与理赔服务，科技赋能农业保险发展，科学厘定保险费率，创新农业保险产品；③农户层面应该增强风险管理意识，提高风险防范能力。

韩磊，西南科技大学

遥感技术在农业保险精准化发展中的效用研究

【摘要】在农业保险高质量发展的要求下，精准化成为农业保险的发展目标。随着现代科技的发展与成熟，农业保险业务中运用现代科技、促进农业保险精准化发展已经成为可能，同时这也是农业保险的发展趋势。遥感技术作为一种新兴科技，能够迅速精准地搜集信息、开展资源调查、进行灾害的预测与检测，并及时反馈信息，客观性较强。借助遥感技术，农业保险能够实现精准承保、快速查勘理赔、提高业务智能化水平，使农业保险从粗放式经营向精细化经营转变。本文对遥感技术在农业保险领域的发展和应用进行总结，并对现实案例进行分析，发现在农业保险精准化过程中，遥感技术具有节约业务成本、提高农业保险反应速度、增强定损结果可信度、降低特殊险种业务难度的效用。在此之后，本文也对遥感技术在农业保险领域提高效用的环境进行了分析。最后认为，要将遥感技术运用到农业保险中，必须要有强有力的政策支撑，要有相关部门的监督，并建立信息共享平台，同时，加强对现有遥感技术的运用，提高保险公司的技术应用水平。只有如此，才能在农业保险中推广遥感技术，令农业保险财政资金得到高效利用，承保理赔工作公平公正公开，提高农业保险满意度，推动农业保险精准化发展。

王冀涛，内蒙古农业大学

风险感知、社会网络对苹果种植户参与农业保险行为的影响研究——以阿克苏地区为例

【摘要】农业是一个脆弱的产业，农业生产经营中面临着众多的风险，我国农业体量虽然大，但仍然是“小农户”居多，“小农户”的零散经营规模决定其对风险的抵抗能力较弱，农户因此需要一种风险转移机制，而农业保险能快速实现风险的转移，是一种高效的风险管理方式。进一步扩大农业保险的投保率，提高农户的保险认知，改变农户的保险态度，对发挥农业保险的风险管理能力，确保农业生产经营安全、可持续发展有至关重要的意义。因此从农户差异化的参保行为出发分析农业保险市场，有助于地方农业保险的供给侧结构性改革，对地方农业保险、地方特色产业经济发展有促进作用。然而现阶段，我国广大农村地区依然存在保费补贴合理但覆盖率较低的现象，这说明除了农业区域发展差异影响之外，还有其他因素影响农户的保险决策行为。本文在风险感知理论、社会网络理论、农户行为理论的基础上，结合国内外有关于农业保险的文献，对苹果种植户农业保险参与行为进行了研究。本文以新疆维吾尔自治区阿克苏地区微观调研数据为基础，首先对阿克苏地区的农业保险、苹果种植业发展概况与农户的个人特征、生产经营情况进行了分析，然后通过因子分析法提取了社会网络规模、社会网络互惠、社会网络信任作为衡量社会网络的指标，并对其进行了测度。其次，通过 Logit 模型分别实证了社会网络总体及其各个维度指标值、风险感知和其他因素对农户参与农业保险的影响，并运用 ISM 解释结构模型分析了影响农户投保因素的层次结构。最后在实证分析的结果上提出了相关对策建议，丰富了阿克苏地区农业保险的研究路径，为阿克苏地区农业保险的创新、供给侧结构性改革以及农业保险发展建设、特色苹果产业健康可持续发展提供了一定的参考。

王嘉伟，塔里木大学